上卷 | 周振华 主编

经济思想新飞跃

New Era
A Leap in Economic Thought

格致出版社 上海人民出版社

各章课题组组长

第一章　沈开艳

第二章　唐珏岚

第三章　干春晖　蔡　栋

第四章　周振华　李　鲁

第五章　张晖明

第六章　陈子雷

第七章　朱惠军

第八章　高　帆

第九章　岳　华

目　录

下　卷

第一章

进入社会主义发展新阶段

第一节　新发展阶段的判定依据

新发展阶段这一重要命题的提出,是对中国社会主义发展建设所处方位的重大判断,是未来谋划正确路线的基本立足点,具有坚实的理论依据、历史依据和现实依据。马克思主义经典理论中对于唯物史观的运用,以及中国共产党自建党以来在马克思主义中国化领域的不断开拓,为中国夯实了应不断依据国情和实践,科学分析中国所处方位和发展路线的理论基础。新民主主义革命时期、社会主义革命和建设时期、改革开放和社会主义现代化建设新时期、党的十八大以来中国特色社会主义进入新时代这四个历史时期,以实现中华民族伟大复兴为主题,支撑起中华民族迎来从站起来到富起来,再到强起来的伟大飞跃,尤其是全面建成小康社会的第一个百年奋斗目标的实现,从历史发展进程上促使中国社会主义建设进入新阶段。此外,世界"百年未有之大变局"、中国的经济发展成就与问题以及社会主要矛盾的转化等,都从现实层面对中国未来的建设与探索提出了新任务、新要求与新挑战。以上理论、历史与现实的逻辑,既从客观上推动,也促进中国在主观上要求步入新发展阶段。

一、 进入新发展阶段的理论依据

中国共产党始终坚持马克思主义。马克思主义指出,人类必将实现共产主义,但共产主义的实现必然要经历若干历史阶段,也必然与不同的社会条件密切相关。中国共产党在长期将马克思主义基本原理运用到中国实际的过程中,不断实现了马克思主义中国化,也形成了关于中国发展社会主义的历史阶段认识,以理论探索和建设实践实现了历史的必然性与阶段性的矛盾统一。

(一)马克思主义经典理论溯源

马克思、恩格斯创立的科学社会主义理论体系,是以唯物史观为理论基石,作为总结和分析人类社会一般规律的方法论支撑。正如马克思指出的:"生产关系总合起来就构成为所谓社会关系,构成为所谓社会,并且是构成为一个处于一定历史发展阶段上的社会,具有独特的特征的社会。古代社会、封建社会和资产阶级社会都是这样的生产关系的总和,而其中每一个生产关系的总和又标志着人类社会发展中的一个特殊阶段。"[①]他在《资本论》第一卷第一版序言中进一步表示,"我的观点是:社会经济形态的发展是一种自然历史过程。不管人在主观上怎样超脱各种关系,他在社会意义上总是这些关系的产物。"[②]因此,在探讨关于社会主义的本质、性质、特征时,马克思、恩格斯也总结形成了关于社会主义在发展过程上的阶段性表现考察。

马克思对于共产主义发展阶段的阐述,是在《哥达纲领批判》中明确体现的。他针对发达资本主义国家的情况,将人类社会的未来演进划分为三个阶段:第一个是过渡时期,马克思指出:"在资本主义社会和共产主义社会之间,有一个从前者变为后者的革命转变时期。同这个时期相适应的也有一个政治上的过渡时期,这个

[①] 《马克思恩格斯全集》(第六卷),人民出版社1961年版,第487页。

[②] 《马克思恩格斯全集》(第二十三卷),人民出版社1972年版,第12页。

时期的国家只能是无产阶级的革命专政。"①第二阶段,是共产主义的第一阶段,在这一阶段还存在着不少问题,生产力发展的不充分使得劳动仍需为了谋生,而分配不公的现象依旧存在。这是因为,"我们这里所说的是这样的共产主义社会,它不是在它自身基础上已经发展了的,恰好相反,是刚刚从资本主义社会中产生出来的,因此它在各方面,在经济、道德和精神方面都还带着它脱胎出来的那个旧社会的痕迹。"②"权利永远不能超出社会的经济结构以及由经济结构所制约的社会的文化发展。"③第三阶段,是共产主义社会高级阶段。在此阶段,生产力已发展至较高水平,迫使人民奴隶般地服从分工的情形已经消失,脑力劳动与体力劳动的对立也随之消失,"在劳动已经不仅仅是谋生的手段,而且本身成了生活的第一需要之后;在随着个人的全面发展生产力也增长起来,而集体财富的一切源泉都充分涌流之后,——只有在那个时候,才能完全超出资产阶级法权的狭隘眼界,社会才能在自己的旗帜上写上:各尽所能,按需分配!"④

由上述可见,在马克思看来,共产主义并非一蹴而就的、孤立的状态,社会的发展存在阶段性,不仅带有上一阶段所保留的特征和印记,也将在对过去的扬弃中,伴随着历史的发展而不断演进。马克思尤其指出:"社会主义社会,不是一种一成不变的东西,而应当和其他任何社会制度一样,把它看成是经常变化和改革的社会。"⑤以上论述,一方面反映出马克思、恩格斯根据历史事实和当时所处社会背景而对于未来社会图景提出的设想;另一方面也反映出,马克思、恩格斯并未对未来社会做出固定的、单一的模式规定,而需要根据具体的实践不断探索,此即为中国找准历史方位与发展路线提供了基本的理论逻辑。

（二）马克思主义中国化理论探索

中国共产党始终高举马克思主义伟大旗帜,自成立以来,就始终以马克思主义

---

① 《马克思恩格斯全集》(第十九卷),人民出版社 1963 年版,第 31 页。
② 同上书,第 21 页。
③ 同上书,第 22 页。
④ 同上书,第 22—23 页。
⑤ 《马克思恩格斯全集》(第三十七卷),人民出版社 1963 年版,第 443 页。

作为中国共产党指导思想的理论基础,并开展了马克思主义中国化的长期探索。1938年,毛泽东在中共六届六中全会上明确提出"马克思主义中国化"命题。他指出:"共产党员是国际主义的马克思主义者,但是马克思主义必须和我国的具体特点相结合并通过一定的民族形式才能实现。马克思列宁主义的伟大力量,就在于它是和各个国家具体的革命实践相联系的。对于中国共产党来说,就是要学会把马克思列宁主义的理论应用于中国的具体的环境。成为伟大中华民族的一部分而和这个民族血肉相连的共产党员,离开中国特点来谈马克思主义,只是抽象的空洞的马克思主义。因此,使马克思主义在中国具体化,使之在其每一表现中带着必须有的中国的特性,即是说,按照中国的特点去应用它,成为全党亟待了解并亟须解决的问题。"①这样的重要认识,不仅使得中国共产党走出了一条农村包围城市、武装夺取政权的革命道路,取得了新民主主义的胜利,使得中华民族走出了半殖民地半封建社会的泥潭,实现了民族独立和人民解放,而且也为随后马克思主义中国化发展起到了深远影响。

改革开放以来,马克思主义中国化迎来了又一次大发展。中共十一届三中全会后,中国共产党通过总结中国社会主义建设的正反两方面经验,创立了邓小平理论,提出了社会主义初级阶段理论,由此开创了有中国特色的社会主义建设。邓小平在1979年党的理论工作务虚会上指出:"过去搞民主革命,要适合中国情况,走毛泽东同志开辟的农村包围城市的道路。现在搞建设,也要适合中国情况,走出一条中国式的现代化道路。"②而判断当前中国所处的历史方位,即为建设有中国特色的社会主义的首要问题。对此,中共十三大报告正式提出了社会主义初级阶段,并进行了系统阐述。报告指出:"我国正处在社会主义的初级阶段。这个论断,包括两层含义。第一,我国社会已经是社会主义社会。我们必须坚持而不能离开社会主义。第二,我国的社会主义社会还处在初级阶段。我们必须从这个实际出发,而不

① 《毛泽东选集》(第二卷),人民出版社1991年版,第534页。
② 《邓小平文选》(第二卷),人民出版社1994年版,第163页。

能超越这个阶段。"①"那末,我国社会主义的初级阶段,是一个什么样的历史阶段呢? 它不是泛指任何国家进入社会主义都会经历的起始阶段,而是特指我国在生产力落后、商品经济不发达条件下建设社会主义必然要经历的特定阶段。"②"总起来说,我国社会主义初级阶段,是逐步摆脱贫穷、摆脱落后的阶段;是由农业人口占多数的手工劳动为基础的农业国,逐步变为非农产业人口占多数的现代化的工业国的阶段;是由自然经济半自然经济占很大比重,变为商品经济高度发达的阶段;是通过改革和探索,建立和发展充满活力的社会主义经济、政治、文化体制的阶段;是全民奋起,艰苦创业,实现中华民族伟大复兴的阶段。"③正因为有对于社会主义初级阶段和从社会主义初级阶段的实际出发的重要认识,中共十三大报告还提出了关于坚持发展生产力,坚持改革开放,坚持以公有制经济为主体、大力发展有计划的商品经济等一系列重要指导方针,为中国特色社会主义建设提供了依据和方向。

中共十一届三中全会以来,以江泽民同志为主要代表的中国共产党人形成了"三个代表"重要思想,基于中国共产党的性质、历史实践和现实需要,回答了在新的历史条件下应该建设一个怎样的党和怎样建设党的基本问题,即"我们党所以赢得人民的拥护,是因为我们党在革命、建设、改革的各个历史时期,总是代表着中国先进生产力的发展要求,代表着中国先进文化的前进方向,代表着中国最广大人民的根本利益,并通过制定正确的路线方针政策,为实现国家和人民的根本利益而不懈奋斗。"④中共十六大以来,以胡锦涛同志为代表的中国共产党人,高举中国特色社会主义伟大旗帜,总结中国发展实践,借鉴国外发展经验,适应中国发展要求,提出了科学发展观,"坚持以人为本,就是要以实现人的全面发展为目标,从人民群众根本利益出发谋发展、促发展,不断满足人民群众日益增长的物质文化需要,切实

---

① 《十三大以来重要文献选编》(上),人民出版社1991年版,第9页。
② 同上书,第12页。
③ 同上书,第12—13页。
④ 《江泽民文选》(第三卷),人民出版社2006年版,第2页。

保障人民群众经济、政治、文化权益,让发展成果惠及全体人民。全面发展,就是要以经济建设为中心,全面推进经济、政治、文化建设,实现经济发展和社会全面进步。协调发展,就是要统筹城乡发展、统筹区域发展、统筹经济社会发展、统筹人与自然和谐发展、统筹国内发展和对外开放,推进生产力和生产关系、经济基础和上层建筑相协调,推进经济、政治、文化建设各个环节各个方面相协调。可持续发展,就是要促进人与自然的和谐,实现经济发展和人口、资源、环境相协调,坚持走生产发展、生活富裕、生态良好的文明发展道路,保证一代接一代永续发展。"①这一重要战略思想的提出,实现了中国共产党对于经济社会发展规律的认识的升华。

中共十八大以来,以习近平同志为核心的党中央,坚持解放思想、实事求是、与时俱进、求真务实,面对新时代党和国家所面临的一系列重大理论与现实问题,提出了治国理政的新理念和新思路,形成了对世界所处百年未有之大变局、中国经济进入新常态、中国特色社会主义进入新时代、中国社会主要矛盾发生转化等的一系列重大判断,形成了习近平新时代中国特色社会主义思想,这是马克思主义中国化的最新成果。而以上中国共产党的马克思主义中国化历程反映出,将马克思主义同中国的实践相结合,就会不断创造具有时代性和创新性的理论,也只有坚持将马克思主义与中国实践相结合,才能形成适应中国国情、反映中国需要、指导中国不断发展的理论形态。

二、 进入新发展阶段的历史依据

新发展阶段论,是对于中国特色社会主义建设事业进程的科学总结与判断,有其坚实的历史逻辑作为依据。2021 年 10 月 18 日,中共十九届六中全会审议通过《中共中央关于党的百年奋斗重大成就和历史经验的决议》,指出中国共产党的百年奋斗包含四个历史时期:新民主主义革命时期,实现了中国从几千年封建专制政治向人民民主的伟大飞跃;社会主义革命和建设时期,实现了一穷二白、人口众多

---

① 《胡锦涛文选》(第二卷),人民出版社 2016 年版,第 166—167 页。

的东方大国大步迈进社会主义社会的伟大飞跃；改革开放和社会主义现代化建设新时期，推进了中华民族从站起来到富起来的伟大飞跃；中国特色社会主义新时代，中华民族迎来了从站起来、富起来到强起来的伟大飞跃。以上四个历史时期及四个"伟大飞跃"一脉相承，是中国共产党始终以实现中华民族伟大复兴为主题的百年奋斗成就，也预示并呼唤着中华民族从富到强的下一个阶段的迈进。

（一）新民主主义革命和社会主义革命及建设

近代以来，鸦片战争的爆发使得中国三百余年封闭的传统农业经济社会被打破，中国被迫卷入资本主义全球化进程中，沦为半殖民地半封建社会。国家积弱积贫，社会动荡不安，人民生活疾苦，虽有诸多有志之士积极探索中华民族救亡图存的道路，但都壮志未酬。直到马克思主义传入中国，1921 年中国共产党应运而生。《中国共产党宣言》指出："共产主义者的目的是要按照共产主义者的理想，创造一个新的社会。"①中国共产党一经成立，就带领中国进入了新民主主义革命这一中国革命的新阶段，在大革命、土地革命和抗日战争三个历史时期，带领中国人民进行了艰苦卓绝的革命斗争，形成并积累了丰富的经验。毛泽东在《新民主主义论》中指出："我们要革除的，就是这种殖民地、半殖民地、半封建的旧政治、旧经济和那为这种旧政治、旧经济服务的旧文化。""中国革命的历史进程，必须分为两步，其第一步是民主主义的革命，其第二步是社会主义的革命，这是性质不同的两个革命过程。而所谓民主主义，现在已不是旧范畴的民主主义，已不是旧民主主义，而是新范畴的民主主义，而是新民主主义。由此可以断言，所谓中华民族的新政治，就是新民主主义的政治；所谓中华民族的新经济，就是新民主主义的经济；所谓中华民族的新文化，就是新民主主义的文化。"②正因为有新民主主义革命，帝国主义、封建主义和官僚资本主义在中国的统治就此结束，中国共产党领导中国人民实现了民族独立和人民解放，建立了人民民主专政的中华人民共和国，成为中华民族历史上的伟大转折点。

---

① 《建党以来重要文献选编（1921—1949）》（第一册），中央文献出版社 2011 年版，第 486 页。
② 《毛泽东选集》（第二卷），人民出版社 1991 年版，第 665 页。

中华人民共和国成立后,中国共产党领导中国人民积极开展建设,一方面在全国范围内组织对于农业、手工业和资本主义工商业进行的社会主义改造,实现了把生产资料私有制转变为社会主义公有制的任务,为当代中国的发展奠定了根本政治前提和制度基础。另一方面开展社会主义工业化建设,通过五年计划,在中国建立起门类较为齐全的工业体系和国民经济体系。尤其是第一个五年计划,其基本任务是:"集中主要力量进行以苏联帮助我国设计的一百五十六个建设单位为中心的、由限额以上的六百九十四个建设单位组成的工业建设,建立我国的社会主义工业化的初步基础;发展部分集体所有制的农业生产合作社,并发展手工业生产合作社,建立对于农业和手工业的社会主义改造的初步基础;基本上把资本主义工商业分别地纳入各种形式的国家资本主义的轨道,建立对于私营工商业的社会主义改造的基础。"①第一个五年计划的顺利执行,为中国建设社会主义事业提供了重要的物质基础。20世纪60年代,中国首次形成了现代化建设的总体目标,即"四个现代化",并据此提出了基本战略步骤。1964年,周恩来指出:"关于今后发展国民经济的主要任务,总的说来,就是要在不太长的历史时期内,把我国建设成为一个具有现代农业、现代工业、现代国防和现代科学技术的社会主义强国,赶上和超过世界先进水平。为了实现这个伟大的历史任务,从第三个五年计划开始,我国的国民经济发展,可以按两步来考虑:第一步,建立一个独立的比较完整的工业体系和国民经济体系;第二步,全面实现农业、工业、国防和科学技术的现代化,使我国经济走在世界的前列。"②虽然这一探索过程经历了曲折,但也为推进社会主义建设提供了宝贵的理论成果与实践经验。

(二)改革开放以来中国特色社会主义事业的建设进程

改革开放以来,中国共产党领导中国人民一方面进行经济体制改革和对外开放建设,另一方面在中国特色社会主义道路上不断探索。中共十一届三中全会以来,中国共产党确立了解放思想、实事求是的工作路线,开启了改革开放的篇章,启

---

① 《建国以来重要文献选编》(第六册),中央文献出版社1993年版,第288页。
② 《建国以来重要文献选编》(第十九册),中央文献出版社1998年版,第483页。

动了中国特色社会主义事业。十一届三中全会公报指出："现在，我们实现了安定团结的政治局面，恢复和坚持了长时期行之有效的各项经济政策，又根据新的历史条件和实践经验，采取一系列新的重大的经济措施，对经济管理体制和经营管理方法着手认真的改革，在自力更生的基础上积极发展同世界各国平等互利的经济合作，努力采用世界先进技术和先进设备，并大力加强实现现代化所必需的科学和教育工作。因此，我国经济建设必将重新高速度地、稳定地向前发展，这是毫无疑义的。"①中共十二大报告正式作出了"建设有中国特色的社会主义"的表述，并指出："我们的现代化建设，必须从中国的实际出发。无论是革命还是建设，都要注意学习和借鉴外国经验。但是，照抄照搬别国经验、别国模式，从来不能得到成功。这方面我们有过不少教训。把马克思主义的普遍真理同我国的具体实际结合起来，走自己的道路，建设有中国特色的社会主义，这就是我们总结长期历史经验得出的基本结论。"②邓小平对这一问题进行了反复强调，1984年会见日方代表团讲话时指出："我们多次重申，要坚持马克思主义，坚持走社会主义道路。但是，马克思主义必须是同中国实际相结合的马克思主义，社会主义必须是切合中国实际的有中国特色的社会主义。""如果说构想，这就是我们的构想。我们还要积累新经验，还会遇到新问题，然后提出新办法。总的来说，这条道路叫做建设有中国特色的社会主义的道路。我们相信，这条道路是可行的，是走对了。"③

正因为中国特色社会主义事业的启动，中国在政治、经济、文化、社会等诸多方面获得了全方位的发展，并且形成了一系列重要的理论认识，包括：形成了对于中国社会主要矛盾的判断；提出了社会主义初级阶段理论；形成了以经济建设为中心，必须坚持改革开放政策，必须坚持四项基本原则的"一个中心、两个基本点"的基本路线；加强了社会主义法治建设、文明建设、民族团结，等等，尤其是开展了中国特色社会主义基本经济制度建设。在社会主义市场经济体制上，中共十二届三

---

① 《三中全会以来重要文献选编》（上），人民出版社1982年版，第5—6页。
② 《十二大以来重要文献选编》（上），人民出版社1986年版，第3页。
③ 《邓小平文选》（第三卷），人民出版社1993年版，第63页、第65—66页。

中全会首次提出了"有计划的商品经济"这一突破性的范畴,十四大将社会主义市场经济体制正式确立为经济体制改革目标,十六大作出中国已基本建成社会主义市场经济体制的重要判断,并提出了完善社会主义市场经济。在所有制制度上,十一届三中全会以来,党和国家根据实践和经验展开了积极探索,于十五大正式将以公有制为主体、多种所有制经济成分共同发展作为中国社会主义初级阶段的基本经济制度。中共十六大报告进一步提出,"必须毫不动摇地巩固和发展公有制经济",以及"必须毫不动摇地鼓励、支持和引导非公有制经济发展"的"两个毫不动摇"。①在分配制度领域,中共十三大提出要在以按劳分配为主体的前提下实行多种分配方式。十四大明确提出,以按劳分配为主体,其他分配方式为补充,兼顾效率与公平。随后,十五大、十六大、十七大又进一步在此基础上,对允许一部分地区和一部分人先富起来、要素按贡献参与分配、首次分配和再分配等问题进行了深化。以上中国特色社会主义基本经济制度的探索和开拓,不仅为中国现实的发展提供了不断完善的制度基础,也实现了马克思的科学社会主义在中国的践行与拓展。

在改革开放和中国特色社会主义事业的建设进程中,关于现代化的战略设想也由此形成,有力地推动了中华民族伟大复兴的历史进程。1987年中共十三大提出了"三步走"战略,为中国的现代化建设提供了基本的时间步骤。"党的十一届三中全会以后,我国经济建设的战略部署大体分三步走。第一步,实现国民生产总值比一九八〇年翻一番,解决人民的温饱问题。这个任务已经基本实现。第二步,到本世纪末,使国民生产总值再增长一倍,人民生活达到小康水平。第三步,到下个世纪中叶,人均国民生产总值达到中等发达国家水平,人民生活比较富裕,基本实现现代化。然后,在这个基础上继续前进。"②1997年在前两步目标都已完成的情况下,中共十五大指出:"展望下世纪,我们的目标是,第一个十年实现国民生产总值比二〇〇〇年翻一番,使人民的小康生活更加宽裕,形成比较完善的社会主义市场经济体制;再经过十年的努力,到建党一百年时,使国民经济更加发展,各项制度

---

① 《十六大以来重要文献选编》(上),中央文献出版社 2005 年版,第 35 页。
② 《十三大以来重要文献选编》(上),人民出版社 1991 年版,第 16 页。

更加完善;到世纪中叶建国一百年时,基本实现现代化,建成富强民主文明的社会主义国家。"①此即对"三步走"中的第三步形成了进一步的细化,也搭建起 21 世纪初中国现代化建设的思路与框架。

（三）中共十八大以来"两个一百年"的奋斗目标

中共十八大报告指出:"只要我们胸怀理想、坚定信念,不动摇、不懈怠、不折腾,顽强奋斗、艰苦奋斗、不懈奋斗,就一定能在中国共产党成立一百年时全面建成小康社会,就一定能在新中国成立一百年时建成富强民主文明和谐的社会主义现代化国家。"②中共十八大,尤其是十八届三中全会以来,中国共产党领导中国人民围绕"两个一百年"展开了积极奋斗。

为了实现"两个一百年"奋斗目标,以习近平总书记为核心的党中央形成了一系列的具体谋划和战略部署,包括:提出"五位一体"的总布局,要求全面推进社会主义经济建设、政治建设、文化建设、社会建设、生态文明建设;同时,提出"四个全面"战略部署。对此,习近平总书记指出:"党的十八大以来,我们提出要协调推进全面建成小康社会、全面深化改革、全面依法治国、全面从严治党,这'四个全面'是当前党和国家事业发展中必须解决好的主要矛盾。""全面建成小康社会是我们的战略目标,到 2020 年实现这个目标,我们国家的发展水平就会迈上一个大台阶,我们所有奋斗都要聚焦于这个目标。全面深化改革、全面依法治国、全面从严治党是三大战略举措,对实现全面建成小康社会战略目标一个都不能缺。"③其中,针对全面深化改革,十八届三中全会通过了《中共中央关于全面深化改革若干重大问题的决定》,在坚持和完善基本经济制度、加快完善现代市场体系、加快转变政府职能等15 个领域提出了重大改革举措。习近平总书记对此指出:"1978 年,中共十一届三中全会开启了中国改革开放进程,至今已经 35 年多了,取得了举世瞩目的成就。但是,我们还要继续前进。我们提出了'两个一百年'的奋斗目标。当前,经济全球化

①　《十五大以来重要文献选编》(上),人民出版社 2000 年版,第 4 页。
②　《十八大以来重要文献选编》(上),中央文献出版社 2014 年版,第 13 页。
③　《习近平谈治国理政》(第二卷),外文出版社 2017 年版,第 22—24 页。

快速发展,综合国力竞争更加激烈,国际形势复杂多变,我们认为,中国要抓住机遇、迎接挑战,实现新的更大发展,从根本上还要靠改革开放。"①2015 年,习近平总书记进一步论述了"四个全面"对"两个一百年"的意义,指出:"党的十八大以来,党中央从坚持和发展中国特色社会主义全局出发,提出并形成了全面建成小康社会、全面深化改革、全面依法治国、全面从严治党的战略布局,确立了新形势下党和国家各项工作的战略目标和战略举措,为实现'两个一百年'奋斗目标、实现中华民族伟大复兴的中国梦提供了理论指导和实践指南。"②

2017 年,中共十九大报告作出了具有重大历史与政治意义的论述,对中国特色社会主义的前途和命运提出了具有纲领性、前瞻性的分析和筹划。报告指出:"经过长期努力,中国特色社会主义进入了新时代,这是我国发展新的历史方位。"在此基础上,报告提出,在党的十九大到二十大这一"两个一百年"奋斗目标的历史交汇期,"我们既要全面建成小康社会、实现第一个百年奋斗目标,又要乘势而上开启全面建设社会主义现代化国家新征程,向第二个百年奋斗目标进军。"由此,十九大报告对 2020 年到 21 世纪中叶提出了"两个阶段来安排":"第一个阶段,从二〇二〇年到二〇三五年,在全面建成小康社会的基础上,再奋斗十五年,基本实现社会主义现代化。""第二个阶段,从二〇三五年到本世纪中叶,在基本实现现代化的基础上,再奋斗十五年,把我国建成富强民主文明和谐美丽的社会主义现代化强国。"③以上重要论述,一方面对于以往的中国特色社会主义事业建设成就形成了总结,即在中国共产党领导中国人民的不断努力奋斗下,中国特色社会主义的道路、理论、制度不断完善,中国在国际中的地位和影响力不断提升,中华民族伟大复兴迎来了光明前景。另一方面,也为未来发展谋划了清晰方向,因为"两个一百年"奋斗目标是一脉相承、连续前行的关系,第一个百年目标的实现,也必然将决定中国的社会主义

---

① 《习近平谈治国理政》(第一卷),外文出版社 2018 年版,第 100 页。
② 《习近平谈治国理政》(第二卷),外文出版社 2017 年版,第 25 页。
③ 习近平:《决胜全面建成小康社会 夺取新时代中国特色社会主义伟大胜利——在中国共产党第十九次全国代表大会上的报告》,中华人民共和国中央人民政府官方网站 2017 年 10 月 27 日,www.gov.cn/zhuanti/2017-10/27/content_5234876.htm。

事业要迈向下一个阶段前进。换言之,正是历史进程的不断推进,决定了新的历史篇章的随即开启。

三、 进入新发展阶段的现实依据

中国社会主义发展不仅受到理论逻辑与历史进程发展的影响,也深刻地受到现实条件的作用。一方面,世界发展进入"百年未有之大变局",国际经济、社会、治理、文化等都处于重要转折期。另一方面,中国的建设在全面建成小康社会、夺取实现第一个一百年奋斗目标后,具有了实现更高目标的物质基础、制度基础和理论基础,也将在新的现实基础上迈向新征程,面临新挑战,创造新成就,进而成为中国社会主义发展进入新发展阶段的现实依据。

(一)从世界"百年未有之大变局"的变化上把握新发展阶段

2018 年 6 月,习近平总书记在中央外事工作会议上发表重要讲话,指出:"当前,我国处于近代以来最好的发展时期,世界处于百年未有之大变局,两者同步交织、相互激荡。做好当前和今后一个时期对外工作具备很多国际有利条件。"[①]这一重要论述,深刻地揭示了中国当前所处的宏观局势背景,也从客观上将中国的社会主义建设引向了新发展阶段。所谓世界"百年未有之大变局",可以从以下几个主要方面加以理解:

第一,科学技术快速发展,迎来新一轮产业革命。历史证明,每一次科学技术的革新都将带来产业革命,从而在世界广泛领域带来经济、文化、基本格局的革新,极大地变更了人类社会演进的轨迹。近年来,随着互联网、人工智能、通信技术等不断发展,技术革新和产业革命的趋势愈加明显。正如习近平总书记指出的:"进入 21 世纪以来,新一轮科技革命和产业变革正在孕育兴起,全球科技创新呈现出新的发展态势和特征。学科交叉融合加速,新兴学科不断涌现,前沿领域不断延伸,物质结构、宇宙演化、生命起源、意识本质等基础科学领域正在或有望取得重大突

---

① 《习近平在中央外事工作会议上强调 坚持以新时代中国特色社会主义外交思想为指导 努力开创中国特色大国外交新局面》,新华社,2018 年 6 月 23 日。

破性进展。信息技术、生物技术、新材料技术、新能源技术广泛渗透,带动几乎所有领域发生了以绿色、智能、泛在为特征的群体性技术革命。""科技创新,就像撬动地球的杠杆,总能创造令人意想不到的奇迹。当代科技发展历程充分证明了这个过程。"[①]以上重要论述反映出的一个趋势是,科学技术革新的浪潮已经在酝酿乃至形成,能否在此过程中充分把握机遇,将在很大程度上决定中国在未来发展中的表现。

第二,经济全球化深化发展,世界多极化格局日益显著。自 20 世纪中后期以来,全球化速度明显加快,资本、技术、人才等要素在全球范围内加速流转,世界产业分工体系不断深化,经济全球化呈现出扩张趋势。在此过程中,新兴经济体和发展中国家在全球经济中所占的比重不断上升,对世界经济的贡献率也与日俱增。并且,新兴经济体和发展中国家在加强国际合作的过程中也日渐在世界经济体系中扮演了更为积极的角色,发展道路和模式呈现出多样化的形势,推动了以往单极化的世界格局发生改变。而与此同时,该过程也面临着全球经济增长放缓、气候变化、贸易摩擦和保护主义抬头等问题。特别是自 2008 年国际金融危机以来,全球经济处于转折复苏的进程中,已经进入中低速增长轨道。2020 年世界银行报告指出,近年来贸易和全球价值链增长呈现放缓趋势,特别是在投资方面;另一原因则是贸易改革步伐放缓,近期保护主义的抬头也会对全球价值链的演变产生影响,政策的不可预测性甚至可能会造成全球价值链扩张的停滞不前。[②]正如习近平总书记所主张的:"面对国际形势的深刻变化和世界各国同舟共济的客观要求,各国应该共同推动建立以合作共赢为核心的新型国际关系,各国人民应该一起来维护世界和平、促进共同发展。"[③]在这样的挑战和背景下,中国也必须把握时代潮流,积极作为,为中国争取未来发展的主动权,也向世界的和平发展贡献中国力量。

第三,新冠肺炎疫情持续蔓延,加剧国际形势的不稳定性和不确定性。2020 年

---

① 《习近平谈治国理政》(第一卷),外文出版社 2018 年版,第 119—120 页。
② 世界银行:《2020 年世界发展报告:在全球价值链时代以贸易促发展》,世界银行官方网站,www.shihang. org/。
③ 《习近平谈治国理政》(第一卷),外文出版社 2018 年版,第 273 页。

新冠肺炎疫情的暴发,进一步加剧了国际形势中的一系列不利因素,不仅构成了重大国际公共卫生问题,而且对经济增长、贸易、全球产业链等都形成了巨大冲击。国际货币基金组织报告认为,在 2020 年,世界各国民众的生活都发生了深远的变化,包括经济衰退、失业率上升、不平等现象加剧以及债务水平走高等。[①]联合国公布的《世界经济形势与展望年中报告 2021》中指出,2020 年世界生产总值急剧收缩3.6％,2021 年全球经济预计有一定复苏,但疫情在大多数国家远没有结束,国家与地区间疫苗接种的不一致将为全球经济复苏的不平等和脆弱性造成巨大风险。[②]由此可见,一方面,疫情背景下抗击疫情、提振经济在客观上要求各国通力合作、共谋发展,人类命运共同体的世界历史意义也由此更加凸显。另一方面,疫情蔓延与经济衰退重压之下,全球发展的深层次矛盾更为激化,可能进一步加剧世界进入动荡变革期。当前中国的发展与世界的发展关联更加紧密,外部环境剧变之下,也将对中国的发展带来机遇与挑战。

（二）从全面建成小康社会的发展起点上把握新发展阶段

"小康社会"的提出,最初是来自邓小平立足于中国国情而提出的现代化设想。邓小平在 1979 年会见日本首相大平正芳时表示:"我们要实现的四个现代化,是中国式的四个现代化。我们的四个现代化的概念,不是像你们那样的现代化的概念,而是'小康之家'。"[③]随后在 1980 年邓小平进一步指出:"所以,我在跟外国人谈话的时候就说,我们的四个现代化是中国式的。前不久一位外宾同我会谈,他问,你们那个四个现代化究竟意味着什么?我跟他讲,到本世纪末,争取国民生产总值每人平均达到一千美元,算个小康水平。"[④]中共十六大报告正式提出了全面建设小康社会,并从经济、政治、文化、可持续发展界定了具体内容。中共十八大正式提出确保到 2020 年实现全面建成小康社会宏伟目标,要求实现经济持续健康发展,人民民

① 国际货币基金组织:《国际货币基金组织 2020 年年报:全所未有之年》,国际货币基金组织官方网站,www.imf.org/。
② 联合国经济与社会事务部:《世界经济形势与展望年中报告 2021》,联合国经济与社会事务部官方网站,www.un.org/development/desa/dpad/publication/world-economic-situation-and-prospects-as-of-mid-2021/。
③ 《邓小平文选》(第二卷),人民出版社 1994 年版,第 237 页。
④ 同上书,第 259 页。

主不断扩大,文化软实力显著增强,人民生活水平全面提高,资源节约型、环境友好型社会建设取得重大进展[1],描绘了全面建成小康社会的宏伟蓝图。中共十九大报告进一步提出"决胜全面建成小康社会"的号召,并指出:"特别是要坚决打好防范化解重大风险、精准脱贫、污染防治的攻坚战,使全面建成小康社会得到人民认可、经得起历史检验。"[2]

在以习近平同志为核心的党中央坚强领导下,2020年中国全面建成小康社会目标已基本实现。从经济表现来看,中国的经济实力大幅度跃升:2019年国民生产总值折合达到14.4万亿美元,居世界第二位;2013年至2019年实现对世界经济增长接近30%的贡献率。经济结构逐步优化:从产业结构来看,2019年规模以上高技术产业增加值占比为14.4%,服务业增加值占国内生产总值比重为53.9%,较2012年水平有明显提高。[3]从国家整体创新能力来看,中国科学技术发展战略研究院发布的《国家创新指数报告2020》显示,中国国家创新指数综合排名世界第14位,是唯一进入前15位的发展中国家,在中高收入国家中优势突出。[4]世界产权组织发布的《2020年全球创新指数》对世界各地超过130个经济体的创新表现进行排名,指出中国在其所处的中等偏上收入组排名第一,此外,全球创新格局正在转移,中国、越南、印度等国持续处于上升期。[5]

特别是通过脱贫攻坚战,中国顺利完成现行标准下农村贫困人口全部脱贫任务,历史性解决了绝对贫困问题,创造了人类历史的伟大奇迹。习近平总书记在2021年全国脱贫攻坚总结表彰大会上发表重要讲话,指出:"经过全党全国各族人

① 《十八大以来重要文献选编》(上),中央文献出版社2014年版,第13—14页。
② 习近平:《决胜全面建成小康社会 夺取新时代中国特色社会主义伟大胜利——在中国共产党第十九次全国代表大会上的报告》,中华人民共和国中央人民政府官方网站,2017年10月27日,www.gov.cn/zhuanti/2017-10/27/content_5234876.htm。
③ 宁吉喆:《全面建成小康社会取得决定性进展 决战决胜实现目标必须加快补短板》,中华人民共和国中央人民政府官方网站,2020年7月24日,www.gov.cn/xinwen/2020-07/24/content_5529691.htm。
④ 《我国综合创新能力与发达国家差距进一步缩小》,光明网2021年6月5日,https://news.gmw.cn/2021-06/05/content_34902137.htm。
⑤ 世界产权组织:《国家创新指数报告2020》,世界产权组织官方网站,www.wipo.int/global_innovation_index/。

民共同努力,在迎来中国共产党成立一百周年的重要时刻,我国脱贫攻坚战取得了全面胜利,现行标准下 9 899 万农村贫困人口全部脱贫,832 个贫困县全部摘帽,12.8 万个贫困村全部出列,区域性整体贫困得到解决,完成了消除绝对贫困的艰巨任务,创造了又一个彪炳史册的人间奇迹! 这是中国人民的伟大光荣,是中国共产党的伟大光荣,是中华民族的伟大光荣!"①中国减贫工作的成功实现,极大地改善了中国贫困地区的生产生活条件,为第一个百年奋斗目标的实现提供了必要条件。此外,中国在基本设施建设、文化建设、基本公共服务、生态文明建设等方面都取得了积极进展,尤其是新冠肺炎疫情的防控工作及成效,极大地凸显了中国显著的制度优势和治理效能。以上论证反映出,全面建设小康社会目标的实现,已经使得中国在客观基础上立足于一个新的历史起点,已经迎来了从站起来到富起来、再到强起来的历史性飞越,也必然要求中国迈向下一个发展阶段。

（三）从社会主要矛盾转化的规律上把握新发展阶段

在不同时期对中国不同的社会主要矛盾进行科学分析和识别判断,是中国共产党建设社会主义的重要理论构成,也是党确定发展目标和主要工作的重要依据。自成立以来,中国共产党已经对中国社会主要矛盾作出了六次判断。第六次即是在中共十九大上,习近平总书记根据中国的发展形势与社会主义建设实践,对中国社会主义矛盾作出的历史性的重要判断:"中国特色社会主义进入新时代,我国社会主要矛盾已经转化为人民日益增长的美好生活需要和不平衡不充分的发展之间的矛盾。"②社会主要矛盾的转化所反映出的是,随着中国发展取得重大历史性成就,人民群众对美好生活的需要有所升级,变得更加多元、更为注重品质。人们不再停留于基本物质生活的满足,而是对民主法治、精神文化、公平正义、生态环境等有了更高的追求和期待。然而,与人民日益增长的美好生活需要相比,中国的发展

---

① 习近平:《在全国脱贫攻坚总结表彰大会上的讲话》,中华人民共和国中央人民政府官方网站,2021 年 2 月 25 日,www.gov.cn/xinwen/2021-02/25/content_5588869.htm。

② 习近平:《决胜全面建成小康社会 夺取新时代中国特色社会主义伟大胜利——在中国共产党第十九次全国代表大会上的报告》,中华人民共和国中央人民政府官方网站,2017 年 10 月 27 日,www.gov.cn/zhuanti/2017-10/27/content_5234876.htm。

仍然存在不平衡不充分的状况,这已经成为满足人民美好生活需要的主要制约因素,两者之间的矛盾也成为当前中国社会的主要矛盾。因此,中国面临一系列新压力、新问题,应确立新战略、新目标、新任务,在发展中对问题作出回应,这也构成了进入新发展阶段的必然要求。

中国作为世界上最大的发展中国家,发展不平衡不充分的问题仍然突出。在经济领域,伴随着国民经济整体水平的不断提升,城乡之间、区域之间、不同群体之间的收入差距仍然较大,2019 年城乡居民人均可支配收入之比为 2.64,农村和城乡接合部低收入群体人数仍然较多,中部、西部、东北地区居民人均可支配收入分别相当于东部地区的 66.0%、60.8%、69.4%。[①]而且,发展的不平衡不充分,不仅体现在经济方面,而且在中国特色社会主义事业的政治建设、文化建设、社会建设、生态文明建设等方面都有不同程度的体现。养老、教育、医疗、生态改善等方面还存在相当程度的发展空间。而在面临发展不平衡不充分的同时,中国还受到了"三期叠加"的持续影响。所谓三期叠加,包括增长速度换挡期、结构调整阵痛期和前期刺激政策消化期,反映出中国正在由以往年均 10% 左右的高速增长稳步过渡为年均 7% 左右的中高速增长,需要从追求数量、速度调整为追求质量、效益,以及需要消化为了应对 2008 年国际金融危机不利影响而采取的一系列政策的后续影响这三大主要背景,也共同勾勒出中国经济社会发展的主要特征和挑战。[②]另外,中国在提升社会治理、防范各类风险、解决新老矛盾等方面还存在巨大压力,都构成了中国在不断提升生产力水平并实现中国特色社会主义建设中所须进一步应对的一系列问题。总而言之,中国是社会主义国家,人民对美好生活的向往就是我们的奋斗目标。因此,要适应人民群众主体需要的现实变化,及其对发展的新要求新期待,就必须推动发展向更新更高的阶段迈进。

---

① 宁吉喆:《全面建成小康社会取得决定性进展 决战决胜实现目标必须加快补短板》,中华人民共和国中央人民政府官方网站,2020 年 7 月 24 日,www.gov.cn/xinwen/2020-07/24/content_5529691.htm。

② 国家行政学院经济学教研部:《中国经济新常态》,人民出版社 2015 年版,第 28—32 页。

第二节 新发展阶段的科学内涵

一、 新发展阶段：界定与内涵

从本质属性来看，新发展阶段是中国社会主义发展进程中的一个重要阶段，并且，新发展阶段具有一系列更丰富的内涵：从社会主义建设所处的方位来看，新发展阶段是社会主义初级阶段中的一个新阶段。从社会主义建设的阶段安排来看，新发展阶段是实现第一个百年奋斗目标后，向第二个百年奋斗目标进军的新阶段。从中华民族伟大复兴来看，新发展阶段是中国共产党带领人民迎来从站起来、富起来到强起来的历史性跨越的新阶段，也是中国共产党完成伟大历史宏愿的新阶段。从社会主义根本目标的实现来看，新发展阶段是全国人民接续团结奋斗、不断创造美好生活、逐步实现共同富裕的新阶段。从改革和发展来看，新发展阶段是全面深化改革开放迈上更高水平的新阶段，是实现高速发展向高质量发展转型提升的新阶段。从中国特色社会主义的发展来看，新发展阶段是中国特色社会主义展现出更强大生命力，不断为人类作出更大贡献的新阶段。

因此，新发展阶段之所以"新"，不仅在于新发展阶段具有新的发展基础和发展任务，更在于新发展阶段具有新的发展目标和发展要求。新发展阶段是更加注重高质量发展、更加注重不断满足人民美好生活需要、更加注重共同富裕、更加注重人的全面发展、更加注重制度完善、更加注重全面应对世界大变局、统筹国际国内两个大局，更加注重为全球治理贡献中国智慧和中国方案的新阶段。[①]

---

① 参见习近平《把握新发展阶段，贯彻新发展理念，构建新发展格局》，《求是》2021 年第 9 期；《新发展阶段新在哪里？陈一新从八个方面进行阐释》，中国政法委官方媒体平台。2021 年 1 月 15 日，中央政法委秘书长陈一新主持召开秘书长会议暨理论中心组学习会，传达学习习近平总书记在省部级主要领导干部专题研讨班开班式上的重要讲话精神，研究部署学习贯彻意见。陈一新强调，习近平总书记在省部级主要领导干部专题研讨班开班式上的重要讲话，核心要义就是深刻回答了我们处在什么发展阶段、实现什么样的发展、怎样发展的重大问题，对我国进入新发展阶段的主要依据和目标要求作了科学分析，对深入贯彻新发展理念提出了新要求，对加快构建新发展格局提出了主攻方向。

二、 新发展阶段与相关概念的区别与关联

(一) 新发展阶段与"社会主义初级阶段"

新发展阶段是社会主义初级阶段中的一个阶段,换言之,社会主义初级阶段对于新发展阶段,是包含与被包含的关系。对于社会主义初级阶段,如前文所述,这一重要论断是在中共十三大报告中正式提出的。社会主义初级阶段,从其本质来看,不是泛指任何国家进入社会主义都会经历的起始阶段,而是特指中国在生产力落后、商品经济不发达条件下建设社会主义必然经历的特定阶段。换言之,一方面中国是社会主义社会,始终坚持社会主义;另一方面,中国落后的社会生产力决定了中国处于社会主义社会,而且依据十三大的判断,"至少需要上百年时间,都属于社会主义初级阶段"。[①]中国处于并将长期处于社会主义初级阶段,是中国的一个基本国情。

但是,中国长期处于社会主义初级阶段,并不意味着社会主义初级阶段在长期中一成不变。习近平总书记指出:"社会主义初级阶段不是一个静态、一成不变、停滞不前的阶段,也不是一个自发、被动、不用费多大气力自然而然就可以跨过的阶段,而是一个动态、积极有为、始终洋溢着蓬勃生机活力的过程,是一个阶梯式递进、不断发展进步、日益接近质的飞跃的量的积累和发展变化的过程。"[②]中国在确立了社会主义初级阶段后经过了几十年的积累,对于中国特色社会主义建设的理论认识不断提升,中国共产党带领人民迎来从站起来、富起来到强起来的历史性跨越的新阶段。而且通过中国共产党领导中国人民进行不懈奋斗,中国已经具备了实现更高目标的物质基础、制度基础,这推动中国进入了社会主义初级阶段的一个新阶段,即新发展阶段。

(二) 新时代中的新阶段

正确认识党和人民事业所处的历史方位和发展阶段,是中国共产党明确阶段

---

① 《十三大以来重要文献选编》(上),人民出版社1991年版,第12页。

② 习近平:《把握新发展阶段,贯彻新发展理念,构建新发展格局》,《求是》2021年第9期。

性中心任务、制定路线方针政策的根本依据,也是中国共产党领导革命、建设、改革不断取得胜利的重要经验。"经过长期努力,中国特色社会主义进入了新时代,这是我国发展新的历史方位。"①这个新时代,是决胜全面建成小康社会、进而全面建设社会主义现代化强国的时代。这一重大政治论断,赋予中国共产党的历史使命、理论遵循、目标任务以新的时代内涵,为深刻把握国情特征,科学制定党的路线方针政策提供了时代坐标和基本依据。

全面建成小康社会、实现第一个百年奋斗目标后,十九届五中全会提出,乘势而上开启全面建设社会主义现代化国家新征程、向第二个百年奋斗目标进军,这标志着中国进入了一个新发展阶段。总体来看,新阶段是新时代全面建成小康社会后,继续向社会主义现代化强国、向更高水平的社会主义迈进的发展阶段。

1. 新时代的国际形势变革将在新阶段持续。

习近平总书记指出,世界正处于大发展、大变革、大调整时期,中国发展仍处于并将长期处于重要战略机遇期,百年未有之大变局的基本要义在于正在发生的"东升西降"的趋势,以及由此带来的"东西"之间的角力与冲突。这一变局凸显于近年来的中美贸易摩擦,并将在今后较长一段时期进一步演化。

具体而言,百年未有之大变局蕴含着诸多变化,演进趋向包括五个"百年之变":第一,全球化进程百年之变。全球化的商品流通、人才流动、投资便利、技术发展、信息传播深刻改变了世界的发展模式、交往模式和治理模式。第二,世界经济格局百年之变。几个世纪以来西方主导的时代已经演变为东西方并重的新时代,中美也从合作逐步走向经济、政治、科技及全球治理等领域的全方位竞争。第三,国际权力格局百年之变。多极化的均衡态势更加明显,特别是发展中国家在国际体系中的地位和影响力逐步提高。第四,全球治理体系及治理规则百年之变。长期以来发展中国家依附于发达国家的全球治理格局出现新的变化。第五,人类文明及交往模式百年之变。一大批新兴国家开始在方兴未艾的新技术革命中崭露头

---

① 习近平:《决胜全面建成小康社会 夺取新时代中国特色社会主义伟大胜利》,2017 年 10 月 18 日在中国共产党第十九次全国代表大会上的报告。

角,伴随中国等转轨国家的现代化探索,全球的思想、观念、制度、模式也呈现出多元格局。

新冠肺炎疫情的暴发并未改变时代趋势,但却导致国际形势进一步复杂化。在 2021 年 1 月 11 日省部级主要领导干部学习贯彻党的十九届五中全会精神专题研讨班上,习近平总书记指出:"最近一段时间以来,世界最主要的特点就是一个'乱'字,而这个趋势看来会延续下去。""时与势在我们一边,这是我们定力和底气所在,也是我们的决心和信心所在。同时,我们必须清醒看到,当前和今后一个时期,虽然我国发展仍然处于重要战略机遇期,但机遇和挑战都有新的发展变化,机遇和挑战之大都前所未有,总体上机遇大于挑战。"因此在新时代的新阶段,中国仍处于百年变局之下的战略机遇期。

2. 新时代的社会主要矛盾也是新阶段的主要矛盾。

十九大报告指出,"中国特色社会主义进入新时代,中国社会主要矛盾已经转化为人民日益增长的美好生活需要和不平衡不充分的发展之间的矛盾"。这一主要矛盾也是新发展阶段的主要矛盾。

党中央关于中国社会主要矛盾的判断从八大到十一届六中全会,再到十九大均有权威表述,均以人民的需要与这种需要的满足状况作为主要矛盾的两面,通过解放和发展生产力来满足人民日益增长的生活需要。十一届六中全会将中国社会主要矛盾确定为"人民日益增长的物质文化需要同落后的社会生产之间的矛盾",由此党和国家的工作重心转向以经济建设为中心。十九大报告指出,"我国社会主要矛盾已经转化为人民日益增长的美好生活需要和不平衡不充分的发展之间的矛盾",标志着中国特色社会主义建设进入新时代。

新发展阶段,中国已完成全面建成小康社会的历史任务,人民日益增长的物质文化需要已经转化为人民日益增长的美好生活需要,除了物质文化生活需要之外,还有政治、社会、生态文明等领域的需要,希望享受社会主义民主政治、法治国家建设的成果,希望维护社会公义,增强人身、财产等多方面的安全感,也希望共享美丽中国建设的成果。人民期待不断提升生活中的获得感、幸福感、安全感。从生产力的发展来看,落后的社会生产已经转化为不平衡不充分的发展,虽然已基本摆脱贫困,但人民美好生活的需要尚无法全部得到满足,仅先在一部分人中得到了实现。这表明新阶段中国的主要矛盾仍是人民日益增长的美好生活需要与不平衡不充分的发展之间的矛盾。

3. 习近平新时代中国特色社会主义思想是新阶段的指导思想。

当代中国正经历着历史上最广泛而深刻的社会变革,也正进行着人类历史上最宏大而独特的实践创新。这是一个需要理论而且一定能够产生理论的时代,是一个需要思想而且一定能够产生思想的时代。十九大最重大的理论成就就是确立了习近平新时代中国特色社会主义思想的历史地位。

十八大以来,以习近平同志为代表的中国共产党人,结合理论与实践,系统回答了新时代坚持和发展什么样的中国特色社会主义、怎样坚持和发展中国特色社会主义这一重大时代课题,创立了习近平新时代中国特色社会主义思想。习近平新时代中国特色社会主义思想是马克思主义中国化的最新成果,是在中国特色社会主义实践中产生的,具有典型的内生性特质和鲜明的时代色彩,"是当代中国马克思主义、二十一世纪马克思主义,是中华文化和中国精神的时代精华,实现了马克思主义中国化新的飞跃。"①

习近平新时代中国特色社会主义思想,坚持马克思主义方法论,根据时代和实践发展变化,以崭新的思想内容丰富和发展了马克思主义。习近平新时代中国特色社会主义思想涵盖了新时代的总目标、总任务、总体布局、战略布局和发展方向、发展方式、发展动力、战略步骤等基本问题,并根据新的实践对经济、政治、法治、科技、文化、教育、民生、社会、生态文明、国家安全、党的建设等各方面作出理论概括和战略指引。"党确立习近平同志党中央的核心、全党的核心地位,确立习近平新时代中国特色社会主义思想的指导地位,反映了全党全军全国各族人民共同心愿,对新时代党和国家事业发展、对推进中华民族伟大复兴历史进程具有决定性意

---

① 中共十九届六中全会《中共中央关于党的百年奋斗重要成就和历史经验的决议》。

义。"①这一思想体系本质上是关于发展中大国如何成为强国的理论,不仅是作为新时代的指引、新发展阶段的指引,而且在未来中国的社会主义发展中也仍将坚持与发扬。

4. 新阶段的任务是新时代的最终目标。

中国特色社会主义建设的新时代,是中国发展起来且努力走向强国的时代。"党面临的主要任务是,实现第一个百年奋斗目标,开启实现第二个百年奋斗目标新征程,朝着实现中华民族伟大复兴的宏伟目标继续前进。"②"党的十八大以来,全国八百三十二个贫困县全部摘帽,十二万八千个贫困村全部出列,近一亿农村贫困人口实现脱贫,提前十年实现联合国二〇三〇年可持续发展议程减贫目标,历史性地解决了绝对贫困问题,创造了人类减贫史上的奇迹。"③困扰中华民族几千年的绝对贫困问题得以消除,为中国朝着第二个百年奋斗目标进军奠定了坚实基础,也标志着中国进入新发展阶段。

对于新发展阶段,习近平总书记指出:"新中国成立不久,我们党就提出建设社会主义现代化国家的目标……未来 30 年将是我们完成这个历史宏愿的新发展阶段。我们已经明确了未来发展的路线图和时间表。这就是,到 2035 年,用 3 个五年规划期,基本实现社会主义现代化。然后,再用 3 个五年规划期,到本世纪中叶,把我国建成富强民主文明和谐美丽的社会主义现代化强国。"④随着 2020 年全面建成小康社会取得圆满胜利,中国共产党已完成向人民、向历史作出的庄严承诺,任务已经转向为全面建设社会主义现代化国家,这也是新时代的最终目标。

综上,新时代始于第一个百年奋斗目标的收官阶段,而新发展阶段则是新时代的第二阶段,是向着第二个百年奋斗目标迈进的历史阶段。

(三)新常态下的新阶段

新常态是一种经济特征,意指经济发展由高速阶段转入中高速阶段,即增速放

---

①②③ 十九届六中全会《中共中央关于党的百年奋斗重要成就和历史经验的决议》。

④ 2021 年 1 月 11 日,习近平总书记在省部级主要领导干部学习贯彻党的十九届五中全会精神专题研讨班开班式上的讲话。

缓。新常态不仅是新时代的重要经济特征,也是新阶段的特征之一。习近平总书记指出:"我国经济发展进入新常态,是我国经济发展阶段性特征的必然反映,是不以人的意志为转移的。认识新常态,适应新常态,引领新常态,是当前和今后一个时期我国经济发展的大逻辑。"[①]显然,新常态下的经济特征仍将在新阶段下持续,而新常态下的经济发展任务与方略在新阶段仍要坚持。

1. 新常态特征仍将在新阶段的经济发展中体现。

2013 年,中共中央指出中国经济发展进入增长速度换挡期、结构调整阵痛期、前期刺激政策消化期"三期叠加"阶段。2014 年中央政治局会议上,针对"三期叠加",习近平总书记强调要适应新常态,并在其后的亚太经合组织工商领导人峰会上指出新常态下的趋势性变化。

在消费需求方面,国内消费增速逐年下降,由过去的两位数增长下降到 8% 左右。模仿型消费阶段基本结束,个性化、多样化消费渐成主流,保证产品质量、通过创新供给激活需求的重要性显著上升。特别是文化娱乐、信息服务、体育健康等行业增速超过两位数,增长的收入弹性很高,具有持续稳定的扩张性。虽然供给体系调整势在必行,但中国人口基数大,总体消费水平不高,增长空间还很大。

在投资需求方面,传统产业、房地产投资相对饱和,但新基建、新技术、新业态、新商业模式的投资机会大量涌现,对创新投融资方式提出了新要求。中国总储蓄率仍然较高,把握投资方向,消除投资障碍对经济发展有关键作用。

在出口和国际收支方面,全球总需求不振,出口面临越来越大的不确定性,总体呈下降趋势,中国低成本比较优势也发生了转化。但中国的出口竞争优势依然存在,仍有巨大的国际市场占有率,双向开放正在稳步推进,人民币国际化程度明显提高,国际收支正在向收支基本平衡方向发展。

在产业组织方面,传统产业产能过剩,钢铁、水泥、玻璃等行业产能已近峰值,房地产出现结构性、区域性过剩。同时,互联网技术飞速发展,新模式、新业态层出

①　《十八大以来重要文献选编》(中),中央文献出版社 2016 年 6 月版。

不穷,小微企业作用凸显,生产小型化、智能化、专业化成为产业组织新特征。

在生产要素方面,中国人口老龄化日趋严重,劳动力人口总量下降,60岁以上人口占总人口比例已经超过18%,预计到2025年这一比例将达到20%以上。劳动力人口下降带来的用工成本提高使得不少劳动力密集型产业转移到劳动成本更低的国家,产能溢出效应十分明显。而在许多领域中国科技创新与国际先进水平相比还有较大差距,未来经济增长将更多依靠人力资本和技术进步,必须转向创新驱动型发展。

在市场竞争方面,竞争逐步转向质量型、差异化以满足消费者的品质和个性化需求,必须通过供给创新满足需求。企业依靠优惠政策、外资依靠超国民待遇形成竞争优势的模式难以为继,促进市场公平、提高资源配置效率是经济发展的内生性要求。

在资源环境方面,生态承载能力已接近上限,高消耗、粗放型的发展方式难以为继。同时,人民对清新空气、清澈水质、清洁环境等生态要求越来越高,生态环境越来越珍贵。

在经济风险方面,随着经济增速放缓,各类隐性风险逐步凸显,地方政府性债务、影子银行、房地产等领域风险逐渐显露,就业也开始出现结构性风险。

这些趋势性变化,既是新常态的外在特征,又是新常态的内在动因。而新常态下的经济结构调整任务,仍将是新阶段经济建设的重要任务。

2. 新常态下的发展方针在新阶段仍要坚持。

习近平总书记明确指出:"我国经济发展进入新常态,没有改变我国发展仍处于可以大有作为的重要战略机遇期的判断,改变的是重要战略机遇期的内涵和条件;没有改变我国经济发展总体向好的基本面,改变的是经济发展方式和经济结构。"①面对经济新常态特征,习近平总书记指出要努力实现多方面工作重点转变,注重从十个方面发力,这些发力方向也要在新发展阶段继续推进:注重提高发展质

---

① 习近平:《经济工作要适应经济发展新常态》(2014年12月9日),载《十八大以来重要文献选编》(中),中央文献出版社2016年版。

量和效益,是适应和引领新常态、促进经济平稳健康发展的内在要求,要提高质量效益、着力做强;注重供给侧结构性改革,实现由低水平供需平衡向高水平供需平衡的跃升;注重引导市场行为和社会心理预期,增强政策透明度和可预期性,加强宏观政策国际交流,提高宏观调控艺术性;注重调整产业结构,培育新的增长动力,淘汰落后产能,发挥创新引领作用,优化人力资本结构,提高劳动生产率和资本回报率;注重以人为核心的城镇化,促进有能力在城镇稳定就业和生活的农业转移人口进城落户,缩小城乡差距、改变城乡二元结构;注重人口经济和资源环境空间均衡发展,构建要素自由流动、主体功能有效、公共服务均等、资源环境可承载的区域协调发展新格局,缩小地区间收入分配差距,促进地区间人口经济和资源环境承载能力相适应;注重形成绿色生产方式和消费方式,提高能够自给的清洁能源特别是可再生能源的比重,加大对风能、光能相关的材料、储能、智能电网等技术的研发和商业推广,提高转化效率,推进分布式清洁能源体系建设和能源互联网建设;注重对特定人群特殊困难的精准帮扶,谨慎防范弱势群体重新返贫,提高教育、医疗等基本公共服务数量和质量;注重市场在资源配置中的决定性作用,激发微观主体活力,通过加强产权保护和产权激励,稳定企业家的长期预期,激励其投入创新,政府则履行好宏观调控、市场监管、公共服务等基本职责;注重推进高水平双向开放,坚持内外需协调、进出口平衡,"引进来""走出去"并重、引资引技引智并举,积极参与全球经济治理和公共产品供给。

综上,降低经济波动,保持稳定和可持续增长是适应中国经济新常态的必然要求,是新发展阶段的基本经济目标,也是新发展阶段全球综合国力竞争新形势的主动选择。

（四）全面现代化的新阶段

全面建设社会主义现代化国家、基本实现社会主义现代化,是新中国成立以来中国共产党的长期承诺,也是新阶段的主要奋斗目标。习近平总书记指出,坚持和发展中国特色社会主义,总任务是实现社会主义现代化和中华民族伟大复兴,必须统筹推进"五位一体"总体布局,协调推进"四个全面"战略布局,一心一意为实现"两个一百年"奋斗目标而努力工作,不断把完成总任务的历史进程推向前进。

1. 中国特色现代化发展目标的历史沿革。

如何建成社会主义现代化强国始终是中华人民共和国历届领导人所关注的核心问题。新中国成立后,第一代领导集体即开始探索社会主义现代化道路,逐步形成了从"国家工业化"到"四个现代化"的战略设想。1956年,中共八大提出"四个现代化",即"有计划地发展国民经济,尽可能迅速地实现国家工业化,有系统、有步骤地进行国民经济的技术改造,使中国具有强大的现代化的工业、现代化的农业、现代化的交通运输业和现代化的国防"。1964年,第三届全国人大一次会议进一步提出"两步走"设想:第一步,用15年时间建立一个独立的比较完整的工业体系和国民经济体系;第二步,在20世纪末全面实现农业、工业、国防和科学技术的现代化,中国经济走到世界前列。"四个现代化"正式成为中国社会主义现代化建设的奋斗目标。1975年,第四届全国人大一次会议重申了"四个现代化"战略目标和"两步走"战略部署。

改革开放之后,面对新的历史任务和国内外环境,党基于对国内外经济发展经验的总结,将原定2000年全面实现"四化"的目标推迟到2050年。"我们党在现阶段的政治路线,概括地说,就是一心一意地搞四个现代化。这件事情,任何时候都不要受干扰,必须坚定不移地、一心一意地干下去。"①邓小平同志针对当时的基本国情,提出"三步走"战略设想。1987年,中共十三大作出了社会主义初级阶段的基本判断,提出了中国经济建设的"三步走"战略:第一步,到1990年实现国民生产总值比1980年翻一番,解决人民的温饱问题;第二步,到20世纪末,国民生产总值再增长一倍,人民生活达到小康水平;第三步,到21世纪中叶,人均国民生产总值达到中等发达国家水平,人民生活比较富裕,基本实现现代化。

中共十六大第一次提出第一个百年目标,即全面建设惠及十几亿人口的更高

---

① 1980年2月29日,邓小平在党的十一届五中全会第三次会议上题为"坚持党的路线,改进工作方法"的讲话。

水平的小康社会,同时提出 2020 年的经济建设、政治民主建设、社会文化、教育科技、可持续发展等具体目标,以及经济建设与经济体制改革、政治建设与政治体制改革、文化建设与文化体制改革的"三位一体"总体布局。2007 年,中共十七大提出经济建设、政治建设、文化建设、社会建设的"四位一体"总体布局。2012 年,中共十八大全面提出了经济建设、政治建设、文化建设、社会建设和生态文明建设的"五位一体"总体布局,并将社会主义现代化总任务正式概括为:在中国共产党成立一百年时,全面建成小康社会;在新中国成立一百年时,建成富强民主文明和谐的社会主义现代化国家。对于现代化的路径,十八大报告指出:"坚持走中国特色新型工业化、信息化、城镇化、农业现代化道路,推动信息化和工业化深度融合、工业化和城镇化良性互动、城镇化和农业现代化相互协调,促进工业化、信息化、城镇化、农业现代化同步发展。"在十八届三中全会上,习近平总书记提出"推进国家治理体系和治理能力现代化",这是"工业现代化、农业现代化、国防现代化、科学技术现代化"后的第五个现代化。2015 年,根据十八届五中全会精神,围绕"五位一体"总体布局和"四个全面"战略布局,国家制定了"十三五"规划,进入第一个百年奋斗目标的决胜阶段。"党的十九届四中全会着眼于党长期执政和国家长治久安,对坚持和完善中国特色社会主义制度、推进国家治理体系和治理能力现代化作出总体擘画,重点部署坚持和完善支撑中国特色社会主义制度的根本制度、基本制度、重要制度。"①

全面现代化与全面建成小康社会具有继承性、连续性。在完成第一个百年奋斗目标后,全面建成社会主义现代化强国成为新阶段的主要任务。

2. 新阶段中国特色现代化建设的新内涵。

立足新发展阶段,中国特色现代化的内涵进一步丰富。中国的现代化,不是西方化、欧美化的,而是有中国特色、符合中国实际的,"是人口规模巨大的现代化,是全体人民共同富裕的现代化,是物质文明和精神文明相协调的现代化,是人与自然

---

① 十九届六中全会《中共中央关于党的百年奋斗重要成就和历史经验的决议》。

和谐共生的现代化,是走和平发展道路的现代化"。[①]

中国特色现代化的本质是人的现代化,发展的目的是实现人的自由和全面发展。十八大报告明确指出,要"不断在实现发展成果由人民共享、促进人的全面发展上取得新成效"。中国特色社会主义,不仅承载着现代化建设的时代重任,也同时承载着持续推进人的现代化、促进人的全面发展的历史使命。

中国特色的现代化是一种全面协调推进的现代化,"在坚持以经济建设为中心的同时,全面推进经济建设、政治建设、文化建设、社会建设、生态文明建设,促进现代化建设各个环节、各个方面协调发展"。[②]这种"五位一体"的现代化是相互关联、相互支撑的有机整体:经济现代化是基础,政治现代化是保障,文化现代化是重要支撑,社会现代化彰显社会主义的性质,绿色现代化是国情的要求。中国的现代化路径同西方发达国家有很大不同。西方发达国家的现代化是"串联式",在两百多年中工业化、城镇化、农业现代化、信息化依次发展。而后发追赶决定了中国现代化的发展必然是"并联式",工业化、信息化、城镇化、农业现代化齐头并进。因此,要实现"五位一体"总体布局,就要坚定依靠"四个全面"战略布局。"四个全面"同样是每个"全面"相互依存的大系统:全面建成小康社会是奋斗目标,全面深化改革是动力源泉,全面推进依法治国是根本保障,全面从严治党确保中国共产党始终是坚强的领导核心。

以习近平同志为核心的党中央总揽国内外发展全局,把握未来发展大势,提出了"以人民为中心"的社会主义现代化发展思想,指明了社会主义现代化"五位一体"总体布局和"四个全面"战略布局,开创了中国特色社会主义现代化建设事业的全新局面。这一总任务为新阶段的发展指明了方向,也为新阶段的发展勾画出国家繁荣、人民幸福的美好前景。

---

① 2021 年 1 月 11 日,习近平总书记在省部级主要领导干部学习贯彻党的十九届五中全会精神专题研讨班开班式上的讲话。

② 2015 年 10 月 29 日,习近平总书记在十八届五中全会第二次全体会议上的讲话。

第三节　新发展阶段的特征总结

一、 社会主义初级阶段向更高阶段推进的过渡性阶段

从某种意义上说,可以将新发展阶段定义为中国社会主义初级阶段的最后阶段。经历了这个关键阶段之后,中国便实现社会主义现代化强国建设目标,进而过渡到社会主义发展的更高阶段。进入新发展阶段代表中国的社会主义建设站在了一个新的起点,中国人民在中国共产党的领导下经过几十年艰苦奋斗,完成了从站起来到富起来的历史性跨越,进而朝向强起来的社会主义现代化国家战略宏愿继续奋进。因此,新发展阶段是中国社会主义初级阶段中以建成现代化强国为目标、取得更明显实质性发展的最后阶段。

习近平总书记指出:"社会主义初级阶段不是一个静态、一成不变、停滞不前的阶段,也不是一个自发、被动、不用费多大气力自然而然就可以跨过的阶段,而是一个动态、积极有为、始终洋溢着蓬勃生机活力的过程,是一个阶梯式递进、不断发展进步、日益接近质的飞跃的量的积累和发展变化的过程。"[①]新发展阶段具有鲜明的过渡性特征——是以全面建设社会主义现代化国家为核心内容的社会主义初级阶段,是完成社会主义初级阶段目标向更高级社会主义建设阶段迈进的关键过渡性阶段,是促进社会主义事业取得质的飞跃的重要阶段。

一方面,新发展阶段是社会主义初级阶段的建设重心和目标不断动态演化发展的结果。新中国成立以来,中国共产党领导人民围绕社会主义初级阶段的历史性、阶段性特征,先后完成了"建成一个独立的比较完整的工业体系和国民经济体系"的历史目标,以及"全面建成小康社会"的前期目标,将社会主义现代化建设推向了新的更高的出发点,即新发展阶段的起点。新发展阶段意味着探索国家富强

---

① 《深入学习坚决贯彻党的十九届五中全会精神　确保全面建设社会主义现代化国家开好局》,《人民日报》2021年1月12日。

和人民幸福之路的伟大进程进入了最后的关键性阶段,过去几十年建设成果的量化积累将在本阶段转化成质的进步,正式开启实现民族振兴之梦伟大历史征程的实质性探索,以"五位一体"统筹推进为总体布局,遵循"四个全面"协调推进的战略路径,不断开创中国特色社会主义现代化建设的新境界。

另一方面,新发展阶段是社会主义事业长期性与社会主义初级阶段发展阶段性相结合的产物。新发展阶段的最主要内容是实现社会主义现代化强国的建设目标,而社会主义现代化不仅是中国社会主义初级阶段的要求,更是社会主义事业在中国实现质的跃进、从初级阶段转入更高发展阶段的要求。换言之,中国的社会主义建设事业将在新发展阶段充分积蓄新的发展动能,为社会主义初级阶段发展目标实现之后迎接更高水平的历史性发展任务做好准备,进而全面推进中国特色社会主义伟大事业以及中华民族伟大复兴实现大跨越的历史宏愿。

二、 坚持不懈推进高质量发展实现现代化的关键阶梯

新发展阶段意味着中国特色社会主义现代化建设正行进到一个新的关键节点,这是"两个一百年"奋斗目标的历史交汇点和中华民族伟大复兴的中国梦实现的发力点。习近平总书记在"7·26"党的十九大专题研讨班重要讲话中指出,2020年全面建成小康社会后,"要激励全党全国各族人民为实现第二个百年奋斗目标而努力,踏上建设社会主义现代化国家新征程,让中华民族以更加昂扬的姿态屹立于世界民族之林",并明确了第二个百年实现从"从无到有"到"从有到好"的跨越性使命。为此,中国必须牢固紧抓"高质量发展"这一发展主线,不断健全社会主义市场经济体制,持续增强自主创新能力,通过生产力水平的显著提高,推动现代化建设在产业发展、农村发展、生态环境、基础设施、公共服务等领域全面落实。

高质量发展是一种与传统的高速度增长截然不同的发展方式,以强调发展质量为基本特征。高速度增长的突出特点是粗放型的要素投入加之低水平的产出扩张,是在短缺经济中供不应求的背景下形成的以经济体量或规模为导向的经济增长方式。与数量型增长相对应的经济体制体现为重激励机制而轻约束机制,强调

通过财税优惠等经济刺激手段鼓励企业扩大生产规模、追求经济效益,但与此同时,企业社会责任或环境约束政策长期缺位。随着可分配资源短缺的逐渐消失,市场供求基本平衡甚至供大于求成为普遍状态。无论是出于扩展收益边际的目的,还是为了应对政府环境测评与监管,企业作为微观生产主体正愈来愈重视采用绿色清洁的生产技术和能源,形成集约高质的生产方式,甚至将污染防止和质量把控纳入企业绩效发展目标。与此相应,强调激励机制与责任约束并重的高质量发展的市场经济体制正在不断健全和完善。总的来说,无论是追求高速度的经济增长,还是突出高质量的经济发展,都是不同历史阶段中市场主体行为方式和相对应的经济或市场体制互相作用的最终表现;所以,从高速度经济增长方式向高质量经济增长方式的演进,也是企业、消费者等市场主体素质不断提高、优化调整自身行为方式,政府等监管者不断适应市场经济发展需求的综合结果,体现了中国特色社会主义市场经济体制不断向成熟发展的趋势。只有实现根本性的经济发展方式转变,才能从本质上解决中国社会主义初级阶段的基本矛盾以及经济结构的深层次矛盾,显著增强社会主义生产活动的秩序和效率水平。所以,持续推进经济高质量发展,形成健康的经济发展模式,是中国经济顺利爬坡过坎、攻坚克难、跨越中等收入陷阱的根本途径,也是全面实现社会主义现代化的关键阶梯。

　　进入新发展阶段意味着全面建设社会主义现代化国家伟大征程的全面开启,而本阶段的首个五年规划便是将高质量发展作为主线。《中共中央关于制定国民经济和社会发展第十四个五年规划和二〇三五年远景目标的建议》明确指出高质量发展是"十四五"时期经济社会发展的基本主题;而习近平总书记也在建议稿说明中特别强调:"新时代新阶段的发展必须贯彻新发展理念,必须是高质量发展。"这是在新发展理念的指导下,结合中国社会主义初级阶段的发展环境、发展目标、发展条件、发展挑战,对经济社会发展的方向和重点做出的科学判断。自十八大以来,中国共产党领导人民一直致力于解决发展中所面临的各类重大现实挑战,而化解此类矛盾的根本途径在于提升发展质量:一是解决"发展起来"之后遇到的社会问题,例如社会贫富差距扩大、民生及公共服务短板凸显、环境生态治理任务紧迫、突发性公共事件频发、权力缺乏监管约束等;二是解决"制度型问题",如何构建起"系统完备、科学规范、运行有效"的制度体系,在经济、社会、政治、生态、文化、治理等方面确立起稳定度更高、科学性更强的中国特色社会主义制度;三是解决由"大"变"强"过程中遇到的问题,主要是如何在国际格局调整、经济全球化走上新轨迹的全球形势下获得"主动权""话语权"和"规则制定权",更好地行使和发挥与经济大国地位相适应的国际责任。以上矛盾的解决均需要强调发展质量的突出位置。现阶段,中国共产党领导人民已经"解决了许多长期想解决而没有解决的难题,办成了许多过去想办而没有办成的大事"[①],特别是在关系国家经济安全的关键技术环节确立自主创新的领先优势,实现了经济增长动力转换、经济产业结构优化的重大突破。"十四五"时期作为新发展阶段的开局,需要为高质量发展夯实根基,在进一步可持续地挖掘资本、土地、劳动力等传统生产要素的增长红利的同时,更高效地从数据、信息、管理、人才等现代要素中获取新的发展动能,依靠创新驱动不断提升经济效率。同时,为了应对全球后疫情时代价值链和供应链重构调整的冲击,全方位增强中国产业链的稳定性和完整性。为了保障要素潜力的发挥和产业结构的优化,需要深入推进要素市场化配置改革,深化结构性市场机制体制改革。因此,高质量发展的提出体现了中国共产党领导下的社会主义建设直面问题的勇气和主动化解矛盾的智慧,不仅是"十四五"时期也是新发展阶段更长时期发展的主题,是顺应中国未来发展实践要求和全体中国人民愿望的科学价值取向。

三、 深化改革推动中国特色社会主义制度走向成熟的阶段

新发展阶段推进高质量发展,必须通过深化改革开放的根本路径。无论何时,人民都是建设社会主义现代化的主体力量,因而实现高质量发展也需要依靠作为经济建设主体的人民的行为方式发生深刻改变,而这必须借助市场体制机制和社会治理模式进行有针对性的、有序的引导。自改革开放以来,中国改革的主线始终

---

① 习近平"7·26"重要讲话。

围绕激发市场主体活力和释放经济主体潜力,不断通过放权让利构建协调的市场与政府关系边界,不断打破计划经济体制和行政指令或权力对市场的枷锁。可以说,改革正是一个从服从"大我"、强调集体价值向突出"小我"、重视个人价值的价值观转变过程。随着改革的不断深入和领域拓宽,市场在配置资源中日益发挥愈加重要的作用,不仅带来经济活跃度、开放度、自由度的提升,同时也导致了个体利益之间、个体利益和公共利益之间的冲突及矛盾,进而制约了规范的市场秩序和规则建立的步伐,抑制了整体经济效率的改善。计划经济体制的指令性规则不断被打破使得人们追求利润的热情空前高涨,而成熟市场秩序的失范和缺位则使得人的经济行为缺乏长期性和理智性。需要承认,在改革开放的初期,追逐短期利益会在某种程度上刺激需求快速扩张,并推动经济实现高速度增长。然而,一旦经济结构趋于平衡、市场竞争趋于饱和、需求趋于平稳时,各类问题便暴露出来,诸如产权保护不平等、权利责任不清晰、要素配置市场化机制不足等。必须在中国特色社会主义基本制度的体制框架下,尽快健全社会主义市场经济的秩序、规范、规则等机制,加快完善产权保护体系,发展培育要素市场。这需要在价值观层面探索符合中国国情及特色的"集体"与"个人"、"大我"与"小我"的和谐关系,不仅能够保障个体的权责实现和经济自由,而且能够确保全体人民的根本利益得到满足;并将这种价值观体现在法律法制层面,确保人民从事经济社会活动有法可依、有规则可依,不断推动中国特色社会主义市场经济体制走向成熟。

新发展阶段坚定不移地走高质量发展道路,必须适应新形势,应对新挑战,构建新发展格局,而其中的关键推动力依旧是深化改革。新发展格局强调立足并发挥国内大循环的基础地位,其内涵则是实现高水平的自主、自立和自强,尤其是在涉及核心竞争力的关键技术领域。根据统计数据,现阶段民营经济的专利开发、技术创新、产品研发分别占据了全国总量的 65%、75% 和 80%,因此,保障各种所有制经济处于公平公正透明的竞争环境,是持续激发社会创新活力、保障实体经济安全的前提和基础。为此,只有深入推进以市场化改革、尤其是要素市场化改革为核心的供给侧结构性改革,不断提高市场制度供给的效率和水平,才能真正实现从要素驱动向创新驱动的经济动能转换。同时,强化国内大循环需要以强大的内需为基础,因此健全完善一个韧性更强、联通性更高的国内内需市场成为必然。为了提升人民群众的消费意愿和消费能力,提升消费市场容量和潜力,必须培育一个成熟的、具有规模性的中等收入群体,而要实现这一目标,则需要建立更加完善合理的国民收入分配及再分配格局,切实推进需求侧改革和管理。在初次分配阶段,建立合理的工资报酬增长机制,逐步提高劳动报酬比重,保障广大低收入群体获得收入持续提升的途径;同时,保障按照资本、技术等生产要素获取报酬的权利,拓宽中低收入群体获得要素性收入的渠道。在再分配阶段,提升公共服务效率,切实提高税收、转移支付、社会保障等收入调节手段的精确性和目标性,建立多层次、多元化、市场政府相结合的社会保障体系,尽可能为广大人民群众减轻生存发展的后顾之忧;同时,鼓励民营企业、个体经济、自由职业者、新社会群体的壮大发展,不断提高中等收入群体规模和质量。

四、 实现国家治理现代化再创"中国之治"新奇迹的阶段

新发展阶段为中国的国家治理设置了与以往不同的崭新的内外部环境,因而必须以更高标准为要求,创造一个能够有效应对各类风险和挑战、解决多元化治理任务和目标的现代化国家治理体系。中共十八大以来,中国国家治理所涉及的机制、体制、法律、规范等在中国共产党的领导下不断创新、发展和完善。中共十九届四中全会以来,更是确立了国家治理体系现代化和治理能力现代化的根本方向,明确了国家治理制度与中国特色社会主义基本制度的关系,提出了以强化制度创新为重点抓手的国家治理体系建设部署,从战略高度勾勒出了新发展阶段对国家治理提出的要求和任务。

无论是改革开放以来40多年的经济发展奇迹,还是2020年以来应对新冠肺炎疫情冲击所取得的成绩,均从不同角度彰显了中国社会主义基本制度的独特优越性。站在新发展阶段的起点,如何进一步释放社会主义的制度红利,将中国的制度优势转化为更为显著的治理效能,关键在于通过创新国家治理机制和体系,完善国

家治理建设,不断强化社会主义制度的执行力。新发展阶段创新完善国家治理机制,首先必须强化中国共产党的核心领导地位,充分发挥党总揽全局、协调各方的关键作用,保障社会主义现代化建设事业的制度自信和定力,持续开创"中国之治"的新境界、新局面和新奇迹,为人类文明进步和命运共同体建设贡献中国方案和中国智慧。在创新国家治理的路径上,必须依照中国共产党的顶层设计和战略部署,坚持"问题导向"与"目标导向"的辩证统一,不断创新理念、完善思路、夯实基础、改善方法,通过协同、协商、协力机制发挥全体人民创新精神,推进国家治理各领域的改革。在创新国家治理的实践上,需要坚持自上而下的顶层设计和自下而上的"摸着石头过河"相统一的方法论。对于实践建设中的成功经验、可靠做法及时进行总结,不断梳理成政策、转化为法律,在条件成熟的地区先行试验并陆续复制推广,以试点先行和全面推进相结合的方法,摸索出一套成熟的完善国家治理体系创新的渐进式改革之路。

西方国家一度将"东欧剧变"和苏联解体作为诋毁和唱衰社会主义的论据,鼓吹资本主义是人类社会发展的最终阶段和最高形式的"意识形态终结论"。而中国通过改革开放实现经济快速崛起,成为国际经济贸易格局中不可忽视的重要力量,更是在 21 世纪金融危机以后成为引领全球经济复苏发展的引擎以及维护区域乃至全球经济安全的压舱石。以上事实推动西方学者和领导人以及新兴或后发国家的政策制定者开始正视资本主义制度的弊端,思考新的制度道路和治理方式。以习近平同志为核心的中国共产党自十八大以来,全面总结了中国探索社会主义现代化国家道路的实践经验,不断反思和审视国家治理体系和治理能力所面临的现实问题,提出"国家治理体系和治理能力现代化"这一"两个现代化"的战略思想,坚定地显示出深刻探索现代化国家治理本质规律的决心,无比自信地亮出"中国之治"和"中国之制"的理念和主张,揭示出中国治理之路探索对于当前国际格局的价值和意义。这一战略思想为全球治理体系变革提供了重要的思想资源,也为发展中国家走向现代化拓宽了实现路径,更为解决人类问题贡献了中国智慧和方案。

五、 以人民为中心扎实推动共同富裕取得新进展的阶段

站在新发展阶段开局,中共十九届五中全会以"全体人民共同富裕取得更为明显的实质性进展"为基本目标,向着更高的层次、更高的水平谋划推动共同富裕,不断拓展开创"以人民为中心"的经济社会发展的新境界。正如习近平总书记所强调的:"进入新发展阶段,完整、准确、全面贯彻新发展理念,必须更加注重共同富裕问题。我们要始终把满足人民对美好生活的新期待作为发展的出发点和落脚点,在实现现代化过程中不断地、逐步地解决好这个问题。"①在新发展阶段的众多高水平发展目标中,中国共产党始终将以人民为中心、为人民谋福祉放在突出的核心地位,时刻坚持以提升人民幸福感和获得感为标准引领经济建设和社会发展的各领域具体工作,以现实的紧迫性、长期的使命感,充分践行社会主义对全体人民共同富裕的本质要求。

让全体人民实现共同富裕,是社会主义现代化强国的基本目标,也是社会主义现代化建设事业推进过程中需要时刻强调、充分突出、逐步解决好的问题。自新中国成立以来,尤其是改革开放以来,各族人民在中国共产党的领导下,不断扩大社会生产力水平,显著改善社会福利、共享水平,持续提升群众生活质量,向着共同富裕的目标扎实推进、不懈努力。特别是在反贫困这一重要领域创造了人类历史上的奇迹,将1亿左右农村贫困人口彻底带出贫困,书写了扶贫攻坚史上的光辉一笔。进入新时代,国内生产总值超100万亿元为中国在根本上解决收入差距、城乡差距、区域差距打下了坚实的基础。更鼓的"钱袋子"和更丰厚的"家底"将成为改善医疗、教育、养老、住房、社保等重要民生问题的物质保障。收入分配与再分配中向中低收入者、农村人口、欠发达地区人民倾斜的导向,正更加鲜明地凸显出中国特色社会主义制度的特有优势。

中国特色社会主义建设事业对共同富裕问题的重视和突出,是强调社会主义

---

① 《习近平总书记关于完整准确全面贯彻新发展理念重要论述综述》,《人民日报》2021年12月8日。

国家治理"规律性"与"目的性"辩证统一的结果。一方面,社会主义的"目的"始终是为了满足人民对物质文明和精神文明的需求,为了实现人民对美好生活的预期,这一"目的性"必然对不断优化收入分配结构提出与时俱进的要求。另一方面,新时期中国已经进入中等收入国家行列,实现由高速增长向高质量发展的阶段性转换,需要不断培育新需求,壮大国内循环,发挥超大市场规模的优势,这些均须以中等收入群体规模的扩大、低收入群体收入的提高为支撑。而这正是社会主义宏观政策的"目的性"。因此,以取得实质性的、更明显的共同富裕为目标,完善收入分配格局,是中国共产党领导中国特色社会主义事业发展遵循实事求是原则、充分考虑经济发展规律的体现,也是新发展阶段按照经济社会发展循序渐进规律做好经济工作的必然要求。

习近平总书记曾深刻揭示出治国之道、富民为始的本质:"实现共同富裕不仅是经济问题,而且是关系党的执政基础的重大政治问题。"[1]进入新发展阶段,必须从根本上严格贯彻新发展理念,坚持以"共享发展"的理念践行以人民为中心的宗旨,将人民群众对美好生活的新需求作为各项工作的出发点,将切实解决人民群众所需所急所盼作为经济和社会事业发展的落脚点,将经济、生态、社会、文化等各领域的建设成果更多、更广泛地惠及人民大众,将更多的获得感和幸福感传递给人民群众,更充分地展现出社会主义制度优越性。共同富裕是一项关乎大局、牵涉广泛的系统工程,必须以全局思维和系统思维为指引,提升政策的集成性和精准性,如习近平书记所强调的:"要自觉主动解决地区差距、城乡差距、收入差距等问题,坚持在发展中保障和改善民生,统筹做好就业、收入分配、教育、社保、医疗、住房、养老、扶幼等各方面工作,促进社会公平正义,让发展成果更多更公平惠及全体人民。"[2]实现共同富裕的前提是缩小收入差距,根本途径是依靠全面深化改革,健全完善公正合理的初次收入分配体系,确保按劳分配和按生产要素分配保持适当的

---

① 2021年1月11日,习近平在省部级主要领导干部学习贯彻党的十九届五中全会精神专题研讨班开班式上的讲话。

② 2021年1月28日,习近平在十九届中央政治局第二十七次集体学习时强调。

比例;充分发挥收入再分配体系的调节效应和效率激励效应,培育健全信息、数据、管理、技术等现代生产要素按照市场规律及信号获得评价、获取报酬的机制;正确协调居民、企业、政府三方在国民收入分配格局中的关系。在促进共享发展的重点领域和关键环节,继续把改革推向深入,才能为促进社会公平正义提供更坚强保障。

六、 全面提高对外开放水平加快形成国际竞合新优势的阶段

习近平总书记深刻指出,当前世界经济发展的客观趋势仍是不断扩大及深化国际范围内的联通和交往。新发展阶段不仅面临实现高质量发展的内在要求,更将面对外部国际环境不确定性增强、稳定性降低所带来的风险挑战。因此,在新发展阶段加快形成中国参与甚至引领国际竞争合作新优势,需要下足功夫提高对外开放层次和水平,全方位和多角度地形成开放合作新格局,不断将对外开放推向更高层次、更宽领域、更大范围。

新发展阶段是推动实现物质层面自由流动和精神层面交流互通的新开放阶段。一方面,以提升国际贸易质量、创新外资方式为载体,持续推动商品、货物、资金、技术、知识、信息、数据等产品及要素实现更自由、更有效率的跨境流动。另一方面,以规则型开放和制度型开放为引领,进一步提升文化、观念、思想等精神层面的开放。坚持解放思想与文化自信相结合,为国际发展与全球治理贡献中国方案和中国模式的"大智慧"。在新时代、新阶段,培育一批兼具理念定力和国际视野的开放型、包容型人才和企业,不断吸收借鉴全世界优质的文明和文化成果,不断弘扬中华民族优秀的历史基因。物质的开放和精神的开放并重,以此彰显中国力量,为全面建成社会主义现代化强国创造良好的国际环境。

新发展阶段是推动实现高水平"引进来"和高质量"走出去"共同发展的新开放阶段。一方面,持续提升外商直接投资的规模和质量,持续扩大引进境外的先进技术与设备,挖掘外部生产要素对中国经济发展的红利;加快进口国外优质消费品和生活性服务的脚步,为提高人民群众的生活质量、满足群众高质量消费需求服务。

另一方面,着力增强出口商品及服务的技术含量和附加值,鼓励支持本土企业"出海"投资,积极稳妥并购或建立高水平的海外园区;提升中资跨国企业在全球范围配置资源、布局供应链网络的能级,带动中国的标准、规则、服务、装备在更多国家(地区)应用并推广,增强中国经济的辐射力、控制力与影响力。在新发展阶段,只有高水平"引进来"和高质量"走出去"并重,才能充分高效地发挥国内和国外两个市场对海内外资源要素的利用效率,实现中国经济与国际大局的融合发展、相互成就,不断提升中国在全球价值链分工中的地位和优势。

新发展阶段是推动实现自身发展和构建人类命运共同体双重目标的新开放阶段。一方面,需要以经济高质量发展为基本出发点和落脚点,立足国内经济、社会、生态发展需求,高标准布局对外开放的战略抓手和路径。另一方面,应继续立足中国之于区域经济乃至全球经济的影响力和辐射力的增长,积极稳妥地对来自国际社会尤其是发展中国家伙伴的请求和期望予以回应。始终坚定不移地奉行"合作共赢"的原则,以"一带一路"倡议、RCEP等区域自由贸易协定、中国国际进口博览会等为平台,谋求与外部世界的互联互惠互通,积极扩大进口,主动提供更多高质量的区域性、国际性公共产品。以自身发展强大的溢出效应推动人类命运共同体的构建,谋求中国与世界的共同进步,扎实践行新的国际格局下作为负责任大国的使命和担当。

中国进入新发展阶段与当前世界处于百年未有之大变局相互呼应:在全球化进程屡遭挑战、全球价值链扩张受阻、多边主义面临条块化和碎片化的叠加风险之下,中国在新发展理念指导下构建国内大循环与国际国内双循环的新发展格局,无论是对于中国自身高质量发展,还是对于区域和平稳定发展,均具有重大战略意义。因此,中国更高水平开放型经济体制的构建,既要立足国内发展实际,推动社会主义现代化强国战略行稳致远,更需要直面变幻莫测的国际环境以及构建人类命运共同体的重任,拓展开放合作新领域,构建对外开放新门户,打造开放合作新平台,开创互利共赢新格局,建立安全保障新机制,完善全球治理新体系。

七、 从党的百年奋斗历程中汲取智慧和力量开创未来的阶段

中共十九届六中全会审议通过《中共中央关于党的百年奋斗重大成就和历史经验的决议》，将中国共产党的百年奋斗历程积累的宝贵历史经验凝练为"十个坚持"。这"十个坚持"不仅概括了新中国建立以后，尤其是进入新时代以来，中国共产党领导人民取得历史性成就，更对在新发展阶段中如何坚持伟大斗争、如何实施伟大工程、如何开创伟大事业、如何实现伟大梦想具有重大的现实指导意义。

新发展阶段必须首先坚持中国共产党的领导。在各领域、各方面、各环节坚定不移地拥护和落实中国共产党的领导，是"中国号"这艘巨轮冲破惊涛骇浪、顺利抵达民族伟大复兴彼岸的"指南针"和"压舱石"。新发展阶段下坚持中国共产党的领导至少包含四大方面的要求。一是保证政治方向的正确性，避免出现政治上、意识上、根本性、颠覆性的错误。尤其是确保全党上下、全国范围内保持与党中央在思想、意志、行动上的高度统一和一致。二是将中国共产党的领导贯穿于党和国家事业的所有领域、各个方面、全部环节。在体制机制层面(包括基本政治制度、基本经济制度、法律法治制度等)体现党总揽全局的基础地位；在具体事业层面(包括经济文明、政治文明、文化文明、社会文明、生态文明等建设)发挥党协调各方的核心力量。三是通过中国共产党的自我革命不断完善党的领导，将党建工作作为提升党的生机活力的关键抓手，永不松懈。以时代的要求、人民的需求为动力，提升党应对外部风险、强化自我斗争的能力。四是保障中国共产党对意识形态工作的领导权。百年未有之大变局意味着更加曲折、多变的内外部环境，霸权主义、单边主义、逆全球化、强权政治、区域竞争等国际挑战时刻考验着中国共产党乃至全国人民在意识形态领域的价值观世界观，只有坚持党对意识形态工作的绝对领导，才能在荆棘和未知中不偏航不迷路。

新发展阶段必须坚持人民至上。"人民"二字千钧之重，中国共产党始终和人民一道紧紧联系，关乎党全心全意为人民服务的根本宗旨和一切为了人民的初心使命。中国共产党的奋斗目标和人民诉求一致，为人民谋发展、谋幸福，人民的广

泛认可和支持使得党发展壮大、保持生命力。中国共产党来自人民、依靠人民、为人民服务，因此坚持人民至上尽显党的先进性和纯洁性，是党克服重重困难、永葆生机的奥妙所在。首先，人民群众中蕴含着丰富的创造力和智慧，党的工作需根植于人民群众，发挥人民群众的首创精神和发展热情，从人民群众的实践中汲取"第一手材料"，汇聚人民群众的智慧进而转化为工作方法和策略。其次，共同富裕关乎人民美好生活的愿景，是社会主义的本质要求。人民群众的呼声是党开展工作的号角，人民群众对优质精神文化和公共服务体系的需求日益显著，"钱袋富"和"心灵富"要两手抓、两手硬，提升人民群众的获得感和幸福感。坚持走共同富裕道路，凝聚共识、齐心聚力，夺取新阶段新成就。因此，新阶段仍需完善与人民群众间的纽带机制建设，牢记和秉持与人民群众共荣辱的立场，提升为人民服务的本领和智慧。

新发展阶段必须坚持理论创新。中国共产党始终坚持将马克思主义思想和中国具体的实践道路相结合，避免教条主义和理论僵化。马克思主义中国化深刻凝结了理论创新的内核，彰显了马克思主义原理同中国优秀传统文化和具体实践的双重结合。理论创新是中国共产党保持活力、与时俱进的重要方式，是新阶段取得新成就的关键所在之一。首先，理论创新坚持马克思主义思想路线的底色。马克思主义理论是党的思想旗帜和精神支柱，党的成长伴随深入认识马克思主义理论的价值。其次，理论创新立足基本国情和具体实践。理论创新不是凭空产生的，社会实践的变化孕育理论创新。新阶段面临新形势、新挑战、新特点，因此理论创新应面向国内外局势的变动和现实，从而在实践中产出新思想。最后，理论创新和中国特色社会主义的建设历程相辅相成。理论创新为实践指明前进方面，而理论和实践间的互动为理论创新提供反馈和原料，为理论创新提供丰富的潜在路径选择，在实践中丰富马克思主义中国化的理论成果。

新发展阶段必须坚持独立自主。独立自主是中国共产党百年奋斗的智慧凝结和思想总结，在中国社会主义建设实践中形成、凝练并发展。独立自主绝不是封闭、孤立和割裂，而是立足开放强调国家间和党派间的平等交往和自主性，将马克思主义理论和中国的本土国情相结合,依靠全体军民的智慧和贡献自己做主,走中国特色社会主义道路。独立自主原则贯穿中国社会主义革命、建设和改革开放时期,深刻表明独立自主是中华民族精神之魂,中国特色社会主义建设的新征程必然秉持独立自主这一立党立国的重要原则。新征程践行独立自主原则至少可以从两方面入手:第一,加快自主创新和原始创新,掌握核心关键技术。激活国内创新资源的整合利用和关系网络的紧密连接,自力更生,聚焦创新链补链、固链、强链,尤其是"卡脖子"技术的攻关。自主创新并不意味着"孤立式"创新,而是不依赖外援,保持开放以尽可能运用国外创新资源,将创新命脉掌握在自己手中。第二,继续深入推动马克思主义中国化,坚定走中国特色社会主义道路。中国道路和发展模式的探索不能亦步亦趋、照搬模仿国外的模式,百年奋斗历程印证了马克思主义基本原理同中国具体实际的紧密结合,彰显了中国特色社会主义道路的生机和活力。新征程上,唯有坚持独立自主原则,探索适合中国国情的道路,方能走向另一阶段胜利。

新发展阶段必须坚持中国道路。中国特色社会主义道路在千锤百炼的实践中逐渐崭露其面貌,契合中国国情和社会发展特征,是共产党人带领人民群众历经磨练、艰苦奋斗、逐步摸索而凝结的智慧结晶,符合人民的利益诉求和具有中国特色的国情,是建设社会主义现代化强国和实现人民美好生活的必由之路。中国特色社会主义道路是马克思主义基本原理和中国特色实践结合的重要成果,是在中国共产党的领导下理论创新和实践创新双向互动的有力体现。中国道路不是一成不变、僵化保守的,而是随着国情和实践的进展因时而变,展现其独特优势和光明前景。新阶段坚持中国道路至少可以从两个方面落实:第一,立足中国共产党百年奋斗的历史经验,坚定道路自信和制度优势。坚定推动经济高质量发展和新发展格局的构建,坚持党的领导地位,持续推进中国特色社会主义道路的升级和完善。第二,保持警惕,立场坚定,积极应对中国道路前进中的风险和挑战。当前国际局势使中国道路的前进多添挑战和风险,在局势变换中更应保持独立清醒的决策能力,吸纳国外的积极因素,但坚决不能走改旗易帜的邪路。

新发展阶段必须坚持胸怀天下。中国共产党面向世界发展和人类命运,以世界眼光和全球视野积极为世界贡献中国方案、中国智慧和中国力量,倡导构建人类命运共同体,为中华民族伟大复兴和人类美好未来不懈努力。中国发展深刻嵌入世界历史进程,与世界发展和人类共同命运相统一。新阶段胸怀天下的内涵可以从国际关系、经济合作和世界命运等方面理解。其一,积极构建新型的国家关系。坚持独立自主的外交政策与和平发展道路,不依赖他国、不奉行霸权,始终站在历史正确、公平正义和人类发展的一边。尊重他国主权和合法权利,以对话和谈判形式平等协商,奉行相互尊重、公平正义和合作共赢的新型国际关系。其二,继续推进"一带一路"建设,以中国智慧推动国际合作和互利共赢。"一带一路"建设联通沿线国家人民的共同期盼和愿景,对接基础设施和规则标准建设,秉行共商共建共享原则以促进世界范围内的共同发展和共享发展。其三,恪守人类命运共同体理念,寻求合作以携手解决威胁人类生存和美好生活的重大问题。进一步推动国际合作、对话协商以及全球治理体系的变革,构建经济发展更繁荣、环境质量更优化、国家安全更稳定的美好世界。

新发展阶段必须坚持开拓创新。开拓创新源自中国共产党的内在使命和信仰,发端于中国共产党的诞生。中国共产党诞生于飘摇的半殖民地半封建社会,新型无产阶级政党的创立使开拓创新的基因根植于中国共产党的实践,伟大成就的实现无不与开拓创新密切相连。开拓创新意味着不教条、不盲从,但开拓创新的方向也不是盲目、随意的。新阶段贯彻开拓创新既立足百年发展的历史经验,同时具备鲜明的时代特征。一是顺应时代前沿和潮流,开拓创新巩固国际地位。大国发展历史无不表明唯有顺应时代、国际关系和科技发展的趋势,方能在国际竞争中占据一席之地,因此新阶段开拓创新需把握国际政治和经济发展的走向,紧随时代变迁脉络。二是维护人民利益。开拓创新开对头、走对路的根本标准就在于是否响应人民诉求、维护人民利益,新阶段坚持将人民的美好生活放在开拓创新诉求的中心位置,是中国共产党坚守初心使命的重要要求。三是立足实际,谋求变化。当前中国正处于百年未有之大变局,准确识别国内外经济局势的变化,基于科学分析主动采取科学的新方式,稳步推动伟大梦想的实现。

新发展阶段必须坚持敢于斗争。中国共产党人自创建伊始始终保有敢于斗争的鲜明特征,凭借顽强的斗争精神、坚韧的斗争意志和高超的斗争本领,排除万难只为带领中国从站起来到富起来,再到强起来。中国特色社会主义道路的前进过程中不免有困难、风险及挑战,敢于在新形势下开展具有新特点的斗争,坚决战胜一切阻碍人民利益和民族复兴的障碍,助力中国特色社会主义事业乘风破浪。新阶段敢于斗争的内涵继往开来,坚定为人民、谋发展的使命感和信念感,多途径磨练斗争本领,朝着全面建设社会主义现代化强国的目标奋斗。首先,敢于斗争坚持政治方向和发展目标,敢于攻坚克难、推进改革。中国共产党人坚守立场鲜明的政治担当,始终坚持实现以人民为中心的高质量发展,在伟大斗争中着力破除发展不均衡对人民美好生活的制约。针对各主体、各环节、各领域的重点及关键对象,以钉钉子精神瞄准靶向、精准改革,敢于啃最硬的骨头,切实响应人民群众的诉求。其次,从思想、政治及实践等多方面磨练斗争本领。思想武装旨在明确为了谁而斗争、为了什么而斗争,坚定理想信念和斗争意志。政治历练中把握斗争的方向、任务和规律,培育斗争智慧和深入认知。实践锻炼中聚集群众力量,掌握斗争艺术,优化斗争效果。

新发展阶段必须坚持统一战线。统一战线在新民主主义时期崭露"法宝"地位;历经百年奋斗,统一战线原则历久弥新,继而成为党执政兴国的重要法宝。爱国统一战线广泛汇集各领域人民群众的力量,推动中国特色社会主义建设取得丰富的历史性成就。新阶段扩大爱国统一战线方能团结各方力量和智慧,思想上寻求"最大公约数",实践中构建"最大同心圆",携手实现中华民族的伟大复兴。首先,中国共产党的领导从根本上保障统一战线最大功效的激发。历史实践表明领导权问题是统一战线的根本问题,坚持党的领导是统一战线的根本特点,是统一战线在新阶段迸发磅礴力量的根本保障。其次,统一战线寻求大团结和宽联盟。以爱国主义精神为核心纽带,发扬中华民族传统优秀文化,实现中华儿女大团结,巩固更广泛的爱国统一战线。坚守人民利益和国家利益底线,在强化已有共识基础上拓展形成新共识,丰富"最大公约数"内涵和向心力。同时包容多样性和差异化,拓展"同心圆"半径,形成更广范围、更多力量的"同心圆"。

新发展阶段必须坚持自我革命。自我革命是自我发展、自我净化和自我革新,是中国共产党的鲜明品格和保持生机的重要法宝。自我革命在党的百年奋斗史中淋漓尽致地得到体现,理论上持续深化马克思主义中国化的理论成果,经验上敢于向自身的杂质和毒素亮剑,自我革命保持党的先进性和纯洁性,实践中积极开展自我批评和反思,积极修正错误和革新面貌。因此,中国共产党强大的生命力并不在于不犯错误,而是在于直面错误、自我革命的勇气和决心。新阶段遵循自我革命的先进历史经验,新征程开展新作为、铸造新成就。一是始终坚持科学的自我革命原则,从根本上摒弃消极因素。以壮士断腕的决心开展反腐行动,使共产党人真正做到不能腐、不想腐,运用思想武装和组织监督等多途径标本兼治,毫不动摇坚定推动从严治党方略。二是放眼长远,提高中国共产党的长期执政能力。中国共产党始终坚持实事求是,面对短板从不讳疾忌医;始终坚持全面提高,面对问题从不避重就轻;始终坚持持续进步,面对差距从不故步自封。

八、 全面开创中国特色社会主义政治经济学理论新境界的阶段

中共十八大以来,以习近平总书记为核心的党中央根据时代发展和环境变迁,与时俱进地明确部署了一系列具有重大创新性的战略以不断推进中国特色社会主义事业,并在经济建设与发展实践基础上,做出重要论述、提出重要观点、厘清重大方向,不断拓展着马克思主义社会主义相关理论、尤其是政治经济学的理论边界。其中,进入新发展阶段正是中国共产党全面总结中国社会主义现代化建设所处的阶段、所基于的条件环境,所做出的关键性论断。习近平总书记在省部级主要领导干部学习贯彻党的十九届五中全会精神专题研讨班开班式上强调:"新发展阶段是社会主义初级阶段中的一个阶段,同时是其中经过几十年积累、站到了新的起点上的一个阶段。新发展阶段是我们党带领人民迎来从站起来、富起来到强起来历史性跨越的新阶段。""新中国成立不久,我们党就提出建设社会主义现代化国家的目

标,未来 30 年将是我们完成这个历史宏愿的新发展阶段。"习近平总书记同时强调:"全面建设社会主义现代化国家、基本实现社会主义现代化,既是社会主义初级阶段我国发展的要求,也是我国社会主义从初级阶段向更高阶段迈进的要求。"这一论断立足当下、规划长远,将传统马克思主义基本原理与中国及世界现实相结合,是对马克思主义社会主义发展阶段理论、中国特色社会主义理论体系关于社会主义初级阶段理论的丰富、发展和创新,标志着中国共产党和中国人民对社会主义经济社会发展规律认识达到了新的高度。

"新发展阶段"重大论断体现了中国共产党对中国特色社会主义建设的经验总结与路径拓展的理论创新。实事求是、尊重并遵循社会经济发展客观规律,向来是中国共产党领导人民建设和治理国家的基本原则,具体体现在依据不同发展阶段的差异性,审时度势、认清形势、把握未来、预测趋势,不断形成向上高瞻远瞩、向下务实有效的战略规划顶层设计,指导国民经济社会按照正确的轨道稳健运行。在宏观经济调控方面,强调供给侧结构性改革与需求侧适度扩大的相互促进,重视城市与乡村、区域之间、国内国际之间的协调发展,突出社会治理在共享、共治、共建、共享基础上的政府、社会、居民之间的互动。在国家治理方面,通过明确产权、界定权责逐步形成各方利益协调与纠纷解决机制,健全强化数字治理机制,建立以协同、互利、共赢意识为基础的国际与区域多边及双边合作机制。在建设规律方面,形成经济、生态、社会等不同领域共性与差异共存的发展方针,在经济领域以高质量发展为首要目标,以国内市场及国内大循环为基础,以实现更为显著的、实质性的共同富裕为基本立足点,扎实推进动力转换、效率变革、质量提升,在生态领域整合不同利益主体合法合理的偏好、选择和诉求,在社会领域坚持以推进基础公共服务均等化为途径的民生改善工作。

"新发展阶段"重大论断体现了中国共产党对中国特色社会主义建设的制度设计与体制机制设置的理论创新。进入新时期,中国共产党及时总结了国民经济与社会发展的基本规律,对社会主义发展的长期趋势进行了客观判断。在明确了中国经济发展将长期向好的前提下,提出以经济结构优化、新型优势培育、市场潜力挖掘、发展韧性增强等几大方面为代表的深化改革方向，提炼出畅通国内大循环、强化自主科技创新、增强市场化改革力度、打造培育国际竞争优势、完善社会与风险治理、应对新机遇新挑战等若干"十四五"时期重点聚焦领域。同时，对中国在基础创新、农业发展、城乡融合、社会共享等方面存在的短板进行了客观判断，针对新形势下社会结构转变、市场化改革纵深推进所引发的利益分配格局调整、效率与公平协调发展等领域的矛盾、风险和冲突提出了化解机制和渠道。所以新发展阶段理论在国家战略的实现路径上蕴含了对制度、体制与机制的创新，为维持国家方针政策的连贯性、保持规划的长期性提供了稳定的宏观环境，强调对于社会主义国家集中力量办大事的制度优势的发挥，是中国共产党执政路线实事求是和执政方针强调创新的集中体现。

"新发展阶段"重大论断体现了中国共产党对中国特色国家治理体系的战略指引与路径拓展的理论创新。从全方位的视角出发，统筹政治、经济、社会、生态文明建设领域的发展局势，夯实改革的四梁八柱，以形成制度合力，发挥共同优势。政治领域的民主法治发展、经济领域的市场建设与政策出台、社会领域的民生福利与相关思潮，以及生态文明建设领域的环境保护与污染防控，均是影响国计民生与国家长治久安的重要课题。"两个一百年"奋斗目标和中华民族伟大复兴的中国梦，应通过理论创新、实践创新与机制变革实现多领域齐头并进而实现。政治、经济、社会、生态文明建设等领域并非了无关涉或各自为政的独立个体，而是休戚相关的统一整体。各领域内部制度体系、体制安排与机制设置的协同配合能够促进国家建设大局的良善运行，因此，党中央从三者的衔接机制、交叉领域、互补空间、动力因素等方面作出全盘谋划，在政治、经济、社会、生态文明建设等多个领域形成制度合力。

第四节　新发展阶段的战略部署

在明确了历史方位、阶段特征和奋斗目标的基础上，对于怎么样实现新阶段的新目标，如何安排新阶段的战略部署，习近平总书记同样为我们指明了路线："这就是,到 2035 年,用 3 个五年规划期,基本实现社会主义现代化。然后,再用 3 个五年规划期,到本世纪中叶,把我国建成富强民主文明和谐美丽的社会主义现代化强国。"①"到那时,我国物质文明、政治文明、精神文明、社会文明、生态文明将全面提升,实现国家治理体系和治理能力现代化,成为综合国力和国际影响力领先的国家,全体人民共同富裕基本实现,我国人民将享有更加幸福安康的生活,中华民族将以更加昂扬的姿态屹立于世界民族之林。"②

一、 开启全面建设社会主义现代化国家新征程

中央深改委第十六次会议上,习近平总书记强调,"十四五"时期中国将进入新发展阶段。"十四五"是中国全面建成小康社会、实现第一个百年奋斗目标后,乘势而上开启全面建设社会主义现代化国家新征程、向第二个百年奋斗目标进军的第一个五年。基于这一历史使命和基本定位,"中国'十四五'规划具有很强的未来导向性,需要面向更加长远的未来,而不仅仅是未来五年。"③其定位不仅着眼于当前五年,还衔接着 2035 年远景目标,把国家的短期、中期、长期发展目标衔接协调统一起来,明确了中国的前进方向,凝聚了社会共识。

当前,中国发展中的矛盾和问题集中体现在发展质量上。结合中国发展的新历史方位,结合新常态下的经济特征,以现代化为最终奋斗目标,《中共中央关于制定国民经济和社会发展第十四个五年规划和二〇三五年远景目标的建议》(以下简称"十四五"规划建议)以六个"新"提出了"十四五"时期经济社会发展的主要目标:经济发展取得新成效,改革开放迈出新步伐,社会文明程度得到新提高,生态文明建设实现新进步,民生福祉达到新水平,国家治理效能得到新提升。

(一)经济建设取得新成效

发展是解决中国一切问题的基础和关键,发展必须坚持新发展理念,在质量效

---

①② 2021 年 1 月 11 日,习近平总书记在省部级主要领导干部学习贯彻党的十九届五中全会精神专题研讨班上的讲话。

③ 《中共中央关于制定国民经济和社会发展第十四个五年规划和二〇三五年远景目标的建议》。

益明显提升的基础上实现经济持续健康发展,增长潜力充分发挥,国内市场更加强大,经济结构更加优化,创新能力显著提升,产业基础高级化、产业链现代化水平明显提高,农业基础更加稳固,城乡区域发展协调性明显增强,现代化经济体系建设取得重大进展。

1. 建立完善的科技创新体制。

随着中国经济发展进入新常态,经济结构转型升级已成为必然选择。这一任务需要在"十四五"期间继续推进,核心是推进全方位创新,重点是体制机制创新和科学技术创新。"实施创新驱动发展战略,把科技自立自强作为国家发展的战略支撑,健全新型举国体制,强化国家战略科技力量,加强基础研究,推进关键核心技术攻关和自主创新,强化知识产权创造、保护、运用,加快建设创新型国家和世界科技强国。"[①]面对日趋激烈的国际经济科技竞争,中国要以科技自立自强为发展的战略支撑,充分发挥在互联网、大数据、5G 等领域的先发优势,发展人工智能、集成电路、生命健康、航空航天、深地深海等前沿领域,提升企业创新能力,激发人才创新活力,加强知识产权保护,完善科技创新体制机制。

2. 建立完善的现代产业体系。

"十四五"期间,中国要大力发展实体经济,建设现代产业体系,推动经济转型升级,建设制造强国、质量强国、网络强国、数字中国,提高经济质量效益和核心竞争力。

发展战略性新兴产业。战略性新兴产业包括新一代信息技术、高端装备制造、新材料、生物技术、新能源、节能环保、航天航空等九大产业。近年来,战略性新兴产业发展势头强劲,面对国内外的机遇与挑战,中国应推动互联网、大数据、人工智能等技术同各产业深度融合,推动先进制造业集群发展;促进平台经济、共享经济健康发展;鼓励企业并购重组,避免低水平重复建设。

推动服务业升级。现代服务业包括基础服务(通信服务和信息服务等)、生产

---

① 十九届六中全会《中共中央关于党的百年奋斗重要成就和历史经验的决议》。

性服务(金融、物流、批发、电子商务、农业支撑服务,以及中介和咨询等专业服务等)、生活性服务(教育、医疗保健、住宿、餐饮、文化娱乐、旅游、房地产、商品零售等)以及公共服务(公共管理服务、基础教育、公共卫生、医疗及公益性信息服务等)。"十四五"期间,中国应推动生产性服务业向价值链高端延伸,推动现代服务业同先进制造业、现代农业深度融合;推动生活性服务业向高品质和多样化升级,加强基础服务业供给,进一步提升现代服务业在国民经济中的作用。

加大基础设施建设。统筹推进新基建、交通强国、能源革命等方面基础设施建设。新基建包括5G基站、特高压、新能源汽车充电桩、大数据中心、工业互联网等七大领域,中国要抓住第四次科技革命的先机,加快新基建建设。同时,加快建设交通强国,完善综合运输通道、交通枢纽和物流网络,加快城市群和都市圈轨道交通网络化,提高城乡交通通达深度,建设现代化高质量综合立体交通网络。在能源方面,建设智慧能源系统,完善能源产供储销体系,提升新能源消纳和存储能力。

3. 激活国内市场需求。

坚持扩大内需,把扩大内需同供给侧改革有机结合起来。目前中国有14亿人口,人均国内生产总值已经突破1万美元。中国的储蓄率远远高于世界平均水平和发达国家水平:2019年中国国民储蓄率为44.4%,超过世界平均水平17.7个百分点,消费、投资潜力有望进一步挖掘。"十四五"期间,国家提振消费要鼓励新业态,开拓城乡消费市场;同时,拓展投资空间,扩大基础设施、市政工程、战略性新兴产业等投资,支持有利于区域协调发展的重大项目建设,激发民间投资活力。

(二)改革开放迈出新步伐

社会主义市场经济体制更加完善,高标准市场体系基本建成,市场主体更加充满活力,产权制度改革和要素市场化配置改革取得重大进展,公平竞争制度更加健全,更高水平开放型经济新体制基本形成。

1. 深化市场经济体制改革。

全面深化改革重在构建高水平的社会主义市场经济体制,强化公平竞争机制,让市场对资源和要素配置发挥决定性作用,而政府目标则更多转向公共服务、信息引导、秩序维护、基础设施等领域,减少各级政府对资源特别是生产要素的直接配置。同时,深化国企改革,推进部分公用行业的市场化改革,推动要素市场化配置。建立现代财税金融体制也是改革的重要内容,政府要完善现代税收制度,深化预算改革,明确央地之间的财权与事权;加快利率市场化改革和证券市场改革,提高企业直接融资比重,推进双向开放,完善现代金融监管体系。

2. 推进高质量双向开放。

"开放带来进步,封闭必然落后;我国发展要赢得优势、赢得主动、赢得未来,必须顺应经济全球化,依托我国超大规模市场优势,实行更加积极主动的开放战略。"①"十四五"期间进一步扩大开放,意味着实施更大范围、更宽领域、更深层次的全面开放。实施更大范围的开放,要加快自贸试验区等对外开放高地建设;实施更宽领域的开放,要在更多领域允许外资控股或独资经营;实施更深层次的开放,要推动贸易和投资自由化,完善负面清单制度。中国应对标国际经贸规则,高标准建设自由贸易试验区,赋予其改革自主权,充分发挥其改革开放试验田作用,扩大其网络覆盖范围,加快形成立足周边、面向全球的高标准自由贸易区网络。同时,依托"一带一路"国际合作平台,加强与相关国家市场、产业、项目有效对接,促进南北发展差距缩小,形成陆海内外联动、东西双向互济的开放新局面。

(三)民生福祉达到新水平

实现更加充分更高质量就业,居民收入增长和经济增长基本同步,分配结构明显改善,基本公共服务均等化水平明显提高,全民受教育程度不断提升,多层次社会保障体系更加健全,卫生健康体系更加完善,脱贫攻坚成果巩固拓展,乡村振兴战略全面推进。"人民对美好生活的向往就是我们的奋斗目标,增进民生福祉是我们坚持立党为公、执政为民的本质要求,让老百姓过上好日子是我们一切工作的出发点和落脚点,补齐民生保障短板、解决好人民群众急难愁盼问题是社会建设的紧迫任务。"②

①② 十九届六中全会《中共中央关于党的百年奋斗重要成就和历史经验的决议》。

1. 实施乡村振兴战略。

中国农村人口基数庞大,乡村振兴是构建双循环格局的重要保障。"十四五"期间,中国要提高农业现代化水平,建设智慧农业,丰富乡村经济业态。同时,开展乡村建设行动,在保护传统村落和乡村风貌的基础上,改善农村居住环境,建设美丽乡村。健全城乡统一的建设用地市场,完善农地征用机制与对农民土地产权的认定机制。此外,要将巩固脱贫攻坚成果同乡村振兴有效衔接,加强帮扶机制,健全农村社会保障和救助制度,防止出现返贫现象。

2. 促进城乡协调发展。

经历急速城市化后,中国的城乡关系由单向城市化转向城乡互动,生产要素在城乡之间的双向配置与互动增强。这种良性互动使得市场在城乡间的生产要素配置作用增强,有利于大城市、城镇与乡村发挥各自比较优势。大城市凭借集聚、效率、创新、知识、产业等优势,成为就业和创收的场所;乡村在满足人们新消费需求的同时,形成一批体现乡村特色、地方风格的乡镇产业;部分位于大城市和乡村之间的乡镇则成为城乡人口互动的过渡地带。

3. 推进区域协调发展与新型城镇化。

"十四五"期间,中国将发挥中心城市和城市群带动作用,提高重点城市群、城市带的经济、人口和社会的承载力,打造京津冀、长三角、粤港澳大湾区城市群新增长极,通过地区间产业转移、公共服务均等化、基础设施互通,带动东北、中部、西部地区加快发展。同时,中国将逐步推进以人为核心的新型城镇化,有效增加保障性住房供给,推进城市生态修复、统筹规划、文化保护、城市治理发展,形成城市化地区、农产品主产区、生态功能区三大空间格局,促进城乡与生态的协调发展。其中,城市化地区高效集聚经济和人口并保护基本农田和生态空间,农产品主产区增强农业生产能力,生态功能区重点保护生态环境。

4. 健全多层次社会保障体系。

健全养老保险制度体系,促进基本养老保险基金长期平衡。实现基本养老保险全国统筹,放宽灵活就业人员参保条件,实现社会保险法定人群全覆盖。完善城镇职工基本养老金合理调整机制,发展多层次、多支柱养老保险体系。"坚持房子是用来住的、不是用来炒的定位,加快建立多主体供给、多渠道保障、租购并举的住房制度,加大保障房建设投入力度,城乡居民住房条件明显改善。"①推进失业保险、工伤保险向职业劳动者广覆盖。加快发展残疾人事业。推进社保转移接续,完善全国统一的社会保险公共服务平台。

（四）生态文明建设实现新进步

"生态文明建设是关乎中华民族永续发展的根本大计,保护生态环境就是保护生产力,改善生态环境就是发展生产力,决不以牺牲环境为代价换取一时的经济增长。必须坚持绿水青山就是金山银山的理念,坚持山水林田湖草沙一体化保护和系统治理,像保护眼睛一样保护生态环境,像对待生命一样对待生态环境,更加自觉地推进绿色发展、循环发展、低碳发展,坚持走生产发展、生活富裕、生态良好的文明发展道路。"②因此,在"十四五"期间要实现国土空间开发保护格局优化,生产生活方式绿色转型成效显著,能源资源配置更加合理、利用效率大幅提高,主要污染物排放总量持续减少,生态环境持续改善,生态安全屏障更加牢固,城乡人居环境明显改善。

建设生态文明,关系人民福祉,关乎民族未来。高质量发展不仅需要高技术、高效率、产业升级、高附加值等,也需要在新的生态文明框架下进行定义,推动绿色发展,实现增长、福祉、环境和人类命运共同体的统一。为实现 2030 年前碳达峰目标,实现人与自然和谐发展,要大力发展绿色金融,促进各类绿色金融产品更好地服务企业转型发展,实施主要污染物排放和二氧化碳排放总量控制制度,在此基础上建立排放权额度交易制度。政府要鼓励、支持绿色低碳技术创新,推动能源清洁低碳安全高效利用,降低碳排放强度。同时,改善环境质量,强化多污染物协同控制和区域协同治理。构建自然保护地体系,完善生态保护红线监管制度,强化绿色资产的产权界定和保护。全面提高资源利用效率,完善资源价格形成机制,推进垃

---

①②　十九届六中全会《中共中央关于党的百年奋斗重要成就和历史经验的决议》。

坂分类、废旧物资循环利用,并进一步强化生态文明理念的社会普及和教育。

（五）国家治理效能得到新提升

社会主义民主法治更加健全,社会公平正义进一步彰显,国家行政体系更加完善,政府作用更好发挥,行政效率和公信力显著提升,社会治理特别是基层治理水平明显提高,防范化解重大风险体制机制不断健全,突发公共事件应急能力显著增强,自然灾害防御水平明显提升,发展安全保障更加有力,国防和军队现代化迈出重大步伐。

1. 加快建设数字中国。

当前,中国在数字经济方面取得了较快发展,要继续推进数字经济和实体经济深度融合,打造出具有国际竞争力的数字产业集群。推进数字化治理,引入人工智能、生物识别等科技,提升公共服务的智能化水平。建立数据资源产权和安全保护等基础制度,推动数据资源开发利用;推进基础公共信息数据有序开放,建设国家公共服务智能化平台。与此同时,国家要保障新业态下的数据安全,加强对数据收集和使用的兼顾力度,保护个人与国家信息安全,积极参与数字领域的国际规则制定。

2. 加快国防和军队现代化。

"强国必须强军、军强才能国安,必须建设同我国国际地位相称、同国家安全和发展利益相适应的巩固国防和强大人民军队"。[①]加快国防和军队现代化,是新阶段建设社会主义现代化的有力保障,特别是当前日益严峻的国际国内环境,对国家安全和强军也提出了更高的要求。坚持国家总体安全观,在发展各领域和全过程中高度重视国家安全,加强国家安全能力建设,保障人民生命安全,维护社会稳定。在国防军队建设方面,坚持政治建军、改革强军、科技强军、人才强军、依法治军,加快机械化、信息化、智能化融合发展,提高国防和军队现代化能力,促进国防实力和经济实力同步提升。

---

① 十九届六中全会《中共中央关于党的百年奋斗重要成就和历史经验的决议》。

3. 建设法治中国。

"权力是一把'双刃剑',依法依规行使可以造福人民,违法违规行使必然祸害国家和人民";"法治兴则国家兴,法治衰则国家乱";"全面依法治国是中国特色社会主义的本质要求和重要保障,是国家治理的一场深刻革命"。①"十四五"时期的高质量发展战略目标,势必要求法治化建设完成现代化的转向,实现"有限政府"与"有为政府"的有机统一。"有限政府"要明确其权力边界,"有为政府"应对其责任事项积极作为。特别是加快推进产权保护立法,完善知识产权相关法律制度,增强人民财产安全感,形成良好的社会预期,增强微观经济主体的创新动力,更好地满足社会公众的需求,保持经济社会持续健康发展和国家长治久安。"完善社会治理体系,健全党组织领导的自治、法治、德治相结合的城乡基层治理体系,推动社会治理重心向基层下移,建设共建共治共享的社会治理制度,建设人人有责、人人尽责、人人享有的社会治理共同体。"②

（六）社会文明程度得到新提高

社会主义核心价值观深入人心,人民思想道德素质、科学文化素质和身心健康素质明显提高,公共文化服务体系和文化产业体系更加健全,人民精神文化生活日益丰富,中华文化影响力进一步提升,中华民族凝聚力进一步增强。

1. 传承弘扬中华优秀传统文化。

"文化自信是更基础、更广泛、更深厚的自信,是一个国家、一个民族发展中最基本、最深沉、最持久的力量,没有高度文化自信、没有文化繁荣兴盛就没有中华民族伟大复兴。"③中华优秀传统文化是中华民族独特的精神标识,"是中华民族的突出优势,是我们在世界文化激荡中站稳脚跟的根基,必须结合新的时代条件传承和弘扬好"。④伴随经济全球化、政治多极化、文化多元化的时代潮流,文化软实力也成为国与国竞争的重要方式。要传承中华优秀传统文化,强化重要文化和非物质文化遗产系统性保护,促进中华优秀传统文化与当代文化、现代社会相协调,促进中

---

①②③④ 十九届六中全会《中共中央关于党的百年奋斗重要成就和历史经验的决议》。

国特色社会主义文化繁荣。

2. 提升公民文明素养。

社会文明程度提高,是"十四五"时期的重要目标之一。社会主义现代化的核心是人的现代化,需不断提升人民群众文明素养,推进公民道德建设。"优先发展教育事业,明确教育的根本任务是立德树人,培养德智体美劳全面发展的社会主义建设者和接班人,深化教育教学改革创新,促进公平和提高质量,推进义务教育均衡发展和城乡一体化,全面推行国家通用语言文字教育教学,规范校外培训机构,积极发展职业教育,推动高等教育内涵式发展,推进教育强国建设,办好人民满意的教育。"[1]大力开展个人品德、职业道德与社会公德教育,开展时代楷模、道德模范的宣传与学习活动,鼓励人民广泛开展志愿服务关爱行动。拓展新时代文明实践中心建设,加强网络文明建设,深化未成年人思想道德建设,完善市民公约、学生守则、团体章程等社会规范,弘扬诚信文化,建设诚信社会。

二、 基本实现社会主义现代化

中共十九大报告提出,到2035年中国基本实现社会主义现代化,人均GDP达到中等发达国家水平。2020—2035年,中国将从小康社会步入现代化国家,这是跨越中等收入进入高收入国家行列的最重要阶段,未来的15年成为中华民族伟大历史复兴的关键时期。在这一时期,不仅中国经济总量将成为世界第一,而且基本实现共同富裕。"十四五"规划建议从九个方面阐述了这一时期目标任务,将2035年远景目标更具体、更全面、更深化地呈现出来。

中国经济实力、科技实力、综合国力将大幅跃升,经济总量和城乡居民人均收入将再迈上新的大台阶,关键核心技术实现重大突破,进入创新型国家前列。经济发展是解决中国一切问题的基础和关键。未来15年中国将实现向高质量发展的转型,经济持续稳定健康发展,迈入经济强国行列,居民收入将随经济同步增长,劳动

---

① 十九届六中全会《中共中央关于党的百年奋斗重要成就和历史经验的决议》。

生产率和劳动报酬同步提高。通过坚持走中国特色的自主创新道路,中国将在关键技术、前沿技术、颠覆性技术创新等方面实现突破,掌握关键核心技术。

基本实现新型工业化、信息化、城镇化、农业现代化,建成现代化经济体系。中国的现代化是"新四化"齐头并进的现代化,预计到 2035 年基本实现。从制造大国转型成为制造强国,形成若干世界级先进制造业集群,在线新经济和实体经济深度融合。以城市群为主体、大中小城市和小城镇协调发展的城镇化格局基本形成,城乡居民生活品质显著提升。乡村振兴取得决定性进展,农业现代化基本实现。建成现代化经济体系,实现产业链现代化,全要素生产率明显提高,经济质量效益和核心竞争力显著增强。

基本实现国家治理体系和治理能力现代化,人民平等参与、平等发展权利得到充分保障,基本建成法治国家、法治政府、法治社会。中国特色社会主义制度的各方面更加完善,人民民主制度体系更加健全,人民平等参与、平等发展权利得到充分保障。依法治国将得到全面落实,形成科学立法、严格执法、公正司法、全民守法的良好格局。

建成文化强国、教育强国、人才强国、体育强国、健康中国,国民素质和社会文明程度达到新高度,国家文化软实力显著增强。2035 年,国家文化软实力明显增强,人民的文化自信和文化认同显著提高。中国将总体实现教育现代化,成为学习大国、人力资源强国,国民思想道德素质、科学文化素质明显提高,社会文明程度、人民身体素养和健康水平、体育综合实力和国际影响力居于世界前列。

广泛形成绿色生产生活方式,碳排放达峰后稳中有降,生态环境根本好转,美丽中国建设目标基本实现。2035 年,中国将基本实现美丽中国建设目标,绿色低碳循环发展的经济体系基本建立;碳排放总量在 2030 年前达到峰值后稳中有降。生态环境质量实现根本好转,生态安全屏障体系基本建立,森林、河湖、湿地、草原、海洋等自然生态系统稳定性明显改善。

形成对外开放新格局,参与国际经济合作和竞争新优势明显增强。中国对外开放水平将全面提高,参与国际经济合作和竞争新优势明显增强,由贸易大国迈向贸易强国,贸易结构更加优化。自贸区、自由贸易港等对外开放高地实现高质量发展,完善外商投资准入与负面清单管理制度,市场化、法治化、国际化的营商环境更加完善。

人均国内生产总值达到中等发达国家水平,中等收入群体显著扩大,基本公共服务实现均等化,城乡区域发展差距和居民生活水平差距显著缩小。到2035年,中国城乡融合发展机制将更加完善,区域发展的协同性明显增强,城乡区域发展差距和居民生活水平差距显著缩小,中等收入群体将显著扩大,社会分配格局将成橄榄型分布,经济社会持续健康发展。基本公共服务实现均等化,并覆盖全民。

平安中国建设达到更高水平,基本实现国防和军队现代化。到2035年,中国社会治理体系将更加完善,人民安居乐业,社会安定有序。同时,为确保国家长治久安,中国将全面推进军队组织、军事人员、武器装备现代化,至2035年基本实现国防和军队现代化,将人民军队全面建成世界一流军队。

人民生活更加美好,人的全面发展、全体人民共同富裕取得更为明显的实质性进展。到2035年基本实现共同富裕,让改革发展成果更多更公平惠及全体人民。人民生活将更加美好、更加幸福,拥有更好的教育、更满意的收入、更可靠的社会保障、更高水平的医疗、更舒适的居住条件、更优美的生活环境、更丰富的精神文化活动。

2035年远景目标,既体现了现代化的一般规律和基本特征,又立足于中国国情、突出了中国特色,充分证明了中国特色的现代化道路是科学社会主义理论逻辑和中国社会发展历史逻辑的统一。

三、 建成社会主义现代化强国

依照新阶段发展战略部署,到21世纪中叶,中国人均国民生产总值将达到发达国家水平,人民生活比较富裕,全面建成社会主义现代化强国。有中国特色的社会主义现代化强国包括四大因素:一是比较发达的现代化,拥有世界上所有的现代化因素;二是社会主义的现代化,优于资本主义制度且为全体人民所共享;三是中国特色的现代化,具有中国独特的道路、理论、制度、文化因素;四是生态文明的绿色现代化,为当代人提供生态产品和服务,为后代人提供生态财富,为全球提供生态安全。

强国不同于大国,强国的标准也并非单一维度的,而是包括经济发达、制度完善、共同富裕、军事强大、人民幸福等诸多方面。具体而言,2050年中国将全面建成的社会主义现代化强国,包括以下六个方面的主要目标:

第一,建成经济发达的社会主义现代化强国。到2050年,中国将实现人均收入水平、工业化、信息化、城镇化等指标进入世界发达国家水平行列。中国将实现从制造大国向制造强国的转变,发展模式先进,经济结构均衡,增长动力强劲,从国际经济的跟跑者、并跑者变为领跑者,在大数据、人工智能、物联网、航空航天、生物技术、绿色环保等领域取得领先优势。

第二,建成社会主义民主现代化强国。制度是强国的基石,人民代表大会制度与政治协商制度是中国民主政治的特有形式和独特优势。到2050年中国社会主义民主政治建设、法治社会建设、法治国家建设、政治文明建设将达到更高水平,社会主义制度优势、政治优势、国家优势以及人民当家作主的人民优势更加凸显,党的执政科学化水平大大提高,国家治理体系现代化充分实现。

第三,建成社会主义文明现代化强国。2050年,中国社会主义先进文化建设、精神文明建设、文化事业建设、文化产业发展将达到更高水平,人民精神文化生活更加丰富,公民道德素质全面提高,中华文化整体实力、国际影响力、国际软实力更加强大。社会主义现代化强国尊重世界文明的多样性,向世界传播中国声音,而不谋求支配世界舆论的控制权,彰显中国的道路自信、理论自信、制度自信、文化自信。

第四,建成更加和谐的社会主义现代化强国。社会主义现代化强国的基本公共服务均等,收入分配公平,消灭了绝对贫困人口,实现了全体劳动者充分就业、高质量就业、高比例创业,有着更高水平、更高质量、更加便捷的公共服务体系,实现了全人口覆盖、全生命周期覆盖、全服务过程覆盖,人口、健康、教育、社会等指标排名进入世界前列。人民对国家认同、对生活满足,社会充满活力、团结和睦,具备有效调节各种社会矛盾、处理各类社会危机、减少各种社会成本的机制。

第五,建成更加绿色的社会主义现代化强国。2050年,中国将实现人与自然和谐相处、共生共荣,将建成现代化的绿色能源国,建成资源节约型、环境友好型社会,二氧化碳等温室气体明显减少。为争取在2060年前实现碳中和目标,中国经济现有的基础将彻底改变,不只是能源、交通、建筑等直接同碳排放相关的部门会发生巨大变化,还会由此引发生产方式、消费方式、商业模式等的革命性变化,建成美丽中国。

第六,建成对人类发展作出巨大贡献的国家。迈入现代化强国行列的中国,将继续走和平发展道路,奉行合作共赢的开放战略,构建共同发展的新型国际关系,与各国齐心协力打造人类命运共同体,为人类发展贡献自己的一份力量,为后发现代化国家提供中国智慧和中国方案。

全面建成社会主义现代化强国是新阶段的主要任务与战略目标,也是实现中华民族伟大复兴的内在要求,完成这一目标的中国将进入社会主义中级阶段,向着社会主义的更高阶段继续迈进。

第五节　新发展阶段的着力点

党和国家将中国"十四五"时期经济社会发展主要目标设定为"经济发展取得新成效、改革开放迈出新步伐、社会文明程度得到新提高、生态文明建设实现新进步、民生福祉达到新水平、国家治理效能得到新提升";由于"十四五"规划是步入新发展阶段后的第一个五年规划,因而"十四五"发展目标必定为新发展阶段的重点领域和抓手指明了方向。结合上述目标,不难将新发展阶段的关键着力点提炼归纳为"改革""开放""创新""治理""发展"五大方面,可以说,新发展阶段能否在以上五大方面取得实质性的进展和胜利,对于实现中华民族伟大复兴具有决定性意义。

一、以要素市场化配置为核心的改革

根据《中共中央关于党的百年奋斗重大成就和历史经验的决议》(以下简称《决议》)精神,新发展阶段要实现高质量发展,关键是取得三个"变革"的胜利——质量变革、效率变革、动力变革,而推动三个"变革"的根本方式无疑是继续深化改革,将重要领域和关键环节的改革之路走向扎实、迈向纵深。《决议》延续了十八届五中全会、十九大、十九届五中全会和历次中央经济工作会议以来"以供给侧结构性改革为主线"对中国发展作出的部署。供给主要指要素供给,而要提升要素供给质量、优化要素供给结构,必须首先实现要素市场的现代化和要素配置的市场化。

(一)要素市场化配置的内涵解析

2020 年 4 月发布的《中共中央国务院关于构建更加完善的要素市场化配置体制机制的意见》,提出了建立"一个要素价格由市场决定,各类要素自主有序流动、配置高效公平的高标准要素市场体系;通过市场价格、市场竞争、市场准入退出等规则形成完善的要素市场体系,畅通要素流动"。这是党中央围绕现代化经济体系七大生产要素市场化配置改革所做出的第一份指导性文件。紧随其后于 5 月 18 日印发的《关于新时代加快完善社会主义市场经济体制的意见》进一步提出"构建更加完善的要素市场化配置体制机制,进一步激发全社会创造力和市场活力"。两份意见的密集出炉集中凸显了要素市场化配置改革在新时期深入推进社会主义经济体制改革、继续深化市场化改革的重要意义。

要素市场化配置是市场经济运行的基础,依据市场规律、价格信号、竞争机制,对各类资源和生产要素进行配置,才能实现经济效益最大化。要素市场化配置的最终结果是通过市场机制发挥引导、刺激和筛选作用,内生性地决定最优的市场主体(企业)规模、产品结构,以及生产、交易与消费模式。

要素市场化配置的前提是要素能够自由而充分地流动,消除一切体制性的、人为的外部约束,使得各类要素根据其贡献能级匹配到适合的部门和环节。现阶段,中国商品市场化改革的完成度较高,超过 97% 的产品和服务已经实现了市场价格机制调节;然而在要素领域,市场的建设和发育还远未成熟。其中,土地要素价格并未完全与市场供需、稀缺性等相一致;技术、数据等新型要素还停留在市场规则探索的初级阶段;行政干预下的直接配置、政府管制在大多数要素市场屡见不鲜,导致要素价格与要素真实价值不对等,更无法体现企业边际产出与劳动者边际贡献,不仅带来全要素生产率上的损失,也进一步加剧了收入分配不均。

要素市场化配置改革一直是中国社会主义市场经济体制改革大局中的关键环节。改革开放初期,中国市场体系结构极为单一,计划经济体制下的全民所有制形式决定了只能建立简单的按照特定指令性额度分配的消费品市场。自改革开放以来,国家意识到大力发展商品经济对于改善人民生活质量的必要性,因此有了中共十四大明确提出的经济体制改革的目标——不断发展和健全社会主义市场经济体制。十八届三中全会强调在资源配置中市场应当发挥决定性作用,同时需要更好地发挥政府作用,这为进一步改革现代市场体系指明了方向。现阶段,中国的消费品(商品)市场机制已经基本成熟,生产要素市场的多层次、多元化体系框架也基本成型,金融、资本、劳动力、知识、管理、技术、信息、土地等生产要素在生产、交换、流通中的作用日益活跃。当前中国在建设社会主义现代化强国的目标下,已经进入努力实现经济高质量发展的新发展阶段,建设现代化产业体系和经济体系需要以深化市场体制改革为抓手提升市场机制配置资源的有效性,进而增强企业等微观主体的创新活力,提高宏观调控政策和手段的精准性,彻底打破一切束缚制约市场规则和价值规律作用发挥的枷锁。然而,对标新发展阶段下的新要求,中国要素市场建设还存在层次不够丰富、规则机制不够成熟,政府与市场边界不够顺畅,市场准入不够公正透明、激励体系不够充分、要素流动不够便利自由、资源配置效率不够高等诸多问题,与新发展阶段建设高标准市场体系、为高质量发展提供扎实定型的制度支撑的要求差距较大。从不同要素市场发展发育进程来看,存在的短板和改革的堵点也不尽相同,主要体现在:

第一,金融市场功能尚不健全。现阶段中国金融资本市场体系结构较为单一,对银行信贷和间接融资的依赖比较严重,直接融资在规模和结构上与间接融资不协调的状况未得到根本改变。由于金融市场多元化的缺失,金融服务实体经济的功能难以得到充分的发挥,尤其是服务中小微企业和"三农"的普惠金融能力仍有待进一步加强。此外,金融市场的退出机制和金融要素市场定价机制依然有待健全,道德风险的约束机制、承担机制和补偿机制不够市场化。金融市场基础设施以及相关法规体系仍有进一步创新和完善的空间,金融市场对内对外双向开放仍未取得实质性的突破。

第二,技术市场运行机制有待完善。技术市场的法律法规和规则机制不够完备,难以保障各类主体在技术转移、交易、运营中的权利、责任和义务。科研及技术人员对自身创造或参与创造的科技成果的所有权、处置权、收益权不够明确,制度保障缺位严重阻碍了创新创造的积极性与主动性。技术市场的监管与服务主体涉及面广,但各主体间的协同联动机制尚未成型。尤其是技术市场服务机构与技术创新主体之间缺乏灵活有效的促进互动机制,技术市场与金融市场和资本市场等其他要素市场存在割裂、缺乏深层次互动,导致金融难以为技术成果的交易和增值提供支持。

第三,规范的数据市场尚未形成。数据孤岛现象依然存在,政务数据、公共数据、政府数据的共享机制、开放机制、商业化应用机制尚未完全畅通。大型互联网平台企业对于数据资源的开放共享缺乏信心,根源在于现有的法律法规对数据资源的产权、使用、责任、义务的保障尚有欠缺,中小型企业在数据公开领域得到的资金和技术支持还不够,导致大数据市场化进程相对缓慢。涉数据违法成本较低,个人数据隐私保护有待进一步加强。市场主体发育缓慢,引导和扶持政策有待健全。大数据市场运行不够规范,亟待规范治理。

第四,劳动力市场结构性矛盾尚存。户籍管理制度亟待改革以便进一步推动劳动力要素的自由化便利化流动,劳动者保障体系,尤其是有关非户籍劳动者在就业准入、子女教育、住房、养老、医疗等方面利益的保障体系需要进一步健全完善。劳动力市场分割导致结构性摩擦依然存在,现有的教育培训体系无法实现供需的灵活匹配,职业技术工人、产业工人、生产性人员、服务型人员存在较大的供需缺口,不断增长的高校毕业生就业形势日益严峻化,自由职业和灵活就业的规范发展需要政策和制度的引导与支持。

第五,土地市场化水平有待进一步提高。城乡土地二元分割特征依然突出,农村土地征收、集体经营性建设用地入市、宅基地流转改革需要加快,国有土地一级市场由政府控制。土地使用结构不合理,主要用于保障经济社会的生产性需求和基础设施需求,城市的生活生态用地特别是住房用地的供应比重偏低。建设用地急需盘活存量资源、提高存量土地效率。土地取得和保有环节征税过低,而在流转环节,契税、营业税、印花税等整体税率过高。

由于中国各类要素的市场化发展进程存在差异,改革推进难度不同,因此需要本着"分类指导"的基本思路,处理好市场化配置改革中的共性堵点和个性难题。共性堵点主要包括区域壁垒、行业壁垒等,需要做好系统集成的顶层制度或政策设计;个性难题则与各类要素的特征及属性直接相关,应当综合考虑改革难易程度,权衡所牵涉的多方利益精准施策。

(二)要素市场化配置的改革目标

2020 年 4 月 9 日,中共中央、国务院印发《关于完善生产要素市场化配置机制的指导意见》(以下简称《意见》),提出自由市场在生产要素配置中发挥更加重要的作用,旨在进一步促进要素自由有序流动,激发市场活力;进一步深化改革开放,破除阻碍要素自由流动的体制性壁垒,为高质量发展和现代化经济体系建设奠定坚实基础。《意见》主要内容包括:推进土地、劳动力、资本等生产要素市场化配置,加快发展技术和数据要素市场;推进农村土地征收制度改革,调整工业用地政策,优化土地管理机制;进一步促进劳动力流动,进一步推进户籍制度改革,保障城乡劳动者平等就业权利,加强职业技能培训;在推进资本要素市场化配置方面,中国将完善股票市场基础机制,加快债券市场发展,增加有效金融服务供给,扩大金融对外开放。逐步放宽外资金融机构准入条件,推动境内机构参与全球金融市场交易。强调加强知识产权保护和运用,支持重大装备、关键新材料等领域自主知识产权市场化,鼓励技术和资本要素融合发展。同时,着力培育数字经济新产业、新业态、新模式,支持农业、工业、交通、教育、城市管理等领域的数据应用。《意见》还强调进一步改善经商和市场环境,逐步取消阻碍公平竞争的法规和做法,确保各种所有制企业平等获得要素。

以中央高层次专项文件的形式为建设高标准市场体系、深入推进要素市场化改革保驾护航,这是深化供给侧结构性改革、解决深层次结构性问题的关键举措,也有利于转变增长方式、优化经济结构、培育增长新动能,是中国追求高质量发展的重要一步。中国正处于创新驱动发展的关键阶段,盘活土地、劳动力、资本、技术和数据等要素具有重要意义,重点是确保技术、数据、资本等生产要素自由有序流动。特别地,《意见》将数据定义为一种新型生产要素,将有助于为这种现代生产要素注入活力,为推动高质量发展、培育创新驱动发展注入新动力。生产要素的形态随着经济发展的时代特征不断变化,数据等新的生产要素对其他要素的效率产生乘数效应,形成先进生产力。

围绕坚持以市场化改革和高标准开放为原则,通过纠正制度薄弱环节为增长注入新动力,《意见》指出,以完善产权制度和生产要素市场化配置为重点,全面深化经济体制改革。《意见》强调了尽量减少政府对资源配置和微观经济活动的直接干预的改革原则。具体而言,要求推进国有资产、自然资源、知识产权等产权制度现代化,依法公正维护民营企业经济产权。它还概述了深化土地、劳动力、资本和数据市场改革的议程,以实现这些生产要素的市场化流动和定价。国家发展和改革委员会对《意见》的解读指出,这是最高领导层在面临挑战不断加剧情况下所表明的推动新一轮市场化改革,为经济可持续、高质量增长赋能的决心。随着国际经济和政治格局发生深刻变化,全球经济因新冠肺炎大流行而陷入衰退,而国内改革在促进要素流动和提高资源配置效率方面仍面临困难。该指导意见以市场化改革为重点,与习近平新时代中国特色社会主义经济思想相一致,坚持市场在资源配置中的决定性作用,要求更好发挥政府作用。

（三）传统要素市场化配置改革

1. 土地要素市场化改革。

土地要素市场化改革包括农村土地改革和城市用地改革两大领域。农村土地改革起步较早,通过家庭联产承包责任制赋予了农民承包、使用和经营土地的权利,然而经营权并不包括交易权。自20世纪90年代起,为了扩大农民收入来源,刺激农民增加土地收入的积极性和能动性,国家在农业用地流转上放松了政策,但是农村土地市场的活跃度依然未能得到有效激发,农民的合法权益经常得不到满足。因此,现阶段农村土地改革的主要方向及核心内容是继续维护农民对土地的产权,并尝试逐步给予农民对土地进行交易的权利。

城市建设用地市场改革相较农村土地改革起步晚,开始于20世纪80年代末期。1987年7月,改革开放前沿窗口深圳成为国家城市土地改革的首个试点,开始了从无偿性行政划拨土地向有偿性使用土地的探索,主要方式是通过公开招标和竞标,对城市土地的使用权进行出售。1996年,全国第一家土地储备机构在上海成立。该机构同时承担土地收购、土地储备、土地开发的多重功能,主要目的是解决城市用地“双轨制”所带来的问题。进入21世纪以来,城市土地市场化配置的基本规则框架已经形成,土地出让的规则、范围、条件、程序等事项均有系统性的法律法规政策条文所依。但是,地方政府对一级土地市场依然拥有绝对的控制权,对于中央指定的土地管理及使用政策也可以“选择性”执行,为了满足自身利益、追求财政指标,甚至会做出违背市场效率的土地出让决策。

不难看出,中国土地市场化配置的体制框架虽已基本到位,但实际操作中还存在诸多法律性和行政性障碍,深化改革攻坚克难的任务依然艰巨。在城市土地市场,提升土地空间规划水平,以增强土地开发效率为目标,差异化地推动不同规模、不同级别、不同发展水平的城市土地优化配置。在农村土地市场,继续开发土地流转的市场渠道和机制,推动农村集体土地与国有土地平等交易,完善并推广“三权分置”试点。同时,加快建设用地市场城乡统一的改革步伐。

2. 劳动力要素市场化改革。

当前,中国经济发展的人口数量红利已经基本耗尽,如何不断优化人力资本结构,确保“人尽其才、人尽其用”,是劳动力市场化配置改革需要解决的问题。与高度流通的商品市场相比,劳动力市场的多重性分割一直是中国经济健康发展的隐患,并导致大量劳动力资源错配、浪费、流失。回顾历史,劳动力市场走的是一条"先易后难"的改革路径——改革开放初期,城镇劳动力享受国家"统包统配",而农村劳动力则不能进入城镇;80年代中期以后,城市开始试行合同用工制,农村劳动力也被允许进城打工,城乡分割的体制开始出现缺口。但时至今日,由于户籍差异而造成的隐形壁垒却依然未能彻底打破,随之带来社保、医疗、教育等公共资源分配不平衡问题。因此,深化户籍制度改革,是建立统一规范劳动力市场的基础。但这一改革牵涉多方利益,因此是一场难度系数较高的存量式改革,需要中央顶层设计与地方政府在社保、就业甚至产业等政策上的配套和协调。可喜的是,目前除了几个超大城市以外,国内城市基本都展现出放松落户的政策倾向,这就从空间边界上扩大了劳动力自由流动的范围。此外,劳动力结构优化也是劳动力要素市场改革的重要内容,包括提高人力资源服务能级,建立便利人才在不同所有制企业流动的渠道,开放服务贸易项下的跨境人才流动等。

3. 资本要素市场化改革。

资本要素市场化配置改革的关键环节是建立规范的金融市场。资本市场的层次和体系决定了资本要素的集聚程度及辐射广度,进而能够对整个现代产业体系甚至是经济体系的运转起到稳定器的作用。中国资本要素市场改革始于20世纪80年代中后期。1986年9月,全国首个证券交易柜台在上海设立,从而开启了以股票证券为主的一级资本市场建设。而在这以前,中国金融市场主要以银行业为主,银行承担了绝大部分市场性融资行为,企业获取贷款门槛高、成本高,单一市场模式的风险也相对较大。90年代初,中国在上海和深圳分别设立证券交易所,股票证券交易市场基本成型。市场机构的建立带来了监管需求,随后,国家接连成立了证监会、银监会等监管机构。近十年间创业板和科创板的相继开启,弥补了中国资本市场在某些层次上的空白。但是,当前金融市场结构性问题的存在要求大力推进供给侧结构改革,在去杠杆的同时增加有效的、高质量的金融服务供给。其中,首要任务是提升利率和汇率的市场化水平,提升金融市场对实体经济的服务能力,防止资金"脱实向虚",增强抵御金融系统性风险的能力。此外,继续深化金融行业对外开放,切实推进外汇及跨境资金的对内对外双向开放,将证券、基金、期货市场的对外开放真正提上议事日程。

(四)现代要素市场化配置改革

1. 技术要素市场化改革。

创新是建设社会主义现代化强国的第一动力,而完善的技术要素市场能够提升国家对创新资源的配置能力,推动创新高地和科学中心的打造。中国技术要素市场是在计划经济体制下形成的,主要以科研机构为主,政府指定创新活动和研究的相关计划,并据此为各机构分配人力、资金、设备等资源,对研究成果也采取统一的调拨使用。随着经济发展水平的提高,科学技术在社会各界受重视程度不断提高,不少企业开始自发开展科学研究和科技创新活动,体制内的科研单位不再是技术市场的唯一主体,技术要素的市场化发展具备了条件。《国家中长期科学和技术发展规划纲要》《关于实施科技规划纲要增强自主创新能力的决定》等政策不仅提出了建设创新型国家的宏伟目标,同时也开启了科技体制改革的步伐。但是时至今日,中国的技术交易市场仍然存在不足,在高效对接技术创新资源、推动技术成果转化方面的潜力未得到充分发挥。全国统一的科技资源共享和科技成果转化平台尚未建立,技术市场的横向及纵向碎片化严重;高校和科研机构作为科技创新主体,与企业及市场需求对接不足,产学研一体化的技术成果转化链条尚未畅通;体制内与事业单位性质的科研机构缺乏对政府财政资助项目成果的处置权、经营权、使用权和收益权。围绕上述梗阻,积极培养和引进市场化的专业技术转移中介机构以及技术经理人队伍,利用数字技术解决"政金产学研"链条上不同环节之间的信息不对称,是积极推动技术要素市场化改革势在必行的举措。

2. 数据要素市场化改革。

在新一轮科技革命浪潮下,从最初的"互联网+",到随后的大数据、人工智能、云计算,再到"ABCDEFG"全面开花,数字技术不断赋能、改造、优选现有的产业和行业,并孕育出体量庞大的新业态和新模式。在全球经济迈入数字经济时代,数据(信息)要素无疑成为贯穿串联产业链、价值链和创新链的关键要素。尽管中国的数字经济在规模和部分关键技术上位于国际前列,但是数据市场的平台建设、交易规模、实际经济效益等与发达国家相比均存在差距。究其原因,归根结底在于数据确权、数据定价、数据交易规则等领域依然缺乏法律规范的指导,导致大量数据交易行为通过各种黑色、灰色渠道发生,浪费了将海量数据资源转化为实际经济产出的机会。数据要素市场的培育和数据市场化配置机制的建立,一方面需要推动落实公共数据和政务数据的开放共享;另一方面,在严格遵循《数据安全法》的前提下,对社会数据实行集采集、存储、管理、传输、加工、交付、应用为一体的全生命周期集成式管理。探索建立由政府背书、市场化运营的数据交易市场(中心),出台数据定价和交易管理准则,探索数据的资产化和价值化。同时,推动数据与生产、生活、治理的深度融合发展,开发数据产业化、产业数据化、生活数据化、治理数据化的丰富场景,让数字化为高质量发展注入强大的内生动力。

二、 以开放型经济新体制为核心的开放

《决议》强调了中国共产党对于"开放带来进步,封闭必然落后"的深刻认识,指出不断推动更高水平、更广领域、更深层次的开放是发挥并挖掘中国超大规模市场优势和改革红利的必然要求。其中,共商共建共享"一带一路"高质量发展,以自贸港和自贸试验区为载体加速贸易和投资自由化便利化的步伐,以自由贸易协定构筑中国对外经贸合作的"朋友圈"网络,从货物、资金开放向以规则、规制、管理、标准等为代表的制度开放转型,是中国在经济全球化不可逆趋势下赢得优势、赢得主动、赢得未来的主要内容。

(一)新发展阶段构建更高水平开放型经济新体制的必要性

迄今为止,中国经济建设和社会发展的各种瞩目成就都是在对外开放不断扩大、国际合作范围更广的进程中所取得的。中共十九届五中全会和"十四五"规划建议都提出并强调构建更加开放的制度环境对于实现中国经济社会高质量发展目标的重要意义,要求"必须坚定不移扩大开放"地构建新发展格局。因此,面对百年未有之大变局带来的错综复杂的新矛盾、新风险、新挑战,中国必须以无比强大的

定力气魄坚持深入推进对外开放战略,将开放大门越开越大。

一方面,更高水平开放是实现高质量发展的必然要求。现阶段,传统的商品贸易及投资开放已经不能满足中国经济规模和产能体量的需要,只有更深层次地推动技术、信息、知识、人员等现代要素的跨境自由流动,完成由商品型开放向制度型开放的转变,才能为中国获取更大的市场边界。当前国际竞争主战场在于争夺对全球价值链的主导权和话语权,而对价值链的掌控关键在于增强科技创新实力,这就对强化国际技术合作、创新对外贸易发展模式、高质量引进外商直接投资和高水平推动国内企业"走出去"等提出了更高的标准。为此,需要将目前实施的一系列开放政策(如自贸试验区和自贸港建设、外资负面清单管理制度、人民币国际化等)一以贯之地落实下去,并随时根据市场发展需求的变动进行政策上、机制体制上的创新和改革。

另一方面,更高水平开放是落实新发展理念、形成新发展格局的重要保障。新发展理念各方面内容都包含构建更高水平开放型经济新体制的要求。创新发展理念要求持续提升中国经济的国际竞争力,尤其是在价值链高端的产业及行业环节,追赶甚至超越新一轮科技革命的步伐,通过科技创新体制机制的改革和优化,不断激发人民的创新创造潜力与活力,强化国家参加全球竞争的科技支撑。协调发展理念要求在继续保持并优化东部地区对外开放格局的同时,促进中部、西部、东北等地区与国外的联通,形成沿江开放、延边开放共同联动提升内陆地区开放水平的新开放格局。绿色发展理念要求坚决贯彻可持续发展理念,努力成为气候变化等全球环境生态问题协商解决机制的参与者和积极推动者,在人与自然和谐共生的"绿色"背景板下建设现代化经济体系。开放发展理念要求充分发挥中国超大规模市场的优势,将对外开放的层次不断提高、区域不断拓宽、范围不断推广,以制度改革的红利不断收获国际竞合新优势。共享发展理念要求在"一带一路"建设中突出共商、共建、共享的理念,不断提供更为优质的全球性和区域性公共产品,通过推动中国改革与建设成果向全球人民溢出,为构建平等公正、合作共赢的国际新秩序贡献中国力量。总之,构建更高水平开放型经济新体制,与新发展理念在全局上、根本上、方向上、长远上均是一致的。

(二)新发展阶段推动更高水平对外开放面临的机遇与挑战

第一,全球价值链收缩对中国提高内外循环效率提出了更高的要求。事实上,在新冠肺炎疫情全球大规模暴发以前,全球价值链已经呈现出扩张脚步放缓的逆向发展特征。2019 年中、美、德、日等全球最大经济体在主要制造业领域的全球价值链参与度已经下降到 2010 年前后的峰值以下。2020 年之后新冠肺炎疫情大范围蔓延加剧了全球价值链部分环节的断裂乃至停摆。特别是经历过疫情期间医疗卫生等防护用品和基本生活物资匮乏的冲击,包括主要发达国家在内的大多数国家都对供应链、产业链本土化给予了高度重视,通过信贷政策和财政政策积极争取实体经济投资的本土"回流"和内向化布局。从企业层面看,跨国公司作为全球价值链"链主",在全球范围内进行垂直一体化生产组织和产能布局的能力已经触及上限。价值链进一步细化分工需要更高的成本,主要原因在于世界各国(地区)之间基于现有经贸格局及规则的资源要素梯度、技术梯度在逐渐减弱。一个典型的例子便是全球汽车产业的价值链参与国在过去十年间没有任何增加。同时,随着中国发展战略导向朝向"以国内大循环为主"的转变,"中国制造"卖"全球"正逐渐变为"中国制造"卖"中国",加之中美经贸摩擦全面升级,全球贸易强度和价值链活跃度可能受到进一步抑制。

第二,全球数字转型为联通国内国际两个市场提供了新渠道。全球范围内,各国政府"自上而下"地大力推动经济社会数字化,各国企业"自下而上"地开展技术及管理模式创新,二者相互结合共同推动全球数字经济发展驶入快车道。但是,数字化转型和数据要素投入对价值链分工和产业组织方式的影响并非是简单的、单向的。根据 2021 年麦肯锡的数字经济调查报告《开启数字化转型的成功之门》,全球企业成功实现数字化转型发展的比率约为 20%,即使通信、媒体等高科技行业其转型成功率也不足 30%。而且相较于以往工业革命的主要变革动力如机器化、电气化等,数字化有着更高的获取和应用门槛,利用数据对现有产业、消费、资本进行改造需要更大的成本。当前,中国在数字技术方面已经具备与发达国家展开竞争的基础，甚至在消费端、应用场景等某些具体领域还有所领先超前，有资格有能力成为数字经济国际规则的参与者和制定者。当然，在依托完备产业体系和超大规模市场获取以数字经济为基础的国际竞争"弯道超车"机遇的同时，也需要防止与发展中国家产生立场分化或"数字鸿沟"。

第三，区域一体化与全球治理多极化导致中国参与国际合作难度明显加大。在传统国际经济学理论视域下，区域一体化只是全球化演进过程中由于经济体量不够充足而出现的初级型态。然而在现实中，区域治理非但没有随着经济发展水平提高而逐渐消失，甚至出现了可能取代全球治理的强劲发展势头。以欧盟和亚太地区这两大"超国家组织"为典型代表，其区域内部一体化程度之高、网络之发达、供应链体系和分工组织方式之高效，已经使得全球价值链在此处"缩短"为区域价值链，形成"团组状"的区域治理高地。同时，以美国为首的单边主义抬头，引发了一场大范围的国家贸易干预竞赛，并随着新冠肺炎疫情蔓延进一步加剧升级。当前，国际社会主要矛盾已经成为以 WTO 为主导的多边贸易体制与各个国家利益诉求之间的不适应。这也成为不少国家选择以区域为单位，寻求缔结或参与新型的区域及双边自由贸易协定、开启更契合自身利益的新谈判议题的主要动因。

第四，"碳中和"目标与全球绿色竞争推动国际合作环境在诸多方面发生变化。当前全球已有超过 120 个国家（地区）承诺在不同时间节点实现"碳中和"的目标，拉高了全球化的道德和其他"软性"标杆。其中，欧盟试图通过《欧洲绿色协议》推动绿色复苏，继续主导"绿色规则"下国际竞争的主导权。在产业层面，注入细化减排目标的产业链结构也将迎来转型，价值链高低环节之间可能由于碳密度的分化产生更大的极差，导致低端环节国家或地区进一步成为"排放洼地"。此外，由于绿色产品的标准、技术、合规认定程序等在区域内部自由流动更加容易，进而会在一定程度上锁定区域一体化的倾向，进一步增加国际规制合作的难度。

（三）新发展阶段中国高水平开放的路径选择与政策创新

第一，加快制度型开放，消除国际循环体制性障碍。改革开放以来尤其是加入WTO 之后，各类诸如关税削减、出口补贴、进口退税等政策性开放优惠措施充分释放了中国在劳动力、资源上的比较优势,通过便利化商品和资本的自由流动,使得中国全面参与了全球化并获取开放红利。而新发展阶段面临的更多是体制机制内部深层次矛盾的制约,必须以制度型开放为方向,促进与国外发达国家和地区在规则、管理、标准、法制上的对接和衔接。十九届四中全会正是抓住了这个"牛鼻子",重点破解国内国际市场循环联通中的堵点,解决开放动力不足问题。"十四五"期间制度性开放应以金融市场、电信互联网市场、专业服务市场、高端制造市场等领域扩大开放为牵引,稳步降低大数据、人工智能、网络服务、智慧城市等新产业的外资准入门槛,为国内实体经济转型及融合发展、消费质量提升提供更好的市场和要素支撑。

第二,全面推进数字化和绿色化转型,增强新型国际竞争话语权。在数字贸易领域,不断完善和建立以中国为主导的多边机制和国际合作对话平台,尽量协调与其他发展中大国在数据跨境流动、本地化存储、源代码开放等领域的规则及利益,为中国声音、中国标准在国际数字贸易规则构建中的体现及落实,创造更加友好、更加和谐的环境。在绿色低碳发展领域,以"一带一路"建设中的大型合作或输出项目为载体,分阶段、分重点、分步骤推动与不同国家或地区在低碳产业、清洁能源、绿色技术上的交流及合作,为有需要的国家和地区推动"碳中和"路径提供适当的技术、人员、知识、资金支持。

第三,提升国家治理现代化水平,为完善全球治理体系贡献中国智慧。遵循共商、共建、共享的原则,依托"一带一路"国际合作平台等主动为全球治理提供创新性的、高质量的公共产品,积极承担构建人类命运共同体过程中符合大国地位的责任和义务。首先,继续维护以 WTO 为核心的多边经贸规则,以协调各国利益诉求冲突为出发点,推动现有体制在绿色发展、劳工地位、知识产权、国有资本、服务贸易、跨境电商等热点议题上的协商和改革。其次,以 RCEP 为契机,推动亚太地区供应链和产业链的重构及优化,继续倡导或加入更高层次、公平公正的区域自由贸易协定安排,发挥高水平自贸区网络对塑造全球价值链的作用。最后,作为负责任的大国,以更加开放和包容的态度为公共安全领域的国际协调合作做出贡献,在应对突发性公共安全风险、核风险、能源风险等领域继续发挥全球稳定锚的作用,提升在绿色发展、生态环境、减贫防灾等领域的国际参与度。

三、 以科技策源和产业引领为核心的创新

《决议》指出,使"创新成为第一动力"是中国共产党在领导经济建设上的工作重心。创新包括科技研发和产业发展两大方面:在科技层面,要"坚持实施创新驱动发展战略,把科技自立自强作为国家发展的战略支撑,健全新型举国体制,强化国家战略科技力量,加强基础研究,推进关键核心技术攻关和自主创新,强化知识产权创造、保护、运用,加快建设创新型国家和世界科技强国"[①];在产业层面,要"推进去产能、去库存、去杠杆、降成本、补短板,落实巩固、增强、提升、畅通要求,推进制造强国建设,加快发展现代产业体系,壮大实体经济,发展数字经济"[②]。

(一)创新在新发展阶段的意义

新发展阶段的关键发展动能依然是强调创新。2020 年 8 月 24 日,习近平总书记在经济社会领域专家座谈会上的讲话为正确把握新发展阶段的关键动能明确了方向:"以科技创新催生新发展动能。实现高质量发展,必须实现依靠创新驱动的内涵型增长。我们更要大力提升自主创新能力,尽快突破关键核心技术。这是关系我国发展全局的重大问题,也是形成以国内大循环为主体的关键。"因此,新发展阶段所追求的发展是创新驱动型的内涵型、包容型、可持续型的发展,而实现这种发展,必须依托创新驱动来不断提高经济增长效率、改善发展质量。

用创新更新发展理念。理念是行动的先导。进入新发展阶段,发展的动力、环境、条件都发生了变化,因此首先需要创新的是理念。无论是国际国内双循环的新格局,还是疫情防控常态化带来的业态变化,都要用新理念去认识、去分析,进而拨云见日、明确方向。时刻牢记并深入贯彻新发展理念,从思想观念、价值理念上开始创新,是新发展阶段的首要任务之一。

---

① ② 十九届六中全会《中共中央关于党的百年奋斗重大成就和历史经验的决议》。

用创新破解机制障碍。新发展阶段遇到的新挑战,让一些旧有机制变得不再合适,这就需要用深化改革来提供新的发展动能。深化改革更离不开创新,特别是要创新制度体系建设,破除深层次体制机制障碍,把人的创造力激活,更好发挥资源的效能,探索出更多长效的经济社会增长点,以此为发展提供源源不断的动力。

用创新构建竞争优势。新发展阶段,国际竞争的优势仍然离不开自主创新能力与关键核心技术,这更需要各行各业的奋斗者们发扬首创精神,在错综复杂的国内外形势下,紧紧把握发展方向,努力迈进新领域、掌握新技术、实现新突破,尽快占领未来的制高点。

习近平总书记发表于 2021 年第 2 期《求是》杂志的重要文章《正确认识和把握中长期经济社会发展重大问题》突出了新发展阶段中国创新发展的若干重要发力点:"我们要充分发挥我国社会主义制度能够集中力量办大事的显著优势,打好关键核心技术攻坚战。要依托我国超大规模市场和完备产业体系,创造有利于新技术快速大规模应用和迭代升级的独特优势,加速科技成果向现实生产力转化,提升产业链水平,维护产业链安全。要发挥企业在技术创新中的主体作用,使企业成为创新要素集成、科技成果转化的生力军,打造科技、教育、产业、金融紧密融合的创新体系。基础研究是创新的源头活水,我们要加大投入,鼓励长期坚持和大胆探索,为建设科技强国夯实基础。要大力培养和引进国际一流人才和科研团队,加大科研单位改革力度,最大限度调动科研人员的积极性,提高科技产出效率。要坚持开放创新,加强国际科技交流合作。"

(二)新发展阶段对创新的挑战

改革开放 40 年余年来,中国经济保持了长期稳定的高速增长,但呈现出以规模扩张为主、效率及附加值低下的特征。中国社会科学院数量与技术经济研究所采用经典的索洛增长模型分解了影响中国经济增长的主要因素及其贡献率,结果表明,资本对 GDP 的贡献高达 60%,而全要素生产率的贡献仅为 33%,这说明以往中国经济发展的要素驱动发展模式特征较为明显。事实上,自 2008 年全球经济危机以来,中国经济增长速度持续放缓。需求端的投资、消费和进出口三大驱动力均增长乏力,要素投入驱动的发展方式明显暴露出后继乏力的劣势,传统发展模式已不可持续,推动经济转型升级迫在眉睫——需要从以投资和出口拉动为主转向消费、投资和出口同时拉动;从主要依靠第二产业向第一、二、三产业和谐均衡贡献转变;从主要依靠物质资源消耗,转向以科技进步、劳动力素质提高和管理方式创新为主。

从供给侧角度来看,创新驱动发展的目标是提高全要素生产率。综观改革开放40余年来在中国经济全要素生产率中发挥关键作用的因素,可以归纳为五大支撑点——城市化和劳动力迁移、外资技术的溢出效应、人力资本提升、科技进步和市场化进程。根据以往实证研究,以上五个因素对中国全要素生产率贡献最为显著。

从城市化和劳动力迁移来看,从1995年到2020年,中国城镇化率从18%上升到60%,农村劳动力比重从70%下降到30%以下,劳动力从第一产业大规模转移到第二产业和第三产业。中国第二产业和第三产业的劳动生产率分别是第一产业的4倍和3.5倍。这种大规模的劳动力迁移优化了劳动力资源配置,显著提高了全社会的劳动生产率。从国外的技术溢出效应来看,中国坚定不移地推进对外开放和吸引利用外资产生了积极的溢出效应,推动工业制造业领域的技术水平明显提高,并产生了大量熟练的产业工人。从人力资本提升来看,政府高度重视文化教育尤其是基础教育和高等教育。国家以科教兴国战略为指导,不断加大教育投入,高校毛入学率显著提高,人口科学素养显著提高,科技人员规模连续几年位居世界第一。从科技进步来看,在科技为第一生产力的原则指引下,中国通过持续高于经合组织(OECD)国家平均水平的科技投入,大大增强了科技实力。目前在科技论文、专利等方面已跻身世界前列,科学技术在国家经济发展中发挥着越来越重要的作用。从市场化进程来看,自1992年中国确立了建设社会主义市场经济的目标开始,不断推进深化的市场经济体制机制改革极大地提高了社会生产力。在未来,以上五个因素仍然是中国经济发展的关键驱动力,也是撬动创新驱动发展的主要杠杆。

当前,国际格局正处于深刻调整阶段,全球科技竞争正在升级,新兴大国和老牌强国之间的科技竞争日趋白热化。全球科技治理体系和国际秩序变革加速,中国必须成为全球科技治理的重要参与者。新一轮科技革命正在迅速兴起,并呈现出以下特点:一是科学研究的重大突破和发展即将出现,新的通识科学形态将重铸整个科学体系。二是前沿技术领域不断涌向重大技术突破和新兴技术集群,导致技术生命周期不断缩短。三是科技创新的多元化和深度融合带来学科界限的模糊化,"人—网—物"融合发展日益增强。四是一场科学、技术和创新范式革命正在进行中,并将引发科学研究的组织形式和结构的重大变革,更加个性化、开放化、网络化、集群化的研发创新活动将成为大势所趋。五是颠覆性创新正在大规模传播,日益渗透到社会的各个层面和领域,深刻影响着社会生产资料和生产力的组合方式,推动人们的生产方式、商业模式、生活方式和学习方式、思维方式发生革命性变化。六是科技创新具有高度复杂性和多变性,将破坏旧的生产力和关系,加剧中国传统制度体系与新型技术或生产力之间的紧张关系。以上特征均对中国科技体制创新提出了新的要求和挑战。

(三)以科技为引领推动创新

经济高质量发展要求挖掘出可持续的、内生性的生产力增长源泉,而生产力提高的前提是各类生产要素之间协调分工和高效协作,解决生产力内部诸多要素之间的矛盾和错配,通过优化资源配置,推动科技、数据等现代要素与劳动力、资本等传统要素深度融合,为经济发展和社会进步全面赋能并注入新生动力。

科学技术、知识、管理、数据信息等是构筑现代化经济和产业体系的重要基础性生产要素,因此,高质量发展必然是强调以科技创新为引领的发展方式。20世纪以后科学技术进入加速发展轨道,技术和创新的重要性显著提升,邓小平在1978年全国科学大会上明确提出"科学技术作为生产力,越来越显示出巨大的作用",并且明确了科学技术作为"第一生产力"的重要地位。同时,随着改革开放的推进,中国的企业家群体日益发展壮大,企业家所提供的"管理"同样体现出鲜明的资源属性。2002年中共十六大首次将"管理"认定为生产要素,提出"确立劳动、资本、技术和管理等生产要素按贡献参与分配的原则"。2013年,中共十八届三中全会重新强调了企业家根据管理要素获取相应报酬的收入分配机制。

进入 21 世纪以来，信息技术及其发展应用带来一种新的资源——数据。2017年 12 月，习近平总书记在主持国家大数据战略集体学习时指出，"在互联网经济时代，数据是新的生产要素，是基础性资源和战略性资源，也是重要生产力"。这是党中央首次将数据认定为生产要素的一种新类型。2019 年 10 月，十九届四中全会通过的《中共中央关于坚持和完善中国特色社会主义制度推进国家治理体系和治理能力现代化若干重大问题的决定》将新时期生产要素归纳为七个，提出"健全劳动、资本、土地、知识、技术、管理、数据等生产要素由市场评价贡献、按贡献决定报酬的机制"，将"知识"从"技术"要素中剥离出来，至此生产要素体系由三大传统要素和四大新要素组成。2020 年 4 月《中共中央国务院关于构建更加完善的要素市场化配置体制机制的意见》发布，正式明确了社会主义现代化建设生产力内部七大生产要素的提法。

（四）以产业优化均衡强化创新

高质量发展目标下的产业优化与均衡，集中体现在建设现代化产业体系的任务上。发展中和后发国家依照西方产业理论所走的工业化道路，尽管在前期带来了短暂的工业发展和经济繁荣，但在长期来看持续性发展的内生动力不足，导致不少国家陷入中等收入陷阱而难以挣脱。即使对于许多已经成功实现工业化的发达国家，也不可避免地面临实体经济衰落、经济结构"空心化"的境遇，资本泡沫和金融风险成为威胁国家乃至全球经济环境稳定的隐形炸弹。因此，中国的高质量发展要求将实体经济作为产业体系建设的着力点，习近平总书记也在十九大报告中强调要建立一个"实体经济、科技创新、现代金融、人力资源协同发展的产业体系"。

进入高质量发展阶段，产业结构的优化和均衡可以归纳为"四化"协同——农业现代化、新型工业化、数字化、服务现代化的同时推进。农业始终是工业制造业原料和重点产品的重要来源，一方面农业现代化有助于推动新型工业制造业发展，而另一方面新型工业化和数字化是对传统农业进行现代化改造的重要推手。基于通信信息技术和互联网平台的数字化与工业化相互融合,将使得工业化朝向智能化、网络化的模式转变,产业组织方式也将呈现出更加扁平化的趋势。"四化"协同是一种系统性的产业发展模式,是通过一、二、三次产业之间相互促进、相互赋能,共同实现从价值链中低端走向高端的转型。同时,将产业发展和转型的成果分享共享到更大范围的社会群体,最终实现中国供给体系的稳定发展。

优化均衡的产业组织与发展方式反过来将会有利于生产要素的精准对接和高效配置,有利于产品质量可靠性的提升和持续创新,为以节能、高效、绿色、环保为特征的新技术推广应用创造良好的产业环境。为支撑消费升级、构建"双循环"新发展格局提供支撑和保障,在新的消费领域不断挖掘优质增长点,不断培育增长新动能。

(五)以机制体制改革保障创新

创新驱动发展需要进一步深化改革,构建现代国家创新体系,促进各类创新主体协同发展。在加强基础研究、完善基础体系的同时,在核心技术上寻求更多突破也很重要。同时,建立有效的跨部门协调机制,完善科技创新政策,提高全要素生产率。

其一,深化与科技创新相关的行政事业单位改革,积极转变政府职能。推进供给侧结构性改革,激活市场创新活力、带动企业积极自主创新,关键是处理好政府与市场的关系。由于传统生产要素(如资本和劳动力)的供给呈现规模报酬递减趋势,以全要素生产率为代表的新型生产要素(信息、技术、创新、管理、数据等)将成为维持长期经济增长的源泉。这些新型要素的培育、发展和壮大,需要一个宽松、自由的市场环境。因此,政府应将职能转变作为行政改革的重点,通过建立具有法律约束力的"任务清单""负面清单"和"责任清单",合理界定政府与市场的边界和界限,防止政府逃避责任或越权,尽量减少政府在科技、市场等微观层面经济活动中的作用。同时,要建立健全政府决策权、执行权和监督权相互制衡的行政机制,进一步简政放权,持续开放和搞活市场,充分发挥其在资源配置中的赋能作用和决定性作用。必须避免"将市场锁在权力的牢笼中",还包括建立价格形成、成本传导和投资回报的市场机制,使要素投入和成本约束与投资回报相匹配;发挥市场的引导作用,促进产业组织、产品组织、项目组织,确定技术路线和方向,通过市场手段淘汰落后和过剩产能;推进"大众创业、万众创新"和民间资本市场化运作,带动市场发展、拉动消费。

其二,改革国有企业管理和运营体制,营造充分公平竞争的市场环境。各国经济发展的理论和实践均证明,垄断不仅会加剧市场矛盾,阻碍产业升级转型,还会抑制技术和管理的创新动力,更有可能加剧社会紧张局势,扰乱资源配置效率,影响社会财富的公平分配。当前存在两类重要因素严重阻碍了中国企业的自主创新与研发活动——短视行为和垄断行为。同时,垄断性产业政策的存在,加之电信等服务行业对民间、社会、外国资本的开放程度不高,不仅影响资源的有效配置,阻碍了私人资本在市场竞争中发挥重要作用,更重要的是,还严重阻碍了技术创新和生产者激励。因此,政府必须通过制定和完善相关法律法规,加快构建统一、开放、有序竞争的市场体系,建立公平竞争的保障机制,打破区域分割和行业垄断,更好地释放市场经济的活力和创造力。

其三,增强自主创新能力,完善科技创新的机制与环境。现代企业竞争的本质是技术竞争,企业只有重视科学研究和技术创新,才能拥有自身核心技术,牢固掌握自身发展和竞争的命脉,这对于企业在各种有利或不利环境中的长期生存及增长至关重要。当前,中国经济正处于产业结构调整升级的关键时期,出口环境日益严峻,国际竞争新优势发掘和培育的任务日趋紧迫。在这种情况下,我们必须抓住供给侧结构性改革的发展机遇,制定完善相关规划和产业政策,促进企业自主创新,支持创业投资机构发展,优化财政改革和企业研发活动管理办法,出台能够真正鼓励和引导企业加大研发投入、开发新技术的科技政策,降低企业自主创新成本。完善投融资政策,通过知识产权质押、多种形式的科技保险、创新券和风险投资基金等方式解决融资难点,支持企业开展经营活动。除此之外,要加强知识产权保护,完善研发成果商品化和产业化的支撑机制,加强技术服务体系和技术产权交易体系建设,营造良好的外部环境,充分保障企业自主创新所产生的经济效益和社会效益。

其四,以提质增效为核心,提高资本利用率和劳动生产率。在推进科技创新、努力提高全要素生产率的同时,还要把供给侧结构性改革的重点放在提高传统要素的效率和质量上。一方面,鉴于中国人口结构老龄化的发展趋势在短期内难以改变,为适应现代经济发展的需要,需要加大人力资本投资,将人口红利转化为整体经济活力红利,以抵消人口红利减弱的负面影响。同时,要构建统一的劳动力市场,优化劳动力配置,降低劳动力自由流动成本,促进劳动力在城乡、企业、高校、科研机构之间有序流动。具体措施包括合理提高技术和管理人员退休年龄,鼓励老龄人口延长工作时间,挖掘劳动力供给潜力,将人口战略的重点从控制人口增长转向优化和提高人口质量,提高教育培训质量,稳步推动职业人口队伍素质不断提高。此外,推进建立产学研战略联盟,提升产业核心竞争力;加快推进金融业深化改革,提高资金使用效率,制止金融企业垄断和暴利行为,加快构建与实体经济相匹配的多层次金融体系;建立多元化的组织体系和垂直的服务体系,整合多种形式的金融资源及资本市场,有效降低企业特别是中小企业的融资成本。

四、 以"两个现代化"为核心的社会治理

《决议》强调了十九届四中全会对坚持和完善中国特色社会主义制度、推进国家治理体系和治理能力现代化"两个现代化"作出的总体擘画,以"根本制度""基本制度""重要制度"等突出字眼勾勒出中国特色社会主义制度框架。"两个现代化"包含对人民主体地位的加强,对人民代表大会制度的完善,对中国共产党领导的多党合作和政治协商制度的坚持,对基层民主制度的巩固,对机构改革的全面深化,对团结互助和谐的社会主义民族关系的发扬发展,对依法治国、社会主义法治建设道路的推进,对人民生存权、发展权的根本保障。

(一)国家治理现代化的理论缘起

第一,传承和发扬了马克思主义国家理论。马克思认为,"必须使国家制度的

实际承担者——人民成为国家制度的原则"。①因此,中国国家治理体系是人民选择的,国家的权力也由人民所行使。一方面,人民的智慧和力量汇聚合力,才能推动开拓国家治理的新境界。另一方面,国家治理的建设要时刻紧密围绕人民的利益。因此,新发展阶段国家治理的推动力是人民,根本价值追求是实现人民的利益。此外,马克思主义理论中的国家职能包括政治统治和公共管理,所以从职能角度来看,现代化国家治理要在政治统治上坚持和加强党对国家的领导;在公共管理上要树立"人民公仆"的理念,努力建设让人民满意的服务型政府,权责分明、各司其职、高质高效地完成勤政务实的目标。

第二,总结和升华了中国国家治理的实践经验。新中国成立以来,中国共产党领导人民在国家治理方面进行了渐进式的不懈探索。1949 年新中国成立之初,毛泽东在《论联合政府》中提出"建立独立、自由、民主、统一和富强的新中国",代表了中国共产党人对国家治理方式的思考结晶。十一届三中全会之后,邓小平为国家治理提供了新的方向和新的论断,将改革开放后国家治理的中心任务转向经济建设,提出"发展是硬道理"的主线,以经济活力的激发和政治定力的保障为中国特色社会主义国家治理保驾护航。邓小平在十二大上正式提出"建设有中国特色社会主义"重要命题,以及"南方谈话"中关于"三个有利于"的重要论断,成为推进国家治理进步的基本方向和评判标准。江泽民在十五大上提出的法治化建设思想强调把法治作为治国的基本准则与依据。胡锦涛通过"科学发展观"的理念将以人为本融入国家治理思想。到了十八届三中全会,以习近平同志为核心的党中央提出"推进国家治理体系和治理能力现代化"的"两个现代化",表明党将国家治理理念创新和实践发展的重要性提上前所未有的高度,表征了国家建设进入新的发展阶段。

(二)国家治理现代化的中国特征

较高的国家治理水平和较强的治理能力是经济建设繁荣、社会健康发展的基础和前提,而不同国家根据各自意识形态、制度体制选择不同的实现治理现代化的

---

① 《马克思恩格斯全集》(第 3 卷),人民出版社 2002 年版,第 72 页。

路径及方法。中国的国家治理现代化,一方面需要应对世界百年未有之大变局对中华民族伟大复兴所提出的挑战,另一方面也要将人类命运共同体的磅礴正能量转化为价值观和软实力分享给全世界人民。因此,中国的国家治理现代化必然是体现中国逻辑和中国道路的治理现代化。

习近平总书记指出:"一个国家选择什么样的国家制度和国家治理体系,是由这个国家的历史文化、社会性质、经济发展水平决定的。"①中华民族的历史文化传统与根基同社会主义现代化建设相结合,才共同成就了中国特色社会主义基本制度的显著而独特的优势。旧民主主义革命以来,中国在革命和发展上照搬外来制度的做法均以失败而告终,历史经验使得中国共产党认识到选择并培育与自身相适应的制度的重要性,于是在马克思主义指导下找到了有中国特色的社会主义道路。沿着这条道路,党领导中国人民不仅取得了新民主主义革命胜利,而且通过改革开放全面开启了经济、生态、政治、文化的创新建设和发展。而随着中国特色社会主义制度的不断完善,众多蕴含于中华文化沃土中的优秀治国理念,诸如"天人合一"——人与自然和谐共存、"天下为公"——公有制及共同富裕、甚至古代丝绸之路——"一带一路"倡议等,已经通过中国共产党的历史性传承和创造性发展,融合在国家的经济建设和社会治理中,成为国家和人民坚持制度自信的动力来源。可以说一旦脱离中华民族深厚文化和历史根基,中国的社会主义制度不可能像现在一样充满活力。

从人类发展的更大格局来看,中国所走的推动国家治理现代化的成功道路,是在资本主义之外探索新型制度尝试的成功,也无疑能够为其他发展中国家和后发国家提供借鉴和参考。激励众多后发国家跳出"西方模式唯一论"的单一化、固定化选择,从自身国情和发展目标出发,寻找"最合适的"国家治理之道。

(三) 国家治理现代化的方法论基础

习近平总书记围绕国家治理体系和治理能力现代化已经作出大量重要论述,

---

①　习近平:《坚持和完善中国特色社会主义制度推进国家治理体系和治理能力现代化》,《求是》2020年第1期。

逐渐形成一整套具备科学性、完备性、系统性的严谨的理论体系。该体系中所蕴含的丰富的方法论特色,已经给推进国家治理实践提出了全面要求。

第一,问题导向与目标导向的辩证统一。问题导向是坚持马克思主义矛盾分析方法在实际工作中的应用,通过在社会主义制度体系发展和完善进程中不断发现、不断解决具体问题,从而推动国家治理体系和治理能力现代化的提升,以显示问题倒逼机制体制创新和理论创新。正如习近平总书记所强调的:"改革是由问题倒逼而产生,又在不断解决问题中得以深化。"①目标导向则要求在方向明确的前提下完善顶层设计的部署,为国家治理的实践厘清目标、方式和任务,从而"有方向、有立场、有原则"地化解国家治理所面临的制度执行问题。②

第二,政治定力与改革创新的辩证统一。习近平总书记强调:"我国国家治理体系需要改进和完善,但怎么改、怎么完善,我国要有主张、有定力。"③新发展阶段下国家治理体系和治理能力现代化面临着风云变幻的国际大环境与艰难复杂的国内改革新任务,史无前例的风险和挑战要求国家治理必须时刻保持坚定的政治定力。充分秉承"四个自信"——道路自信、理论自信、制度自信、文化自信,确保推进国家治理实践不跑偏、不脱轨。与此同时,以更大的勇气、更宏伟的气魄、更多的举措不懈推进重点及关键领域的改革创新,为国家治理体系建设提供持续的发展动力和发展引擎。

第三,依法治国和以德治国的辩证统一。中共十八届四中全会曾突出强调依法治国之于国家治理的重要性:"依法治国,是坚持和发展中国特色社会主义的本质要求和重要保障,是实现国家治理体系和治理能力现代化的必然要求。"④在以法治强制力维护基本制度有序执行的同时,也应当发扬德治的中华传统,利用道德观念、道德原则为法制体系赋予更多的公平、正义内涵。只有坚持依法治国和以德治国相得益彰、协同发力,才能有效发挥法律硬性调整和道德软性约束的长板优势,

---

①③ 《习近平谈治国理政》,外文出版社 2014 年版。

② 《习近平关于全面深化改革论述摘编》,人民出版社 2014 年版。

④ 《十八大以来重要文献选编》(中),中央文献出版社 2016 年版,第 155 页。

为国家治理体系长期而复杂的建设保驾护航。

第四,思想建党、理论强党、制度治党的辩证统一。中国共产党是领导广大人民推进国家治理体系和治理能力现代化的主要责任者,因而必须在自身建设上追求更高的标准。党对自身队伍建设的主要方式包括思想建设、理论建设和制度建设,三者协同发力是新时代全面从严治党、保持党员先进性和纯洁性的主要方针。党推进思想建党、理论强党的进程,是一段不断将马克思主义基本原理中国化本土化,同时将其转化为党领导人民建设社会主义的统一思想和统一行动的历史。中国共产党内部的法治建设、制度建设、规则建设也已经是中国特色社会主义法治体系的一部分。三者的相互补充、统筹发力,将是中国共产党作为执政党在各类复杂环境下保持主张和定力的重要法宝。

（四）国家治理现代化的主要任务

中共十九届四中全会通过了《中共中央关于坚持和完善中国特色社会主义制度、推进国家治理体系和治理能力现代化若干重大问题的决定》(以下简称《决定》),系统性地明确了应该"坚持和巩固什么、完善和发展什么"这一根本性制度问题,为中国社会主义现代化国家制度建设和国家治理体系完善指明了重点方向。

十九届四中全会适逢新中国成立70周年,在这样一个重要的历史节点,用一次整次中央全会对国家治理工作做出专门性的部署,恰说明治理体系和治理能力的现代化对于中国完成"两个一百年"奋斗目标的特殊重要性。根据《决定》所提出的总体要求,国家治理体系和治理能力现代化建设进程可以分出三个关键节点,对应不同的重点任务——到中国共产党建立一百年时,国家治理体系各方面制度建设上要取得明显的、实质的成效,使制度更加成熟、更加定型;到2035年建立更加完善的社会主义基本制度,成为国家治理体系和治理能力现代化基本实现的制度保障;到新中国成立一百年时,国家治理体系和治理能力现代化目标全面实现,成为巩固和全面充分地展现中国特色社会主义制度优越性的重要执行载体。

《决定》所阐释的中国国家制度和国家治理体系的十三个显著优势——坚持党的集中统一领导,坚持人民当家作主,坚持全面依法治国,坚持全国一盘棋,坚持各民族一律平等,坚持公有制为主体、多种所有制经济共同发展和按劳分配为主体、多种分配方式并存,坚持共同的理想信念、价值理念、道德观念,坚持以人民为中心的发展思想,坚持改革创新、与时俱进,坚持德才兼备、选贤任能,坚持党指挥枪,坚持"一国两制",坚持独立自主和对外开放相统一——不仅清晰勾勒出中国特色社会主义制度的内涵边界,而且描绘出社会主义现代化国家治理体系的"四梁八柱"。这十三个显著优势总结凝练了十八大以后中国共产党在深化重要领域改革、推进国家制度建设上所取得的智慧和认识,并将其上升到理论化的新高度。坚持牢固地立足于这十三个根本点,才能有序开展、稳步推进各领域基础性制度的建设及各方面更深层次的制度性改革,将中国共产党领导国家的制度优势和治理优势充分地转化为有效管理调控经济社会发展的实际效能。

(五)国家治理现代化的实践路径

在治理主体上,毫不动摇地坚持和完善中国共产党的领导。新发展阶段国家治理体系进步无疑将会遇到诸多艰难险阻,而攻克难关离不开中国共产党的引领和指导。中国共产党拥有保持自身先进性和纯洁性的高度自觉,拥有勇于"刀刃向内"进行自我革命的品格,这些不仅是党的政治优势,更是推进政治体制改革、提升国家治理能力的动力源泉。因此,国家治理现代化离不开党的领导的现代化,必须不断在党的领导的方式和机制上进行探索和创新,提升党的领导和执政的科学性、民主性、法制性。

在治理内容上,深入推进制度、体制、机制的改革和创新。根据习近平总书记"国家治理体系和治理能力现代化是一个国家制度和制度执行能力的集中体现"的指导思想,国家治理现代化必须以政治体制改革与制度机制创新为基础,同时不断强化制度的执行力、贯彻力和监督力,确保政治制度、经济制度、社会制度等能够适应并满足国家治理的需要、人民日益增长的美好生活需要、社会文明和生态文明和谐进步的需要、国家长治久安及人民行使权力当家作主的需要。

在治理方法上,将前瞻性顶层设计与摸着石头过河相结合。2014年习近平总书记在省部级主要领导干部学习贯彻十八届三中全会精神全面深化改革专题研讨班上指出，"这项工程极为宏大，零敲碎打调整不行，碎片化修补也不行"。摸着石头过河，在渐进改革中不断试错、不断探索、不断成长，是改革开放以来所探索出的一套最适合中国国情特色的改革和发展方式，是经验总结式方法论在经济发展及国家制度建设中最成功的应用。但是与此同时，应当认识到国家治理体系改革是一项涉及政治、经济、社会等各方面、各领域最深层次利益分配的复杂性系统工程，为了保证其推进过程中的稳妥性，尽可能地降低改革成本，必须做好制度上的前瞻性谋划布局，以整体性和全局性的视角进行顶层设计。自上而下的整体推进与自下而上的重点突破相统一、相结合，以此把握好经验式发展与科学性改革的平衡。

在治理重心上，实现治理体系建设和治理能力提升的并举。同样是在 2014 年省部级主要领导干部学习贯彻十八届三中全会精神全面深化改革专题研讨班上，习近平总书记指出，"国家治理体系和国家治理能力虽然有紧密联系，但又不是一码事，不是国家治理体系越完善，国家治理能力自然而然就越强"。从二者关联来看，治理体系的质量决定治理能力的高低，治理体系建设需要适应新发展阶段和新发展格局的要求，在体制机制方面不断破旧立新、发展完善。同时，治理能力的高低直接反映了实践中治理体系运行的成效，治理能力建设包含管理经济社会事务的能力、执行基本制度的能力、科学民主依法执政的能力，这些能力均为发挥治理体系优越性的基础保障。

五、 以人的全面发展及共同富裕为目标的发展

《决议》全面关注到进入新发展阶段后，美好生活之于人民意愿，民主、法治、公平、正义、安全、环境等之于人民发展的重要性，响亮提出："人民对美好生活的向往就是我们的奋斗目标，增进民生福祉是我们坚持立党为公、执政为民的本质要求，让老百姓过上好日子是我们一切工作的出发点和落脚点，补齐民生保障短板、解决好人民群众急难愁盼问题是社会建设的紧迫任务。"[1]由此为新发展阶段定下了"逐

---

[1]　十九届六中全会《中共中央关于党的百年奋斗重大成就和历史经验的决议》。

步实现全体人民共同富裕的时代"的基调。

(一)新发展阶段共同富裕的基本目标

新发展阶段是全面建成小康社会之后的社会主义初级阶段,对共同富裕必然提出不同于以往的"新"要求。第一,新发展阶段建设共同富裕目标的起点超越以往任何历史时期。2020年,中国GDP已突破百万亿元,排名世界第二;人均GDP突破1万美元;人均可支配收入达到32 189元;城镇和农村人均可支配收入分别达到43 834元和17 131元。全体人民正整装待发迈向共同富裕的更高阶段。第二,新发展阶段为建设共同富裕设置了全新的外部环境,既面临前所未有的机遇,也面临更为严峻的挑战。在国内环境方面,高质量发展路径为全面提升人民福祉提供了物质基础保障,国家和社会治理上的制度优势保证中国经济长期发展具有较强的韧性,能够保证提升人民富足程度的任务在任何时期都不受干扰、不会中断。但与此同时,中国社会主义市场经济体制改革正处于攻坚克难的深入推进阶段,城乡之间、区域之间、不同社会民众群体之间、人民需求和民生保障发展之间不平衡不充分的问题依然十分突出,都将成为共同富裕推进道路上的障碍。在国际环境方面,一方面是新技术和产业革命推动下的人类命运共同体大趋势,另一方面则是逆全球化和区域、国家单边主义的不和谐音。内外发展约束的巨大变革将要求共同富裕成为一个更加复杂的任务目标体系。

中共十九届五中全会将新发展阶段的共同富裕目标明确指向为"全体人民共同富裕取得更为明显的实质性进展"。其中,"更为明显"强调的是要提升民众对于社会主义经济建设的感受:提升人民群众对于改革发展成果的获得感;提升人民群众对于公共服务的幸福感;提升人民群众对于重要保障的安全感。"实质性进展"是指推动民生建设成果从"量的积累"到"质的飞跃"的转变:在脱贫扶贫方面推动实现缩小区域、城乡、收入差距上的实质性进展;在民生保障方面推动实现更公平更广泛更普惠的实质性进展。中国共产党领导下的社会主义现代化建设体现出鲜明的阶段性特征——从"四个现代化""两步走""三步走",到"两个一百年"奋斗目标,恰好对应着共同富裕目标逐步清晰、不断落实的过程;现代化建设路径不断与人民对高品质生活期盼相对标相调适，推动共同富裕取得实质性进展。而这也正是社会主义的本质要求，是社会主义与资本主义相区别的根本性特征。

（二）新发展阶段共同富裕的主要特征

高质量发展的全新目标同样为共同富裕赋予了新的特征内涵，新发展阶段共同富裕如何才能实现明显的实质性进展，主要需要把握以下重点方向：

新发展阶段的共同富裕以生产为基础。共同富裕的根基从高速度经济增长转向高质量全面发展。社会生产力进步永远是物质和文化生活水平提高的基础，如何实现从简单"增长"到全面发展的质的转变，还需要在方式和制度保障上继续深入探索。事实上，自新中国成立以来，党和国家领导人对发展的认识一直不断调整和完善。在国家实现"四个现代化"目标的要求下，党中央将工业和生产的"发展"放在优先地位，为国民经济现代化建设奠定了坚实的工业和国防基础。后来，在满足人民日益增长的美好生活目标的要求下，党中央将如何解决"一部分人富起来"以后所面临的发展不平衡不充分、收入差距扩大、创新动力不足等问题作为攻坚环节，将对发展质量问题的重视提上前所未有的高度。从顶层战略部署来看，无论是科学发展观、新发展理念，还是"五位一体"全面布局，都体现了党和国家对发展理念的不断修正，对质量不足短板的不断修补。

新发展阶段的共同富裕以分配为重点。新发展阶段切实推进共同富裕必须处理好公平与效率的关系。改革开放终止了平均主义的计划经济分配方式，建立了效率优先、多种分配方式并存的收入分配方式，为提升经济效率做出了巨大贡献。从 1978 年到 2007 年，中国人均可支配收入增长 40 多倍，但与此同时，基尼系数也上升到 0.5 左右，凸显出分配公平不足。2007 年十七大以后，效率和公平的关系成为政策焦点，并提出要在再分配中更多体现公平因素。中国过往经济建设经验表明，收入差距只有处于适度区间才能成为提高效率的助推器。一旦收入差距过大，不仅会制约中等收入群体扩大，而且将妨碍经济持续增长。因此新发展阶段的共同富裕，需要重点聚焦提高低收入群体（已脱贫或未脱贫农村人口、城镇农民工人口）和弱势群体（老年人口）的收入能力，在公平和效率的统一中，使得全体民众共享发展成果。

新发展阶段的共同富裕以全面为抓手。新中国成立之初与改革开放早期的共同富裕,主要解决的是人民群众的温饱问题,反映的是工业化建设与落后农业国之间的社会矛盾主线。随着改革开放深入推进,共同富裕进入以建设小康社会为标志的历史阶段,这是由人民生活水平显著提高所决定的,反映的是人民群众物质文化需要与落后的社会生产力之间的社会矛盾主线。进入新发展阶段之后,"十大历史性成就"已经取代了"落后生产力",人民对生活的期望和需求更加丰富、更加多元,共同富裕的内涵不再仅局限于物质生活,更要在"民主、法治、公平、正义、安全、环境"等方面统筹推进,不断深化和拓展。①

(三)新发展阶段共同富裕的理论意蕴

站在社会主义理论发展的角度来看,新发展阶段的共同富裕首先继承和发扬了经典马克思主义理想。马克思认为社会主义必须"废除资产阶级的所有制"②,坚定消除"人的异化"。恩格斯指出:"只有创造了所必需的大量生产资料之后,才能废除私有制"③,实现人类社会的共同富裕,具有历史必然性。其次,深化了中国共产党"以人民为中心"的价值理念。共同富裕思想的不断演变与中国共产党人民观的不断进步交相呼应,从新中国成立初期毛泽东提出"全体农村人民"是建设共同富裕的主要对象,到改革开放进程中涌现出的企业家、管理者、个体经营者等,再到当前的"新社会阶层"(如外企从业人员、自由职业者、中介组织从业人员等),党和国家对"人民"范畴的界定持续向更广的范围拓展,时至今日已经覆盖了绝大多数职业领域和从业方式。因此可以说,共同富裕主体的扩大和"人的全面发展"的提出,正是党和国家对人民的本质的认识,以及"以人为本"的价值观不断深化的过程。最后,凸显了中国特色社会主义公平公正原则的基本出发点。中共十七大以前,"共同富裕"建设的重点在"富裕",鼓励一部分人、一部分地区先富起来并带动

---

① 习近平:《决胜全面建成小康社会 夺取新时代中国特色社会主义伟大胜利——在中国共产党第十九次全国代表大会上的报告》,人民出版社 2017 年版,第 11 页。
② 《马克思恩格斯文集》(第 2 卷),人民出版社 2009 年版,第 53、45、43 页。
③ 《马克思恩格斯文集》(第 1 卷),人民出版社 2009 年版,第 685 页。

后富的群体和地区;在此之后,尤其是十八大以后更加强调"共同",通过公平分配途径推动改革发展成果更加广泛地惠泽人民群众。共同富裕在建设基础、建设方式、建设目标上都体现了中国特色社会主义对公平公正的阐释:共同富裕的建设基础是高度发达的社会生产力,同时坚持在推动社会生产力提升的过程中改善收入分配的公平度;共同富裕的建设方式是渐进的、累积的,而社会公平改善也是一个逐步推进、不能一蹴而就的长期过程;共同富裕的建设目标满足人民在物质和文化上多层次多元化的动态增长需求,而社会主义公平同样旨在保障人民享有平等建设经济和生态文明并共享建设成果的权利,二者本质上均是追求人的全面发展。

(四)新发展阶段共同富裕的突破路径

社会主义新发展阶段扎实推进共同富裕,要在顶层设计上厘清需要重点突破的关键问题,以此为着力点和重点抓手,设计出高效务实的发展路径。

第一,重点突破渐进式发展中不可避免的非均衡性问题。在全面建设小康社会任务基本完成的历史背景下,发展不平衡不充分问题已经成为扎实推进高质量发展、满足人民群众全方位需求的基础障碍。不平衡不充分的发展体现在经济建设和社会治理的诸多层面,例如,经济发展与法制建设、生态保护、公共服务等方面的共进性仍亟待加强;经济系统内部的各产业部门之间、实体经济与服务经济(数字经济)之间的协同性也需要进一步提高。从本质上看,高质量发展存在两个不同的维度——横向维度要求实现平衡发展,而纵向维度要求达到充分发展,只有两个维度同时稳步推进,才能通向发展质量的显著增强。

第二,重点突破利益分配的差异和极化问题。当前,中国社会主义市场经济体制改革进入到以要素市场化配置改革为重点的攻坚期,在社会利益分配上必将牵动多方主体,因此,保证更多社会群体更加公平地获得并体验改革开放成果,也是社会安定和谐的基石。要解决好社会利益和权益的分配问题,需要突出三个方面:首先,不断提升社会保障制度体系的优质性、完备性和均衡性,为人民提供多层次、多元化的医疗、养老、托幼、住房、公共服务。其次,进一步优化现代化社会治理体系,以"共建、共治、共享"的基本原则为导向,逐步释放社会治理对于平衡利益分配、统筹社会资源力量、和谐社会关系的积极效能。最后,毫不松懈地强化全社会共同防御系统性风险和应对重大公共危机的能力,尤其是将应急资源分配调度适度向抗风险能力较弱的地区和群体倾斜,以稳固高质量发展和共同富裕的根基。

第三,重点突破适应现代化国家建设的新要求。全面建设社会主义现代化国家为共同富裕赋予了新的内涵。首先,现代化国家建设要求更高水平的对外开放,因此共同富裕不再是关起门来搞建设,而是要以更宏大的国际格局,实现中国富强、中国人民富足对世界共赢的溢出,这主要通过"一带一路"倡议等"新南南"合作安排,为世界提供更多、更高质量的全球公共产品。其次,中共十九届五中全会将现代化体系归纳为"经济体系现代化、国家治理体系和治理能力现代化、农业农村现代化、国防军队现代化、人与自然和谐共生的现代化",与之相对应,共同富裕也应当在经济、治理、农村、安全、生态等领域实现纵深拓展。所以,如何通过扎实推进共同富裕加快现代化国家建设进程,同时以国家各领域、各方面的全局现代化将为共同富裕取得更加明显的实质性进展提供环境保障,推动二者协同互补、共同促进,是新发展阶段共同富裕需要突破的难点重点之一。

第六节 新发展阶段的理论意义

一、 完善了中国特色社会主义政治经济学的理论体系

(一)新发展阶段论精准概括了当代中国政治经济学的现实基础

"新发展阶段"重大判断提炼、概括了十八大以来以习近平同志为核心的党中央对中国社会主义初级阶段的战略判断。早在 2014 年 5 月,习近平就作出中国经济进入"新常态"的判断,指出中国经济的成长进入了蜕变时期,经济发展的含义主要不再是经济规模的扩大、经济总量的增加、短缺问题的解决,而将是经济质量的提高、资源配置的优化、整体均衡的实现。

2017 年 7 月 26 日,习近平总书记在省部级主要领导干部专题研讨班上的重要

讲话中指出："党的十八大以来，在新中国成立特别是改革开放以来我国发展取得的重大成就基础上，党和国家事业发生历史性变革，我国发展站到了新的历史起点上，中国特色社会主义进入了新的发展阶段。"这一准确的政治判断郑重宣告中国特色社会主义开始了"强起来"的新的伟大征程。2017年12月召开的中央经济工作会议上明确提出了习近平新时代中国特色社会主义经济思想，其中包括了新发展阶段所应当包含的七项原则。

2020年8月24日，习近平在经济社会领域专家座谈会上，从理论和实际、历史和现实、国内和国际相结合的高度，分析了中国进入新发展阶段的理论依据、历史依据、现实依据，阐述了深入贯彻新发展理念的新要求，阐明了加快构建新发展格局的主攻方向，对于全党进一步统一思想、提高站位、开阔视野，全面贯彻党的十九大和十九届二中、三中、四中、五中全会精神，确保全面建设社会主义现代化国家开好局、起好步，具有重大而深远的指导意义。"新发展阶段"明确了中国发展的历史方位，即中国在全面建成小康社会、实现第一个百年奋斗目标后，开启全面建设社会主义现代化国家新征程、向第二个百年奋斗目标进军的新发展阶段。

新发展阶段的现实基础与中国共产党取得的伟大成就密不可分。十九届六中全会指出，中国共产党的百年奋斗从根本上改变了中国人民的前途命运，中国人民彻底摆脱了被欺负、被压迫、被奴役的命运，成为国家、社会和自己命运的主人，中国人民对美好生活的向往不断变为现实；中国共产党的百年奋斗开辟了实现中华民族伟大复兴的正确道路，中国仅用几十年时间就走完发达国家几百年走过的工业化历程，创造了经济快速发展和社会长期稳定两大奇迹。

新发展阶段高度概括了中华民族伟大复兴的战略全局——在中国特色社会主义道路上，通过从全面建成小康社会到基本实现现代化，再到全面建成社会主义现代化强国，实现中华民族以更加昂扬的姿态屹立于世界民族之林的战略全局。新发展阶段凝结了中国共产党领导人民从站起来、富起来到强起来的跃升逻辑。新发展阶段意味着需要全党在进行伟大斗争、建设伟大工程、推进伟大事业、实现伟大梦想中付出更为艰巨、更为艰苦的努力。

新发展阶段需要放在两个大局中准确把握,即把中华民族伟大复兴的战略全局与世界百年未有之大变局,"作为谋划工作的基本出发点"。中国社会主要矛盾的变化带来了新特征新要求,错综复杂的国际环境带来了新矛盾新挑战,要增强机遇意识和风险意识,立足社会主义初级阶段基本国情,保持战略定力,要善于在危机中育先机,于变局中开新局。新发展阶段在中国发展进程中具有里程碑意义,这是中华民族伟大复兴历史进程的大跨越。

(二)新发展阶段论拓宽了中国特色社会主义政治经济学的理论视野

中共十九大以来,中国特色社会主义政治经济学理论体系构建工作正式"破题",并逐步进入研究的"深水区"。新发展阶段的战略判断不仅提炼了中国社会主义经济发展的实践规律,还拓宽了中国特色社会主义政治经济学的理论视角。

新发展阶段凸显了以畅通国民经济循环为主构建新发展格局的重要性。随着外部环境和中国发展所具有的要素禀赋的变化,市场和资源两头在外的国际大循环动能明显减弱,而中国内需潜力随着"美好生活"满足程度的逐步提高而不断释放,提升日益强劲的国内大循环活力,成为解决好社会主要矛盾的重要方面。

新发展阶段也凸显了以科技创新催生新发展动能、以深化改革激发新发展活力、以高水平对外开放打造国际合作和竞争新优势的紧迫性。要解决好不平衡不充分发展的现状,就要实现依靠创新驱动的内涵型增长,就要全面深化改革、进一步解放和发展社会生产力,就要全面提高对外开放水平、形成国际合作和竞争新优势,这些成为改变发展不平衡不充分现状的根本要求。

新发展阶段还凸显了国际视野,从中国和世界的联系互动中探讨人类面临的共同课题,为构建人类命运共同体贡献中国智慧、中国方案。经济全球化仍然是当今世界经济发展的历史潮流,国际经济联通和交往仍然是世界经济发展的必然趋势,各国分工合作、互利共赢仍然是人类休戚与共的命运共同体的内在要求。

马克思主义政治经济学强调从整体的角度,考察生产、消费、分配、交换等不同经济运行环节中的关系及其与整体经济运行的联系。新发展阶段的经济运行,要着力打通各个环节,在总体上形成更多的新的增长点、增长极,以畅通国民经济循环为主构建新发展格局。要防止从经济运行的单一环节或局部过程看待发展问题，也要避免按一时的经济变化静止地或片面地判断经济走势，就必须全面开拓政治经济学的理论视野，在"育新机""开新局"中找到新优势和新路径（顾海良，2020）。

新发展阶段在理论方法论上也有所拓展。习近平总书记对新发展阶段的重要阐述，展现了马克思主义政治经济学兼容并包的开放品格。他指出，坚持和发展中国特色社会主义政治经济学，要以马克思主义政治经济学为指导，总结和提炼我国改革开放和社会主义现代化建设的伟大实践经验，同时借鉴西方经济学的有益成分。[①]

社会主义新发展阶段的经济理论不仅科学继承马克思主义政治经济学、毛泽东经济思想以及包含在邓小平理论、"三个代表"重要思想、科学发展观经济思想中的理论精髓，而且广泛借鉴现代西方经济学中的有益成分。"西方经济学关于金融、价格、货币、市场、竞争、贸易、汇率、产业、企业、增长、管理等方面的知识，有反映社会化大生产和市场经济一般规律的一面，要注意借鉴。"[②]当然，对国外特别是西方经济学，我们要坚持去粗取精、去伪存真，坚持以我为主、为我所用，对其中反映资本主义制度属性、价值观念的内容，对其中具有西方意识形态色彩的内容，不能照抄照搬。

习近平还指出，"独特的文化传统，独特的历史命运，独特的国情，注定了中国必然走适合自己特点的发展道路"。[③]新发展阶段的政治经济学坚持把马克思主义基本原理同中国具体实际相结合、同中华优秀传统文化相结合。这就需要深入了解中国历史和传统文化，并对中国古代治国理政的探索和智慧进行积极总结。

（三）新发展阶段论推动了中国特色社会主义政治经济学的系统化创新

新发展阶段蕴含了对新中国经济发展进程的深刻总结与研究，赋予了中国马

---

① 《习近平主持召开经济形势专家座谈会》，《人民日报》2016 年 7 月 9 日。
② 习近平：《不断开拓当代中国马克思主义政治经济学新境界》，《求是》2020 年第 16 期。
③ 《习近平在布鲁日欧洲学院的演讲》，《人民日报》2014 年 4 月 2 日。

克思主义"系统化的经济学说"新内涵。2015 年 11 月,习近平总书记在十八届中央政治局第二十八次集体学习时提出"把实践经验上升为系统化的经济学说"的要求。对"系统化的经济学说"的论述是对中国经济发展实践的规律性成果的思想提炼和理论总结,包括坚持以人民为中心的发展思想、坚持新的发展理念、坚持和完善社会主义基本经济制度、坚持和完善社会主义基本分配制度、坚持社会主义市场经济改革方向和坚持对外开放基本国策等方面的主要理论。

2017 年 12 月,习近平新时代中国特色社会主义经济思想的提出是对"系统化的经济学说"的再度概括,提出了坚持加强党对经济工作的集中统一领导、坚持以人民为中心的发展思想、坚持适应把握引领经济发展新常态、坚持使市场在资源配置中起决定性作用、更好发挥政府作用、坚持适应我国经济发展主要矛盾变化完善宏观调控、坚持问题导向部署经济发展新战略、坚持正确工作策略和方法等七个"坚持"。这些是对党的十八大至十九大的五年间中国经济发展理论的系统化。

2020 年 8 月 24 日,习近平总书记指出"我们要运用马克思主义政治经济学的方法论,深化对我国经济发展规律的认识,提高领导我国经济发展能力和水平",再次强调了中国特色的"系统化的经济学说"。"改革开放以来,我们及时总结新的生动实践,不断推进理论创新,在发展理念、所有制、分配体制、政府职能、市场机制、宏观调控、产业结构、企业治理结构、民生保障、社会治理等重大问题上提出了许多重要论断。"[①]这些重要论断构成了"系统化的经济学说"的学理基础。

新发展阶段的中国特色社会主义政治经济学是以经济建设为中心的经济学,不仅研究社会主义经济关系的本质和规律,阐述社会主义经济制度的质的规定性,指出社会主义代替资本主义、向共产主义发展的必然趋势;同时,还提供社会主义市场经济的运行理论以及建设社会主义现代化强国的经济发展理论。

新发展阶段还推动了当代中国系统化经济学说的创新。新发展阶段是习近平新时代中国特色社会主义经济思想的最新发展,是全面的创新、系统的创新——既

---

① 习近平:《正确认识和把握中长期经济社会发展重大问题》,《求是》2021 年第 1 期。

包括诸如新发展理念、全面深化改革理论、市场决定作用理论、新发展格局等理论内容的创新，也包括辩证思维、底线思维、补齐短板思维等思维方式的创新，形成了一整套从微观到宏观、从理论到方法再到范式的创新体系，做出了许多原创性贡献。

新发展阶段从理论和实践结合上进行逻辑推演，借以提出新观点、新论断、新理念、新思路，形成系统化新成果，构建起具有时代特点的分析框架和理论体系。这一体系包括了"五位一体"总体布局、"四个全面"战略布局、稳中求进工作总基调、全面深化改革、市场在资源配置中起决定性作用与更好发挥政府作用、经济新常态、新发展理念、供给侧结构性改革、以人民为中心的发展思想、新时代社会主要矛盾转化、高质量发展、现代化经济体系、高水平对外开放、党对经济工作的集中统一领导等。这些建立在基本理论及逻辑演进基础上的理论革命与范式创新，构成了新时代的中国马克思主义政治经济学的理论内核与范式基础。

二、 深化了中国特色社会主义政治经济学的理论内涵

（一）新发展阶段论深化了社会主义本质论和初级阶段理论的内涵

新发展阶段体现社会主义本质的实现过程。社会主义的本质论是解放生产力，发展生产力，消灭剥削，消除两极分化，最终达到共同富裕。解放生产力、发展生产力是社会主义的根本任务，是最终达到共同富裕的根本条件；消灭剥削、消除两极分化是社会主义的根本方向，是最终达到共同富裕的根本保证；最终达到共同富裕是社会主义的根本目标，是前两者的最终目标。

新发展阶段是促进全体人民共同富裕的重要阶段。习近平还指出，实现共同富裕不仅是经济问题，而且是关系党的执政基础的重大政治问题。部署经济工作、制定经济政策、推动经济发展都要牢牢坚持这个根本立场，不断促进全体人民共同富裕。无论是供给侧结构性改革、高质量发展，还是需求牵引供给、供给创造需求的高水平动态平衡，根本都是为更好满足人民群众的美好生活需要。

新发展阶段是以人民为中心的社会主义发展重要阶段。以新中国成立以来取

得的伟大成就为基础,中国正在续写全面建设社会主义现代化国家新的历史。"只有坚持以人民为中心的发展思想,坚持发展为了人民、发展依靠人民、发展成果由人民共享,才会有正确的发展观、现代化观。"①

新发展阶段是实现社会经济充分平衡发展的重要阶段。新发展阶段要努力实现社会主义初级阶段发达地区与落后地区之间、东中西部之间、城乡之间发展的进一步平衡;实现各地域之间、各行业之间资源分配的进一步平衡;实现国家在政治、经济、文化、社会、生态各领域之间治理的进一步平衡;实现不同社会结构人群之间财富收入分配的进一步平衡。同时,社会经济发展要注重发展质量和效益。

社会主义初级阶段论是中国共产党深刻把握社会主义本质之后的重要思想创造。新发展阶段是中国共产党深刻把握21世纪社会主义发展新局面做出的重大判断,为社会主义初级阶段论提供了更具体的理论划分,也是对社会主义初级阶段论的再创造。

新发展阶段是社会主义初级阶段的稳定性和发展性的辩证统一。1987年,中共十三大首次系统论述了社会主义初级阶段,并指出中国的初级阶段是一个很长的阶段。如今,中国共产党带领人民进行改革开放新的伟大革命,极大激发广大人民群众的积极性、主动性、创造性,成功开辟了中国特色社会主义道路,使中国大踏步赶上时代、引领时代。

新发展阶段是社会主义初级阶段的连续性与跨越性的辩证统一:是中国经过几十年积累,站到了新的起点上的一个阶段;是过去的几十年中,由量变到质变,中国发生翻天覆地变化的历史进程后的一个阶段。如今,中国已经全面建成小康社会,实现了第一个百年奋斗目标。中国特色社会主义政治经济学在认识世界和改造世界的过程中,不断完善,不断实践,不断创新。

发展为了人民,发展也要紧紧依靠人民;人民是历史的创造者,也是推动改革发展实践的根本动力。中共十九届六中全会提出,全党要牢记中国共产党是什么、

---

① 习近平:《把握新发展阶段,贯彻新发展理念,构建新发展格局》,《求是》2021年第9期。

要干什么这个根本问题,把握历史发展大势,坚定理想信念,牢记初心使命,始终谦虚谨慎、不骄不躁、艰苦奋斗,不为任何风险所惧,不为任何干扰所惑,决不能在根本性问题上出现颠覆性错误。在新发展阶段,中国将更加注重全面调动人的积极性、主动性、创造性,为各行业各方面的劳动者、企业家、创新人才、各级干部创造更好发挥作用的舞台和环境,进而实现人的全面发展。总的来说,以人民为中心、促进全体人民共同富裕的立场决定了新时代中国特色社会主义政治经济学的理论构建、创新方向和轨道。

（二）新发展阶段论深化了全面建设社会主义现代化的理论内涵

当前中国已全面建成小康社会,开启了全面建设社会主义现代化国家新征程。新发展阶段设定了到 2035 年基本实现社会主义现代化远景目标,到本世纪中叶把中国建成富强民主文明和谐美丽的社会主义现代化强国。[①]马克思主义政治经济学认为发展生产力是社会主义现代化的核心,只有促进生产力的发展,才能推动上层建筑和其他社会发展领域的现代化。经济发展仍然是全面建设社会主义现代化的主要动力。同时,中国的现代化是经济建设、政治建设、文化建设、社会建设、生态文明建设共同推进的现代化,全面性特征是中国社会主义现代化战略的鲜明标志。

因此,现代化与全面小康相比,不是简单的数量评价指标上的改变,而是质的提升、结构性提升。以人民为中心的发展观要求新发展阶段不仅是新的增长阶段,还包括了科学技术、经济结构、人的现代化等。根据"两步走"现代化方案,基本实现现代化是要使人民生活更为宽裕,城乡区域发展差距和居民生活水平差距显著缩小,而到全面现代化时,全体人民共同富裕基本实现,人民生活更加幸福安康。

为此,中国共产党依据新发展理念建立了适合新发展阶段的社会主义现代化理论:强调共享发展理念,研究现代化目标;突出创新发展理念,研究现代化战略;

---

① "富强",是人类社会的共同追求,是时代的永恒主题,是社会主义中国的核心价值;"民主",就其实质来说是人民当家作主,这是社会主义民主政治的本质和核心;"文明",一般是指一个社会展现出的综合文化形象,包括思想觉悟、价值观念、道德素养、社会秩序、生产生活方式、科学文化程度等多个方面,是一个社会进步状态的显著标志;"和谐",即实现社会和谐、建设美好社会,社会主义和谐社会最根本的特征就是民主法治、公平正义、诚信友爱、充满活力、安定有序、人与自然和谐相处;"美丽",就是实现生态文明、建设美丽中国,是实现人与自然和谐共生的必然要求。

依据"绿色"发展理念,研究现代化道路;落实"协调"理念,研究二元结构现代化;坚持"开放"理念,研究对外开放理论(洪银兴,2020)。

在全面实现社会主义现代化的过程中,科学把握新发展阶段、新发展理念、新发展格局的内在关联,是在新征程开好局、起好步的基本要求。一方面,新发展理念贯穿于发展全过程和各领域,努力实现更高质量、更有效率、更加公平、更可持续、更为安全的发展;另一方面,社会主义现代化加快构建以国内大循环为主体、国内国际双循环相互促进的新发展格局,统筹推进"五位一体"总体布局,协调推进"四个全面"战略布局,立足新发展阶段、贯彻新发展理念、构建新发展格局、推动高质量发展,全面深化改革开放,促进共同富裕。

新发展阶段明确了中国发展的历史方位,贯彻新发展理念明确了中国现代化建设的指导原则,构建新发展格局明确了中国经济现代化的路径选择。新发展阶段确立了新发展理念的实践基础和新发展格局的服务大局,新发展理念确立了新发展阶段的价值导向和新发展格局的基本遵循,新发展格局确立了新发展阶段的经济战略和新发展理念的践行对象。①

(三)新发展阶段论深化了社会主义基本经济制度的理论内涵

在新发展阶段的诸多新内涵中,改革开放日益面对深层次体制机制问题,国家顶层设计对改革的系统性、整体性、协同性要求更强,制度建设和体系构建的重要性更为突出。②在新发展阶段,坚持和完善中国特色社会主义制度、推进国家治理体系和治理能力现代化,是全党和全国的一项重大战略任务。中国特色社会主义制度是党和人民在长期实践探索中形成的科学制度体系,社会主义基本经济制度是其中的重要组成部分。

基本经济制度是反映一个国家生产关系的基本制度规定,在整个经济制度体系中具有基础性地位。2019年,中共十九届四中全会在深入总结中国社会主义经

---

① 习近平:《把握新发展阶段,贯彻新发展理念,构建新发展格局》,《求是》2021年第9期。
② 《习近平关于〈中共中央关于坚持和完善中国特色社会主义制度 推进国家治理体系和治理能力现代化若干重大问题的决定〉的说明》,《人民日报》2019年11月6日。

济建设经验的基础上,把"按劳分配为主体、多种分配方式并存""社会主义市场经济体制等"同"公有制为主体、多种所有制经济共同发展"等一同确立为社会主义基本经济制度,既体现了社会主义制度优越性,又同中国社会主义初级阶段社会生产力发展水平相适应。这一重大理论创新,反映了中国共产党对社会主义经济建设规律的认识达到一个新高度,是把马克思主义基本原理同中国社会主义初级阶段基本国情和发展实际相结合的伟大创造,是对马克思主义政治经济学的原创性贡献。

新发展阶段坚持公有制为主体、多种所有制经济共同发展,核心要义是坚持"两个毫不动摇",即毫不动摇巩固和发展公有制经济,毫不动摇鼓励、支持、引导非公有制经济发展。把握好这种辩证关系,有利于更好坚持和完善基本经济制度中的所有制结构,有利于调动各类市场主体的活力和创造力,更好地解放和发展生产力。

新发展阶段坚持按劳分配为主体、多种分配方式并存的分配制度,既有利于鼓励先进,促进效率,最大限度激发活力,又有利于防止两极分化,逐步实现共同富裕,使人民群众共享改革发展成果。要有针对性地完善相关制度和政策,完善初次分配制度,健全再分配调节机制,规范收入分配秩序,扩大中等收入群体。①社会主义制度和市场经济的结合是一个伟大创造,能够充分发挥市场在资源配置中的决定性作用,更好发挥政府作用,很好地把"看不见的手"和"看得见的手"结合起来,对政府和市场关系的认识实现了重大突破。

在新发展阶段,全面贯彻新发展理念,坚持以供给侧结构性改革为主线,加快建设现代化经济体系,成为推动经济高质量发展的主线。同时,中国特色社会主义道路和制度实践不断得到探索:

第一,加快完善社会主义市场经济体制。包括建设高标准市场体系,完善公平竞争制度,全面实施市场准入负面清单制度,健全以公平为原则的产权保护制度,

---

① 刘鹤:《坚持和完善社会主义基本经济制度》,《人民日报》2019 年 11 月 22 日。

推进要素市场制度建设,加强资本市场基础制度建设;健全推动发展先进制造业、振兴实体经济的体制机制;完善农业农村优先发展和保障国家粮食安全的制度政策;健全城乡融合发展体制机制,构建区域协调发展新机制等。

第二,完善科技创新体制机制。包括加快建设创新型国家,构建社会主义市场经济条件下关键核心技术攻关新型举国体制;加大基础研究投入,健全鼓励支持基础研究、原始创新的体制机制;建立以企业为主体、市场为导向、产学研深度融合的技术创新体系;健全科技管理体制和政策体系,健全科技伦理治理体制等。

第三,建设更高水平开放型经济新体制,实施更大范围、更宽领域、更深层次的全面开放。包括推动规则、规制、管理、标准等制度型开放;健全促进对外投资的政策和服务体系;加快自由贸易试验区、自由贸易港等对外开放高地建设;推动建立国际宏观经济政策协调机制;健全外商投资国家安全审查、反垄断审查、国家技术安全清单管理、不可靠实体清单等制度。

三、 开拓了马克思主义政治经济学的理论境界

(一)新发展阶段论发扬了马克思主义基本原理和方法论

在新发展阶段,当代中国社会主义政治经济学是中国经济学理论的主流。当代中国政治经济学的根本只能是马克思主义政治经济学,而不是其他的经济理论。面对错综复杂的国内外经济形势,面对形形色色的经济现象,学习领会马克思主义政治经济学基本原理和方法论,"有利于我们掌握科学的经济分析方法,认识经济运动过程,把握经济发展规律,提高驾驭社会主义市场经济能力,准确回答我国经济发展的理论和实践问题"。[①]

中国特色社会主义政治经济学始终以历史唯物主义和辩证唯物主义作为根本方法论。习近平总书记指出,要坚持和运用马克思主义立场、观点、方法,坚持和运用马克思主义关于世界的物质性及其发展规律,关于人类社会发展的自然性、历史

---

① 习近平:《不断开拓当代中国马克思主义政治经济学新境界》,《求是》2020 年第 16 期。

性及其相关规律,关于人的解放和自由全面发展的规律,关于认识的本质及其发展规律等原理,坚持和运用马克思主义的实践观、群众观、阶级观、发展观、矛盾观,真正把马克思主义这个看家本领学精悟透用好。[①]

马克思主义是不断发展的、开放的、实践的理论,始终站在时代前沿。马克思主义理论不是教条,而是行动指南,必须随着实践的变化而发展。在新发展阶段,中国共产党坚持马克思列宁主义、毛泽东思想、邓小平理论、"三个代表"重要思想、科学发展观,全面贯彻习近平新时代中国特色社会主义思想,用马克思主义的立场、观点、方法观察时代、把握时代、引领时代,不断深化对共产党执政规律、社会主义建设规律、人类社会发展规律的认识。

新发展阶段的重大判断坚持用联系的发展的眼光看问题,增强战略性、系统性思维,分清本质和现象、主流和支流,既看存在问题又看其发展趋势,既看局部又看全局,提出的观点、作出的结论要客观准确、经得起检验,在全面客观分析的基础上,努力揭示中国社会发展、人类社会发展的大逻辑大趋势。

习近平新时代中国特色社会主义思想进一步发展、运用了马克思主义的辩证方法和战略思维,成为新发展阶段政治经济学理论升华的显著标识。准确把握新发展阶段,在根本上就是掌握马克思主义的科学经济分析方法和已有的社会主义经济发展规律,进一步研究经济运行过程,比如:中国经济长周期和短期波动之间的关系;社会主义市场经济中公平与效率的关系;如何实现政府宏观调控与市场自我调节的有效结合,推动经济健康平稳运行;地方政府在社会主义市场经济体制下的科学定位;如何构建以国内大循环为主体、国内国际双循环相互促进的新发展格局;等等。

(二)新发展阶段论为 21 世纪马克思主义政治经济学贡献中国智慧

中国改革开放的伟大实践为马克思主义政治经济学的发展与创新带来了前所未有的机遇和挑战。新发展阶段具体彰显了中国在实践层面对 21 世纪马克思主义

[①]　习近平在纪念马克思诞辰 200 周年大会上的讲话,2018 年 5 月 4 日。

政治经济学的实践引领。而新发展阶段最大的实践就是全面建设社会主义现代化国家、实现中华民族伟大复兴。中国特色社会主义现代化是新发展阶段开辟出的具有高度现实性、可行性的正确道路,使科学社会主义在 21 世纪焕发出新的蓬勃生机。

新发展阶段的中国现代化,以人口规模巨大作为重要特征。14 亿中国人口整体迈入现代化社会,将会超过现有发达国家的人口总和,有 500 年历史的社会主义主张在世界上人口最多的国家的成功将彻底改写现代化的世界体系。同时,新发展阶段将进一步普及高等教育,延长人均预期寿命,完善世界上规模最大的社会保障体系。

新发展阶段的现代化是全体人民共同富裕的现代化。共同富裕是中国特色社会主义的本质要求。中国现代化坚持以人民为中心的发展思想,自觉主动地解决地区差距、城乡差距、收入分配差距,促进社会公平正义,逐步实现全体人民共同富裕,坚决防止两极分化。

物质文明和精神文明协调发展是新发展阶段现代化道路的应有之义。社会主义不但要提高物质生产力,也要提高精神生产力,建成社会主义文化强国是中国社会主义新发展阶段的重要目标。新发展阶段倡导社会主义核心价值观,加强理想信念教育,弘扬中华优秀传统文化,增强人民精神力量,促进物的全面丰富和人的全面发展。

新发展阶段强调人与自然和谐共生的现代化,开创生产发展、生活富裕、生态良好的文明发展道路。中国的现代化模式坚决抛弃轻视自然、支配自然、破坏自然的现代化模式,绝不走西方现代化的老路,而是坚定不移走生态优先、绿色发展之路,建设生态和谐新格局。

新发展阶段强调和平发展道路的现代化。面对百年未有之大变局,中国积极倡导构建人类命运共同体,坚持相互尊重、平等协商,坚持走对话而不对抗、结伴而不结盟的新路,打破了"国强必霸"的大国崛起传统模式,合作共赢,实现共同发展,提供通向现代化的新选择。

新发展阶段强调习近平新时代中国特色社会主义思想是当代中国马克思主义、21世纪马克思主义，是中华文化和中国精神的时代精华，为推进民族复兴伟业提供了科学行动指南。马克思主义将在中国继续得到发展，成为引领中国、影响世界的当代中国马克思主义。在新发展阶段，中国坚持和发展中国特色社会主义，推动物质文明、政治文明、精神文明、社会文明、生态文明协调发展，创造了中国式现代化新道路，创造了人类文明新形态，为发展中国家走向现代化、为解决当今世界经济发展的难题贡献中国智慧和中国方案。

（三）新发展阶段论提出推动人类命运共同体发展的重要命题

当今世界所面临的百年未有之大变局是人类社会各类矛盾冲突、发展的新产物，更受到中国自力更生、艰苦奋斗、深刻改变世界政治经济格局之实践的影响。在全球面临巨大不确定性和新挑战背景下，为构建人类命运共同体贡献中国智慧和中国方案，是当代中国政治经济学的重要课题，也是新发展阶段中国特色社会主义政治经济学的理论升华。中共十九届六中全会强调，构建人类命运共同体将成为引领时代潮流和人类前进方向的鲜明旗帜，中国要在世界大变局中开创新局、在世界乱局中化危为机，显著提升社会主义中国的国际影响力、感召力、塑造力。

新发展阶段的政治经济学"系统化"是中国方案的重要理论组成部分，有别于当代资本主义政治经济学的"系统化"形式，而是人类命运共同体的政治经济学的"系统化"。从20世纪70年代到21世纪初，以"西欧—美国模式"为蓝本的资本主义道路，造就了一个严重分化、撕裂的资本主义世界体系。资本主义发达国家的资源消耗与环境污染问题逐渐显现，社会贫富差距不断扩大，并在资本的推动下扩散至全球。尤其是2008年金融危机以后，资本主义意识形态及西方社会科学理论的正当性受到广泛质疑。

与此同时，中国特色社会主义政治经济学对马克思主义作出原创性、时代性贡献，使人们对共产党执政规律、社会主义建设规律、人类社会发展规律的认识达到更新的历史高度。尤其是在党和国家事业不断取得的历史性成就中，新时代的伟大斗争锻造了与时俱进的马克思主义理论，使科学社会主义释放出强大的说服力和感召力。[①]

在新发展阶段,社会主义国家与发达资本主义国家之间的关系,是现代世界体系所围绕旋转的轴心——一面是资本主义体系发展的矛盾和旧有全球化路径的困境,一面是中国社会主义全面实现小康社会的巨大成就和中国带领发展中国家共同发展的广阔事业。面对资本主义发达国家对社会主义现代化可能进行的阻挠与干预,新发展阶段的战略判断深刻分析了世界格局的本质变化,以马克思主义深刻的世界眼光,审视考察国家发展与世界格局的新关系和相互作用。

在新发展阶段,中国将以"人类命运共同体"的思维构思中国和世界的互动,探讨人类面临的共同课题。"人类命运共同体"蕴藏着新时代中国特色社会主义新开放格局的深邃智慧。作为人类社会的必然产物,人类命运共同体能够适应当今世界高度发达的交往联系状态,有助于构建"共商、共建、共享"的治理新秩序。其次,"以文明交流超越文明隔阂、文明互鉴超越文明冲突、文明共存超越文明优越",这是对文明冲突论的有力回应,对不同文明的和谐共存做出了新时代的全新阐释。[②]

新发展阶段还彰显了中国继续代表发展中国家积极参与全球治理的方向。例如,应对新冠肺炎疫情全球大流行;发展开放型经济,推动世界贸易正常发展;保障世界经济安全特别是产业链和供应链安全;应对日益突出的环境问题,应对气候变化,缓解人类面临的资源压力;促进世界公平和可持续发展;消除恐怖主义威胁;遏制单边主义、保护主义、霸权主义;等等。这些问题都是人类面临的全球性问题,任何一国都无法靠单打独斗解决,必须开展全球行动、全球应对、全球合作(李义平,2021)。

随着全球资本主义体系危机与弊病的暴露,构建"人类命运共同体"有了更多的现实可能。中国坚定不移维护和发展国家利益,同时坚持扩大对外开放,推动国际社会共担时代责任,合作应对经济全球化带来的挑战,推动经济全球化朝着更加开放、包容、普惠、平衡、共赢的方向发展,使不同国家、不同阶层、不同人群共享经

---

① 《求是》杂志编辑部:《以史鉴今 砥砺前行》,《求是》2021 年第 12 期。
② 习近平在中国共产党第十九次全国代表大会上的报告,2017 年 10 月 28 日。

济全球化带来的机遇。

四、 推进了新时代中国特色社会主义思想的理论指引

（一）新发展阶段论突出了加强党对社会主义现代化建设全面领导的关键性

在中国共产党领导下，中国人民在一个落后农业国的基础上，逐步建立起了比较完整的工业体系，发展成了全球制造业大国。改革开放以来，中国特色社会主义改革实践使国家面貌焕然一新。中共十八大以来，在坚持中国共产党的全面领导上，党中央权威和集中统一领导得到有力保证，党的领导制度体系不断完善。在经济建设上，中国经济发展平衡性、协调性、可持续性明显增强，国家经济实力、科技实力、综合国力跃上新台阶，中国经济迈上更高质量、更有效率、更加公平、更可持续、更为安全的发展之路。

进入新发展阶段，中国仍然是世界上最大、人口最多的发展中国家，人民生活品质还有待提高。中国面临的既有过去长期积累而成的矛盾，也有在解决旧矛盾过程中新产生的矛盾，大量的还是随着形势环境变化新出现的矛盾。作为当今时代最现实、最鲜活的马克思主义，习近平新时代中国特色社会主义经济思想是马克思主义政治经济学同中国经济发展的具体实际相结合的理论飞跃，是指引中国经济高质量发展、全面建设社会主义现代化国家的行动指南。

中国共产党领导仍是中国特色社会主义最本质的特征。中国特色社会主义制度的根本特征体现为"坚持社会主义方向"，最大优势是"坚持党对经济工作的集中统一领导"。在新发展阶段，坚持马克思主义的指导就是坚持党的全面领导，不断完善党的领导，增强"四个意识"、坚定"四个自信"、做到"两个维护"。中国共产党是最高政治领导力量，集中体现在维护习近平同志党中央的核心、全党的核心地位，维护党中央权威和集中统一领导。

加强中国共产党对社会主义现代化建设的全面领导，首先要坚持和完善党的领导制度体系，提高党科学执政、民主执政、依法执政水平；其次，健全总揽全局、协

调各方的党的领导制度体系;最后,要把党的领导落实到国家治理各领域、各方面、各环节。

在新发展阶段,中国共产党从全方位的视角出发,通过顶层设计,统筹政治、经济、社会、生态文明建设领域的发展局势,对各领域内部制度体系、体制安排与机制设置的衔接机制、交叉领域、互补空间、动力因素等方面作出全盘谋划,夯实改革的四梁八柱,以形成制度合力、发挥共同优势。

新发展阶段从应对新机遇新挑战、畅通国民经济大循环、推动科技创新、加大改革力度、打造竞争优势、完善社会治理六个方面,提炼出"十四五"时期经济社会建设的重要领域,展现了中国共产党维持国家大政方针连贯一致、保持战略规划长期稳定的杰出能力。

新发展阶段作为标志国民经济与社会发展进入新时期的重要论断,通过推动体制机制创新、促进多方主体参与,强化了中国共产党的战略规划能力、制度创新能力与协同治理能力。

新发展阶段在实现路径上注重对经济社会领域的制度设计、体制设置以及机制设立加以创新,发挥社会主义制度集中力量办大事的显著优势。贯彻落实新发展理念,以科技创新为切入点实现制度优势向治理效能的充分转化,反映了中国共产党与时俱进的执政品格和改革创新的执政本领。

新发展阶段在政策建议上发挥各级党组织战斗堡垒和先锋模范作用,完善党委领导、政府主导、市场与公众广泛参与的治理局面,凸显了中国共产党着眼于大局和日益提升的综合治理能力,更好发挥中国的体制优势、大国优势和战略定力。

(二)新发展阶段论彰显了新时代党领导经济工作的问题导向和改革精神

重大理论创新是新发展阶段中国共产党领导经济工作的思想武器。坚持问题导向是马克思主义的鲜明特点,也是新发展阶段党的理论指导特征。马克思主义发展史就是马克思、恩格斯以及他们的后继者们不断根据时代、实践、认识发展而发展的历史,是不断吸收人类历史上一切优秀思想文化成果丰富自己的历史。马克思主义不断探索时代发展提出的新课题、回应人类社会面临的新挑战,因此能够永葆青春。

问题导向是改革实践创新的动力源,也与理论指导的创新密切相关。倾听时代的声音、回应时代的呼唤是真正把握住历史脉络、找到发展规律的前提;认真研究解决重大而紧迫的问题,才能真正推动理论创新。在新发展阶段,中国共产党的理论指导与实践引领坚持以改革和发展问题为导向,紧跟中国发展面临的重大理论和实践问题,并且具体提出解决问题的正确思路和有效办法。

当前,国际形势发生深刻变化,国内经济社会发展出现深刻变革,利益关系、思想观念、制度体系中的矛盾与问题层出叠见,也为推动改革进程孕育了新机遇。"新发展阶段"的重大战略判断瞄准当下、指向未来,深刻把握了大变局下国内社会主要矛盾转化的问题导向、经济社会发展结构性调整的问题导向、国内外机遇和挑战都前所未有的新变化、大变化的问题导向。"新发展阶段"重大战略准确识变、科学应变、主动求变,展现了中国共产党站在新时代起点上审时度势、因势利导、顺势而为的战略预见性,以及化挑战为机遇、变压力为动力、在变局中谋新局的战略创造性。

中共十九届四中全会提出,党对经济工作的领导体现在加强改革系统集成、推动改革落地见效。同时,新发展阶段充分发挥改革精神:一是系统观念,即提高政治判断力、政治领悟力、政治执行力,主动识变求变应变,强化全局视野和系统思维,加强改革政策统筹、进度统筹、效果统筹,发挥改革整体效应;二是辩证思维,即坚持两点论和重点论相统一,坚持问题导向,立足新发展阶段,解决影响贯彻新发展理念、构建新发展格局的突出问题,解决影响人民群众生产生活的突出问题,以重点突破引领改革纵深推进;三是创新意识,即从中央层面加大力度、集中力量整体推进改革系统集成,并根据实际情况,从地方基层率先突破、率先成势;四是钉钉子精神,即落实落细改革主体责任,抓好制度建设这条主线,既要在原有制度基础上继续添砖加瓦,又要在现有制度框架内搞好精装修,打通制度堵点、抓好制度执行,推动解决实际问题。

改革创新是实现国家兴旺发达和引领社会发展的第一推动力。"新发展阶段"的重大判断蕴含的辩证思维、风险意识、协同观念、改革精神，对应了中国共产党在治国理政中彰显的先进性、时代性、引领性、创新性特征。新发展阶段的经济工作与全面深化改革密切关联，要完整、准确、全面贯彻新发展理念，抓住构建新发展格局目标任务，更加精准地出台改革方案，推动改革向更深层次挺进，发挥全面深化改革在构建新发展格局中的关键作用。

（三）新发展阶段论明确了国家治理体系和治理能力现代化的推进方向

"新发展阶段"表明中国进入坚持和完善中国特色社会主义制度、推进国家治理体系和治理能力现代化的关键期。[①]新发展阶段的国家治理充分发挥中国共产党统揽全局、协调各方的领导核心作用，有效集中资源和调动各方面积极性，充分发挥"全国一盘棋"和"集中力量办大事"的显著优势，从而推动中国经济朝着更高质量、更有效率、更加公平、更可持续、更为安全的方向发展。

新发展阶段以"安全发展"作为坚守的底线。习近平总书记多次强调："要牢固树立安全发展理念，加快发展安全发展体制机制，积极做好防范化解重大风险工作。"[②]《中共中央关于制定国民经济和社会发展第十四个五年规划和二〇三五年远景目标的建议》中指出："统筹发展和安全，建设更高水平的平安中国，坚持总体国家安全观，统筹发展与安全，把安全发展贯穿国家发展各领域和全过程。"安全是发展的前提，发展是安全的保障。

新发展阶段是党和国家对经济社会管理模式、治理机制与建设规律加以概括和总结的成果，为不断提升经济发展水平、优化社会治理格局奠定基础：

就治理模式而言，经济体系的供给侧结构性改革与需求侧适度扩大相互结合，城乡区域与国内国际发展规划愈益协调，社会治理逐渐从单向管理转向双向互动，

---

① 国家治理体系是在党的领导下管理国家的制度体系，包括经济、政治、社会、文化、生态、国防军队、党的建设。国家治理能力指运用这套国家制度体系来管理国家的能力，体现在方方面面，包括改革、发展、稳定、内政、外交、国防、治党、治国、治军。

② 《坚持用全面辩证长远眼光分析经济形势 努力在危机中育新机于变局中开新局》，《人民日报》2020 年 5 月 24 日。

脱贫攻坚战取得巨大成就。

就治理机制而言,形成了以明确利益主体、界定利益范畴、化解利益纠纷为核心的利益协调机制,以科技创新、信息共享为突破口的数字治理机制,以协同意识为侧重的国际合作与区域合作机制。

就治理步骤而言,重视经济领域与社会领域发展规律的统一与差异,在经济领域将发展质量问题摆在更加突出的位置,将发展立足点放在国内,坚持扩大内需的战略基点,以质量变革、效率变革与动力变革扎实推动共同富裕,在社会领域对合理合法的利益诉求和意见偏好进行整合,并致力于改善民生和推进基本公共服务均等化。

国家治理能力现代化也是一个动态过程,不可能一蹴而就,也不可能一劳永逸。新发展阶段提出的国家制度和国家治理体系建设的目标必须随着实践发展而与时俱进,既不能过于理想化、急于求成,也不能盲目自满、故步自封。在新发展阶段,中国国家治理体系和治理能力是中国特色社会主义制度及其执行能力的集中体现,一切国家治理工作和活动都依照中国特色社会主义制度展开。

参考文献

《马克思恩格斯全集》(第三卷),人民出版社 2002 年版。

《马克思恩格斯全集》(第六卷),人民出版社 1961 年版。

《马克思恩格斯全集》(第十九卷),人民出版社 1963 年版。

《马克思恩格斯全集》(第二十三卷),人民出版社 1972 年版。

《马克思恩格斯全集》(第三十七卷),人民出版社 1963 年版。

《马克思恩格斯文集》(第 1 卷),人民出版社 2009 年版。

《马克思恩格斯文集》(第 2 卷),人民出版社 2009 年版。

《建党以来重要文献选编(1921—1949)》(第一册),中央文献出版社 2011 年版。

《建国以来重要文献选编》(第六册),中央文献出版社 1993 年版。

《建国以来重要文献选编》(第十九册),中央文献出版社 1998 年版。

《三中全会以来重要文献选编》(上),人民出版社 1982 年版。

《十二大以来重要文献选编》(上),人民出版社 1986 年版。

《十三大以来重要文献选编》(上),人民出版社 1991 年版。

《十五大以来重要文献选编》(上),人民出版社 2000 年版。

《十六大以来重要文献选编》(上),中央文献出版社 2005 年版。

《十八大以来重要文献选编》(上),中央文献出版社 2014 年版。

《毛泽东选集》(第二卷),人民出版社 1991 年版。

《邓小平文选》(第二卷),人民出版社 1994 年版。

《邓小平文选》(第三卷),人民出版社 1993 年版。

《江泽民文选》(第三卷),人民出版社 2006 年版。

《胡锦涛文选》(第二卷),人民出版社 2016 年版。

《习近平关于全面深化改革论述摘编》,人民出版社 2014 年版。

《习近平谈治国理政》(第二卷),外文出版社 2017 年版。

《习近平谈治国理政》(第一卷),外文出版社 2018 年版。

习近平:《经济工作要适应经济发展新常态》(2014 年 12 月 9 日),载《十八大以来重要文献选编》(中),中央文献出版社 2016 年版。

习近平:《决胜全面建成小康社会夺取新时代中国特色社会主义伟大胜利——在中国共产党第十九次全国代表大会上的报告》,人民出版社 2017 年版。

习近平:《坚持和完善中国特色社会主义制度推进国家治理体系和治理能力现代化》,《求是》2020 年第 1 期。

习近平:《不断开拓当代中国马克思主义政治经济学新境界》,《求是》2020 年第 16 期。

习近平:《正确认识和把握中长期经济社会发展重大问题》,《求是》2021 年第 1 期。

习近平:《把握新发展阶段,贯彻新发展理念,构建新发展格局》,《求是》2021 年第 9 期。

《求是》杂志编辑部:《以史鉴今砥砺前行》,《求是》2021 年第 12 期。

国家行政学院经济学教研部:《中国经济新常态》,人民出版社 2015 年版。

洪银兴:《进入新时代的中国特色社会主义政治经济学》,《管理世界》2020 年第 9 期。

李义平:《不断发展中国特色社会主义政治经济学》,《人民日报》2021 年 3 月 31 日。

刘鹤:《坚持和完善社会主义基本经济制度》,《人民日报》2019 年 11 月 22 日。

顾海良:《新发展阶段中国特色社会主义政治经济学的理论升华》,《经济日报》2020 年 9 月 16 日。

第二章

确立以人民为中心的发展新思想[*]

以人民为中心的发展思想是马克思主义群众史观的深化和发展，是中国共产党为人民服务根本宗旨的继承与发展。建党 100 年来，中国从一个落后的农业国发展成全球第一大制造国，从一个积贫积弱的国家发展成世界第二大经济体，中国的经济奇迹根源于党的领导，关键在于始终坚持以人民为中心的发展思想。

中国共产党自成立以来，领导人民进行革命、建设、改革开放，根本目的是为人民谋幸福。在不同时期，党的发展思想有不同的表述，但以人民为中心是贯穿其中的一条"红线"。毛泽东提出"为人民服务""人民群众是历史的创造者"，并特别强调："共产党就是要全心全意为人民服务，不要半心半意或者三分之二心、三分之二意为人民服务。"改革开放初，邓小平以巨大的政治勇气和智慧，对中国社会主义发展阶段作出科学的历史定位，提出"走自己的路，建设有中国特色的社会主义"，强调"以经济建设为中心"，作出改革开放的重大抉择，目的是繁荣社会生产，不断满足人民日益增长的物质文化需要。江泽民强调，中国共产党要始终代表中国最广

＊ 在本章的写作过程中，中共河南省委党校林永然博士、上海财经大学段博博士、复旦大学赵城博士、上海交通大学李盈盈博士帮助收集整理书稿素材，上海市经济学会会长周振华研究员、华东师范大学商学院院长殷德生教授、中共上海市委党校上海发展研究院鞠立新教授、中共上海市委党校经济学部李鲁副教授、中共上海市委党校经济学部张铎博士等提供了宝贵意见建议，在此一并致谢。

大人民的根本利益,不断发展先进生产力和先进文化,归根到底都是为了满足人民群众日益增长的物质文化生活需要。胡锦涛提出科学发展观,其第一要义是发展,核心是以人为本,基本要求是全面协调可持续,科学发展观重申了中国共产党全心全意为人民服务的根本宗旨。党的十八大以来,习近平总书记明确提出"以人民为中心的发展思想"。经过百年奋斗,中华民族迎来了从站起来、富起来到强起来的伟大飞跃,根本原因在于党的领导。而始终坚持以人民为中心的发展思想,是中国共产党百年经济建设思想的根本宗旨和主题主线。

进入新时代,中国社会的主要矛盾发生了变化,为了更好满足人民群众日益增长的美好生活需要,迫切需要解决发展不平衡不充分问题,以人民为中心的发展思想是在对发展现实全面深刻把握的基础上作出的实践选择。以人民为中心的发展思想坚持发展为了人民、发展依靠人民、发展成果由人民共享,是新时代坚持和发展中国特色社会主义的根本政治立场,是习近平新时代中国特色社会主义思想的重大理论创新成果。

中国百年经济发展实践充分证明,中国共产党始终代表中国最广大人民的根本利益,以人民为中心、为人民谋幸福,是中国经济奇迹的根本所在。开启全面建设社会主义现代化国家建设新征程,仍须坚持把实现好、维护好、发展好最广大人民的根本利益作为发展的出发点和落脚点,不断增强人民群众获得感、幸福感、安全感,促进人的全面发展和社会的全面进步。

第一节　以人民为中心的发展思想的理论渊源

新时代以人民为中心的发展思想将人民利益视为社会发展和历史进步的目的和归宿,它是对中国传统文化中"民本主义"发展思想的升华,对西方哲学中"人本主义"发展思想的扬弃,以及对马克思主义唯物史观中"人民至上"发展思想的继承与创新。

一、 彻底克服"民本主义"与"人本主义"的根本缺陷

以人民为中心的发展思想克服了中国"民本主义"传统和西方"人本主义"思想的局限，以其立场的鲜明性、现实的针对性、布局的系统性、行动指导的具体性等优点发展了中国特色社会主义理论体系（李怡、肖昭彬，2017）。

（一）以人民为中心的发展思想对"民本主义"的扬弃

1. 中国"民本主义"传统。

民本即以民为本。"民本主义"的思想在中国古已有之，最早可见于《管子·霸言》篇："夫霸王之所始，以人为本，本理则国固，本乱则国危。"在这里的"民本主义"思想是统治阶级意识到了民众的力量和作用，把重视民众看作是统治者开明统治的一种手段。

春秋之际，士大夫阶层萌发了"安民""保民""顺民""宽民"的观点，比如《管子·牧民》提出"政之所兴，在顺民心。政之所废，在逆民心"的论断。此后，孔子开创了儒家民本思想的先河，尤其是"仁政"及"养民"思想的提出，使传统的民本思想得以复苏，极大地丰富和发展了先秦时期的民本思想。孟子在孔子基础上进一步阐释和发展民本思想，继承和发展了孔子的"养民"观点，首次明确阐述了人民、国家和统治阶级三者之间的关系、地位，提出了"民为贵"的民本观点，认为社会必须重视"民"的作用，所谓"民为贵，社稷次之，君为轻"。荀子进一步拓展了民本思想的内涵，在"民"的地位变迁上面，更是超越了孔、孟"世卿世禄"的主张，立意深远，其中"君者，舟也；庶人者，水也。水则载舟，水则覆舟""平政爱民"所蕴含的思想更是将民众视为王朝兴亡的根本决定力量。

汉唐时期，传统民本思想理论得到进一步的充实和加强，并转向实际运作的阶段。贾谊在理论上深化了民本思想与政治的关系，提出"闻之于政也，民无不为本也""力行仁政"之说，系统阐述了"国以民为本，君以民为本，吏以民为本"的"民为政本"的思想，即民为国之本、君之本、吏之本。董仲舒将民本整合进君本政治体系之中，提出"屈民而伸君"，主张"德治"，实施仁政，以王权转移理论来限制君权，这

些皆是其民本思想的表达。唐太宗李世民承袭了儒家传统的重民思想，主要体现在他的"仁政"和"民本"思想中，比如"君依于国，国依于民"，认为治国须以民为本，主张与民休息，改善民生。

明清时期的民本思想进入理论升华阶段。这一阶段，在传统重民、爱民、宽民的基础上，开始对君主专政制度、君主权力的政治合法性、人民的历史地位和作用、社会发展及变更的原因等一系列问题进行了深入的思考和反思，反专制的思想中开始出现了民主思想的萌芽。以黄宗羲、顾炎武、王夫之为代表的思想家们的民本思想，主要表现为对封建君权的贬抑，对民众地位的抬高。黄宗羲以"天下为公"为原则，对君主专制制度进行了深刻的批判，明确指出社会变更的真正原因"不在一姓之兴亡，而在万民之忧乐"。顾炎武提出"天下兴亡，匹夫有责"，把民看作是保天下"与有责焉"的政治主体。王夫之提出"君以民为基……无民而君不立"，深刻反思"家天下"观念，指出"一姓之兴亡，私也；而生民之生死，公也"，因此不能"以天下私一人"，他还提出了有利于民的朴素平等观，这些思想都超出了传统民本思想中把民作为工具性权力客体的意义，将对人民价值的认识提到了一个新的高度。

孙中山的"民生观"是"民本主义"思想的重要体现，1924年，他作了"民生主义"的系列演讲，正式提出以"民生"为社会历史发展原因和动力的理论。五四运动揭开了中国现代历史的序幕，从此，中国社会进入反帝反封建的新民主主义革命进程中。五四运动的主题就是"立人"，强调立国先立人，参与运动的先觉者主张通过吸收世界先进文化，批判与反思中国历史的"非人道"现象和传统文化的惰性，提倡思想上的"立人"主张，但这场运动对主体性人格的塑造是不彻底的，人格并没有发生根本转变。李大钊运用马克思的经济基础决定上层建筑理论，指出人的道德由一定时期的社会经济状况决定，因而他竭力抨击以孔子为代表的封建道德，主张用"个性、权利、自由"挣脱专制束缚。鲁迅的民本思想即"立人"——"把人当作人"。于是，"把人当作人"，摆脱奴隶地位，争取起码的生存权利，获得"精神独立"和"思想自由"，就成为鲁迅民本思想的追求。

2. 对中国传统文化中"民本主义"的扬弃。

以人民为中心的发展思想不是无本之木、无源之水，它起源于中国传统文化中的"民本主义"，又抛弃了其中落后、封建的内容，实现了扬弃式发展。

一方面，中国传统民本思想所彰显的群体实践性、现实效用性和历史积淀性的特质，为"以人民为中心"思想的文化溯源与现代生成提供了可能。具体而言，"以人民为中心"思想坚持了科学社会主义基本原理，而且以问题为导向，实现了对传统民本思想从君民到人民、从统治到发展、从用民到为民的现代转变，构成了对传统民本思想继承与深化、重构与超越的逻辑。同时，习近平总书记提出的以人民为中心的发展思想的叙事风格，包含了对古代典籍的旁征博引和对经典名句的画龙点睛，构建起以人民为中心的话语坐标，这也意味着其离不开民本思想的人文气质、教化观念和道德理念。此外，传统民本思想提出了黎民百姓对国家形态的鼎革作用，其拥有决定王朝命运的力量，而以人民为中心的发展思想始终把"以百姓之心为心"作为重要价值准则，将"民心"问题看作党执政的根本问题。这无疑是党和国家立足历史维度与实践维度，对社会发展主体的规律性认识。因此，传统民本思想为以人民为中心发展思想的形成、发展和实践提供了深层次的方法指导、逻辑支撑，因而也是以人民为中心的发展思想的文化基因所在。

另一方面，以人民为中心的发展思想实现了对传统民本思想的升华。首先，传统民本思想虽然提倡重民、保民、恤民，但其强调民本即为君本，难以扭转民从属于君的根本政治关系，而在"以人民为中心"的理论框架中，"人民"没有了与"君""官"相对应的阶级概念，而是同"国家""社会"相统一的群体概念，执政党本身也是人民的先锋队，这不仅仅是话语的改写和身份的变化，也是从"天赋君权"到"天赋人权"的确证。其次，传统的民本发展思想归根结底是为统治阶级所用，其核心是"统治"，意在"御民"，无法实现人民的自由发展。而以人民为中心的发展思想的出发点与落脚点始终在于发展，强调发展为了人民、发展依靠人民、发展成果由人民共享，人民既是发展的实现者，也是发展的享受者，达成了主体和客体的统一。最后，传统民本思想在阶级社会中始终以对民的统治为中心，"是以用民无不听，求福无不丰"便道出了真谛，以人民为中心的发展思想不是把人民看作专制统治的工具，而是打破了权力的一己之私，坚持党的制度建设和群众路线的工作方法，强调执政党是"人民公仆"，目的在于"为民"。因此，以人民为中心的发展思想不仅是对人类社会发展规律的时刻遵循，也是对党的宗旨和执政理念的坚定践行，实现了对传统民本思想从用民到为民的超越。

（二）以人民为中心的发展思想对"人本主义"的扬弃

1. 西方"人本主义"思想。

西方"人本主义"思想发轫于古希腊时期。智者派代表人物普罗泰戈拉曾说："人是万物的尺度，是存在的事物存在的尺度，也是不存在的事物不存在的尺度。"这一命题被认为是"人本主义"的最早宣告。

真正以哲学形态系统阐发的"人本主义"思想产生于文艺复兴之后的欧洲。针对中世纪宗教神学极力主张"人应该蔑视自己"的观念，人文主义者首先竭力宣扬人的价值、尊严，强烈反对以出身、门第、血统为基础，主张国王和平民、贵族和奴隶、富豪和穷人都应当享有"人"的共同利益和生活权利。比如，但丁认为："人的高贵，就其许许多多的成果而言，超过了天使的高贵。"莎士比亚强调人在宇宙中的中心地位："人是多么了不起的一件作品！理性是多么高贵！论行动，多么像天使！宇宙的精华！万物的灵长！"

文艺复兴运动以其理性和人道主义的内核成为"人本主义"思潮的肇始，经过休谟和18世纪法国唯物主义者的锤炼和提高，到德国古典哲学特别是以康德和费尔巴哈为代表的时代，就形成了较为完整的近代形态的"人本主义"思想体系。卢梭从自己的自然主义出发，强调把人的天性归还给人，他对人性的肯定与张扬，促进了"人本主义"思想的发展。康德重视人的生存和价值，强调人是目的而不是手段，并要人为自然立法，这使他把哲学的根本归结到"人是什么"的问题上来。黑格尔从认识论的角度，认为人不能被动地接受一个从外面给予的东西，一切都存在于人的精神之内，人之所以自由，就在于他无求于外。费尔巴哈从理论上第一次对"人本主义"的本质、思维方式、内容结构做了哲学论证，使"人本主义"具备了完备的理论形态。

进入现代以后,西方"人本主义"思潮在形态上发生了很大的变化。现代西方"人本主义"哲学提倡非理性主义,反对思辨形而上学对人的消解,关注人的现实生存状态,强调人的主体性等,它以 19 世纪 20 年代产生于德国的唯意志主义为发端,强调人的一种非理性的、盲目的生存欲望和冲动,即意志是整个世界的基础。从 19 世纪中叶起,以叔本华和克尔凯郭尔为代表的哲学家们就开始公开挑战传统的理性主义,他们强调必须使哲学向人和人的交往及全面性回归。进入 20 世纪,现代西方哲学家们对人的问题的研究也就更加深入,形成了弗洛伊德主义、存在主义和人格主义等主要哲学流派,在资本主义社会人的异化急剧加深的背景下,把"人本主义"思潮进一步推向系统化和完整化。

以西方马克思主义命名的人本主义马克思主义者,见解深刻,著作众多,影响巨大。无论是以霍克海默、马尔库塞为代表的法兰克福学派,还是以萨特为代表的存在主义学派等,虽彼此有分歧,但都表现出对人的命运的关切和对人的自由、尊严的追求。人本主义马克思主义者把马克思的思想运用到其学说中,使其"人本主义"思想更具先进性和深刻性。他们批判自然辩证法是为了突出人的中心和主体地位,强调马克思的异化理论是为了揭露资本主义全面异化的事实,从而为消除异化、实现人的解放提供思想武器。

2. 对"人本主义"发展思想的扬弃。

西方哲学中的"人本主义"发展思想自诞生伊始就鲜明地将"人"的发展问题置于世界的中心,对人自身的觉醒、人的解放、人的理性的张扬等做出了历史贡献,这也成为马克思、恩格斯"人的自由而全面发展"学说及以人民为中心的发展思想的重要来源。但"人本主义"发展思想具有强烈的阶级性及唯心主义倾向,马克思历史唯物主义正是在批判继承这些思想成果的基础上科学地揭示了人的本质,而以人民为中心的发展思想作为马克思主义唯物发展论的弘扬者和创新者,实现了对"人本主义"发展思想彻底而深刻的扬弃。

一方面,以人民为中心的发展思想与西方传统的"人本主义"发展思想有逻辑上的共通性。首先,"人本主义"发展思想围绕着"人"的现世幸福而展;以人民为中心的发展思想也以"人"的现实利益、需要作为理论出发点,注重人民日益增长的美好生活需要,将关心和解决民众切身利益之事作为工作的重点。其次,"人本主义"发展思想将人的平等、权利等价值目标视为基于人的本性而存在的天然合理之物;以人民为中心的发展思想也将人的平等、权利作为实践运作的着力点,强调尊重和保障人权,包括公民的政治、经济、文化权利等。最后,"人本主义"发展思想具有强烈的批判性,它以人性反对神性、以人权对抗神权,呼吁新的社会制度的诞生,反对旧制度、旧观念;以人民为中心的发展思想将"人民"尤其是广大无产阶级劳动人民,乃至于全人类的自由而全面发展作为理论的基点和核心,强调它是共产党人的执政理念和基本要求,并将社会环境的改变作为满足人的需要、使人获得解放与发展的前提。

另一方面,以人民为中心的发展思想与西方传统的"人本主义"发展思想有本质上的差异性。首先,尽管二者皆以"人"为出发点,但"人本主义"发展思想强调"人"是超历史、超阶级的"人",因而它的理论视角是静止的、片面的;而以人民为中心的发展思想扬弃了这种观察"人"的静态视角,坚持唯物史观,强调"人"是"现实的人""历史的人",是"从事实际活动的人",认为"人"的本质建立在其现实性上,是具有自然性与社会性、历史性与现实性、个体性与群体性、理性与非理性、人民性与阶级性等多种属性的整体。其次,"人本主义"发展思想建立在抽象人性论上,就"人"论人,并将抽象人性论作为衡量和评价人的所有问题,乃至社会进步、历史发展的唯一尺度和标准,因而陷入历史唯心主义的束缚中;而以人民为中心的发展思想,扬弃了这种考察人的本质的唯心主义视角,它以生产力的发展状况、生产方式的内在矛盾运动,作为衡量人性、人的本质的尺度和标准,以及人的利益、需要、权利满足的基础。最后,"人本主义"发展思想常常将"人"浮现于思维的表层,在理论中、口头上宣称代表"一切人",在实践中、行动上却往往只从一个阶级的利益出发并为其服务;以人民为中心的发展思想扬弃了这种关注人的利益、需要的狭隘视野,它在珍惜每一个个体生命为底线的基础上,将最广大人民群众的根本利益,作为其理论目标和实践方向,明确提出衡量一切工作的标准,实现了对"人本主义"发展思想的本质扬弃。

可见,"民本主义"与"人本主义"产生于特定的历史时期,在一定程度上反映了社会发展进步进程中呼吁对人加以重视的要求,具有历史进步性,为以人民为中心的发展思想提供了社会认同资源;同时,中国"民本主义"传统和西方"人本主义"思想也存在着根本性缺陷,"民本主义"的"民"实质是无主体性的庶民,因而最终民众必然是被支配的对象,沦为山头分立的受害者;"人本主义"的"人"之核心是抽象的个人,因而其难以遏止地滑向个人主义或极端个人主义。以人民为中心的发展思想彻底克服了它们的根本缺陷(李怡、肖昭彬,2017)。

二、 对马克思主义唯物史观"人民至上"思想的继承与创新

"人的自由而全面发展"是马克思主义历史唯物论的价值核心和基本原则,它使马克思和恩格斯在人类社会发展道路的探索中找到通往人类解放之路。中国共产党人继承了这一价值观,并在社会主义建设实践中不断对其进行理论深化和实践创新,形成了新时代以人民为中心的发展思想。

(一)马克思、恩格斯的"人民至上"思想

在马克思和恩格斯看来,人的存在是一切社会存在的前提,没有人就没有社会。其中,"人"指的是在一定历史条件和生产条件下参与实践的人,与黑格尔的"想象的主体的想象活动"中的人和费尔巴哈的"处于某种虚幻的离群索居和固定不变状态"的人有着本质的区别。马克思和恩格斯提出人是一切社会关系的总和,同时,他们把实现人的全面自由发展作为自己的价值追求,认为人的本性是在实践过程中实现"自我价值"和"自我超越"。

马克思、恩格斯的著作体现着"人民至上"的思想和精神,例如,《共产党宣言》指出,"过去的一切运动都是少数人的或者为少数人谋利益的运动。无产阶级的运动是绝大多数人的、为绝大多数人谋利益的独立的运动",在未来社会"生产将以所有人的富裕为目的"。又如,《哥达纲领批判》提出:"在随着个人的全面发展……只

有在那个时候,才能完全超出资产阶级权利的狭隘眼界,社会才能在自己的旗帜上写上:各尽所能,按需分配!"这都体现出马克思主义"人民至上"的思想。1913年,列宁强调,发展唯物主义历史观,就要消除以往历史理论的缺点,因为"以往的理论从来忽视居民群众的活动,只有历史唯物主义才第一次使我们能以自然科学的精确性去研究群众生活的社会条件以及这些条件的变更"。[1]列宁高度评价马克思和恩格斯关于巴黎公社的经验总结,称赞人民群众冲天的革命精神(陈力丹,2018)。

(二)中国共产党人对"人民至上"思想的继承与发展

中国共产党自1921年成立以来,始终把为中国人民谋幸福、为中华民族谋复兴作为自己的初心使命,始终坚持共产主义理想和社会主义信念,团结带领全国各族人民为争取民族独立、人民解放和实现国家富强、人民幸福而不懈奋斗。全心全意为人民服务是中国共产党的根本宗旨,也是一切工作的根本出发点和归宿,中国共产党在不同的历史时期,从不同的角度阐释"人民至上"思想,既一脉相承,又与时俱进,最终形成了新时代以人民为中心的发展思想。

毛泽东把马克思主义的"人民至上"思想系统地运用在党的全部活动中,形成了内容丰富的"为人民服务"思想。首先,坚持人民利益至上。在1944年发表的《为人民服务》一文中,毛泽东鲜明地指出:"我们这个队伍完全是为着解放人民的,是彻底地为人民的利益工作的。"[2]1945年在《论联合政府》一文中,毛泽东又完整地提出了"全心全意为人民服务"的宗旨,把是否和最广大人民取得最密切的联系,是否争取实现和维护最广大人民的根本利益,看成是中国共产党和其他政党区分的显著标准之一,要求全心全意为人民服务,时刻把群众的利益放在第一位。其次,坚持依靠人民。认为"人民,只有人民,才是创造世界历史的动力"[3],只要我们坚定地相信群众,紧紧地依靠群众,始终与人民群众打成一片,最广泛地发动群众,组织群众,那任何困难都能克服(黄少群、张弛,2011)。就发展路径而言,要坚定地相信

---

[1] 《列宁全集》(第2版)第26卷,人民出版社1988年版。
[2] 《毛泽东选集》第3卷,人民出版社1991年版,第1004页。
[3] 同上书,第1031页。

群众、依靠群众,充分调动广大人民群众的积极性、创造性,就一定能把中国建设成为一个强大的社会主义国家,使人民过上幸福美满的生活(周国平,2006)。最后,坚持对人民负责。毛泽东经常强调:"我们的责任,是向人民负责。每句话,每个行动,每项政策,都要适合人民的利益,如果有了错误,定要改正,这就叫向人民负责。"①

邓小平认真总结了社会主义革命和建设的经验与教训,在改革开放和建设中国特色社会主义的发展实践中,形成了比较科学而系统的"人民至上"思想。邓小平提出了"解放生产力,发展生产力,消灭剥削,消除两极分化,最终达到共同富裕"的著名论断,充分体现了社会主义本质的人民立场。

江泽民立足于中国社会主义现代化建设的实践和当代世界发展的趋势,提出了"人的全面发展是社会主义的本质要求",社会主义"既要着眼于人民现实的物质文化生活需要,同时,又要着眼于促进人民素质的提高"。在庆祝建党八十周年的重要讲话中,江泽民又进一步指出:"推进人的全面发展,同推进经济、文化的发展和改善人民物质文化生活是互为前提和基础的。人越全面发展,社会物质文化财富就会创造得越多,人们的生活就越能得到改善,而物质文化条件越充分,又越能促进人的全面发展。……这两个历史过程应相互结合、相互促进地向前发展。"

胡锦涛在提出"权为民所用、情为民所系、利为民所谋"的基础上,又创造性地提出了"以人为本"的科学发展观。他明确指出:"人民群众是中国特色社会主义事业的依靠力量,要尊重人民的主体地位,最充分地调动人民群众的积极性、主动性和创造性,最大限度地集中全社会全民族的智慧和力量,最广泛地动员和组织亿万群众投身中国特色社会主义伟大事业。"就如何调动广大人民群众的积极性、主动性、创造性这一问题,他认为必须极大地改善民生,让人民群众共享发展成果。

中国特色社会主义进入新时代,习近平总书记创造性地提出了以人民为中心的发展思想,指出"必须坚持以人民为中心的发展思想,不断促进人的全面发展、全体人民共同富裕"。在 2021 年 8 月 17 日召开的中央财经委员会第十次会议上,习

---

① 《毛泽东选集》第 4 卷,人民出版社 1991 年版,第 1128 页。

近平总书记强调共同富裕是社会主义的本质要求，是中国式现代化的重要特征，要坚持以人民为中心的发展思想，在高质量发展中促进共同富裕。这与邓小平关于共同富裕是社会主义本质的论述一脉相承。关于人民群众对于社会历史发展的重要地位和作用，习近平总书记具有非常深刻的认识。他曾多次强调指出，"人民是历史的创造者，群众是真正的英雄"。他坚定地认为，人民群众是社会改革的主体。人民群众在推动社会历史发展进程中起着决定性作用；同时，人民群众也是社会革命和改革的主力军，在推动社会制度改革和完善过程中发挥着巨大作用。就经济发展的目的和归宿而言，习近平总书记再三强调要"让一切劳动、知识、技术、管理、资本的活力竞相迸发，让一切创造社会财富的源泉充分涌流，让发展成果更多更公平惠及全体人民"，甚至在展望中国未来发展的宏伟目标时，习近平总书记对人民群众的利益和福祉也给予高度重视。例如，他在概括中国未来目标和"中国梦"的主要内涵时，强调实现"两个一百年"奋斗目标和中华民族伟大复兴中国梦，"就是要实现国家富强、民族振兴、人民幸福"。这种把人民幸福作为党和国家方针政策最终归宿和落脚点的思想，彰显了以人民为中心的发展思想的价值取向。

习近平新时代中国特色社会主义思想明确了新时代中国社会的主要矛盾是人民日益增长的美好生活需要和不平衡不充分的发展之间的矛盾，必须坚持以人民为中心的发展思想，发展全过程人民民主，推动人的全面发展、全体人民共同富裕取得更为明显的实质性进展。《中共中央关于党的百年奋斗重大成就和历史经验的决议》（以下简称《决议》）总结了党的百年奋斗重大成就和历史经验，其中将"坚持人民至上"置于重要位置，彰显了中国共产党一以贯之的价值取向和立场原则。《决议》指出："党代表中国最广大人民根本利益，没有任何自己特殊的利益，从来不代表任何利益集团、任何权势团体、任何特权阶层的利益，这是党立于不败之地的根本所在。"《决议》强调，新时代"全党必须永远保持同人民群众的血肉联系，站稳人民立场，坚持人民主体地位，尊重人民首创精神，践行以人民为中心的发展思想，维护社会公平正义，着力解决发展不平衡不充分问题和人民群众急难愁盼问题，不断实现好、维护好、发展好最广大人民根本利益，团结带领全国各族人民不断为美好生活而奋斗"。

总之,新时代以人民为中心的发展思想,赋予了马克思主义中国化崭新的时代特色,契合了马克思主义政党"全心全意为人民服务"的价值立场,体现了中国特色社会主义发展道路的独特意涵和价值追求,是理论价值维度、实践价值维度与方法论价值维度的高度统一,是习近平新时代中国特色社会主义思想的重要组成部分。

（三）以人民为中心的发展思想对马克思主义"人民至上"思想的传承与创新

让无产阶级摆脱奴役和压迫,成为这个世界的主人,是马克思历史唯物论中"人民至上"思想的历史使命;实现每个人的自由全面发展,是马克思主义理论一以贯之的最高理想、价值追求和逻辑起点。马克思主义"人民至上"思想建立在历史唯物主义与辩证唯物主义的基础之上,坚持"人民主体地位",重视人民群众在历史发展中的重大作用。新时代以人民为中心的发展思想,既继承了马克思主义"人民至上"思想的科学品质和思想渊源,又赋予其新的理论内涵和实践要求。

首先,以人民为中心的发展思想反映了"人民至上"思想坚持人民主体地位的内在要求。习近平总书记结合新时代中国改革和发展的现实状况,提出人民群众不仅是社会发展、社会改革的主体,而且是社会创新的主要力量。在中共十九大报告中,他强调"人民是历史的创造者,是决定党和国家前途命运的根本力量",因此必须对"人民群众所表达的意愿、所创造的经验、所拥有的权利、所发挥的作用"充分尊重,如果"失去了人民的拥护和支持,党的事业和工作就无从谈起"。

其次,以人民为中心的发展思想在形成过程中拓展了"人民至上"思想,尤其是确立了创新、协调、绿色、开放、共享的新发展理念,要求提高发展的创新性、包容性、公平性、普惠性、整体性,把人民共创、共建、共享、共有、共同富裕作为根本出发点和归宿,增强人民的获得感、幸福感和安全感。同时,以人民为中心的发展思想注重坚持以经济建设为中心,聚精会神抓发展,力求实现以经济建设为中心与以人民为中心的辩证统一,在发展的基础上不断提高人民生活水平,满足人民日益增长的美好生活需要，通过解决好人民群众普遍关心的突出问题，带动投资、增加供给，培育新的增长点，拉动经济增长。

最后，以人民为中心的发展思想体现了中国特色社会主义始终坚守的"人民至上"思想的价值理性。1956年"三大改造"完成后，以毛泽东为代表的中国共产党人就开始探索符合中国国情的社会主义道路。1982年中共十二大上，邓小平明确提出"走自己的路，建设有中国特色的社会主义"。可以说，中国特色社会主义道路是从对"什么是社会主义，如何坚持和发展社会主义"这一重大时代课题的追问和探索开始的。中国特色社会主义道路之所以正确，关键在于它尊重了人民主体性，中国共产党始终代表中国最广大人民的根本利益，中国化马克思主义始终是人民的理论（齐彪，2019）。

"经过长期努力，中国特色社会主义进入了新时代"，以人民为中心的发展思想坚持"以百姓心为心"，倾听人民心声，汲取人民智慧，始终把实现好、维护好、发展好最广大人民根本利益作为一切工作的出发点和落脚点，让改革发展成果更多更公平地惠及全体人民，坚定不移走全体人民共同富裕道路，深刻彰显中国共产党人的初心和使命，是马克思主义"人民至上"思想的传承与创新。

第二节　以人民为中心的发展思想的历史超越

纵观百年历史变迁，中国共产党"人民至上"思想的演进经历了新民主主义革命时期、社会主义革命和建设时期及改革开放和社会主义现代化建设新时期三个重要阶段，在新时代最终形成了以人民为中心的发展思想。始终贯穿百年历程的一条主线是中国共产党始终坚持"人民至上"的发展思想。《中共中央关于党的百年奋斗重大成就和历史经验的决议》明确指出党的根基在人民、血脉在人民、力量在人民，人民是党执政兴国的最大底气。民心是最大的政治，正义是最强的力量。党的最大政治优势是密切联系群众，党执政后的最大危险是脱离群众。

一、夺取新民主主义革命伟大胜利（1921 年 7 月—1949 年 10 月）

从中国共产党成立到新中国成立,是以人民为中心发展思想的发轫期。在这一时期,以人民为中心的发展思想突出地表现为建立政权基础的发展思想。中国共产党建党伊始,便立下为人民服务的初心和使命,在这一阶段探索形成了为人民服务思想、土地革命思想、革命统一战线思想,提出并贯彻执行了反映群众利益的一整套的纲领路线、方针政策,党带领人民、依靠人民开展新民主主义革命,完成了民族独立和人民解放的双重革命历史任务。

（一）立下为人民服务的初心和使命

中共十八大以来,习近平总书记提出新时代以人民为中心的发展思想,其思想源泉可追溯至中国共产党成立的初心使命。中国共产党人的初心和使命就是为中国人民谋幸福,为中华民族谋复兴,全心全意为人民服务。在新民主主义革命阶段,中国共产党人逐步将"为人民大众服务""为群众利益服务"的提法发展到"为人民服务"。随着时代的变迁,为人民服务思想不断得到丰富和发展。以人民为中心的发展思想则是为人民服务思想在新时代的继承和升华。

1. 为人民大众服务的思想。

1921 年 7 月,中共一大通过的纲领提出"把工农劳动者和士兵组织起来",这体现了以人民为中心的发展思想的萌芽。1922 年 7 月,中共二大通过的决议强调,党的运动"必须深入到广大的群众里面去"。

党内第一次明确提出为大众服务的人是瞿秋白。1931 年初,他到上海与鲁迅一起从事革命文化活动并撰写了大量论著,阐述他的无产阶级文化观点,并多次论及为大众服务的思想。1931 年 10 月,瞿秋白发表了《普洛大众文艺的现实问题》。所谓普洛大众文艺,就是指无产阶级大众的文艺。他认为,文艺写作无论是写作语言、写作内容还是写作目的、写作手法都应当是大众的(王明堂,1980)。1932 年 7 月,瞿秋白在《文艺的自由和文学家的不自由》一文中论述了作家为群众服务的思想。他说:"真正为着群众服务的作家,他在煽动工作之中更加能够锻炼出自己的艺术的力量。""真正肯替群众服务的作家,只有欢迎正确的文艺理论。"①

如果说瞿秋白提出的文艺和作家为大众服务是对列宁关于"为千千万万劳动人民服务"思想的直接继承,那么,毛泽东则发展了列宁的这一思想,并把这一思想运用于文艺、哲学、道德等多个领域,且多次提出"为人民服务"、为群众服务、为大众服务的观点。相比同时代的其他中国共产党人而言,毛泽东提出的这些思想更为系统、更为深刻,也更为自觉,他是"为人民服务"演讲发表前,中国共产党内高频论述关于"为人民服务"思想的第一人。1939 年 2 月,毛泽东在给张闻天的信中,就陈伯达所撰的《孔子的哲学思想》首次提出"为人民服务"的观点。1939 年 12 月,毛泽东在《大量吸收知识分子》一文中论述了知识分子为群众服务的思想。1940 年 1月,毛泽东又对文化为人民服务进行阐释。他在《新民主主义论》中指出:"这种新民主主义的文化是大众的,因而即是民主的。它应为全民族中百分之九十以上的工农劳苦民众服务,并逐渐成为他们的文化。"②1942 年 5 月,毛泽东在《延安文艺座谈会上的讲话》中系统论述了文艺应该"为什么人服务"和"如何去服务"的问题,提出了改造旧的文艺形式使之成为为人民服务的文艺、改造小资产阶级知识分子使之成为为人民服务的知识分子(王威,2013)。

2. 为群众利益服务的思想。

实现和维护人民群众的利益是以人民为中心的发展思想的重要体现。在革命实践中,中国共产党人曾经提出了为群众利益服务、为群众谋利益、代表群众或民众的利益、拥护工农的利益等思想。这些思想观点不仅反复出现在党的各类文件中,而且李达、董必武、张闻天、方志敏、邓中夏、毛泽东等众多中国共产党人更是反复论及(王威,2013)。

1922 年,中共二大通过的《关于"民主的联合战线"的议决案》提出:"我们共产党不是空谈主义者,不是候补的革命者,乃是时时刻刻要站起来努力工作的党,乃是时时刻刻要站起来为无产阶级利益努力工作的党。"此外,中共二大通过的《关于

---

① 《瞿秋白选集》,人民出版社 1985 年版。
② 《毛泽东选集》(第 2 卷),人民出版社 1991 年版,第 708 页。

议会行动的决案》中也强调："中国共产党为代表中国无产阶级及贫苦农民群众的利益而奋斗的先锋军。"1923年6月发表的《中国共产党第三次全国代表大会宣言》明确提出："拥护工人农民的自身利益，是我们不能一刻疏忽的。"1927年7月，中共中央发表的《中国共产党中央委员会对政局宣言》指出："中国共产党永久认为革命的利益民众的利益高于一切。"

3. 为人民服务的思想。

为人民服务是中国共产党的根本宗旨。1944年9月8日，毛泽东在中央警备团追悼张思德的会上发表著名的"为人民服务"讲演，第一次从理论上深刻阐明了为人民服务的思想。从"为人民服务"到"全心全意为人民服务"，则体现了这一思想的发展和升华（刘建军，2011）。1945年4月24日，毛泽东在党的七大上作《论联合政府》的政治报告，他明确提出"全心全意为人民服务"，并以此作为党的宗旨。他指出："我们共产党人区别于其他任何政党的又一个显著的标志，就是和最广大的人民群众取得最密切的联系。全心全意地为人民服务，一刻也不脱离群众；一切从人民的利益出发，而不是从个人或小集团的利益出发；向人民负责和向党的领导机关负责的一致性，这些就是我们的出发点。"[1]1945年5月1日，毛泽东为八路军第一二〇师第三五九旅第七一九团烈士碑题词："热爱人民，真诚地为人民服务，鞠躬尽瘁，死而后已。"[2]1945年9月20日，毛泽东在重庆谈判期间为《大公报》报馆职工题词："为人民服务。"[3]

（二）将农民问题确立为革命的核心问题

在半殖民地半封建的中国，外国帝国主义和国内封建势力压迫榨取的对象主要是农民。因此，如果没有农民从乡村中奋起斗争，封建地主阶级、军阀和帝国主义势力就不会倒塌；如果农民不起来参加并拥护国民革命，国民革命不会成功；如果没有群众尤其是没有农民的支持，就不可能完成民族独立的重大任务。从历

---

[1]　《毛泽东选集》第3卷，人民出版社1991年版。
[2]　《毛泽东年谱（1893—1949）》中，人民出版社、中央文献出版社1993年版。
[3]　《毛泽东年谱（1893—1949）》下，人民出版社、中央文献出版社1993年版。

史角度看,在第二次国内革命战争时期(1927—1937 年),中国共产党深入到人民群众中,将以城市为中心转向以农村为中心,聚焦革命的核心问题,鲜明地提出"打土豪、分田地"的革命口号,变封建半封建土地所有制为农民的土地所有制,极大地激发了人民群众尤其是农民支持革命事业的热情,开辟了中国革命的崭新道路。

1. "城市中心论"不符合中国国情。

1921 年中国共产党成立,提出党的纲领是"革命军队必须与无产阶级一起推翻资本家阶级的政权"。作为代表工人阶级的政党组织,中国共产党以马克思主义为行动指南,星火燎原般地开启了人民解放的伟大征程。中国共产党接棒先前的资产阶级民主革命,志在完成其未竟、未想之事业:民族独立、人民解放、国家富强、人民共同富裕。1921 年到 1926 年这一时期的革命工作呈现以城市为发轫中心和重心,延伸至农村的整体空间发展逻辑(刘婧娇、王笑啸,2021)。1927 年第一次国内革命战争失败以后,在关系党和革命事业前途和命运的关键时刻,中共中央政治局于当年 8 月 7 日在汉口召开紧急会议,即"八七会议"。会议确定了土地革命和武装起义的总方针。在会议之后先后发起了南昌起义、秋收起义、广州起义等近百次武装起义,但由于敌我力量悬殊,这些起义大多数失败了。这些失败证明了从外国搬来的"城市中心论"是脱离中国实际情况的。而坚持下来的起义军大多活动在位于数省边界、距离国民党统治的中心城市较远的偏僻农村地区,这为后来的农村革命根据地的建立和发展奠定了基础。毛泽东在《星星之火,可以燎原》等论著中深入阐明了中国"农村包围城市"道路的开辟思路:"目前正当革命的潮流开始走向高潮,党的主要任务是如何夺取千百万群众于自己领导之下。一切工作的路线和组织路线都要随这一政治路线转变而成群众化——适合于夺取广大群众。"(汤玉洁、张淞,2012)中国共产党从进攻大城市转为向农村进军,是中国革命发展史上具有决定意义的新起点。

2. 解决土地问题,实现民生保障。

随着革命立足点由城市转向农村,发动、依靠农民群众是壮大革命力量、最终取得胜利的重要法宝。在农村根据地进行土地改革,使农民从奴役走向解放,根本改变农民生活状态。1927年开始,中共中央密集出台有关农民的民生政策。1929年2月8日发布的《中央通告第三十七号——关于没收土地和建立苏维埃》明确提出:"没收一切地主祠庙等土地,一切土地归苏维埃公有……重新分给农民耕种……旧时田契佃约一概宣布废除……土地没收后,凡无倚靠之老弱残废孤儿寡妇而不能从事劳动者,得由苏维埃维持其生活。"[①]1931年中华工农兵苏维埃第一次全国代表大会通过的《中华苏维埃共和国土地法令》,则对土地没收、再分配及农民的划分做了详细规定。比如,根据中国农民生产关系和土地关系,按照农民的经济状态及拥有土地的多少,将其划分为富农、中农、贫农。其中,富农兼营商业的剥削及高利贷的剥削,以半封建的方式剥削中农、贫农,同时又以资本主义的方式剥削雇农,而另一方面富农又受封建势力的剥削。因此,对富农的策略成为建立农村统一战线的关键,不能是机械的联合,而是根据富农的客观表现对其采取不同的策略。

为了争取更多群众的支持,这一时期整个民生保障的覆盖面也大大扩展。原来在农村只关注农民,尤其是贫民,1930年以后扩展到了雇农、乡村手工业工人等,建立了各类组织,如雇农工会、乡村手工业工会、苦力工会、贫农团等。这一时期民生法治化进程的推进尤为醒目,民生保障内容更加全面。1931年陆续颁布《中华苏维埃共和国劳动法》《中华苏维埃共和国宪法大纲》《中华苏维埃共和国土地法令》三大法典,作为第二次国内革命战争时期农村革命根据地最完备的劳动立法、最权威的宪法、最全面的土地法,三大法典为保障人民权利织密了法律之网,奠定了法律基础(刘婧娇、王笑啸,2021)。

在土地革命时期,中国共产党为满足中国农民千百年来对土地的渴望,解决了占中国人口最大多数的农民的最基本的民生问题,从而激发了广大农民群众的革命积极性,促进了中国革命的发展,并最终取得了中国革命的胜利(刘义程、曾敏,

---

① 中央档案馆:《中共中央文件选集(1928)》(第4册),中共中央党校出版社1983年版。

2010)。

3. 重视人民群众的生产生活。

将农民问题提升至革命的核心问题,并非不重视不关心其他阶层群众。毛泽东说:"我们对于广大群众的切身利益问题,群众的生活问题,就一点也不能疏忽,一点也不能看轻。""领导农民的土地斗争,分土地给农民;提高农民的劳动热情,增加农业生产;保障工人的利益;建立合作社;发展对外贸易;解决群众的穿衣问题,吃饭问题,住房问题,柴米油盐问题,疾病卫生问题,婚姻问题。总之,一切群众的实际生活问题,都是我们应当注意的问题。假如我们对这些问题注意了,解决了,满足了群众的需要,我们就真正成了群众生活的组织者,群众就会真正围绕在我们的周围,热烈地拥护我们。"[①]要改善民生,改善群众的生活,就必须进行一切可能的和必要的经济建设,发展生产,为此,必须帮助群众解决生产过程中的各种困难。对于苏区内的工人阶级,"中国苏维埃政权以彻底改善工人阶级的生活状况为目的,制定劳动法,宣布八小时工作制,规定最低限度的工资标准,创立社会保险制度与国家的失业津贴,并宣布工人有监督生产之权"。[②]中国共产党也非常重视苏区的文化教育工作,"苏区内教育文化工作……必须编辑成年人及青年儿童的识字课本……小学校内贫农雇农及工人子弟,完全免费,富裕的中农则必须酌量征收学费。必须立即开始贫民识字运动"。[③]为了减轻苏区人民的税负,1931 年 6 月 16 日中共中央发布的《中央给苏区各级党部及红军的训令》中规定:"税收必须使富农与商人担负起来,工人与贫农雇农绝对不应纳税。"

总而言之,在土地革命时期,中国共产党对民生问题的重要性有了比较深刻的认识,并从社会实践出发,针对不同社会阶层的境况,提出了一系列相应的解决民生问题的基本观点,表明中国共产党早期曾经切实践行其根本宗旨,努力为人民群众谋利益(刘义程、曾敏,2010)。

[①] 《毛泽东选集》第 1 卷,人民出版社 1991 年版,第 136—137 页。
[②] 中央档案馆:《中共中央文件选集(1936—1938)》(第 10 册),中共中央党校出版社 1985 年版。
[③] 中央档案馆:《中共中央文件选集》(第 7 册),中共中央党校出版社 1983 年版,第 270 页。

（三）建立广泛的中国革命统一战线

建立广泛的中国革命统一战线是一切依靠人民、一切为了人民的重要体现。在正确理论的指导下，中国共产党人有意识地从统一战线指导思想的顶层设计与各个层级的具体制度机制、战略策略层面入手，使统一战线的发展进入快车道。具体而言，在这一历史阶段中，中国共产党领导下的统一战线主要经历了四个阶段（叶子鹏、黄甄铭，2021）。

1. 国民革命联合战线阶段（1921 年 7 月—1927 年 7 月）。

国民革命联合战线的本质是民主革命联盟，主要由工人阶级、农民阶级、城市小资产阶级和民族资产阶级组成，以国共合作为主要形式推动反帝反封建斗争（叶子鹏、黄甄铭，2021）。1921—1923 年，中国共产党通过发布《关于"民主的联合战线"的议决案》《关于国民运动及国民党问题的决议案》等来推动国共合作。1924 年国民党召开的第一次代表大会提出"联俄、联共、扶助农工"的三大政策，改组了国民党，重新释义了"三民主义"，标志着第一次国共合作达成（周兴梁，1990）。1926年 6 月 4 日，国民党第二届中央执行委员会举行临时全体会议，正式通过了出师北伐的决议。国共第一次合作取得北伐胜利，实现了基本推翻北洋军阀反动统治的历史成就。北伐胜利是国民革命联合战线发展的高峰，为中国共产党统一战线宝库提供了奇瑰异宝。但最终，国民党右派的叛变使得统一战线分裂。

2. 工农民主联合战线阶段（1927 年 7 月—1935 年 12 月）。

工农民主联合战斗是由中国共产党领导的工人农民、革命知识分子和其他小资产阶级组成的联盟，其高举反封建压迫、反国民党统治的革命旗帜，开辟农村革命根据地，进行土地革命，打退国民党反动派的几次围剿（叶子鹏、黄甄铭，2021）。这一时期党内出现了 1927 年、1930 年与 1931—1934 年的三次"左"倾机会主义的错误，一度采取了"一切斗争，否认联合"的错误政策（毛泽东，1952）。毛泽东、周恩来从中国阶级状况的实际出发，提出苏维埃期间仍然应该发展统一战线。在 1934年 1 月毛泽东在作《关心群众生活，注意工作方法》报告时，再次论述了群众的重要性和方法论，指出"只有动员群众才能进行战争，只有依靠群众才能进行战争"。这充分体现了"人民至上"思想在革命战争中的重要作用。

3. 抗日民族统一战线阶段(1935 年 12 月—1945 年 8 月)。

抗日民族统一战线既包括工人阶级、农民阶级、小资产阶级、民族资产阶级,还包括一部分愿意抗日的大资产阶级和地主阶级,其中还有广大的爱国华侨,采取的形式是以第二次国共合作反抗日本帝国主义侵略(叶子鹏、黄甄铭,2021)。在 1935 年发表的《八一宣言》中,中国共产党提出"建立抗日部队、成立抗日联军"的口号(中共湖北省统战部,1984)。1936 年 12 月"西安事变"的和平解决标志着抗日民族统一战线的初步形成(叶子鹏、黄甄铭,2021)。

这一阶段,中国共产党对"人民至上"思想进行了进一步探索,特别是在回顾历史的基础上,详细界定了中国未来的政治道路。1940 年,毛泽东发表的《新民主主义论》正确回答了"中国向何处去"的时代问题(黄日,2021),对一切权力属于人民的政治制度做了细致的构思,描绘了新民主主义的理想政治制度:"这种制度即是民主集中制。只有民主集中制的政府,才能充分地发挥一切革命人民的意志,也才能最有力量地去反对革命的敌人。'非少数人所得而私'的精神,必须表现在政府和军队的组成中,如果没有真正的民主制度,就不能达到这个目的,就叫作政体和国体不相适应。"[1]

群众路线是党坚持"人民至上"思想的重要体现。抗日战争时期则是群众路线走向成熟的阶段。1938 年 5 月,毛泽东在《论持久战》中阐述了抗战与群众的关系,认为抗日战争要胜利就必须坚持统一战线和持久抗战,然而这一切都离不开人民群众。从 1941 年 5 月起,延安整风运动掀起了反对主观主义、教条主义的斗争。1943 年 6 月,毛泽东在《关于领导方法的若干问题》中,对群众路线方法进行了更为形象的论述,指出党的一切实际工作必须"从群众中来,到群众中去"。1945 年 4 月,毛泽东在《论联合政府》和中共七大报告中总结和概括了群众路线问题,指出共产党与其他政党不同的一个显著标志就是"和最广大的人民群众取得最密切的联

---

[1] 《毛泽东选集》第 2 卷,人民出版社 1991 年版,第 677 页。

系"。同年5月，刘少奇在《关于修改党章的报告》中详细说明了群众路线，明确指出群众路线是中国共产党的根本政治路线，也是根本组织路线，进一步明确了党的一切组织和工作都必须坚持群众路线。同年6月，中共七大通过的党章虽然没有正式使用"群众路线"概念，但对群众路线有关内容做出重要论述，指出中国共产党人必须与"工人群众、农民群众及其他革命人民建立广泛的联系"，使群众路线的要求更加明晰(杨晓琴，2018)。

4. 人民民主统一战线阶段(1945年8月—1949年10月)。

人民民主统一战线由包括工人、农民、城市小资产阶级、民族资产阶级、开明绅士、其他爱国分子、少数民族和海外华侨在内的广泛联盟组成，其在中国共产党的领导下与人民武装斗争密切配合、互相促进，是新民主主义革命取得胜利的重要法宝(叶子鹏、黄甄铭，2021)。1945年4月通过的《关于若干历史问题的决议》阐述了人民群众的至关重要性，高度评价了毛泽东运用马克思列宁主义充分发挥人民的积极性、自主性、创造性以解决中国革命问题的贡献，使全党对群众路线的认识达到一致(李东朗，2015)。在这一阶段，党基于"人民至上"的思想，立足国情，领导人民在夺取革命胜利过程中，勾勒全国胜利后中国共产党在政治、经济、外交方面应当采取的基本政策。1949年3月，毛泽东在中共七届二中全会的报告中指出"从现在起，开始了由城市到乡村并由城市领导乡村的时期。党的工作重心由乡村移到了城市"，"城乡必须兼顾，必须使城市工作和乡村工作，使工人和农民，使工业和农业，紧密地联系起来。决不可以丢掉乡村，仅顾城市"；提出"我们必须全心全意地依靠工人阶级，团结其他劳动群众，争取知识分子，争取尽可能多的能够同我们合作的民族资产阶级分子及其代表人物站在我们方面，或者使他们保持中立，以便向帝国主义者、国民党、官僚资产阶级作坚决的斗争，一步一步地去战胜这些敌人"[①]；并论述了建设新中国的一系列经济构成和经济政策：中国存在五种经济成分，要保护好民族工商业，要发展生产、发展市场、保障供应、改善人民生活。

[①]　《毛泽东选集》第4卷，人民出版社1991年版，第1427—1428页。

这些论述充分表明了党紧紧地以人民为中心，开始着手新中国建设事业、恢复发展生产的思想。

综上所述，党从诞生之日起就将以人民为中心作为自己的使命和初心，在新民主主义革命时期对"人民至上"的思想进行了较为深入的探索，积累了珍贵的经验。具体表现为：党在总结概括新民主主义时期矛盾的基础上，坚持"人民至上"，提出了一系列争取民族独立和人民解放的重要思想和理论观点，在武装斗争中提出了将群众路线作为党的根本工作路线，将土地改革、广泛的中国革命统一战线作为联系党和人民最重要的措施。这一时期对"以人民为中心"的探索深刻影响了以后的各个发展时期。

二、 进行社会主义革命和推进社会主义建设（1949 年 10 月—1978 年 12 月）

从新中国成立到改革开放之前是完成社会主义革命和推进社会主义建设时期。这一时期是以人民为中心的发展思想的探索期，以毛泽东同志为代表的中国共产党人，通过社会主义基本制度的建立、党的一系列方针路线政策的制定与推进，以及"大跃进"后对正反两方面经验教训的总结和反思，形成了社会主义革命和建设时期对以人民为中心发展思想的初步探索。

（一）围绕人民当家作主奠定社会主义制度基础

进入社会主义革命和建设时期，中国共产党面临继续巩固政权、逐步实现社会主义工业化及持续发扬人民民主等历史任务，全面确立中国社会主义基本制度、全面建设社会主义成为这一阶段中国共产党的制度建设的主要目标。

1. 确立中国社会主义政治制度。

选择什么样的国家制度，反映着中国共产党对马克思主义基本原理的把握程度和对中国具体国情的认识程度。以毛泽东同志为主要代表的中国共产党人根据中国实际情况，创造性地运用马克思列宁主义关于无产阶级专政的基本原理，创造性地将民主集中制与群众路线相结合（杨春风，2011）。毛泽东指出，"民主集中制的方法是一个群众路线的方法。先民主，后集中，从群众中来，到群众中去，领导同群众相结合"①,并提出了人民民主专政这一无产阶级专政的中国化具体形式。人民民主专政的国家制度必须通过一定的政治制度形式来具体展开,这就要求建立与社会主义方向相一致、与人民民主专政相符合的根本政治制度和基本政治制度(杨春风,2011)。

人民当家作主是民主集中制的本质。围绕人民当家作主,具体的政治制度表现如下:第一,确立人民代表大会制度。人民代表大会制度,既根本区别于西方的议会制度,也不同于苏联的苏维埃制度,是符合中国国情的独特的政治制度,满足了人民群众的民主诉求,确保人民当家作主,将国家引领上正确的发展轨道,事实证明这是最符合中国国情和人民愿望的民主制度(李学举,2008)。第二,形成中国共产党领导的多党合作和政治协商制度。这一制度彰显了中国社会主义政治制度的独特优势和鲜明特色。新就新在它是马克思主义政党理论同中国实际相结合的产物,能够真实、广泛、持久代表和实现最广大人民根本利益、全国各族各界根本利益,有效避免了旧式政党制度代表少数人、少数利益集团的弊端。新就新在它把各个政党和无党派人士紧密团结起来、为着共同目标而奋斗,有效避免了一党缺乏监督或者多党轮流坐庄、恶性竞争的弊端。新就新在它通过制度化、程序化、规范化的安排集中各种意见和建议、推动决策科学化民主化,有效避免了旧式政党制度囿于党派利益、阶级利益、区域和集团利益决策施政导致社会撕裂的弊端(张庆黎,2019)。第三,民族区域自治制度是在创造性地解决民族关系问题的过程中形成的一项基本政治制度。第四,这一阶段在充分发扬基层民主、保障广大群众的当家作主的权利方面,进行了艰辛而曲折的探索,为日后建立群众自治和基层民主制度奠定了重要基础(杨春风,2011)。

2. 探索中国社会主义基本经济制度。

关于中华人民共和国成立初期的基本经济状况,毛泽东概括道:"我们一为'穷'二为'白'。'穷',就是没有多少工业,农业也不发达。'白',就是一张白纸,文化水平、科学水平都不高。"②

---

① 《毛泽东著作选读》下册,人民出版社 1986 年版,第 816 页。
② 《毛泽东文集》第 7 卷,人民出版社 1999 年版,第 43—44 页。

经济制度本质是规范人与人之间的经济关系。建立社会主义公有制经济是推动国民经济恢复,处理人与人之间经济关系的重要举措。在农村,国家依据1950年正式颁布的《中华人民共和国土地改革法》,有计划有组织地开展土地改革,没收封建地主阶级的土地并将其分给广大农民,实现农村土地制度从封建土地所有制向农民土地所有制的转变。在城市,没收官僚资本归国家所有,保护民族资本,在短期内建立起以国营经济为主体、民族资本主义工商业为重要组成的国民经济体系,使国家掌握经济命脉,为向社会主义社会过渡奠定了基础(郑有贵,2000)。1953年过渡时期总路线确立后,"三大改造"很快在全国范围内有序展开。到1956年底,基本完成了社会主义"三大改造",社会主义公有制经济基础初步确立。

毛泽东在1956年召开的中共八大上,指明了"人民对于经济文化迅速发展的需要同当前经济文化不能满足人民需要的状况之间的矛盾"是中国社会主义改造基本完成后的国内主要矛盾,是先进的社会主义制度同落后的社会生产之间的矛盾,并明确提出只有实行大规模的经济建设,才能发展社会生产力,实现国家工业化,逐步满足人民日益增长的物质和文化需要。在中共八大报告中,周恩来深刻阐明了建立完整工业体系的必要性:"我国目前的情况虽然同苏联建国初期在经济上处于孤立无援的情况有很大不同,苏联和各人民民主国家的存在和发展,是我国社会主义建设极有利的条件,但是像我们这样一个人口众多、资源较富、需要很大的国家,仍然有必要建立自己完整的工业体系。"[1](陆仁权,2009)

经过实施几个五年计划,中国建立起独立的比较完整的工业体系和国民经济体系。这为中国经济长期健康发展打下良好基础,为在新的历史时期开创中国特色社会主义提供了宝贵经验、理论准备、物质基础。[2]

(二)社会主义建设在探索中曲折前进

社会主义制度建立后,经济建设和科学文化建设逐渐成为党和人民关注的重点和工作的重心。在进入社会主义建设的新阶段,党和政府对什么是社会主义、怎

---

[1] 《周恩来选集》(下卷),人民出版社1984年版,第225—226页。
[2] 十九届六中全会《中共中央关于党的百年奋斗重大成就和历史经验的决议》。

样建设社会主义等基本问题一开始还缺乏清晰的认识,对如何在社会主义制度下坚持"人民至上"的探索也才刚刚开始(张忠华,2018)。

1. 群众路线思想的进一步发展。

中国共产党历来重视人民群众的伟大地位和历史作用,为人民谋幸福是中国共产党矢志不渝的初心和使命。进入社会主义建设时期,以毛泽东同志为主要代表的中国共产党人坚持人民群众"重于泰山"的立场,并教育全党坚持全心全意为人民服务的宗旨。

为了践行党的根本宗旨,中国共产党人提出了做好群众思想工作、密切联系群众、全心全意为人民服务等一系列观点,形成了系统的党的群众路线思想,提出要靠走群众路线解决社会主要矛盾的工作方法。"所谓正确处理人民内部矛盾问题,就是我党从来经常说的走群众路线的问题。共产党员要善于同群众商量办事,任何时候也不要离开群众。"①毛泽东对于党内滋生的漠视、脱离群众的现象进行了深刻批判,警醒党内同志,不走群众路线就会亡党亡国。1958年毛泽东在《工作方法六十条(草案)》中指出:"人们的工作有所不同,职务有所不同,但是任何人不论官有多大,在人民中间都要以一个普通劳动者的姿态出现。决不许可摆架子。"②毛泽东认为,主观主义、官僚主义的实质就是脱离群众,就是丢弃了群众是真正英雄的历史唯物主义观点,违背了党全心全意为人民服务的根本宗旨。

2. 充分调动人的积极性。

1956年毛泽东《论十大关系》的讲话,是党的发展思想形成的重要逻辑起点,标志着中国共产党对社会主义建设道路的探索形成了初步思路。

《论十大关系》主题鲜明,就是要"把国内外一切积极因素调动起来,为社会主义事业服务"③。《论十大关系》着重分析了新中国成立初期存在于中国经济社会发展中的十大矛盾,解决这十大矛盾问题需要调动一切积极因素,达到建设一个伟大

---

① 《建国以来毛泽东文稿》第6册,中央文献出版社1992年版,第547页。
② 《毛泽东文集》第7卷,人民出版社1999年版,第354—355页。
③ 同上书,第23页。

社会主义国家的目的,更好地满足人民的需要,提高人民生活水平。所以,《论十大关系》论述的是经济社会发展中的关系问题,但并不是见物不见人,恰恰相反,在揭示十大关系的本质时处处强调了这些问题背后的人的因素。例如,在论及重工业、农业和轻工业三者之间的关系时,毛泽东指出,"要适当地调整重工业和农业、轻工业的投资比例,更多地发展农业、轻工业",这样就可以"更好地供给人民生活的需要"①。又如,在论及国家、生产单位和生产者个人三者的关系时,毛泽东"提倡关心群众生活,反对不关心群众痛痒的官僚主义"②,并把妥善处理这三者关系上升到了"这是一个关系到六亿人民的大问题"③的高度。

调动一切积极因素建设社会主义,其中调动人的积极性是基本前提,只有人的积极性被充分调动起来,才能实现最广大人民群众的全面发展。因此,《论十大关系》蕴含的人民情怀,奠定了社会主义建设时期中国共产党坚持"人民至上"发展思想的重要基点,坚持发展为了人民,发展依靠人民,发展成果由人民共享。

3. 人民利益是社会发展评价的最高标准。

作为坚定的马克思主义者,以毛泽东同志为主要代表的中国共产党人,坚持人民创造历史,人民利益是社会发展评价的最高标准。

新中国成立后,中国共产党始终把"民心向背"作为执政的晴雨表,根据社会主要矛盾的变化和人民利益的实现情况出台、调整党的方针政策。毛泽东曾提出要用生产力标准和群众是否满意作为社会发展进步的两条标准。早在 1945 年 4 月 24 日,毛泽东在中共七大作《论联合政府》报告中就已指出:"中国一切政党的政策及其实践在中国人民中所表现的作用的好坏、大小,归根到底,看它对于中国人民的生产力的发展是否有帮助及帮助之大小,看它是束缚生产力的,还是解放生产力的。""共产党人的一切言论行动,必须以合乎最广大人民群众的最大利益,为最广大人民群众所拥护为最高标准。"1950 年在中共七届三中全会上,毛泽

---

① 《毛泽东文集》第 7 卷,人民出版社 1999 年版,第 24—25 页。
② 同上书,第 28 页。
③ 同上书,第 30—31 页。

东提出了"不要四面出击"的战略方针,这是在国民经济恢复时期,中国共产党为实现国家财政经济状况基本好转而在政治方面采取的战略策略。正因坚持"人民至上",中国共产党领导全国人民顺利完成了民主革命遗留的历史任务,而且创造性地进行了社会主义改造,建立了社会主义基本制度(周锟、吕臻,2020)。总体而言,新中国成立后,中国共产党坚持生产力标准和人民满意标准,推动社会主义建设事业不断取得进步。但"大跃进"运动、人民公社化运动等,一度把社会生产关系的"一大二公三纯"和人们思想文化上的"又红又专"当作了中国社会发展的评价标准,结果"使党、国家、人民遭到新中国成立以来最严重的挫折和损失,教训极其惨痛"。[1]

在社会主义革命和建设时期,中国共产党吸收新民主主义革命时期发展思想的有益经验,在坚持马克思列宁主义基本原理的基础上,基于新中国对外面临军事封锁和经济封闭、对内面临一穷二白"烂摊子"的基本国情,继续坚持"人民至上"思想,探索建立中国社会主义发展的制度基础。党在对社会主要矛盾作出准确表述的基础上,围绕以人民为中心,提出了一系列推动经济社会发展的重要思想和理论观点,并将其落实在社会主义发展的政治、经济制度层面,"实现了中华民族有史以来最为广泛而深刻的社会变革,实现了一穷二白、人口众多的东方大国大步迈进社会主义社会的伟大飞跃"。探索过程中经历的严重曲折,也使党明白必须始终坚持"人民至上","党的根基在人民、血脉在人民、力量在人民,人民是党执政兴国的最大底气"。[2]这一阶段的发展探索,为新时代以人民为中心的发展思想的正式形成,提供了宝贵的经验。

三、 推进改革开放和社会主义现代化建设(1978 年 12 月—2012 年 11 月)

从中共十一届三中全会召开到中共十八大之前是"人民至上"思想的深化期。"文化大革命"结束之后,如何推动社会主义发展和实现现代化是迫切需要

---

①②　十九届六中全会《中共中央关于党的百年奋斗重大成就和历史经验的决议》。

探索的时代课题。在这一阶段,中国共产党将马克思主义基本原理同中国具体实际相结合,不断深化经济体制改革,走有中国特色的社会主义经济发展之路,在改革开放的伟大实践中形成了邓小平理论、"三个代表"重要思想和科学发展观(白永秀、王颂吉,2021),不断丰富和发展马克思主义唯物史观的"人民至上"思想。

(一)坚持以经济建设为中心

十一届三中全会以后,以邓小平同志为主要代表的中国共产党人,坚持马列主义、毛泽东思想,在认真总结中国社会主义建设正反两方面历史经验的基础上,制定了"一个中心、两个基本点"的基本路线(谢子民,1988),大力发展社会生产力,不断满足人民日益增长的物资文化需要,使中国大踏步赶上了时代。

1. 强调生产力是社会发展的最终决定力量。

以改革促发展,既是新时期中国社会发展的客观需要,也是这个时期实现人的发展的必然要求。改革开放的开启,是中国共产党坚持"人民至上"作出的重大抉择;改革开放的成功,也是中国共产党坚持"人民至上"取得的伟大成就。

新中国成立后,在相当长的时期内,我们一度把社会主义理解为纯粹公有制的社会,因此偏重于生产关系的变革,误认为社会主义所有制"越大越公越纯"越好,甚至搞"穷过渡"。这脱离了中国多层次、不平衡生产力发展现状,其结果不仅不利于人民生产生活水平提升,反而破坏了人民的生产生活。在生产力与生产关系的辩证关系中,生产关系会对生产力发展起作用,但任何时候都不能忘记,生产力才是社会发展的最终决定力量。十一届三中全会作出了把党和国家工作中心转移到社会主义现代化建设上来、实行改革开放的历史性决策,破除了离开生产力抽象谈论社会主义的历史唯心主义观念,体了社会主义社会的根本任务是解放和发展生产力、集中力量进行现代化国家建设的历史唯物主义观点。把发展生产力作为解决社会主要矛盾的根本途径,把发展生产力作为党和国家全部工作的中心,把人民生活水平提高作为考虑一切问题的出发点和检验一切工作的根本标准。中共十三大报告指出:"是否有利于发展生产力,应当成为我们考虑一切问题的出发点和检验一切工作的根本标准。""一切有利于生产力发展的东西,都是符合人民根本利益的,因而是社会主义所要求的,或者是社会主义所允许的。一切不利于生产力发展的东西,都是违反科学社会主义的,是社会主义所不允许的。"

解放和发展生产力的出发点和落脚点都是为了实现党的宗旨,提高人民生活水平。生产力标准的提出澄清了一些模糊认识,如开放生产资料市场、金融市场、技术市场和劳务市场,发行债券,实行股份制、租赁制等是姓"资"还是姓"社"的问题,认识到它们是伴随社会化大生产和商品经济的发展而必然出现的产物,是不带阶级性质的中性手段,我们可以并且应当利用它们为自己服务。

2. 确立"三个有利于"标准。

关于衡量改革的标准,邓小平主要提过三次。第一次是1983年1月12日在同国家计委、国家经委和农业部门负责人谈话的时候,他说:"总之,各项工作都要有助于建设有中国特色的社会主义,都要以是否有助于人民的富裕幸福,是否有助于国家的兴旺发达,作为衡量做得对或不对的标准。"①这是"三个有利于"标准的初步表述。第二次是1987年6月,邓小平在会见南斯拉夫共产主义者联盟中央主席团委员科罗舍茨时说:"我们的改革要达到一个什么目的呢? 总的目的是要有利于巩固社会主义制度,有利于巩固党的领导,有利于在党的领导和社会主义制度下发展生产力。"②这是从改革的目标谈"三个有利于"标准。第三次就是1992年邓小平在南方谈话中说的,判断中国改革开放得失的标准是"应该主要看是否有利于发展社会主义社会的生产力,是否有利于增强社会主义国家的综合国力,是否有利于提高人民的生活水平"。③这就是著名的"三个有利于"标准。这一表述后来写入中共十四大报告和党章之中,成为全党的指导思想。从邓小平的三次表述可以看出,不同时期的工作重点是不同的,但是这三次提法的精神实质是一致的,都强调维护中国发展的社会主义方向,都强调发展生产力,都把根本目的归结到提高人民的生活水

① 《邓小平文选》第3卷,人民出版社1993年版,第23页。
② 同上书,第24页。
③ 同上书,第372页。

平上来(田改伟,2014)。

中共十三届四中全会以后,以江泽民同志为主要代表的中国共产党人,开创全面改革开放新局面,形成了"三个代表"重要思想,强调我们党必须始终代表中国先进生产力的发展要求,代表中国先进文化的前进方向,代表中国最广大人民的根本利益。[①]"三个代表"重要思想彰显了中国共产党的立党之本、执政之基与力量之源。

中共十六大以后,以胡锦涛同志为主要代表的中国共产党人,成功地在新形势下坚持和发展了中国特色社会主义,形成了科学发展观,要求实现以人为本、全面协调可持续的发展。科学发展观,第一要义是发展,核心是以人为本,基本要求是全面协调可持续,根本方法是统筹兼顾。[②]

中国社会主义制度最终要赢得相对于西方发达国家的优势,让人们相信在这种制度下能实现中华民族的伟大复兴,应立足于广大人民对社会主义道路的信心,而信心来源于改革发展的获得感与成就感。因此,无论何时,都要把提高人民生活水平作为改革的主要日的之一。这既是党的宗旨所决定的,也是中国的发展状况所决定的。在指导中国改革开放的过程中,中国共产党一再强调要坚持公有制的主体地位和共同富裕两条根本原则[③],让改革发展的成果更多更公平地惠及全体人民。

(二)不断深化所有制改革[④]

所有制是社会经济关系的核心,是生产关系和社会制度的基础,是区分不同性质社会的根本标志。十一届三中全会之后,中国共产党不断深化对马克思主义所有制理论的认识,提出了一系列新的观点,进行了所有制的改革创新和发展(见表2.1)。

---

① 江泽民:《全面建设小康社会,开创中国特色社会主义事业新局面——在中国共产党第十六次全国代表大会上的报告》,2002 年 11 月 8 日。

② 胡锦涛:《高举中国特色社会主义伟大旗帜,为夺取全面建设小康社会新胜利而奋斗——在中国共产党第十七次全国代表大会上的报告》,2007 年 10 月 15 日。

③ 《邓小平文选》第 3 卷,人民出版社 1993 年版,第 142 页。

④ 本部分主要参考董瑞华、唐珏岚(2013)。

表 2.1 所有制改革的不断深化

关键时刻	重要会议	所有制改革的新要求
1978 年	十一届三中全会	确认社员自留地,家庭副业和集市贸易是社会主义经济的必要补充
1982 年	十二大	(1) 确认个体经济是公有制经济的补充; (2) 肯定农村中多种形式的生产责任制; (3) 国有企业也要改革,实行经营管理上的责任制
1984 年	十二届三中全会	(1) 所有权和经营权可以适当分开,国家企业并非必须国家直接经营; (2) 要使国有企业成为自主经营、自负盈亏的社会主义商品生产者和经营者
1987 年	十三大	(1) 国有企业的经营权要真正交给企业,承包租赁等形式的经营责任制要不断完善; (2) 小型国有企业的产权可以有偿转让给集体和个人; (3) 私营企业是公有制经济必要的和有益的补充
1992 年	十四大	(1) 以公有制为主体,个体经济、私营经济、外资经济为补充,多种经济成分长期共同发展; (2) 股份制要积极试点
1993 年	十四届三中全会	国有大中型企业以建立现代企业制度为目标
1997 年	十五大	(1) 公有制为主体,多种所有制共同发展,是我国社会主义初级阶段的一项基本经济制度; (2) 非公有制经济是我国社会主义市场经济的重要组成部分
1999 年	十五届四中全会	(1) 战略上调整国有经济布局,有进有退,有所为有所不为; (2) "抓大放小"推进国有企业战略性改组
2002 年	十六大	(1) "必须毫不动摇地鼓励、支持和引导非公有制经济发展","不能把两者对立起来"; (2) 要发展混合所有制经济
2003 年	十六届三中全会	(1) 建立现代产权制度; (2) 大力发展混合所有制经济,使股份制成为公有制的主要形式; (3) 允许非公有资本进入法律、法规未禁入的基础设施、公用事业及其他行业和领域; (4) 非公有制企业在投融资、税收、土地使用和对外贸易等方面,与其他企业享有同等待遇
2007 年	十七大	坚持平等保护物权,形成各种所有制经济平等竞争、相互促进新格局

注:根据中共各次重要会议文件整理而得。

1. 优化所有制结构。

中共十五大明确回答了改革开放以来人们在所有制改革方面长期争论的问题：公有制为主体，多种所有制共同发展，是中国社会主义初级阶段的一项基本经济制度；非公有制经济是中国社会主义市场经济的重要组成部分。十六大报告提出，"必须毫不动摇地鼓励、支持和引导非公有制经济发展"，"不能把两者对立起来"，并提出要发展混合所有制经济。十七大报告进一步明确提出，要"坚持平等保护物权，形成各种所有制经济平等竞争、相互促进新格局"。平等保护物权的提出，特别要求像保护国家、集体的物权那样平等保护私人物权，这有助于完善中国的社会主义市场经济体制，有助于完善现代产权制度和现代企业制度。而"形成各种所有制经济平等竞争、相互促进新格局"，就是要让各种所有制经济各自发挥优势，平等竞争，相互促进。改革开放40多年来的经验表明，在一般竞争性领域，个体私营经济有其灵活适应市场的优势；而对投资大、建设周期长、规模效益明显、社会效益突出的重要行业和关键领域，国有经济具有明显的优势。我们应该创造良好的环境，使各种所有制经济能发挥优势、共同发展。这是指导中国优化所有制结构的重要方针，这不仅指出了深化改革的方向和途径，而且继承和坚持了马克思主义所有制形式理论，是马克思主义所有制理论在当代的实践与发展，具有十分重要的现实意义和深远的理论意义。

2. 探索公有制的多种实现形式。

马克思主义的基本原理告诉我们，在所有制性质和基本制度不变的情况下，所有制的具体形式应该根据经济发展的主客观条件和经济活动的组织形式的变化而变化。因此，在社会主义社会中，应该坚持公有制为主体，多种所有制经济共同发展，但是公有制的具体形式不可能不发生变化。在社会主义发展的不同阶段，随着生产力水平的提高，经济体制的不断完善，公有制的具体形式必然会发生变化。

因此，我们在社会主义经济建设中，在进行经济体制改革时，不仅要深入研究和把握公有制的一般经济特征，还应该努力把握和研究公有制的具体特征和具体形式，更应该从中国社会主义初级阶段的国情出发，深入研究、比较和探索公有制的多种多样的具体形式,从中找出能够极大地促进生产力发展的公有制的实现形式。

十五大报告清楚地区分了公有制和公有制实现形式,指出公有制实现形式可以而且应当多样化,一切反映社会化生产规律的经营方式和组织形式都可以大胆利用,要努力寻找能够极大促进生产力发展的公有制实现形式。股份制是现代企业的一种资本组织形式,属于中性的,不能笼统地讲是公有还是私有,关键看控股权掌握在谁的手里。如果国家或集体控股,则具有明显的公有性,有利于扩大公有资本的支配范围,增强公有制的主体作用。这些论断不仅破除了把股份制等同于资本主义私有制的陈旧观念,解除了股份制姓"公"还是姓"私"的疑虑,而且在股份制和公有制之间搭起了桥梁。只要国家或集体控股,股份制就可以成为公有制的一种重要实现形式,并且可以扩大公有制的作用和影响。同时,十五大报告明确指出股份合作制是改革中的新事物,其中以劳动者的劳动联合和劳动者的资本联合为主,是集体经济的实现形式。这些所有制方面的变化,只是公有制实现形式的变化,不是公有制性质的变化,更不是搞私有化。十五大报告中有关所有制实现形式的阐述,不仅是对马克思主义所有制形式理论的正本清源,而且进一步丰富和发展了马克思主义所有制形式理论,这对于正确认识公有制及其实现形式而言是一次新的思想解放,并将有利于深化国有企业改革,促进生产力发展。

十六大报告进一步明确提出中国经济体制改革的目标任务是完善社会主义市场经济体制,其中的一项具体要求就是"积极推行股份制,发展混合所有制经济"。十六届三中全会审议通过了《中共中央关于完善社会主义市场经济体制若干问题的决定》,强调混合所有制经济具有"适应经济市场化不断发展的趋势"和"进一步增强公有制经济活力"的功能,从而需要大力发展国有资本、集体资本和非公有资本等参股的混合所有制经济,并使之"成为公有制的主要实现形式"。这一提法具有重大的理论意义和现实意义:首先,大力发展混合所有制经济,不仅符合生产力发展的要求,而且符合生产关系相应变化的要求。这是基于中国现阶段生产资料所有制结构的特点,搞活国有经济、巩固和发展公有制经济、促进生产力发展的需要。其次,混合所有制经济的发展,不仅符合社会主义最终达到共同富裕目标的要求,而且符合马克思主义主张的在生产资料公有基础上重建个人所有制的要求。在社会主义条件下,如何实现在生产资料共同占有的基础上,重新建立个人所有制,是一个急需破解的理论难题。社会主义公有制,必须是有人真正负责、能够保值增值的所有制,必须是劳动者个人有一定支配权的所有制。混合所有制经济的发展,为这一目标的实现提供了可能。最后,混合所有制经济是公有制的主要实现形式。混合所有制经济从本质上说是一种股份制经济或者说是一种以股份制为基础的经济。股份制是与所有制处于不同层面上的经济范畴,它是所有制在资本组织层面上的具体实现形式。股份制企业的性质取决于它是在什么所有制基础上组织起来的:在资本主义私有制基础上组建的,具有资本主义性质;在公有制基础上组建的,具有社会主义性质;在混合所有制基础上组建的,视控股权掌握在谁的手里而具有不同的性质,由国有资本和集体资本控股的就"具有明显的公有性",但也不是完全意义上的"公有制",由外国资本和私人资本控股的就具有明显的私有性,但也不是完全意义上的私有制(周鸣馨,2004)。我们力争的是要"使股份制成为公有制的主要实现形式",这也是中央文件的主要精神所在。

所有制理论是马克思主义经济理论的一个核心问题。无产阶级夺取政权后,如何结合本国国情解决所有制问题,是一个关系到社会主义制度建立、发展的关键问题。十一届三中全会以来,中国共产党将马克思的所有制理论与中国国情有机结合,不断地解放思想,在深化、突破中坚持和发展马克思的所有制理论。实践证明,我们对马克思所有制理论的不断完善是适应生产力发展要求的,是为了更好满足人民日益增长的物质文化需要,彰显了"人民至上"思想。

（三）建立和完善社会主义市场经济体制①

经济体制改革是全面深化改革的重点。高度集中的计划经济体制曾在中国社

---

① 本部分主要参考董瑞华、唐珏岚(2013)。

会主义建设初期发挥了巨大作用,但它毕竟是特定历史阶段的产物。随着生产力的发展,传统的计划经济体制的弊端越来越明显,甚至阻碍了生产力发展。"文革"结束后,如何解放生产力、发展生产力,成为中国共产党人必须面对和迫切需要解决的问题。1984年10月1日,邓小平在中华人民共和国成立三十五周年庆祝典礼上的讲话中指出:"当前的主要任务,是要对妨碍我们前进的现行经济体制,进行有系统的改革。"

关于在经济体制上究竟是采取计划经济体制还是市场经济体制,这一问题从提出到解决经历了十多年的时间(见表2.2)。直到1992年初邓小平发表南方谈话,才结束了姓"资"姓"社"的争论,从理论上破解了把计划看作社会主义基本制度范畴的思想束缚,为中国社会主义市场经济体制的建立创造了理论基础。1992年6月,江泽民在中央党校的讲话中明确提出了建立社会主义市场经济体制。1992年10月,党的十四大提出,新的革命不是要改变我们社会主义制度的性质,而是社会主义制度的自我完善和发展。它也不是原有经济体制的细枝末节的修补,而是经济体制的根本性变革。原有经济体制有它的历史由来,起过重要的积极作用,但是随着条件的变化,越来越不适应现代化建设的要求。十四大报告明确宣布,中国经济体制改革的目标是建立社会主义市场经济体制。

表2.2　中国对马克思主义经济体制理论的创新过程

时　　间	重要会议或场合	经济体制的改革创新
1978年12月	邓小平在中央工作会议闭幕会上的讲话	自主权与国家计划矛盾,主要从价值法则、供求关系(产品质量)来调节
1978年12月	十一届三中全会	(1) 我国经济管理体制的严重缺点是权力过于集中,应该有领导地大胆下放权力,让企业在国家统一计划的指导下有更多的经营管理自主权; (2) 在经济运行机制方面,应当坚持按经济规律办事,重视价值规律的作用
1979年11月	邓小平会见外宾	(1) 社会主义也可以搞市场经济; (2) 说市场经济只存在于资本主义社会,只有资本主义的市场经济,这肯定是不正确的。社会主义为什么不可以搞市场经济,这个不能说是资本主义

续表

时　　间	重要会议或场合	经济体制的改革创新
1980 年 1 月	邓小平《目前的形势和任务》一文	(1) 计划调节和市场调节相结合是合乎中国实际的; (2) 我们在发展经济方面,正在寻求一条合乎中国实际的,能够快一点、省一点的道路,其中包括扩大企业自主权和民主管理,发展专业化和协作,计划调节和市场调节相结合
1981 年 6 月	十一届六中全会	必须在公有制基础上,实行计划经济,同时发挥市场调节的辅助作用
1982 年 9 月	十二大	(1) 我国在公有制基础上实行计划经济。有计划的生产和流通,是我国国民经济的主体。同时,允许对部分产品的生产和流通不作计划,由市场来调节; (2) 正确贯彻计划经济为主,市场调节为辅的经济运行原则,是经济体制改革中的一个根本性问题
1984 年 10 月	十二届三中全会	改革计划体制,首先要突破把计划经济和商品经济对立起来的传统观念,明确认识社会主义计划经济必须自觉依据和利用价值规律,是在公有制基础上的有计划的商品经济
1985 年 10 月	邓小平会见外宾	社会主义和市场经济之间不存在根本矛盾。问题是用什么方法才能更有力地发展社会生产力。我们过去一直搞计划经济,但多年的实践证明,在某种意义上说,只搞计划经济会束缚生产力的发展。把计划经济和市场经济结合起来,就更能解放生产力,加速经济发展
1987 年 2 月	邓小平同几位中央领导人的谈话	(1) 计划和市场都是方法嘛。只要对发展生产力有好处,就可以利用; (2) 我们以前是学苏联的,搞计划经济。后来又讲计划经济为主,现在不要再讲这个了
1987 年 10—11 月	十三大	计划和市场的作用都是覆盖全社会的。新的经济运行机制,总体上来说应当是"国家调节市场,市场引导企业"的机制
1990 年 12 月	邓小平同几位中央领导人的谈话	我们必须从理论上搞懂,资本主义与社会主义的区分不在于是计划还是市场这样的问题。社会主义也有市场经济,资本主义也有计划控制
1991 年 2 月	邓小平视察上海	更不要以为,一说什么计划经济就是社会主义,一说市场经济就是资本主义,不是那么回事
1992 年 1 月	邓小平南方谈话	计划多一点还是市场多一点,不是社会主义与资本主义的本质区别。计划经济不等于社会主义,资本主义也有计划;市场经济不等于资本主义,社会主义也有市场。计划和市场都是经济手段

时　　间	重要会议或场合	经济体制的改革创新
1992 年 10 月	十四大	经济体制改革的目标,是在坚持公有制和按劳分配为主体、其他经济成分和分配方式为补充的基础上,建立和完善社会主义市场经济体制
1993 年 11 月	十四届三中全会	20 世纪末在我国初步建立社会主义市场经济体制
1995 年 9 月	十四届五中全会	到 2010 年我国要形成比较完善的社会主义市场经济体制
2003 年 10 月	十六届三中全会	完善社会主义市场经济体制的主要任务是:完善公有制为主体、多种所有制经济共同发展的基本经济制度,建立有利于逐步改变城乡二元经济结构的体制,形成促进区域经济协调发展的机制,建设统一开放竞争有序的现代市场体系,完善宏观调控体系、行政管理体制和经济法律制度,健全就业、收入分配和社会保障制度,建立促进经济社会可持续发展的机制
2007 年 10 月	十七大	(1) 社会主义市场经济体制初步建立,同时影响发展的体制机制障碍依然存在,改革攻坚面临深层次矛盾和问题; (2) 实现未来经济发展目标,关键要在加快转变经济发展方式、完善社会主义市场经济体制方面取得重大进展; (3) 要深化对社会主义市场经济规律的认识,从制度上更好发挥市场在资源配置中的基础性作用,形成有利于科学发展的宏观调控体系; (4) 实现国民经济又好又快发展,必将进一步增强我国经济实力,彰显社会主义市场经济的强大生机活力

注:根据中共各次重要会议文件及《邓小平文选》《邓小平年谱》等相关资料整理而得。

实践证明,中国社会主义市场经济理论的建立并不是对马克思主义经济体制思想的否定,而是结合中国国情对其进行的创新。

1. 解决了公有制与商品货币的关系。

马克思与恩格斯设想,未来的社会主义社会的商品货币关系将消亡,将实行有计划的经济。这是一种科学的预见,但这需要一定的物质基础条件,而它们是"长期的、痛苦的历史发展的自然产物"。他们设想的社会主义社会是从发达的资本主义国家进入的,是建立在高度发达的物质基础之上的。由于生产力高度发展,无产阶级夺取政权后,可以把一切生产资料变为全民所有,这样就不存在商品生产和商品交换了。马恩的理论是正确的、科学的。但是在社会主义建设过程中,如果脱离具体条件将理论教条化,则违背了马恩的原意。商品货币关系必将随着公有制的发展而消亡,但这要经历怎样的阶段,经历多长的时间,则需要我们根据实际情况作出相应的选择。

列宁曾指出:"所谓商品生产,是指这样一种社会经济组织,在这种组织之下,产品是由个别的、单独的生产者生产的,同时每一个生产者专门创造某一种产品,因而为了满足社会需要,就必须在市场上买卖产品(产品因此变成了商品)。"[①]在中国,社会主义公有制的建立消除了私有制下各经济单位之间利益的对立,产生了社会共同利益。但在生产力相对落后的情况下,不同所有制经济之间、公有制经济的不同实现形式之间,由于经济利益独立、经营独立,只能借助商品交换建立联系并实现各自的经济利益。因此,商品货币关系的存在具有客观性。

2. 破解了社会主义基本经济制度能否与市场经济相结合的理论难题。

十七大报告提出,"把坚持社会主义基本制度跟发展市场结合起来"是"社会主义市场经济体制"的本质特征。从经济制度而言,社会主义基本经济制度的核心部分是"公有制为主体"。回顾历史,市场经济的产生与发展从来都是和资本主义私有制相伴随的。因此,公有制能否与市场经济相结合就成为社会主义基本经济制度能否与市场经济相结合的关键所在。

传统政治经济学和西方经济学的观点都认为,市场经济是资本主义私有制所固有的,跟社会主义公有制经济是无法相容的。在相当长的一段时期,市场经济被视作社会主义的"洪水猛兽"。改革开放后,中国共产党人对社会主义公有制与市场经济相结合的问题进行了艰苦探索。早在 1985 年,邓小平就明确指出:"三中全会以来,我们一直强调坚持四项基本原则,其中最重要的一条是坚持社会主义制度。而要坚持社会主义制度,最根本的是要发展社会生产力,这个问题长期以来我们并没有解决好。社会主义优越性最终要体现在生产力能够更好地发展上。多年

---

① 《列宁全集》第 1 卷,人民出版社 1984 年版,第 77 页。

的经验表明,要发展生产力,靠过去的经济体制不能解决问题。所以,我们吸收资本主义中一些有用的方法来发展生产力。"①1992 年,中国明确经济体制改革的目标是建立社会主义市场经济体制,这一旗帜鲜明的提法,打破了传统政治经济学和西方经济学的思想束缚——市场经济与社会主义公有制无法相容的理论禁区。

3. 社会主义本质的必然要求。

社会主义本质,是指社会主义制度本身固有的质的规定性,这是社会主义社会同资本主义社会的根本区别所在。

马克思与恩格斯在《共产党宣言》中明确指出:"无产阶级将利用自己的政治统治,一步一步地夺取资产阶级的全部资本,把一切生产工具集中在国家即组织成为统治阶级的无产阶级手里,并且尽可能快地增加生产力的总量。"由此可见,大力发展社会生产力,满足社会成员的物质文化需要,是社会主义的根本任务。新中国成立后,以毛泽东同志为主要代表的中国共产党人,对社会主义本质问题进行了卓有成效的探索。毛泽东曾经指出:"在生产资料私有制的社会主义改造基本完成之后,我们的根本任务已由解放生产力变为在新的生产关系下面保护和发展生产力。"②邓小平根据马克思主义的基本原理,结合中国改革开放的伟大实践,并总结借鉴国外社会主义建设的经验教训,在1992年初的南方谈话中,对社会主义本质这一重大问题作出了总结性的理论概括,指出:"社会主义的本质,是解放生产力,发展生产力,消灭剥削,消除两极分化,最终达到共同富裕。"③这一科学论断表明,社会主义的根本目的是"最终达到共同富裕",社会主义的根本任务是"解放生产力、发展生产力"。这一科学论断揭示了社会主义生产力和生产关系最本质的特征,从根本上回答了什么是社会主义、怎样建设社会主义,从本质上区分了社会主义与资本主义。

怎样才能使生产力得到解放和发展呢? 邓小平在总结国际社会主义建设资本

---

① 《邓小平文选》第 3 卷,人民出版社 1993 年版,第 149 页。
② 《毛泽东著作选读》下,人民出版社 1986 年版,第 771 页。
③ 《邓小平文选》第 3 卷,人民出版社 1993 年版,第 373 页。

主义经济发展的经验教训的基础上指出:"社会主义同资本主义比较,它的优越性就在于能做到全国一盘棋,集中力量,保证重点。缺点在于市场运用得不好,经济搞得不活,计划与市场的关系问题如何解决? 解决得好,对经济的发展就很有利,解决不好,就会糟。"①社会主义和市场经济不存在根本矛盾,"说市场经济只存在于资本主义社会,只有资本主义的市场经济,这肯定是不正确的。社会主义为什么不可以搞市场经济,这个不能说是资本主义。我们是计划经济为主,也结合市场经济,但这是社会主义的市场经济。虽然方法上基本上和资本主义社会的相似,但也有不同,是全民所有制之间的关系,当然也有同集体所有制之间的关系,也有同外国资本主义的关系,但是归根到底是社会主义的,是社会主义社会的。市场经济不能说只是资本主义的。市场经济,在封建社会时期就有了萌芽。社会主义也可以搞市场经济。同样地,学习资本主义国家的某些好东西,包括经营管理方法,也不等于实行资本主义。这是社会主义利用这种方法来发展社会生产力。把这当作方法,不会影响整个社会主义,不会重新回到资本主义"。②这些论述表明,社会主义市场经济理论的提出是中国共产党人对马克思主义经济体制思想的继承和进一步发展。

4. 正确地处理了计划和市场的关系。

生产力与生产关系的矛盾是人类社会的基本矛盾。在资本主义社会,这个基本矛盾表现为生产社会化与资本主义私人占有之间的冲突。具体表现为生产无限扩大的趋势与劳动者有支付能力的需求相对缩小的矛盾,企业生产的有组织性与社会生产的无政府状态的矛盾。资本主义基本矛盾运动的必然结果是经济危机。按照马克思和恩格斯的设想,在社会主义社会中,对社会生产的有计划调节,可以使整个社会的生产力得到合理的分配和布局。

计划与市场都是配置资源的方式。但传统的计划经济体制不仅排斥市场,而且排斥指导性计划,将指令性计划作为经济生活中占绝对统治地位的资源配置方式。建立社会主义市场经济体制,意味着市场将成为资源配置的基础性手段,但绝

---

① 《邓小平文选》第3卷,人民出版社1993年版,第16—17页。
② 《邓小平文选》第2卷,人民出版社1993年版,第236页。

不能走到另一个极端,否认计划对资源的配置作用,即只要"市场"不要"计划"。

如何处理好计划和市场的关系呢? 对此,邓小平提出了精辟的观点:"为什么一谈市场就说是资本主义,只有计划才是社会主义呢? 计划和市场都是方法嘛。只要对发展生产力有好处,就可以利用。它为社会主义服务,就是社会主义的;为资本主义服务,就是资本主义的。好像一谈计划就是社会主义,这也是不对的,日本就有一个企划厅嘛,美国也有计划嘛。"①这说明,计划已成为现代市场经济的一个重要组成部分,不管是现代资本主义市场经济还是中国的社会主义市场经济,都离不开计划。"我们要继续坚持计划经济与市场调节相结合,这个不能改。实际工作中,在调整时期,我们可以加强或者多一点计划性,而在另一个时候多一点市场调节,搞得更灵活一些。以后还是计划经济与市场调节相结合。重要的是,切不要把中国搞成一个关闭性的国家。"②

社会主义市场经济体制的建立和完善,是中国共产党在结合中国国情的基础上,坚持和发展马克思主义所取得的伟大成果。中国经济体制改革的伟大历程贯穿着"人民至上"思想,中国共产党坚持以深化改革、发展经济、改善民生的实效主动回应人民群众的期待,高度重视人民群众在改革开放进程中的地位和作用,鲜明地把"三个有利于"作为衡量一切工作成败的价值规范和评价标准,这是中国共产党重视人民利益的集中彰显,是全心全意为人民服务宗旨的根本体现,且赋予了人民主体地位以崭新形态和具体内涵。

（四）"人民至上"的深化和升华

经过新中国成立初期的艰辛探索,中国共产党人找到了带领全国人民建设社会主义的新路。在改革开放和社会主义现代化建设新时期,中国共产党人始终坚持"人民至上"思想,并在继承中不断发展,不断推进中国特色社会主义事业向前进。

"文化大革命"结束后,邓小平把群众路线放在极端重要的位置,在提出必须以

---

① 《邓小平文选》第3卷,人民出版社1993年版,第203页。
② 同上书,第306页。

准确的完整的毛泽东思想为指导,恢复党的实事求是思想路线的同时,突出强调要恢复党的群众路线的优良传统。他说:"毛泽东同志倡导的作风,群众路线和实事求是这两条是最根本的东西。……对我们党的现状来说,我个人觉得,群众路线和实事求是是特别重要。"[①]十一届三中全会之后,基于对党和国家前途命运的深刻把握与对人民群众期盼和需要的深刻领悟,以邓小平同志为主要代表的中国共产党人,以巨大的政治勇气和责任担当对各方面社会关系进行了系统全面的恢复和调整,果断地把党的工作中心转移到经济建设上来。中国共产党非常重视人民群众在改革开放进程中的地位和作用,始终强调"工人阶级必须依靠本阶级的群众力量和全体劳动人民的群众力量,才能实现自己的历史使命"。[②]中国共产党充分意识到,"如果哪个党组织严重脱离群众而不能坚决改正,那就丧失了力量的源泉,就一定要失败,就会被人民抛弃"。[③]在改革开放过程中,只有始终重视广大人民群众的主动性、积极性和创造性,改革开放伟大事业才能顺利开展并最终取得成功。因此,在改革开放进程中,中国共产党通过不断加强和改善自身建设来秉持和弘扬党同人民群众的血肉联系,从而获得了广大人民群众的衷心拥护和广泛支持。可以说,中国共产党的"人民至上"思想在改革开放过程中实现了从革命到建设的话语转型和理论深化(张文龙、李建军,2021)。

十三届四中全会之后,以江泽民同志为主要代表的中国共产党人,在国内外形势十分复杂、世界社会主义出现严重曲折的严峻考验面前捍卫了中国特色社会主义。"加深了对什么是社会主义、怎样建设社会主义和建设什么样的党、怎样建设党的认识"[④],在回应时代发展和人民期盼的基础上形成了"三个代表"重要思想。其本质内涵和思想精髓是"立党为公、执政为民",这充分诠释了党性与人民性高度统一的理论特质(张文龙、李建军,2021),更是中国共产党"人民至上"思想的根本体现。中国共产党始终坚信人民是战胜前进道路上一切艰难险阻的力量源泉。江

---

① 《邓小平文选》第2卷,人民出版社1993年版,第45页。
② 《邓小平文选》第1卷,人民出版社1989年版,第217页。
③ 《邓小平文选》第2卷,人民出版社1993年版,第368页。
④ 十九届六中全会《中共中央关于党的百年奋斗重大成就和历史经验的决议》。

泽民指出："我们党所以有力量,就是因为我们始终紧紧依靠人民群众。①毋庸置疑,正是在人民群众的拥护和支持下,中国共产党才成功地推进了党的建设,成功地把中国特色社会主义推向 21 世纪。

中共十六大之后,以胡锦涛同志为主要代表的中国共产党人,强调把保障和改善民生放在最突出位置,坚持"权为民所用、情为民所系、利为民所谋"的执政理念,这充分体现了中国共产党的人民情怀。深刻认识和回答了新形势下实现什么样的发展,怎样发展等重大问题,形成了科学发展观。科学发展观强调坚持以人为本、全面协调可持续发展,着力保障和改善民生,促进社会公平正义。这充分彰显了"人民至上"是改革发展的动力源泉和目标归宿。正如胡锦涛指出的:"发展为了人民、发展依靠人民、发展成果由人民共享。"②可以说,正是坚持把"人"放在"发展"的核心位置,中国共产党成功地在新形势下推进了执政能力建设和先进性建设,成功地在新形势下坚持和发展了中国特色社会主义。

从中国共产党"人民至上"的历史演进来看,在不同的发展阶段,话语表达、重点任务各有侧重。但贯穿其中的一条极其清晰的脉络,就是中国共产党自始至终把"人民"作为砥砺前行的坐标系和动力源,并在不同历史图景中不断回答"相信谁、依靠谁、为了谁"的时代之问,进而形成了富有历史意蕴和时代内涵的"人民至上"思想(张文龙、李建军,2021)。进入新时代,以习近平总书记为核心的党中央提出了以人民为中心的发展思想,这是中国共产党"人民至上"思想的继承与发展,也是马克思主义人民主体思想在 21 世纪中国的创新发展。

第三节　以人民为中心的发展思想的科学内涵

坚持以人民为中心的发展思想,是习近平总书记在党的十八大以后,在多个场

---

① 江泽民:《论党的建设》,中央文献出版社 2001 年版,第 181 页。
② 《胡锦涛文选》第 3 卷,人民出版社 2016 年版,第 4 页。

合、多次会议上反复阐述、一再强调的一个重大命题,也是习近平新时代中国特色社会主义思想的重要内容。十九届六中全会指出,要"站稳人民立场,坚持人民主体地位,尊重人民首创精神,践行以人民为中心的发展思想"。[①]这一思想深刻揭示了新时代中国共产党坚持和发展中国特色社会主义必须牢牢坚守的根本政治立场,体现了中国共产党发展为了人民、发展依靠人民、发展成果由人民共享的发展理念,是贯穿习近平新时代中国特色社会主义思想的一条主线。深入阐释新时代以人民为中心的发展思想的科学内涵,对丰富和发展马克思主义具有重要的理论意义,对新时代广大党员领导干部担当作为、干事创业具有重要的现实指导意义。

一、 习近平总书记关于"以人民为中心"的重要论述

中国共产党的"人民至上"思想在不同的历史发展阶段,有不同的表述方式和实现形式。十八大以来,中国共产党人将其凝练为"以人民为中心",并将其作为必须坚持的基本方略统领中国经济社会发展、政治文化建设乃至外交国防各个方面。习近平总书记指出,经济社会发展要"着力践行以人民为中心的发展思想";党的文艺工作、新闻舆论工作要"坚持以人民为中心的工作导向";哲学社会科学"必须坚持以人民为中心的研究导向";在国家安全、新时代中国特色大国外交、对台工作中"贯彻好以人民为中心的发展思想";等等。十九届六中全会进一步指出,践行以人民为中心的发展思想,要"维护社会公平正义,着力解决发展不平衡不充分问题和人民群众急难愁盼问题,不断实现好、维护好、发展好最广大人民根本利益,团结带领全国各族人民不断为美好生活而奋斗"。[②]"以人民为中心"是新时代中国经济社会发展实践的基本遵循,不是抽象玄奥的概念(辛鸣,2020)。

(一)"以人民为中心"重要论述的提出

"以人民为中心"是中国共产党历经风雨沧桑和苦难辉煌百年依然屹立于世的重要法宝。新时代以人民为中心的发展思想经历了一个渐进的形成发展过程。

---

①② 十九届六中全会《中共中央关于党的百年奋斗重大成就和历史经验的决议》。

担任党的总书记以后，习近平在饱含深情地回忆梁家河插队的艰苦岁月时说："我很期盼的一件事，就是让乡亲们饱餐一顿肉，并且经常吃上肉。但是，这个心愿在当时是很难实现的。"①正是从那时起，他坚定了自己从政的决心，心中常常想到老百姓，常怀忧患之思，常念人民之托，绝不辜负人民的重托。在之后的工作过程中，习近平总书记更加坚定地把人民的需要放在首位，始终牢记发展为了人民、发展依靠人民。2003年，习近平在从事抗旱工作时就高度重视群众工作，要求工作"目中有人"；2005年，在考察经济社会发展问题时，他强调发展不能脱离"人"这个根本，以人为本的全面发展是发展的终极目标。因此，领导干部追求的政绩观应当是"得人心、稳人心、暖人心"，需要解决人民群众最迫切最关心的实际问题。

2012年11月，在十八届中央政治局常委中外记者见面会上，习近平总书记强调"人民对美好生活的向往，就是我们的奋斗目标"。②时隔两日，他又强调，"中国特色社会主义是亿万人民自己的事业，所以必须发挥人民主人翁精神，更好保证人民当家作主"。③2015年10月，在十八届五中全会上，习近平总书记提出必须坚持以人民为中心的发展思想，把增进人民福祉、促进人的全面发展作为出发点和落脚点。同年11月，习近平总书记在主持中央政治局第二十八次集体学习时指出，"坚持以人民为中心的发展思想是马克思主义政治经济学的根本立场"。这是中国共产党历史上首次提出"以人民为中心的发展思想"的科学概念，充分体现了中国共产党对唯物史观的准确把握和对人民主体地位的深刻认识，进一步阐明了人民在发展中的主体地位和决定作用，集中体现了马克思主义政党所特有的人民至上的本质规定，标志着以人民为中心的发展思想的初步形成。

中共十八届五中全会以后，以人民为中心的发展思想得到充分的展开，逐步趋于成熟，并进一步发展。2017年，在十九大报告中，习近平总书记明确提出将"坚持

① 习近平：《在华盛顿州当地政府和美国友好团体联合欢迎宴会上的演讲》，新华网，2015年9月23日，www.xinhuanet.com//world/2015-09/23/c_1116656143.htm。
② 习近平：《人民对美好生活的向往就是我们的奋斗目标》，《人民日报》2012年11月16日。
③ 习近平：《紧紧围绕坚持和发展中国特色社会主义学习宣传贯彻党的十八大精神》，《人民日报》2012年11月19日。

以人民为中心"作为新时代坚持和发展中国特色社会主义的基本方略的根本政治立场,强调"全党必须牢记,为什么人的问题,是检验一个政党、一个政权性质的试金石。带领人民创造美好生活,是我们党始终不渝的奋斗目标。必须始终把人民利益摆在至高无上的地位,让改革发展成果更多更公平惠及全体人民,朝着实现全体人民共同富裕不断迈进"。[①]2018年3月,在纪念周恩来同志诞辰120周年座谈会上,习近平总书记指出:"人民是历史的创造者,是决定党和国家前途命运的根本力量。我们党来自人民、植根人民、服务人民,一旦脱离群众,就会失去生命力。我们要向周恩来同志学习,坚持立党为公、执政为民,自觉践行全心全意为人民服务的根本宗旨,把党的群众路线贯彻到治国理政全部活动之中,把人民对美好生活的向往作为奋斗目标,依靠人民创造历史伟业。"[②]2019年5月在"不忘初心、牢记使命"主题教育工作会议上,习近平总书记强调人民是中国共产党执政的最大底气,是中华人民共和国的坚实根基,是强党兴国的根本所在。2020年10月,在十九届五中全会上,习近平总书记强调要努力促进全体人民共同富裕取得更为明显的实质性进展。2021年11月,十九届六中全会在总结"十个明确"时进一步提出,"必须坚持以人民为中心的发展思想,发展全过程人民民主,推动人的全面发展、全体人民共同富裕取得更为明显的实质性进展"。[③]这标志着以人民为中心的发展思想已经趋于成熟,并成为习近平新时代中国特色社会主义思想的重要组成部分,闪耀着真理的光芒。

(二)"以人民为中心"重要论述的主要内容

1. 坚持人民主体地位。

坚持"以人民为中心",就是要坚持人民主体地位,维护人民根本利益,增进民生福祉。习近平总书记深刻指出,人民立场是中国共产党的根本政治立场,是马克思主义政党区别于其他政党的显著标志。党与人民风雨同舟、生死与共,始终保持

[①] 习近平:《决胜全面建成小康社会,夺取新时代中国特色社会主义伟大胜利》,《人民日报》2017年10月28日。

[②] 习近平:《在纪念周恩来同志诞辰120周年座谈会上的讲话》,《光明日报》2018年3月2日。

[③] 十九届六中全会《中共中央关于党的百年奋斗重大成就和历史经验的决议》。

血肉联系,是党战胜一切困难和风险的根本保证,正所谓"得众则得国,失众则失国"。中国共产党根基在人民、力量在人民,只有坚持一切为了人民、一切依靠人民,充分发挥广大人民群众积极性、主动性、创造性,不断把为人民造福事业推向前进。全体中国共产党人要把人民放在心中最高位置,坚持全心全意为人民服务的根本宗旨,实现好、维护好、发展好最广大人民根本利益,把人民拥护不拥护、赞成不赞成、高兴不高兴、答应不答应作为衡量一切工作得失的根本标准,使中国共产党始终拥有不竭的力量源泉。

在与新冠肺炎疫情斗争的过程中,中国人民深厚的仁爱传统和中国共产党人以人民为中心的价值追求得到了集中体现。"爱人利物之谓仁。"疫情无情人有情,人的生命是最宝贵的,生命只有一次,失去不会再来。在保护人民生命安全面前,中国共产党人不惜一切代价,并且也能够做到不惜一切代价,因为中国共产党的根本宗旨是全心全意为人民服务,中国是人民当家作主的社会主义国家。

2. 努力实现共享发展。

坚持以人民为中心的发展思想,就是要坚定不移走共同富裕道路。"治国之道,富民为始。"始终坚定人民立场,强调消除贫困、改善民生、实现共同富裕是社会主义的本质要求,是中国共产党坚持全心全意为人民服务根本宗旨的重要体现,是党和政府的重大责任。

中国共产党把群众满意度作为衡量脱贫成效的重要尺度,集中力量解决贫困群众的基本民生需求。发挥政府投入的主体和主导作用,宁肯少上几个大项目,也优先保障脱贫攻坚资金投入。在十八大以来的 8 年里,中央、省、市县财政专项扶贫资金累计投入 1.6 万亿元,其中中央财政累计投入超过 6 000 亿元,扶贫小额信贷累计发放超 7 100 亿元,扶贫再贷款累计发放超 6 600 亿元,金融精准扶贫贷款发放 9.2 万亿元,东部 9 省市共向扶贫协作地区投入财政援助和社会帮扶资金超过 1 000 亿元,等等。真金白银的投入,为打赢脱贫攻坚战提供了强大资金保障。[①]

---

① 习近平:《在全国脱贫攻坚总结表彰大会上的讲话》,《人民日报》2021 年 2 月 26 日。

3. 以人民为中心推进全面改革。

习近平总书记指出,改革发展必须坚持以人民为中心,把人民对美好生活的向往作为党的奋斗目标,依靠人民创造历史伟业。把坚持加强党的领导和尊重人民首创精神相结合,坚持顶层设计和摸着石头过河相协调,坚持试点先行和全面推进相促进,抓住人民最关心最直接最现实的利益问题推进重点领域改革,站在人民立场上处理好涉及改革的重大问题,坚决破除一切阻碍生产力发展的体制机制障碍,坚决破除一切束缚社会文明进步的思想观念,不断增强人民获得感、幸福感、安全感,全社会形成改革创新活力竞相迸发、充分涌流的生动局面。①

4. 坚持以人民为中心的发展思想。

发展为了人民,这是马克思主义政治经济学的根本立场。马克思与恩格斯指出:"无产阶级的运动是绝大多数人的、为绝大多数人谋利益的独立的运动",在未来社会"生产将以所有的人富裕为目的"。②邓小平指出,社会主义的本质,是解放生产力,发展生产力,消灭剥削,消除两极分化,最终达到共同富裕。③中共十八届五中全会鲜明提出要坚持以人民为中心的发展思想,把增进人民福祉、促进人的全面发展、朝着共同富裕方向稳步前进作为经济发展的出发点和落脚点。做好经济社会发展工作,民生是"指南针"。要全面把握发展和民生相互牵动、互为条件的关系,通过持续发展强化保障和改善民生的物质基础,通过不断保障和改善民生创造更多有效需求。这一点,任何时候都不能忘记,部署经济工作、制定经济政策、推动经济发展都要牢牢坚持这个根本立场。

5. 坚持"人民城市人民建,人民城市为人民"。

2019 年 11 月,习近平总书记在考察上海时提出"城市是人民的城市,人民城市为人民"的重要论断。无论是城市规划还是城市建设,无论是新城区建设还是老城区改造,都要坚持以人民为中心,聚焦人民群众的需求,合理安排生产、生活、生态

---

① 《坚定改革信心汇聚改革合力 推动新发展阶段改革取得更大突破》,《光明日报》2021 年 12 月 31 日。
② 《马克思恩格斯选集》第 1 卷,人民出版社 2012 年版,第 411 页。
③ 《邓小平文选》第 3 卷,人民出版社 1993 年版,第 373 页。

空间,走内涵式、集约型、绿色化的高质量发展路子,努力创造宜业、宜居、宜乐、宜游的良好环境,让人民有更多获得感,为人民创造更加幸福的美好生活。

在常态化新冠肺炎疫情防控中,习近平总书记还指出,增强中心城市和城市群等经济发展优势区域的经济和人口承载能力,这是符合客观规律的。同时,城市发展不能只考虑规模经济效益,必须把生态和安全放在更加突出的位置,统筹城市布局的经济需要、生活需要、生态需要、安全需要。①要坚持以人民为中心的发展思想,坚持从社会全面进步和人的全面发展出发,在生态文明思想和总体国家安全观指导下制定城市发展规划,打造宜居城市、韧性城市、智能城市,建立高质量的城市生态系统和安全系统。

6. 坚持为人民创作、为人民立言。

文学艺术创作、哲学社会科学研究首先要搞清楚为谁创作、为谁立言的问题,这是一个根本问题。人民是创作的源头活水,只有扎根人民,创作才能获得取之不尽、用之不竭的源泉。习近平总书记强调,要坚持以精品奉献人民。一切有价值、有意义的文艺创作和学术研究,都应该反映现实、观照现实,都应该有利于解决现实问题、回答现实课题。②文艺创作要以扎根本土、深植时代为基础,提高作品的精神高度、文化内涵、艺术价值。哲学社会科学研究要立足中国特色社会主义伟大实践,提出具有自主性、独创性的理论观点。同时,习近平总书记还强调:"我国广大哲学社会科学工作者要坚持人民是历史创造者的观点,树立为人民做学问的理想,尊重人民主体地位,聚焦人民实践创造,自觉把个人学术追求同国家和民族发展紧紧联系在一起,努力多出经得起实践、人民、历史检验的研究成果。"③

(三)"以人民为中心"重要论述的主要特点

1. 深刻的问题导向。

当前中国社会正处于发展关键期、矛盾凸显期和改革攻坚期,组织形式、生产

---

① 习近平:《国家中长期经济社会发展战略若干重大问题》,《求是》2020 年第 21 期。
② 习近平:《在参加全国政协十三届二次会议文化艺术界、社会科学界委员联组会时的讲话》,《光明日报》2019 年 3 月 5 日。
③ 新华社:《结合中国特色社会主义伟大实践 加快构建中国特色哲学社会科学》,2016 年 5 月 18 日。

关系、利益格局都发生着深刻变化,必须依据国内外形势的新动态采取针对性举措来解决人民群众关切的重大民生问题。以人民为中心的发展思想坚持问题导向,立足于现阶段社会的主要矛盾和基本国情,守为民之责、谋民生之利、解民生之忧,保证人民平等参与、平等发展的权利,顺应人民对美好生活的期盼,促进社会朝着更加公平正义的方向发展。十八大以来,党和政府始终站在人民立场上想问题、办事情,坚持秉承群众利益无小事的态度,心系群众的安危冷暖。一系列惠民政策落地托底实施,坚持人人尽责、人人享有,着力落实公共资源向基层延伸、向农村覆盖、向弱势群体倾斜,补短板、抓矛盾、强弱项,政策向最需要关心的人群靠拢,着力稳定发展速度、提升发展质量、发展社会事业,强调发展要更好地满足人民对美好生活的更深层次需要,使共享改革发展成果的理念落到最实处、取得新进展。同时,坚持从实际出发,实事求是,抓主要矛盾,彰显了党执政为民的真挚情怀和务实进取的工作作风。

2. 坚定的政治取向。

坚定为民利民的政治目标、政治方向、政治道路是以人民为中心的发展思想的政治取向。人民立场是马克思主义科学世界观的集中体现,也是马克思主义政党区别于其他政党的根本标志。共产党人的依靠主体、实践主体、服务主体都是人民群众,中国特色社会主义理论体系中融入了群众观点,蕴含着群众路线。人民群众是政治取向的保证,群众路线是政治路线的支撑。中国特色社会主义的最高利益和核心价值与党的群众路线的内在要求具有高度一致性。中国特色社会主义事业是全体人民的事业,人民群众是生产力中最革命、最活跃的因素,应该尊重群众的首创精神、发挥群众的历史主体作用,坚持群众观点、站稳群众立场、广泛集中民智,从中学习经验、汲取智慧、凝聚力量。抓住群众的"操心事""烦心事"来办,笃定目标引导预期,坚守底线接续前行。始终坚持党的根本政治立场、保持先进性和纯洁性就必须自觉加强理论学习,掌握马克思主义的核心要义和工作方法,在科学指引下增强群众工作的本领。将共产主义的远大理想与人民的幸福生活、民族的光明前景紧紧结合起来,牢牢把握历史唯物主义所揭示的社会矛盾与发展规律,坚持理论逻辑和历史逻辑的辩证统一,真正认识到人民立场是唯物史观的逻辑延伸和实践要求,充分发挥历史发展长河中"剧中人"和"剧作者"的伟大作用,这是党根基和血脉的本质所在。

3.鲜明的时代特征。

坚持以人民为中心的发展思想,是党和政府一切工作的根本出发点和全部价值追求。当前中国正处于发展关键期和改革攻坚期,社会主要矛盾发生转变,社会利益格局发生深刻变化。发展是社会主义进入新时代的主题,只有解决发展目的、发展载体和发展成果由谁享有的问题,才能找到正确的"出发点"和坚实的"落脚点"。面对发展新理念,不能顾此失彼,也不能相互代替,应从各方面贯彻落实,形成协调推进的强大合力。面对社会组织结构的新变化,创新联系群众和服务群众的途径与方法,推动社会治理重心向基层下移。推进社会治理体系的现代化,畅通人民群众参与社会管理的渠道,夯实社会主义现代化建设事业的群众基础。以人民为中心的发展思想是对共产党执政规律、社会主义建设规律和人类社会发展规律这"三大规律"的深刻认识和创新运用,针对新时代人民的利益诉求与关切,使群众观更加与时俱进,更具创新性、公平性、惠普性,让人民群众拥有更多获得感、幸福感、成就感,让安全感更充实、更持续、更有保障,让发展更人性化,更有"温度"。

二、 以人民为中心的发展思想的基本内涵

新时代以人民为中心的发展思想既是马克思主义中国化的最新成果,也是马克思主义的经典思想成果。党的十八大以来,习近平总书记反复强调坚持以人民为中心,提出了一系列理论创新观点。其中,让人民群众有更多获得感,为人民创造美好生活,打通服务群众的"最后一公里",中国共产党人的初心就是为中国人民谋幸福,"人民反对和痛恨什么,党就要防范和纠正什么"等关于以人民为中心的话语创新(齐卫平,2019),充分展示了新时代党的群众路线的鲜活性,其内涵思想是指导全党践行初心使命,凝聚人民力量为实现中华民族伟大复兴的中国梦不懈奋斗、不断前行的强大武器。十九届六中全会进一步明确把"坚持人民至上"作为党

的百年奋斗历史经验之一,强调要不断实现好、维护好、发展好最广大人民的根本利益。这更加深刻地总结阐释了以人民为中心的发展思想,具有丰富的哲学意蕴,是马克思主义历史观、价值观和方法论的有机统一。这一思想回答了发展依靠谁、发展为了谁、发展成果由谁享有等问题,集中体现了习近平总书记新时代治国理政实践的根本逻辑、显著特点和现实要求,是中国共产党人为人民办实事、解难事、做好事、谋幸福的行动指南。

(一)以人民为中心的发展思想是对马克思主义的继承和发展

马克思、恩格斯从社会物质生活条件中寻找历史发展的根源和动力,发现了生产方式之于社会发展的决定性作用,揭示并确立了人民群众创造历史的原理。这一原理主要包括三重内涵。第一,人民群众是社会物质财富的创造者。社会发展的最终决定性力量是生产力,劳动者是生产力三要素中最活跃的、起主导作用的因素,是社会物质实践活动的主体。第二,人民群众是社会精神财富的创造者。正如列宁指出的,"无产阶级在实际上表明,它而且只有它才是现代文明的支柱,它的劳动创造了财富和豪华,它的劳动是我们整个'文化'的基石"。①历史唯物主义认为一旦离开了人民群众的劳动,任何精神财富、任何文化就只能陷于空洞的幻想。精神文化的产生发展依赖于人民群众的实践活动,人民群众在各个领域的实践中创造了无数的精神财富。第三,人民群众的实践在社会变革中起决定性作用。在一切社会发展中,起最根本作用的是生产力和生产关系之间的矛盾运动。马克思主义对人民群众是历史创造者这一真理的揭示,为我们党在新时代坚持以人民为中心的发展思想提供了坚实根基。

习近平总书记在多次讲话中使用了"群众是真正的英雄""人民是历史的创造者""坚持人民主体地位""尊重人民首创精神"等表述来阐释马克思主义历史观中"人民创造历史"的根本观点。这些观点始终围绕"以人民为中心"进行表达。习近平"以人民为中心"的重要论述不仅集中体现了马克思主义历史观中"人民创造历

---

① 《列宁全集》第9卷,人民出版社1987年版,第204页。

史"的根本观点,而且又在理论上丰富和发展了这一根本观点(黄鑫权、李建军,2020)。以人民为中心的发展思想将人民的主体性地位提升到新的高度,肯定了人的历史性存在,与马克思主义科学实践观具有极大的同源性,与马克思主义价值观具有深刻的一致性。"以人民为中心"是对"现实的个人"作为马克思主义历史观出发点和理论前提的继承和发展。"现实的个人"是感性的个人和具体的个人,与其他自然物一样受制于自然规律,其个体存在与社会存在统一。以人民为中心的发展思想重点强调人民群众是人类社会历史进程中的主体地位,对其存在的客观实在性进行确认。

实现人的自由全面发展是马克思主义的终极价值追求。马克思、恩格斯在《共产党宣言》中指明:"代替那存在着阶级和阶级对立的资产阶级旧社会的,将是这样一个联合体,在那里,每个人的自由发展是一切人的自由发展的条件。"①在马克思、恩格斯看来,共产主义社会是"以每个人的全面而自由的发展为基本原则的社会形式",是实现人的自由全面发展的社会载体。当代中国共产党人坚持把实现共产主义作为远大理想和最高目标,在推进中国特色社会主义伟大实践中不断朝着理想奋斗,自然把"人的自由全面发展"作为价值追求。这也是以人民为中心的发展思想的题中应有之义(杨丽,2020)。以人民为中心的发展思想追求人的自由而全面发展。习近平总书记指出:"我们的目标就是让全体中国人都过上更好的日子。"正是一代一代中国共产党人坚守初心、担当使命,将发展作为党执政兴国的第一要务,不断满足人民日益增长的美好生活需要,促进了人的自由而全面发展。

以人民为中心的发展思想是马克思主义历史观价值观的创新发展。人民群众是在历史中活动与实现发展的现实主体,自然也是推动人类历史变迁与发展的决定力量。马克思主义自诞生起就时刻秉持为人民大众谋利益、为全人类谋解放的鲜明立场。在阐述马克思主义历史观经典思想的短文《〈政治经济学批判〉序言》中,马克思指出了"两对社会基本矛盾运动"是推动人类历史变迁与发展的根本动

---

① 《马克思恩格斯选集》第1卷,人民出版社2012年版,第422页。

力的思想。其中,推动两对社会基本矛盾运动的内在动力是人们的现实性需要,以及为满足这些现实性需要而从事的物质实践活动。因此,推动人类历史变迁与发展的决定力量正是在社会历史中从事活动的现实的人。习近平强调"以人民为中心",就是敏锐地洞察到了人民才是推动人类社会历史变迁与发展的决定力量这一重要规律。这一思想由来已久,在《摆脱贫困》一书中,习近平直接提出了"人民群众是人类历史发展的动力"的命题,指出"人民群众是我们党的力量源泉,群众路线是我们党的根本工作路线"。①习近平强调"以人民为中心",内在地包含着以人民的创造力量为中心的思想,强调"依靠人民创造历史伟业",即是强调依靠和凭借人民这种推动人类社会历史变迁与发展的决定力量来创造历史伟业,这一论述创新地发展了"人民群众是推动人类历史变迁与发展的决定力量"的重要思想。

以人民为中心的发展思想充分彰显以人民为主体的价值定位。新中国成立以来,中国共产党人在不断推进中国革命、建设和改革的历史征程中,始终坚持以马克思主义为指导,充分彰显中国共产党的最高价值标准。党和国家在制定各项路线、方针和政策上,始终将调动最广大人民群众的积极性摆放在首要位置,目的在于能够让广大人民群众充分享有知情权、参与权、表达权、监督权,最终真正做到想人民之所想、急人民之所急、办人民之所需。习近平总书记关于精准扶贫、精准脱贫、新发展理念等的系列重要论述,彰显对人民群众的关心与情怀,是实现以人民为中心价值取向的生动实践,也充分彰显了"以人民为中心"思想的中国特色社会主义价值追求。

以人民为中心的发展思想,将人民作为政策设计与制度架构的出发点、落脚点,始终将人民的拥护与赞成、高兴与答应作为衡量一切工作得失的根本标准。坚持群众路线的工作方法,中国共产党人不仅在理论深度上详细阐明了"为了谁"的问题,也在实践行动上生动地回答了"为了谁"的问题。群众路线是以人民为中心的发展思想的实践运用,在不断为人民造福的过程中,积极调动最广大人民群众的

---

① 习近平:《摆脱贫困》,福建人民出版社 1992 年版,第 154 页。

积极性、主动性和创造性,凝聚中国精神、中国智慧和中国力量。在政治建设上,要确保人民依法享有更加广泛、更加真实、有效管用的民主权利。在经济建设上,要深入贯彻新发展理念,以供给侧结构性改革激发新动能,推动经济高质量发展。在文化建设上,要围绕以人民为中心的创作导向,创作出更多无愧于时代、无愧于人民的精品力作。在社会建设上,要重点聚焦提高保障和改善民生水平,全面建成能够覆盖全民、城乡统筹、保障适度、可持续的多层次社会保障体系。在生态文明建设上,加快建设资源节约型、环境友好型社会,着力推动形成人与自然和谐共生的新格局。

(二)以人民为中心的发展思想指明了发展的目标导向

为谁发展,这是对发展进行谋篇布局首要考虑的问题,人民对美好生活的向往就是中国共产党的奋斗目标。习近平总书记指出:“为人民谋幸福,是中国共产党人的初心。我们要时刻不忘这个初心,永远把人民对美好生活的向往作为奋斗目标。”[1]党的十九届六中全会进一步强调:“坚持一切为了人民、一切依靠人民,坚持为人民执政、靠人民执政,坚持发展为了人民、发展依靠人民、发展成果由人民共享,坚定不移走全体人民共同富裕道路。”[2]这生动诠释了中国共产党人的根本立场就是人民立场,就是要为人民谋幸福,要全心全意为人民服务,以百姓心为心,与人民同呼吸、共命运、心连心。把人民对美好生活的向往作为奋斗目标是新时代中国特色社会主义的根本追求,从根本上回答了“为了谁”的问题。把人民对美好生活的向往作为奋斗目标,关键是要在思想上站稳人民立场,行动上实现好、维护好、发展好最广大人民的根本利益。

《共产党宣言》指出,“过去的一切运动都是少数人的,或者为少数人谋利益的运动。无产阶级的运动是绝大多数人的,为绝大多数人谋利益的独立的运动”。[3]这段话是共产党人政治立场的经典表述。这样的立场,决定了中国共产党人所推动

---

① 习近平:《在党的十九届一中全会上的讲话》,《求是》2018年第1期。

② 十九届六中全会《中共中央关于党的百年奋斗重大成就和历史经验的决议》。

③ 《马克思恩格斯选集》第1卷,人民出版社2012年版,第411页。

的经济社会发展必然以人民为目的,决定了中国共产党人必然要把人民对美好生活的向往作为自己的奋斗目标。列宁曾经深刻指出,利益是"人民生活中最敏感的神经"。①从一定意义上来说,人民对党的事业支持程度,根本上取决于人民利益的实现程度。基于中国社会主要矛盾的新变化,当前广大人民群众最大的利益诉求集中体现在对美好生活的需要上,而人民对美好生活的需要是多方面的。这就要求在发展实践中,在满足人民物质文化需求的同时,更要致力于满足人民在民主、公平、正义、安全、环境等方面的美好需要。始终将中国共产党的理想信念"建立在为最广大人民谋利的崇高价值的基础之上",将改革发展成果更多更公平惠及全体人民。

把增进人民福祉、促进人的全面发展作为发展的出发点和落脚点。习近平总书记强调,"带领人民创造幸福生活,是我们党始终不渝的奋斗目标",同样,实现人的自由全面发展也是中国共产党一以贯之的奋斗目标。中国共产党自诞生以来,就将为人民谋幸福、为中华民族谋复兴作为自己前进的初心和使命。除了广大人民的根本利益之外,中国共产党没有自己特殊的利益,人民利益是中国共产党的唯一和最高利益。虽然党的基本路线规定了社会发展必须紧紧围绕经济建设这个中心,但发展目标不能偏离人类解放的根本价值追求,必须着眼于促进人的全面发展,必须以实现人的全面发展为根本指引。

人民是发展成果的享有者。发展为了谁,发展成果由谁享有,这是体现一个政党、一个国家性质的试金石。邓小平在阐述社会主义本质时强调要正确认识到社会主义的财富属于人民,社会主义的致富是全民共同致富。共同富裕是中国共产党人带领人民追求的一个奋斗目标,也是自古以来中国人民的一个基本理想。党的十九大报告明确了全面建设社会主义现代化强国的两步走战略安排:2035 年基本实现社会主义现代化时,全体人民共同富裕必将迈出坚实步伐;在 21 世纪中叶建成富强、民主、文明、和谐、美丽的社会主义现代化强国,中国人民届时将享有更加

---

① 《列宁全集》第 13 卷,人民出版社 1987 年版,第 113 页。

富裕、更加公平、更加幸福安康的生活。这就是发展成果由谁享的答案——全体人民共同富裕（李巍，2020）。

习近平总书记强调："国家建设是全体人民共同的事业，国家发展过程也是全体人民共享成果的过程。"共享是中国特色社会主义的本质要求，人民是发展的主体，理所当然，也是发展成果的共享主体。人民共享发展成果内在地要求共享的普惠性与公平性。共享的普惠性与共同富裕在内涵上具有高度一致性。普惠性意味着主体覆盖的全面性，即共享的主体是广大人民群众，而非既得利益的少数人；普惠性意味着领域覆盖的全面性，即共享的领域包含经济、政治、文化、社会、生态在内的五位一体；普惠性意味着区域覆盖的全面性，即共享的区域是涵盖所有城乡、区域的全国范围。共享的公平性维护了社会主义的公平正义，这要求我们继续坚持和完善社会主义基本经济制度和分配制度，同时加大结构性改革力度，转变发展方式，实现更好质量、更有效率、更加公平、可持续的发展（杨丽，2020）。

（三）以人民为中心的发展思想明确了发展的根本力量

坚持以人民为中心的发展思想，需要明确历史的创造者是人民群众，承认人民群众的历史主体地位，并紧紧依靠人民群众的力量创造历史伟业。在十三届全国人大代表会议上，习近平总书记指出："人民是历史的创造者，人民是真正的英雄。波澜壮阔的中华民族发展史是中国人民书写的！博大精深的中华文明是中国人民创造的！历久弥新的中华民族精神是中国人民培育的！中华民族迎来了从站起来、富起来到强起来的伟大飞跃是中国人民奋斗出来的！"

人民是决定党和国家前途命运的根本力量，要依靠人民创造历史伟业。要做到这一点关键是要在思想上树立人民群众的主体地位，尊重人民群众的首创精神，最大限度地激发人民的创造热情，坚持由人民群众评判，把人民群众满意作为检验工作的第一标准。习近平总书记深刻指出：时代是出卷人，共产党人是答卷人，人民是阅卷人。强大的人民力量和人民支持是我们党执政最坚实的基础和底气。共产党人要将时代答卷做得令人民满意，必须依靠人民的力量，发挥人民首创精神，只有这样才能实现中华民族伟大复兴的中国梦。

劳动是人民群众从事物质资料生产的过程，推动物质生产发展的人民群众，当然就是推动社会历史发展的决定力量，人民群众的实践引领着人类社会不断向前发展。因此，习近平总书记说，实现党的十八大确定的奋斗目标，实现中华民族伟大复兴的中国梦，"必须紧紧依靠人民，充分调动最广大人民的积极性、主动性、创造性"。唯物史观认为，人民群众是历史活动的主体，是推动历史发展的决定力量。发展，既包括物质财富的增加，又包括精神财富的丰富，还包括社会的变革。人民群众不仅是物质财富的创造者，而且是精神财富的创造者，还是社会变革的决定力量。因此，可以说，人民始终是发展的根本力量，是发展最深厚的力量源泉。

人民群众创造历史，自然也要靠人民群众实现发展。当代中国的发展进步，从根本上说是依靠中国共产党领导中国人民取得的，是广大人民辛辛苦苦干出来的。发展依靠人民，就是要充分发挥人民群众的首创精神。"改革开放每一个方面经验的创造和积累，无不来自亿万人民的实践和智慧。"这就要贯彻"四个尊重"方针，激发人民创新创造的自觉性主动性，推动"大众创业、万众创新"。发展依靠人民，就是要善于从人民群众中汲取智慧和力量。基层是最大的课堂，群众是最好的老师。生活最深刻，群众最智慧。要做到习近平总书记所要求的，在人民面前永远做"小学生"，自觉拜人民为师，向能者求教，向智者问策。发展依靠人民，就是要坚持由人民群众评判发展成效，把人民作为党的工作的最高裁决者和最终评判者。

以人民为中心体现在治国理政方面，就是坚持国家一切权力属于人民，坚持人民主体地位，让人民以主人的身份行使国家权力。国家的名称，各级国家机关的名称，都冠以"人民"的称号，这是对中国社会主义政权的基本定位，也是对人民当家作主的政治宣示。通过一系列制度安排与政策设计，让人民当家作主的权利得到更充分的保障是以人民为中心的头等大事。对于中国这样一个有着14亿人口的大国，政治制度的安排必须让中国社会最大多数的人能掌握这一制度，能使用这一制度，会运用这一制度来保障自己的权利、行使自己的权力。已经有70多年历史的人民代表大会制度就是这样一种制度。作为中国人民当家作主的重要途径和最高实现形式,它深深植根于人民之中,把中国人民伟大的创造精神、奋斗精神、团结精神和梦想精神充分激发出来,汇聚成建设新世界的磅礴力量,让人民当家作主从政治理想变为了政治现实。反过来,排斥最广大群众在外的、少数精英群体自娱自乐的制度安排,用"金主"决定"民主"、有钱就有了一切的制度安排在中国社会不具有政治合法性,也注定得不到最大多数人民群众的支持(辛鸣,2019)。

（四）以人民为中心的发展思想确立了政策的目标导向

中共十八大以来,以习近平总书记为核心的党中央作出经济发展进入新常态的重大判断,形成以新发展理念为指导、以供给侧结构性改革为主线的政策框架,贯彻稳中求进工作总基调,引领中国经济持续健康发展。其中以人民为中心的发展思想,在涉及经济、文化、民生、生态保护等各个方面的政策制定中有着重要体现,对于促进经济平稳健康发展和社会和谐稳定,实现"两个一百年"奋斗目标,实现中华民族伟大复兴的中国梦,具有十分重要的指导意义。

面对经济社会发展新趋势新机遇和新矛盾新挑战,习近平总书记强调:"必须确立新的发展理念,用新的发展理念引领发展行动。古人说:'理者,物之固然,事之所以然也。'发展理念是发展行动的先导,是管全局、管根本、管方向、管长远的东西,是发展思路、发展方向、发展着力点的集中体现。发展理念搞对了,目标任务就好定了,政策举措也就跟着好定了。"[1]为此,党中央提出了创新、协调、绿色、开放、共享的新发展理念,并以此为主线进行谋篇布局。新发展理念,是中国发展思路、发展方向、发展着力点的集中体现,也是改革开放40多年来中国发展经验的集中体现,反映出党对中国发展规律的新认识。

习近平总书记在深圳经济特区建立40周年庆祝大会上的重要讲话中强调:"生活过得好不好,人民群众最有发言权。要从人民群众普遍关注、反映强烈、反复出现的问题出发,拿出更多改革创新举措,把就业、教育、医疗、社保、住房、养老、食品安全、生态环境、社会治安等问题一个一个解决好,努力让人民群众的获得感成色

---

[1] 习近平:《关于〈中共中央关于制定国民经济和社会发展第十三个五年规划的建议〉的说明》,《十八大以来重要文献选编》(中),中央文献出版社2016年版,第774—775页。

更足、幸福感更可持续、安全感更有保障。"

获得感、幸福感、安全感,是推动共享发展的重要内容。综览《习近平谈治国理政》第三卷,我们也可以清晰地看出,让人民群众有更多获得感、幸福感、安全感,犹如一根红线贯穿其中,书中对"中国共产党为什么能、马克思主义为什么行、中国特色社会主义为什么好"这三大问题进行了有力阐释,充分彰显了中国共产党的领导优势和中国特色社会主义的制度优势。

在经济社会发展当中,中国共产党坚持以人民为中心,强化政策设计的全覆盖。例如,对于城镇低收入者、农民工及未就业大学生等群体,习近平总书记指出,我们有1 800万左右的城镇低保人口,对他们而言,要通过完善各项保障制度来保障基本生活;对1.3亿多65岁以上的老年人,要增加养老服务供给、增强医疗服务的便利性;对2亿多在城镇务工的农民工,要让他们逐步公平享受当地基本公共服务;对上千万在特大城市就业的大学毕业生等其他常住人口,要让他们有适宜的居住条件;对900多万城镇登记失业人员,要让他们有一门专业技能,实现稳定就业和稳定收入;等等。总之,要坚持以人民为中心的发展思想,针对特定人群面临的特定困难,想方设法帮助他们解决实际问题。①

三、 以人民为中心发展思想的政策体现

江山就是人民,人民就是江山。人民对美好生活的向往就是我们一切工作的出发点和落脚点。习近平总书记指出:"中国共产党根基在人民、血脉在人民、力量在人民。中国共产党始终代表最广大人民根本利益,与人民休戚与共、生死相依,没有任何自己特殊的利益,从来不代表任何利益集团、任何权势团体、任何特权阶层的利益。"走好新时代的"赶考之路",更加坚定地践行以人民为中心的发展思想,着力提高人民群众的幸福感、获得感和安全感,走好共同富裕之路。必须始终做到发展为了人民、发展依靠人民、发展成果由人民共享,不仅要持续提升各类市场主

---

① 习近平:《以新的发展理念引领发展,夺取全面建成小康社会决胜阶段的伟大胜利》,《十八大以来重要文献选编》(中),中央文献出版社2016年版,第832页。

体的活跃度,激发各类创新主体的活力,释放人民群众的巨大力量,更要继续加强教育文化、医疗卫生、收入分配、社会保障等民生领域工作,努力在保障和改善民生上持续取得新进展,不断实现最广大人民的根本利益,让人民群众更好地共享高质量发展成果。

(一)关注民生问题,时刻倾听人民呼声

十九届六中全会指出,"让老百姓过上好日子是党一切工作的出发点和落脚点,补齐民生保障短板、解决好人民群众急难愁盼问题是社会建设的紧迫任务。必须以保障和改善民生为重点加强社会建设,尽力而为、量力而行",同时要"加强和创新社会治理,使人民获得感、幸福感、安全感更加充实、更有保障、更可持续"。①民生问题始终是党和国家最关切的问题。聚焦民生关切,立下承诺是初心,践行承诺是担当,党始终初心如磐,将使命担负在肩毫不松懈。党和政府能准确掌握群众真正关心的热点和难点问题,体现出党关爱群众的真心和解决困难的决心。在新冠肺炎疫情暴发后,党和政府迅速出台政策,免费救治生命。现在疫情防控进入常态化,口罩生产、隔离消毒、饮食消费、出行安全也成为人们更为关切的问题,党和国家倾注了大量精力,抓好基本民生,坚持民有所呼,党有所应。党对于群众的身体健康尤为关注,为民生底线做好充足保障。党和国家扩大了公民有序参与政治生活的渠道,注重运用媒体来加强同人民群众的联系,以多种有效途径收集人民群众的诉求,更加广泛地了解民情、反映民意、解决问题,从而在政策上更好体现出人民群众的愿望,最终目的就是为人民谋幸福,让人民群众过上更有品质的美好生活。

就业是最大的民生。在统筹新冠肺炎疫情防控和经济社会发展的过程中,党和国家提出要扎实做好"六稳"工作,全面落实"六保"任务,实施就业优先战略和积极就业政策,创造更多就业岗位,千方百计稳定和扩大就业,构建和谐劳动关系,实现更充分更高质量就业。在教育方面,党和国家提出要把"办好人民满意的教育"放在首位,坚持教育优先发展,落实立德树人根本任务,培养德智体美劳全面发展

---

① 十九届六中全会《中共中央关于党的百年奋斗重大成就和历史经验的决议》。

的社会主义建设者和接班人，深化教育领域综合改革，推动教育公平发展和质量提升，让教育资源惠及所有家庭和孩子。在民生保障方面，按照兜底线、织密网、建机制的要求，完善覆盖全民、城乡统筹、权责清晰、保障适度、可持续的多层次社会保障体系。

坚持以人民为中心的发展思想，抓住人民最关心最直接最现实的利益问题，不断保障和改善民生，促进社会公平正义，在更高水平上实现幼有所育、学有所教、劳有所得、病有所医、老有所养、住有所居、弱有所扶，让发展成果更多更公平惠及全体人民，不断促进人的全面发展。谋划"十四五"时期发展，坚持发展为了人民、发展成果由人民共享，努力在推动高质量发展过程中办好各项民生事业、补齐民生领域短板；更加聚焦人民群众普遍关心关注的民生问题，采取更有针对性的措施，一件一件抓落实，一年接着一年干，让人民群众获得感、幸福感、安全感更加充实、更有保障、更可持续。

（二）推进精准扶贫，实现全面建成小康社会

习近平总书记指出，没有农村的小康，特别是没有贫困地区的小康，就没有全面建成小康社会。中国共产党坚持精准扶贫，十分关心贫困群众的生活。贫困地区人民群众的生活条件明显提高，贫困地区人民的出行、看病、用水安全和住房保障等一系列问题都得到了改善。党和政府对四川大凉山腹地悬崖村实施精准扶贫政策，人人惧怕的藤梯变成钢梯，经过异地搬迁，家家都住上了楼房。党和政府帮助村民进行旅游开发、中药种植、网上直播等，这些也成为村民新的致富希望，让老百姓真正富起来。经过多年持续奋斗，中国如期完成了新时代脱贫攻坚目标任务，现行标准下农村贫困人口全部脱贫，贫困县全部摘帽，消除了绝对贫困和区域性整体贫困，近1亿贫困人口实现脱贫，取得了令全世界刮目相看的重大胜利。

习近平总书记将脱贫攻坚作为实现中华民族伟大复兴中国梦的重要组成部分，将农村贫困人口全部脱贫看成是全面建成小康社会的底线任务，明确指出脱贫的具体标准是，"到2020年稳定实现扶贫对象不愁吃、不愁穿，保障其义务教育、基本医疗、住房"，"确保到2020年我国现行标准下农村贫困人口实现脱贫，贫困

县全部摘帽,解决区域性整体贫困,做到脱真贫、真脱贫",强调"全面建成小康社会,一个也不能少;共同富裕路上,一个也不能掉队。我们要举全党全国之力,坚决完成脱贫攻坚任务,确保兑现我们的承诺……不断增强人民的获得感、幸福感、安全感,不断推进全体人民共同富裕","脱贫摘帽不是终点,而是新生活、新奋斗的起点"。

习近平总书记关于扶贫工作的重要论述以坚持激发群众内生动力为前提。习近平总书记指出,坚持群众主体,激发内生动力。脱贫攻坚,群众动力是基础。必须坚持依靠人民群众,充分调动贫困群众积极性、主动性、创造性,坚持扶贫和扶志、扶智相结合,正确处理外部帮扶和贫困群众自身努力的关系。扶志解决的是群众的精气神问题,即改变少数贫困群众"等、要、靠"的思想,突出强化其主体意识,激发贫困群众积极性和主动性,"培育贫困群众依靠自力更生实现脱贫致富意识","组织、引导、支持贫困群众用自己辛勤劳动实现脱贫致富,用人民群众的内生动力支撑脱贫攻坚"。通过激发贫困群众的内生发展动力,把救济纾困和内生脱贫结合起来,变输血为造血,实现可持续稳固脱贫。

（三）统筹疫情防控,始终坚持以人为本

中国共产党从成立以来,就始终坚持以人为本,这在党领导人民抗击新冠肺炎疫情时体现得淋漓尽致。习近平总书记强调:"坚决遏制疫情蔓延势头,坚决打赢疫情防控阻击战。"在新冠肺炎疫情期间,为了保持社会正常运转,党和政府将各项保障工作都做得十分细致,严格把控疫情防控的各个环节。在医疗救治方面进行免费核酸检测和免费接收就诊患者,在物资保障、肉菜供应、交通管控等方面尽最大努力保障普通人的衣食住行,尽一切可能救治每一个病人,做到尊重每一个生命。

疫情防控是一场必须打赢的决胜之战,党毫不放松抓实抓细常态化的疫情防控工作,争取在疫情大考中早日取得最终胜利。习近平总书记指出,我们党没有自己特殊的利益,党在任何时候都把群众利益放在第一位(金建萍,2020)。这是我们党作为马克思主义政党区别于其他政党的显著标志。在重大疫情面前,我们一开始就鲜明提出把人民生命安全和身体健康放在第一位。在全国范围调集最优秀的医生、最先进的设备、最急需的资源,全力以赴投入疫病救治,救治费用全部由国家承担。人民至上、生命至上,保护人民生命安全和身体健康可以不惜一切代价。党员在疫情防控中的作用充分彰显,党员接地气、干实事,面对困难毫不退缩,更加证明了党始终是人民群众的主心骨。正是由于党坚持以人民为中心,党和人民之间的情感纽带才能更加牢固。正是在党的带领下,中国人民又一次战胜了困难,朝着民族复兴的伟大梦想前进。

(四)推动共享发展,努力实现共同富裕

共同富裕是社会主义的本质要求,共享发展成果是新发展理念的宗旨和目标。习近平总书记指出,全党必须完整、准确、全面贯彻新发展理念,从根本宗旨把握新发展理念。人民是我们党执政的最深厚基础和最大底气。为人民谋幸福、为民族谋复兴,这既是我们党领导现代化建设的出发点和落脚点,也是新发展理念的"根"和"魂"。只有坚持以人民为中心的发展思想,坚持发展为了人民、发展依靠人民、发展成果由人民共享,才会有正确的发展观、现代化观。实现共同富裕不仅是经济问题,而且是关系党的执政基础的重大政治问题。要统筹考虑需要和可能,按照经济社会发展规律循序渐进,自觉主动解决地区差距、城乡差距、收入差距等问题,不断增强人民群众获得感、幸福感、安全感。

生活过得好不好,人民群众最有发言权。随着经济社会发展和民生改善,老百姓普遍感到腰包更鼓了、日子更殷实了、精气神更振奋了。与此同时,老百姓还有不少操心事、烦心事、揪心事。民生工作千头万绪,事关千家万户,要坚持尽力而为、量力而行,聚焦突出问题和明显短板,回应人民群众诉求和期盼,解决好人民群众最关心最直接最现实的利益问题,让群众看到变化、得到实惠。[①]例如,针对老人、小孩等特定人群遇到的问题,习近平总书记指出,要促进养老托育服务健康发展,解决好"一老一小"问题,这对保障和改善民生、促进人口长期均衡发展具有重要意

[①] 《促进人的全面发展和社会全面进步——学习贯彻党的十九届五中全会精神》,新华网,2020 年 11 月 4 日,www.xinhuanet.com/comments/2020-11/04/c_1126697634.htm。

义。要坚持以人民为中心的发展思想,弘扬中华民族尊老爱幼的传统美德,立足当前、着眼长远,根据人口分布和结构变化,巩固家庭养老育幼基础地位,强化政府保基本兜底线职能,健全老有所养幼有所育的政策体系,扩大多元主体多种方式的服务供给,促进服务能力提升和城乡区域均衡发展不断取得新进展。

第四节　以人民为中心的发展思想的实践样本

中共十八大以来,以习近平总书记为核心的党中央提出一系列新思想新观点新论断,出台一系列重大方针政策,推出一系列重大战略举措,如全面打赢脱贫攻坚战,如期全面建成小康社会,坚决打赢疫情防控阻击战,全力开创人民城市建设新局面,等等,持续推进以人民为中心的发展思想的生动实践。

一、全面打赢脱贫攻坚战

消除贫困、满足人民对美好生活的向往是中国共产党践行初心和使命的必然要求。2012年底,十八大召开后不久,党中央就强调,"小康不小康,关键看老乡,关键在贫困的老乡能不能脱贫",承诺"决不能落下一个贫困地区、一个贫困群众",由此拉开了新时代脱贫攻坚的序幕。此后,党中央始终把脱贫攻坚摆在治国理政的突出位置,把脱贫攻坚作为全面建成小康社会的底线任务,组织开展了声势浩大的脱贫攻坚人民战争。经过八年持续奋斗,中国不负时代重托、不负人民期望,完成了新时代脱贫攻坚目标任务,现行标准下9 899万农村贫困人口全部脱贫,832个贫困县全部摘帽,12.8万个贫困村全部出列,消除了绝对贫困和区域性整体贫困,完成了消除绝对贫困的艰巨任务,取得了令全世界刮目相看的重大胜利,创造了又一个彪炳史册的人间奇迹。这一切的成功离不开以人民为中心的发展思想的指导。正是在以人民为中心的发展思想的引领下,中国共产党把扶贫脱贫作为关乎人民根本利益的大事来抓,始终坚持脱贫攻坚为了人民、脱贫攻坚依靠人民、脱贫攻坚成效由人民评判,谱写了人类反贫困历史的新篇章。

（一）脱贫攻坚战的历史进程

中国共产党自成立以来，就以消灭剥削、实现共产主义作为奋斗目标，始终把保障和改善民生作为执政的重要指向。在不同的历史时期，根据国家发展情况和贫困人口、贫困特征的变化，制定实施相应的扶贫战略和政策体系，在经济社会发展中实现大规模减贫，成就举世瞩目，走出了一条中国特色扶贫开发道路（黄承伟，2020a）。

1. 计划经济体制下的广义扶贫战略（1949—1978 年）。

1949 年新中国成立之初，中国共产党面对着一个积贫积弱、百废待兴的局面，担负着领导全国各族人民建设新中国、新社会的重任（史志乐、张琦，2021）。中国是个农业大国，农村人口占据总人口的大多数，由于封建土地制度的长期束缚和多年战乱，整个农村生产力水平异常低下，处于普遍落后和贫困的状态。为了缓解普遍存在的生存性贫困，中国于 1950 年颁布《中华人民共和国土地改革法》，废除地主阶级的封建剥削土地所有制，实行农民土地所有制，从而解放了农村生产力；1951 年 9 月，中共中央召开第一次农业互助合作会议，提出通过实行农村合作化在农村消灭富农经济和个体经济制度，探索农村社会主义改造的路径（史志乐、张琦，2021）。为了保障贫困群众的基本生存需求，中国开展了救济式的扶贫，主要通过粮食和蔬菜进行调拨以满足贫困人口的基本生存需求。按照国家贫困线的标准，到 1978 年，中国贫困人口规模约为 2.5 亿人，贫困发生率为 30.7％。这一阶段的扶贫解决了大多数贫困人口的临界生存需求，为后来的消除贫困和促进农村发展提供了必要基础。从新中国成立到改革开放前夕，党领导人民完成社会主义革命，消灭一切剥削制度，实现了中华民族有史以来最为广泛而深刻的社会变革，实现了一穷二白、人口众多的东方大国大步迈进社会主义社会的伟大飞跃。[①]

2. 农村经济体制变革扶贫战略（1978—1985 年）。

改革开放以来，中国脱贫攻坚的重点瞄准农村集中贫困地区。随着改革大刀

[①] 十九届六中全会《中共中央关于党的百年奋斗重大成就和历史经验的决议》。

阔斧地推进,农村地区经济得到快速发展,贫困人口大幅减少。在推动农村经济体制改革方面,一方面取消人民公社,实行家庭联产承包责任制,充分激发了农民的生产积极性,农产品产量大幅提高;另一方面,农产品的价格与市场逐渐放开,农村的商品流通障碍逐渐被清除(董敬怡,2018)。在此期间,政府采取一系列举措助力扶贫工作。例如,1980年为帮扶"老、少、边、穷"地区的发展而设立"支援经济不发达地区发展基金",1982年启动"三西"重点区域扶贫工作,设立专项资金援助"三西"地区的建设,等等。然而,这些扶贫措施仍是救济式的,无法为减贫脱贫提供内生动力,因此急需转变扶贫理念。1984年,中共中央、国务院发布《关于帮助贫困地区尽快改变面貌的通知》,中国政府消除贫困的正式行动由此拉开序幕,原先救济式的扶贫理念也转变为增强地区内部发展的扶贫理念。根据《中国统计年鉴》数据,按照1978年的标准,贫困人口从1978年的2.5亿人下降到1985年的1.25亿人,贫困发生率从30.7%下降到了14.8%。

3. 区域开发式扶贫战略(1986—1993年)。

随着扶贫工作的不断深入,一些区域性的贫困问题开始凸显。1985年之后,农村经济体制改革释放的减贫红利不再自动使贫困人口受益,相反,地区之间和个体农民之间的收入差距逐渐扩大,特别是在贫困人口集中分布而地理位置和资源条件极差的地区尤为突出。农村区域发展不平衡使得贫困人口具有明显的区域集中特征,主要分布在"老、少、边、穷"地区。为了进一步加强对扶贫工作的领导,中国在1986年成立国务院贫困地区经济开发领导小组,统一领导和组织全国扶贫工作,同时明确扶贫对象和重点贫困县。1987年,《国务院关于加强贫困地区经济开发工作的通知》针对全国18个集中连片贫困带划定了331个国家重点贫困县,确立以县级行政单元为地域单元的扶贫方式。中国共产党领导人民摆脱贫困进入到区域性的、从面到块的阶段(史志乐、张琦,2021)。截至1993年底,农村贫困人口由1.25亿人减少到8 000万人,贫困人口占农村总人口的比重从14.8%下降到8.7%。

4. 综合性扶贫攻坚战略(1994—2000年)。

党中央、国务院于1994年决定实施《国家八七扶贫攻坚计划》,于1996年作出

《关于尽快解决农村贫困人口温饱问题的决定》,计划集中力量用七年时间基本解决8 000万贫困人口的温饱问题。这一时期党和政府在扶贫工作当中的组织地位和领导地位得到进一步强化,党政机关带头参与扶贫攻坚,建立了以政府力量为主体的国家扶贫治理结构,改变扶贫开发瞄准方式,建立以县为对象的目标瞄准机制,将70%的扶贫资金用于贫困县,重点支持效益好、能还贷、能带动千家万户脱贫致富的种植业、养殖业、林果业和农产品加工业项目(史志乐、张琦,2021)。这一阶段坚持开发式扶贫战略,在国家支持下,利用贫困地区的自然资源,进行开发性生产建设,逐步形成贫困地区和贫困人口的自我积累和发展能力,从而依靠自身力量解决温饱、脱贫致富(刘洁,2019)。到2000年底,中国农村贫困人口下降到3 209万人,贫困发生率也下降到了3.5%,扶贫开发成效进一步凸显。

5. 整村推进与"两轮驱动"扶贫战略(2001—2012年)。

进入新世纪,尽管贫困人口数量大幅减少,但贫困人口分布呈现出"大分散、小集中"、从重点县向重点村转移的态势(王亚华、舒全峰,2021)。这一阶段的扶贫工作是在全国范围内确定148 000个贫困村,覆盖80%的贫困人口,强调利用村庄作为一个单位,动员农民参与,全面发展农村扶贫。党的十六届五中全会提出建设"社会主义新农村",要求推进现代农业建设,全面深化农村改革,大力发展农村公共事业,尽一切可能增加农民收入。同时,坚持扶贫开发与社会保障"两轮驱动",深入推进脱贫攻坚工作。2007年逐步建立新型农村合作医疗制度,2009年建立最低生活保障制度,确保贫困地区的贫困人口能够得到切实的保障。国家对于贫困地区的扶贫开发,更加重视弱势群体的保护,形成了保障性扶贫的制度基础,这是中国减贫事业中的一项重要创新。2011年,国家制定《中国农村扶贫开发纲要(2011—2020年)》,中国的扶贫开发主战场再次转向国务院扶贫开发领导小组认定的集中连片特困地区,针对14个集中连片特困地区制定了相应的扶贫攻坚计划,扶贫进入了片区攻坚阶段。

6. 以精准扶贫精准脱贫为方略的脱贫攻坚战略(2013—2020年)。

随着扶贫开发事业的推进,传统粗放型扶贫方式的问题也日益凸显,比如,贫困人口底数不清、情况不明,资金使用"撒胡椒面"等,扶贫工作面临新的挑战。2013 年,习近平总书记在湖南湘西十八洞村调研时首次提出了"精准扶贫"思想,以此为标志,精准扶贫战略正式走上历史舞台。精准扶贫战略的核心是要实现"四个精准",即精准识别、精准施策、精准管理和精准考核。这一阶段的扶贫重点是贫困户,针对不同的贫困人群制定有针对性的扶贫措施,从而做到"真扶贫"和"扶真贫"。在精准扶贫实施中还创新性地提出了"六个到村到户""五个一批""十项行动"等一系列措施和手段。各级政府积极推动精准扶贫工作,为贫困户贫困人口建立贫困档案,并且中央和地方层面派遣大量扶贫干部和工作队入驻贫困村(董敬怡,2018)。2021 年 2 月 25 日,习近平总书记在全国脱贫攻坚总结表彰大会上庄严宣布:"我国脱贫攻坚战取得了全面胜利。"至此,中国脱贫攻坚目标任务全部完成,创造了载入史册的人间奇迹。

(二)全面打赢脱贫攻坚战的重大意义

消除贫困是人类梦寐以求的理想,是追求幸福生活的最根本保障。全面打赢脱贫攻坚战意味着中国的绝对贫困问题得到了历史性解决,这对于中国和世界都具有十分重要的意义。就国内而言,完成了全面建成小康社会的底线任务,为全面推进乡村振兴、加快农业农村现代化培元固本,为实现全体人民共同富裕奠定了坚实基础;就世界而言,这意味着中国提前十年实现联合国设定的减贫目标,中国脱贫攻坚的成功经验和举措为全球减贫治理提供了中国智慧和中国方案(陈冬冬、齐卫平,2021)。

1. 中国意义。

打赢脱贫攻坚战不仅生动彰显了以人民为中心的发展思想,而且丰富了中国特色社会主义建设理论,促进了脱贫攻坚、全面小康、共同富裕的梯度推进。

打赢脱贫攻坚战,确保中国如期全面建成小康社会,开启社会主义现代化国家建设新征程。脱贫攻坚是全面建成小康社会的底线任务和标志性指标。全面建成小康社会,最艰巨最繁重的任务在农村特别是农村贫困地区,打赢脱贫攻坚战,意味着补齐了全面建成小康社会的最大短板,确保了全面建成小康社会的成色,彰显了中国共产党领导的独特政治优势和卓越治理能力。

打赢脱贫攻坚战,中国共产党兑现了向全国人民和国际社会作出的庄严承诺。打赢脱贫攻坚战,是中国共产党执政为民,让发展成果更多更公平地惠及全体人民的生动实践,充分体现了中国共产党人的人民情怀。

打赢脱贫攻坚战,为全面推进乡村振兴奠定了坚实基础。脱贫攻坚在经济建设、政治建设、文化建设、生态建设等各方面都取得了明显成效,极大地改善了农村生产生活条件,提高了农村公共服务水平,提升了乡村治理能力,但"脱贫摘帽不是终点,而是新生活、新奋斗的起点"。民族要复兴,乡村必振兴。十九届五中全会提出,全面实施乡村振兴战略,强化以工补农、以城带乡,推动形成工农互促、城乡互补、协调发展、共同繁荣的新型工农城乡关系,加快农业农村现代化。脱贫攻坚过程中形成的基本经验和制度成果也为实现乡村振兴提供了重要借鉴和参照。因此,大力弘扬和传承伟大的脱贫攻坚精神,进一步巩固和拓展脱贫攻坚成果,有利于为全面推进乡村振兴奠定坚实基础,能够以更有力的举措、更强大的力量推进乡村全面振兴,为人民创造更加幸福美好的生活。

打赢脱贫攻坚战,朝着共同富裕目标迈出了关键一步。在全球贫困状况依然严峻、一些国家贫富分化加剧的背景下,中国提前十年实现《联合国2030年可持续发展议程》中的减贫目标。中国共产党为什么能?党的领导和社会主义制度优越性在其中发挥了决定性作用,其中一个重要方面就体现在我们始终坚持以人民为中心的发展思想,坚定不移走共同富裕道路。先富带后富,实现共同富裕,是中国共产党人慎终如始的追求;"全面小康是全体中国人民的小康,不能出现有人掉队",是中国共产党人始终不变的承诺。"社会主义道路上一个也不能少,全面小康大家一起走",朝着共同富裕的目标,我们不仅注重做大"蛋糕",更注重分好"蛋糕",让发展成果更多更公平惠及全体人民(李广春,2021)。

2. 世界意义。

中国共产党领导的反贫困斗争经验,为全球减贫事业贡献了中国智慧和中国方案。例如,贫困治理要走适合自己国情的发展道路,要加强党和政府的组织领导,要坚持开发式扶贫的基本方针,要实施精准扶贫的基本方略,要激发贫困群众的内生动力,要凝聚扶贫减贫的强大合力等。当然,中国的减贫经验植根于中国大地,具有自身的独特性,其他各国应该从本国实际出发,探索出适合本国国情的减贫方式和方法,以促进经济社会的可持续发展(张远新、董晓峰,2021)。

中国为深化国际减贫合作、展现大国责任担当指明了方向。"消除贫困,自古以来就是人类梦寐以求的理想,是各国人民追求幸福生活的基本权利。""消除贫困是人类的共同使命。中国在致力于消除自身贫困的同时,始终积极开展南南合作,力所能及地向其他发展中国家提供不附加任何政治条件的援助,支持和帮助广大发展中国家特别是最不发达国家消除贫困。"①习近平总书记从全球携手共建一个没有贫困、共同发展的人类命运共同体的开阔视野,深刻揭示了脱贫攻坚对于实现人类更美好发展的意义,中国减贫不仅解决了自身贫困问题,也必将为全球减贫贡献中国智慧和中国方案(黄承伟,2020b)。

(三)打赢脱贫攻坚战彰显以人民为中心的发展思想

1. 为了人民:打赢脱贫攻坚战的思想旨归。

"以人民为中心"是中国共产党打赢脱贫攻坚战的科学指南和根本遵循,脱贫攻坚的根本目的就是为了造福人民。这是社会主义的必然要求和中国共产党的根本宗旨,也是人民对美好生活向往的现实需要。习近平总书记指出,全面小康路上一个不能少,脱贫致富一个不能落下。这不仅是中国共产党对时代对人民的庄严承诺,更从价值立场回答了发展"为了谁"的问题。作为脱贫攻坚的根本出发点,"人民至上"的价值理念贯穿于脱贫攻坚始终,为取得脱贫攻坚战的全面胜利提供了精神航标,引导着脱贫攻坚工作的正确方向。

坚持"人民至上"是社会主义的本质要求。消除贫困、改善民生、实现共同富裕,是社会主义的本质要求。马克思、恩格斯曾指出:"无产阶级的运动是绝大多数人的、为绝大多数人谋利益的独立的运动",在未来社会"生产将以所有的人富裕为

---

① 习近平:《携手消除贫困　促进共同发展——在 2015 减贫与发展高层论坛的主旨演讲》,《光明日报》2015 年 10 月 17 日。

目的"。1987年,邓小平指出:"搞社会主义,一定要使生产力发达,贫穷不是社会主义。我们坚持社会主义,要建设对资本主义具有优越性的社会主义,首先必须摆脱贫穷。"①后来,邓小平进一步指出:"社会主义的本质,是解放生产力、发展生产力、消灭剥削,消除两极分化,最终达到共同富裕。"②坚持以人民为中心的发展思想,就是要把增进人民福祉、促进人的全面发展、朝着共同富裕方向稳步前进作为经济社会发展的出发点和落脚点。

坚持"人民至上"是中国共产党的根本宗旨和初心使命。中国共产党从成立之初就确立了为天下劳苦人民谋幸福的目标,始终不忘初心、牢记使命,以实际行动践行"以人民为中心"的发展思想,始终把人民对美好生活的向往作为奋斗的目标,将人民群众共同的期盼作为自身行动的出发点和落脚点。习近平总书记始终牵挂困难群众,他在河北阜平考察扶贫开发工作时指出:"现在,我国大部分群众生活水平有了很大提高,出现了中等收入群体,也出现了高收入群体,但还存在大量低收入群体。真正要帮助的,还是低收入群众。"③必须始终把人民放在心中最高的位置,始终全心全意为人民服务,始终为人民利益和幸福而努力奋斗(中共中央宣传部,2019)。脱贫攻坚使数亿贫困人口成功摆脱贫困,在幼有所育、学有所教、劳有所得、病有所医、老有所养、住有所居、弱有所扶上不断取得新进展,使贫困群众充分享有生存权、共享发展成果、享有发展权、拥有发展机遇(黄承伟,2020b)。因此,全面打赢脱贫攻坚战充分彰显了中国共产党为人民谋幸福、为民族谋复兴的初心使命和全心全意为人民服务的根本宗旨。

2. 依靠人民:打赢脱贫攻坚战的内生动力。

人民群众是历史发展和社会进步的主体力量,只有依靠人民群众才能创造历史伟业。坚持人民主体地位,充分调动人民积极性,始终是中国共产党立于不败之地的强大根基(中共中央宣传部,2019)。贫困群众是扶贫攻坚的对象,更是脱贫致

---

① 《邓小平文选》第3卷,人民出版社2001年版,第225页。
② 同上书,第373页。
③ 习近平:《在河北省阜平县考察扶贫开发工作时的讲话》,《光明日报》2021年2月16日。

富的主体。党和政府有责任帮助贫困群众致富,但并不意味着要大包大揽。"群众参与是基础,脱贫攻坚必须依靠人民群众,组织和支持贫困群众自力更生,发挥人民群众主动性。"①习近平总书记指出:"脱贫攻坚是干出来的,首先靠的是贫困地区广大干部群众齐心干。"②脱贫攻坚战能获得胜利正是因为充分调动了人民群众的积极性、主动性、创造性,举全民之力推进中国特色社会主义事业。要充分发挥人民群众的内生动力,需要坚持"志智双扶",扶贫先扶志,扶贫必扶智。只有实现扶贫与扶志和扶智的统一,才能提高贫困群众脱贫致富的信心和能力。

扶贫先扶志。扶志就是扶思想、扶观念、扶信心。激发内生动力,需要调动贫困地区和贫困人口的积极性,"只要有信心,黄土变成金",人穷志不能短,扶贫必先扶志。习近平总书记强调:"脱贫致富贵在立志,只要有志气、有信心,就没有迈不过去的坎。"③摆脱贫困并不是摆脱物质的贫困,而是摆脱意识和思路的贫困。发挥广大干部群众的积极性首先需要树立脱贫致富、加快发展的坚定信心,发扬自力更生和艰苦奋斗精神。"要把扶贫同扶志结合起来,着力激发贫困群众发展生产、脱贫致富的主动性,着力培育贫困群众自力更生的意识和观念,引导广大群众依靠勤劳双手和顽强意志实现脱贫致富。"④

扶贫必扶智。扶智就是扶知识、扶技术、扶方法。"贫困地区发展要靠内生动力,如果凭空救济出一个新村,简单改变村容村貌,内在活力不行,劳动力不能回流,没有经济上的持续来源,这个地方下一步发展还是有问题。"习近平总书记强调,抓好教育是扶贫开发的根本大计,要让贫困家庭的孩子都能接受公平的有质量的教育,起码学会一项有用的技能,不要让孩子输在起跑线上,尽力阻断贫困代际传递。⑤习近平在 2015 年减贫与发展高层论坛上进一步指出:"扶贫必扶智,让贫困

---

① 《习近平主持中共中央政治局第三十九次集体学习》,中华人民共和国中央人民政府网站,2017 年 2 月 22 日,www.gov.cn/xinwen/2017-02/22/content_5170078.htm。

② 《解放思想真抓实干奋力前进 确保与全国同步建成全面小康社会》,《光明日报》2016 年 7 月 21 日。

③ 习近平:《在湖南考察时的讲话》,《人民日报》2013 年 11 月 6 日。

④ 习近平:《二〇一七年春节前赴河北张家口看望慰问基层干部群众时的讲话》,《人民日报》2017 年 1 月 25 日。

⑤ 《中央经济工作会议在北京举行》,新华网,2014 年 12 月 12 日,www.xinhuanet.com//politics/2014-12/11/c_1113611795_2.htm。

地区的孩子们接受良好教育,是扶贫开发的重要任务,也是阻断贫困代际传递的重要途径。"党和国家采取了一系列措施推动贫困地区教育事业加快发展、教师队伍素质能力不断提高,让贫困地区每一个孩子都能接受良好教育,实现德智体美劳全面发展,成为社会有用之才。授人以鱼,不如授人以渔。除了重视基础知识教育外,脱贫攻坚还重视贫困人口的技能培训,提高他们的就业能力,真正使他们具有自力更生的能力。

脱贫攻坚,群众动力是基础。坚持群众主体,激发内生动力,充分调动贫困群众的积极性、主动性、创造性,坚持扶贫与扶志、扶智相结合,正确处理外部帮扶和贫困群众自身努力的关系,培育贫困群众依靠自力更生实现脱贫致富的意识,培养贫困群众发展生产和务工经商技能,组织、引导、支持贫困群众用自己辛勤劳动实现脱贫致富,用人民群众的内生动力支撑脱贫攻坚。[①]通过激发人民群众的内生动力,鼓励个人努力工作、勤劳致富,创造和维护机会公平、规则公平的社会环境,让每个人通过努力都有机会成功。这是中国成功打赢脱贫攻坚战的根本动力,我们在脱贫攻坚中扎实走好了群众路线。

3. 人民满意:打赢脱贫攻坚战的检验标准。

习近平总书记指出:"时代是出卷人,我们是答卷人,人民是阅卷人。"人民是我们党的工作的最高裁决者和最终评判者。党的执政水平和执政成效必须由且只能由人民来评判,最终都要看人民是否真正得到了实惠,人民生活是否真正得到了改善,人民权益是否真正得到了保障。要坚持把人民拥护不拥护、赞成不赞成、高兴不高兴、答应不答应作为衡量一切工作得失的根本标准。脱贫攻坚战是一场为人民谋利益的人民战争。打赢脱贫攻坚战是时代给出的考题,答卷合不合格,要由人民评判。脱贫攻坚战的实际成效、时代影响和历史地位能否得到最广大人民群众的认可和赞誉,是检验脱贫攻坚战成功与否的唯一标准。

以人民满意作为打赢脱贫攻坚战的评判标准,确立了脱贫攻坚成效的价值尺

---

① 习近平:《在打好精准脱贫攻坚战座谈会上的讲话》,《求是》2020 年第 9 期。

度和根本标准。在脱贫攻坚中，是否实现了最广大人民的利益，是否得到最广大人民群众的拥护，是衡量一切工作是否正确的根本标准。人民是脱贫攻坚工作的最高裁决者和最终评判者。这体现了新时代中国共产党治国理政的根本目的。习近平总书记指出："群众满意是我们党做好一切工作的价值取向和根本标准。"人民群众满意是检验中国共产党一切工作成效的基本尺度。中国共产党始终不渝的追求与目标便是广大人民群众的满意。中国共产党正是坚持以人民为中心才赢得了人心，最终取得脱贫攻坚战的决定性胜利。

以人民满意作为检验标准并不意味着止步于当前的成就，而是要把它作为一个长远目标，接受时代的检验。习近平总书记强调："脱贫摘帽不是终点，而是新生活、新奋斗的起点。"脱贫攻坚要解决的不是眼下的贫困，而是要实现脱贫后的稳定发展和人民生产生活的持续改善。因此，真正接受人民的检验和历史的检验，还必须做好乡村振兴这篇文章，将脱贫攻坚与乡村振兴深度融合、有机衔接（万华颖，2020）。特别要抓好产业衔接和人才衔接，进一步巩固脱贫攻坚成果，推进乡村振兴工作，使贫困地区实现可持续发展，使贫困人口迈向更为美好幸福的生活。

二、 全面建成小康社会

全面建成小康社会是实现中华民族伟大复兴中国梦的重要里程碑，在中华民族发展史上具有重要意义。到建党 100 周年时，全面建成惠及十几亿人口的更高水平的小康社会，这是中国共产党向人民、向历史作出的庄严承诺。全面建成小康社会要解决的不仅仅是温饱问题，而且是要建成经济更加发展、民主更加健全、科教更加进步、文化更加繁荣、社会更加和谐、人民生活更加殷实的小康社会。[①]全面小康，是以人民为中心的小康。中国共产党坚持以人民为中心的发展思想，努力实现"全面建成小康社会，一个不能少；共同富裕路上，一个不能掉队"的庄严承诺，这是全面建成小康社会的主要原则和根本保证。因此，全面建成小康社会的伟大实践，

---

① 习近平：《决胜全面建成小康社会，夺取新时代中国特色社会主义伟大胜利》，《人民日报》2017 年 10 月 28 日。

生动诠释了中国共产党始终坚持"人民至上"的价值追求和执政为民的责任担当。

(一) 全面建成小康社会的历史进程

"小康"是中华民族几千年来梦寐以求的社会理想。但在历史上,中国人民的"小康"愿望长期无法实现。新中国成立以后,特别是改革开放以来,中国共产党领导全国各族人民,破除了社会主义发展道路上的种种障碍,取得了改革开放和社会主义现代化建设的历史性成就,不断向全面建成小康社会总目标迈进。中国小康社会的建设沿着解决温饱问题、人民生活总体上达到小康再到全面建成小康社会的路径不断行进。

1. 解决温饱问题阶段(1978—1990 年)。

中共十一届三中全会后,党中央充分意识到现代化建设任务的长期性和艰巨性,在科学分析国际国内形势、深刻总结正反两方面经验,以及充分吸收中华优秀传统文化的基础上,创造性地提出了"小康"目标,开启了全面建设小康社会的征程(谢伏瞻,2020)。

1979 年,邓小平在会见日本首相大平正芳时首次提出"小康"概念。1982 年,邓小平在会见联合国秘书长德奎利亚尔时谈道:"我们摆在第一位的任务是在本世纪末实现现代化的一个初步目标,这就是达到小康的水平","再花三十年到五十年的时间,接近发达国家的水平"。[①]1984 年,邓小平会见日本首相中曾根康弘时说:"翻两番,国民生产总值人均达到八百美元,就是到本世纪末在中国建立一个小康社会。这个小康社会,叫做中国式的现代化。"[②]由此,"小康"成为中国现代化国家建设征程上的一个重要路标。

1982 年,中共十二大采用了工农业总产值指标对"小康"标准进行了初步的设定,提出"从一九八一年到本世纪末的二十年……力争使全国工农业的年总产值翻两番,即由一九八〇年的七千一百亿元增加到二〇〇〇年的二万八千亿元左右。

---

① 《邓小平文选》第 2 卷,人民出版社 1994 年版,第 416—417 页。
② 《邓小平文选》第 3 卷,人民出版社 1993 年版,第 54 页。

实现了这个目标……人民的物质文化生活可以达到小康水平"①。1987 年,中共十三大确立了"三步走"发展战略:"第一步,实现国民生产总值比一九八〇年翻一番,解决人民的温饱问题。这个任务已经基本实现。第二步,到本世纪末,使国民生产总值再增长一倍,人民生活达到小康水平。第三步,到下个世纪中叶,人均国民生产总值达到中等发达国家水平,人民生活比较富裕,基本实现现代化。然后,在这个基础上继续前进。"②

在这一阶段,党和政府通过启动农村改革、发展非公有制经济、发展社会主义商品经济、推进对外开放等,不断解放和发展生产力。到 20 世纪 80 代末,中国基本解决了人民的温饱问题,为小康社会建设开启了有利局面。

2. 总体达到小康水平阶段(1991—2000 年)。

中国共产党对小康社会的认识,在推进建设小康社会的进程中不断深化。一开始,把比较多的注意力,放在人均国民生产总值等经济指标方面。后来逐渐意识到,小康社会的要求在时间序列上,应当是不断升级的;在内容覆盖上,应当是不断拓展的。

1990 年,中共十三届七中全会将小康界定为:"所谓小康水平,是指在温饱的基础上,生活质量进一步提高,达到丰衣足食。"这个要求既包括物质生活的改善,也包括精神生活的充实;既包括居民个人消费水平的提高,也包括社会福利和劳动环境的改善。到 1995 年,国民生产总值翻两番的目标已经提前实现,由此当年召开的十四届五中全会明确提出:"2000 年,在我国人口将比 1980 年增长 3 亿左右的情况下,实现人均国民生产总值比 1980 年翻两番。"而这一目标,于 1997 年,即差不多比原定时间提前三年就实现了。1997 年召开的十五大遂对小康提出新的更高的标准:到 2010 年,实现国民生产总值比 2000 年翻一番,小康生活更加宽裕;到 2020 年,国民经济更加发展,各项制度更加完善。2000 年召开的十五届五中全会正式宣

---

① 中国共产党第十二次全国代表大会《全面开创社会主义现代化建设的新局面》。
② 中国共产党第十三次全国代表大会《沿着有中国特色的社会主义道路前进》。

布,人民生活总体上达到了小康水平。然而,"总体小康"是低水平的、不全面的、发展很不平衡的小康。由于中国各地生产力发展水平不平衡,加之受自然条件、历史等因素的影响,区域之间、区域内部及城乡之间的居民生活水平存在较大差异(燕连福、杨进福,2021)。此外,"总体小康"主要侧重于物质文明,主要解决生存需求,达到丰衣足食,经济、政治、社会、文化、生态等各个领域尚没有实现全面而均衡的发展。因此,十五届五中全会宣布:"从新世纪开始,我国将进入全面建设小康社会,加快推进社会主义现代化的新的发展阶段。"

毋庸置疑,这一阶段总体小康水平的实现,是中华民族发展史上一个新的里程碑。

3. 全面建成小康社会阶段(2001—2020 年)。

到 20 世纪末,"三步走战略"设想的前两步目标已顺利实现。站在新起点上,2002 年中共十六大指出,"现在达到的小康还是低水平的、不全面的、发展很不平衡的小康",并提出,"我们要在本世纪头二十年,集中力量,全面建设惠及十几亿人口的更高水平的小康社会,使经济更加发展、民主更加健全、科教更加进步、文化更加繁荣、社会更加和谐、人民生活更加殷实"。2007 年,中共十七大对全面建设小康社会的目标从经济、政治、文化、社会、生态文明五个方面提出了新要求:一是增强发展协调性;二是更好地保障人民权益和社会公平正义;三是明显提高全民族文明素质;四是全面改善人民生活;五是基本形成节约能源资源和保护生态环境的产业结构、增长方式和消费模式。2012 年,中共十八大在十六大、十七大提出全面建设小康社会目标的基础上,使用了"全面建成小康社会"新表述,提出新的目标任务:一是经济持续健康发展,到 2020 年,实现国内生产总值和城乡居民人均收入比 2010 年再翻一番;二是人民民主不断扩大;三是文化软实力显著增强;四是人民生活水平全面提高;五是资源节约型、环境友好型社会建设取得重大进展。2015 年 10 月,十八届五中全会对全面建成小康社会提出了新要求:经济保持中高速增长,人民生活水平和质量普遍提高,国民素质和社会文明程度显著提高,生态环境质量总体改善,各方面制度更加成熟更加定型。习近平总书记在关于《中共中央关于制定国民经济和社会发展第十三个五年规划的建议》的说明中指出，"十三五"时期是全面建成小康社会、实现中国共产党确定的"两个一百年"奋斗目标的第一个百年奋斗目标的决胜阶段。2017年，党的十九大系统论述了全面建成小康社会的新要求：统筹推进"五位一体"总体布局，突出抓重点、补短板、强弱项，指出在全面建成小康社会的决胜期，"特别是要坚决打好防范化解重大风险、精准脱贫、污染防治的攻坚战"。十九大以来，中国开展决胜全面建成小康社会的战略总攻，统筹推进"五位一体"总体布局，协调推进"四个全面"战略布局，有效开展"三大攻坚战"，特别是打赢脱贫攻坚战，形成了决胜全面建成小康社会的强大合力。

在庆祝中国共产党成立100周年大会上，习近平总书记代表党和人民庄严宣告："经过全党全国各族人民持续奋斗，我们实现了第一个百年奋斗目标，在中华大地上全面建成了小康社会，历史性地解决了绝对贫困问题，正在意气风发向着全面建成社会主义现代化强国的第二个百年奋斗目标迈进。"[①]

（二）全面建成小康社会的伟大成就

全面建成小康社会实现了中华民族几千年来的夙愿，向实现中华民族伟大复兴的中国梦迈出了关键一步。"全面"意味着我们所取得的成就涵盖了社会的各个领域和人民生活的各个方面，在经济、政治、文化、社会和生态等各领域都取得了长足进步。

1. 经济更加发展。

党和政府在推进决胜全面建成小康社会的进程中，始终坚持解放和发展社会生产力，不断增强人民获得感、幸福感。中共十八大以来，以创新、协调、绿色、开放、共享的新发展理念为引领，打赢三大攻坚战，推动经济发展方式实现有效转变、促进经济结构持续优化升级、加快新旧动能转换，推动经济高质量发展，为中华民族伟大复兴奠定了雄厚的物质基础，并形成了推动经济实现更可持续、更高质量发展的可行路径（郭敬生、鹿青云，2020）。全面建成小康社会，标志着中国经济发展

[①]　习近平：《在庆祝中国共产党成立100周年大会上的讲话》，《人民日报》2021年7月2日。

取得了巨大成就。中国"实现了从高度集中的计划经济体制到充满活力的社会主义市场经济体制、从封闭半封闭到全方位开放的历史性转变,实现了从生产力相对落后的状况到经济总量跃居世界第二的历史性突破,实现了人民生活从温饱不足到总体小康、奔向全面小康的历史性跨越,为实现中华民族伟大复兴提供了充满新的活力的体制保证和快速发展的物质条件"。①

2. 民主法治更加健全。

在政治领域,全面建成小康社会标志着民主法治更加健全。党的领导、人民当家作主、依法治国有机统一的制度建设全面加强。司法是维护社会公平正义的最后一道防线。从十八大提出"进一步深化司法体制改革",到十九大要求"深化司法体制综合配套改革",以习近平总书记为核心的党中央从全面推进依法治国,实现国家治理体系和治理能力现代化的高度,擘画司法体制改革宏伟蓝图,加快建设公正高效权威的社会主义司法制度。十八大以来,中国司法体制改革攻坚克难,人权司法保障水平不断提高,人民群众切实感受到公平正义就在身边(靳昊,2018)。

3. 文化更加繁荣。

在文化领域,全面建成小康社会标志着社会主义文化更加繁荣。首先,人均受教育年限不断提升,国民文化素质持续提升。第七次人口普查数据显示,2020 年全国人口受教育年限达到 9.91 年,文盲率已从新中国成立之初的超过 80% 降至 2.67%,拥有大学文化程度(大专以上)的人口占全国人口的 15.4% 以上,高等教育已进入毛入学率超过 50% 的普及化阶段。其次,文化自信、文化自觉明显增强,文化软实力显著增强。十八大以来,党中央高度重视文化建设战略,着力培育健康向上的社会主义文化生态,贯彻落实以人民为中心的文化共享发展理念。一是谋篇布局文化强国建设。有点也有面,重体亦重魂。布局谋篇,层层推进,十八大以来党中央在建设社会主义文化强国的蓝图上,勾画了一幅幅壮丽的图景。二是弘扬

---

① 习近平:《在庆祝中国共产党成立 100 周年大会上的讲话》,《人民日报》2021 年 7 月 2 日。

中华优秀传统文化。让中华文化独一无二的理念、智慧、气度、神韵浸润日常,让中华优秀传统核心思想、传统美德、人文精神渗透心间,迸发出中国人民和中华民族内心深处的文化自信和文化自豪。三是从"高原"迈向"高峰"。中国文艺工作者深入生活、扎根人民。在脱贫攻坚战现场,在深化改革的最前沿,在普通劳动者的生产生活中,在丰富多彩的时代内部,活跃着文艺工作者的身影,从"文化高原"向"文化高峰"奋力攀登(付小悦,2018)。

4. 社会更加和谐。

实现社会和谐,建设美好社会,始终是人类孜孜以求的社会理想。中共十八大报告将"人民生活水平全面提高"基础上的社会和谐稳定作为全面建成小康社会的重要任务,这是全面建成小康社会的题中应有之义。十八大以来,中国社会保障体系建设全面发力,覆盖范围持续扩大,待遇水平稳步提高,公共服务日趋便捷,建立起世界上覆盖人群最多的社会保障安全网,稳稳守护着亿万百姓(邱玥,2018)。中国已初步建成涵盖养老、医疗、低保、住房、教育等多民生领域的社会保障体系,建立了幼有所育、学有所教、劳有所得、病有所医、老有所养、住有所居、弱有所扶的国家基本公共服务制度体系,基本公共服务水平显著提高。以保障和改善民生为重点促进社会和谐稳定,在加强社会管理创新中促进社会和谐,基本公共服务均等化总体实现,收入分配差距缩小,社会保障全民覆盖,人人享有基本医疗卫生服务,住房保障体系基本形成。在迈向全面小康社会的进程中,人民群众的获得感、幸福感和安全感不断增强。

5. 生态更加绿色。

环境就是民生,青山就是美丽,蓝天就是幸福(杨舒、张蕾,2018)。习近平总书记指出,生态文明建设是关系中华民族永续发展的根本大计。中国绝不能走污染环境、破坏生态的发展道路,也不能走边污染边治理的发展道路,必须走更加重视保护生态环境的发展道路。十八大以来,党和政府积极践行绿水青山就是金山银山的理念,不断推动形成绿色发展方式和生活方式,坚决打好污染防治攻坚战,生态文明建设取得显著成就。其中,能源利用效率持续提升,水土资源和空气质量明显改善,农村人居环境不断进步。从整体上构建起生态文明建设框架体系,提升了生态文明建设的治理能力,加快了美丽中国的建设步伐,为中华民族伟大复兴创造了人与自然和谐发展的现代化建设新格局。

（三）坚持以人民为中心全面建成小康社会

1. 人人共建的小康社会。

一切依靠人民,人人共建。在全面建成小康社会中坚持共建原则,就是要把人民群众作为小康社会的建设主体,将人民群众发家致富的积极性动员起来,让人民群众共同参与全面建成小康社会的事业。将人民群众的切实需求作为一切工作的出发点和落脚点,尊重人民群众的主体性,就需要在执政实践中问政于民、问需于民、问计于民,广泛听取基层和广大群众的意见,真正使人民群众参与决策、参与行动。

习近平总书记强调:"在保持经济增长的同时,更重要的是落实以人民为中心的发展思想,想群众之所想、急群众之所急、解群众之所困,在学有所教、劳有所得、病有所医、老有所养、住有所居上持续取得新进展。人民群众关心的问题是什么?是食品安不安全、暖气热不热、雾霾能不能少一点、河湖能不能清一点、垃圾焚烧能不能不有损健康、养老服务顺不顺心、能不能租得起或买得起住房,等等。相对于增长速度高一点还是低一点,这些问题更受人民群众关注。如果只实现了增长目标,而解决好人民群众普遍关心的突出问题没有进展,即使到时候我们宣布全面建成了小康社会,人民群众也不会认同。"[1]

充分发挥人民群众的积极性,更好地参与共建社会主义伟大事业中来,需要创造更加自由、公平、正义的社会环境和条件。首先,完善社会结构,促进社会阶层结构的合理化,缩小阶层差距,加快社会流动,消除制度壁垒,为社会成员提供自由发展空间。其次,保障和改善民生,保障民众最基本的生活需要,增进人民福祉,实现每个人生存权和发展权的普遍需求。最后,促进社会公平正义,使每个成员都享有

---

[1] 新华社:《从解决好人民群众普遍关心的突出问题入手 推进全面小康社会建设》,《光明日报》2016 年 12 月 22 日。

参与社会建设的权利和机会,以实现人的自由而全面的发展(刘燕妮,2019)。

维护和实现广大人民群众的根本利益,是以人民为中心的发展思想所追求的目标。通过形成人人参与共建的社会氛围和机制,14亿人的智慧和力量汇聚成战无不胜的磅礴力量,这是如期全面建成小康社会的强大动力。

2. 人人共治的小康社会。

一切依靠人民,人人共治。全面建成小康社会需要共治提供保障。习近平总书记在中共十九大报告中指出,要打造共建共治共享的社会治理格局,加强社会治理制度建设,完善党委领导、政府负责、社会协同、公众参与、法治保障的社会治理体制,提高社会治理社会化、法治化、智能化、专业化水平。党始终着眼于国家长治久安、人民安居乐业,建设更高水平的平安中国,完善社会治理体系,健全党组织领导的自治、法治、德治相结合的城乡基层治理体系,推动社会治理重心向基层下移,建设共建共治共享的社会治理制度,建设人人有责、人人尽责、人人享有的社会治理共同体。①

社会治理是国家治理的重要方面,良好的社会治理是保持社会和谐稳定、让人民过上美好生活的前提和保障。人人共治强调的是全面建成小康社会的动力源泉和动力机制。小康社会靠广大人民群众的充分参与才能完成,小康社会更需要广大人民群众的维护才能实现长治久安。人民群众是小康社会的主人翁,应在社会治理过程中充分发挥人民群众的主人翁精神,建设人人有责的社会治理共同体。在社会治理过程中,每个人都是社会治理的主体,在社会共同体中承担着相应的主体责任。通过完善群众参与机制,充分调动了广大人民群众的积极性、主动性和创造性。

只有不断提升社会治理体系与治理能力现代化水平,坚持依法治国,推进中国特色社会主义法治体系建设,才能在共建共治共享中解决发展的不平衡不充分问题,全面建成小康社会(李培林,2019)。

---

① 十九届六中全会《中共中央关于党的百年奋斗重大成就和历史经验的决议》。

3. 人人共享的小康社会。

一切为了人民,人人共享。全体人民"共建""共治"所取得的成果要由全体人民"共享"。这是全面建成小康社会坚持的以人民为中心的目标取向。

共享和共同富裕是一脉相承的,共享原则是共同富裕在现代社会治理体系中的重要体现和反映,是破解中国社会主要矛盾的基本路径(刘燕妮,2019)。全面建成小康社会,坚持以经济建设为中心,要求经济、政治、文化、社会、生态文明全面发展,并致力于发展成果真正惠及人民。习近平总书记指出:"全面建成小康社会,强调的不仅是'小康',而且更重要的也是更难做到的是'全面'。'小康'讲的是发展水平,'全面'讲的是发展的平衡性、协调性、可持续性。"[①]人人共享的小康社会要求不同领域、不同人群、不同地区都能够公平享受到发展带来的成果。

人人共享的小康社会,覆盖的领域要全面,全面小康是"五位一体"全面进步的小康。要在坚持以经济建设为中心的同时,全面推进经济建设、政治建设、文化建设、社会建设、生态建设,促进现代化建设的各个环节,统筹推进"五位一体"总体布局,实现各个领域的统筹发展、协调发展和全面发展。

人人共享的小康社会,覆盖的人口要全面,全面小康是惠及全体人民的小康。千家万户都小康,才算是中国人民的全面小康。习近平总书记指出,全面建成小康社会,一个民族不能少;实现中华民族伟大复兴,一个民族也不能少(李斌、李自良,2015)。各个年龄、阶层、民族的人民都应该享有同样的机会。这就需要补齐短板,保障人民在各个领域的合法权益。全面建设小康社会的短板主要在民生领域,发展不全面的问题很大程度上也表现在不同社会群体的民生保障方面。"天地之大,黎元为先。"要按照人人参与、人人尽力、人人享有的要求,坚守底线、突出重点、完善制度、引导预期,注重机会公平,着力保障基本民生。[②]

人人共享的小康社会,覆盖的区域要全面,全面小康是城乡区域共同的小康。努力缩小城乡区域发展差距,是全面建成小康社会的一项重要任务。缩小差距不

---

①② 习近平:《在党的十八届五中全会第二次全体会议上的讲话(节选)》,《求是》2016 年第 1 期。

能仅仅看作是缩小国内生产总值总量和增长速度的差距,而应该是缩小居民收入水平、基础设施通达水平、基本公共服务均等化水平、人民生活水平等方面的差距。①"全面建成小康社会,最艰巨最繁重的任务在农村、特别是在贫困地区。没有农村的小康,特别是没有贫困地区的小康,就没有全面建成小康社会。"②通过持续奋斗,我们已经成功打赢脱贫攻坚战,农村贫困地区全部实现脱贫,这为实现全面建成小康社会目标任务做出了关键性贡献。

　　"共建共治共享"是社会治理制度的核心要义,三者相互交融、相互促进。"共建"是社会治理的基础,强调各类主体共同参与社会建设;"共治"是社会治理的关键,强调各类主体共同参与治理;"共享"是社会治理的目标,强调各类主体共同享有社会治理成果(王斌通、马成,2020)。三个"共"字,既反映了新时代党执政理念的重大转变和发展,也是对新时代以人民为中心的发展思想的坚守与体现。"共建共治共享"坚持把人民利益摆在至高无上的地位,让改革发展成果更多更公平惠及全体人民,朝着实现全体人民共同富裕不断迈进,从根本上体现了以人民为中心的发展思想。十八大以来,坚持以人民为中心的发展思想,中国社会建设全面加强,人民生活全方位改善,发展了人民安居乐业、社会安定有序的良好局面,续写了社会长期稳定奇迹。③

三、 坚决打赢疫情防控阻击战

　　新冠肺炎是近百年来人类遭遇的影响范围最广的全球性大流行病,新冠肺炎疫情是新中国成立以来中国遭遇的传播速度最快、感染范围最广、防控难度最大的一次重大突发公共卫生事件。面对新冠肺炎疫情带来的考验和复杂多变的国内外环境,在以习近平总书记为核心的党中央的坚强领导下,全党全军全国各族人民上下同心、全力以赴,采取最严格、最全面、最彻底的防控举措,使疫情防控阻击战取

---

　　① 习近平:《在党的十八届五中全会第二次全体会议上的讲话(节选)》,《求是》2016 年第 1 期。
　　② 新华社:《把群众安危冷暖时刻放在心上 把党和政府温暖送到千家万户》,《人民日报》2012 年 12 月 31 日。
　　③ 十九届六中全会《中共中央关于党的百年奋斗重大成就和历史经验的决议》。

得重大战略胜利,统筹推进疫情防控和经济社会发展工作取得积极成效。党中央慎终如始抓好"外防输入、内防反弹",最大限度地保护了人民生命安全和身体健康,在全球率先控制住疫情、率先复工复产、率先恢复经济社会发展,抗疫斗争取得重大战略成果,铸就了伟大抗疫精神。①抗疫斗争的胜利再次彰显了中国共产党领导和中国社会主义制度的显著优势,彰显了中国共产党坚持人民至上、生命至上的崇高理念。"以人民为中心"是打赢疫情防控战的力量之源,而坚决打赢疫情防控阻击战正是以人民为中心的发展思想的生动实践。

（一）人民是价值主体:把人民群众的生命安全和身体健康放在第一位

坚持人民至上、生命至上是中国共产党的价值取向。党中央对新冠肺炎疫情的防控和治理充分彰显了人民至上的根本立场和价值取向。人民群众的生命安全和身体健康始终是以习近平总书记为核心的党中央的最大关切。自新冠肺炎疫情暴发以来,习近平总书记多次强调要始终"把人民群众的生命安全和身体健康放在第一位"。在湖北省考察新冠肺炎疫情防控工作时,习近平总书记强调,要为保障人民生命安全和身体健康筑牢制度防线,要组织动员更多党员、干部下沉一线、深入社区,及时解决人民群众实际困难。中国疫情防控的基本价值立场便是维护人民群众的根本利益,在具体疫情防控工作中始终贯彻和落实以人民为中心的发展思想,始终把人民群众的生命安全和身体健康放在第一位。

人民的生命安全和身体健康是疫情防控的首要目标。打赢疫情防控阻击战,目的就是为了人民。把人民群众的生命安全和身体健康放在第一位,既是作战指令,也是目标导向。人民利益高于一切,坚守人民情怀、坚持为民担当,是这场人民战争中各项工作的旨归。中国的疫情防控工作充分彰显了生命至上的价值追求。面对疫情大考,中国迅速作出"封城"决定,切实保障人民生命安全;千方百计救治患者,采取"一人一案、专人专护",努力提高收治率和治愈率、降低感染率和病亡率;迅速调集各地优质医疗力量驰援湖北,国家承担全部医疗救治费用,解除患者

---

① 十九届六中全会《中共中央关于党的百年奋斗重大成就和历史经验的决议》。

后顾之忧(宋志浩,2020)。

保障民生水平和人民发展利益是新冠肺炎疫情防控的重要环节。中国共产党始终把最广大人民的根本利益作为一切防疫政策举措的出发点和落脚点,切实保障民生水平和人民发展利益。首先,兜住民生底线,增进人民福祉。在疫情防控过程中,为了不影响人民群众的正常生活,各级政府以人民利益为先,积极解决好"米袋子"和"菜篮子"供应,保障粮油肉蛋奶菜等基本民生物资的供应不断档,最大限度满足人民群众的需要。其次,做好重点帮扶。切实做好高校毕业生、农民工、退役军人等重点群体的就业工作;全力做好疫情防控一线医务人员及其家属的关心关爱工作;坚决维护海外中国公民的安全和权益,为境外中国公民提供必要的防护指导、物资指导和交通支持,协助滞留海外确有困难的中国公民有序回国(宋志浩,2020)。

(二) 人民是行为主体:坚决打赢疫情防控的人民战争

人民战争是中国共产党在长期的革命斗争中形成的,是一种具有战争发生的正义性、战争参与的人民性和战争实践的整体性的新型战争。它强调"兵民是胜利之本",以及"战争的伟力之最深厚的根源,存在于民众之中"。正是依靠人民战争这一制胜法宝,中国共产党领导人民取得抗日战争、解放战争等伟大胜利,创造了消灭血吸虫病、疟疾等疾病的人间奇迹。习近平总书记深刻指出:"不论形势如何发展,人民战争这个法宝永远不能丢,但要把握新的时代条件下人民战争的新特点新要求,创新内容和方式方法,充分发挥人民战争的整体威力。"[1]突如其来的新冠肺炎疫情犹如一场没有硝烟的战争,吹响了打赢疫情防控人民战争的集结号和冲锋号。人民群众既是疫情防控工作的价值主体,也是最重要的行为主体。习近平总书记指出:"打赢疫情防控这场人民战争,必须紧紧依靠人民群众。"[2]中国疫情防控取得重大胜利,最重要的原因之一便是构建了以人民群众为主体的防控力量。

---

[1] 全国干部培训教材编审指导委员会组织编写:《加快推进国防和军队现代化》,人民出版社、党建读物出版社2015年版,第106页。

[2] 习近平:《在统筹推进新冠肺炎疫情防控和经济社会发展工作部署会议上的讲话》,《人民日报》2020年2月24日。

自新冠肺炎疫情暴发以来,在党和国家的号召下,全国人民齐心协力,构筑起最严密的防控体系,凝聚起坚不可摧的强大力量,全力夺取疫情防控阻击战的胜利。

建立联防联控、群防群治的疫情防控网络。以习近平总书记为核心的党中央迅速成立中央指导组,各地各部门火速行动,各级党组织和广大党员深入疫情防控一线,团结广大人民群众,实行网格化管理,建立联防联控、群防群治的防控网络,筑起凝聚人民群众广大力量的疫情防控"钢铁长城"(王世恒、李唯,2021)。广大党员干部冲锋在前、敢于担当,构筑了全社会抗击疫情的牢固底线;广大医务工作者义无反顾、日夜奋战,筑起坚不可摧的生命防线;社区工作者、公安干警、基层干部和志愿者们不辞劳苦、英勇奋战,形成防控一线的抗疫生力军;人民群众自觉加强自我防范、居家隔离,全力配合参与疫情防控。举国上下、大江南北,14多亿中国人民万众一心、团结奋斗,共同谱写了众志成城、群防群治的壮丽篇章(罗文东,2020)。

广泛凝聚人民力量,提供强大的精神支柱。"用众人之力,则无不胜也。"疫情防控不止是公共卫生领域的战斗,更是全体人民参与、全国各地支援的总体战和阻击战。面对突如其来的新冠肺炎疫情,全国人民不怕艰险、英勇斗争,心往一处想、劲往一处使,各尽所能、各尽其责,积极为抗击疫情贡献力量。从一线医务人员到各方面参与防控的人员,从社区工作人员、公安民警和辅警到新闻工作者、志愿者,从环卫工人、快递小哥到生产防疫物资的工人,每个人都在自己的岗位上埋头苦干、默默奉献,最终汇聚起战胜疫情的磅礴力量,充分彰显了打赢疫情防控人民战争的伟力。

(三)人民是评判主体:提升疫情防控期间群众的安全感和满意度

人民群众是这场疫情大考的阅卷人,疫情防控的成效如何只能由人民来判断。"把人民拥护不拥护、赞成不赞成、高兴不高兴、答应不答应作为衡量一切工作得失的根本标准",是中国共产党人民立场的重要体现,也是衡量疫情防控工作成败的根本标准。习近平总书记指出:"在疫情防控工作中,要坚决反对形式主义、官僚主义,让基层干部把更多精力投入到疫情防控第一线。"切实关注在疫情防控过程中人民群众"不满意"的呼声,以科学防疫、精准施策提升人民群众满意度。

为更好解决疫情防控期间部分群众面临的突发性、紧迫性、临时性生活困难,以及保障特殊困难人员基本照料服务需求,切实做好兜底保障工作,织密织牢社会安全网,坚决打赢疫情防控人民战争、总体战、阻击战,中央应对新型冠状病毒感染肺炎疫情工作领导小组印发了《关于进一步做好疫情防控期间困难群众兜底保障工作的通知》。通知要求保障疫情防控期间困难群众的基本生活,对因交通管控等原因暂时滞留、基本生活遭遇临时苦难的人员提供特定帮扶,对特殊困难人员保障基本照料服务需求,等等。真正做到心系群众,从实际出发为群众送去暖心服务,提升了群众的安全感和满意度。

坚持以人民为中心,从人民利益出发实施各项防疫举措,中国共产党在疫情大考中交出了让人民群众满意的答卷。中国疫情防控的胜利极大地提升了全国人民的安全感和满意度。在疫情防防控进入常态化之后,党和政府侧重于协调推进疫情防控和复工复产,助推经济社会恢复发展。以人民安全满意巩固疫情防控成果,并以此为契机补齐治理体系短板,提高应对重大突发公共卫生事件的能力,构筑与经济社会发展相适应的公共卫生体系、疾病预防控制体系、基层治理体系等,以满足人民群众的美好生活需要(宋志浩,2020)。

四、上海样本：人民城市人民建,人民城市为人民

上海是党的诞生地和初心始发地,红色是这座城市最鲜亮的底色,人民是最坚实的根基。2019年11月,习近平总书记在考察上海杨浦滨江时提出"人民城市人民建,人民城市为人民"的重要理念。他指出,无论是城市规划还是城市建设,无论是新城区建设还是老城区改造,都要坚持以人民为中心,聚焦人民群众的需求,合理安排生产、生活、生态空间,走内涵式、集约型、绿色化的高质量发展路子,努力创造宜业、宜居、宜乐、宜游的良好环境,让人民有更多获得感,为人民创造更加幸福的美好生活。2020年11月,在浦东开发开放30周年庆祝大会上,习近平总书记进一步指出,城市是人集中生活的地方,城市建设必须把让人民宜居安居放在首位,

把最好的资源留给人民。这些重要论述为上海在新时代推进城市建设和治理提供了根本方向和重要遵循。上海深入践行习近平总书记关于人民城市建设的重要理念,加快建设属于人民、服务人民、成就人民的美好城市,打造人民城市建设的上海样本,展现社会主义现代化国际大都市的上海形象,奋力谱写新时代"城市,让生活更美好"的新篇章(谈燕,2021)。

（一）人民城市的理论发展

人民城市是在中国城市发展进入到新的历史时期提出的新概念。2015 年 12 月,中央城市工作会议首次明确提出:要顺应城市工作新形势、改革发展新要求、人民群众新期待,坚持以人民为中心的发展思想,坚持人民城市为人民。此后,城市的人民性特征不断得到增强。2019 年 11 月,习近平总书记在上海考察时指出:"人民城市人民建,人民城市为人民。"这深刻回答了城市建设发展依靠谁、为了谁的根本问题,深刻诠释了建设什么样的城市、怎样建设城市的重大命题,充分体现了"人民是历史创造者"这一历史唯物主义的根本观点(余池明,2021)。人民城市的重要理念为我们在新形势下深入贯彻"以人民为中心"的城市治理理念提供了基本遵循。

人民城市充分体现了马克思主义的人本观。马克思以辩证唯物主义世界观作为理论依据,将人的物质实践和生产劳动作为人的存在方式,深入剖析了人的本质和价值,并以"人的解放"作为最终目标。马克思主义全部的理论就是以现实中的人的本质为基础的,其揭示的真理就是:一个善治的社会必须以"人民当家做主"为前提,主动权在人民的手中,一切为了人民的利益,社会治理得到人民的共同参与和拥护。马克思主义的人本观充分契合了当前城市治理和发展的实践步伐。

人民城市充分彰显了中国共产党的执政宗旨。全心全意为人民服务是中国共产党的宗旨。在中国城镇化发展过程中,中国共产党始终坚持以人民为中心,以人民对美好生活的向往作为奋斗目标,切实提高人民群众在城市生活中的获得感、幸福感和安全感,使人们充分感受到社会主义制度的优越性。人民城市继承了中国共产党人关于城市管理建设的初心和理想,不断强化人民在城市中的主体地位,是新时代城市发展的根本遵循和行动指南。

"人人都有人生出彩机会的城市,人人都能有序参与治理的城市,人人都能享有品质生活的城市,人人都能切实感受温度的城市,人人都能拥有归属认同的城市。"这是人民城市最为重要的发展目标和主要内涵。在此目标指引下,人民城市的发展维度体现在发展、治理、生活、活力及文化认同等方面,即强化发展成就感、凸显治理参与性、提升生活品质感、彰显空间活力性、强调文化归属感(陈飞,2020)。

(二)人民城市以人民为中心

在中国全面建成小康社会、乘势而上开启全面建设社会主义现代化国家新征程之际,提出人民城市的命题具有重大的理论意义和实践意义,是新时代城市建设和城市治理的根本遵循。推进城市治理现代化必须坚持"人民至上"的思想,充分发挥人民群众的主体作用,满足人民群众的服务需求。

1. 人民城市为人民。

当前,中国社会的主要矛盾已转化为人民日益增长的美好生活需要和不平衡不充分发展之间的矛盾,人民群众对于美好城市的要求愈加突出,以人民为中心是城市建设和城市治理的根本宗旨和出发点。习近平总书记强调:"无论是城市规划还是城市建设,都要坚持以人民为中心。"党的十八大以来,以习近平总书记为核心的党中央顺应人民对美好生活的向往,把实现人民幸福作为一切工作的出发点和归宿,不断增强人民群众的获得感、幸福感、安全感。城市归根结底是人民的城市,人民对美好生活的向往,就是城市建设与治理的方向(谢坚钢、李琪,2020)。新时代城市工作必须坚持以人民为中心,明确城市是人民的城市、人民是城市的主人,把人民城市的重要理念落到实处,全心全意为人民群众创造更加幸福的美好生活。

2. 人民城市人民建。

人民城市落脚到治理领域,其着力点就是城市的治理要依靠人民、动员人民,汲取群众的经验和智慧,勾勒人人参与城市治理的生动实践(余洁,2021)。人民是城市的主人,更是城市建设与治理的主体。"人民城市人民建"明确回答了新时代城市工作依靠谁的问题,深刻揭示了新时代城市建设发展的力量之源,是"人民群众创造历史"唯物史观的鲜明体现(谢坚钢、李琪,2020)。新时代的城市工作需要充分尊重人民群众的主体地位,动员群众广泛参与,做到从人民中来,到人民中去,调动人民群众参与基层治理的积极性。城市建设要靠广大人民群众辛勤劳动,城市发展要靠广大人民群众合力推动,城市治理要靠广大人民群众共同行动。只有充分发挥人民群众在城市建设中的主体作用,调动群众积极性、主动性和创造性,才能凝聚共治共管、共建共享美好城市的最强合力。

3. 人民共享城市。

城市越发展,人民越幸福。城市作为承载市民生产生活的重要空间载体,寄托着人们对美好生活的殷切希望,城市建设和管理的落脚点应聚焦于人民群众的美好生活需要,让人民共享发展成果。习近平总书记强调:"必须把为民造福作为最重要的政绩。"让全体市民共享经济社会发展红利,是中国城市治理能力现代化的题中应有之义。

(三)人民城市建设的上海实践

1. "人民至上"引领城市规划。

城市规划是城市建设的指南针。上海的城市规划自始至终都坚持"人民至上",上海始终致力于建设宜业、宜居、宜游的美好城市。20 世纪 50 年代初,上海便按照"为工人阶级服务"的方针,规划了曹杨新村等 9 个成片新建居住区。曹杨新村是新中国成立后上海建设的第一个工人住宅新村,也是新中国成立初期国内城市规划的典型案例(王剑等,2019)。进入 21 世纪,按照"百年大计,世纪精品"的目标,上海全面推进了黄浦江两岸地区综合开发建设,提出"人民之江"的总体定位,打通了黄浦江、苏州河的滨江地区,连接了一个个断点,黄浦江从昔日锈迹斑斑的"生产线"转变为如今多元缤纷的"生活线"。2017 年底国务院批复的《上海市城市总体规划(2017—2035 年)》(以下简称"上海 2035"),坚持以人民为中心,明确上海的城市愿景是"建筑是可以阅读的,街区是适合漫步的,公园是最宜休憩的,城市始终是有温度的"。国务院批复指出,"坚持以人民为中心,坚持可持续发展,坚持人与自然和谐共生,坚持在发展中保障和改善民生,注重远近结合、城乡统筹,注重减量集约、多规合一"。"上海2035"的以人民为中心,不仅体现在规划本身的内容上,还反映在规划制定的过程上。"上海2035"的编制不仅问需于民,同时也更加注重问计于民。在编制规划时,上海市政府注重公众的广泛参与,听取人民群众的各方意见,使规划更具科学性、合理性和公众性,在"上海2035"的编制过程中,首创成立公众参与咨询团,做到听民意、聚民智、凝民心,使城市规划更加满足城市发展和人民需求(王剑等,2019)。

2."人民至上"融入城市建设。

上海在探索超大规模人民城市建设的过程中,始终坚持人民城市为人民,把人民的向往作为城市建设的方向,把人民的需求作为城市建设发展的追求,把人民的痛点作为城市建设发展的重点,把人民的感受作为检验城市建设发展成效的标尺(谢坚钢、李琪,2020)。"一江一河"作为人民向往美好生活的承载地,其公共空间的贯通与开放,正是践行"城市,让生活更美好"的重要载体和集中体现。在黄浦江、苏州河公共空间的贯通与开放中,"人民城市"的理念始终贯穿其中。比如,上海杨浦曾是中国近代工业文明的重要发源地,拥有中心城区最长的15.5公里滨江岸线,是"世界仅存的最大滨江工业带"。杨浦是见证了上海百年工业发展历程的老工业区,杨浦滨江从"工业锈带"变身为"生活秀带",成为市民宜业宜居的乐园。习近平总书记在考察杨浦滨江时,充分肯定杨浦将"工业锈带"打造为"生活秀带"的做法,并以此为基础提出"人民城市人民建,人民城市为人民"的重要理念,为杨浦滨江的开发与建设指明了方向。杨浦区牢记习近平总书记殷殷嘱托,坚持"以人民为中心"的价值取向,紧扣高质量创新发展新需求,推动滨江治理与城市发展、人民福祉融合共生,全力打造更有温度更有色彩的杨浦滨江"生活秀带"新风貌。①为践行"人民城市"重要理念,杨浦区发布了《杨浦滨江全力争创人民城市建设示范区的三年行动计划(2020—2022年)》,将推进上海最大规模的工业遗存转化和最大体量的旧区改造,打造科技创新的高地、城市更新的典范、社会治理的样板,全力争创

---

① 《践行人民城市重要理念　以高质量党建打造杨浦滨江秀带新亮点》,《上海党史与党建》2020年第8期。

人民城市建设示范区。

上海在城市建设中始终坚持"人民至上",致力于建设充满人文关怀的人民城市。根据黄浦江沿岸地区建设规划,两岸将突出工业文明、海派经典、创意博览、文化体验、生态休闲、艺术生活等不同主题特色。比如,杨浦滨江利用老工业遗存更新改造,以工业传承为核,打造有历史感和生态性及生活化、智慧型的滨江公共空间岸线,滨江腹地新建大型办公、商业设施,完善地区功能,为周边市民服务。又如,虹口北外滩地区作为上海国际航运中心功能的核心承载区,在建筑总量基本维持不变的前提下,着眼更大区域联动,致力打造成为卓越全球城市中央活动区的标杆之一。还如,徐汇滨江段从煤码头和散货码头的集聚区,通过一系列创意产业项目和特色文化场馆运营,已成为全市文化创意产业集聚地。再如,浦东滨江段利用2010上海世博会场馆区域,建设世博文化公园,同时将文化与生态结合,配套建设上海大歌剧院等高等级文体设施。这些区域虽然分属不同行政区,但共同秉承"人民之江"建设总体目标,最终连点成线,共同打造全球城市"会客厅"和世界级滨水文化功能带(徐毅松、Dong)。

上海始终坚持"人民至上",准确把握新时代人民城市建设发展的特点与规律,不断探索社会主义现代化国际大都市的人民城市建设新路径。

3."人民至上"推进城市治理。

习近平总书记强调:"提高城市治理现代化水平,开创人民城市建设新局面。"上海借助"两张网",以全周期管理不断提升城市治理能力和治理水平。把握人民城市的生命体征,遵从城市发展规律,上海积极探索超大城市的现代化治理新路子。全周期管理是将管理对象视为一个动态、生长的生命体,力图确保整个体系的运营过程中形成有机闭环,实现环环相扣、协同配合与高效运转。将全周期管理应用于上海城市治理,是破解超大城市治理难题的重要突破。上海在城里治理中充分发挥了大数据、区块链、人工智能等数字技术的重要作用,加快推进政务服务"一网通办"和城市运行"一网统管"建设,以"绣花功夫"加强城市精细化管理,提升了超大城市治理体系和治理能力现代化水平,精准高效满足群众需求,让群众办事更加方便快捷，真正体现"人民至上"。城市治理精细化、智能化、专业化的背后，归根到底是"人性化"。上海利用技术的更迭更好地解决了社会治理中的点滴琐事，提高公共服务水平和质量，切实给人民群众带来安全和方便。通过智能化赋能全周期管理，让城市生命体的"循环系统"更活跃，"神经末梢"更敏锐，"体质"更强健，"大脑"更聪敏，生活在这座城市的人们就会更安心、舒心和暖心。

着力破解"老小旧远"民生难题，积极推进社区更新微基建。超大城市难免受困于"老小旧远"问题，这考验着城市的治理水平。旧区改造是一项全周期、全过程的工作。在旧改过程中，上海积极践行"人民城市人民建，人民城市为人民"的重要理念，为民排忧解难，得到居民群众的高度认可。以人民城市理念为引领，面向高品质生活需要，打通社区公共服务、公共管理和公共安全中的堵点、痛点、难点，有效地满足社区居民"最后一公里"需求，为此上海积极构建小微型基础设施服务体系。《上海市城市总体规划（2017—2035年）》提出的与民生有关的一个任务，就是要打造"15分钟生活圈"，而社区更新微基建就是为了对标"15分钟生活圈"，着力补齐基础设施和公共服务短板。社会微基建以"人民城市"重要理念为引领，统筹规划、建设、管理和生产、生活、生态保护等各方面，发挥好政府、社会、市民等各方作用，力争在参与主体、议题、过程等方面有所突破（诸大建、孙辉，2021）。通过社区更新微基建和改造传统老旧社区，上海从过去的增量空间发展转向存量空间优化的有机更新和品质提升，提升了国际化大都市的实力与魅力，同时老百姓的获得感也得到提升。

全力打好疫情防控阻击战，加强公共卫生体系建设。新冠肺炎疫情发生后，上海政府始终坚持"人民至上"思想，以对人民负责、对城市负责的态度，全力打好疫情防控阻击战；坚持补短板、堵漏洞、强弱项，积极加强公共卫生体系建设（侯桂芳，2020）。在疫情防控过程中，本着"人民至上、生命至上"的理念，上海紧紧依靠人民，汇聚人民战"疫"合力，全力推进疫情防控工作。面对此次疫情显示出的公共卫生方面的短板和不足，上海牢记建设人民城市的使命要求，坚持把城市作为生命有机体，加强公共卫生应急管理体系建设，坚决守牢公共卫生安全防线。习近平总书记指出,这次抗击新冠肺炎疫情是对国家治理体系和治理能力的一次大考。面对这次大考,上海以"人民城市人民建,人民城市为人民"的重要理念为指导,不断提升城市治理能力和治理水平,让上海这座城市始终有温度、有活力,让生活在上海的人们更加安心踏实,充分彰显了以人民为中心的发展思想。

第五节 以人民为中心的发展思想不断开拓理论与实践新境界

习近平新时代中国特色社会主义思想是当代中国马克思主义、21世纪马克思主义,是中华文化和中国精神的时代精华,实现了马克思主义中国化新的飞跃。[①]以人民为中心的发展思想是习近平新时代中国特色社会主义思想的重要内容,贯穿于习近平新时代中国特色社会主义思想的各个方面。我们必须从历史、现实与未来的发展脉络中,从当代中国和当今世界面临的时代课题中,充分认识这一发展思想所具有的重大的理论贡献和现实意义,不断开拓理论与实践新境界。

一、 理念贡献

将"以人民为中心"作为发展的旨归,中国在社会主义建设的过程中形成了全新的发展理念和发展战略。2015年10月,习近平总书记在十八届五中全会上鲜明提出"创新、协调、绿色、开放、共享"的新发展理念。新发展理念是一个系统的理论体系,回答了关于发展的目的、动力、方式、路径等一系列理论和实践问题,阐明了中国共产党关于发展的政治立场、价值导向、发展模式、发展道路等重大政治问题。[②]2021年11月,十九届六中全会指出:"把握新发展阶段,贯彻创新、协调、绿色、开放、共享的新发展理念,加快构建以国内大循环为主体、国内国际双循环相互促进的新发展格局,推动高质量发展,统筹发展和安全。"只有坚持发展为了人民、发

---

① 十九届六中全会《中共中央关于党的百年奋斗重大成就和历史经验的决议》。
② 《习近平在省部级主要领导干部学习贯彻党的十九届五中全会精神专题研讨班开班式上发表重要讲话》,《人民日报》2021年1月12日。

展依靠人民、发展成果由人民共享，才会有正确的发展观。新发展理念坚持了以人民为中心的基本立场，体现了人民在发展过程中的主体地位，对统筹解决发展中存在的公平问题、效率问题、动力问题、平衡问题、和谐问题、内外联动问题等现实问题具有重大的理论和实践指导意义（缪昕、马越，2019）。贯彻新发展理念是关系中国发展全局的一场深刻变革，不能简单以生产总值增长率论英雄，必须实现创新成为第一动力、协调成为内生特点、绿色成为普遍形态、开放成为必由之路、共享成为根本目的的高质量发展，推动经济发展质量变革、效率变革、动力变革。①

（一）创新发展：人民幸福是创新发展的灵魂

习近平总书记强调："要把满足人民对美好生活的向往作为科技创新的落脚点，把惠民、利民、富民、改善民生作为科技创新的重要方向。"新时代以人民为中心的发展思想以强烈的问题导向，立足中国特色社会主义现代化建设实践，运用马克思主义立场观点方法，从理论上创造性地回答了"为谁创新""靠谁创新""如何创新""创新成果由谁分享"等根本问题，确立了人民幸福在创新发展中的重要地位，从而使创新发展有了正确的方向与路径，获得了宽广的世界视野与宏大的历史格局，并能够实现其价值的最大化。因此，人民幸福是创新发展的灵魂（李永胜，2018）。

人民群众是创新发展的主体。创新发展，需要充分激发、挖掘人的潜能。创新驱动发展，需要强调人民群众是创新发展的参与者，充分尊重他们的创新主体精神，激发创造活力。人民群众是历史的创造者，也是推动创新的根本力量。习近平总书记强调，要"充分尊重群众的首创精神，着眼于解放和发展生产力，放手支持群众大胆实践、大胆探索、大胆创新，及时发现、总结和推广群众创造的成功经验，把群众的积极性和创业精神引导好、保护好，充分发挥人民群众在改革开放和现代化建设中的主体作用"。创新发展理念不同于西方传统经济学的创新精神。西方经济学强调企业家是创新的主体，倡导企业家精神。但马克思主义政治经济学早已

---

① 十九届六中全会《中共中央关于党的百年奋斗重大成就和历史经验的决议》。

指出,工人在技术创新过程中发挥了重要作用,马克思认为的创新主体更具有广泛性。在新时代,以习近平总书记为核心的党中央坚持创新发展主体是广大人民群众,继承了马克思主义政治经济学的基本原理,同时结合了中国的国情,相对于西方经济学的新发展理论,实现了发展观的新突破(李培林,2019)。在创新发展上,就是要以"聚天下英才而用之"的胆识,注重在创新实践中发现人才、培育人才、凝聚人才,推动大众创业、万众创新。通过发挥人们的首创精神,形成大众创业和万众创新的良好局面,充分激发广大人民群众的创新活力。

人民群众是创新发展的实践者和推动者,也是创新发展的受益者。通过实施创新驱动,着力于提高经济发展的质量和效益,生产出更多更好的物质精神产品,不断满足人民日益增长的美好生活需要,这是创新发展的首要目的。通过推进各个领域、各个环节的创新发展,激发全社会的创新活力,全面提升生产力、生产关系和社会文化等的发展水平,充分体现社会主义制度的优越性,坚定道路自信、理论自信、制度自信、文化自信,为实现中华民族伟大复兴的中国梦夯实物质基础和思想基础。通过更丰富和更高层次的创新实践,人作为实践的主体能更加自觉、更加自由地进行创造和发展,在更高境界上拓展发展空间、实现自我价值(覃川,2017)。

(二)协调发展:解决社会主要矛盾的根本途径

协调是持续健康发展的内在要求。协调发展旨在维护全民利益,是实现"一个都不能少"目标的重要保障。习近平总书记指出:"协调发展既是发展手段又是发展目的,同时还是评价发展的标准和尺度。"

要从中国社会的主要矛盾出发,深刻认识深入贯彻协调发展理念的重要性和紧迫性。中国社会的主要矛盾已经转化为人民日益增长的美好生活需要和不平衡不充分的发展之间的矛盾。一方面,人民的美好生活需要日益广泛,不仅对物质文化生活提出了更高要求,而且在民主、法治、公平、正义、安全、生态环境等方面的需要日益增长;另一方面,发展不平衡不充分已经成为满足人民日益增长的美好生活需要的主要制约因素,实现协调发展是解决中国社会主要矛盾的主要途径和制胜要诀(邱海平,2021)。

从城乡关系看,协调发展要求破除城乡二元结构,实现城乡一体化发展。当前,中国发展不平衡集中体现为城乡发展不平衡,发展不充分问题主要体现为农村发展不充分。推进城乡协调发展,逐步缩小城乡差距,实现城乡居民收入均衡化、基本公共服务均等化和生活质量等值化,是以人民为中心发展的必然要求。2020年11月14日,习近平总书记在全面推动长江经济带发展座谈会上指出:"要推进以人为核心的新型城镇化,处理好中心城市和区域发展的关系,推进以县城为重要载体的城镇化建设,促进城乡融合发展。"只有实现城乡协调发展,才能实现社会和谐。在新时代,我们仍要不断破解城乡二元结构,推进城乡要素平等交换和公共资源均衡配置,实现城乡关系的统筹发展,让广大人民群众平等参与改革发展进程、共同享受改革发展成果。

从区域关系看,协调发展要求缩小区域发展差距,实现各地区的协同发展。中共十九大报告指出:"加大力度支持革命老区、民族地区、边疆地区、贫困地区加快发展,强化举措推进西部大开发形成新格局,深化改革加快东北等老工业基地振兴,发挥优势推动中部地区崛起,创新引领率先实现东部地区优化发展,建立更加有效的区域协调发展新机制。"改革开放初,邓小平提出"两个大局"的战略构想:沿海地区加快对外开放,先较快地发展起来,内陆要顾全这个大局;另一个是沿海地区发展到一定时期,拿出更多的力量帮助内陆发展,沿海地区也要顾全这个大局。基于此,中国先后提出并实施了东部率先发展、西部大开发、东北振兴、中部崛起等区域发展战略。十八大之后,"一带一路"建设、长江经济带建设、京津冀协同发展、粤港澳大湾区建设、长三角一体化发展等规划相继出台,使中国区域协调发展呈现新格局。区域协调发展是建设社会主义现代化强国的题中应有之义,出发点和根本目的都是为了满足广大人民追求美好生活的需要。因此,新时代实现区域协调发展要牢固树立以人民为中心的发展思想,以人为核心探索建立有效的区域协调发展新机制。人既是生产者,又是消费者,且相对其他资源流动来说,人的流动性和带动作用最强,因此,解决区域发展失衡问题,以人为核心的新型城镇化是关键。通过人口流动逐步实现人口分布与产业经济活动相匹配,构建以城镇化为基础的区域协调发展新格局(王彩娜、史育龙,2017)。

从各领域关系看,协调发展要求实现经济、政治、文化、社会、生态的协调发展。以人民为中心的发展思想,仍要坚持以经济建设为中心,通过高质量发展为人民美好生活提供更加充分的物质基础,但并非唯经济论,而是要实现经济与其他领域的协调发展。政治建设以保证人民当家作主为根本,以增强党和国家活力、调动人民积极性为目标。文化建设以社会主义核心价值观为引领,加强思想道德建设和社会诚信建设,丰富文化产品和服务。社会建设要解决好人民群众最关心最直接最现实的利益问题,实现学有所教、老有所得、病有所医、老有所养、住有所居。在生态建设方面,加快绿色发展,推进美丽中国建设,形成人与自然和谐发展的现代化建设新格局。中国特色社会主义事业"五位一体"总体布局和"四个全面"战略布局,都是协调发展的要求与体现,其最终目的是增强发展的整体性,推动中国社会主义现代化国家建设不断前进。

(三)绿色发展:人民美好生活需要的必然要求

绿色是永续发展的必要条件和人民对美好生活追求的重要体现。绿色发展注重的是解决人与自然和谐共生的问题,必须实现经济社会发展和生态环境保护协同共进,为人民群众创造良好生产生活环境。良好的生态环境是最普惠的民生福祉。生态环境的好坏、绿色发展贯彻得如何,是关系中华民族发展长远利益的重大战略问题,是关乎人民根本利益、关系党的使命宗旨的重大政治问题(宁琳琳,2020)。

满足人民日益增长的美好生活需要是绿色发展的价值追求。坚持绿色发展就是坚持以人民为中心的发展思想。只有以绿色发展的成就实现人民对美好生活的向往,才能使人民群众在享受绿色福利和生态福祉中促进经济社会持续健康发展和人的自由而全面发展。改革开放以来,中国经济发展取得巨大成就,同时也积累了不少资源生态环境问题,大气污染、水污染、固体废弃物污染和森林植被破坏等环境问题严重影响人民群众的正常生活,急需加大环境治理力度,实现可持续发展。进入新时代,本着对人民群众高度负责的精神,开展中央生态环境保护督察,坚决查处一批破坏生态环境的重大典型案件、解决一批人民群众反映强烈的突出环境问题。[①]全国污染防治攻坚战的阶段性成效得到人民群众的充分认可。环境就是民生,环境与人民群众之间存在互惠关系,这意味着打造优美的环境、满足人民对优美环境的需求是评判发展质量的重要标准。

维护好最广大人民的绿色权益、实现好最广大人民的绿色需求、发展好最广大人民的绿色生活,是绿色发展理念的出发点和归宿,是推进生态文明建设与绿色发展的实践取向(宁琳琳,2020)。为了充分贯彻绿色惠民的原则,党以问题为导向,打响污染防治攻坚战,用最严密的制度、最严格的法治维护人民绿色权益,坚定绿色发展的战略定力,统筹经济社会发展与生态文明建设,让老百姓深刻领会到"人不负青山,青山定不负人",切实感受到经济社会高质量发展、生态环境改善带来的安全感、获得感和幸福感。

绿色发展需要紧紧依靠人民群众,将人民群众的首创精神融入绿色发展实践,始终保持同人民群众的血肉联系,汇聚起推进生态文明建设和绿色发展进程的人民力量。新时代,必须坚持人民思想,夯实群众基础,打一场人民战争,要畅通人民群众参与污染防治攻坚战的渠道,充分发动人民群众来监督工作、发现问题,让破坏生态、超标排放等违法行为无所遁形;要加大信息公开力度,始终贴近群众,通过传统媒体和微信等新兴媒体,以群众喜闻乐见的方式,对生态环境保护进行广泛宣传、推介;要加强绿色创建等活动,引导和鼓励人民群众自觉践行绿色低碳生活生产方式,主动做积极的行动者(潘碧灵,2019)。

（四）开放发展:为人民谋幸福的必由之路

开放是国家繁荣发展的必由之路。开放发展重在解决发展内外联动问题,以开放促改革,以开放促发展,是实现国家强盛、人民幸福的必由之路。当前,经济全球化遭遇逆风,但中国开放的大门不会关闭,只会越开越大。习近平总书记在浦东开发开放30周年庆祝大会上指出:"越是面对挑战,我们越是要遵循历史前进逻辑、

---

① 十九届六中全会《中共中央关于党的百年奋斗重大成就和历史经验的决议》。

顺应时代发展潮流、呼应人民群众期待,在更加开放的条件下实现更高质量的发展。"开放发展、协同合作是国家繁荣发展的必然要求,是中国人民和世界人民利益得以实现的必由之路。习近平总书记在阐述"中国梦"时强调,"中国梦与世界各国人民的美好梦想相通","中国的梦想,不仅关乎中国的命运,也关系世界的命运"。从中拉论坛、中非合作论坛和中阿合作论坛到"一带一路"国际合作平台和"亚投行",中国不断与世界各国分享发展机遇,积极帮助其他发展中国家的经济建设(王晶晶,2017)。开放发展理念顺应时代潮流,符合各国人民的利益,中国与世界互利共赢的新格局,逐步形成。

唯物史观认为"现实的人"是人类历史的起点,人类历史的出发点同样也是现实生活的出发点,这就要求开放发展也必须从"现实的人"出发,从最广大人民群众的根本利益出发,坚持以人民为中心(王晶雄,2019)。改革开放 40 多年,中国取得巨大成就的一条重要历史经验是,中国共产党始终"坚持胸怀天下","始终以世界眼光关注人类前途命运,从人类发展大潮流、世界变化大格局、中国发展大历史正确认识和处理同外部世界的关系,坚持开放、不搞封闭,坚持互利共赢、不搞零和博弈,坚持主持公道、伸张正义,站在历史正确的一边,站在人类进步的一边"。①

中国社会主义制度决定了开放发展必须坚持以人民为中心。社会主义制度是不断促进人的自由全面发展的制度,其优越性就在于它是以公有制为基础、人民当家作主的制度,能够充分调动广大群众的积极性,集中力量办大事。开放发展旨在以内外联动拓宽中国发展空间,谋求更好发展,满足人民对美好生活的需要。2017年 5 月 14 日,习近平总书记在"一带一路"国际合作高峰论坛开幕式上演讲时强调,"开放带来进步,封闭导致落后。对一个国家而言,开放如同破茧成蝶,虽会经历一时阵痛,但将换来新生"。因此,以增进人民福祉为己任的中国共产党必将坚定不移地走开放发展之路。

夺取新时代现代化国家建设的新胜利,决定了必须坚持以人民为中心的开放

①　十九届六中全会《中共中央关于党的百年奋斗重大成就和历史经验的决议》。

发展理念。在建设社会主义现代化国家的伟大征程中难免会遇到困难和挑战,而应对这些困难和挑战的唯一出路就是坚持以人民为中心。把人民群众对美好生活的向往作为开放发展的出发点和落脚点,以举办中国国际进口博览会等形式,通过扩大开放不断满足人民日益增长的美好生活需要。开放为了人民,也要依靠人民。人民群众是开放发展的依靠者和推动者,新时代发展更高层次的开放型经济,要不断激发广大人民群众的积极性和创造性,为开放发展提供源源不竭的动力。同时,人民群众也是开放成效的评判者和阅卷人。2021 年 7 月 6 日,习近平总书记在中国共产党与世界政党领导人峰会上的主旨讲话中指出:"中国共产党将坚持以人民为中心的发展思想,在宏阔的时空维度中思考民族复兴和人类进步的深刻命题,团结带领中国人民上下求索、锐意进取,创造更加美好的未来。"新时代,要始终把国家富强、人民幸福作为检验开放发展成效的标准。

中国倡导构建人类命运共同体,是在新时代国际视野下以人民为中心的发展思想的集中表述,同时也是中国特色社会主义对当代人类发展理念的创新和践行。人类历史从地域史转变为世界史是大趋势。中国倡导构建人类命运共同体,是为了建设持久和平、普遍安全、共同繁荣、开放包容、清洁美丽的世界,而这正是世界人民共同利益的集中表现(王菲、周振国,2020)。

(五) 共享发展:以人民为中心的集中体现

共享是中国特色社会主义的本质要求,共享发展注重的是解决社会公平正义问题。十八届五中全会提出,坚持共享发展,"必须坚持发展为了人民、发展依靠人民、发展成果由人民共享,作出更有效的制度安排,使全体人民在共建共享发展中有更多获得感,增强发展动力,增进人民团结,朝着共同富裕方向稳步前进"。共享发展的根本目的与中国共产党的历史使命高度一致,就是把为大多数人谋利益作为自己的奋斗目标,让改革发展成果惠及更多人民。共享发展是以人民为中心的发展思想的集中体现。

共享发展是马克思主义社会发展理论的核心要旨。马克思与恩格斯在《共产党宣言》中就明确指出:"过去的一切运动都是少数人的,或者为少数人谋利益的运动。无产阶级的运动是绝大多数人的,为绝大多数人谋利益的独立的运动。"中国特色社会主义进入新时代,以习近平总书记为核心的党中央明确提出:"坚持发展为了人民、发展依靠人民、发展成果由人民共享。"我们现阶段所取得的所有成果,都是人民用辛勤劳动换来的,理应由人民共同分享,这充分表达了中国共产党全心全意为人民服务的根本宗旨。正是中国共产党始终坚持"以人民为中心",社会主义建设事业才能得到广大人民群众的拥护,并取得一个又一个伟大胜利。

共享发展是全面建成小康社会的客观需要。十八大报告提出,到 2020 年要实现国内生产总值和城乡居民人均收入比 2010 年翻一番,但仅有"总值"和"人均"远远不够,一部分人"被小康",那肯定不是全面小康,因为这不符合公平正义原则。提出共享发展理念,其问题导向是很明确的,就是要解决公平正义的问题。在全面建成小康社会的路上绝不会让任何一个人掉队,全面建成小康社会一个都不能少,这是由党的领导和社会主义制度决定的。

共享发展是实现中华民族伟大复兴的必然要求。习近平总书记强调:"过去一百年,中国共产党向人民、向历史交出了一份优异的答卷。现在,中国共产党团结带领中国人民又踏上了实现第二个百年奋斗目标新的赶考之路。"交出优异答卷的重要经验在于始终坚持"人民至上",而走好新的赶考之路的根本保证仍在于践行以人民为中心的发展思想。只有坚持发展为了人民、发展依靠人民、发展成果由人民共享,保证人人享有发展机遇、享有发展成果,全体人民推动发展的积极性、主动性、创造性才能被充分调动起来,这样中国社会才会充满旺盛活力和发展动力。

共享发展理念是以人民为中心的发展思想的集中体现。新时代,必须坚持共享发展在国家发展全局中的根本地位,以共享发展来推进创新发展、协调发展、绿色发展和开放发展。人民对美好生活的向往是中国共产党的奋斗目标,人民美好生活需要涵盖了全体人民在经济、政治、社会、文化、生态环境等多方面的需要,只有全方位满足人民美好生活需要,才能更好实现人的全面发展(邱海平,2021),才能凝聚广大人民群众建设中国特色社会主义事业的信心和勇气。

二、 理论贡献

新时代以人民为中心的发展思想，是马克思唯物史观在当代中国的最新发展，是中国共产党长期执政的关键所在，是社会主义现代化建设的根本遵循，具有重大的理论贡献。

（一）马克思主义唯物史观中国化的当代表达

以人民为中心的发展思想是马克思主义唯物史观中国化的当代表达。唯物史观的本质是群众史观。马克思从现实的、社会的、实践的人的生存需要出发，揭示物质生产是人类的第一个历史活动，而推动物质生产的主体正是有目的、有意识的人。因此，他把作为历史主体的人形象地比喻为历史剧的"剧作者"，并指出其同时又是"剧中人"。

新时代以人民为中心的发展思想将人民对美好生活的向往作为经济社会发展的奋斗目标，强调了满足人民日益增长的美好生活需要和促进人的全面发展对发展全局的动力作用，决定着发展的起点、过程、力量主体、成果归宿和价值实现。首先，人民是发展的根本目的。习近平总书记强调："我们追求的发展是造福人民的发展，我们追求的富裕是全体人民共同富裕。"其次，人民是发展的力量主体。习近平总书记指出："人民是历史的创造者，是决定党和国家前途命运的根本力量。"再次，人民是发展的利益主体。习近平总书记庄严向世人宣告，"中国共产党人的初心和使命，就是为中国人民谋幸福，为中华民族谋复兴"，"人民对美好生活的向往，就是我们的奋斗目标"，强调"保障和改善民生要抓住人民最关心最直接最现实的利益问题"。最后，人民才是发展的评价主体和价值归宿。习近平总书记明确要求："最终要看人民是否真正得到实惠，人民生活是否真正得到改善，人民权益是否真正得到保障。"

以人民为中心的发展思想，立足于中国特色社会主义进入新时代的历史方位和中国社会主要矛盾变化的实际，坚持"人民至上"，开辟了马克思主义唯物史观中国化的新境界，为发展当代马克思主义作出了重大贡献（王菲、周振国，2020）。

(二)中国共产党群众路线的最新发展

群众路线是中国共产党的生命线,在中国特色社会主义现代化建设事业中发挥着重要作用。2013年12月26日,习近平总书记在纪念毛泽东同志诞辰120周年座谈会上指出:"群众路线是我们党的生命线和根本工作路线,是我们党永葆青春活力和战斗力的重要传家宝。不论过去、现在和将来,我们都要坚持一切为了群众,一切依靠群众,从群众中来,到群众中去,把党的正确主张变为群众的自觉行动,把群众路线贯彻到治国理政全部活动之中。"习近平总书记还强调,改革开放是亿万人民自己的事业,必须坚持尊重人民首创精神。只有实现一切为了群众,群众才能成为党领导的事业不断取得胜利的坚实依靠力量。要深入群众开展广泛的调查研究,回应群众最迫切最现实的需求,及时发现问题、分析问题,进而高效解决问题。

经过40多年的快速发展,中国社会生产力水平得到极大提升,人民生活水平显著提高。但是,发展起来后的问题一点不会比不发展时少,人民吃饱穿暖后,对美好生活的需要就会不断提升。社会主要矛盾的变化意味着人民群众的新期待内容更丰富、需要再升级。与"日益增长的物质文化需要"相比,"美好生活需要"内容更广泛(唐珏岚,2022),不仅包括既有的"日益增长的物质文化需要"这些客观的"硬需要"①,还包括在此基础上衍生出来的获得感、幸福感、安全感,这意味着还要满足人民对民主、法治、公平、正义、安全、环境等方面更具主观色彩的"软需要"(杨海,2021)。群众需求发生变化,无疑对党的群众工作提出了新的要求。以人民为中心的发展思想丰富和深化了党的群众路线的内涵和实践路径,是中国共产党群众路线的最新发展。其一,以人民为中心的发展思想,是以满足人民日益增长的美好生活需要作为思维基点,深化了"一切为了群众、一切依靠群众"的内涵。其二,以人民为中心的发展思想,强调用制度体系保证人民当家作主,为贯彻党的群众路线筑

---

① 原来的"硬需要"没有消失,且呈现出升级态势,比如期盼有更好的教育、更稳定的工作、更满意的收入、更可靠的社会保障、更高水平的医疗卫生服务、更舒适的居住条件等。详见吴秋余:《新时代呼唤更平衡更充分的发展——访中共中央党校教授辛鸣》,《人民日报》2017年10月30日。

牢政治前提和制度保证。其三,以人民为中心的发展思想,把坚持人民主体地位、贯彻党的群众路线融入协调推进"四个全面"战略布局的全过程,为把群众路线贯彻到治国理政全部活动之中开拓路径(王菲、周振国,2020)。

(三)开拓当代中国马克思主义政治经济学新境界

2015 年 11 月 23 日,习近平总书记在中共中央政治局第 28 次集体学习时的重要讲话中指出:"党的十一届三中全会以来,我们党把马克思主义政治经济学基本原理同改革开放新的实践结合起来,不断丰富和发展马克思主义政治经济学,形成了当代中国马克思主义政治经济学的许多重要理论成果。这些理论成果,是适应当代中国国情和时代特点的政治经济学,不仅有力指导了中国经济发展实践,而且开拓了马克思主义政治经济学的新境界。"[1]价值取向体现着经济学的性质,决定了经济学的理论品质。开拓当代中国马克思主义政治经济学新境界,必须始终坚持"人民至上"的价值取向。

资产阶级经济学的价值取向是为资产阶级的利益服务,这一根本立场决定了资产阶级经济学对资本主义生产方式剥削本质的粉饰和辩护本质,不可能触及资本主义经济关系的本质。马克思主义政治经济学的价值取向是"人民至上",基于此,马克思主义政治经济学以物质资料的生产实践活动为基础,以研究资本主义生产方式及与之相适应的生产关系和交换关系为对象,揭示了资本主义必然灭亡、社会主义和共产主义必然胜利的客观规律,为无产阶级实现解放提供了理论指导。中国特色社会主义政治经济学是马克思主义政治经济学与中国特色社会主义经济建设实际相结合的产物,是马克思主义政治经济学的中国化,与马克思主义政治经济学的价值取向相一致,也是"人民至上",这一根本立场决定了中国特色社会主义政治经济学是为人民服务的经济学(何自力,2021)。

以人民为中心的发展思想,是贯穿当代中国马克思主义政治经济学的一根红线,开拓了当代中国马克思主义政治经济学新境界。首先,坚持一切为了人民。增

---

[1]　习近平:《不断开拓当代中国马克思主义政治经济学新境界》,《求是》2020 年第 16 期。

进人民福祉、促进人的全面发展、朝着共同富裕方向稳步前进,是中国经济发展的出发点和落脚点,也是创新发展当代中国马克思主义政治经济学的重要使命。其次,坚持一切依靠人民。改革开放 40 多年,中国经济奇迹的创造,充分证明人民是顶天立地的英雄。在党的领导下,人民群众的实践创造经过总结、提炼并升华为系统化的经济理论成果,这些理论成果不仅有力指导了中国经济发展实践,而且开拓了当代中国马克思主义政治经济学新境界。中国共产党领导全体人民全面建成小康社会、建设社会主义现代化强国的生动实践,必将推动当代中国马克思主义政治经济学取得新的更大发展。最后,坚持惠及全体人民。不断开拓当代中国马克思主义政治经济学新境界,必须始终坚持"人民至上",让改革发展成果更多更公平惠及全体人民。从"小康不小康,关键看老乡"和"绿水青山就是金山银山"到"江山就是人民,人民就是江山",十八大以来,中国共产党推动一大批惠民举措落地生根,人民的获得感、幸福感、安全感更加充实、更有保障、更可持续。这一系列惠民举措与成效为不断开拓当代中国马克思主义政治经济学新境界提供了丰厚的土壤。①

三、 世界意义

新时代以人民为中心的发展思想的价值意义,不仅仅体现在为中国人民谋幸福、为中华民族谋复兴的民族层面,更体现在为人类求和平、为世界谋发展的全球层面。中国倡导构建人类命运共同体,是在新时代国际视野下的以人民为中心的发展思想的集中表述,同时也是对唯物主义世界历史观的科学运用和发展,是习近平新时代中国特色社会主义思想对当代人类发展理念的创新和践行(王菲、周振国,2020)。

(一)为应对百年未有之大变局贡献中国方案

2017 年 12 月,习近平总书记在接见回国参加驻外使节工作会议的使节时发表重要讲话,指出:"放眼世界,我们面对的是百年未有之大变局。"百年未有之大变局

---

① 《人民网评:以人民为中心发展当代中国马克思主义政治经济学》,人民网,2020 年 8 月 19 日,baijiahao.baidu.com/s?id=1675436994685752257&wfr=spider&for=pc。

的表现是多方面、深层次的：政治重心转移，经济实力演变，文化发展多样，治理体系调整，中国快速崛起。百年未有之大变局不仅影响当前，也影响长远；不仅影响局部，也影响全局；不仅影响国家的前途命运，也影响人类的生存发展。由于局中各方所处立场不同、利害关系不同，因而态度和行动也不一样，对当前和未来全球发展带来极大的不稳定性和不确定性，对国家发展也必然会带来影响的深远性（徐光春，2021）。

与此同时，各国之间的相互联系和相互依存程度日益加深，全球命运与共、休戚相关的态势日趋形成。中国是世界第一人口大国和第二大经济体，一方面中国的发展具有与生俱来的世界意义，另一方面中国在当今国际新秩序建构中的角色定位在发生变化，即中国需要进一步增强自觉的主体意识，在世界治理新秩序中贡献中国智慧、提出中国主张、发挥中国作用，以实现中国权利和责任的统一（赵中源，2020）。习近平总书记在"七一"重要讲话中强调："中国共产党关注人类前途命运，同世界上一切进步力量携手前进，中国始终是世界和平的建设者、全球发展的贡献者、国际秩序的维护者！"

中国是一个正在走向世界舞台中心的负责任的大国，应对百年未有之大变局的中国方案至少包含以下三点：倡导共同、综合、合作、可持续的新安全观以应对国际风险的挑战；发展相互尊重、公平正义、合作共赢的新型国际关系，完善全球治理体系；倡导人类命运共同体，建设持久和平、普遍安全、共同繁荣、开放包容、清洁美丽的世界。这一方案因为更具有可操作性而让"化危为机""于变局之中开新局"有了更加明确的实践目标和价值导向（陈艳艳，2022）。

习近平总书记指出："世界各国人民都生活在同一片蓝天下、拥有同一个家园，应该是一家人。"应对百年未有之大变局的中国方案，彰显了以全世界人民为中心的发展思想，这正是世界人民共同利益的集中表现。

（二）为解决人类社会发展难题贡献中国主张

"世界怎么了"必然引发"我们怎么办"的现实思考。当今世界正面临发展失衡、经济治理滞后、公平赤字等挑战（李宏，2020）。面对世界发展难题，需要找寻解决问题之道。

人类命运共同体是中国共产党在面对全球问题,利用马克思主义的指导思想所提出的解决方案,它为世界指明了发展前景——打造各国命运共生、观点共识、发展成果共享的共赢局面(王雪霁,2020)。任何一个共同体只有将人民确立为其发展主体时,才能有望构建人类命运共同体;反之,则难以摆脱那种"人对人的依赖关系"和"人对物的依赖关系"的片面化发展状态(曹瑜,2020)。

人类命运共同体将民族国家层面的人民主体立场拓展为全球范围的人类主体立场。以一国而言,本国的发展不仅着眼于国内人民的幸福与安宁,还要以世界人民的美好生活为己任。为促进人类的共同进步,中国高举和平、发展、合作、共赢的旗帜,按照亲诚惠容理念和与邻为善、以邻为伴的周边外交方针深化同周边国家关系,稳定周边战略依托,打造周边命运共同体。[①]习近平总书记将实现"中国梦"与建构和平发展的"世界梦"结合起来,提出建设"一带一路"与打造人类命运共同体的倡议,明确宣布"我们要在发展自身利益的同时,更多考虑和照顾其他国家利益",强调坚持共商共建共享的发展原则与开放包容、平等参与、合作共赢的全球治理新理念,在发挥各自潜能与优势的基础上,形成新的整体发展优势,推动经济全球化深度发展,以打造世界利益共同体推进人类命运共同体建设(赵中源,2020)。

以人民为中心的发展思想体现了中国的全球视野和责任担当,对形成和倡导人类共同价值观具有十分重要的意义。在全球化迅速发展的今天,中国不仅提出破解全球发展难题的主张,并坚持以人民为中心的发展思想,让人类命运共同体由理念变为行动,增进了世界人民福祉。中国积极参与全球治理体系改革和建设,维护和践行真正的多边主义,坚决反对单边主义、保护主义、霸权主义、强权政治,积极推动经济全球化朝着更加开放、包容、普惠、平衡、共赢的方向发展。中国建设性参与国际和地区热点问题政治解决,在气候变化、减贫、反恐、网络安全和维护地区安全等领域发挥积极作用。中国积极开展抗击新冠肺炎疫情国际合作,发起新中

---

① 《中共中央关于党的百年奋斗重大成就和历史经验的决议》,《人民日报》2021年11月17日。

国成立以来最大规模的全球紧急人道主义行动,向众多国家特别是发展中国家提供物资援助、医疗支持、疫苗援助和合作,展现负责任大国形象。中国积极参与全球环境与气候治理,作出力争 2030 年前实现碳达峰、2060 年前实现碳中和的庄严承诺,体现了负责任大国的担当。[①]

在百年未有之大变局下,中国坚信决定世界发展方向的必然是全世界人民大众,反映世界人民意愿、集中世界人民智慧、联合世界人民力量,是破解世界发展难题的根本出路,须着眼于全人类的共同命运,维护全人类的共同利益(王菲、周振国,2020),即坚持以全世界人民为中心的发展思想。

(三)为创造人类文明新形态贡献中国智慧

人类文明是全人类共同创造的财富,也是全人类共同的精神家园。习近平总书记提出:"各种文明都有其独特魅力和深厚底蕴,都是人类的精神瑰宝,不同文明要取长补短、共同进步,让文明交流互鉴成为推动人类进步的动力、维护世界和平的纽带。"中国共产党的百年奋斗深刻影响了世界历史进程,特别是"党领导人民成功走出中国式现代化道路,创造了人类文明新形态,拓展了发展中国家走向现代化的途径,给世界上那些既希望加快发展又希望保持自身独立性的国家和民族提供了全新选择"。[②]在庆祝中国共产党成立 100 周年大会上,习近平总书记强调:"我们坚持和发展中国特色社会主义,推动物质文明、政治文明、精神文明、社会文明、生态文明协调发展,创造了中国式现代化新道路,创造了人类文明新形态。"

人类文明新形态,是在中国坚持"人民至上"的发展道路、理论、制度、文化的支撑下生长起来的。人类文明新形态超越了西方的资本逻辑,蕴含了中华文明"民本主义"的思想,致力于以人民美好生活为旨趣。同时,人类文明新形态继承了中华文明"和而不同"的基因,超越了西方文明中心论、冲突论,推动人类文明持续和谐发展(闫立光等,2021)。可见,不同于西方资本逻辑主导下的人与人关系的物化,人类文明新形态秉持以人民为中心的价值立场,始终把人的全面发展放在突出位

---

① ②　十九届六中全会《中共中央关于党的百年奋斗重大成就和历史经验的决议》。

新时代:经济思想新飞跃

置,使人与人、人与自然、经济与社会等更协调、更和谐,其价值底色是和平、发展、公平、正义、民主、自由的全人类共同价值,其实践路径是践行以人民为中心的发展思想。这样的人类文明新形态是通过和平方式创造的,主要依靠我们自己的力量,在实现自身发展的同时更好促进世界和平与发展。人类文明新形态不仅极大地丰富了现代化的文明新内涵,同时也为发展中国家走向现代化提供了新选项(张胜、王斯敏,2021)。

四、 引领现代化建设新征程

中共十九届五中全会提出,要协调推进全面建设社会主义现代化国家、全面深化改革、全面依法治国、全面从严治党的战略布局。"四个全面"之一的"全面建成小康社会"变为"全面建成社会主义现代化国家",标志着中国在全面建成小康社会的基础上,将开启全面建设社会主义现代化国家的新征程。"以人民为中心"建设社会主义现代化,在目标追求上,强调全体人民共享社会主义现代化的伟大成果;在发展动力上,强调全体人民共同建设社会主义现代化的伟大事业;在评价标准上,强调将是否给人民群众带来美好生活作为检验现代化成效的根本标准。

（一）"以人民为中心"为现代化建设提供价值取向

中国要实现的现代化是一种完全不同于西方资本主义的现代化,它是中国特色社会主义道路特质和道路优势的体现,本质上就是以人民为中心的全面发展现代化。

习近平总书记在十九届六中全会的总结讲话中,概括了西方的现代化老路的四个基本特征:一是以资本为中心的现代化;二是两极分化的现代化;三是物质主义膨胀的现代化;四是对外扩张掠夺的现代化。反观西方资本主义国家走过的现代化老路,其教训值得认真吸取,也进一步增强了我们对中国特色社会主义道路、理论、制度、文化的坚定自信。

中国式现代化不同于西方发达国家的现代化。在目标上,十九大在综合研判国际国内发展环境和国家发展条件的基础上,提出了"两步走"战略目标:第一步,

228

从 2020 年到 2035 年,在全面建成小康社会的基础上,基本实现社会主义现代化;第二步,从 2035 年到本世纪中叶,把中国建成富强民主文明和谐美丽的社会主义现代化强国。从根本上说,就是要实现"以人民为中心"的全面发展的现代化——全面推进经济建设、政治建设、文化建设、社会建设、生态文明建设以及其他各方面建设。在基本特征上,习近平总书记指出:"中国要实现的现代化,是人口规模巨大的现代化,是全体人民共同富裕的现代化,是物质文明和精神文明相协调的现代化,是人与自然和谐共生的现代化,是走和平发展道路的现代化。"这五个特征,是对过去中国式现代化道路的总结,更是对未来中国式现代化道路的规划,鲜明地突出了"以人民为中心"的根本立场。

以人民为中心的发展思想是引领中国现代化建设的基本价值取向,并将贯穿于中国现代化建设的全过程。这正是中国式现代化不同于西方发达国家现代化的根本所在。

(二)"以人民为中心"为现代化建设提供发展动力

坚持"以人民为中心",为全面建设社会主义现代化国家提供不竭的力量源泉。中国共产党的百年奋斗历程充分证明,广大人民群众的支持、拥护和参与,是中国革命、建设、改革不断取得胜利的重要法宝。

人民是历史的创造者,人民是真正的英雄,中华民族波澜壮阔的发展史就是由人民书写的。"以人民为中心"强调人民群众是社会历史发展的主体,是社会物质财富和精神财富的创造者,是党和国家各项事业建设的基石。作为历史的创造者,人民群众有丰富的智慧、无限的创造力和无穷的力量。全面建设社会主义现代化国家,不能也不可能仅仅依靠少数"精英""英雄",而是必须紧紧依靠人民群众,充分激发人民群众的积极性、主动性、创造性。坚持人民主体地位,促进多元主体协同构建,是社会主义现代化建设的内生动力。

尊重人民的主体地位,就是要尊重人民在实践活动中所表达的意愿、所创造的经验、所拥有的权利、所发挥的作用。在全面建设社会主义现代化国家新征程中,只有充分激发蕴藏在人民群众中的创造伟力,才能顺利实现中华民族伟大复兴的中国梦。只有充分调动最广大人民群众的创造性和积极性,才能确保到21世纪中叶如期建成社会主义现代化强国。习近平总书记强调:"要开门问策、集思广益,把加强顶层设计和坚持问计于民统一起来,鼓励广大人民群众和社会各界以各种方式为'十四五'规划建言献策,切实把社会期盼、群众智慧、专家意见、基层经验充分吸收到'十四五'规划编制中来,齐心协力把'十四五'规划编制好。"只有紧紧依靠人民群众,坚持群众路线,才能正确认识中国发展环境面临的深刻复杂变化,将群众意见集中起来形成正确的决策和科学的远景目标,开启全面建设社会主义现代化国家新征程。只要我们不断巩固和发展各民族大团结、全国人民大团结、全体中华儿女大团结,铸牢中华民族共同体意识,形成海内外全体中华儿女心往一处想、劲往一处使的生动局面,就一定能够汇聚起实现中华民族伟大复兴的磅礴伟力。[①]

(三)"以人民为中心"是现代化建设的实践标准

人民幸福是共产党的初心和使命。在现代化国家建设的新征程中,提高人民生活水平、改善人民生活质量、满足人民对美好生活的需求,是共产党人的奋斗目标,也是评价现代化国家建设成功与否的根本标准。

中国社会主义的本质目标是共同富裕,这奠定了全体人民共享发展成果的价值基调,强调在注重发展效率的同时更加注重社会公平,保障人民群众在现代化事业中平等受益。在现代化建设的进程中,必须践行以人民为中心的发展思想,维护社会公平正义,着力解决发展不平衡不充分问题和人民群众急难愁盼问题,不断实现好、维护好、发展好最广大人民根本利益,团结带领全国各族人民不断为美好生活而奋斗。[②]

建设社会主义现代化国家归根结底是要满足人民的真切需求,构建稳定和谐的社会环境,不断增进人民福祉,使最广大人民群众在实际社会活动与情感生活中感受到最直接的参与感和获得感。社会主义现代化强国建设的远景目标能否如期实现,归根结底是要看人民的生活水平能否迈上新的台阶,人民平等参与、平等发

---

①② 十九届六中全会《中共中央关于党的百年奋斗重大成就和历史经验的决议》。

展的权利能否得到充分保障,能否让中国人民生活在一个文化强国、教育强国、人才强国、体育强国与健康中国(章舜粤,2021)。只有真正做到"从人民中来""到人民中去"的契合统一,现代化建设成就才能"得到人民认可、经得起历史检验"。

参考文献

阿尔弗雷德·马歇尔:《经济学原理》上册,商务印书馆 1991 年版。

阿马蒂亚·森:《以自由看待发展》,任赜、于真译,中国人民大学出版社 2002 年版。

《把群众安危冷暖时刻放在心上 把党和政府温暖送到千家万户》,《人民日报》2012 年 12 月 31 日。

白永秀、王颂吉:《中国共产党 100 年经济思想的主线、发展阶段与理论体系》,《西北大学学报(哲学社会科学版)》2021 年第 3 期。

柏拉图:《理想国》,郭斌、张竹明译,商务印书馆 1986 年版。

柏拉图:《普罗塔戈拉》,华夏出版社 2018 年版。

柏拉图:《苏格拉底的申辩》,严群译,商务印书馆 1983 年版。

布克哈特:《意大利文艺复兴时期的文化》,商务印书馆 1979 年版。

曹瑜:《以人民为中心:人类命运共同体的主体性原则》,《教学与研究》2020 年第 8 期。

陈冬冬、齐卫平:《新时代脱贫攻坚及其重大意义》,《理论建设》2021 年第 2 期。

陈飞:《准确把握人民城市的三个理论内涵和五个发展维度》,上观新闻,2020 年 9 月 5 日。

陈力丹:《"始终把人民群众放在心中脑中"——习近平"以人民为中心"思想的理论渊源与中国特色社会主义实践基础》,《辽宁大学学报(哲学社会科学版)》2018 年第 1 期。

陈始发、朱格锋:《新中国成立以来党的共享发展思想探析:历程、理路与启示》,《江西财经大学学报》2020 年第 5 期。

陈小川、郭振铎、吕殿楼、吴泽义编著,《文艺复兴史纲》,中国人民大学出版社 1986 年版。

陈艳艳:《中国共产党对"百年未有之大变局"的阐释及其贡献》,《西南交通大学学报(社会科学版)》2022 年第 1 期。

陈银娥:《西方福利经济理论的发展演变》,《华中师范大学学报(人文社会科学版)》2000 年第 4 期。

戴舟:《论"三个代表"》,《求是》2000 年第 13 期。

《党的十九届六中全会〈决议〉学习辅导百问》,党建读物出版社 2021 年版。

《邓小平文选》第 3 卷,人民出版社 1993 年版。

《邓小平文选》,人民出版社 1994 年版。

董敬怡:《中国扶贫改革 40 年:历程、经验及展望》,《经济研究参考》2018 年第 56 期。

董瑞华、唐珏岚:《资本论及其手稿在当代的实践与发展》,人民出版社 2013 年版。

董振华:《"以人民为中心"的理论逻辑和政治价值》,《党政干部参考》2018 年第 1 期。

弗朗索瓦·佩鲁:《新发展观》,张宁、丰子义译,华夏出版社 1987 年版。

付海莲、邱耕田:《习近平以人民为中心的发展思想的生成逻辑与内涵》,《中共中央党校学报》2018 年第 4 期。

付小悦:《延续中华文脉 锻铸中国精神——党的十八大以来文化繁荣发展成果述评》,《光明日报》2018 年 10 月 17 日。

《傅立叶选集》第 1 卷,商务印书馆 1979 年版。

郭敬生、鹿青云:《全面建成小康社会:历程、成就与启示》,《新东方》2020 年第 6 期。

何自力:《以人民为中心是中国特色社会主义政治经济学的逻辑主线》,《当代经济研究》2021 年第 2 期。

黑格尔:《哲学史讲演录(第二卷)》,贺麟、王太庆译,商务印书馆 1959 年版。

侯桂芳:《"人民至上"理念引领下的上海城市治理新实践》,《上海党史与党建》2020 年第 7 期。

胡鞍钢、鄢一龙、唐啸、刘生龙:《2050 中国:以人民为中心的社会主义全面现代化》,《国家行政学院学报》2017 年第 5 期。

胡锦涛:《高举中国特色社会主义伟大旗帜,为夺取全面建设小康社会新胜利而奋斗——在中国共产党第十七次全国代表大会上的报告》,《人民日报》2007 年 10 月 25 日。

黄承伟(2020a):《中国脱贫攻坚的历史进程和伟大成就(下)》,《湘潮》2020 年第 10 期。

黄承伟(2020b):《中国新时代脱贫攻坚的历史意义与世界贡献》,《南京农业大学学报(社会科学版)》2020 年第 4 期。

黄国石:《理性预期学派的经济理论和政策主张》,《厦门大学学报(哲学社会科学版)》1997 年第 3 期。

黄日:《〈新民主主义论〉传播及其历史影响(1940—1946)》,《毛泽东研究》2021 年第 5 期。

黄少群、张弛:《从小事情抓起为人民服务》,《人民日报》2011 年 1 月 20 日。

黄鑫权、李建军：《习近平"以人民为中心"重要论述的哲学意蕴》，《河海大学学报（哲学社会科学版）》2020 年第 2 期。

黄彦编：《孙文选集》上册，广东人民出版社 2006 年版。

《践行人民城市重要理念 以高质量党建打造杨浦滨江秀带新亮点》，《上海党史与党建》2020 年第 8 期。

江泽民：《论党的建设》，中央文献出版社 2001 年版。

《江泽民文选》第 1、2、3 卷，人民出版社 2006 年版。

姜淑萍：《"以人民为中心的发展思想"的深刻内涵和重大意义》，《党的文献》2016 年第 6 期。

姜义华：《章太炎的人性论与近代中国人本主义的命途》，《复旦学报（社会科学版）》1985 年第 3 期。

金建萍：《坚持以人民为中心的发展思想研究》，人民出版社 2020 年版。

靳昊：《让公平正义如阳光普照——党的十八大以来司法体制改革成果述评》，《光明日报》2018 年 10 月 2 日。

康德：《道德形而上学原理》，苗力田译，上海译文出版社 1986 年版。

科斯：《论生产的制度结构》，三联书店 1994 年版。

拉伯雷：《巨人传》，鲍文蔚译，上海译文出版社 1981 年版。

李斌、李自良：《"全面实现小康，一个民族都不能少"——习近平总书记会见贡山独龙族怒族自治县干部群众代表侧记》，《人民日报》2015 年 1 月 23 日。

李东朗：《〈关于若干历史问题的决议〉与中共七大》，《中国延安干部学院学报》2015 年第 3 期。

李广春：《以人民为中心打赢脱贫攻坚战》，《人民日报》2021 年 3 月 12 日。

李宏：《人类命运共同体的价值意蕴与世界意义》，《理论导刊》2020 年第 2 期。

李培林主编：《坚持以人民为中心的新发展理念》（习近平新时代中国特色社会主义思想学习丛书），中国社会科学出版社 2019 年版。

李慎明：《以人为本的科学内涵和精神实质》，《中国社会科学》2007 年第 6 期。

李斯特：《政治经济学的国民体系》，商务印书馆 1961 年版。

李巍：《"以人民为中心"的发展思想研究：逻辑、内涵与实践》，《中共济南市委党校学报》2020 年第 6 期。

李学举：《我国基层群众自治制度地位的重大提升》，《求是》2008 年第 3 期。

李叶、谢磊：《坚持以人民为中心——二论深入学习贯彻党的十九大精神》，《光明日报》

2017 年 10 月 29 日。

李怡、肖昭彬:《"以人民为中心的发展思想"的理论创新与现实意蕴》,《马克思主义研究》2017 年第 7 期。

李永胜:《创新发展的灵魂是人民幸福》,光明网,2018 年 9 月 16 日。

梁树清:《论邓小平"以人为本"的思想及其理论表现》,《青岛科技大学学报》2003 年第 3 期。

《列宁全集》第 9 卷,人民出版社 1987 年版。

《列宁全集》第 13 卷,人民出版社 1987 年版。

《列宁全集》(第二版)第 26 卷,人民出版社 1988 年版。

刘建军:《"为人民服务"的命题史考察》,《马克思主义研究》2011 年第 7 期。

刘洁:《集中连片特困区开发式扶贫方略》,《开放导报》2019 年第 4 期。

刘婧娇、王笑啸:《中国共产党早期民生保障:时空背景、制度演进与经验总结》,《兰州学刊》2021 年第 2 期。

刘彤、张等文:《论中国共产党民本思想对传统民本思想的传承与超越》,《马克思主义研究》2012 年第 12 期。

刘伟:《习近平"中国特色社会主义政治经济学"的学说体系和理论逻辑》,《学术月刊》2021 年第 5 期。

刘燕妮:《以人民为中心与"共建共治共享"的基本逻辑关系》,《中共济南市委党校学报》2019 年第 3 期。

刘义程、曾敏:《土地革命时期中国共产党的民生观》,《湖南科技大学学报(社会科学版)》2010 年第 6 期。

卢梭:《论人类不平等的起源和基础》,陈伟功、吴金生译,北京出版社 2010 年版。

陆仁权:《建立国家工业体系和国民经济体系理论是毛泽东思想的重要组成部分》,《毛泽东邓小平理论研究》2009 年第 10 期。

罗文东:《打赢疫情防控人民战争的胜利之本》,《人民日报》2020 年 9 月 28 日。

马国书:《"无人化价格"的西方经济学与"人本中心化"的新范式经济学》,《国际融资》2020 年第 9 期。

马克思:《1844 年经济学哲学手稿》,人民出版社 1985 年版。

《马克思恩格斯选集》第 1 卷,人民出版社 1995 年版。

《马克思恩格斯选集》第 1 卷,人民出版社 2012 年版。

《马克思恩格斯全集》第 3 卷,人民出版社 1957 年版。

《马克思恩格斯全集》第 46 卷，人民出版社 1979 年版。

毛泽东：《论政策》，人民出版社 1952 年版。

《毛泽东年谱(1893—1949)》下，人民出版社、中央文献出版社 1993 年版。

《毛泽东年谱(1893—1949)》中，人民出版社、中央文献出版社 1993 年版。

《毛泽东选集》第 3 卷，人民出版社 1966 年版。

《毛泽东选集》第 4 卷，人民出版社 1966 年版。

孟祥才、傅永聚：《中国古代民本思想与农民问题》，山东大学出版社 2003 年版。

缪昕、马越：《以人民为中心的新发展理念》，《智库时代》2019 年第 6 期。

宁琳琳：《坚持以人民为中心 树立绿色发展理念》，《内蒙古日报》2020 年 7 月 13 日。

诺斯：《经济史中的结构与变迁》，三联书店 1994 年版。

《欧文选集》第 2 卷，商务印书馆 1981 年版。

潘碧灵：《发扬斗争精神 增强斗争本领 坚决打赢污染防治攻坚战》，《中国环境报》2019 年 9 月 13 日。

齐彪：《深刻领会坚持以人民为中心》，《人民日报》2019 年 10 月 30 日。

齐卫平：《习近平以人民为中心思想的五个话语创新》，《理论探讨》2019 年第 1 期。

秦德君：《以"人"为核心的现代化和"以人民为中心"的现代化》，《决策》2021 年第 1 期。

邱海平：《全面认识和贯彻新发展理念》，《经济日报》2021 年 12 月 6 日。

邱玥：《织就世界最大的社会保障网——党的十八大以来社会保障事业发展成就述评》，《光明日报》2018 年 12 月 12 日。

桑明旭：《在唯物史观中准确把握以人民为中心的发展思想》，《求索》2019 年第 4 期。

莎士比亚：《哈姆雷特》，卞之琳译，作家出版社 1956 年版。

《圣西门选集》第 1 卷，商务印书馆 1985 年版。

《十八大以来重要文献选编》上，中央文献出版社 2014 年版。

《十八大以来重要文献选编》中，中央文献出版社 2016 年版。

《十八大以来重要文献选编》下，中央文献出版社 2018 年版。

石仲泉：《中国共产党三个历史决议的历史使命及重要意义》，《中共中央党校(国家行政学院)学报》，2021 年 12 月 3 日，doi.org/10.14119/j.cnki.zgxb.20211203.001。

史志乐、张琦：《中国共产党领导人民摆脱贫困的百年实践探索》，《中国浦东干部学院学报》2021 年第 1 期。

宋志浩：《疫情防控彰显以人民为中心的制度优势》，《北京教育（德育）》2020 年第 12 期。

谈燕:《打造人民城市建设的上海样本》,《解放日报》2021年11月24日。

覃川:《创新发展的理论意义和实践要求》,《经济日报》2017年7月21日。

汤玉洁、张淞:《〈星星之火,可以燎原〉与毛泽东关于中国革命道路的探索》,《中共贵州省委党校学报》2012年第6期。

唐珏岚:《非公有制经济促进共同富裕的作用机制研究》,《上海市社会主义学院学报》2022年第1期。

田改伟:《邓小平"三个有利于"思想及其启示》,《毛泽东邓小平理论研究》2014年第5期。

田杨群:《习近平"以人民为中心"经济发展思想的理论渊源及当代价值解析》,《社科纵横》2019年第5期。

万华颖:《脱贫攻坚:以人民为中心思想的生动实践》,《江西日报》2020年6月29日。

王斌通、马成:《以共建共治共享构建社会治理共同体》,光明网,2020年9月21日。

王炳林:《人民至上:中国共产党的根本政治立场》,中共党史出版社2021年版。

王彩娜、史育龙:《以人民为中心践行区域协调发展战略》,《中国经济时报》2017年12月4日。

王菲、周振国:《以人民为中心发展思想对唯物史观中国化的理论贡献》,《河北学刊》2020年第6期。

王剑、熊鲁霞、黄吉铭:《理想的坚持与方法的探索——上海市城市总体规划和建设发展70年》,《城乡规划》2019年第5期。

王晶晶:《以人民为中心的发展思想:理论基础、主要内容和价值意蕴》,《中共福建省委党校学报》2017年第10期。

王晶雄:《改革开放必须坚持以人民为中心》,《解放日报》2019年1月7日。

王明堂:《重温瞿秋白对文艺问题的论述》,《徐州师范学院学报》1980年第2期。

王世恒、李唯:《论新冠肺炎疫情防控中体现的以人民为中心理念》,《大庆师范学院学报》2021年第2期。

王威:《"为人民服务"形成与发展的重要阶段——"为人民服务"演讲发表前中国共产党人相关思想的考察与评析》,《前沿》2013年第3期。

王雪霁:《"以人民为中心"的发展思想:马克思人学思想的当代践行》,《佳木斯职业学院学报》2020年第12期。

王亚华、舒全峰:《中国精准扶贫的政策过程与实践经验》,《清华大学学报(哲学社会科学版)》2021年第1期。

王雨辰：《略论西方马克思主义的生态伦理价值观——兼论生态伦理的制度维度》，《哲学研究》2004年第2期。

魏金声：《现代西方人学思潮的震荡》，中国人民大学出版社1996年版。

吴海江、徐伟轩：《"以人民为中心"思想对传统民本思想的传承与超越》，《毛泽东邓小平理论研究》2018年第7期。

武晟：《邓小平"以人为本"的社会发展观》，《湖湘论坛》1998年第1期。

西奥多·W.舒尔茨：《人力资本投资——教育和研究的作用》，商务印书馆1990年版。

西斯蒙第：《政治经济学新原理》，商务印书馆1964年版。

习近平：《摆脱贫困》，福建人民出版社1992年版。

习近平：《在湖南考察时的讲话（2013年11月3日—5日）》，《人民日报》2013年11月6日。

习近平：《在中央经济工作会议上的讲话》，2014年12月9日。

习近平：《携手消除贫困 促进共同发展——在2015减贫与发展高层论坛的主旨演讲》，《光明日报》2015年10月17日。

习近平（2016a）：《关于〈中共中央关于制定国民经济和社会发展第十三个五年规划的建议〉的说明》，载《十八大以来重要文献选编》中册，中央文献出版社2016年版。

习近平（2016b）：《以新的发展理念引领发展，夺取全面建成小康社会决胜阶段的伟大胜利》，载《十八大以来重要文献选编》中册，中央文献出版社2016年版。

习近平（2016c）：《在党的十八届五中全会第二次全体会议上的讲话（节选）（2015年10月29日）》，《求是》2016年第1期。

习近平（2016d）：《在东西部扶贫协作座谈会上的讲话》，2016年7月20日。

习近平（2016e）：《在中央财经领导小组第十四次会议上的讲话》，2016年12月21日。

习近平：《在党的十九届一中全会上的讲话》，《求是》2018年第1期。

习近平（2017a）：《二○一七年春节前赴河北张家口看望慰问基层干部群众时的讲话》，《人民日报》2017年1月25日。

习近平（2017b）：《决胜全面建成小康社会 夺取新时代中国特色社会主义伟大胜利——在中国共产党第十九次全国代表大会上的报告（2017年10月18日）》，人民出版社2017年版。

习近平（2017c）：《在十八届中央政治局第三十九次集体学习时的讲话》，2017年2月21日。

习近平：《在纪念马克思诞辰200周年大会上的讲话》，《中华人民共和国国务院公报》

2018 年第 16 期。

习近平(2020a):《不断开拓当代中国马克思主义政治经济学新境界》,《求是》2020 年第 16 期。

习近平(2020b):《国家中长期经济社会发展战略若干重大问题》,《求是》2020 年第 21 期。

习近平(2020c):《在打好精准脱贫攻坚战座谈会上的讲话》,《求是》2020 年第 9 期。

习近平(2020d):《在统筹推进新冠肺炎疫情防控和经济社会发展工作部署会议上的讲话》,《人民日报》2020 年 2 月 24 日。

习近平:《在河北省阜平县考察扶贫开发工作时的讲话》,《求是》2021 年第 4 期。

习近平:《在庆祝中国共产党成立 100 周年大会上的讲话》,人民出版社 2021 年版。

习近平:《在省部级主要领导干部学习贯彻党的十九届五中全会精神专题研讨班开班式上的讲话》,2021 年 1 月 11 日。

《习近平关于不忘初心牢记使命论述摘编》,党建读物出版社 2019 年版。

《习近平谈治国理政》,外文出版社 2014 年版。

《习近平谈治国理政》第 1 卷,外文出版社 2018 年版。

《习近平谈治国理政》第 2 卷,外文出版社 2017 年版。

《习近平谈治国理政》第 3 卷,外文出版社 2020 年版。

《习近平在省部级主要领导干部"学习习近平总书记重要讲话精神,迎接党的十九大"专题研讨班开班式上发表重要讲话》,《人民日报》2017 年 7 月 28 日。

谢伏瞻:《全面建成小康社会的理论与实践》,《中国社会科学》2020 年第 12 期。

谢坚钢、李琪:《以人民城市重要理念为指导推进新时代城市建设和治理现代化——学习习近平总书记考察上海杨浦滨江讲话精神》,《党政论坛》2020 年第 7 期。

谢子民:《关于党的基本路线的几点认识》,《经济与管理研究》1988 年第 1 期。

辛鸣:《迈向伟大复兴的制度自信》,《中国青年报》2019 年 11 月 5 日。

辛鸣:《深刻把握以人民为中心的科学内涵》,《新湘评论》2020 年第 15 期。

邢贲思:《欧洲哲学史上的人道主义》,上海人民出版社 1979 年版。

徐光春:《中国共产党百年辉煌与百年未有之大变局》,《红旗文稿》2021 年第 6 期。

徐亦让:《人道主义到唯物史观——马克思世界观的飞跃》,天津人民出版社 1995 年版。

徐毅松、Dong Wanting:《空间赋能,艺术兴城——以空间艺术季推动人民城市建设的上海城市更新实践》,《建筑实践》2020 年第 S1 期。

《荀子》,中华书局 2007 年版。

亚当·斯密:《国富论》下册,上海三联书店 2009 年版。

亚里士多德:《尼各马可伦理学》,廖申白译,商务印书馆 2003 年版。

闫立光、朱成山、张巍:《习近平关于人类命运共同体重要论述的时代逻辑与世界意义》,《南京社会科学》2021 年第 11 期。

严文波:《坚持以人民为中心的共享发展理念》,《中国社会科学报》2016 年 4 月 26 日。

燕连福、杨进福:《全面建成小康社会的历史回顾、基本经验和未来展望》,《广西大学学报(哲学社会科学版)》2021 年第 1 期。

杨春风:《论中国特色社会主义政治制度的形成发展及特色优势》,《马克思主义研究》2011 年第 9 期。

杨春学:《"经济人"的三次大争论及其反思》,《经济学动态》1997 年第 5 期。

杨海:《人民精神生活共同富裕不可或缺》,《经济日报》2021 年 8 月 25 日。

杨丽:《把握以人民为中心发展思想的科学内涵》,《中国党政干部论坛》2020 年第 6 期。

杨舒、张蕾:《守住绿水青山 守住美丽幸福——党的十八大以来生态文明建设成果述评》,《光明日报》2018 年 10 月 8 日。

杨晓琴:《"以人民为中心"是群众路线的本质体现——在群众路线的价值主客体关系中解读"以人民为中心"》,《继续教育研究》2018 年第 10 期。

叶子鹏、黄甄铭:《中国共产党统一战线的实践演进与历史规律——以党史为中心的考察》,《广西社会科学》2021 年第 4 期。

余池明:《推进城市治理现代化要坚持人民城市人民建》,《中国建设报》2021 年 4 月 5 日。

余洁:《以人民为中心:城市治理的价值体现和路径选择》,《法制与社会》2021 年第 8 期。

袁贵仁:《马克思的人学思想》,北京师范大学出版社 1996 年版。

张洪春:《以人为本的哲学基础研究》,中共中央党校 2006 年博士学位论文。

张怀承:《论近代人道主义对古代人道思想的超越》,《孔子研究》1999 年第 4 期。

张庆黎:《坚持和完善中国共产党领导的多党合作和政治协商制度》,《人民日报》2019 年 11 月 25 日。

张胜、王斯敏:《人类文明新形态,给世界带来全新选择》,《光明日报》2021 年 12 月 13 日。

张文龙、李建军:《中国共产党百年人民观的历史演进及其经验启示》,《重庆大学学报

(社会科学版)》2021 年第 4 期。

张远新、董晓峰:《论脱贫攻坚的中国经验及其意义》,《浙江社会科学》2021 年第 2 期。

张忠华:《中国共产党人民立场研究》,中共中央党校 2018 年博士学位论文。

章舜粤:《坚持以人民为中心建设社会主义现代化国家》,《中国社会科学报》2021 年 1 月 13 日。

赵清文:《论〈管子〉的"以人为本"思想》,《管子学刊》2004 年第 4 期。

赵笑蕾:《新中国七十年来以人民为中心的发展思想的历史跃迁、内在逻辑及创新机制》,《兰州学刊》2019 年第 12 期。

赵中源:《以人民为中心:中国道路的价值坐标》,《求索》2020 年第 1 期。

郑有贵:《土地改革是一场伟大的历史性变革——纪念〈中华人民共和国土地改革法〉颁布 50 周年》,《当代中国史研究》2000 年第 5 期。

中共湖北省委统战部编:《统一战线基本知识讲话》,湖北人民出版社 1984 年版。

《中共中央关于党的百年奋斗重大成就和历史经验的决议》,《人民日报》2021 年 11 月 17 日。

中共中央宣传部:《习近平新时代中国特色社会主义思想学习纲要》,学习出版社、人民出版社 2019 年版。

中央档案馆编:《中共中央文件选集》第 7 册,中共中央党校出版社 1983 年版。

周国平:《毛泽东民本思想及其时代价值》,《党史博采》2006 年第 12 期。

周锟、吕臻:《新中国全面恢复和发展经济的开篇之作——纪念中共七届三中全会召开 70 周年》,《思想理论教育导刊》2020 年第 8 期。

周鸣馨:《大力发展混合所有制经济 增强公有制经济活力——混合所有制经济的理论与实践研讨会综述》,《探索与争鸣》2004 年第 8 期。

周兴梁:《试论孙中山"联俄、联共、扶助农工"政策的具体内涵》,《中共党史研究》1990 年第 3 期。

朱川东:《全面建成小康社会的决定性成就和基本经验》,《现代商贸工业》2021 年第 12 期。

诸大建、孙辉:《用人民城市理念引领上海社区更新微基建》,《党政论坛》2021 年第 2 期。

左大培:《瓦尔特·欧根》,《世界经济》1984 年第 8 期。

第三章

贯彻新发展理念

第一节　新发展理念是一个系统的理论体系

新发展理念是中共十八大以来最重要的理论成果之一，它的重要程度不言而喻。习近平总书记多次强调新发展理念的重要性。他在主持中共十八届中央政治局第三十次集体学习时指出，"新发展理念就是指挥棒、红绿灯"，要求"全党要把思想和行动统一到新发展理念上来"。①习近平总书记在省部级主要领导干部学习贯彻党的十九届五中全会精神专题研讨班上的讲话中也指出："党的十八大以来，我们对经济社会发展提出了许多重大理论和理念，其中新发展理念是最重要、最主要的。新发展理念是一个系统的理论体系，回答了关于发展的目的、动力、方式、路径等一系列理论和实践问题，阐明了我们党关于发展的政治立场、价值导向、发展模式、发展道路等重大政治问题。全党必须完整、准确、全面贯彻新发展理念。"②而在2018年3月11日，第十三届全国人民代表大会第一次会议通过中华人民共和国宪

---

① ②　习近平：《论把握新发展阶段、贯彻新发展理念、构建新发展格局》，中央文献出版社2021年版，第111页。

法修正案,将"贯彻新发展理念"写入宪法之中。

一、新发展理念的科学内涵

习近平总书记在中共十八届五中全会第二次全体会议上指出,"以新的发展理念引领发展",新的发展理念就是"创新、协调、绿色、开放、共享的发展理念"。这五大发展理念中,"创新发展注重的是解决发展动力问题,协调发展注重的是解决发展不平衡问题,绿色发展注重的是解决人与自然和谐问题,开放发展注重的是解决发展内外联动问题,共享发展注重的是解决社会公平正义问题","坚持创新发展、协调发展、绿色发展、开放发展、共享发展,是关系我国发展全局的一场深刻变革"。①

创新、协调、绿色、开放、共享构成了新发展理念的重要内涵。五大发展理念关涉到发展的方方面面。新发展理念是一个涉及发展全局的系统化整体。它并不是单一存在的。

首先,新发展理念的丰富内涵,要在"党的十八大以来,我们党对经济形势进行科学判断,对发展理念和思路作出及时调整"中来充分理解。这些调整涉及十三个方面:一是坚持以人民为中心的发展思想;二是不再简单以国内生产总值增长率论英雄;三是中国经济处于"三期叠加"时期;四是经济发展进入新常态;五是使市场在资源配置中起决定性作用、更好发挥政府作用;六是绿水青山就是金山银山;七是坚持新发展理念;八是推进供给侧结构性改革;九是发展不平衡不充分;十是推动高质量发展;十一是建设现代化经济体系;十二是构建以国内大循环为主体、国内国际双循环相互促进的新发展格局;十三是统筹发展和安全。这十三方面的内容,涉及经济社会发展的方方面面,有的构成了新发展理念的背景性判断,有的则构成了新发展理念不可分割的内在部分。这十三个方面是创新、协调、绿色、开放、共享五大发展理念更为真实的理论背景和更为细致的实践展开。

其次,新发展理念的丰富内涵,要在把握新发展阶段和构建新发展格局的历史

---

① 习近平:《论把握新发展阶段、贯彻新发展理念、构建新发展格局》,中央文献出版社 2021 年版,第 39—42 页。

进程中深刻理解。贯彻新发展理念，是有现实依据的，也是有目标指向的。中国已经进入新的发展阶段，"拥有了开启新征程、实现更高目标的雄厚物质基础"，同时新的国际形势和"逆全球化"趋势的再次抬头也为中国的发展带来了严重的挑战。这是贯彻新发展理念的现实基础和时代背景。而面对经济全球化的"逆流"和"逆全球化"思潮的抬头，在对外开放的同时坚持独立自主，把握全球化贸易的主动权，是一个非常重要的议题。对此，习近平总书记提出要"加快构建以国内大循环为主体、国内国际双循环相互促进的新发展格局"。新发展格局是对应新发展阶段的必然面貌，而贯彻新发展理念，以新发展理念引领发展，则是准确把握新发展阶段的必然结果，以及加快构建新发展格局的必然要求。

二、　新发展理念提出的重要依据

在中共十九届六中全会上审议通过的《中共中央关于党的百年奋斗重大成就和历史经验的决议》（以下简称《决议》）中，三处明确提到了"新发展理念"。这给我们更加深入地理解并把握新发展理念的含义，带来了新的重要依据。

第一处是在通过"十个明确"概括提炼习近平新时代中国特色社会主义思想的核心内容时，《决议》将其中一个"明确"表述为"明确必须坚持和完善社会主义基本经济制度，使市场在资源配置中起决定性作用，更好发挥政府作用，把握新发展阶段，贯彻创新、协调、绿色、开放、共享的新发展理念，加快构建以国内大循环为主体、国内国际双循环相互促进的新发展格局，推动高质量发展，统筹发展和安全"。

第二处是在集中阐述以习近平同志为核心的党中央"解决了许多长期想解决而没有解决的难题，办成了许多过去想办而没有办成的大事，推动党和国家事业取得历史性成就、发生历史性变革"时，《决议》指出在经济建设方面："党中央强调，贯彻新发展理念是关系我国发展全局的一场深刻变革，不能简单以生产总值增长率论英雄，必须实现创新成为第一动力、协调成为内生特点、绿色成为普遍形态、开放成为必由之路、共享成为根本目的的高质量发展，推动经济发展质量变革、效率变革、动力变革。"

因此，中国在经济发展方面取得了骄人的成绩，开创了崭新的经济发展局面：

"党的十八大以来,我国经济发展平衡性、协调性、可持续性明显增强,国内生产总值突破百万亿元大关,人均国内生产总值超过一万美元,国家经济实力、科技实力、综合国力跃上新台阶,我国经济迈上更高质量、更有效率、更加公平、更可持续、更为安全的发展之路。"

第三处是放眼于新时代新征程,向全党提出对于未来的要求时,《决议》指出:"必须坚持党的基本理论、基本路线、基本方略,增强'四个意识',坚定'四个自信',做到'两个维护',坚持系统观念,统筹推进'五位一体'总体布局,协调推进'四个全面'战略布局,立足新发展阶段、贯彻新发展理念、构建新发展格局、推动高质量发展,全面深化改革开放,促进共同富裕,推进科技自立自强,发展全过程人民民主,保证人民当家作主,坚持全面依法治国,坚持社会主义核心价值体系,坚持在发展中保障和改善民生,坚持人与自然和谐共生,统筹发展和安全,加快国防和军队现代化,协同推进人民富裕、国家强盛、中国美丽。"

三、 贯彻新发展理念的重大意义

从《中共中央关于党的百年奋斗重大成就和历史经验的决议》提及"新发展理念"的三处文字中,我们可以更清楚地认识新发展理念在中国马克思主义中的位置,也可以更深刻地理解新发展理念与习近平新时代中国特色社会主义思想之间的内在关系。

首先,贯彻创新、协调、绿色、开放、共享的新发展理念,蕴含在"十个明确"之中,而"十个明确"是对习近平新时代中国特色社会主义思想的重要概括和理论提炼。这也说明,贯彻新发展理念本身就是习近平新时代中国特色社会主义思想的重要组成部分,构成了其重要的原创性理论成果之一,是对马克思主义中国化的崭新的认识。同样,新发展理念的产生,有助于我们更清晰地对习近平新时代中国特色社会主义思想进行更为明确、精准的理论概括。新发展理念,也是我们深入理解习近平新时代中国特色社会主义思想的理论钥匙之一。

其次,立足于当下,"贯彻新发展理念是关系中国发展全局的一场深刻变革",

新发展理念是蕴含在新时代中国特色社会主义实践进程中的。同时,新发展理念又是指导性的,它对于当下的经济发展又具有极强的指导意义和方法论意义。"党的十八大以来,我国经济发展平衡性、协调性、可持续性明显增强"这些令人振奋不已的成绩,与对新发展理念的有力贯彻是密切而不可分割的。可以说,一定程度上,新发展理念是发展取得实际成绩之"因";同时,新发展理念的诞生与提炼,又是从新时代中国特色社会主义实践中来的,也可以说,新发展理念乃实践之"果"。新发展理念,来源于实践,亦将指导实践,不断在实践中生成并丰富自己,不断在实践中取得令人骄傲的成绩。

最后,在时间意义上,新发展理念涵盖了历史、现实、未来三个维度。从历史的角度讲,它是对历史经验的深刻把握,是对过去的经验教训的总结。从现实当下的角度讲,它立足于新发展阶段,它的诞生有深厚的时代根源和现实背景,它是对现实实践的理论提炼,也是对现实实践的总体性指导。从未来的角度讲,它是未来的新征程中,中国共产党人所必须坚持贯彻的理念;它是面向未来的,是在未来实践中获得更为丰厚的理论意蕴。因此,新发展理念不仅仅是理论与实践的统一,还是历史、现实与未来的统一。它也将在不断走向未来的过程中,不断丰富完善,不断在新的实践征程中获得进一步发展。

第二节　历史进程中的新发展理念

作为经济社会发展中的"指挥棒"和"红绿灯",新发展理念绝非无本之木、无源之水。它的提出与形成,具有深刻的时代根源和鲜活的实践成因。就如习近平总书记所指出的,新的发展理念"是我们在深刻总结国内外发展经验教训的基础上形成的,也是在深刻分析国内外发展大势的基础上形成的,集中反映了我们党对经济社会发展规律认识的深化,也是针对我们发展中的突出矛盾和问题提出来的"[①]。

---

① 习近平:《论把握新发展阶段、贯彻新发展理念、构建新发展格局》,中央文献出版社 2021 年版,第 39—40 页。

一、 国内外发展的经验教训

新发展理念的提出,一定程度上吸取了国外的教训。西方国家的发展理念具有严重的局限,发展现状也存在种种问题。这些在一定程度上可以成为我们发展过程中的殷鉴。我们的发展理念应当避免出现西方的老问题,也应当在全新的意义上实现对西方发展理念的全面超越。

(一)西方国家具有高效却不平衡的发展

西方资本主义国家的经济社会发展至今日,通过越来越成熟的科学技术手段和政治、经济、社会政策的修补,使得许多严重的矛盾被掩盖了。然而,由于西方资本主义国家根本的私有制结构未曾发生根本变化,这些通过技术手段的修补,注定只是"小打小闹",注定只是"拆了东墙补西墙",资本主义所固有的结构性问题则根深蒂固,日益显现。

这些问题的具体呈现形式非常多,例如,其中一个严重问题是:资本具有严重的逐利本性,这导致资本主义发展模式是一种追求"效率至上"的发展模式。而在这种发展观的视域里,发展的重要指向是高效,而非平衡。这带来的后果是:第一,与效率的逻辑相伴而生的是工具理性的盛行,"有效"成为衡量一切的标准;第二,"保护私人财产"成为首要的资本主义意识形态,这最终导致自由至上主义的盛行;第三,人们出于对效率的过分追逐,会过分盲信市场的万能和自由竞争的万能。这三方面的后果都导向了分配的极端不正义、越来越大的贫富差距。

例如,在如今的西方国家,为社会精英层的天价高收入辩护,正裹挟正义之名,成为一种流行且"正确"的陈词滥调。法国经济学家托马斯·皮凯蒂(Thomas Piketty)(2014:431)指出:"近年来,在美国我们时常可以听到类似的对高管人员那种惊人收入的辩护(他们的收入至少是平均收入的50—100倍)。支持这些高薪的人说,如果没有这样高的薪水,那么就只有巨额财富继承者才能享有真正的财富,这是不公平的。因此按他们的说法,每年给高管支付的上百万甚至上亿薪酬最终是为了实现社会公正。"然而,即使不存巨额的财富继承,即使假定大家处于同一起跑线上,但大到令人匪夷所思的收入差异仍然会带来巨大的社会不平等。更可怕的是,西方社会这样一些为社会精英阶层辩护的观点一旦深入人心,就会让人们对这种巨大的不公平不正义习以为常,并逐渐成为一种固化的文化认知。

皮凯蒂(2014:431)忧心忡忡地指出这样一些辩护将会更加严重地破坏公平正义、拉大贫富不均。他说:"(这)为将来贫富差距的拉大和恶化铺平道路。未来的世界可能会糅合了过去世界的两大弊端:一方面存在巨大的由继承财富造成的不公,另一方面又存在以能力和效率为理由的因薪酬造成的巨大贫富差距(其实这种说法并无道理)。因此走向极端的精英主义就很容易产生高管和食利者之间的赛跑,最终受损者则是在旁观赛的普通大众。"

无论最终的获益者是收入极高的白手起家的社会精英人士,还是薪水不高但是坐拥父辈巨额财富的幸运的财产继承者,对于普通人来说,这不重要。因为这一切都与普通人无关。普通老百姓正日益成为这场竞赛中的最不利者,也将成为不公平不正义的社会结构中最大的受害者。

除此之外,收益率的不平衡更是带来了一种内在于资本市场的结构性不平等。皮凯蒂还指出,在越是发达完善的资本市场中,越是会具有一种根本性的不平等现象,即包括利润、股利、利息、租金和其他资本收入在内的资本收益率,要大于年收入或产出的增长的经济增长率。皮凯蒂(2014:27)用 r 代表资本收益率,用 g 代表经济增长率,即表达为 $r>g$。这一公式有效地证明了:在资本主义社会中,经济增长所带来的国计民生的进步,永远无法和资本拥有者所获得的资本收益相提并论。二者就像儿子与父亲比较年龄大小一样,即使很多年后,儿子年龄增长再多,也无法比得上父亲的年龄。从这个角度讲,西方国家靠经济发展实现平衡,是不可能的。

（二）西方国家注重事实层面的发展,而非价值意义上的发展

正如前文所述,西方国家注重效率至上的问题,由于资本的逐利本性,导致资本家更看重一种看得到摸得着的"事实上"的发展成果,而对于看不见摸不着的涉及价值层面的发展毫不在意。这种事实层面发展的激进与价值层面发展的滞后,

构成了强烈的反差。

关涉事实层面的一种激进的发展观,未必能在事实层面真实有效地推动经济和社会的发展。例如学者向松祚(2014)曾指出激进的全球资本扩张与一系列经济危机之间的密切关联:"让我们简要勾画出当今全球货币金融和经济体系的基本逻辑:全球货币扩张→全球信用扩张→全球资产价格泡沫→泡沫破灭和崩盘→货币危机、债务危机、银行危机和金融危机→经济危机或衰退萧条→再度扩张货币(低利率和量化宽松)试图挽救危机和刺激经济复苏→扩张的货币和信用绝大多数却流入虚拟经济体系→迅速刺激新一轮资产价格泡沫产生→新一轮资产价格泡沫破灭再次导致新一轮货币危机和金融危机→各国中央银行重新开启新一轮的危机救助和经济刺激措施→新一轮的货币和信用扩张应运而生……如此循环往复,以至无穷。量化宽松实际上已经改变了全球经济、金融和货币运行的基本逻辑,全球货币和金融出现大变局,全球货币和金融的不稳定性急剧恶化。"从这里,我们可以清楚地看到,西方国家激进的发展观念不仅没有带来真正的有效发展,反而引发了经济的危机。

虽然说,事实层面的激进的发展观,未必能带来事实层面真实有效的发展,但价值层面发展的滞后,一定会带来价值观念的萎缩和道德的滑坡。与此同时,强势的资本表达会使得在经济领域适用的计算收益的逻辑和目的证成手段合理的目的合理性逻辑外溢,逐渐侵蚀并殖民其他领域。最终,目的合理性逻辑会成为通行于一切领域的逻辑。亦即我们会看到,在西方资本主义国家,经济之外的政治、社会、文化等各个领域,工具主义都会占据上风。可触摸的、实用的、有效果的发展标准正逐渐成为唯一的标准。而人的意义感、精神、道德等难以用量化标准衡量的发展内容,将被侵蚀而最终导致忽略和遗忘。这也是哈贝马斯所谓的系统对于生活世界的殖民。人的异化、道德的滑坡,也可以在这个理论视野中找到线索并进行反思。

(三)西方国家注重片面而非全面的发展

西方资本主义国家的发展观往往是一种局部的发展观,具有很大的局限性和片面性。"一叶障目,不见泰山",甚至顾此失彼,忽略发展本身所应有的整体性的视域。这种在综合性与全局性上的不足,给西方国家的发展现状带来了很多问题,例如不同领域、不同地区、不同人群之间的发展存在差异问题;也给西方国家通行的发展观念带来了很多负面的——例如反生态的面相,即西方国家往往为了追求经济的短期快速发展而忽略了生态问题,遗忘了环境保护,甚至是对生态和环境进行了破坏。对此,我们有一个耳熟能详的经典表述:西方走了一种"先污染,后治理"的老路。

习近平总书记对于环境问题非常关注,曾指出:"上个世纪,发生在西方国家的'世界八大公害事件'对生态环境和公众生活造成巨大影响。"[①]

习近平总书记引用恩格斯的重要观点,反复告诫大家:"在对待自然问题上,恩格斯深刻指出:'我们不要过分陶醉于我们人类对于自然界的胜利。对于每一次这样的胜利,自然界都会对我们进行报复。每一次胜利,起初确实取得了我们预期的结果,但是往后和再往后却发生了完全不同的、出乎预料的影响,常常把最初的结果又消除了。'"[②]这段论述深刻指出了人与自然界关系的重要性。

在加拿大学者娜奥米·克莱恩(2018)看来,西方的自由市场理论,为全面综合发展和有效进行环境治理带来了难以克服的障碍。政府的财政紧缩将成为政府进行环境保护投入的重要限制:"而各种自由市场正统理论也同样意识到了这一点。从因财政紧缩而阻止政府对低碳基础设施(更不要提消防和洪灾应对)进行必要投资的致命逻辑,到将电力设施拍卖给通常拒绝向利润较低的可再生能源转换的私营企业,它们始终威胁着我们勇敢应对此次危机的能力。"

她进一步将批判的视野扩大到新自由主义时代的三根政策支柱,即"将公共领域私有化,放松企业监管,以及以削减公共开支为代价而降低所得税和企业税",在她看来这些所谓的政策支柱都是与我们现代环境治理的诸多措施自相矛盾的。这成为影响西方世界环境治理的意识形态因素:"这三大支柱一起形成了一堵意识形

---

① 习近平:《论把握新发展阶段、贯彻新发展理念、构建新发展格局》,中央文献出版社 2021 年版,第 88 页。
② 同上书,第 88—89 页。

态的高墙,数十年来一直阻碍着我们对气候变化做出认真应对。在深入探究需要采取何种方式去拆除这堵墙之前,我们最好先仔细研究一下那个让我们落入如今这般境地的史诗级的时机选择错误。"在她的论述中,我们可以清楚地看到,西方国家的生态问题和环境问题,不仅仅是一个现实发展的问题,也不仅仅是一个普通的生态环境治理问题,它背后有重要的意识形态因素。因此,若想有效做好生态建设、治理好环境问题,必须从根源上对于西方国家的意识形态和西方国家所盛行的发展理念,进行反思和检讨。

而与西方资本财团相互关联的一些绿色环保组织,也因为受制于市场的迷思而作出种种令人费解的举措。最终带来的后果是这些组织面对生态治理问题或做无用功,或束手无策:"那些庞大的、与财团间有着附属关联的绿色环保组织当然并不否认气候变化的真实存在性——许多还辛勤努力地工作,以期向公众敲响警钟。然而一些团体也曾持续激进地推动这样一种面对气候变化的回应方式,这种方式对于那些地球上最大的温室气体排放者而言是最不繁重与最不累赘的,同时往往是直接有利的——即使这些政策的代价可能导致为将化石燃料保存于地下而奋斗的团体的直接损失。这些团体应该推进的政策是将温室气体视为危险污染物而需要明晰的、可被执行的监管措施以限制排放,并为全面转向可再生能源创造条件。而实际上,他们却在推动一种令人费解的基于市场的方案,将温室气体视为晚期资本主义模式下的一种抽象概念,可以用来交易、打包出售和进行投机,就像货币或者次级债务一样通行于全球各地。"

而根深蒂固的西方资本主义社会带给世界的"现代的"生活方式同样使得缓解生态危机的种种补救方案困难重重。如柯亨(2018:10)指出:"新基础与生态危机有关。生态危机是全人类的文集,关于这一威胁的广度,专家们意见不一,关于该采取的补救措施,也是众说纷纭——但愿谈补救现在还不会为时太晚。尽管如此,我认为有两个命题是正确的:我们的环境已经遭到了严重的破坏;如果想摆脱危机,必须把总物质的消耗降低到远低于目前所通行的水平以下,结果是,亿万人必须艰难地改变自己的生活方式。"其实柯亨蕴含的意思是,大家都想过现代生活方式,可地球的生态或许难以承载。若是不允许后来人过一种现代生活方式,则有违于公平正义原则。

柯亨的一大洞见在于,他不仅看到了资本主义的生活方式对于环境恶化的不可推卸的严重责任,还看到了环境恶化本身对于社会公平正义的不良影响。即使西方对于矿物燃料能源的消耗大大减少了,但这背后仍然蕴含着一种重要的不平等:"毫无疑问,西方在矿物燃料能源和自然资源方面的平均消费势必大量减少,而其他非西方地区在这方面的消费总体来说永远达不到目前西方的水平。"(柯亨,2018:10—11)

在柯亨看来,总财富如果持续增加,这个社会的最底层和最大不利者的生活水准确实会有所提高。但生态危机将会限制乃至破坏世界总财富的持续增加,也影响了物质财富的丰富程度,最终带来的后果,可能是平均生活水平的下降,"穷人和穷国就再也没有希望达到世界上富人现在所享受的舒适生活的水平"(柯亨,2018:11)。

西方国家这种片面而不均衡、顾此而失彼的发展方式,破坏了生态环境,带来了畸形的发展理念,也给社会公平正义的构建带来了负面的影响。

总的来说,长期以来,西方国家的发展状态和发展观念存在严重的缺陷。第一,西方国家的发展尽管高效却非常不平衡。第二,西方国家注重事实层面的发展,却常常忽略了价值层面的发展。第三,西方国家注重片面的发展,而忽略了综合、均衡全面的发展。这些均是值得注意的经验教训。

另外,中国在社会主义探索的进程中,取得过辉煌的成绩,形成了一整套系统的发展观念,这些都构成了今天新发展理念之形成所借鉴的必要的宝贵经验。与此同时,也不得不看到,我们在历史上也走过一些弯路,遇到过一些问题,这些弯路和问题同样都属于我们今天进行发展理念的调整时所必须面对和正视的教训。正如《中共中央关于党的百年奋斗重大成就和历史经验的决议》中所说的:"从伟大胜利中激发奋进力量,从弯路挫折中吸取历史教训,不为任何风险所惧,不为任何干扰所惑,决不在根本性问题上出现颠覆性错误,以咬定青山不放松的执着奋力实现既定目标,以行百里者半九十的清醒不懈推进中华民族伟大复兴。"

二、国内外发展的新形势

习近平总书记指出:"进入新发展阶段、贯彻新发展理念、构建新发展格局,是由我国经济社会发展的理论逻辑、历史逻辑、现实逻辑决定的。"①

贯彻新发展理念,离不开我们党对于现实形势的准确判断。

(一)从国内形势来看,我们已经进入了新的发展阶段

对于新发展阶段,习近平总书记从几个方面做过精准的判断。从理论依据上来看,我们虽然仍然处于社会主义初级阶段中的一个阶段,但已经是一个崭新的阶段,站在了一个全新的起点之上。从历史阶段来说,"我们正在此前发展的基础上续写全面建设社会主义现代化的国家新的历史"。从现实依据来讲,经过多年的奋斗积累,"我们已经拥有开启新征程、实现新的更高目标的雄厚物质基础"。对现实形势的精准判断,就是要深刻把握这一发展阶段的特征。

(二)从国际形势来看,新技术革命和"逆全球化"思潮共同来临,新挑战与新机遇同时并存

以人工智能兴起为代表的新技术革命,为我们的创新发展带来了前所未有的发展机遇,同时也带来严重的紧迫感。科技的高速发展和令人目不暇接的更新换代提示着:如果不能紧跟科技发展的前沿,就将会迅速落伍。只有以前所未有的紧迫感来努力学习最新的前沿科学技术,不断坚持开放、创新发展,才能把握住科技发展的机遇。

同时,"逆全球化"思潮的抬头,更需要我们坚持以新的发展理念应对复杂的时局和挑战。在述及经济全球化时,习近平总书记深刻指出"经济全球化经历了三个阶段",分别是:西方国家将世界各地区各民族卷入资本主义世界体系的"殖民扩张和世界市场形成阶段";二战之后,东西方两大阵营对立时期的"两个平行世界市场

---

① 《习近平在省部级主要领导干部学习贯彻党的十九届五中全会精神专题研讨班开班式上发表重要讲话强调:深入学习坚决贯彻党的十九届五中全会精神确保全面建设社会主义现代化国家开好局》,《人民日报》2021 年 1 月 12 日。

阶段";冷战结束之后各国相互依存程度更强的"经济全球化阶段"。①与此相对应，中国同世界的关系，也经历了三个阶段："从闭关锁国到半殖民地半封建阶段"，"'一边倒'和封闭半封闭阶段"，"全方位对外开放阶段"。"我们大胆开放、走向世界，无疑是选择了正确的方向。"②

其实，无论是从经济全球化的历程来看，还是从中国与世界的关系来看，国与国之间的关系，都应该越来越紧密，相互依赖程度越来越高。这是符合历史发展趋势和历史进程的，也是符合世界各国人民期望的。

然而，晚近以来，西方"逆全球化"思潮有逐渐抬头的趋势。而随着英国"脱欧"、欧美民粹主义思潮的流行以及保守主义势力的盛行，这种"逆全球化"思潮大有愈演愈烈之势。再加上受新冠肺炎疫情的影响，全球性的贸易往来和各种交流活动大大减少，全球化和区域一体化的进程进一步受到危害。

一方面，对于我们而言，大胆开放，积极走向世界是一个正确的方向，是党和人民的正确选择；但另一方面，世界形势的变化又使得经济全球化进行短暂受挫，世界局势在短期之内变得扑朔迷离。在这种情况下，既要强调发展理念的开放性与共享性，坚定对外开放的不动摇；同时又要强调双循环的重要性，并且做到内外双循环并重，在积极进行外循环的同时，保障内循环的通畅无阻，掌握对外贸易的主动权，不受制于人，不被"逆全球化"思潮抬头的世界局势牵着鼻子走。

可以说，新发展理念，是中国共产党根据国内外发展的经验教训、根据世界与中国的发展实际所提出并不断丰富发展起来的重要理论成果。新发展理念，既是我们深入把握新发展阶段的一种自主的选择，也是顺应时代发展，并能够应对复杂世界局势所作出的必要选择。

第三节　理论发展中的新发展理念

习近平总书记曾指出："新发展理念是一个系统的理论体系，回答了关于发展

---

① 习近平：《论把握新发展阶段、贯彻新发展理念、构建新发展格局》，中央文献出版社 2021 年版，第 91 页。
② 同上书，第 92 页。

的目的、动力、方式、路径等一系列理论和实践问题,阐明了我们党关于发展的政治立场、价值导向、发展模式、发展道路等重大政治问题。"①

新发展理念是中共十八大以来的重要理论成果,是习近平新时代中国特色社会主义思想的重要原创性成果。它的形成和提出不是一蹴而就的,而是在实践过程中不断生成并不断获得丰富的理论内涵的。从马克思主义中国化的理论谱系中,我们也可以清晰地看到,新发展理念是中国马克思主义的最新理论成果,是对马克思主义发展观的一次重要的理论综合和具有时代特色的理论创新。

一、 独立自主与公平正义

重视独立自主与公平正义,是毛泽东发展理念的一个显著特征。毛泽东非常强调发展的独立自主性。这种态度,即使是在我们选择"一边倒"的外交政策的时候,也没有放弃。在中苏交恶时期,中国共产党领导全国人民克服种种困难、独立自主谋求发展。在这样的历史背景下,这一理念更是显得无比重要。

公平正义、共同富裕同样也是毛泽东发展理念中的重要关键词。他非常关心农民的生活状况,不断努力推进社会朝着公平正义的方向发展。他曾强调,"使农民群众共同富裕起来,穷的要富起来,所有农民都要富裕,并且富裕的程度要大大地超过现在的富裕农民"②。

此外,在坚持独立自主和公平正义的基础上,努力做到统筹兼顾、协调发展,也是毛泽东的发展理念的组成部分。如著名毛泽东思想研究者石仲泉(2006)指出的:"正如毛泽东本人所说:统筹兼顾,各得其所,是我们党历来的方针。抗日战争时期,我们党在延安算'执政党'吧,已经提出'统筹全局'的方针。在西柏坡筹备建国时,又提出了'四面八方'政策和学会'弹钢琴'的处理矛盾方法。毛泽东明确地提出'统筹兼顾'方针,将其作为一条重要的治国之策则是在 1957 年 1 月的省市自治区党委书记会议上。他说:'现在是我们管事了。我们的方针就是统筹兼顾,各

---

① 习近平:《论把握新发展阶段、贯彻新发展理念、构建新发展格局》,中央文献出版社 2021 年版,第 500 页。
② 中共中央文献研究室编:《建国以来重要文献选编》第 7 册,中央文献出版社 1993 年版,第 308 页。

得其所。'为了建设社会主义调动一切积极因素,这是一个战略方针。'实行这样一个方针比较好,乱子出得比较少。这种统筹兼顾的思想要向大家讲清楚。'随后在《关于正确处理人民内部矛盾的问题》的讲话中他进一步强调:'我国有六亿人口,我们作计划、办事、想问题都要从这个客观存在出发,都要从对全体人民的统筹兼顾这个观点出发','我们的方针是统筹兼顾,适当安排'。"这里很好地将毛泽东的发展理念中的统筹兼顾的特征清晰呈现了出来。

《中共中央关于党的百年奋斗重大成就和历史经验的决议》对这一时期作出了历史评价:"在这个时期,毛泽东同志提出把马克思列宁主义基本原理同中国具体实际进行'第二次结合',以毛泽东同志为主要代表的中国共产党人,结合新的实际丰富和发展毛泽东思想,提出关于社会主义建设的一系列重要思想,包括社会主义社会是一个很长的历史阶段,严格区分和正确处理敌我矛盾和人民内部矛盾,正确处理我国社会主义建设的十大关系,走出一条适合我国国情的工业化道路,尊重价值规律,在党与民主党派的关系上实行'长期共存、互相监督'的方针,在科学文化工作中实行'百花齐放、百家争鸣'的方针等。这些独创性理论成果至今仍有重要指导意义。"《决议》同时还指出:"毛泽东思想是马克思列宁主义在中国的创造性运用和发展,是被实践证明了的关于中国革命和建设的正确的理论原则和经验总结,是马克思主义中国化的第一次历史性飞跃。毛泽东思想的活的灵魂是贯穿于各个组成部分的立场、观点、方法,体现为实事求是、群众路线、独立自主三个基本方面,为党和人民事业发展提供了科学指引。"

毛泽东同志的发展理念,也是马克思主义在当时的历史时期和特殊的实践语境中的运用与呈现。这些发展理念既属于特殊的历史时期和特殊的实践语境,但其中一些重要的理论成果的方法原则,具有长久的启发意义和借鉴价值。

二、"发展才是硬道理"

以邓小平同志为代表的一代共产党人,打开了社会主义现代化建设的新局面,对中国社会主义探索的发展理念,做出了进一步的理论贡献。

首先,邓小平强调把握重要发展时机、关键时间节点、推动高速发展的重要意义。而这个问题的关键在于分清楚主次,对"发展"本身进行重要性的定位。他指出:"对于我们这样发展中的大国来说,经济要发展得快一点,不可能总是那么平平静静、稳稳当当。要注意经济稳定、协调地发展,但稳定和协调也是相对的,不是绝对的。发展才是硬道理。这个问题要搞清楚。如果分析不当,造成误解,就会变得谨小慎微,不敢解放思想,不敢放开手脚,结果是丧失时机,犹如逆水行舟,不进则退。"①重要的时机一旦把握不住,很可能马上消失,所谓稍纵即逝。对此,分清楚主次矛盾,以发展为导向,及时把握时机,即使付出一些小的代价,也是可以接受的。

其次,发展是要指向"先进"的,而指向先进则不得不努力发展科学技术。在发展科学技术的同时,既要做到独立自主、自己努力,又要做到积极学习外国的长处,而不是故步自封、闭关锁国:"认识落后,才能去改变落后。学习先进,才有可能赶超先进。提高我国的科学技术水平,当然必须依靠我们自己努力,必须发展我们自己的创造,必须坚持独立自主、自力更生的方针。但是,独立自主不是闭关自守,自力更生不是盲目排外。科学技术是人类共同创造的财富。任何一个民族、一个国家,都需要学习别的民族、别的国家的长处,学习人家的先进科学技术。我们不仅因为今天科学技术落后,需要努力向外国学习,即使我们的科学技术赶上了世界先进水平,也还要学习人家的长处。"②

"发展才是硬道理","重视发展"这一观念在今天看来,似乎是天经地义、人人皆知、不证自明的。但我们将其还原到当时的历史语境之中,联系此前此后的历史发展进程,就会越发理解这一观念的不凡之处和重要意义。一方面,"发展才是硬道理"在当时具有冲破既有的保守观念、推动思想解放的历史意义;另一方面,"发展才是硬道理"切实推进了"重视发展"的理念深入人心,也切实推动了社会经济的发展。这对今天的发展仍然具有重要的启发。

---

① 邓小平:《在武昌、深圳、珠海、上海等地的谈话要点》,载《邓小平文选》(第三卷),人民出版社 1993 年版。
② 邓小平:《在全国科学大会开幕式上的讲话》,载《邓小平文选》(第二卷),人民出版社 1994 年版。

三、"三个代表"重要思想与科学发展观

以江泽民同志和胡锦涛同志为代表的两代中国共产党人均对中国应该如何发展社会主义的问题作了积极而有价值的探索。

2000年2月25日,江泽民在广东省考察工作时,第一次提出并阐述了"三个代表"重要思想:"中国共产党始终代表中国先进生产力的发展要求、始终代表中国先进文化的前进方向、始终代表中国最广大人民的根本利益。""'三个代表'重要思想是我们党的立党之本、执政之基、力量之源。"此即提示着我们的发展观念必须包含着既要"满足于生产力发展的需求"这一生产力维度,也要"代表中国最广大人民的根本利益"这一人民维度。

胡锦涛将科学发展观表述为:"科学发展观的第一要义是发展,核心是以人为本,基本要求是全面协调可持续性,根本方法是统筹兼顾。"[1]在这一发展观念的树立和落实的过程中,还有一个首先要把握的关系和主题,即如何理解"以经济建设为中心"和"科学发展观"之间的关系问题。在树立和落实后者的过程中,前者是必须坚持的:"树立和落实科学发展观,必须始终坚持以经济建设为中心,聚精会神搞建设,一心一意谋发展。科学发展观是用来指导发展的,不能离开发展这个主题,离开了发展这个主题就没有意义了。"[2]科学发展,仍然是要发展、追求发展。不能因为纠结于是否科学的问题而使发展停滞。"发展"与"科学发展观"是一个有机的整体。

这一发展观念如何树立和落实,还有一系列需要注意的具体问题,涉及经济、政治、文化、人等多个方面。这些方面之间,相互联系也非常密切。"树立和落实科学发展观,必须在经济发展的基础上,推动社会全面进步和人的全面发展,促进社会主义物质文明、政治文明、精神文明协调发展。经济发展、政治发展、文化发展和

---

① 胡锦涛:《高举中国特色社会主义伟大旗帜为夺取全面建设小康社会新胜利而奋斗》,《人民日报》2007年10月25日。

② 《胡锦涛文选》(第二卷),人民出版社2016年版,第167页。

人的全面发展是相互联系、相互影响的,没有政治发展、文化发展和人的全面发展不断推进,单纯追求经济发展,经济发展难以持续,最终也难以搞上去。要坚持抓好经济建设这个中心,同时又要切实防止片面性和单打一,全面推进社会主义物质文明、政治文明、精神文明建设,防止出现因发展不平衡而制约发展的局面。"①具体到经济发展问题上,胡锦涛还指出:"树立和落实科学发展观,必须着力提高经济增长质量和效益,努力实现速度和结构、质量、效益相统一,经济发展和人口、资源、环境相协调,不断保护和增强发展的可持续性。经济发展需要数量增长,但不能把经济发展简单等同于数量增长。"②

在"三个代表"重要思想之中,先进生产力的发展和广大人民的根本利益紧密联系在一起,既强调了发展的事实向度即推动生产力这一维度,也强调了发展的价值向度即代表人民根本利益这一维度。人民是"中国最广大人民",这也表明发展本身必须追求广泛的公平正义,发展成果必须全体人民共享。

在科学发展观的表述之中,既强调第一要义在于发展,又强调核心是以人为本,既做到了对发展效率的强调,又做到了对于发展的平衡性与人民性的强调。而统筹兼顾的根本方法和全面协调可持续的基本要求,则是将科学发展观联系为一个有机的整体。

四、 新发展理念:理论发展的最新呈现

(一)新发展理念是对马克思主义中国化发展观的理论综合

放眼整个中国马克思主义发展的历史,新发展理念包含了此前众多发展观的宝贵元素。如邓小平对学习先进、提高科学水平的强调,与创新发展遥相呼应。科学发展观中统筹兼顾的根本方法和全面协调可持续的基本要求,可以视作协调发展的理论基础之一。而可持续发展本身蕴含着丰富的生态发展的意蕴,与绿色发展密切相关。打开国门、积极开放,参与经济全球化一直是改革开放以来的重要举

---

①② 《胡锦涛文选》(第二卷),人民出版社 2016 年版,第 168 页。

措,这是我们开放发展的大的背景前提。从毛泽东开始,中国共产党人一直强调的公平正义、为人民服务,蕴含了丰富的共享发展理念。此外,通过新发展理念,我们所要打造的是"双循环"的新发展格局。"双循环"要强调内循环的重要性,但不是只讲内循环而排斥对外开放。双循环的要义是坚持独立自主,做到更好地对外开放。这就很好地接续了老一辈无产阶级革命家对于独立自主的强调。

可以说,新发展理念,是对马克思主义中国化以来发展理念的完美综合和完整的理论总结,它包含了这些发展理念中的全部优秀成分。

(二) 新发展理念是对马克思主义中国化发展观的最新发展

新发展理念是对马克思主义中国化发展观的理论综合,并不等于新发展理念只是一种既有理论的集合。它仍然是一种全新的理论,是对中国社会主义实践的最新理论总结,是一次新的理论发展。

这是因为,首先新发展理念的提出,是基于立足并把握新的发展阶段。中国共产党基于理论因素、历史因素、现实因素对新的发展阶段作出了全新的界定和判断。简单地说,由于发展阶段是全新的,也就预示着基于这样新的土壤所生长出来的发展理念必须针对新的实践背景,解决新的实践问题,故而也是全新的。另外,贯彻新的发展理念,要指向构建新的发展格局。而打造"双循环"的发展格局,也是中国共产党基于现实和历史的原因所作出的全新的判断。这也标志着,新的发展理念,是一次新的实践探索,具有全新的实践指向。

(三) 新发展理念回答了"为什么是新时代中国特色社会主义思想"的问题

以毛泽东同志为代表的中国共产党人,筚路蓝缕、奠基立业,对中国如何自己建设社会主义道路作出了积极的探索。如何证明社会主义制度的优越性,以及在中国发展社会主义的可行性与必要性为何,是以毛泽东同志为代表的一代中国共产党人所要解决的主要问题。可以说,那一代共产党人的发展观,探索并尝试回答了中国未来的道路"为什么是社会主义"这一关键问题。

邓小平在1982年《中国共产党第十二次全国代表大会开幕词》中提出:"把马克

思主义普遍真理同中国具体实际结合起来，走自己道路，建设有中国特色的社会主义，这是我们总结长期历史经验得出的基本结论。"改革开放以来，中国共产党积极探索，用实践行动不断回答"为什么是中国特色社会主义"的问题。①

进入新的发展阶段，如何在现有基础上把握国内国外时机进行创新发展和高质量发展，如何在波谲云诡的国际形势和"逆全球化"的逆流下做到兼顾对外开放和独立自主，如何在注重发展效率的同时将公平正义、共同富裕放到首位，如何在高速发展的同时注重环境保护与生态治理，等等，都是时代赋予新发展理念的重任，也是中国共产党人在贯彻新发展理念的同时，以不断生成的实践行动所回答的"为什么是新时代中国特色社会主义"的问题。

（四）新发展理念的理论生成过程，体现了"两个结合"，体现了习近平新时代中国特色社会主义思想的重要原创性

习近平总书记在"七一讲话"中指出："新的征程上，我们必须坚持马克思列宁主义、毛泽东思想、邓小平理论、'三个代表'重要思想、科学发展观，全面贯彻新时代中国特色社会主义思想，坚持把马克思主义基本原理同中国具体实际相结合、同中华优秀传统文化相结合，用马克思主义观察时代、把握时代、引领时代，继续发展当代中国马克思主义、21世纪马克思主义！"这里明确指出马克思主义基本原理不仅仅要同中国具体实际相结合，还要同中华优秀传统文化相结合。

十九届六中全会审议通过的《中共中央关于党的百年奋斗重大成就和历史经验的决议》中再次对"两个结合"进行了强调，并指出了"两个结合"在现实中的重要价值和内在意义："党之所以能够领导人民在一次次求索、一次次挫折、一次次开拓中完成中国其他各种政治力量不可能完成的艰巨任务，根本在于坚持解放思想、实事求是、与时俱进、求真务实，坚持把马克思主义基本原理同中国具体实际相结合、同中华优秀传统文化相结合，坚持实践是检验真理的唯一标准，坚持一切从实际出发，及时回答时代之问、人民之问，不断推进马克思主义中国化时代化。"《决议》同

---

① 《邓小平文选》（第三卷），人民出版社1993年版。

时强调了优秀传统文化的重要性："中华优秀传统文化是中华民族的突出优势，是我们在世界文化激荡中站稳脚跟的根基，必须结合新的时代条件传承和弘扬好。"

在《决议》的"开创中国特色社会主义新时代"部分，特别指出进入新时代以来，"以习近平同志为主要代表的中国共产党人，坚持把马克思主义基本原理同中国具体实际相结合、同中华优秀传统文化相结合"，并在此基础上对习近平新时代中国特色社会主义思想进行了理论总结："习近平新时代中国特色社会主义思想是当代中国马克思主义、二十一世纪马克思主义，是中华文化和中国精神的时代精华，实现了马克思主义中国化新的飞跃。"

新发展理念的理论生成过程，也蕴含了"两个结合"。新发展理念的理论生成，是马克思主义发展观与新时代中国特色社会主义实践、新时代中国实际结合的理论产物，也是对一代又一代中国化马克思主义理论的合理继承。在后文中我们也会讲到，新发展理念还有一个实践生成的面相，这一发展理念是根植于中国具体实践的，是在实践过程中不断丰富与生成的，这一实践正是当下中国最为真实、最为鲜活的具体实际。从这个意义上讲，新发展理念充分体现了"第一个结合"即"马克思主义基本原理同中国具体实际相结合"。

新发展理念的理论发展过程，也继承了优秀传统文化的某些特质。新发展理念既是管全局的，是必须贯彻的，但新发展理念自身也是在未来实践过程中不断完善、不断发展的。这与古代优秀传统文化中的"经常权变"思想呼应。新发展理念本身所包含的创新发展理念，则蕴含着"敢为天下先"的精神。"不谋全局者，不足以谋一隅；不谋大势者，不足以谋一时。"中国古代的这种全局协调的观念可以与协调发展观念相对照。无论是古代道家的"道法自然"还是儒家的"天人合一"，都蕴含着丰富的绿色发展的传统思想元素。汉唐时代积极对外探索精神和"海内存知己，天涯若比邻"的中外交通的精神，以及自古以来的对外友好和平精神，则与开放发展理念形成了呼应。至于共享发展理念，早在《孟子》中，就有这样与民同乐、与民共忧的表述："为民上而不与民同乐者，亦非也。乐民之乐者，民亦乐其乐；忧民之忧者，民亦忧其忧。乐以天下，忧以天下，然而不王者，未之有也。"这种与民同乐的观念源远流长,早已内含于中国传统士大夫的精神领域之中。这些虽与共享发展理念不完全相同,但确确实实彼此共享了某些相通的价值。

因此,我们可以清楚地看到新发展理念和"两个结合"之间的关系。"两个结合"贯穿于新发展理念的生成、发展、丰富的全部过程之中,可以说,"两个结合"构成了新发展理念的内在理论依据。而新发展理念在作用于新时代中国特色社会主义实践的过程中,使"两个结合"不断真实呈现,成为"两个结合"的重要理论载体;贯彻新发展理念的全部实践过程,则成为新发展理念和"两个结合"共同的实践载体。

总的来说,新发展理念和"两个结合",都是习近平新时代中国特色社会主义思想的重要原创性成果。新发展理念在和"两个结合"的相互关系中,体现了它作为马克思主义中国化最新理论成果组成部分的优秀理论特质。

第四节　实践生成中的新发展理念

习近平总书记强调:"发展理念是否对头,从根本上决定着发展成效乃至成败。实践告诉我们,发展是一个不断变化的进程,发展环境不会一成不变,发展条件不会一成不变,发展理念自然也不会一成不变。"[1]这段话清晰地表明,发展理念随着现实环境的变化,也会不断与时俱进;随着客观形势的发展,也会不断进行调适。同时,发展理念的正确与否,也要在实践过程中不断接受检验。与此对应,新发展理念本身,也不是一个固定的理论,而是在新时代中国特色社会主义实践过程中不断丰富起来的一个动态过程,具有足够的开放性,能够不断容纳最新的对于实践的理论思考;具有充分的时态性,能够不断适应新时代中国特色社会主义实践的最新情况。

一、　新发展理念的丰富与生成

2021年1月11日,习近平总书记在省部级主要领导干部学习贯彻党的十九届

---

[1]　中共中央文献研究室编:《十八大以来重要文献选编(中)》,中央文献出版社2016年版,第824—825页。

五中全会精神专题研讨班上的讲话中,对"党的十八大以来,我们党对经济形势进行科学判断,对发展理念和思路作出及时调整"的整个过程作了言简意赅的回顾性介绍。这些及时的调整,"引导我国经济发展取得了历史性成就、发生了历史性变革"。

这里指出的对经济形势所进行的"科学判断",以及对发展理念和思路所作出的"及时调整",一共涉及十三个方面,每个方面在各种场合的讲话中习近平总书记均有具体论述与展开。[①]

（一）坚持以人民为中心的发展思想

2012年11月15日,在十八届中央政治局常委同中外记者见面时,强调人民对美好生活的向往就是我们的奋斗目标,强调要坚定不移走共同富裕的道路。

2015年10月29日,在十八届五中全会上,明确提出了坚持以人民为中心的发展思想。

2020年10月29日,在十九届五中全会上,进一步强调要努力促进全体人民共同富裕取得更为明显的实质性进展。

（二）不再简单以国内生产总值增长率论英雄

2012年12月15日,在中央经济工作会议上,强调不能不顾客观条件、违背规律盲目追求高速度。

2013年4月25日,在中央政治局常委会会议上,强调不要把国家确定的调控目标作为各地经济增长的底线,更不要相互攀比甚至层层加码,要立足提高质量和效益来推动经济持续健康发展,追求实实在在、没有水分的生产总值,追求有效益、有质量、可持续的经济发展。

（三）中国经济处于"三期叠加"时期

2013年7月25日,在中央政治局常委会会议上,强调中国经济正处于增长速度换挡期、结构调整阵痛期、前期刺激政策消化期叠加的阶段,加上世界经济也在

---

① 习近平:《论把握新发展阶段、贯彻新发展理念、构建新发展格局》,中央文献出版社2021年版。

深度调整,发展环境十分复杂,要准确认识中国经济发展阶段性特征,实事求是进行改革调整。

(四) 经济发展进入新常态

2013 年 12 月 10 日,在中央经济工作会议上,提出"新常态"。

2014 年 12 月 9 日,也是在中央经济工作会议上,从九个方面的趋势性变化分析了中国经济发展进入新常态的原因,强调认识新常态、适应新常态、引领新常态是当前和今后一个时期中国经济发展的大逻辑。[①]

第一,从消费需求看,过去,中国消费具有明显的模仿型排浪式特征,你有我有全都有,消费是一浪接一浪地增长。现在,"羊群效应"没有了,模仿型排浪式消费阶段基本结束,消费拉开档次,个性化、多样化消费渐成主流,保证产品质量安全、通过创新供给激活需求的重要性显著上升。随着中国收入水平提高和消费结构变化,供给体系进行一些调整是必然的,但中国有 13 亿多人,总体消费水平还不高、余地还很大。必须采取正确的消费政策,释放消费潜力,使消费继续在推动经济发展中发挥基础作用。

第二,从投资需求看,过去,投资需求空间巨大,只要有钱敢干,投资都有回报,投资在经济发展中扮演着重要角色。现在,经历了 30 多年高强度大规模开发建设后,传统产业、房地产投资相对饱和,但基础设施互联互通和一些新技术、新产品、新业态、新商业模式的投资机会大量涌现,对创新投融资方式提出了新要求。中国总储蓄率仍然较高。必须善于把握投资方向,消除投资障碍,使投资继续对经济发展发挥关键作用。

第三,从出口和国际收支看,国际金融危机发生前,国际市场空间扩张很快,只要有成本优势,出口就能扩大,出口成为拉动中国经济快速发展的重要动能。现在,全球总需求不振,中国低成本比较优势也发生了转化。同时,中国出口竞争优势依然存在,多少年打拼出来的国际市场也是重要资源。高水平引进来、大规模走

出去正在同步发生,人民币国际化程度明显提高,国际收支双顺差局面正在向收支基本平衡方向发展。必须加紧培育新的比较优势,积极影响国际贸易投资规则重构,使出口继续对经济发展发挥支撑作用。

第四,从生产能力和产业组织方式看,过去,供给不足是长期困扰我们的一个主要矛盾,现在传统产业供给能力大幅超出需求,钢铁、水泥、玻璃等产业的产能已近峰值,房地产出现结构性、区域性过剩,各类开发区、工业园区、新城新区的规划建设总面积超出实际需要。在产能过剩的条件下,产业结构必须优化升级,企业兼并重组、生产相对集中不可避免。互联网技术加快发展,创新方式层出不穷,新兴产业、服务业、小微企业作用更加凸显,生产小型化、智能化、专业化将成为产业组织新特征。

第五,从生产要素相对优势看,过去,中国有源源不断的新生劳动力和农业富余劳动力,劳动力成本低是最大优势,引进技术和管理就能迅速变成生产力。现在,人口老龄化日趋发展,劳动年龄人口总量下降,农业富余劳动力减少,在许多领域中国的科技创新与国际先进水平相比还有较大差距,能够拉动经济上水平的关键技术人家不给了,这就使要素的规模驱动力减弱。随着要素质量不断提高,经济增长将更多依靠人力资本质量和技术进步,必须让创新成为驱动发展新引擎。

第六,从市场竞争特点看,过去,主要是数量扩张和价格竞争。现在,竞争正逐步转向质量型、差异化为主的竞争,消费者更加注重品质和个性化,竞争必须把握市场潜在需求,通过供给创新满足需求。企业依赖税收和土地等优惠政策形成竞争优势、外资超国民待遇的方式已经难以为继,统一全国市场、提高资源配置效率是经济发展的内生性要求。必须深化改革开放,加快形成统一透明、有序规范的市场环境,为市场充分竞争创造良好条件。

第七,从资源环境约束看,过去,能源资源和生态环境空间相对较大,可以放开手脚大开发、快发展。现在,环境承载能力已经达到或接近上限,难以承载高消耗、粗放型的发展了。人民群众对清新空气、清澈水质、清洁环境等生态产品的需求越来越迫切,生态环境越来越珍贵。必须顺应人民群众对良好生态环境的期待,推动形成绿色低碳循环发展新方式,并从中创造新的增长点。

第八,从经济风险积累和化解看,过去,经济高速发展掩盖了一些矛盾和风险。现在,伴随着经济增速下调,各类隐性风险逐步显性化,地方政府性债务、影子银行、房地产等领域风险正在显露,就业也存在结构性风险。这些风险,有的来自经济结构调整中政府行为越位,有的来自市场主体在经济繁荣时的盲目投资,有的来自缺乏长远考虑而过度承诺,有的则与国际金融危机冲击有直接关系。综合判断,中国面临的风险总体可控,但化解以高杠杆和泡沫化为主要特征的各类风险将持续一段时间。必须标本兼治、对症下药,建立健全化解各类风险的体制机制,通过延长处理时间减少一次性风险冲击力度,如果有发生系统性风险的威胁,就要果断采取外科手术式的方法进行处理。

第九,从资源配置模式和宏观调控方式看,过去,总需求增长潜在空间大,实行凯恩斯主义的办法就能有效刺激经济发展;经济发展中的短板很清楚,产业政策只要按照"雁行理论"效仿先行国家就能形成产业比较优势。现在,从需求方面看,全面刺激政策的边际效果明显递减;从供给方面看,既要全面化解产能过剩,也要通过发挥市场机制作用探索未来产业发展方向。必须全面把握总供求关系新变化,科学进行宏观调控,适度干预但不盲目,必要时在把握好度的前提下坚定出手,平衡好增强活力和创造环境的关系,真正形成市场和政府合理分工、推动发展新模式。

(五)使市场在资源配置中起决定性作用、更好发挥政府作用

2013年11月,在十八届三中全会上,强调市场配置资源是最有效率的形式,市场决定资源配置是市场经济的一般规律,强调要使市场在资源配置中起决定性作用,对市场作用作了全新定位。

(六)绿水青山就是金山银山

2013年9月7日,在纳扎尔巴耶夫大学发表演讲时,强调建设生态文明、建设美丽中国是中国的一项战略任务,要给子孙后代留下天蓝、地绿、水净的美好家园。

2014年3月7日,在参加十二届全国人大二次会议贵州代表团审议时,进一步

强调了这一观点。

（七）坚持新发展理念

2015年10月，在十八届五中全会上，提出了创新、协调、绿色、开放、共享的发展理念，强调创新发展注重的是解决发展动力问题，协调发展注重的是解决发展不平衡问题，绿色发展注重的是解决人与自然和谐问题，开放发展注重的是解决发展内外联动问题，共享发展注重的是解决社会公平正义问题，强调坚持新发展理念是关系中国发展全局的一场深刻变革。

（八）推进供给侧结构性改革

2015年11月10日，在中央财经领导小组会议上，提出要着力加强供给侧结构性改革。

2015年12月18日，在中央经济工作会议上，强调供给侧结构性改革的关键是抓好"去产能、去库存、去杠杆、降成本、补短板"。

2018年12月19日，在中央经济工作会议上，提出了"巩固、增强、提升、畅通"的八字新要求，强调这八字方针是当前和今后一个时期深化供给侧结构性改革、推动经济高质量发展的总的要求。

（九）发展不平衡不充分

2017年10月，在十九大上，强调中国社会主要矛盾已经转化为人民日益增长的美好生活需要和不平衡不充分的发展之间的矛盾，强调这是关系全局的历史性变化。

（十）推动高质量发展

2017年10月，在十九大上，强调基于中国社会主要矛盾已经转化为人民日益增长的美好生活需要和不平衡不充分的发展之间的矛盾这一事实，以及新发展理念的要求，中国经济已由高速增长阶段转向高质量发展阶段。

（十一）建设现代化经济体系

2017年10月，在十九大上，强调建设现代化经济体系是跨越关口的迫切要求和中国发展的战略目标。

（十二）构建以国内大循环为主体、国内国际双循环相互促进的新发展格局

2020 年 4 月 10 日，在中央财经委会议上，强调要构建以国内大循环为主体、国内国际双循环相互促进的新发展格局。

（十三）统筹发展和安全

2015 年 5 月 29 日，在中央政治局集体学习时，强调要牢固树立安全发展理念。

2016 年 1 月 18 日，在省部级主要领导干部专题研讨班上，从四个方面分析了中国开放发展所面临的风险挑战。

2018 年 1 月 5 日，在新进中央委员会的委员、候补委员和省部级主要领导干部研讨班上，从八个方面列举了 16 个需要高度重视的风险。

2019 年 1 月 21 日，在省部级主要领导干部坚持底线思维着力防范化解重大风险专题研讨班开班式上，分析了要防范化解政治、意识形态、经济、对美经贸关系、科技、社会、对外工作、党自身等八个领域的重大风险并提出了明确要求，强调必须始终保持高度警惕，既要高度警惕"黑天鹅"事件，也要防范"灰犀牛"事件。

因此，创新、协调、绿色、开放、共享的新发展理念，分别涉及如何解决"发展动力问题""发展不平衡问题""人与自然和谐问题""内外联动问题""社会公平正义问题"等。[1]可以说，关涉了发展与实践进程中的方方面面，是相互联系、不可分割的。而新发展理念本身，立足于把握新发展阶段，指向构建新发展格局，将历史经验、现实基础、实践基础与远景目标有机联系为一个整体。新发展理念不断形成的过程，正是实践中的问题不断得以解决、得到反馈的动态过程，也是理论不断从实践中逐渐生成与呈现的过程。这十三个方面，虽有时间先后，有论述侧重点的不同，但彼此构成了一个不可分割的整体，构成了一整套形态生动、内容丰富、层次多样、涉及多个领域的新时代中国特色社会主义实践的鲜活叙事。新发展理念的来龙去脉，正是蕴含其中的。同时，新发展理念本身也是贯彻于其中的，并随着这个实践叙事的不断展开而得以进一步的完善丰富和发展。

---

[1]　习近平：《论把握新发展阶段、贯彻新发展理念、构建新发展格局》，中央文献出版社 2021 年版。

二、　新发展理念的整体性

习近平总书记多次强调,要将新发展理念理解为一个整体,从全局、整体的角度理解新发展理念。这既要求我们把五大发展理念视为不可分割的一个整体,不能忽略五大发展理念之间的一致性与连贯性,与此同时,从实践的角度出发,这也要求我们从一种整体和全面的实践视野来理解新发展阶段、新发展理念和新发展实践。

(一)贯彻新发展理念,与构建新发展格局密切相联系

理解新发展理念的实践面相,必须深刻理解何谓新发展格局,理解"国内大循环为主体、国内国际双循环相互促进"背后丰富的历史语境和深刻的实践内涵。

刘鹤指出:"党的十九届五中全会通过的《中共中央关于制定国民经济和社会发展第十四个五年规划和二〇三五年远景目标的建议》(以下简称《建议》)提出,要加快构建以国内大循环为主体、国内国际双循环相互促进的新发展格局。这是对'十四五'和未来更长时期我国经济发展战略、路径作出的重大调整完善,是着眼于我国长远发展和长治久安作出的重大战略部署,对于我国实现更高质量、更有效率、更加公平、更可持续、更为安全的发展,对于促进世界经济繁荣,都会产生重要而深远的影响。构建新发展格局的思想在《建议》中具有重要地位,起到纲举目张的作用,要深入理解、准确把握、全面贯彻。"[①]

内外双循环是一个不可分割的整体。不可分割首先表现在二者不可偏废。如果偏废内循环,则使中国在波谲云诡的世界局势中陷入被动;偏废外循环,则意味着故步自封、闭关锁国,是不利于中国的发展的。内循环的通畅则使得中国在外循环过程中有独立自主的底气,不至于受制于人。而外循环的通畅则为中国进一步发展创造了条件。此外,内外双循环的整体性,还可以从二者是一个贯通一致的整体这一角度来理解。内外双循环,是两个国内国外两个市场同时运行,二者均发挥重要作用。然而,两个循环系统不是两套完全封闭的老死不相往来的真空系统,二

---

① 刘鹤:《加快构建以国内大循环为主体、国内国际双循环相互促进的新发展格局》,《人民日报》2020 年 11 月 25 日。

者在循环中彼此发生联系,进一步推动健康发展。可以说,内循环与外循环的通畅,对彼此均有重要促进作用。

进一步看新发展理念和新发展格局之间的关系。从二者的关系中,也能够看出新发展理念本身的整体性意义。贯彻新发展理念指向构建新的发展格局。而创新、协调、绿色、开放、共享五大发展理念,只有理解为一个整体,理解成一个完整的实践故事,才能真正有效推动构建新的发展格局。创新发展才能意味着具有高质量的供给,才能为内循环和外循环提供不竭的动力和足够的底气。协调发展解决的是发展不平衡的问题,只有协调发展才能做到内循环和外循环两套循环系统相互支持、并行不悖、健康发展。绿色发展意味着不走先污染再治理的老路,表明绿水青山与金山银山同样重要,这与内外双循环遥相呼应,事实上是这一问题的一体两面:这意味着中国不再满足于做世界的加工厂,而是一个独立自主同时也足够开放的循环系统。开放发展则强调了对外开放的重要性,也再次重申了外循环的重要性。共享发展则表明内外双循环的最终是受益者是全体人民,体现了发展本身的人民性,呼应了十九大报告中对社会主要矛盾的判断。这也向世界证明:我们的发展观,是"以人民为中心的发展观"。

从"以人民为中心的发展观"这一视域出发,我们可以看到,发展的关键在于高质量发展。高质量发展关系到国计民生,关系到人民群众的生活需求,又涉及中国共产党的根本宗旨。高质量的发展离不开高质量的供给,高质量的供给需要深化供给侧结构性改革。

就如习近平总书记指出的:"要坚定不移推动高质量发展,扭住深化供给侧结构性改革这条主线,把制造业高质量发展放到更加突出的位置,加快构建市场竞争力强、可持续的现代产业体系。要加大创新支持力度,坚定不移推进改革开放,努力在西部地区带头开放、带动开放。要加快推动城乡融合发展,建立健全城乡一体融合发展的体制机制和政策体系,推动区域协调发展。"[1]

---

[1] 习近平2019年4月17日听取重庆市委和市政府工作汇报时的讲话。

而供给侧结构性改革的关键在于中央经济工作会议所强调的八字方针:巩固、增强、提升、畅通。"增强,就是要增强微观主体活力,发挥企业和企业家主观能动性","提升,就是要提升产业链水平,注重利用技术创新和规模效应形成新的竞争优势,加快解决关键核心技术'卡脖子'问题,强化工业基础能力建设,培育和发展新的产业集群,保持好全球最完整的产业体系,提升我国在全球供应链、产业链、价值链中的地位","增强制造业技术创新能力"。[①]

在巩固、增强、提升、畅通的关键过程中,我们仍然可以看到,供给侧结构性改革和创新、协调、绿色、开放、共享五大发展理念相互关联,彼此推动,构成了一个逻辑连贯的有机整体。

(二)新发展理念的整体性,还体现在新发展理念与全面深化改革开放的伟大变革的关系之中

十九届六中全会审议通过的《中共中央关于党的百年奋斗重大成就和历史经验的决议》中指出:"贯彻新发展理念是关系我国发展全局的一场深刻变革,不能简单以生产总值增长率论英雄,必须实现创新成为第一动力、协调成为内生特点、绿色成为普遍形态、开放成为必由之路、共享成为根本目的的高质量发展,推动经济发展质量变革、效率变革、动力变革。"

这里从总体上指明了全面贯彻新发展理念与全面深化改革开放的伟大变革之间的内在关系:二者是一个统一的整体。新发展理念的整体性的实践生成和实践特质,也在二者的相互关系中得到了真实而具体的呈现。

一方面,全面深化改革开放需要以新发展理念为引领,以新发展理念为内在方法论依据。"创新成为第一动力、协调成为内生特点、绿色成为普遍形态、开放成为必由之路、共享成为根本目的",构成了高质量发展的五个重要指向,也构成了在强调"不能简单以生产总值增长率论英雄"这一前提性基础上的五大崭新的发展思路,最终为全面深化改革开放提供了理论依据与现实途径,绘制了方向明晰、指导

[①]　习近平:《论把握新发展阶段、贯彻新发展理念、构建新发展格局》,中央文献出版社 2021 年版,第 300—302 页。

具体的现实路线图。

另一方面,全面深化改革开放将新发展理念落到了实处,最终将创新、协调、绿色、开放、共享作为一个有机的整体,统一在了改革开放的不断深化的实践中,统一在了新时代中国特色社会主义的伟大实践进程中。全面深化改革开放将理念与实践进行了全方位、多维度的深度结合,最终落实并保障了新发展理念的全面贯彻。在全面深化改革开放这一伟大的实践进程中,丢掉"创新、协调、绿色、开放、共享"中任何一个发展理念都是不行的,五个发展理念在总体性实践中形成了一个统一的整体,构成了一个整体性的实践叙事。新发展理念的整体性的实践品格,也得到了最为真实的绽放和呈现。

三、 新发展理念的时态性

新发展理念具有时态性。贯彻新发展理念,指向构建新发展格局,"双循环"的发展格局则是基于新发展阶段的现实基础顺理成章而呈现的。我们强调内外双循环的发展格局,一个重要的实践事实在于中国与世界的经济关系已经不同往日。如李稻葵指出:"从量上说,就是我们现在对外的依赖度已经大大下降了。"中国与外国经济关系的变化,包含了两个关键因素。第一个因素是从中国自身的变化出发:"就是中国的经济体量太大了,现在已经占到全球经济的16%。这个是按照目前的市场汇率算的,如果按照我们的物价算的话,可能得22%到23%,而十几年前是8%都不到。现在光靠外面的市场,我们吃不饱了。"第二个因素是外国对中国经济高速发展的心态发生了变化:"是国外对我们警惕了,不愿意搞全球经济一体化、不愿意在很多方面跟我们深度合作了。"第三个因素则是全球性的经济趋势:"是全球经济在未来十年将会放缓,它也拉不动我们了。"(经济学家圈,2021)这几大趋势的变化,形塑了新格局的理想面貌,也使得新发展理念在实践中具有了鲜明的时代特色和现实底色。

上述学者强调了内循环的不可不为,也有一些学者强调了外循环的不可逆。如刘国恩指出:"强调国内大循环,并非与国际市场流通相悖。一方面,它的确意味着强化国内经济的自身供给能力和相互交换的市场规模,使本土市场力量发挥更大的作用。另一方面,既然是循环,在经济全球化的今天,不可能是闭环,而是与外部系统开通状态下的大循环。也就是说,国内循环与国际循环应该构成更为互联互通的有机系统,犹如身体的血液系统和体外生态系统的关系一样,缺一不可。国内大循环系统的良好运行要求相关机制的转型升级,从而也有利于促进国内要素市场、产品市场的资源配置与流通效率。2019年,中国经济达到近100万亿元人民币的量级,就总需求来看,其中大头是约58万亿元的最终消费,其次是31万亿元左右的资本品构成,净出口为11万亿元。而事实上,中国的进出口总量远比11万亿元大得多,这意味着,消费品与投资品当中相当部分属于直接或间接与国际市场发生交换关系的产品与服务,这反映了本国经济的内循环与国际外循环的高度流通程度,已经发展到不可能退回到闭环运行的自给自足时代。"(经济学家圈,2021)

事实上,从一个更为开阔的视角和历史脉络中看,外循环和内循环都是不可不为和不可逆的。不可不为,表明了外循环和内循环本身具有规范导向和价值导向,是"应该要做的";不可逆,表明这已经是一个事实趋势,是我们顺应现实的必要选择,是"必须要做的"。而"不可不为"与"不可逆",使得事实与规范统一在一起,也使得新发展格局本身既具有价值导向,也是一种事实趋势。而指向新发展格局的新发展理念,同样包含了这一实践品质。

"内循环"与"外循环"都有深厚的时代背景和理论渊源,而新发展理念正是在这样的时代背景中,动态地不断完善和不断呈现,获得丰富的理论内涵的。在立足新的发展阶段和构建新的发展格局的过程中,新的发展理念不断丰富发展,既是对经典理论的现实应用,又是对全部实践问题的真实展开,就如顾海良(2016)总结的那样:"新发展理念在对'实现什么样的发展、怎样发展'问题新的回答中,凸显其马克思主义政治经济学的意蕴;新发展理念是对马克思主义政治经济学理论的当代运用和丰富,特别是对马克思恩格斯关于经济的社会发展理论和人的全面发展理论的当代阐释与现实应用;新发展理念直面中国经济社会发展的现实问题,以强烈的问题意识,致力于破解发展难题、增强发展动力、厚植发展优势,是党的十八大以来习近平对当代中国马克思主义政治经济学的新的理论贡献。"

总的来说,所谓时态性,是指新发展理念是立足于时代精神的、根植于新时代的实践现实的;新发展理念是有时代指向和问题导向的;新发展理念本身不是僵化的,而是跟随时代和实践的发展不断丰富、发展的;新发展理念是继往开来、走向未来的。

黑格尔说理论是灰色的,生命之树长青。但新发展理念正是立足于中国社会主义建设伟大实践这棵真实生动的生命之树,于是理论也具有了长青的勃勃生机。

第五节　新发展理念的时间性与世界意义

新发展理念中蕴含着丰富的时间哲学思想。新发展理念以现实问题为导向,以未来为目标,以历史经验为基础,实现了对历史时间、当下时间与未来时间的辩证统一。新发展理念包含着伟大的时间节点,但这些伟大时间节点的到来与呈现需要无数平凡的实践来推动。与此同时,平凡时间之中寄寓了伟大的意义,普通的实践过程之中蕴含着崇高的内涵。在此意义上,实现了伟大时间和平凡时间的辩证统一。

时间的有限性决定了贯彻新发展理念的必要性与迫切性。新发展理念并不是一个僵化封闭的系统,它是面向未来的,其内涵是不断丰富发展的,这使得在新发展理念中,时间具有了无限性。于是,时间的有限性与无限性在新发展理念中实现了辩证统一。

2021 年 1 月 11 日,习近平总书记在省部级主要领导干部学习贯彻党的十九届五中全会精神专题研讨班开班式上的讲话中指出:"进入新发展阶段、贯彻新发展理念、构建新发展格局,是由我国经济社会发展的理论逻辑、历史逻辑、现实逻辑决定的。进入新发展阶段明确了我国发展的历史方位,贯彻新发展理念明确了我国现代化建设的指导原则,构建新发展格局明确了我国经济现代化的路径选择。要深入学习、坚决贯彻党的十九届五中全会精神,准确把握新发展阶段,深入贯彻新发展理念,加快构建新发展格局,推动'十四五'时期高质量发展,确保全面建设社会主义现代化国家开好局、起好步。"

坚定不移贯彻创新、协调、绿色、开放、共享的新发展理念,不是凭空而来的,而是中国共产党基于对现实国情和发展形势的精准把握,也是对过去发展历史和未来发展格局的有效研判。

如前文所述,这其中蕴含着丰富的时间哲学色彩,寄寓着对历史时间、当下时间、未来时间之间的关系,伟大时间与平凡时间的关系,以及时间的有限性与无限性关系的深刻理解。深入辨析其中的时间哲学意蕴,可以丰富我们对于时间哲学的认知,也可以更好地帮助我们贯彻并践行新发展理念。

一、 历史时间、当下时间与未来时间的辩证统一

新发展理念在本质上是一种发展观。"发展",是从过去而来,立足于当下,又走向未来。新发展理念中也因此蕴含着对于过去时间、当下时间和未来时间关系的理解。

习近平总书记一直注重对历史时期的认识问题。他在谈及如何认识改革开放前和改革开放后两个历史时期时指出:"我们党领导人民进行社会主义建设,有改革开放前和改革开放后两个历史时期,这是两个互相联系又有重大区别的时期,但本质上都是我们党领导人民进行社会主义建设的实践探索。中国特色社会主义是在改革开放历史新时期开创的,但也是在新中国已经建立起社会主义基本制度并进行了二十多年建设的基础上开创的。"[①]

在新发展理念中,历史与现实也不是割裂的。新发展理念并不是凭空而来的,"是在深刻总结国内外发展经验教训、深入分析国内外发展大势的基础上提出的"。这展示了新发展理念中所蕴含的历史品格和如何看待历史的观念。创新、协调、绿色、开放、共享五大发展理念也不是割裂历史凭空出现的。新发展理念之"新",是

---

① 习近平:《正确认识改革开放前和改革开放后两个历史时期》,载习近平:《论中国共产党历史》,中央文献出版社 2021 年版。

传承历史基础之"新",是与传统具有一致性的"新",是包含过去经验、根据新发展阶段不断丰富的新理念。新发展理念面向的是新发展格局和高质量的发展,这使得当下的发展时段又与未来的发展目标息息相关,未来的发展目标决定了当下发展时段的方向。在这个意义上,历史时间、当下时间、未来时间统一于新发展理念的实践之中。

历史时间构成了当下时间的经验与基础,未来时间又构成了当下时间的升华与发展视域。当下时间成为连接历史时间和未来时间的关键时间环节。

时间是变动不居的,当下时间每时每刻都在变成历史时间,而未来时间也在不断成为当下的时间。新发展理念倡导可持续的发展,正是将变动不居的时间理解为一个整体,而作为整体的时间,又是以过去经验为基础,不断扬弃、向前发展的。

习近平总书记曾对鸦片战争以来中华民族的历史进行过这样的回顾:"鸦片战争以后,中华民族用110年的时间实现了民族独立和人民解放,用70年的时间迎来了从站起来、富起来到强起来的伟大飞跃,用40多年的时间实现了综合国力、人民生活水平和国际影响力的大幅跃升。"对于未来,习近平总书记进行过这样的展望:"从现在起到本世纪中叶,我们也进行了战略谋划,将分步实现全面建成小康社会、基本实现社会主义现代化,最终建成富强民主文明和谐美丽的社会主义现代化强国。"这两段讲话之中,蕴含了对于历史时间、当下时间、未来时间的深刻洞见。

二、 伟大时间与平凡时间的辩证统一

在宗教哲学中,向来有"神圣时间"和"世俗时间"的说法。马克思主义理论实现了对宗教哲学的批判与超越,在唯物史观中,时间并不存在"神圣—世俗"之区分;但这并不意味着在唯物史观中,时间一定只是均质的。

新发展理念的贯彻,离不开对新发展阶段的把握。而我们所立足的新发展阶段,正是一个"实现第一个百年奋斗目标之后","向第二个百年奋斗目标进军的新发展阶段"。2035年是"基本实现社会主义现代化",21世纪中叶是"把我国建设成为富强民主文明和谐美丽的社会主义现代强国"。展望更遥远的未来,实现共产主

义则是在一个更远的时间点上的终极目标。这些伟大的时间节点，标识着伟大的奋斗目标，勾画着伟大的社会主义建设图景。然而，这些伟大的时间节点并不是孤立的，不是散落在历史长河之中的，它们由社会主义建设的时间轴贯穿起来，由一个又一个发展阶段连缀成一个时间整体。而在不同的发展阶段中，又贯彻着不同的发展观。新发展阶段则是连接两个一百年奋斗目标，面向"基本实现社会主义现代化"和"把我国建设成为富强民主文明和谐美丽的社会主义现代强国"的时间段。"以新发展理念把握新发展阶段"，未来一段历史时期，中国经济社会发展将在坚定不移贯彻新发展理念的同时迎接伟大的时间节点。从这个意义上讲，新发展理念与伟大时间是密切联系在一起的，构成了一个整体。

新发展理念强调持续性与高质量发展，强调"不以 GDP 论英雄"，重视民生发展，重视平衡发展。这说明在追求伟大时间节点的同时，新发展理念是将"伟大"寓于"平凡"之中的：关注最真实的民生问题，关注经济社会发展中的现实问题，立足真实、脚踏实地。新发展理念蕴含了这样一幅时间图景：它贯穿于发展的全过程，而这个全过程正是由无数平凡时间连接起的伟大时间节点。正因如此，连接伟大时间节点的平凡过程也具有了伟大意义。伟大时间和平凡时间在新发展理念贯彻的全过程中实现了辩证统一。

习近平总书记也多次谈到伟大与平凡的问题。2019 年 9 月 29 日，他在国家勋章和国家荣誉称号颁授仪式上的讲话中指出："英雄模范们用行动再次证明，伟大出自平凡，平凡造就伟大。只要有坚定的理想信念、不懈的奋斗精神，脚踏实地把每件平凡的事做好，一切平凡的人都可以获得不平凡的人生，一切平凡的工作都可以创造不平凡的成就。" 2018 年 9 月 30 日，在会见四川航空"中国民航英雄机组"全体成员时习近平总书记指出："伟大出自平凡，英雄来自人民。把每一项平凡工作做好就是不平凡。新时代中国特色社会主义伟大事业需要千千万万个英雄群体、英雄人物。学习英雄事迹，弘扬英雄精神，就是要把非凡英雄精神体现在平凡工作岗位上，体现在对人民生命安全高度负责的责任意识上。"这些讲话深刻地揭示了伟大与平凡之间的辩证关系，阐明了二者的一致性。

三、 时间的有限性与无限性的辩证统一

有文章在研究"习近平的时间观"时,指出习近平总书记表达了对时间的紧迫感,因此"拼力走在时间前面","带出了追赶时间的奋进节奏"。

时不我待,每个伟大奋斗目标前的时间段都是有限的,每一个历史时期的时间长度也是固定的,时间的有限性决定了贯彻新发展理念的必要性和迫切性。因为正是时间如此有限,任务如此紧迫,我们才必须转变发展方式,在最有限的时间内实现高质量的发展,最大程度地满足人民的需求,打造新的发展格局。

新发展理念除了与时间的有限性紧密相连之外,还蕴含着时间的无限性面相。新发展理念本身不是抽象的原则,不是一个固定、僵化、封闭的系统,"开放"不仅包含在其中,"开放"也是新发展理念自身品格的一种写照。新发展理念的内涵是随着形势的不断发展而不断丰富的。

这是因为,新发展理念伴随新发展阶段而生成,并根植于新发展阶段的伟大真实实践之中。随着社会主义实践的深化和拓展,随着发展形势的新变化,新发展理念的内涵一定会进一步丰富。

践行新发展理念的主体,不是抽象的人,而是千千万万在社会主义实践中努力奋斗的党员干部和人民群众。而这千千万万的践行主体都是丰富而真实的,这更加决定了新发展理念内涵不断丰富发展的内在特质。

新发展理念是以现实问题为导向的,现实问题更加不是一成不变的,而是随着经济社会发展不断解决和不断产生的。这也决定了新发展理念是变化发展的,而非抽象孤立,也不是僵化不变的。

在这个意义上讲,新发展理念的开放特质和不断丰富的特质,决定了其时间视野是无限广阔的,时间内涵也是无限丰富的。时间的有限决定了贯彻新发展理念的必要性,新发展理念能够在有限的时间轴中无限丰富、不断获得新的内涵,给有限时间带来了无限的特质。

在新发展理念中,时间的有限性与无限性就实现了辩证的统一。

新发展理念要求我们在一种整体时间观中继承历史,把握当下,迎接未来;要求我们在平凡的时间中不断创造伟大的时间;要求我们在有限的时间中不断丰富发展对于"发展"的认识,实现时间的无限性。

就如习近平总书记所说:"全党全军全国各族人民要在中国共产党坚强领导下,不忘初心、牢记使命、不畏风浪、直面挑战,以时不我待的奋进姿态,继续向着实现中华民族伟大复兴的光辉目标进发,继续向着推动构建人类命运共同体的美好前景进发,继续在人类的伟大时间历史中创造中华民族的伟大历史时间!"

四、 新发展理念的空间向度

新发展理念除了具有时间向度之外,还具有意蕴丰厚的空间向度。新发展理念的空间向度在三个层面展开。

首先,新发展理念的产生与发展的过程,蕴含着空间意义的表达。新发展理念诞生于新时代中国特色社会主义实践之中,它是具有具体的空间语境的,它体现了马克思主义普遍原理与中国具体实践的结合,这一结合不仅具有时代意义这一时间性表述,还包含了"中国实际"这样一个具有空间意义的表述。新发展理念的诞生和发展,不是空泛的,不是抽象的;它有其特殊的空间范围,即中国现发展阶段的特殊的国情;它也有真实具体的实践内容,即新时代中国特色社会主义实践。这是新发展理念所具有的空间意义表述的第一层含义。

其次,新发展理念的空间性,也体现在它所具有的问题导向之中。习近平总书记明确强调:"从问题导向把握新发展理念。我国发展已经站在新的历史起点上,要根据新发展阶段的新要求,坚持问题导向,更加精准地贯彻新发展理念,切实解决好发展不平衡不充分的问题,推动高质量发展。"[①]新发展理念的产生与发展蕴含着空间意蕴,新发展理念对于发展过程中的具体问题有着具体的针对性,即针对新的发展阶段中国特色社会主义实践这个时空范围内的真实问题,并指导问题的解

---

① 习近平:《论把握新发展阶段、贯彻新发展理念、构建新发展格局》,中央文献出版社 2021 年版。

决。也就是说,新发展理念有明确指向性,指向具体的有空间范围的问题领域。理解这一点,也有助于我们更加深入地理解新发展理念。

从一个更为狭义的意义上讲,新发展理念所指向的具体问题中,有些与空间布局密切相关。习近平总书记指出:"我国城乡区域发展差距较大,而究竟怎样解决这个问题,有很多新的问题需要深入研究,尤其是区域板块分化重组、人口跨区域转移加快、农民落户城市意愿下降等问题要抓紧研究、明确思路。"①区域发展均衡问题、区域板块如何重组、人口跨区域转移等问题,都是非常具体的空间问题,这使得新发展理念呈现了一种空间面相——指向具体空间范围的问题领域、具体空间范围的问题领域包含着具体的空间问题。

新发展理念的产生与发展蕴含着空间意义的表达;新发展理念的问题导向,具有明确的空间指向;在此基础上,我们也应该看到,新发展理念所具有的空间性,是一种开放的面相,不是封闭僵化的。新发展理念所具有的空间性,不是说仅仅单一地适用于此一空间,事实上它对于世界上很多地区所面临的发展问题,都有重要的借鉴意义;对于全世界所面临的现代性难题,也有重要的启发价值。这就是新发展理念空间面相的第三层意义——世界意义。

新发展理念如果说前两个层面都展现了新发展理念空间面相的特殊性,那么其空间含义的第三个层面,则侧重于新发展理念空间面相的普遍意义。新发展理念的空间面相也呈现了它的重要理论特征——普遍性与特殊性的辩证统一。

五、 新发展理念的世界意义

新发展理念根源于新时代中国特色社会主义实践,但它的产生,是在吸取国内外经验教训基础上的,所以在一开始,它就有超越西方国家发展理念、有效应对现代性发展难题的理论特质。

第一,与西方国家高效却非常不平衡的发展现状相比,新发展理念追求的是一

① 习近平:《论把握新发展阶段、贯彻新发展理念、构建新发展格局》,中央文献出版社 2021 年版。

种高效、平衡、全面的发展状态,尤其是对于西方国家社会公平正义所面临的种种问题而言,新发展理念中的共享发展理念具有重要的启发价值。

第二,与西方国家注重事实层面的发展却忽略价值层面的发展相比,新发展理念的理论与实践、事实与规范并重,解决了发展过程中"应该怎么样"和"事实怎么样"相统一的问题。新发展理念坚持以人民为中心,具有强烈的价值导向;新发展理念与事实中的发展成效密切关联,具有现实有效性,这也都对西方国家所面对的问题具有借鉴意义。

第三,与西方国家注重片面的发展而忽略综合、均衡全面的发展相比,新发展理念本身就是一种综合性、整体性的发展观。协调发展理念,所要致力于解决的就是"发展不平衡问题",它指向一种均衡协调的发展方向;绿色发展理念包含着重要的生态建设和环境保护的面相,尤其强调避免走西方"先污染,后治理"的老路,将生态文明与经济发展的关系视为并行不悖、和谐共存的,甚至是相互促进的。

这些构成了新发展理念对于其他国家解决一些世界共有的现代性发展难题的所提供的借鉴价值。此外,新发展理念对于一些发展中国家如何选择自己的发展道路,具有非常重要的启发意义。

习近平总书记在《决胜全面建成小康社会夺取新时代中国特色社会主义伟大胜利——在中国共产党第十九次全国代表大会上的报告》中指出:"党的百年奋斗深刻影响了世界历史进程。党和人民事业是人类进步事业的重要组成部分。一百年来,党既为中国人民谋幸福、为中华民族谋复兴,也为人类谋进步、为世界谋大同,以自强不息的奋斗深刻改变了世界发展的趋势和格局。党领导人民成功走出中国式现代化道路,创造了人类文明新形态,拓展了发展中国家走向现代化的途径,给世界上那些既希望加快发展又希望保持自身独立性的国家和民族提供了全新选择。党推动构建人类命运共同体,为解决人类重大问题,建设持久和平、普遍安全、共同繁荣、开放包容、清洁美丽的世界贡献了中国智慧、中国方案、中国力量,成为推动人类发展进步的重要力量。"

十九大报告中的这段文字,对于我们从多个维度理解新发展理念同样具有重要的指导意义。对于新发展理念而言,尽管它根植于中国特色社会主义实践之中,但这种发展理念是一种独立于西方诸种发展理念之外的全新的发展思路,有效应对了现代化发展难题,意味着打破了"西方发展观"对于现代发展道路的一元垄断,丰富了全世界对于发展观念的多样性理解,带来了对于发展理念的全新思考,为世界发展中国家提供了多种发展理念的选择和有效的发展道路的借鉴。

这是新发展理念对于全世界的意义,也是我们对于世界现代发展问题所贡献的中国智慧,是中国共产党对于推动构建人类命运共同体所做出的积极努力。新发展理念在新时代具有世界贡献,也表明了新发展理念在时间意义上呈现了普遍的空间意蕴。

综上,在新发展理念中,实现了时间的有限性与无限的统一,空间的特殊性与普遍性的统一。

参考文献

顾海良:《新发展理念的马克思主义政治经济学探讨》,《马克思主义与现实》2016年第1期。

经济学家圈:《十四五与双循环:17位一线经济学家深度解读新发展格局》,中国广播电影出版社2021年版。

柯亨:《自我所有、自由和平等》,东方出版社2008年版。

娜奥米·克莱恩:《改变一切:气候危机、资本主义与我们的终极命运》,上海三联书店2018年版。

石仲泉:《毛泽东与科学发展观和社会主义和谐社会》,《湘潭大学学报》2006年9月。

托马斯·皮凯蒂:《21世纪资本论》,中信出版社2014年版。

向松祚:《新资本论:全球金融资本主义的兴起、危机和救赎》,中信出版社2014年版。

第四章

构建新发展格局

第一节　中国经济现代化的路径选择

十九届六中全会指出,中国共产党的百年奋斗深刻影响了世界历史进程,党领导人民成功走出中国式现代化道路,创造了人类文明新形态,拓展了发展中国家走向现代化的途径。由此可见,中国现代化是世界现代化的组成部分。一个国家的现代化一般是指达到世界先进、前沿和发达水平的发展状态和发展过程,其中最为关键的是经济现代化。世界上并不存在唯一的经济现代化道路或者放之四海而皆准的成功模式。先发现代化国家的经验虽然具有借鉴意义,但一国选择什么样的经济现代化道路,首要考虑的应该是自己的基本国情。构建新发展格局是新发展阶段中国经济现代化的路径选择。

一、中国现代化标准比西方高

让14亿人进入现代化社会,也就是中国式现代化要以人民为中心,就是要自觉地防止和克服两极分化,包括地区差距、城乡差距、收入分配差距。国际经验表明,现代化本身无法解决两极分化问题,甚至在某种程度上当发达国家进入后工业化以后,其两极分化程度比在工业化时代更大。因为在工业化时代,通过大机器生产,一批中间阶层被培育出来,所以整个收入分配中的中位数收入份额趋于扩大,高收入和低收入份额则趋于缩小。

而进入后工业化时代以后,中位数份额趋于缩小,高收入和低收入两头的份额趋于增大,导致收入两极差距更大。而且这种情况在全球城市如纽约、伦敦、东京等更加明显,特别是在现代服务业中,一方面是全球城市中产生了一批高收入的白领经理,但另一方面还有更多的与这些高端人才配套的服务人员(包括工作中和生活上配套的人员),两者比例约为1:7至1:8,所以还有相当一批低收入职业人群。因此,现代化并不能自动解决收入差距问题。

但是中国式现代化恰恰是要防止两极分化。另外,物质文明和精神文明要同步,人和自然要和谐共生,这就给我们提出了更高的标准要求。现代化过程中,有些国家在物质上极大丰富,但在精神文明建设方面出现了很多问题,诸如国民出现文化荒芜、精神匮乏等现象,这些在中国实现现代化的过程中要极力避免。此外,一些老牌资本主义国家通过暴力和牺牲其他国家的方式来实现现代化,而中国必须通过和平发展并与其他国家互利共赢、构建人类命运共同体这样一种新的道路来实现现代化。所以中国式现代化所要求的标准是极其高的。

二、 新发展格局为中国现代化建设提供新的比较优势

新发展格局到底是抑制出口,还是促进出口?其实经济学界,特别是最新的现代国际贸易理论经济学家给出过答案。现代国家贸易理论开创者保罗·克鲁格曼曾经提出过一个观点,叫作"本地市场效应",或者叫作"本土市场效应"。该观点认为当其他条件相同时,只要存在报酬递增和贸易成本情况,一个国内市场大的国家,一定比国内市场小的有更多的进出口。其中的理由就是国内市场越大,该国越容易形成规模经济,从而拥有规模经济的比较优势。

其实克鲁格曼这个观点还可以拓展,即除了做大本地的市场形成规模经济以

外,还有两个效应。一个效应是有利于创新。特别是对中国来说,国内市场越大,应用型创新的运用场景就越丰富、越完善。在发展人工智能方面,为什么中国比西方国家具备更多有利条件?原因在于场景。中国的应用场景比西方国家多,中国所收集的大数据就比西方国家多。比如说医疗器械,在美国一家医院一台核磁共振仪一天也就做三十个检查,中国一台核磁共振仪一天要做几百例。无人驾驶为什么中国也比西方国家好?因为中国道路交通复杂、人流量大,面临的场景较多。所以一个国家在国内市场真正做大以后,所创造出来并提供的各种创新场景会更多,这有利于创新。

另外一个效应就是吸引投资。国内市场大了以后,规模效应出来了,创新的场景也很丰富,就会吸引投资,特别是吸引外来投资。所以中国今后不再单纯靠优惠政策来招商引资、吸引外资,而要靠管理市场,把它真正做出来,创造大的市场,增强对外资的吸引力。2008 年以后,跨国公司在全球生产的布点区位的选择当中,所考虑的要素已经变了。原来选择区位的第一位标准是成本,现在第一位是潜在市场规模,第二位才是产业配套能力,成本降为第三位。在这种情况下,中国新的发展格局强调"以国内大循环为主体",本质上就是要把真正的大市场做出来,然后在这个上面形成新的比较优势(包括规模经济、创新竞争、吸引外资的优势),用这种新的比较优势来替代传统的低劳动力成本优势等。这些新比较优势能够支撑中国的现代化建设进入一个新的阶段。

三、 设法建立内需体系

新发展格局不会自动生成,是需要构建的。简单来说,最重要的就是怎么想办法把中国的内需体系建立起来。中国的潜在增长空间在经济学界一直是有争论的,比较乐观的学者认为还能够保持 8—10 年中高速经济增长态势。其实,中国还有很多内需没有刺激并释放出来。比如中国现在还处于浅度城市化阶段,如果往深度城市化方向走,会释放多少需求,会释放多少投资?比如新农村建设和乡村振兴,目前尚未有社会资本大量流向农村、农业,市场分割现象明显。如果把这个市场分割消除的话,一定会有大量的社会资本来参与新农村建设和乡村振兴,那么这里面所迸发出来的需求将是非常巨大的。其他需求包括康养需求,教育培训需求(包括老年人的教育培养需求,如进老年大学),各种各样的智能化(城市智能化、个人智能化)需求,财富管理、财务管理需求等。针对居民手里的现金存款、房产,以及其他一些非流动性资产等财富的管理需求也很大,譬如,银行理财产品就是财富管理。所以真正要梳理一下的话,中国潜在的需求,甚至已经很明显表现出来的现实需求都很大,但是没有真正地释放出来。国家"十四五"规划建议和纲要中,关于扩大内需作为战略基点所采取的主要措施提得很明确。

构建新发展格局,关键是什么? 要素市场化。2022 年 1 月 12 日,国务院办公厅印发《要素市场化配置综合改革试点总体方案》已经明确提出推动要素市场化配置改革向纵深发展。如果不能要素市场化,不能形成统一市场,这个内需就激发不出来,也释放不出来。另外很重要的因素就是产业链。需求激发出来以后,市场也就顺通了,这种情况下怎么提供有效供给? 这要靠中国国内产业链的优化。目前中国的产业链在出口导向发展模式下存在严重短板,一方面它表现为产业配套能力很强——世界上产业配套能力最强的就是中国,但"两头在外"的产业链并不完整。另一方面,中国产业配置规模大,吸纳了大量劳动力、土地资源、资金、信息,但配置深度欠缺,产业附加值不高,这也是产业链本身的问题。假如关键技术、关键元器件、关键材料不掌握在自己手里,其他的配套能力再强,其产业链也无法真正强起来。所以中国提出供给侧结构性改革,其实就是要改造传统的碎片化产业链,让它真正地优化起来。

总之,构建新发展格局是中国经济现代化的路径选择,当前和未来较长时期我们要注意把握三个要点:一是牢牢把握扩大内需作为战略基点,这是基础;二是加快要素市场化和统一市场建设,这是根本;三是构建新的产业链,优化产业链,这是关键。

第二节 原有发展格局的历史性分析

一、 原有发展格局形成的背景条件

(一)跳出"发展陷阱"的必然选择

首先,自新中国成立至改革开放以前,作为后起发展中国家,中国迫切需要实现经济起飞,解决短缺经济问题。

改革开放以前,中国经济发展缓慢,与同时期美国、英国、日本等国家差距日趋扩大。从 1960—1978 年各国 GDP 增长情况来看:美国从 5 433.00 亿美元增长至 23 515.99 亿美元,增长了 3.33 倍;英国从 732.34 亿美元增长至 3 358.83 亿美元,增长了 3.59 倍;日本从 443.07 亿美元增长至 10 136.12 亿美元,增长了 21.88 倍,而中国从 597.16 亿美元增长至 1 495.41 亿美元,仅增长了 1.5 倍,1978 年中国 GDP 总量是美国的 6.36%(图 4.1)。

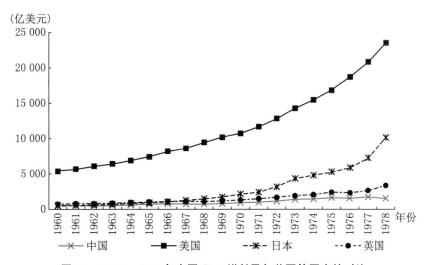

图 4.1 1960—1978 年中国 GDP 增长及与美国等国家的对比

资料来源:世界银行。

从 1960—1978 年各国人均 GDP 增长情况来看:美国从 3 007.12 美元增长至

10 564.95 美元,增长了 2.51 倍;英国从 1 397.59 美元增长至 5 976.94 美元,增长了 3.28 倍;日本从 479.00 美元增长至 8 821.84 美元,增长了 17.42 倍,而中国从 89.52 美元增长至 156.40 美元,仅增长了 0.75 倍,1978 年中国人均 GDP 是美国的 1.48%(图 4.2)。

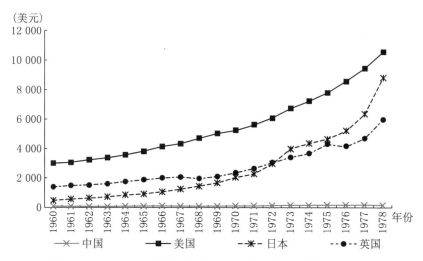

图 4.2　1960—1978 年中国人均 GDP 增长及与美国等国家的对比

资料来源:世界银行。

改革开放初期,中国的产业供给能力有限:日用消费品花色品种少,许多家电不能生产,工业产品和原材料供给不足,公共服务严重落后,无论是居民消费需求,还是企业和政府消费需求,都不能得到充分满足。[1]作为后起发展中国家,中国迫切需要推动改革开放,融入全球经济大循环中,以推动国内经济起飞、解决短缺经济问题。

其次,自改革开放以来,中国塑造了大国经济体系,但长期不完善的经济结构无法支撑国内大循环。

在改革开放初期,中国经济发展水平低、居民消费水平低、生产供给能力弱,人均收入和要素成本(包括劳动力、资源、环境等在内)与发达国家相比都比较低,虽

---

[1]　史丹:《构建新发展格局的时代背景与重点任务》,中国经济网,http://views.ce.cn/view/ent/202008/19/t20200819_35552400.shtml。

然具有吸收外资的比较优势，但是本国消费能力弱，生产与消费的平衡需要外需支持，否则国内生产的大量产品就无销路，产品生产无法实现循环，经济发展无法持续。通过推进改革开放，实施"大进大出、两头在外"方针，中国融入世界经济体系。[①]

（二）实行改革开放的必由之路

首先，以开放促改革的基本逻辑。

一是生产力逻辑，改革开放是遵循生产力与生产关系之间矛盾运动规律的必然选择。生产力与生产关系之间的矛盾运动规律要求生产关系必须适应生产力的发展，而改革正是变革生产关系中不适应生产力发展的方面和环节，从而解放生产力，为生产力提供更大的发展空间。改革是促进生产力发展的根本动力。然而，只改革还不够，改革必须与开放并举。以开放促改革、促发展，是中国现代化建设不断取得新成就的重要法宝。人类的历史是在开放中发展的。对外开放就是吸收借鉴人类创造的一切有益文明成果，加快生产力的发展。改革开放是生产力发展的必然要求，是遵循生产力与生产关系之间矛盾运动规律的必然选择（王雪冬，2018）。

二是制度逻辑，改革开放是遵循科学社会主义基本原则的必然要求。恩格斯早就说过，"社会主义社会"不是一种一成不变的东西，而应当和任何其他社会制度一样，把它看成是经常变化和改革的社会。在历史已转变为"世界历史"的今天，改革开放是符合社会主义发展规律和历史潮流的必然选择。不实行改革开放就是死路一条，然而，搞否定社会主义方向的"改革开放"更是死路一条。社会主义的改革开放是在坚持社会主义制度、社会主义道路基础上的改革开放。改革开放的目的就是不断推进中国特色社会主义制度的自我完善和发展，赋予社会主义新的生机活力。必须始终坚持改革的社会主义方向，这是改革开放不可超越的制度逻辑（王

---

① 史丹：《构建新发展格局的时代背景与重点任务》，中国经济网，http://views.ce.cn/view/ent/202008/19/t20200819_35552400.shtml。

雪冬,2018)。

其次,改革开放释放的后发优势和比较优势须在国际大循环中得以实现。

参与经济全球化离不开要素投入和市场需求,但当时中国的资金、技术和劳动力均存在严重的供给缺口,对海外市场的未知也造成了发展的瓶颈,打破供给和需求瓶颈是中国参与经济全球化的前提条件。改革开放始于农村改革,农村的经济体制改革解决了劳动力供给问题。农村实行联产承包责任制后,农民可自由支配劳动,由此解放了大量剩余劳动力。全球价值链的广泛参与既可以解决国内丰裕劳动力的就业问题,也助力企业生产出具有价格竞争力的产品。由此,潜在的人力资源禀赋转化为中国参与全球化的比较优势,以此换取资本,兑现了30余年的人口红利(蔡昉,2018)。

（三）抓住战略机遇期的积极回应

首先,承接大规模的国际产业转移。

国际产业转移的一般规律表明,大凡传统产业均有按照国际产品生命周期向低工资、低成本的发展中国家作"候鸟式"转移的趋势。由于各国经济发展阶段和要素禀赋存在差异,全球价值链的发展和拓展通常存在一个传导过程。20世纪60年代,来自发达经济体的劳动密集型加工环节开始流入亚洲地区,中国香港、中国台湾、新加坡、韩国通过承接劳动密集型转移工序参与经济全球化,成功实现了开放式工业化道路,它们被称为亚洲"四小龙"。20世纪80年代下半期,国际货币关系的变动在亚洲环太平洋地区引起了各国比较优势的变迁,加之新的科技革命浪潮越发加快了产品和产业周期更新的节律,于是,80年代下半期出现了类似于60年代的产业结构全球性调整。发达国家主导的全球价值链逐步拓展,但彼时亚洲"四小龙"生产成本已高居不下,因此迫切需要一个新的市场承接劳动力密集型产业(洪俊杰、商辉,2018),这是历史赋予我们的一次难得机遇。国际产业结构转移主要循两条路线进行:一是夕阳工业和高科投产业中的某些劳动密集加工工序从发达国家中进一步转移出来;二是某些劳动密集型产业从货币汇价、工资成本优势受到削弱的新兴工业化国家和地区腾挪到其他发展中国家去(夏申,1988)。

其次,抓住经济全球化快速发展的好时机。

20 世纪 80 年代至 21 世纪初是全球化席卷全球、世界贸易高速发展的时期。如果当时中国没有把握好时机大力引入外资、积极开展国际贸易、充分利用国际市场,中国就会失去这一全球经济高速发展的战略机遇期。中国的对外开放在时间点上正好契合了以全球价值链发展为主要推动力的第三次全球化浪潮。以渐进式为主要特点的对外开放和以市场化为主要特征的国内改革相辅相成,使得中国逐步融入全球经贸体系(洪俊杰、商辉,2018)。

二、 原有发展格局的基本特征

(一) 发展战略

第一,充分利用两个市场、两种资源。

习近平在《不断开拓当代中国马克思主义政治经济学新境界》一文中指出:"要善于统筹国内国际两个大局,利用好国际国内两个市场、两种资源"[①]。强调利用好两个市场、两种资源,实质上便是要求在供给侧和需求端两个方面具有国内国际双重视野,充分挖掘和利用好国内国际各项资源,使其为我所用,服务于中国社会主义市场经济建设。两个市场、两种资源之间的内部关系,反映的是国内大循环和国际大循环的关系。就整体而言,利用好两个市场、两种资源是中国社会主义市场经济建设顺利推进的关键(曾宪奎,2021)。

从需求角度看,国内市场和国际市场的协同互补式扩张是保证经济可持续发展的关键因素。一国经济要保持长期增长,就必须保证需求能够大致同步扩张,以保证相应增长的供给能够及时消化,而不至于造成生产过剩。需求主要包括国内市场需求和国际市场需求,在理想状态下,两者可以形成协同互补式关系,即在一

---

① 习近平:《不断开拓当代中国马克思主义政治经济学新境界》,《求知》2020 年第 9 期。

方市场扩张动力不足时,另一方可以有效弥补,从而保证总需求适度扩张(曾宪奎, 2021)。

从供给角度看,利用好国内和国际两种资源对中国经济发展来说不可或缺。改革开放 40 多年来,中国经济快速发展与其充分利用国内和国际两种资源息息相关。在改革开放初期,中国企业面临着资金、技术、管理经验等诸多要素短缺的挑战,外资企业(包括港澳台企业)的引进填补了相应要素的空缺,有力地促进中国经济发展(曾宪奎,2021)。

第二,采取"大进大出,两头在外"的思路。

20 世纪 80 年代初,中国实行改革开放,为了适应开放引资的形势,王建提出了"大进大出,两头在外"的思路。所谓"大进",就是指引进国外的原材料、零部件、技术、资金等。所谓"大出",就是指利用国内劳动力优势,进行产品加工,再出口到国外。统谓之"两头在外"(栾若曦,2020)。

中国从设立经济特区和沿海开放城市起步,逐步扩大开放范围。1988 年,中央提出实施沿海发展战略,利用低成本劳动力优势与国际资本和技术嫁接,市场和资源实行"大进大出,两头在外",大力发展外向型劳动密集型产业,参与国际经济大循环(王一鸣,2020)。1992 年邓小平南方谈话以后,中国加快了融入全球经济体系的步伐,对外开放度不断提高。到 1993 年,中国对外贸易依存度由 1978 年的不足 10%提升到 32%左右。

第三,引进外资,发展加工贸易。

利用外资是中国对外开放基本国策的重要内容,改革开放以来,中国紧抓国际产业转移宝贵机遇,积极吸引并利用外资,带动了对外贸易的快速发展。外资企业出口和进口金额在最高比例时期分别占中国出口和进口总额的一半以上。但近年来,外资对贸易的带动作用逐步减弱。一方面,外资企业在中国对外贸易进出口中的占比持续降低(图 4.3)。另一方面,外资企业进出口增速放缓。2014—2020 年,外资企业出口金额增速已持续低于中国出口总额增速(图 4.4);

而对进口带动作用更为明显的外资企业也自 2016 年起出现了进口金额增速持续低于进口总额增速的情况(夏融冰,2020)。

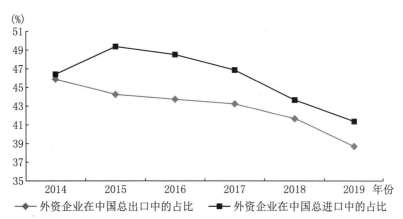

图 4.3 2014—2019 年外资企业在中国对外贸易进出口中的占比情况

资料来源:国家统计局、海关总署。

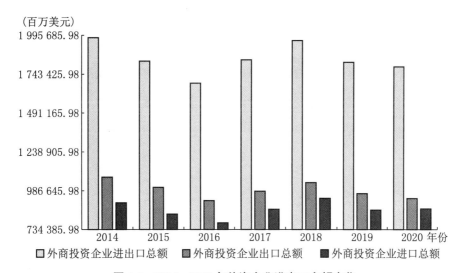

图 4.4 2014—2020 年外资企业进出口金额变化

资料来源:海关总署。

1981 年之后,中国加工贸易进出口额在进出口总额中的占比逐步提升,从 1981 年的 5.99% 逐步增加至 1998 年的 53.42%;1999 年之后,中国加工贸易进出口额在进出口总额中的占比逐步下降,到 2016 年下降至 30.19%(图 4.5)。

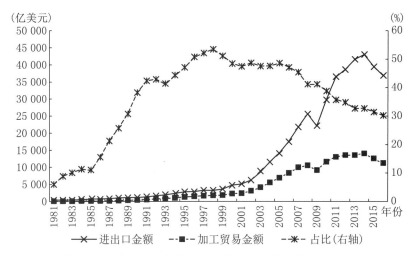

图 4.5　1981—2016 年加工贸易进出口金额及其占比变化

资料来源：国家统计局、海关总署。

（二）发展模式

一是要素和投资驱动。改革开放初期，中国消费市场潜力大，土地低廉，劳动力资源丰富，吸引众多外国企业集聚。彼时，动力变革方程式的作用力主要表现为生产要素驱动，即依靠各种生产要素的投入（如土地、资本、劳动力等）获取发展动力。

投资驱动型发展模式是促进中国经济高速增长的主要推动力，同时也是导致中国经济结构失衡的重要推手。改革开放以来，中国经济经历了持续多年的高速增长，创造了世界奇迹。中国经济的持续高增长依靠持续的高投资和高资本积累来推动（郭熙保、韩纪江，2013）。

二是外延型、粗放型增长。外延型经济增长主要依靠增加资源（人、财、物）投入、扩大生产场地和生产规模、增加产品产量来实现的，强调的是数量增长、规模扩大、空间拓展，主要依靠廉价劳动力和资源要素投入，以及对环境资源掠夺式开发和粗放式利用，这是适应外部需求所表现出的无序扩张。

改革开放以后，中国经济增长过度依赖投资的增加，具有较强的外延型、粗放式增长的特征。很多产业以粗放式经营为主，制约了中国经济的发展。据统计，2003 年，中国所消耗的能源、原材料占世界总产量的比例分别为：发电量占 13%，煤炭占 31%,钢材占 27%,铜占 19.7%,水泥占 45%,棉花占 32.7%,而当时中国 GDP 仅占世界总量的 4%。2001 年,中国从事制造业的劳动力总数为 8 083 万人,分别是美国、日本和德国的 5.48 倍、9.45 倍和 13.4 倍;但制造业的增加值分别是上述三国的 31.6%、50.6%和 98.1%;中国钢铁工业吨钢的平均耗水量为 15 吨,相当于世界先进水平的 2.7 倍(沈在宏,2007)。

（三）发展路径

其一,低成本、低收入、高产量、高出口的加工贸易模式。发展加工贸易是中国承接产业转移、参与国际分工和实施对外开放的重要战略选择。改革开放之后,中国加工贸易从无到有、从小到大,先后经历了以来料加工为主(1978—1987 年)、进料加工稳步发展(1988—2000 年)、调整升级(2001 年以后)三个主要阶段,已成为对外贸易的主要方式和开放型经济的重要组成部分。以低成本、低收入、高产量、高出口为主要特征的加工贸易,从最初承接加工制造业开始,经过数十年的发展,已推动中国成为举足轻重的"世界加工厂",在全球经济分工中扮演着重要角色(邓娜、侯少夫,2012)。

其二,低消费、高储蓄、高积累的增长方式。改革开放以后,中国经济发展逐步朝低消费、高储蓄、高积累的增长方式转变。从纵向时间线来看,2001—2011 年资本形成总额增长率明显高于最终消费支出增长率(图 4.6),投资年均增长率为 16.7%,而消费年均增长率低一点,为 15.1%。投资和消费呈现出这样的增长态势,与中国从 2001 年开始加速发展以及当前所处的阶段关系密切。但进一步从驱动经济增长的"三驾马车"来看(图 4.7),总消费对 GDP 的贡献率持续走低:1978—2000 年,消费平均贡献率为 60.2%;2001—2011 年,消费平均贡献率为 43.7%。与之相对,投资对 GDP 的贡献率在 1978—2001 年为 42.1%,而 2001 年以后则逐步上升,至 2011 年达到 52.4%。如果说投资增长快于消费与发展阶段相关,那么从投资消费对产出的贡献变化可以看出,特别是进入 21 世纪以后,投资过快增长而消费疲软,构成愈演愈烈的内需结构失衡的基本特征(魏婕,2014)。

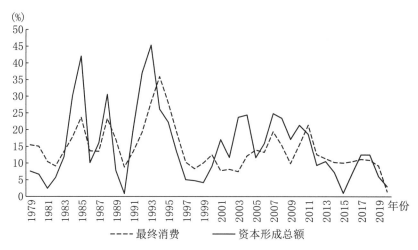

图 4.6　1978—2011 年中国消费与投资的增长率变化

资料来源:国家统计局。

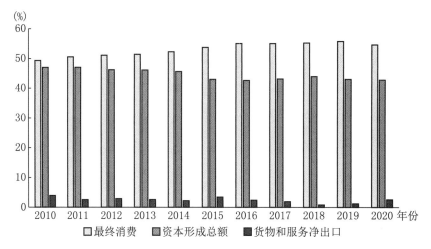

图 4.7　2010—2020 年三大需求对中国 GDP 的贡献率

资料来源:国家统计局。

三、 原有发展格局的历史性作用

(一)获得全球化红利

首先,充分利用了外部资源(市场、资金、技术、管理等)。对于资源匮乏,因而不能靠出口赚取外汇的发展中国家来说,克服外汇短缺和资本短缺这两大发展瓶颈的办法是借外债或引入外商直接投资(FDI)。在 20 世纪 70 年代末和 80 年代初,外汇短缺是中国发展对外经济的最突出瓶颈。20 世纪 70 年代末至 80 年代初,广东沿海地区出现大批"三来一补"(来料加工、来样加工、来件装配和补偿贸易)企业。"三来一补"企业主要的经营结构是:由外商提供设备(有的也包括新建厂房)、原材料、来样,并负责全部产品的外销,由中国企业提供土地、厂房、劳力。中外双方对各自的投入不作价,以提供条件方式组成一个"三来一补"企业;中外双方不以"三来一补"企业名义核算,而是各自记账,以工缴费结算,对"三来一补"企业各负连带责任(余永定,2020)。

"三来一补"后来进一步发展为"加工贸易"。加工贸易的形式包括:进料加工、来料加工、装配业务和协作生产。值得一提的是,进料加工的企业需要用外汇购入国外的原材料、辅料,然后利用本国的技术、设备和劳力,加工成成品后,销往国外市场。

在此后,尤其是 1992 年邓小平南方谈话之后,中国经济更快融入世界经济中,中国对外开放程度不断提高。同时,发达国家的资本、产能开始向发展中国家转移,全球化浪潮汹涌澎湃。1992—2011 年,中国累计实际利用外资金额达 1.14 万亿美元,成为全球外资最重要的投资目的地;同一时期,中国从全球第十二大出口国迅速成长为全球第一大出口国,从全球生产网络的边缘角色一跃成为世界制造业的中心。在此基础上,中国彻底解决了很多发展中国家普遍遇到的"双缺口"问题:外汇短缺、国民储蓄短缺。与此同时,中国也进一步在全球价值链、国际规则体系、全球金融市场等维度,深度融入全球经济体系之中。

其次,充分挖掘了内部资源(劳动力、土地、组织等)。在原经济发展格局中,中国充分挖掘了劳动力、土地、组织等内部资源,为经济腾飞奠定了良好基础。从人口情况来看,"人口红利"为中国经济高速增长提供了重要支撑。从土地资源来看,土地资源是中国经济社会发展规划中极为重要的自然资源,尤其是建设用地在城市化过程中起到了非常关键的作用。1990 年以来,中国城市建设用地总面积逐年增长,从 1990 年的 1.16 万平方公里逐步增长至 2018 年的 5.61 万平方公里,为中国城市和经济发展起到了良好的支撑作用。同时,随着中国城镇化进程的推进,城市建设用地增量空间受限,城市建设用地总面积增速将逐步趋缓。

(二) 实现经济高速增长

改革开放以来,中国越来越多地参与国际分工,工业化进程不断加快,取得了令世界瞩目的经济发展成就,其中,对外贸易成为促进中国国民经济和社会发展的重要支撑。1979年,尽管彼时中国是世界人口第一大国,但GDP在全球排第十一位,名列荷兰之后,在世界经济中的占比仅1.79%,出口在世界出口中的占比更是微不足道。30年后的2009年,中国成为世界第一大出口国。2010年,中国超过日本成为世界第二大经济体;2013年,中国成为世界第一大贸易国。到2018年,中国GDP总量达到13.6万亿美元,在世界GDP中的占比为16%,是日本GDP(4.97万亿美元)的2.7倍(余永定,2020)。2020年中国GDP总量达14.72万亿美元。

相对于出口导向带动高速经济增长的外向型经济发展模式,进口替代的内向型经济发展模式往往无法有效推进发展中国家实现快速增长(蒲清平、杨聪林,2020)。

(三) 促进产业结构优化

首先,产业结构调整。改革开放以来,中国经济规模和贸易规模快速扩张,产业发展有显著变化。从产业结构来看,1978年,第一产业在国内生产总值中的占比为27.7%,家庭联产承包责任制的改革之火迅速燎原,标志着农村微观经济组织基础开始改变,农业生产力得以迅速释放,人民的温饱问题在很短时间内得以解决。中国迎来了农业增长的黄金时代,第一产业在国民经济中占比增加,1983年比例为32.8%,达到改革开放后农业在国民经济占比的顶峰时期。1985年,第一产业增加值占国内生产总值比例开始降至30%以下,1993年这一比例降至20%以下,2009年这一比例降至10%以下,2020年第一产业增加值占比为7.7%。第二产业增加值在国民经济中的比例基本在40%至50%之间波动。1978年第二产业在国内生产总值中占47.7%,之后伴随企业自主权方面的改革和部分商品价格管制的逐渐放开,第二产业开始蓬勃发展。伴随中国加入世界贸易组织(WTO),中国进入迈向全球化的新型工业化发展阶段,在多数年份经济以10%以上的速度在增长。直至近几年,伴随着国民经济的转型发展,第二产业在国内生产总值中的占比不断下降,2020 年第二产业占比下降至 37.8%。第三产业在国内生产总值中所占比例稳步上升的趋势是非常明显的。改革开放之初,第三产业发展较为缓慢,占国内生产总值比例在 22% 左右,1983 年后第三产业增长较为显著,并于 1985 年超过了第一产业增加值。随着国民经济的发展和居民收入水平的提高,"服务"产品的市场需求不断扩大,第三产业发展迅速,在国民经济中的份额稳步上升,2020 年中国第三产业占比已达到 54.5%(图 4.8)。

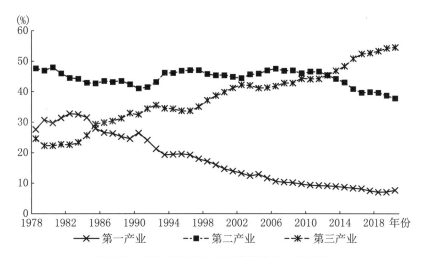

图 4.8　1978 年以来中国三次产业的占比变化

资料来源:国家统计局。

其次,产业结构高度化。产业结构高度化属于产业结构优化范畴,是指产业由低级向高级阶段发展的过程,表现为产业结构中高附加值产业所占比例越来越高,产业结构更趋合理。在结构演进视角下,对外贸易发展对产业结构的协调是有益的,对产业综合效率的提升有积极推动作用。

改革开放初期,中国经济发展水平较低,国内资本短缺且需求体系薄弱,因此利用劳动力成本较低、资源环境容量较大等比较优势引进外资、发展出口加工贸易。这不仅有利于填补国内资本和外汇短缺的"双缺口",而且有利于学习国外先进技术和管理经验、拓展国际市场。经过多年的发展,中国产业结构中由劳动密集型产业占优势比例逐级向资金密集型、技术知识密集型产业占优势比例演进,由制造初级产品的产业占优势比例逐级向制造中间产品、最终产品的产业占优势比例演进。

（四）推进工业化进程

首先，形成大规模生产能力。改革开放 40 多年来，中国始终坚持以经济建设为中心，不断解放和发展生产力，GDP 由 1978 年的 3 679 亿元增长到 2018 年的超过 90 万亿元，年均实际增长达 9.4％，远高于同期世界经济的年均增速（2.9％左右）。中国 GDP 占世界 GDP 的比例由改革开放之初的 1.8％上升到 2018 年的约 16％，对世界经济增长贡献率连续多年超过 30％。与此同时，中国快速推进工业化、城镇化，建成世界最完整的产业体系，制造业规模居世界第一，主要工业品产量居世界前列（王一鸣，2019）。

其次，形成强大产业配套能力。全球价值链分工不同于传统的产品间分工，需要上下游配套，才能形成国际竞争优势。虽然从劳动力成本、原材料价格等方面来看，中国部分产业已经不具备比较优势，但改革开放以来中国制造业迅速发展，目前已形成了强大的上下游配套能力，使得中国很多产业具有全产业链优势。

在市场化改革大潮下中国各种所有制企业不断涌现，工业各细分行业的分工不断深化，产业配套体系逐步完善。尤其 2001 年加入 WTO 以后，由于国际贸易条件的改善，中国工业的价格优势得到充分释放，国际市场对中国工业产品的需求不断增长；这反过来又带动中国工业企业生产规模的扩大，规模经济进一步得到发挥。中国成为世界主要的工业生产基地、工业产品的主要生产国和出口国之一，被称为新的"世界工厂"（吕政，2001）。中国工业的优势行业从纺织、服装扩大到规模经济显著、产业分工细化的 IT 制造业装配环节行业以及部分资本密集型行业，中国工业形成了强大的产业配套能力。研究表明，1995—2011 年，中国的劳动密集型行业始终保持较强的国际竞争力，资本密集型行业和技术密集型行业的国际竞争力不断增强（郑乐凯、王思语，2017）。

由于抓住了全球产业转移的机遇并充分发挥自身的比较优势，中国工业较为成功地完成了从价格优势向规模优势的转变，建成全球唯一拥有 41 个大类、207 个中类、666 个小类的工业生产体系，从而保障了为国内外消费者提供品种多样、花色齐全的工业产品,中国的工业产品和投资分别遍布 230 多个国家(地区)和 190 个国家(地区),在全球产业链中占有重要地位(中国社会科学院工业经济研究所课题组、史丹,2020)。

(五)促进城市化与工业化互动

城市化既是工业化的重要内涵,也是工业化的直接外延,在原有的发展格局下,大规模的工业生产能力和强大的产业配套能力共同推动城市化进程。城市化与工业化密切相关,改革开放以来,中国城市化进程摆脱了长期徘徊不前的局面,步入了一个较快发展的时期。近年来,中国的城市化率提升速度很快,在世界的城市化历史上都是很少见的。中国的城市化伴随着工业化的不断发展而出现,并随着经济、社会的发展而发展,是农村要素不断转化为城市要素和城市要素不断向农村扩散的双向互动过程。自新中国成立到改革开放初期,由于受传统体制的约束,中国的城市化与工业化相互分离,城市化滞后于工业化,阻碍了工业化发展。改革开放以后,新型工业化的道路有力地促进了城市化发展,城市化水平不断提高。从 20 世纪 90 年代下半期开始,中国城市化滞后的现象正在逐步消失,城市化与工业化相互适应的关系正在逐步得到确立(孙久文、彭薇,2009)。

由表 4.1 可见,1982—1996 年中国的 IU 比(工业化率/城市化率)一直在 0.6 以上,城市化水平一直滞后于工业化。这一状况集中反映了两方面的影响:一是历史背景的影响。在新中国成立后相当长的时期内,中国工业化实施的是一种"赶超战略",而赶超的主要目标就是工业,尤其是以钢铁为代表的重工业(郑长德、刘晓鹰 2004)。在这一历史背景下,一方面,中国工业化进程超越了一定经济发展水平下需求结构转变的正常要求,而且在工业内部的产业选择上片面强调并实施了重工业的优先发展,使产业结构的转换未能带来城市化水平的正常提高;另一方面,中国在 20 世纪 60 年代以后,一直实施城乡分离的二元制度安排,阻碍了城市化水平的自然提高,而这种制度阻碍在 90 年代中期仍未消除。二是改革开放后的一段时间内,特别是 90 年代中期以前,在农业剩余劳动力日趋庞大、城市就业容量有限且就业日趋紧张的巨大社会压力下,过分强调了农村剩余劳动力就地转移,从而导致农村"五小"工业遍地开花,这又进一步减弱了工业化对城市化的带动作用。1997年以后,中国的 IU 比开始低于 0.6,IU 比呈递减趋势,城市化滞后于工业化的程度越来越小,2000 年以后甚至出现了 IU 比小于 0.5 的现象,其间 IU 比与标准值 0.5的偏差都处在 10%的范围内,可以认为城市化与工业化的发展比较适度,两者基本呈协调发展状态。这是因为进入"九五"计划期间以后,一方面,中国已提出了进行经济结构战略性调整的战略方针,产业结构逐步趋向合理,农村"五小"工业受到了抑制,乡镇企业向城镇集中的趋势显著加强;另一方面,城乡分离的制度限制开始松动和消除,农业剩余劳动力向城镇转移的规模和程度逐步提高,城市化率明显加速。

表 4.1　1982—2005 年中国城市化与工业化关系测度

年份	城市化率 U (%)	工业化率 I (%)	IU(I/U)	IU 与标准值偏差 (IU—0.5)
1982	21.13	15.84	0.75	0.25
1983	21.62	15.86	0.73	0.23
1984	23.01	16.39	0.71	0.21
1985	23.71	16.74	0.71	0.21
1986	24.52	17.51	0.71	0.21
1987	25.32	17.70	0.70	0.20
1988	25.81	17.78	0.69	0.19
1989	26.21	17.29	0.66	0.16
1990	26.41	17.66	0.67	0.17
1991	26.94	17.61	0.65	0.15
1992	27.46	17.68	0.64	0.14
1993	27.99	17.83	0.64	0.14
1994	28.51	17.97	0.63	0.13
1995	29.04	18.12	0.62	0.12
1996	30.48	18.56	0.61	0.11
1997	31.91	18.76	0.59	0.09
1998	33.35	18.79	0.56	0.06
1999	34.78	18.22	0.52	0.02
2000	36.22	17.57	0.49	−0.01
2001	37.66	17.27	0.46	−0.04
2002	39.09	16.12	0.41	−0.09
2003	40.53	16.57	0.41	−0.09
2004	41.76	17.28	0.41	−0.09
2005	42.90	18.59	0.43	−0.07

资料来源:李林杰、王金玲(2007)。

（六）有力支撑全面小康社会建设

首先,短时间内实现脱贫。

在经济发展层面,农村扶贫和农民脱贫巨大成就的取得首先得益于国家整体层面的经济实力,改革开放以来的发展模式有力支撑了脱贫目标的实现。其量化指标主要体现在 GDP 的快速提升上。由于改革开放初期中国的扶贫任务极为繁重,单靠一省、一市、一县的相对有限之力,难以快速、有效地实现扶贫和脱贫目标,因而扶贫事业应从战略和政策等宏观层面进行总体设计和整体推进。为此,国家整体经济实力就凸显为在多大范围内、多大程度上和多快速度上实现扶贫和脱贫目标。

就脱贫的历史进程来看,改革开放初期(即 1978 年到 20 世纪 80 年代中期),主要是以经济恢复和增长为驱动,推动制度变革和体制改革进而实现农村减贫和农民脱贫。1978 年以前中国的普遍性贫困是多方面因素导致的,其中最主要的是农业经营体制不适应生产力发展需要,造成农民生产积极性低下。为此,制度变革和体制改革就成为改革开放后缓解贫困的主要途径。1978 年开始的农村改革,首要进行的是土地经营制度变革,即以家庭承包经营制度取代人民公社集体经营制度。这种土地制度的变革极大地激发了农民的劳动热情,解放了生产力,提高了土地产出率。与此同时,农产品价格逐步放开、发展乡镇企业等多项改革促进了国民经济快速发展,并通过农产品价格的提高、农业产业结构向附加值更高的产业转化以及农村劳动力在非农领域就业三个渠道,将利益传递到贫困人口,使贫困农民得以脱贫致富,农村贫困现象得到大幅度缓解。从 80 年代中期到 90 年代后期,中国进入大规模开发式扶贫阶段。在改革开放政策的推动下,中国农村不少地区凭借自身的发展优势,使经济得到快速增长,但部分地区由于经济、社会、历史、自然、地理等方面的制约,发展相对滞后。农村发展不平衡问题凸显出来,低收入人口中有相当一部分人的经济收入不能维持其生存的基本需要。为进一步加大扶贫力度,自 1986 年起,国家采取了一系列重大举措,如成立专门扶贫工作机构、安排专项资金、制定专门优惠政策,并对传统的救济式扶贫进行彻底改革,确定了开发式扶贫方针。自此,中国政府在全国范围内开展有计划、有组织和大规模的开发式扶贫工作,中国扶贫工作进入了一个新的历史时期。2001 年以后扶贫开发工作进入解决和巩固温饱并重的综合性"大扶贫"阶段。这一时期减贫成果的取得很大程度上得益于专项扶贫、行业扶贫和社会扶贫的合力攻关,城乡二元结构的适度松动,农民的发展权利和机会得到重视,以及惠农政策全面实施并体系化,等等。党的十八大以来,党和政府进一步将扶贫和脱贫工作提升到"五位一体"总体布局和"四个全面"战略布局的高度,并作出新的部署和安排。2015 年 11 月,中共中央、国务院联合下发《关于打赢脱贫攻坚战的决定》,正式把精准扶贫、精准脱贫作为扶贫开发的基本方略,全面打响了脱贫攻坚战(李海金、贺青梅,2018)。

其次,部分先富起来。

改革开放以来,中国实施先富带动后富的发展战略。允许一部分人、一部分地区先富起来,允许资本等生产要素参与产品分配,这未必是社会主义原则所要求的最理想的共同富裕途径,但却是最现实的途径。社会主义建设的实践证明,在生产力发展水平起点很低的条件下,是不可能实现全社会同步富裕的,国家只能让社会资源条件相对优越的地区和宏观经济发展急需的产业优先发展。这意味着不仅政府掌握的资源将实行倾斜,而且必然鼓励私人资本的形成和积累,以将更多的社会闲置资源动员起来投入经济建设,从而解放和发展了社会生产力。"部分先富起来"可以从群体和地区层面进行考察。

从群体层面来看,农村家庭联产承包责任制的改革从试点逐步走向全面推广,在城市实行国企改革,并在诸多领域取得实质性进展,逐渐清除了阻碍劳动力流动的体制障碍,使二元经济条件下的剩余劳动力以循序渐进的方式获得了对原有配置格局的退出权、遵循生产率原则重新配置的流动权,以及在生产率及其增长速度更高部门的进入权。在物质资本和人力资本得到最大化积累的同时,劳动力重新配置明显改善了生产率,成为高速经济增长的重要贡献因素。部分群体在改革红利中获取较多财富,起到先富的带动作用。当然,在人民生活得到显著改善的同时,也出现了收入差距巨大的矛盾现象,这将是接下来需要重点关注和解决的问题。

从区域层面来看,"让一部分地区先富裕起来,然后带动其他地区共同富裕",这是中国在改革开放之初对全国区域经济发展所作出的重大战略安排。该战略的实施过程分为两个阶段。第一阶段,运用政策倾斜手段,支持一部分有条件的地区率先发展和富裕起来。第二阶段,依靠先富裕起来的地区带动其他地区共同富裕。改革开放以来,中国城市群建设取得了巨大成就,创造了世界城市群发展奇迹,中国城市群数量从长江三角洲城市群 1 个发展到 19 个,城市群建设体量不断增加,城市群已经成为参与全球竞争和国际地域分工的全新地域单元(方创琳,2018),正反映出时至今日,这个战略第一阶段的目标已经毫无争议地实现了(孙红玲,2009)。

四、 原有发展格局的局限性

20 世纪 80 年代后期以来形成的以"大进大出,两头在外"为核心特征的融入"国际大循环"的经济发展战略,对推动中国经济高速增长曾发挥过重要作用,但也在一定程度上带来了发展不平衡不充分问题,比如许多产业在国际分工中被锁定在低端层次,资源消耗和环境破坏严重,资金、资源和劳动力被虹吸到沿海的出口导向部门,因而加剧了部门、区域、城乡之间的发展失衡(张慧君,2020)。

(一)不可持续性

第一,以低成本、低附加值、牺牲环境等为代价。中国对外贸易进出口的增长以数量拉动为主,"高投入、高耗能、低收益"的数量型发展模式,使得贸易产品所负载的能源消费占比过高,给资源环境带来了较大压力。一方面,出于对出口创汇的需求,各种优惠政策使得外贸企业为了扩大出口,一味追求规模和速度,很少考虑资源消耗及环境保护问题,造成了资源浪费、环境生态承载压力大等问题,削弱了地方经济的发展后劲。另一方面,地方政府竞赛式招商引资政策,也使一些高污染、高耗能的外资企业进入当地盲目开发,对生态环境造成了不良影响,外贸及经济增长方式没有质的变革。中国在贸易发展结构优化方面还有相当长的路要走,近些年来,中国节能减排、节能降耗取得积极进展,单位 GDP 能耗有所下降,但与美、日等发达国家相比,差距仍然明显。中国单位 GDP 能耗是日本的 7 倍之多,与世界平均水平相比,也仍然偏高,而且在一次能源消耗中煤炭需求也较高,资源过量消耗与环境承载压力过大是中国产业升级的掣肘力量(郑红玲,2019)。

第二,外延式、粗放式发展带来的经济损失。粗放式经济发展的特征是高投入低产出,经济运行剩余价值率很低,而其在发展过程中,用大量资金投入以及其他实物资源投入弥补高投入低产出缺口,过度抽取有限资源支持粗放型增长,以至资源愈来愈稀缺,使内涵式发展得不到充分的资源支持,形成"劣币驱逐良币"的状态,从而错失经济发展的良好机会,带来巨大的潜在经济损失。

第三,经济发展极大依赖外部需求,一旦外部需求饱和或发生变动,便会遭受较大冲击和波动。2001 年中国加入 WTO,中国外向型经济发展格局全面形成,到2006 年,中国进出口贸易依存度峰值一度达到 64% 以上,中国占全球出口额比例由第七位跃居第一位(肖翔、廉昌,2019),此时国际大循环处于主导地位。在外向型经济发展格局下,中国逐渐跃居全球最大的外商直接投资国,并成为全球最大的出口国,在全球产业分工中形成以中国为中心的双环流格局(洪俊杰,2018)。中国对石油、铁矿石等资源型大宗商品的进口依存度过高,国际政治经济的风险会加大资源价格波动,影响国内企业生产成本,压缩企业盈利空间,进一步增大产业升级的风险。中国通过出口商品积累了大量外汇,由原来的外汇短缺和国民储蓄短缺变为高外储和高储蓄的国家,同时这也造成了对外依赖度过高、国内经济严重失衡等问题。截至 2019 年,中国外贸依存度下降到 31.9%,但依然远高于美国和欧盟等发达经济体。

(二)结构性扭曲

第一,严重依赖投资,造成消费与投资结构的畸形,经济脱实向虚。由于中国工业制成品的贸易条件不断恶化且外国直接投资把中国民族企业压制在低端产业上,本土制造业缺乏有利可图的投资机会,不得不将积累起来的资金投入股市和房地产等投机活动中,从而成为制造严重经济泡沫的基本力量。作为世界经济的一个新现象,自 20 世纪 80 年代末以来,发展中国家的工业制成品贸易条件开始出现全面和持续的恶化趋势,这也就是说,发展中国家的工业制成品出口价格相对于发达国家制成品出口价格不断下跌。1988—2001年,收入越低的群体,遭遇价格下跌的趋势越严重;但是中国制造的产品价格下降趋势甚至超过最低收入组国家,与此相似的是,技术含量越低,价格可能下跌得越厉害。出乎意料的是,资源依赖型产品的价格不如技术含量低的产品价格那样趋向于下降。但大约从1998年开始,发展中国家的总体国际贸易条件趋于改善,而中国的总体国际贸易条件却急剧恶化,导致这种变化的主要原因是自然资源和原材料的价格大幅度攀升,而工业制成品的价格却持续下降。由于加工贸易出口占中国总出口的50%,所以自然资源和原材料价格上升与工业制成品价格下跌的交互作用严重地挤压了出口企业的利润空间。再加上2005年以后人民币的升值,原本利润率就很低的劳动密集型出口企业的生存就更加困难了,大量的资金不得不寻求新的投资机会(贾根良,2020)。

从劳动密集型出口产业中游离出来的大量资金,不得不投资于可以在短期内就能产生回报的产业,因而加剧了钢铁、水泥、煤炭和建材等产业的大量产能过剩;或者转向股市和房地产等投机活动中,特别是在前者的产能过剩日趋明显的情况下,这无形中又加剧了对房地产的投机活动。而国家又不得不错误地把房地产作为经济发展的支柱产业,地方政府则靠卖地增加财政收入,从而不断推高房价,更加助长了房地产的投机活动,因此成为社会不和谐的重要因素。此外,由于国内缺乏有利可图的投资机会,富人阶层把大量资金挥霍在奢侈品的消费上,以至于仍存在大量贫困人口的中国竟然在2009年成为世界第二大奢侈品消费国,奢侈品消费占到全球市场的25%以上(贾根良,2010)。

第二,大量劳动力从事全球产业链中某一环节生产加工,造成国内产业链的断裂和碎片化,且劳动力滞留在劳动密集型产业层面。

中国外向型经济发展战略实施的结果造成了重工业的低端产品产能过剩和高端技术仍被跨国公司所垄断,并且企业服务业严重落后的局面。中国加工贸易的加工环节大都还处在劳动密集型且技术含量不高的水平上,仅有的部分高技术、深加工产品的出口往往也存在加工过程短暂、增值不高的问题,真正体现技术水平和要素含量的高新技术设备和中间投入品等生产要素要从国外进口。

首先,内外需结构失衡,内需严重不足。1979—2014 年,中国 GDP 增长对出口增长的平均弹性系数为 1.8,而同期对内需增长的平均弹性系数仅为 1.1,这充分说明外需对中国经济增长的促进具有明显的乘数效应,而内需则相对较弱(杨占锋、段小梅,2018)。其次,消替促进费和投资失衡,投资过度,消费持续低迷。依据经济学原理,投资是提高劳动生产率的根本手段,投资增加会促进劳动生产率的改善,从而提高劳动者的总体工资水平,进而提高消费水平。但当产能相对过剩时,如果不注重投资的效率,增加的投资不仅不会改善劳动生产率,反而会促使经济在短期内呈现虚假的高速发展且物价指数也高的双高现象,对真实的消费购买力产生明显的挤出效应。

(三)自力自强能力弱化

第一,容易形成对外国技术、市场等的路径依赖,使得自主技术创新能力薄弱,关键技术被卡脖子。近年来中国出现比较严重过剩的钢铁、石化、氧化铝、水泥和煤炭等都属于以资源为基础的传统重化工业。由于国际大循环经济发展战略的实施,中国资本货物制造业变成了发达国家的高端组装和中低端加工基地,在技术绝对垄断的外资挤压下,中国装备制造业的发展呈现出"低端混战、高端失守"的状态,自主创新困难重重。资本货物制造业自身所需要的核心基础元器件、大型铸锻件和自动化控制装置发展滞后,大型、精密、高效装备仍依赖进口(陈冀、贾远琨,2009)。

第二,国内市场开发不足。中国制造产品"墙内开花墙外香",与部分产业的结构布局密切相关。很多"墙内开花墙外香"的企业,往往是过去的出口加工型企业或者代工企业,市场长期在国外,缺乏自有品牌,且长期忽略国内市场。随着国内消费市场的兴起,国人的购买力增强,企业才开始逐渐重视国内市场发展。[①]

同时,从汽车到电子产品,从日用品、服装到食品、中医药,不断有名不见经传的国产品牌在走出国门后一跃成为国外市场上的爆款,但它在国内市场却无人问

[①] 中工网:开拓国内市场成中国制造新课题,http://media.workercn.cn/sites/media/grrb/2019_03/04/GR0401.htm。

津。例如,许昌一直是高端假发的生产基地,瑞贝卡等假发品牌在国外市场享有很高的知名度,八成以上市场在国外,尤其是欧美市场。但是很多国内消费者却并不了解许昌的假发工艺,更不了解许昌的假发品牌。①

第三,国内企业大而不强。一方面,改革开放以来,中国积极推行出口创汇政策,出口偏重数量扩张,这种扩张是外延性的,主要凭借低廉的劳动力成本和资源,依靠要素的投入来增加产出,在质的方面重视程度不够。另一方面,由于产品价格较低,在国际市场上容易被其他国家视为反倾销,中国的贸易条件没有得到改善,缺乏产业升级的物质投入和技术投入(郑红玲,2019)。几十年来,中国企业也积极引进发达国家的技术工艺等,积极承接产业转移,规模得到迅速扩张,中国制造规模已是全球第一,但质量、品牌、利润、技术等代表质的方面却滞后于规模发展,并且缺乏有世界影响力的拥有自主产权和知名品牌的企业。在 2010 年以前,入选世界 500 强的中国企业数量远低于美国和日本;2000 年,世界 500 强企业中美国有179 家,日本有 107 家,中国有 9 家;2010 年,中国世界 500 强企业增加至 54 家;直到 2020 年,中国世界 500 强企业数量才首次超过美国。②

（四）两极分化倾向

第一,沿海地区更多获得全球化红利,而内陆地区较少获得全球化红利,造成地区差距扩大。中国在对外开放的进程中实行非均衡的开放战略,由东部沿海逐渐向中西部推进,在推动中国经济总体转型与发展的同时,很大程度上导致了各地区对外贸易发展的不平衡。同时,各地区在基础设施、资源禀赋、技术力量、地理位置等方面的差异也会影响各自的发展(姚丹、毛传新,2013)。因此,东部沿海地区能够深度参与国际分工从而获得全球化红利,而内陆地区则较少获得全球化红利。同时,在出口导向型经济发展格局下,东部地区对中西部地区人才、资金等经济发展要素的虹吸效应不断加强,这进一步拉大了东西部地区之间发展的差距。

---

① 中工网:开拓国内市场成中国制造新课题,http://media. workercn. cn/sites/media/grrb/2019_03/04/GR0401.htm。

② 全球各国 500 强企业数量中国正式超美国:但实力还差距很远,https://baijiahao. baidu. com/s? id=1674837862403644103&wfr=spider&for=pc。

第二,城市更多获得全球化红利,而农村较少获得全球化红利,造成城乡差距扩大。在对外开放进程中,城市较多地参与了全球产业分工体系、获得了良好的全球化红利,而农村地区较少获得全球化红利。同时,在外向型经济引领下,农村人口向城市大规模集聚,使得农村地区发展所需的人力资源逐步减小,城乡二元经济结构逐步扩大。1993 年,中国城乡居民人均年收入分别为 2 583 元和 1 334 元,两者相差仅 1 249 元。随着改革开放进程的加快,城乡居民人均年收入差距逐步扩大,尤其是 2001 年中国加入 WTO 后,差距扩大速度逐步加快,到 2012 年其值分别为 26 959 元和 10 990 元,两者相差达 15 968 元,超过 1993 年的 10 倍。[①]

第三,部分社会阶层更多获得全球化红利,一些社会阶层较少获得全球化红利,造成收入分配差距扩大。在改革开放之初,中国进出口规模较小,基尼系数也基本保持在 0.3 的平均水平,城乡收入比相对较低;随着改革开放进程的不断加深,基尼系数与城乡收入比均有所提高;在 2001 年中国加入 WTO 之后,进出口贸易飞速发展,次年(2002 年)中国的基尼系数为 0.45,达到警戒状态,而城乡收入比也首次突破 3.0,2007 年达到 3.33,创历史最高;2008 年由于受到全球金融危机的影响,中国对外贸易增速减缓,而城乡收入比也呈现小幅回落,2011 年中国城乡收入比为 3.13(姚丹、毛传新,2013)。

第三节　时代呼唤新的发展格局

关于对新发展格局的理解,当前社会上存在一种比较直觉的看法:由于目前贸易保护主义泛滥,"逆全球化"倾向明显,从而导致外需明显减弱,所以要扩大内需,以国内大循环为主体。构建新的发展格局,确实能够对这种短期冲击作出积极回应,但新发展格局本身绝不仅仅是应对外部挑战的权宜之计,而是基于中国经济内在发展逻辑、基于长期性趋势的战略谋划。

---

① 数据来源:国家统计局。

一、 新阶段的新要求

中共十九届五中全会提出,全面建成小康社会、实现第一个百年奋斗目标之后,要乘势而上开启全面建设社会主义现代化国家新征程,向第二个百年奋斗目标进军。这标志着中国进入了一个新发展阶段。

新发展阶段是中国社会主义发展进程中的一个重要阶段。新发展阶段是社会主义初级阶段中的一个阶段,同时是其中经过几十年积累、站到了新的起点上的一个阶段。新发展阶段是中国共产党带领人民迎来从站起来、富起来到强起来历史性跨越的新阶段。经过新中国成立以来特别是改革开放40多年的不懈奋斗,我们已经拥有开启新征程、实现新的更高目标的雄厚物质基础。新中国成立不久,中国共产党就提出了建设社会主义现代化国家的目标,未来30年将是中国完成这个历史宏愿的新发展阶段。

(一)跨越中等收入陷阱

进入中等收入阶段,将面临"两头夹击",前有领先者压迫,后有追赶者追赶,原先的劳动力资源丰富、低成本等比较优势将丧失殆尽。如果不能形成新的比较优势和竞争优势,将跌入中等收入陷阱。具体来说,新兴市场国家突破人均 GDP 1 000 美元的"贫困陷阱"后,很快会奔向 1 000—3 000 美元的"起飞阶段",但到人均 GDP 3 000 美元附近时,快速发展中积聚的矛盾会集中爆发,自身体制与机制的更新进入临界,很多发展中国家在这一阶段由于难以克服经济发展自身矛盾、发展战略失误或受到外部冲击,经济增长回落或长期停滞,陷入所谓的"中等收入陷阱"。

国际经验表明,出口导向战略及其发展模式仅适用于经济起飞阶段。在经济起飞后,必须实行新的发展格局。以日本为例,日本的经济发展展现了从低收入国家成长为中等收入经济体,又顺利位列高收入国家的一个典型发展过程。在二战后,日本损失了 45% 的国家财产,而且国内经济也迅速下滑。在之后的 30 年里,日本的经济以飞快的速度复苏,并获得了长达 20 年的稳定、加速发展。1945—1951 年,日本的年均经济增长率达到了 9.9%,1951—1955 年,这一数字变成了 8.7%,

1955—1972年达到了9.7%。日本飞快的经济增长也带来了人均收入的快速增长。1947年,日本的人均收入仅为89美元,到1980年涨到了10 440美元。1988年,日本的人均国内生产总值已经超过23 570美元,超过了当时美国的21 620美元。日本在经济结构上之所以能够有如此顺利的过渡,并一跃成为发达国家中的一员,有两个原因是关键所在。首先,经济增长形式转变。日本的工业结构得到及时升级,使得其经济增长形式从广泛增长演变成集中增长。其次,需求结构也从投资率增长转型为消费率增长,日本中等阶层人口开始壮大,逐步占到总人口的七成以上。

跨越中等收入陷阱必须实行比较优势迭代升级,形成新的比较优势和竞争优势。例如市场是最稀缺的资源,而中国具有规模庞大的潜在市场。超大规模市场将成为中国经济发展中新的比较优势。过去的比较优势是低成本生产要素,现在则是在超大规模国家基础上形成的超大规模市场,它将是中国实现现代化发展战略目标的最重要手段和工具,可以与飞速发展的信息化、网络化结合,成为拉动或推动重大技术进步、结构变迁和社会演化的主要力量。基于国内大市场的规模经济、创新能力等也将成为面向未来的比较优势。

(二)开启现代化国家建设的新征程

现代化国家建设必须重视国内大循环,重视扩大内需。历史经验表明,这种重视国内贸易的做法在历史上一直存在,如19世纪的美国、英国和欧洲大陆。20世纪或者如今的美国也在做这样的事情。回顾美国经验,我们发现,在近一个世纪前的美国,其经济的双循环经历了一轮从服务国际经济循环为主到畅通国内大循环为主的演变,并构成从新兴大国迈向一流强国的关键一跃。具体而言,19世纪至今,美国经济双循环的演进大致可以分为三个阶段。第一阶段(1800—1870年):内循环独立支撑。这一阶段的美国经济以农业为主,对外出口廉价的原材料,进口昂贵的工业制品。由此,贸易赤字成为常态,外循环拖累经济增长,内循环被动成为唯一引擎。第二阶段(1870—1913年):外循环边际增强。伴随第二次工业革命浪潮,美国完成了工业化,工业制品在国际市场占据优势并形成贸易盈余,外循环对经济的拉动作用凸显,这一趋势在1913年左右达到历史顶峰。第三阶段(1913年至今）：双循环互促共进。1913年以后，一战、大萧条、二战等历史拐点相继发生，彻底重塑了全球经济贸易格局。在新格局下，美国双循环的关系再度演进。从表面上看，内循环进一步占据主导地位，强劲的内需造成长期货物贸易赤字，使得外循环看似拖累了经济的纸面增长；但实际上，借助于稳健的内循环，美国经济在外循环中主动引领全球化进程、重塑全球体系、布局海外投资、发展服务贸易，大幅提升了外循环对美国居民收入的真实贡献。根据学术研究，2007年这一贡献值约为1913年水平的2.1倍。这一阶段，美国经济受益于外循环，而不受制于外循环，形成了美国版的"以国内循环为主、国际国内互促"格局。

中国式现代化是更高标准的现代化，原有发展格局已与新的现代化征程不相适应。工业化、信息化、城镇化、农业现代化，是实现中国现代化的基本途径，这一"新四化"相互联系、相互促进。工业化与信息化是发展到一定阶段的"孪生子"，其深度融合是产业升级的方向与动力；城镇化蕴含着最大的内需潜力，是现代化建设的载体；而农业现代化则是整个经济社会发展的根本基础和重要支撑。当下，四个现代化已经步入了中后期阶段，任何一项现代化的推进都需要其他现代化的支撑，任何一项现代化进程稍微落后了，都会延缓干扰其他现代化事业。因此，更好地统筹四个现代化的发展成为当务之急。在此背景下，中央提出第五个现代化，即制度现代化。制度现代化是新发展格局的核心内涵。在新发展格局下，中国将构建一套更为稳固、管用的制度，去推动各个经济、社会领域的融合发展，统筹四个现代化，迈向现代化的新形态。

完成现代化国家建设是为了实现中国复兴，承载中国梦，原有发展格局难以支撑中国复兴。中国梦的实现以经济发展为基础，没有经济发展，难以实现国家富强、民族振兴、人民幸福。发展经济必须深化经济体制改革，进一步破除阻碍经济发展的体制机制弊端。经济体制改革的核心问题是处理好政府和市场的关系，使市场在资源配置中起决定性作用并更好发挥政府作用。为此，必须加快建设统一开放、竞争有序的市场体系，形成企业自主经营、公平竞争，消费者自由选择、自主消费，商品和要素自由流动、平等交换的现代市场体系，着力清除市场壁垒，提高资源配置效率和公平性。

二、 战略机遇期的新内涵

战略机遇期的总体背景是百年未有之大变局的加速演化。当前和今后一个时期,虽然中国发展仍然处于重要战略机遇期,但机遇和挑战都有新的发展变化,机遇和挑战之大都前所未有,总体上机遇大于挑战。

（一）新一轮世界科技革命的孕育期

1. 新的起跑线。

新能源汽车、智慧出行和以 5G＋工业物联网、区块链、云计算与大数据等为代表的数字经济可能成为未来新的增长点与驱动力。党和政府出台一系列优惠政策助力新能源行业的发展,节能与新能源汽车是中国实施制造强国战略第一个十年行动纲领的十大领域之一,发展新能源汽车也符合党的十九大对于"推进绿色发展"的战略部署。又如数字经济发展速度之快、辐射范围之广、影响程度之深前所未有,习近平总书记指出数字经济"正在成为重组全球要素资源、重塑全球经济结构、改变全球竞争格局的关键力量",中国需要"充分发挥海量数据和丰富应用场景优势,促进数字技术和实体经济深度融合,赋能传统产业转型升级,催生新产业新业态新模式,不断做强做优做大我国数字经济"。[①]

新能源汽车与智慧出行。新能源汽车被寄予厚望的原因在于国产品牌在核心技术上存在"弯道超车"的可能性,在政策层面国家给予强有力的支持。近年来,以三元锂电池、磷酸铁锂电池为攻坚方向,国产品牌在包括动力电池、驱动电池、电控系统等在内的核心零部件领域处于国际先进水平。并且,在转型过程中,这些技术也加快推动能源绿色转型,助力实现碳达峰、碳中和。相较于传统燃油车,新能源汽车的车载智能设备的难度和成本更低。经电脑处理后的数据可以直接传给电机、电池、电控三大部件,可以在短时间内实现精准控制。随着智慧道路、通信网

---

① 习近平:《不断做强做优做大我国数字经济》,《求是》2022 年第 2 期。

络、云端技术等科技融合发展，新能源汽车产业将传统汽车在零部件、整车研发生产及营销服务企业之间的工业链条逐步演变成汽车、能源、交通、信息通信等多领域多主体参与的网状生态，网联化趋势将加速全行业的信息化发展。

5G＋工业物联网。5G是新一代蜂窝移动通信技术，也是4G（LET、WiMAX）、3G（UMTS）、2G（GSM）标准的延伸。5G主要有三大优势：第一，数据传输速率远远高于以前的蜂窝网络，速度是4G的100倍；第二，超低的网络延迟，低于1毫秒；第三，海量设备连接能力，可以提供千亿级设备连接能力。物联网指的是通过射频识别、红外感应器等信息传感设备，按照约定的协议，把任何物品与互联网相连，进行信息交换和通信，从而实现对物品的智能化识别、定位、跟踪、监控和管理。5G已成为全球各国数字化战略的先导领域，是国家数字化、信息化发展的基础设施，已经有越来越多的垂直行业深度参与并引导了各自领域的5G标准制定，使5G技术能够更好地服务于各垂直行业。5G不仅是移动通信层面的升级换代，而且使万物互连更广泛、紧密、智能、安全。5G通信网络的商用，为海量连接的物联网提供了可靠的网络基础。并且，我们可以畅想一下，"5G＋物联网＋人工智能"将产生一系列的"化学反应"，为经济社会发展带来新动能。

区块链、云计算与大数据。区块链技术为云计算提供了安全保障。将区块链技术与计算技术相结合能够形成一个分布式去中心化的云计算服务体系，可为众多数据中心提供高效能的服务和保护。区块链技术在提高信息的信任度、验证真伪方面具有不可替代的作用。云计算与大数据相辅相成。随着互联网时代的不断发展，大数据呈爆发式增长，急剧增加的大数据为社会发展提供便利的同时也带来了挑战。大数据的存储、分析与深度挖掘直接影响到数据的利用价值，因此云计算应运而生。云计算具有较高的服务性，通过云计算技术可以对大数据进行分类并有效提取，过滤掉无用信息，并拥有巨大空间对数据进行储存。数字贸易是未来经济发展的重要推动力。世界各国都在布局具有本国特色的数字贸易，大力推动数字贸易的发展。而数字贸易离不开数字基础设施建设。世界各国都围绕着云计算等重点领域，着力搭建一个可持续发展的云计算技术设施平台，推动相关技术突破。伴随着互联网、人工智能和大数据的深入应用,数字经济将成为经济高质量发展的重要增长极。

2. 抢占制高点的新竞争。

新能源、5G 通信、人工智能、大数据、云计算等重点领域的突破性发展将加速重构全球创新版图,中国在新能源、5G 通信等一些前沿技术领域存在较大的竞争优势,有可能成为领跑者之一。

新能源汽车。2020 年是全球新能源汽车快速发展的一年。在各国的碳约束下,全球主要车企都在试图向新能源汽车方向转型。同时,各国政府持续加码政策投入以抢占产业高地,从终端补贴、使用环节便利化及鼓励产业创新三方面发力。电池、汽车电子和车规级芯片、软件和集成制造四大领域将成为产业核心竞争力。中国在电池环节具有较大的竞争力。中国企业不仅占据了全球一半的动力电池供给,而且拥有全产业链。但在汽车电子和车规级芯片领域,中国短板突出。中国在汽车芯片领域的对外依存度较高,这方面亟须突破。

5G 通信。5G 技术的发展对工业物联网和数字经济起着重要的支撑作用。全球各国纷纷布局 5G 市场。例如,美国在 2018 年将 5G 上升为国家战略。美国政府明确提出要促进下一代电信和信息通信基础设施在美国的加速发展与推广,同时,通过激励方式向更安全的供应链迈进。并且,美国政府将与私营部门合作,促进 5G 发展与安全。中国在 5G 领域有较大的竞争优势,5G 推广也较为成功。2020 年 6 月累计建成 5G 基站超 40 万个;2020 年 7 月中国 5G 终端连接数已达 8 800 万。另有媒体报道,2020 年 8 月 17 日,深圳宣布提前完成建设 4.5 万个 5G 基站,实现了 5G 网络城市全覆盖,成为全球第一个正式进入 5G 的城市。

数字技术。人类正在经历的以互联网为基础的第三次技术革命,对效率和公平的影响巨大且深远。中国尤其得益于互联网革命,实现了数字经济和数字金融的快速发展。并且,人工智能、区块链等新技术助力优化贸易流程、解锁新的产品与服务交易、提升新型服务贸易以及数据流的占比。云计算、区块链等技术深刻地影响着跨境服务数字化趋势。区块链加快了跨境服务数字化进程,可以更好地与物联网跟踪技术相结合,有利于实现贸易全过程追踪,提高数字贸易的效率和质量。各国都在加速推动数字贸易的布局,制定符合自身利益的区域数字经贸协议。美国推出 USMCA,里面明确规定了禁止对数字产品进行征税,并制定了有利于数据自由跨境传输的"跨境数据自由流动"与"数据存储本地化限制"条款。新加坡则利用自由贸易港的定位,以个人隐私保护为突破口,积极参与国际协调,构建数据跨境流动管理的顶层框架。中国也不例外,中国虽然没有明确的顶层架构,但得益于互联网的快速发展,近年来,涌现出一大批服务领域的数字领军企业,包括阅文、B 站、米哈游、银联、支付宝等等。

3. 创新型国家。

迄今为止,较为具体地看,人类社会历经了五次科技革命。历史证明,以英国、美国、德国、日本为代表的创新型国家正是抓住了科技革命的契机,取得了竞争优势,实现了赶超跨越,成为世界科技强国。在这个新的科技革命和产业变革蓄势待发的时代,各国政府为了抢占先机,纷纷加大力度参与相关产业中。

在基础研究领域,2014 年,欧盟启动"地平线 2020 计划",将基础研究确定为优先发展的战略项目。2015 年,白宫发布《美国国家创新战略》,强调美国要巩固和扩大其在全球基础研究领域的领导地位。2018 年,日本推出了"'登月型'研究开发计划",该计划是为了使日本进一步提升基础研究能力。在新兴产业领域,欧盟在财税政策方面持续加码:对于新能源汽车产业,提供购车补贴并免除部分税项;支持信息基础产业发展,提出《欧洲数据战略》,并于 2020 年加码对中小微企业数字化转型的支持力度。美国不仅利用其完善的金融体系鼓励新兴产业、中小企业的发展,而且美国政府对科创企业有保护性购买、税收优惠和抵免政策。日本早在 2000 年就推出相关法案,鼓励、支持中小企业进入国际市场参与竞争。为此,日本政府还专门派专家对企业进行公益性技术指导。

自从 2006 年提出"创新型国家"概念以来,中国对创新型国家建设的战略目标定位逐渐清晰,呈现出一个逐渐深入、不断升级的实践指向。形成了从低到高、由简到实的三个层次:第一层次战略目标为,到 2020 年进入创新型国家行列,成为创新型国家。第二层次战略目标为,到 2035 年跻身创新型国家前列,成为创新型大国。第三层次战略目标为,到 2050 年建成世界科技创新强国,成为创新型强国。

习近平总书记指出,"创新是引领发展的第一动力,保护知识产权就是保护创新。全面建设社会主义现代化国家,必须更好推进知识产权保护工作。知识产权保护工作关系国家治理体系和治理能力现代化,只有严格保护知识产权,才能完善现代产权制度、深化要素市场化改革,促进市场在资源配置中起决定性作用、更好发挥政府作用"。[①]2020 年 9 月,世界知识产权组织发布《2020 年全球创新指数报告》,中国排名第 14 位,连续两年跻身前 15 位,掀开中国迈入创新型国家行列的新篇章。中国完美地达到了第一层战略目标,正在昂首阔步走向下一个目标。

(二)新全球化进程

1. 全球化部门和领域拓展。

2008 年全球金融危机后,特别是以 2017 年特朗普上任美国总统为标志,全球化脱钩、区域化与本土化、贸易保护主义、地缘摩擦与冲突等浪潮愈演愈烈。但随着科技的发展,全球化进程不会因为个别群体的行为而停滞。2021 年,在新冠肺炎疫情和技术进步交织的时代里,我们将遇到"逆全球化"浪潮和维持现有全球化格局,以及新全球化之间相互撞击的过程。

文化全球化。21 世纪是一个信息大爆炸的时代,随着信息科技的发展,人们在文化领域的交流沟通更加频繁。文化全球化的发展将不同领域的各个方面都不同程度地模糊化,使文化意识与价值观念相互交融,这种文化全球化的现象在每一方面都有所体现。民族与民族之间交往的不断深化,也是在这种交往过程中不断借鉴的过程,我们在吸取其他优秀文化的同时,也在主动输出我们的文化价值以及文化元素,这一过程都带有全球化烙印。例如,中国人可以在本国吃到麦当劳、肯德基,美国人也可以在当地吃到带着中国烙印的"满汉全席";外国人可以欣赏中国少

---

① 习近平:《全面加强知识产权保护工作激发创新活力推动构建新发展格局》,《求是》2021 年第 3 期。

林寺的"功夫",看中国的大熊猫,体验中国独特的茶文化,中国人也可以观看将中国元素融入其间的好莱坞大片,这就是一种文化全球化的交融,它可以突破地域与时间的限制,尽情地沟通与交流。文化全球化的大趋势是不可阻挡的,我们可以畅想一下,未来文化也像经济一样超越国家、民族的界限而形成"全球化文化"。

技术创新全球化。科技创新是经济发展的核心动力,其对经济的拉动力越发明显。近年来,全球依靠人力资本和技术革新推动发展的趋势愈加明显。2000 年,《财富》杂志评选出的世界 500 强企业基本集中在制造业(尤其是汽车制造业)和能源产业,但到 2018 年,以苹果、亚马逊、谷歌、Facebook、阿里巴巴和腾讯为代表的科技企业纷纷进入排行榜,不少还位居前列。但是,科技创新大都具有公共品的特点,不同于物质产品规模报酬递减和私有的特性,想法是公共品,且具有边际成本极低和规模报酬递增的特点,这极易导致全球垄断性跨国科技公司的出现。因此,面向未来的全球化应直面科技创新的挑战,构建包容、开放、稳定的新型全球治理体系,真正推动全球与区域合作,尊重不同制度与文化的多样性,保障各国的平等发展权利。

全球碳排放市场。《京都议定书》在人类历史上首次以法规的形式限制温室气体排放,并围绕上述目标建立了旨在减排的三个灵活合作机制——国际排放贸易机制(IET)、联合履约机制(JI)和清洁发展机制(CDM),这些机制允许发达国家通过碳交易市场灵活完成减排任务,而发展中国家可以获得相关的技术和资金。这三种减排机制的提出使得环境资源(温室气体减排量)成为一种可交易的无形商品,碳排放交易市场应运而生,也迅速在世界上许多国家付诸实施。为碳排放权定价、构建碳交易市场,已成为国际社会促进低碳发展和技术创新的关键政策工具。自 2005 年欧盟启动全球首个碳交易市场以来,国际碳市场规模不断扩大。截至 2019 年,全球共有 20 个碳排放权交易体系已经投入运行,6 个国家和地区正在建设碳排放权交易体系,12 个国家和地区正在策划实施碳排放权交易机制。全球碳排放市场共覆盖了温室气体排放总量的 8％左右,覆盖地区的 GDP 之和占全球 GDP 的 37％左右,覆盖范围涉及电力、工业、民航、建筑、交通等多个行业,交易产品主要包括碳配额和自愿核证减排量。随着越来越多的国家或地区考虑将碳排放市场作为节能减排的政策工具,碳交易已逐渐成为全球应对气候变化政策的核心支柱。

2. 全球化覆盖范围扩展。

全球化过程大概经历了两次发展浪潮:9 世纪,以英国为首的西方市场经济国家,发动了第一次经济全球化浪潮。20 世纪中叶,美国成为经济全球化的领头羊,推动了第二次经济全球化浪潮。但经济全球化并非百利而无一害,尤其对发展中国家而言,这是一条荆棘丛生的险途,它们难免付出代价并经历痛苦。经济全球化经过几十年的发展,尤其是自 2001 年中国积极融入全球化进程以来,逐渐发挥出积极作用,全球化的负面影响开始逐步被消解,全球化动能从美国逐步转移到以中国为代表的新兴国家。经济全球化开始转向更具包容性的全球化,覆盖范围开始逐步拓展到新兴市场国家、非洲等欠发达地区。2014 年金砖国家开发银行在上海设立,启动资金达 1 000 亿美元,主要资助金砖国家和其他发展中国家。2015 年亚洲基础设施投资银行在北京设立,注册资金达 1 000 亿美元,主要用于投资整个亚洲和世界的基础设施建设。如今,人们不仅关注七国集团,而且开始越来越重视二十国领导人峰会。包容性全球化不是简单地延续以往的经济全球化,而是全球化的一种新的表现形式,是全球化纵深发展的重要特征。

3. 国际投资贸易体系变革。

全球投资贸易规则发生深刻变化,跨境投资规则制定出现新趋势,国际经贸合作格局将进入艰难重构期。

一是全球投资贸易规则正在发生自"冷战"结束以来最深刻的变化。美国的单边主义对以 WTO 为核心的多边贸易体制造成巨大冲击,国际经贸规则的"意大利面条碗"效应将日益明显。美国正在抛开 WTO 框架下的反倾销、反补贴等措施,更多采取基于国内法的"301"调查、"232"调查等,对进口商品增加关税壁垒,并正在对高新技术出口施加更多管制。美国的保护主义加上其贸易伙伴的普遍反制,将显著提高各种关税和非关税壁垒,导致国际贸易自由化水平出现严重倒退。美国政府强调所谓的"公平贸易",要求贸易伙伴遵循与美国同等标准的贸易、投资、知识产权保护等规则。

二是世界投资贸易格局对投资贸易结构将产生深远影响。一方面,对全球投资而言,越来越趋向于区域性投资,特别是随着跨国公司产业链全球布局的调整,其境外布局以大洲大陆为核心,进一步放大了国际投资的区域化、区域性特点,特别是区域的投资贸易协定谈成以后,这个区域里就会集聚大量投资。而不像以前那样,在全球投资的流动都比较广泛、比较分散,特别是大量资本向发展中国家流入。这种状况在"十四五"期间可能也会继续。另一方面,对全球贸易而言,贸易结构产生重大变化,加工贸易的势头会减弱,一般贸易会比以前有所增强,技术贸易和数字贸易今后会越来越成为重点。

三是跨境投资规则面临重构,跨境投资规则重点将从边境外转向边境内。制定跨境投资规则将是未来20年全球经济治理的重要内容。跨境投资规则重点将从边境外转向边境内,以往的双边投资协定注重投资保护,未来将更多纳入投资自由化、便利化内容,投资规则体系复杂化。在跨境投资中,服务业占比上升,制造业占比下降;有形资产投资占比减少,无形资产投资占比上升。跨国公司将继续是全球跨境投资和价值链布局的主要力量,新兴经济体的跨国公司数量将持续上升,发展中经济体在跨境投资中的地位不断上升。

4. 全球价值链版图重塑。

全球价值链正在经历深刻变革,生产要素的相对重要性发生变化,全球产业分工进入新的重塑期。一是产业链分工前端包容性提高,但终端生产与消费之间的环节将被压缩。一方面,产业链分工前端的包容性将会提高。在产品设计环节,全球24小时不间断接续式研发成为可能。在生产制造环节,跨国企业能够进一步充分利用各地的生产要素禀赋,这同时也给予更多新兴经济体融入全球产业分工体系的机会。另一方面,终端生产与消费之间的环节将被压缩。在传统模式下,消费者与终端生产之间的联系是割裂的。而在数字经济模式下,由于移动互联网、电子支付方式的普及等,传统商业模式正在发生重大变化,生产和服务领域亦是如此。

二是生产要素的相对重要性发生变化,"数字红利""机器换人""大规模定制"等概念都更多指向发达国家竞争力的巩固和提高,"制造业回流"将在一些领域实现。相比土地、资本、劳动等传统生产要素,数据这种新的生产要素的相对重要性正在快速提升,甚至逐渐成为最重要的生产要素。生产要素相对重要性的变化,毫无疑问会导致经济体之间要素禀赋优劣势发生变化,发达经济体的产业竞争优势将会有所提高。"数字红利""机器换人""大规模定制"等概念都指向了发达经济体既有优势的强化。因此,尽管当前还不存在"制造业回流"的压倒性证据,但这种趋势不容忽视。

三是平台型企业对产业链、价值链的掌控力前所未有,已成为各主要国家竞争的新焦点。数字化平台可能是数字经济时代最重要的商业模式创新,包括电商领域的阿里巴巴、亚马逊,房屋租赁领域的 Airbnb,出行领域的滴滴、Uber、Lyft,等等。平台型企业模糊了垄断与竞争之间的传统界限,具有明显"赢者通吃"的特征,通过与各主体之间建立紧密联系的生态而拥有了对产业链、价值链的高度掌控力。未来,随着更多工业互联网平台型企业的成长,这种影响将更加深刻,整个转型过程在未来 15—20 年将持续发酵。在新一轮价值链分工格局中,中国具有一定优势,而且目前处在相对中上的位置。

5."一带一路"建设。

建立"一带一路"国际合作平台是全球治理再平衡的"中国方案"。"一带一路"建设以经济为重点的同时涵盖文化、生态等多领域的互联互通实践,注重与沿线国家形成优势互补,与其他国际合作机制相对接。"一带一路"国际合作平台是作为新兴大国的中国基于当前全球治理不足而提供的准公共品,它正在改变当前全球发展公共品供给不足的局面,深刻影响和变革当前全球发展局势,并在理念层面以"共商、共建、共享"的理念革新,探寻规则优先、权利对等、追求效率治理的路径。

无论是从时间维度和空间维度来看,"一带一路"建设既是世界百年以来发生的具有里程碑意义的事件,也是世界范围内具有广泛影响力的事件。一方面,"一带一路"倡议是2008年全球金融危机以后,以中国为核心的发展中国家本着构建人类命运共同体理念,谋求后发群体实现发展的行动方案。并且,"一带一路"国际合作平台在帮助后发国家改善其经济发展所依赖的基础设施、资金资本匮乏等方面有重要进展。同时,相关方案在解决当前"治理赤字""信任赤字""和平赤字""发展赤字"的实践中不断被拓展和细化,深化到诸如产业合作、能源合作、金融合作等具体层面,深刻地影响着当前全球经贸关系。另一方面,"一带一路"是世界的"一带一路"。单纯从"一带一路"覆盖的国家来看,包括东亚、西亚、中东欧、东南亚以及独联体国家等65个国家和地区,"一带一路"的变化完全可以构成世界之变。

以"一带一路"建设为引领,以亚投行、丝路基金、各类专项投资基金等为平台载体,密切同中亚、中欧、中非等地区合作,同联合国、东盟、非盟、欧盟、欧亚经济联盟等国际和地区组织的发展和合作规划对接,为沿线各方乃至世界经济发展做出更大贡献,预计将成为重要的发力方向。未来五到十年,"一带一路"建设预计将迎来集中发力期,引领中国加快构筑对外开放新格局。按照国家发改委发布的数据,仅"十四五"期间"一带一路"投资或超20万亿元人民币,在互联互通基础上,进一步带动中国现代服务业、制造业、农业的全方位对外开放。

(三)世界格局大变革

1. 世界经济增长多极化。

21世纪初,新兴市场国家和发展中国家群体性崛起,使世界初步形成经济增长中心多元化格局,为世界多极化进程注入新动力,并极大地推动了世界多极化进程。一批经济增速快、发展潜力大的新兴市场国家和发展中国家引人关注。发展中国家的力量呈现整体抬升的态势,这使全球发展更加全面均衡,世界和平的基础更为坚实稳固。在2008年国际金融危机爆发之后,一批新兴市场国家实现了相对快速的复苏。这些国家不仅成为国际贸易和国际投资的重要力量,也成为世界经济增长的重要引擎。随着新兴经济体的崛起,发展中国家在全球经济中的地位更加重要。部分亚洲和非洲国家有可能成为全球经济增长的领跑者。

2. 世界经济重心加快东移。

全球经济增长的重心持续从欧美转移到亚洲,亚洲经济占全球经济的份额不断上升。按照购买力平价衡量,亚洲经济的份额已从 20 世纪 80 年代初期不足 20% 上升到 2020 年的 47.3%。五年之内,亚洲经济总量将超过欧美,这意味着过去 200 年间欧美经济主导全球经济份额的基本格局将彻底改变。除此之外,亚洲经济占全球出口的份额、外汇储备的份额也都呈现出类似的变化。从中长期看,新冠肺炎疫情也加速了世界经济重心向亚洲东移的进程。以中国为代表的亚洲国家和地区较为成功地应对疫情,为经济复苏奠定了坚实基础。数据显示,中国是 2020 年实现经济正增长的唯一世界主要经济体。2022 年《中国政府工作报告》指出,2022 年中国 GDP 预期目标为 5.5% 左右,这意味着中国还会是全世界经济增长最主要的动力源。

3. 国际力量对比深刻调整。

一是中美关系发生深刻变革。中美可能从过去的互利共赢关系走向以规则为基础的竞争合作关系,中美关系面临较大不确定性。中美博弈过程是一个不断塑造的过程,美国可以将中国塑造为竞争对手,也可以将中国塑造为竞争伙伴。二是各国对中国发挥更大作用的期盼增强。全球经济治理正处于加速变革期,随着全球性议题和挑战的增多,中国将更深入承担大国责任,新兴经济体和发展中国家希望中国推动加快全球治理体系改革。国际社会对中国推动经济全球化寄予厚望,在维护多边贸易体系与完善全球经贸规则上,中国的政策选择为各方所瞩目。这为中国发挥负责任大国作用、深入参与全球治理提供了新的空间,有助于中国切实提升国际影响力和制度性话语权。

4. 全球治理结构重大变革。

受全球化退潮和各国民粹主义回归的影响,国际政治经济格局向着不和谐、不稳定方向发展。有专家认为,就国际政治格局而言,原有的世界多极平衡合作格局逐渐退变为多极单边冲突格局。随着国际治理结构的衰退和冲突的加剧,未来国际政治走向可能从经贸竞争转向更深层次的主义之争、文明之争和全方位战略碰撞。

多极平衡合作被多极单边冲突取代。"冷战"结束以后,伴随着欧洲经济一体化和中国的发展,世界政治格局事实上形成了美国主导、多极参与合作和进行全球化治理的格局。当前,多极形态已由合作转向冲突。美国对盟国采取逼迫要挟的方式获取利益;对于中国,则直接视为竞争对手而与中国发生贸易摩擦。美国丧失参与国际事务热情,专注于本国利益,使得多极合作、和平局面因缺乏主导力量而不再有存在的基础。

经贸摩擦可能演变为全方位冲突。世界多极协商格局的瓦解和单边主义的兴起可能只是一个开始,随着冲突的加剧,经贸摩擦可能将演变为更深更广的全方位冲突。两个主要经济体——中国和美国——之间在科技、金融,甚至意识形态上的竞争将会愈发激烈。

三、　世界经济深度调整

原有发展格局的外部条件已发生深刻变化,甚至不复存在。未来相当长一段时期内,世界经济将处于动能转换期,经济发展面临的深层次结构性矛盾短期内仍将难以得到根本解决,人口老龄化加快,全球化分工效应减弱,传统增长引擎对经济的拉动作用进一步降低。中国国家主席习近平在联合国发言中指出,"人类正处在大发展大变革大调整时期",世界和平与发展依然是主旋律,但同样不能忽视"人类也正处在一个挑战层出不穷、风险日益增多的时代",一个显著特征是经济长期乏力、金融危机挥之不去,并向非经济的社会文化领域继续蔓延。①

（一）处于长周期的低谷通道

1. 世界经济呈现持续低迷、不确定性增加、复杂化等特征,进入上行通道尚待时日。

全球经济低速增长,贸易和投资增速持续放缓,世界经济不确定性显著增强,

---

① 习近平:《共同构建人类命运共同体》,《求是》2021 年第 1 期。

全球经济风险不容忽视,新技术不断涌现但短期内仍无法对经济增长提供足够支撑,全球经济将迎来新一轮的低速增长期。按照预测,2020—2030 年全球经济平均增速仅为 2.6% 左右,其中发达经济体经济增速将进一步放缓至 1.6% 左右,发展中国家在 4.9% 左右,均低于过去 30 年的平均水平。以中国为例,从历史视角来看中国的外贸状况,自 2001 年底加入 WTO 至 2006 年,中国对外贸易迎来了蓬勃发展的黄金时期,贸易额和贸易占 GDP 比例均稳步攀升,同时外商在华直接投资的贸易额和贸易占中国总贸易比例也在上升。2007—2009 年,美欧金融危机爆发导致中国对外出口、进口占 GDP 比例出现明显的下滑。2010 年以后,中国对外贸易在总量上仍有一定的增加,但是对外出口、进口占 GDP 比例都在不断下降。同期,外商在华直接投资的出口、进口占中国出口、进口比例也在不断下滑。这表明加入WTO 后国际制度红利激发的贸易创造效应已趋近消失。2016 年以来,世界经济增长乏力,黑天鹅事件频发,全球范围内的贸易保护主义持续抬头,中国推动外贸拓展的国际空间缩窄。

面对世界经济增长困局,随着以美国为代表的全球贸易保护主义"乱流"重新出现,各类贸易和技术争端带来的不确定性,对全球企业投资的信心和预期造成了严重冲击,目前全球对外直接投资已经连续数年下降,并且预计在"十四五"期间仍将呈现趋势性下降态势。在这一背景下,世界经济增长的不确定性显著增强,全球经济风险将有可能进一步加剧,特别是随着全球主要经济体进入新一轮的财政和货币政策扩张通道,预计通胀抬头、货币贬值、债务高企、利率走高将成为大概率事件,叠加大国对抗博弈、贸易摩擦升级、国际格局动荡等给全球金融市场带来的冲击,需要警惕再次爆发较大规模全球性金融危机的风险。

2020 年,在世界经济处于长期低迷状态并竭力寻求增长动力之际,新冠肺炎疫情以惊人的速度在全球蔓延,给世界经济带来强烈的负面冲击,引发市场的剧烈波动。虽然此次新冠肺炎疫情反弹不会中断全球经济复苏的趋势,但也暴露了发达国家和新兴经济体之间的分化加剧,世界经济复苏之路更加曲折,不确定性增加。首先,本次疫情蔓延打断了已经备受质疑的全球价值链,可能引发全球价值链的逆向发展。其次，美国挑起的与诸多国家的贸易摩擦和地缘政治冲突不确定性将对全球投资信心造成影响。以美国和欧盟为首的发达经济体普遍加强了对外国直接投资的审查和监管，以窃取技术、盗取数据、威胁国内市场公平竞争等理由，对外国投资者实行准入限制和调查。

2. 需求不振、产能过剩的全球调整将持续较长时间。

因为发达国家与发展中国家对新冠肺炎疫情的控制水平不同，后疫情时代很难出现全球需求共振，经济复苏可能是接替性的，即发达经济体先恢复正常，发展中国家滞后恢复。这就意味着本轮经济复苏将呈现两个特点：一是持续时间可能延长；二是基本面反弹高度有限。

从发达国家近期经济表现来看，居民实物消费已恢复至新冠肺炎疫情前水平，但就业、产能利用和服务消费恢复却仍在半途中。美国、日本等一些国家在上轮救助计划中，有相当一部分是直接针对家庭发放现金救助。美国包括向失业人员提供每周额外600美元救济金和一次性补助。因此，一些发达国家的需求面，特别是居民实物消费需求的恢复状况相对要好于供给面。但是我们也应该看到，一方面，这些救助政策是不可持续的，但疫情的反复"绑架"了政策空间，使这些刺激政策很难完全退出；另一方面，新冠肺炎疫情对劳动力就业市场产生持续性冲击，失业率居高不下，人均收入未回到疫情前水平，这也为未来埋下隐患。

新冠肺炎疫情反复，引发多国经济社会多次暂停和重启，经济复苏受制于疫情恶化态势。并且，经济前景充满不确定性，企业投资意愿不强，工业生产恢复需要更长周期。未确认经济复苏势头之前，企业往往不会为扩大再生产而立刻着手增加新雇员，因而就业市场恢复缓慢。综合来看，就业市场恢复缓慢直接制约了全球需求的复苏。新冠肺炎疫情的反复又加剧了发达国家和发展中国家的分化，全球调整将持续较长时间。

（二）世界经济重新平衡

1. 原先世界经济三级循环的平衡格局被打破。

世界经济三级循环的表现形式是：资源国提供原材料，生产国扮演世界工厂，消费国源源不断产生需求。这一结构的核心是全球经济一体化,并且演变为负债推动的全球经济大循环。掌握"负债权力"的国家负责扩张债务,它的债务扩张转化成需求的源头,而全球一体化分工将这种消费需求转化成对全球供应链的需求,促进生产者生产转化为出口和贸易顺差,顺差的累积转化为生产国的储蓄和投资。而由于生产环节的利润可观,来自金融流动的资本也会涌入高收益国家来分享红利,资本和贸易的双顺差形成反馈机制,生产国的投资、出口、消费都处在正向反馈中。这些对那些给生产环节提供原材料的国家也提供了外围的需求。

每个国家拥有的资源禀赋不同,使得各个国家在这种三级架构中根据各自的人口、土地、资源、地理位置等核心资源形成了自然的定位。其中,中间生产国需要具备最大的生产要素就是人口和土地,这个环节国家的经济增长潜力非常大,一旦制度得以放开,往往可以释放巨大的经济增长潜力,变化不大的其实是资源国,包括了中东、非洲、拉丁美洲等国家,也包括了例如澳大利亚、加拿大、俄罗斯、蒙古共和国、哈萨克斯坦等国家。虽然这里面有发展中国家,也有发达经济体,但这并不影响定位分工。

全球经济失衡,第一步起因于全球贸易与互联网技术的应用。它造成了全球供给能力的提升,美国消费掉全球供给能力提升所带来的好处,主要源于其科技实力、货币地位和强大的金融市场。值得注意的是,自从科技泡沫破灭以后美国向全球输出产品的能力其实是变弱了的,于是货币和金融成为支撑其消费能力的关键,货币超发、金融产品创新造就了美国居民财富的上升。第二步源于石油价格的上涨。石油曾是美国最大的进口产品,美元的超发导致油价上涨,美国国内开始出现通货膨胀,然后,美国开始紧缩货币,加速金融去杠杆。金融去杠杆要么是减负债要么是加资产,而这个时候资产已经严重泡沫化,根本没有办法通过实体来做实,只能通过降低负债,主要方法是卖资产,于是引起资产价格的大幅下跌,最终引发次贷危机。在次贷危机之后,美国人的资产永远增值梦被打破,于是消费也起不来,最终出现了全球范围内有效需求不足的问题。

需求难以提振,从根本上说,是因为消费国消费、生产国生产的全球经济平衡模式已经遇到瓶颈,全球需要新的产业分工、价值分配、资源分配模式,从而形成新的平衡。世界主要国家参与全球经济运转的方式必须调整。以中国为例,中国若继续按照以前的增速提高产量,世界将无法消化。2008年金融危机中,为了应付全球的需求下滑并挽救金融资产,全球央行开始通过"大放水"政策,来提振需求。中国政府因此出台了"四万亿"计划,稳住了经济,成为全球最先反弹的经济体,但这同时也给后续经济发展带来了负面影响。负面影响之一就是进一步刺激了信贷,四万亿的资金基本上都投入了基础设施建设,且四万亿加入了大量杠杆,加上一些地方政府进行了配资,绑定了许多银行债务。此外,在这些工程建设上处于行业上游的钢筋、水泥、工程机械等都是近年来产能过剩最严重的部门;而银行出于保增长等目标继续扩张需求,于是需求猛增,地贵了,原材料贵了,钱也贵了,进而产生了较大的资产泡沫和通货膨胀。负面影响之二是,由于基建很多都是国有部门的项目,信贷资源的偏向配置导致了国有部门对民营部门的挤出效应,客观上促进了国进民退。随着后面政策的几度调整,以及外需的持续降低,产能过剩业已形成,刺激政策的影响也只是短期而已。

2. 寻求新的世界经济循环和平衡。

三级架构下世界秩序的核心矛盾毫无疑问就是我们前面讨论过的情况——分配关系失衡。教科书式的动态再平衡和各种再平衡机制在现实世界里并没有也不会发生,每次趋近饱和,全球分配失衡趋近于无法调和的时候,中间生产环节往往试图通过升级转型来提供更为广阔的空间,这个时候必然会触及其他环节的利益,因而面临一次全球利益重新分配的过程,只有再分配才能够让全球经济需要寻求新的增长动力。

事实上,自第二次世界大战后全球经历了三次全球一体化下的分工:第一轮以二战后恢复建设和发展的德国和日本为代表,在20世纪70年代,全球的失衡关系最终影响到了债务权力的核心,需求的扩张戛然而止,而日本和德国寻求挑战的阶段也触碰了利益分配的敏感点,全球第一次战后再平衡开始发生,从日本的广场协议一直到当年的美日贸易摩擦,最终于1987年引发了全球金融市场的巨大动荡,日本因此陷入"失去的十年"，最终亚洲"四小龙"在这一轮再分配过程中受益。第二轮以亚洲"四小龙"为代表，1997年亚洲"四小龙"带来的全球再平衡，最终使得中国在这一轮再分配过程中受益。第三轮以中国为主的新兴经济体为代表，而现在全球或许正在经历第三轮再分配和再平衡过程，而这第三轮却远比预期中要复杂和困难得多。

3. 全球资源和产能的重新分配过程。

在次贷危机以前的经济周期中，美国、欧盟等发达经济体通过提高自身负债率，为全球需求提供来源，自身对外贸易赤字持续扩大。但如今发达国家内部也出现了分化。美国其实对欧盟存在贸易逆差，所以美国是全球贸易更为重要的需求来源，而德国是商品提供国。新兴经济体抓住全球化的机遇迅速崛起，通过出口带动了自身经济增长，其中以中国、韩国等新兴经济体最为受益，同时新兴市场通过出口获取的大量贸易盈余外汇，大部分以资本投资回流美国、欧元区等发达经济体中，为发达国家私人部门加杠杆提供了资金来源。然而，发达经济体私人部门杠杆率不可能持续上升，这决定了该增长模式不可持续。

在新一轮经济周期中，发达国家内部，其居民自身加杠杆的意愿下降，消费属性将有所下降。同时，美国企业部门完成了去杠杆以及其成本相对优势有所提高，美国制造业回归意味着此前对于发达国家和出口国家在消费和生产上的划分较上一轮经济周期将有所淡化。发达国家之间杠杆率调整的速度不同，使得美国经济将甩开包袱在新的周期中前进，而欧元区可能将继续经受调整的阵痛。

随着发达国家自身经济的调整，新兴市场内部经济的调整将不可避免。在上一轮经济周期中，中国制造业在新兴市场中独占鳌头。随着汇率、人口结构优势的下降，中国对资金以及全球产业转移的吸引力将出现阶段性下降。相对应地，东盟经济体的相对优势正在不断上升。中国将逐渐从传统生产加工制造的环节向上伸展，在技术研发、产品设计等方面寻求更为广阔的空间，这就需要更为广阔的增长空间和更多的利润来源来弥补。如果全球一体化不能够通过再平衡、再分工成功地进行扩展，那势必会破坏整个国际三级分工体系中每一环的利益空间。

第四节　新发展格局的内涵要义

一、新理念指导

（一）以人民为中心的发展

"人的自由而全面发展"是马克思主义历史唯物论的价值核心和基本原则，它是马克思和恩格斯在人类社会发展道路的探索中所找到的通往人类解放之路。中国共产党的四代领导集体继承了这一价值观，并在社会主义建设的实践中对其进行了理论创新和实践转换，形成了系统的"以人民为中心"的发展思想。

1. 中国共产党以人民为中心的发展思想的起源、传承与革新。

全心全意为人民服务是中国共产党的根本宗旨，也是一切工作的根本出发点和归宿，中国共产党领导集体在不同的历史时期，从不同的角度阐释了"以人为本"的思想，既一脉相承，又与时俱进，最终形成了"以人民为中心"的发展思想。

毛泽东把马克思主义的群众观点系统地运用在党的全部活动中，形成了内容丰富的"为人民服务"群众本位思想。首先，坚持人民利益至上。在 1944 年发表的《为人民服务》一文中，毛泽东鲜明地指出，"我们这个队伍完全是为着解放人民的，是彻底地为人民的利益工作的"，1945 年在《论联合政府》一文中，毛泽东又完整地提出了"全心全意为人民服务"的宗旨，把是否和最广大人民取得最密切的联系，是否争取实现和维护最广大人民的根本利益，看成是共产党和其他政党区分的显著标准之一，要求党全心全意为人民服务，时刻把群众的利益放在第一位。[①]其次，坚持依靠人民。认为"人民，只有人民，才是创造世界历史的动力"，"只要我们坚定地相信群众，紧紧地依靠群众，始终与人民群众打成一片，最广泛地发动群众，组织群众，那任何困难都能克服，任何敌人都能战胜"。就发展路径而言，"要坚定地相信

---

① 《毛泽东选集》（第 3 卷），人民出版社 1966 年版。

群众、依靠群众,充分调动广大人民群众的积极性、创造性,就一定能把中国建设成为一个强大的社会主义国家,使人民过上幸福美满的生活"。最后,坚持对人民负责。毛泽东经常强调,"我们的责任,是向人民负责。每句话,每个行动,每项政策,都要适合人民的利益,如果有了错误,定要改正,这就叫向人民负责"。①

邓小平坚持和发展了毛泽东有关"群众本位"的思想,认真总结了社会主义革命和建设的经验与教训,在改革开放和建设中国特色社会主义的发展实践中,形成了比较科学而系统的"人民本位"思想(梁树清,2003)。"人民本位"在本质上就是人民历史主体的思想、人民群众创造历史的观点在现实生活中的具体展现,其内涵是指视人民为历史的主体、国家的主人,主张国家的发展靠人民,社会的进步为人民,政府的行为利于人民,党的领导服务于人民。邓小平提出了"解放生产力,发展生产力,消灭剥削,消除两极分化,最终达到共同富裕"的著名论断,充分体现出了社会主义本质的人本取向。②而"一切为了群众,一切依靠群众,从群众中来,到群众中去"的群众路线,更是顺应和适应中国人民和中国发展的实际要求,体现了中国共产党"以人为本"的信念(武晟,1998)。

江泽民立足于中国社会主义现代化建设的实践和当代世界发展的趋势,进一步充实和发展了毛泽东与邓小平"群众本位"的思想,提出了"人的全面发展是社会主义的本质要求",社会主义"既要着眼于人民现实的物质文化生活需要,同时,又要着眼于促进人民素质的提高"。在庆祝建党八十周年的重要讲话中,他又进一步指出,"推进人的全面发展,同推进经济文化的发展和改善人民物质文化生活是互为前提和基础的,人越全面发展,社会物质文化财富就会创造得越多,人们的生活就越能得到改善,而物质文化条件越充分,又越能促进人的全面发展,这两个历史过程应相互结合、相互促进地向前发展"。③

胡锦涛继承和弘扬了马列主义、毛泽东思想和邓小平理论,深入贯彻"三个代

---

① 《毛泽东选集》(第4卷),人民出版社1966年版。
② 《邓小平文选》(第3卷),人民出版社1993年版,第373页。
③ 《江泽民文选》(1—3卷),人民出版社2006年版。

表"重要思想中的"群众本位"发展理念,进而在提出"权为民所用、情为民所系、利为民所谋"的基础上,又创造性地提出了"以人为本"的科学发展观①和"人民群众是历史的创造者"这一基本原理。他明确指出,"人民群众是中国特色社会主义事业的依靠力量,要尊重人民的主体地位,最充分地调动人民群众的积极性、主动性和创造性,最大限度地集中全社会全民族的智慧和力量,最广泛地动员和组织亿万群众投身中国特色社会主义伟大事业"。就如何调动广大人民群众的积极性、主动性、创造性这一问题,他认为必须极大地改善民生,让人民群众共享发展成果。

　　中国特色社会主义发展进入新时代以后,习近平总书记创造性地提出了"以人民为中心"的发展思想,指出"必须坚持以人民为中心的发展思想,不断促进人的全面发展、全体人民共同富裕"。②习近平总书记明确肯定人民群众是社会历史发展的主体力量。关于人民群众对于社会历史发展的重要地位和作用,习近平总书记具有非常深刻的认识。他曾多次强调指出,"人民是历史的创造者,群众是真正的英雄"。他坚定地认为,人民群众是社会改革的主体。人民群众在推动社会历史发展进程中起着决定性作用;同时,人民群众也是社会革命和改革的主力军,在推动社会制度改革和完善的过程中发挥着巨大作用。就经济发展的目的和归宿而言,习近平总书记再三强调要"让一切劳动、知识、技术、管理、资本的活力竞相迸发,让一切创造社会财富的源泉充分涌流,让发展成果更多更公平惠及全体人民"。在总结中国未来发展的宏伟目标时,习近平总书记对人民群众的利益和福祉也给予了高度重视。例如,他在总结概括中国未来目标和"中国梦"的主要内涵时,强调实现"两个一百年"目标和中华民族伟大复兴中国梦,"就是要实现国家富强、民族振兴、人民幸福"。这种把人民幸福作为党和国家方针政策最终归宿和落脚点的思想,进一步凸显了"以人为中心"思想所蕴含的共享发展理念。中共十九届六中全会从问题导向强调"新时代我国社会主要矛盾是人民日益增长的美好生活需要和不平衡

　　①　胡锦涛:《高举中国特色社会主义伟大旗帜,为夺取全面建设小康社会新胜利而奋斗——在中国共产党第十七次全国代表大会上的报告》,《人民日报》2007年10月25日。
　　②　习近平:《习近平谈治国理政》,外文出版社2014年版。

不充分的发展之间的矛盾",指出推动全体人民共同富裕的实质性进展必须"坚持以人民为中心的发展思想,发展全过程人民民主"。[①]

总之,"以人民为中心"的发展思想是中国特色社会主义理论体系的重要组成部分,赋予了中国化的马克思历史唯物论发展观崭新的时代特色,契合马克思主义执政党"全心全意为人民服务"的价值立场,体现出中国特色社会主义发展的独特内涵和价值追求,达到了理论价值维度、实践价值维度与方法论价值维度的高度统一(李怡、肖昭彬,2017;姜淑萍,2016)。

2. 新发展理念体现了"以人民为中心"的发展内核。

首先,新发展理念反映了"以人民为中心"的发展思想中坚持人民主体地位的内在要求。习近平总书记结合新时代中国改革和发展的现实状况,提出人民群众不仅是社会发展、社会改革的主体,而且是社会创新的主要力量。党的十九大报告中强调"人民是历史的创造者,是决定党和国家前途命运的根本力量",因此必须对"人民群众所表达的意愿、所创造的经验、所拥有的权利、所发挥的作用"充分尊重。[②]

其次,新发展理念拓展了"以人民为中心"发展理念的内核,尤其是确立了创新、协调、绿色、开放、共享的新发展理念,以及国内国际双循环的发展思路,要求提高发展的创新性、包容性、公平性、普惠性、整体性,把人民共创、共建、共享、共有、共同富裕作为根本出发点和归宿,增强人民的获得感、幸福感和安全感。同时,"以人民为中心"的发展思想注重坚持以经济建设为中心,聚精会神抓发展,力求实现以经济建设为中心与"以人民为中心"的辩证统一,在发展的基础上不断提高人民生活水平,满足人民群众日益增长的物质文化和生态产品需要,通过解决好人民群众普遍关心的突出问题,带动投资,增加供给,培育新的增长点,拉动经济增长。

最后,新发展理念也体现了中国特色社会主义始终坚守的"以人为本"理念的价值理性。中国特色社会主义的开辟,是从对"什么是社会主义,如何坚持和发展

[①] 十九届六中全会《中共中央关于党的百年奋斗重大成就和历史经验的决议》。

[②] 《习近平在省部级主要领导干部"学习习近平总书记重要讲话精神,迎接党的十九大"专题研讨班开班式上发表重要讲话》,《人民日报》2017年7月28日。

社会主义"这一重大时代课题的追问和探索开始的。经过 40 多年的探索,习近平新时代中国特色社会主义思想提出了坚持"以人民为中心"的发展理念,科学判断中国发展的历史方位,深刻把握人民群众的需要呈现多样化、多层次、多方面的特点,着眼于人的全面发展和社会全面进步,不断深化对共产党执政规律、社会主义建设规律、人类社会发展规律的认识,作出了"经过长期努力,中国特色社会主义进入了新时代""我国社会主要矛盾已经转化为人民日益增长的美好生活需要和不平衡不充分的发展之间的矛盾"的科学论断。[①]这是党根据新的时代条件和实践要求,着眼于人民群众日益增长的需要,对中国发展所处历史方位作出的新判断,也正是马克思唯物历史观和科学社会主义思想的传承与创新。

(二)高质量发展

1. 高质量发展的提出。

习近平总书记指出:"我国社会主要矛盾已经转化为人民日益增长的美好生活需要和不平衡不充分的发展之间的矛盾,发展中的矛盾和问题集中体现在发展质量上。这就要求我们必须把发展质量问题摆在更为突出的位置,着力提升发展质量和效益。"而在面向未来发展的新征程中,我们必须在更加开放的状态下,才能推动中国经济实现高质量发展,满足人民群众日益增长的美好生活需要。正如习近平总书记所言,过去 40 年中国经济发展是在开放条件下取得的,未来中国经济实现高质量发展也必须在更加开放的条件下进行。这是中国基于发展需要作出的战略抉择,同时也是在以实际行动推动经济全球化造福世界各国人民。对于当代中国而言,开放绝不是偶然的暂时性和策略性手段,而是谋求高质量发展的必然战略性抉择。全面开放不是可有可无的,而是中国共产党带领中国人民在激烈的国际竞争中大踏步赶上时代、实现中华民族复兴伟业的重要法宝(李晴晴,2021)。

2. 高质量发展的内涵与现状。

进入新时代,"我国经济已由高速增长转向高质量发展阶段"成为中国经济发

---

① 习近平:《决胜全面建成小康社会,夺取新时代中国特色社会主义伟大胜利》,《人民日报》2017 年 10 月 28 日。

展的基本标志。根据国内学者研究的理论成果,可以将高质量发展整理为以下方面:第一,基于新常态视角,高质量发展是在"认识新常态、适应新常态、引领新常态"基础之上的更为深入的课题,是在保持经济平稳运行的同时,对经济结构、质量和效率等方面作出的更高要求。第二,体现新发展理念,高质量发展是坚持新发展理念要求的发展。其中,创新是高质量发展的动力,协调是高质量发展的途径,绿色是高质量发展的恪守,开放是高质量发展的要求,共享是高质量发展的目标。第三,针对社会主要矛盾的转变,新时代要解决的是人民对美好生活的愿望与不平衡不充分发展之间的矛盾,高质量发展要围绕新时代的人民在经济、政治、文化、社会、生态等方面的期盼,不断满足人民日益增长的美好生活需要。第四,立足宏、中、微观层面。高质量发展在宏观层面研究国民经济的整体质量和效率,"包括经济增长质量、国民经济运行质量、经济发展质量、公共服务质量、对外贸易质量、高等教育质量和经济政策质量"(任保平,2018)。宏观层面解决的是生产力质量不高的问题,可以从建立质量效益型宏观调控新机制、转变宏观调控目标、建立完善供给体系、用全要素生产率或国际竞争力来衡量等入手,实现生产力质的提升。中观层面围绕产业结构、产业低端锁定、投资消费结构和收入分配结构展开,解决的是经济结构不平衡问题,目标是实现经济结构的平衡以及产业链的中高端锁定。微观层面围绕产品质量和服务质量展开,解决的是供给与需求不平衡问题,目标是产品和服务质量的普遍提升。第五,反映资源有效配置的要求,高质量发展是高效率的投入和高效益的产出。由上述可知,高质量发展的内涵包括以下几点:

一是要素投入产出比率高,意指在既定要素投入下产出增进,或既定产量条件下使用较少的生产要素投入及环境代价,通过要素最优组合和要素投入效率共同实现经济增长和发展。其内在逻辑是从要素投入数量转变为要素投入效率,从全要素生产率增长的分解与测算升级到对生产率增长动因的追溯与验证,突出经济增长的有效性。

二是国民经济系统内部结构不断优化,其内在逻辑是从以"增量扩能"为主转向"调整存量、做优增量"的结构性深度调整,是供给结构、需求结构、产业结构的优化升级,从而实现产品供给质量的升级,突出经济系统结构的协调性。

三是经济发展以创新驱动为主。习近平总书记指出,"充分认识创新是第一动力,提供高质量科技供给,着力支撑现代化经济体系建设"。[①]当前中国需要从劳动、资本等要素型驱动转换为主要依靠劳动力素质提高、技术创新、管理创新投入、制度创新等知识要素拉动,从而为经济增长提供持久动力,突出经济发展动力的转变,为人民群众提供其所需的多样化、个性化、高端化产品和服务。

杨耀武和张平(2021)测算了中国 1993—2018 年的经济发展质量指数(图 4.9)。从测度结果来看,2009 年前中国经济发展的质量处于平均水平以下,2009 年虽提升到 1.002,但在随后两年进展比较缓慢。如果将 1993—2018 年的每五年分为一个阶段来考察中国经济发展质量提升的速度,则存在着明显差异。1998 年中国经济发展质量指数较 1993 年提高了 0.066,年均复合增长率为 2.14%;1998—2003 年的年均复合增长率为 3.81%;2003—2008 年的年均复合增长率为 3.38%;2008—2013 年的年均复合增长率为 5.17%;而 2013—2018 年的年均复合增长率达到 8.63%,这是以五年来划分阶段中增速最快的时期。

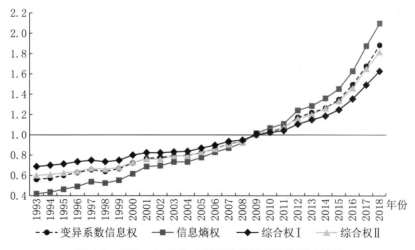

图 4.9　1993—2018 年中国经济发展质量的测度结果

资料来源:杨耀武、张平(2021)。

---

① 习近平:《努力成为世界主要科学中心和创新高地》,《求是》2021 年第 6 期。

3. 新发展格局是实现高质量发展的重中之重。

改革开放初期,中国依托丰富劳动力等要素禀赋大力发展出口导向型对外贸易,努力融入全球价值链。在改革开放这一基本国策的指引下,中国经济增长迅速,国际竞争力快速提升,至今已连续多年成为世界第一大货物贸易国,在全球价值链中居于重要地位。当前,全球正处于百年未有之大变局中,新冠肺炎疫情在全球快速蔓延,叠加中美贸易摩擦、WTO 面临自成立以来最大危机等多重不利因素,使得国际环境不确定性陡增,第三次全球化浪潮步入深度调整阶段。在国内经济高质量发展的总体要求下,中国未来的经济发展需要更强的内生动力,传统的要素成本优势已不可持续。在此背景下,党中央提出了构建以国内大循环为主体、国内国际双循环相互促进的新发展格局这一重大战略构想(郭先登,2021)。习近平总书记指出,"我国发展已经站在新的历史起点上,要根据新发展阶段的新要求,坚持问题导向,更加精准地贯彻新发展理念,切实解决好发展不平衡不充分的问题,推动高质量发展"。①

中国经济具有潜力足、韧性强、回旋空间大等特点,中国不仅是"全球工厂",也正在发展成为全球最大的市场。以国内大循环为主体旨在充分利用中国完备的工业体系,发挥中国巨大的市场优势和创新潜能,稳住产业链和经济运行,有效对冲日益增长的国际风险。国内国际相互促进的新发展格局旨在有机统筹国内国际两个大局,两个市场、两种资源的协同不仅将为中国经济发展和产业升级提供更大的空间,也将为中国发展创造一个相对良好的外部环境。"双循环"战略有利于中国掌握国际分工主动权,保障自身经济体系安全稳定运行,是有效应对日益复杂的国际大环境、保障中国经济实现高质量发展的大战略,需要科学谋划、积极落实。

首先,扩内需、稳运行,完善国内大循环体系。在扩大内需方面,促进传统消费的同时积极培育新型消费,着力解决国内市场分割问题,建设统一大市场。据统计,截至 2020 年 3 月,中国网络购物的用户规模达 7.1 亿,网络支付的用户规模达

① 习近平:《把握新发展阶段,贯彻新发展理念,构建新发展格局》,《求是》2021 年第 9 期。

7.68亿。可搭建社交电商等服务平台,构建云消费生态体系,将云消费作为创造消费增量的重要支点。①在优化稳定国内产业链方面,在积极学习国外先进技术的同时积极加强自主创新,以时不我待的精神补齐核心技术短板,支持关键产业链及其核心环节和链主企业在中国的布局和发展,提升国内区域价值链水平以防范国际风险。利用好中国东中西部地区不同的比较优势,综合施策推动产业链在区域间的合理布局与协同,既为中高端产业在经济发达地区的发展腾挪出更多空间,也可推动相对落后地区实现经济和社会可持续发展。

其次,促开放、优环境,促进双循环良性互动。当前全球经济已经高度融合,你中有我、我中有你,对外开放没有回头路,只能更上一层楼。我们应继续扩大对外开放,发挥好外资企业的桥梁纽带作用,积极利用自贸试验区(港)做好先行先试工作,对接高标准国际经贸规则。需警惕产业外迁风险和大宗商品的海外供应安全问题,加大开放力度,持续优化外商投资环境。同时,应继续完善中国高标准自贸试验区网络,尤其是尽快完成区域全面经济伙伴关系协定(RCEP)落地,着力推进中日韩自贸区谈判。通过高质量推进"一带一路"建设,全方位加强互联互通,打造国际经贸合作的新标杆,推动国内和国际双循环在更高层面和更广空间实现良性互动。

最后,促创新、赋动能,构建立体化产业链体系。在新一轮科技革命蓄势待发之际,应坚持科技强国战略,着力打造高层次人才队伍,完善创新体制机制,加快推进5G、人工智能、大数据、工业互联网等新型基础设施建设,为"双循环"赋予新动能。通过创新推动传统产业升级,助力新兴产业发展。在努力稳住中国在全球价值链中重要地位的同时,下大力气积极构建以我为主的全球产业布局,在综合考虑竞争力、成本和安全等因素的基础上,构建涵盖本地、区域和全球的多层次、立体化的产业链体系。着力夯实以中国为核心平台的亚洲生产网络,加强和"一带一路"沿线国家和地区的产业融合,注重发达国家价值链和发展中国家价值链的共建互融,反哺国内经济高质量发展。

---

① 数据来源:洪俊杰,《"双循环"相互促进,高质量发展可期》,《光明日报》2020年7月9日。

（三）基于忧患意识的发展

历史经验和实践表明,新兴市场在经济发展和现代化道路上通常面临内生性危机和外源性冲击的双重压力,而且在特殊时期和条件下,两者可能形成自我强化的负反馈循环。新兴市场自身的脆弱性既是内生性危机的诱因,也是放大外源性冲击的介质。对前者而言,脆弱性暴露出了新兴市场自身结构和制度的缺陷,主要表现在生产结构单一、财政赤字严重、国际收支失衡、社会保障乏力、政府治理薄弱等方面。对后者而言,新兴市场通过贸易、投资、金融和大宗商品等渠道暴露并放大了相关风险。最终,内生性危机往往带来经济发展模式转型或对改革的再改革等发展战略的变革,外源性冲击往往带来对结构性改革和政策框架的微观调整。因此,为打破可能形成的负反馈循环,新兴市场国家必须从解决自身脆弱性入手(杨昕、张荣臣,2020)。

1. 化解国内增长压力与畅通国内大循环。

基于国际秩序变革和世界经济深度调整,中国提出构建以国内大循环为主体、国内国际双循环相互促进的新发展格局,这正是应对百年未有之大变局的重大举措。换句话说,结构性改革是国内大循环的根本保障,也是畅通国际循环的原动力;更高质量的国际循环反过来也将提升国内资源、要素市场化配置的效率,两者相辅相成。以国内大循环为主体凸显中国超大市场规模和内需潜力优势,其着力点主要集中于促进消费、稳定投资以及加快产业升级。就消费而言,既要通过收入分配改革提升居民可支配收入,以扩大私人消费的增量空间,又要通过完善社会保障制度,以消除居民消费的后顾之忧。就投资而言,加强新型基础设施建设、加强新型城镇化建设、加强重大工程建设,是发挥投资关键作用的重要支点。就产业而言,既要通过实施乡村振兴战略、制定制造强国目标以及提升服务业质量等举措,促进产业结构升级,也要利用区域发展差异、产业技术梯度等,提前布局并保持产业链供应链稳定。

2. 防范国际风险与双循环新发展格局。

新发展格局不是封闭的国内循环,而是开放的国内国际双循环。这种开放性主要体现在两个方面：一是自身建设更高水平开放型经济新体制。例如,海南自由贸易港建设以及支持深圳实施综合授权改革试点等,都是中国探索和推进更高水平开放的战略选择。二是以"一带一路"建设为抓手加强多层次、多领域的国际经济务实合作。促进互联互通、坚持开放包容,是应对全球性危机和实现长远发展的必由之路,共建"一带一路"国际合作平台可以发挥重要作用。以国内大循环为主体、提升应对风险挑战能力是苦练"内功",而促进更高水平国际循环是在复杂多变的外部环境中历练自己的"试金石"。简言之,唯有坚持在推动双循环发展中防范化解重大风险,才能在不稳定因素增多的世界中立于不败之地(金怡顺、陶厚勇,2016)。

二、 基本逻辑

（一）新发展格局的理论逻辑

从理论逻辑来看,中国共产党是马克思主义政党,马克思主义辩证唯物主义和历史唯物主义是中国共产党始终坚持和运用的世界观和方法论。正确认识党和人民事业所处的历史方位和发展阶段,是党明确阶段性中心任务、制定路线方针政策的根本依据,也是党领导革命、建设、改革不断取得胜利的重要经验。

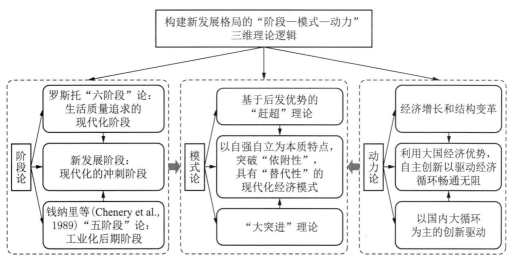

图4.10 新发展格局的理论逻辑

习近平总书记指出,"新发展格局是根据我国发展阶段、环境、条件变化提出来的,是重塑我国国际合作和竞争新优势的战略抉择"。[①]进入新发展阶段,就是中国共产党统筹当今世界百年未有之大变局和中华民族伟大复兴战略全局这两个大局,对当前中国所处历史方位作出的重大判断。新发展理念是在深刻分析国内外发展大势的基础上形成的,集中反映了中国共产党对经济社会发展规律认识的深化。随着新时代中国社会主要矛盾发生历史性变化,必须贯彻新发展理念,引领和解决中国发展中的突出矛盾和问题。构建新发展格局是应对当前中国发展环境和条件变化主动作出的重大战略抉择,通过构建新发展格局,加快推动一系列重大战略贯彻实施。这是因时而动、顺势而为,是符合中国社会发展内在规律的逻辑必然(董志勇、李成明)。

(二)新发展格局的历史逻辑

从历史逻辑来看,经过新中国成立 70 多年特别是改革开放 40 多年的快速发展,中国共产党带领人民经过不懈奋斗迎来了从站起来、富起来到强起来的历史性跨越,这个过程都是党带领人民致力于国家现代化目标的历史过程。当前,中国特色社会主义进入新时代,决战决胜脱贫攻坚目标如期完成,全面建成小康社会取得胜利。在实现第一个百年奋斗目标之后,乘势而上开启全面建设社会主义现代化国家新征程,向第二个百年奋斗目标进军,这标志着中国进入一个新发展阶段(金碚,2018)。

面对新阶段、新特征、新要求,发展仍然是中国共产党执政兴国的第一要务,是解决中国一切问题的基础和关键。党领导人民治国理政,很重要的一个方面就是要回答好实现什么样的发展、怎样实现发展等重大问题。十八大以来,中国共产党对经济形势进行了科学判断,对经济社会发展提出了许多重大理论和理念,对发展理念和思路作出及时调整,其中新发展理念是最重要、最主要的,引导中国经济发展取得了历史性成就、发生了历史性变革。新发展理念回答了关于发展的目的、动

---

① 习近平:《正确认识和把握中长期经济社会发展重大问题》,《求是》2021 年第 2 期。

力、方式、路径等一系列理论和实践问题,是开启全面建设社会主义现代化国家的思想引领。习近平总书记指出的"立足新发展阶段,完整、准确、全面贯彻新发展理念,构建新发展格局"则是建设现代化国家和实现高质量发展的重要途径。①历史经验证明,办好自己的事,把发展的立足点放在国内,是一个大国经济发展的必然要求(黄群慧,2021)。经过改革开放40多年的坚实发展,中国已经形成广阔的国内市场,齐全的国民经济体系,雄厚的物质基础,以及人才储备和治理优势,需要在新发展阶段构建新发展格局,以国内大循环为主体,国内国际双循环相互促进,实行高水平对外开放,塑造中国参与国际合作和竞争的新优势。《中共中央关于党的百年奋斗重大成就和历史经验的决议》中在回溯历史、谋划未来蓝图时亦指出:"明确必须坚持和完善社会主义基本经济制度,使市场在资源配置中起决定性作用,更好发挥政府作用,把握新发展阶段,贯彻创新、协调、绿色、开放、共享的新发展理念,加快构建以国内大循环为主体、国内国际双循环相互促进的新发展格局,推动高质量发展,统筹发展和安全。"

（三）新发展格局的现实逻辑

从现实逻辑来看,当今世界正经历百年未有之大变局,中华民族伟大复兴正处于关键阶段。尽管国际风云变幻,但时与势在我们一边。当前和今后一个时期,虽然中国发展仍然处于重要战略机遇期,但所面临的机遇和挑战都有新的发展变化,机遇和挑战之大都前所未有,总体上机遇大于挑战。我们必须准确研判形势,认清历史方位,抓住重要时间窗口期,着力解决社会主要矛盾,破解制约发展的各种体制机制弊端,调动一切可以调动的积极因素,团结一切可以团结的力量,充分激发全社会的活力和创造力。按照党的十九届五中全会擘画的宏伟蓝图,立足新发展阶段,贯彻新发展理念,构建新发展格局,立足自身发展,不断增强自身生存力、竞争力、发展力、持续力,全力办好自己的事,实现既定目标。

---

① 习近平:《把握新发展阶段,贯彻新发展理念,构建新发展格局》,《求是》2021年第9期。

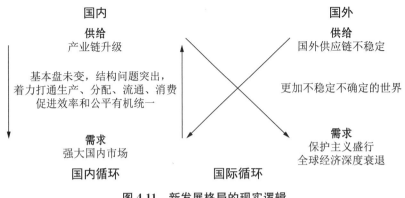

图 4.11　新发展格局的现实逻辑

　　总之,正如习近平总书记所述,"进入新发展阶段、贯彻新发展理念、构建新发展格局,是由我国经济社会发展的理论逻辑、历史逻辑、现实逻辑决定的,三者紧密关联。进入新发展阶段明确了我国发展的历史方位,贯彻新发展理念明确了我国现代化建设的指导原则,构建新发展格局明确了我国经济现代化的路径选择。把握新发展阶段是贯彻新发展理念、构建新发展格局的现实依据,贯彻新发展理念为把握新发展阶段、构建新发展格局提供了行动指南,构建新发展格局则是应对新发展阶段机遇和挑战、贯彻新发展理念的战略选择"。[①]

三、　基本内涵

　　习近平总书记指出,加快构建以国内大循环为主体、国内国际双循环相互促进的新发展格局,是"十四五"规划《建议》提出的一项关系中国发展全局的重大战略任务,需要从全局高度准确把握和积极推进。新发展格局是适应中国经济发展阶段变化的主动选择,是应对错综复杂的国际环境变化的战略举措,是发挥中国超大规模经济体优势的内在要求,是塑造中国参与国际合作和竞争新优势的必然途径。构建新发展格局也是要贯穿新发展阶段全过程,要朝着"十四五"时期的主攻方向,着力畅通国民经济循环,实现高水平的自立自强,提升国民经济整体效能,以强大

---

　　① 习近平:《把握新发展阶段,贯彻新发展理念,构建新发展格局》,《求是》2021 年第 9 期。

的国内经济循环体系稳固国内基本盘，以更高水平的对外开放促进国内国际双循环，实现更高质量、更有效率、更加公平、更可持续、更为安全的发展（黄群慧，2021；任保平、豆渊博，2021）。

（一）国内大循环为主体

过去中国实施的是"大进大出，两头在外"的以国际经济循环为主的发展模式，这种模式已经不适应目前国内经济发展形势的转变，无法实现经济的高质量发展。要逐渐实现经济循环模式由以国际循环为主向以国内大循环为主体、国内国际双循环相互促进新发展格局的转变，其中，首先要实现国内大循环。这意味着，要坚持扩大内需这个战略基点，加快培育完整内需体系，把实施扩大内需战略同深化供给侧结构性改革有机结合起来，以创新驱动、高质量供给引领和创造新需求，加快构建以国内大循环为主体、国内国际双循环相互促进的新发展格局。

1. 构建国内统一市场，挖掘内需潜力是国内大循环的前提。

通过供给侧结构性改革打通生产、分配、交换、消费各个环节，使生产、分配、交换、消费各个环节更多依托国内市场，促进生产要素自由顺畅地流动。提高中国供给体系对于国内需求的适应能力，从而形成需求牵引供给、供给创造需求、供求平衡的更高质量发展新格局。在这种格局中，正确处理好传统消费升级与新兴消费培育、内需结构升级与空间优化的关系，激活中国超大规模市场的需求潜力，形成内需主导型增长体系。内需是中国经济发展的基础动力，新时代人民日益增长的美好生活的需要与不平衡不充分发展之间的矛盾已经成为中国的主要矛盾，要满足人们日益增长的美好生活的需要，扩大内需是必不可少的环节；所以"十四五"时期构建新的发展格局，要把握以扩大内需作为基点的战略抉择。激活中国的大规模市场，在提升自身供给体系对国内适应性的基础上，构建完整的内需体系。通过国内的大规模市场加强国内、国际两个市场之间的互联互通，这是构建基于双循环发展格局、推动高质量发展的优势所在。

第一，强化消费对经济增长的基础性作用。"十四五"时期在以需求牵引供给的发展格局的形成过程中,夯实消费在拉动经济增长过程中的基础地位,推动传统消费不断升级。随着新经济体系的不断完善,消费也在逐渐转型,线上消费模式不断发展壮大,要加强线上线下消费模式的融合发展,以增加消费对经济增长的贡献率。

第二,发挥投资对于经济发展的关键性作用。中国经济正在由传统的投资拉动向消费驱动发展模式转变,但投资对经济的拉动作用也不能忽视。中国仍然处于一个加速发展时期,各项基础设施建设都需要资金投入,"十四五"时期加大对基础设施等方面的投资可以释放中国内需潜力。同时要健全和完善投资的体制机制,更好地发挥政府的作用,同时强调市场的决定性作用。

第三,推进政府购买服务的改革。"十四五"时期要不断创新政府购买的服务方式,提升政府购买质量,确定政府购买的范围和目录,健全政府购买的体制机制和监督机制,以高效的政府购买来推进内需的不断增长。通过对消费、投资和政府购买的改革,不断扩大内需,实现"生产、分配、流通、消费"各个环节之间的相互促进,以此不断推进国民经济循环的畅通发展。

2. 坚持创新驱动是畅通国内大循环的必由之路。

构建以科技创新提高自主创新能力的新发展格局。提高自主创新能力,突破核心技术是"十四五"时期形成国内大循环和构建新发展格局的关键。形成以科技创新提高自主创新能力的新发展格局需要从两个方面着手:

一是加强基础研究。基础研究领域虽然投入经费持续增长,但中国基础研究依然薄弱,要提高原始创新能力,促进原创理论的产生和原创发现的形成。只有不断提升自身创新能力,形成自己的原创理论,才能不断提升自身参与国际竞争的能力。中国是世界第一大制造大国,但长期以来对于关键核心技术的掌握度都不够,这阻碍了科技体制改革的步伐。"十四五"时期要以科技创新为引领,提升自主创新能力,不断提升企业的科技创新水平,推动从"中国制造"向"中国智造"的转变,为世界经济发展贡献"中国智慧"和"中国方案"。提升中国的国际竞争力,夺得发展先机,推动中国经济更稳、更快、更加可持续发展。

二是加强应用研究。促进基础研究、应用研究与产业化的有机衔接,加速科技成果向现实生产力转化,可以有效促进企业专利产出。加强企业的科技化转型,推进科技的产业化发展,立足于中国自主创新能力的建设,提升企业的科技创新水平,以科技创新引领产业向中高端水平发展。"十四五"时期要抓住新一轮科技革命这个战略机遇期,让科技革命的发展成果惠及国内各个部门。通过科技创新引领内需的不断扩大,畅通国内循环的各个环节,拉动经济增长向高质量目标发展,把内需潜力转换成实现高质量发展的动力。"十四五"时期还要充分发挥"集中力量办好自己的事情"的社会主义制度优势,不断释放内需潜力,激活国内大规模市场,提高自主研发能力,把关键核心技术掌握在自己手中。提高自主创新意识,重视企业在技术创新中的主体作用,同时更好地发挥政府的协调作用(马茹等,2019)。

3. 供给侧结构性改革是提高国内大循环质量的重要保障。

在新发展格局构建中,着力推进供给侧结构性改革,提高供给体系的质量,提高生产和需求的适应性,适应国内需求的升级,促进供给体系升级,实现供给体系与需求体系在总量和结构上的均衡。同时在供给侧结构的基础上发挥市场在资源配置中的决定性作用,完善产权制度,完善要素市场化配置,实现产权有效激励,增强微观主体活力(周文、李思思,2019)。

一是建立统一开放、竞争有序的现代市场体系。如表 4.2 所示,近年来,中国区域市场化进程提速明显。"十四五"时期进一步激发内需和国内市场的潜力,为畅通国民经济循环提供原动力,畅通国内市场和生产主体、经济增长和就业扩大、金融和实体经济的循环。2018 年中央经济工作会议上,习近平总书记提出"巩固、增强、提升、畅通"的八字方针,为深化供给侧的结构性改革指明了方向,对实现经济高质量发展具有重要意义。构建基于双循环的新发展格局就要从市场化改革出发,实现畅通国民经济循环的发展要求,抓住扩大内需的战略基点,通过改革不断释放内需潜力,推动中国产业链与供应链的稳定发展。在保障供给体系安全的同时提高国内供给体系的生产质量,为畅通国民经济循环提供高质量供给体系,夯实经济高质量发展的基础。

表 4.2　2008—2016 年中国市场化指数总得分

地区	2008 年	2010 年	2012 年	2014 年	2016 年	2016 年比 2008 年得分增减
全国	5.45	5.41	5.94	6.50	6.72	＋1.27
东部	6.87	7.14	7.95	8.49	8.67	＋1.80
中部	5.38	5.55	5.83	6.68	6.91	＋1.52
西部	4.25	3.88	4.26	4.78	5.05	＋0.80
东北	5.63	5.48	6.18	6.43	6.53	＋0.90

资料来源：王小鲁、樊纲、余静文（2018）。

二是明确供给侧结构性改革的战略方向。"十四五"时期以供给侧结构性改革来推动国内国际双循环相互促进。双循环新发展格局是中国全面深化改革和全方面对外开放的主动选择。中国提出构建双循环新发展格局，目的是掌握中长期发展主动权，进一步推进改革开放，更深层次融入全球经济，并推动建立开放型世界经济，带动全球经济走向繁荣。近年来中国改革进入深水区，对外开放也进入了新阶段，中国需要转变开放方式，更好掌握对外开放主动权。一方面，基于内循环的畅通，未来将更具长期增长动力，这将直接推动中国各层次国际化水平，尤其为金融对外开放奠定良好基础。基于此，人民币资产也将具有高收益率、高独立性特征，人民币资产对国际资本的吸引力提高，有助于推进人民币国际化和以本币为主导的资本账户开放。另一方面，通过畅通国内大循环，可以降低对外依赖程度，具有更强的经济韧性以应对外部冲击，为国际大循环提供稳定"锚"，掌握对外开放主动权，推动形成全球治理新格局。

三是促进资源要素顺畅流动，强化流通体系支撑。要素自由流动是国民经济循环的重点，必须突破制约要素合理流动的堵点，矫正资源要素失衡错配，从源头上畅通国民经济循环。提高金融服务实体经济的能力，健全实体经济中长期资金供给制度安排，创新直达实体经济的金融产品和服务，增强多层次资本市场融资功能。实施房地产市场平稳健康发展长效机制，促进房地产与实体经济均衡发展。有效提升劳动者技能，提高就业质量和收入水平，形成人力资本提升和产业转型升级良性循环。健全城乡要素自由流动机制,构建区域产业梯度转移格局,促进城乡区域良性互动。深化流通体制改革,畅通商品服务流通渠道,提升流通效率,降低全社会交易成本。与此同时,还需加快构建国内统一大市场,对标国际先进规则和最佳实践以优化市场环境,促进不同地区和行业标准、规则、政策协调统一,有效破除地方保护、行业垄断和市场分割。

(二)国内国际双循环相互促进

在双循环新发展格局中,国内大循环和国际大循环之间是辩证统一的,既相互促进,又相互制约。正如习近平总书记强调的"在实践中,我们要注意防范一些认识误区",不能仅侧重于一方面,而忽视另一方面,"这些认识都是片面的甚至是错误的,必须加以防范和纠正"。[①]一方面,国内大循环是主体,要求其具有相对独立性,但并不是"闭关锁国",而是为了更好融入并带动国际大循环。另一方面,国际大循环是支撑,通过国际大循环能够为国内大循环提供更大空间和更多动力。因而,畅通国内大循环是掌握主动实现国际大循环的前提,而畅通国际大循环是加快实现国内大循环的保障,最终形成国内国际双循环相互促进新发展格局。2020 年 7 月 21 日,习近平总书记在企业家座谈会上的讲话中强调,"从长远看,经济全球化仍是历史潮流,各国分工合作、互利共赢是长期趋势。我们要站在历史正确的一边,坚持深化改革、扩大开放"。

1. "十四五"期间构建双循环新发展格局的必要性。

一方面,"十四五"时期是在全面建成小康社会基础上开启全面建设社会主义现代化国家新征程、向第二个百年奋斗目标进军的第一个五年,具有承上启下、继往开来的里程碑意义。我们也需要看到,当今世界正经历百年未有之大变局,随着中国综合国力、国际地位和影响力不断提升,继续发展的国际制约因素呈增加态势,"十四五"时期面临的外部环境可能更加复杂多变,特别是中美关系面临越来越强的不确定性,进出口贸易也可能受到严重影响(保平、豆渊博,2021)。2018 年美

---

① 习近平:《把握新发展阶段,贯彻新发展理念,构建新发展格局》,《求是》2021 年第 9 期。

国政府单方面挑起中美经贸摩擦,旨在多维度打压中国经济、阻碍中国发展。尽管中美已正式签署第一阶段经贸协议,但中美经贸问题的长期性、复杂性与艰巨性不会改变。而境外新冠肺炎疫情蔓延扩散,全球主要国家经济的衰退程度普遍超预期,民粹主义势力抬头,以单边主义和贸易保护主义为代表的逆全球化倾向明显,进一步增加了外部环境的不稳定性、不确定性。要从持久战的角度把握中美关系本质,避免战略误判,放弃幻想,沉着应对。

另一方面,以国际大循环为主体的发展模式难以适应内外部环境演变。从需求端来看,自改革开放以来,中国充分利用低成本劳动力优势,积极参与国际大循环,大力发展外向型经济,经济增长主要依靠国际市场,对外依存度较高。由于海外新冠肺炎疫情持续蔓延,国际市场加快萎缩。国内需求的扩大有赖于城乡居民收入提升。2019 年中国人均 GDP 接近 1 万美元,但农村地区的收入偏低,城乡收入差距较大,严重阻碍了最终消费的提升和国内市场的壮大,内需扩张短期内难以弥补因外需收缩而出现的需求缺口。

从供给端来看,尽管国内生产高度嵌入全球供应链,但在供应链的关键领域、核心环节缺乏保障。受新冠肺炎疫情影响,各国加快了产业链、供应链布局的调整,全球产业链将进一步缩短,这将对中国产业链、供应链的稳定性造成直接冲击,中国产业链、供应链面临断裂风险。更为关键的是,核心技术是要不来、买不来、讨不来的。中国已进入高质量发展阶段,在追赶、逼近世界技术前沿的过程中,要从以引进和消化吸收为代表的模仿型技术进步转向自主创新,才能打破技术封锁,掌握关键核心技术(李晴晴,2021)。

2. 国内国际双循环相互促进的路径。

从长远看,经济全球化仍是大势所趋。以国内大循环为主体,绝不是关起门来封闭运行,而是通过发挥内需潜力,使国内市场和国际市场更好连通,更好利用国际国内两个市场、两种资源,实现更加强劲可持续的发展。包括扩大开放,持续深化要素流动型开放,稳步拓展制度型开放,依托国内经济循环体系形成对全球要素资源的强大引力场。要主动参与和推动经济全球化进程,立足国内大循环,协同推进强大国内市场和贸易强国建设,形成全球资源要素强大引力场,促进内需和外需、进口和出口、引进外资和对外投资协调发展,加快培育参与国际合作和竞争新优势,推进全面开放新格局。

一是推动外贸企业出口转内销,促进内外贸易有效贯通,带动国内消费升级。二是以"一带一路"建设为重点,坚持"引进来"和"走出去"并重。数据显示,2020年,中国与"一带一路"沿线国家和地区货物贸易额是1.4万亿美元,同比增长0.7％,"一带一路"沿线国家和地区贸易额在中国对外贸易总额中的占比为29.1％。2020年第一季度,中国与沿线国家货物贸易额达2.5万亿元,同比增长21.4％,占总体对外贸易额的29.5％,比上年上升了0.4个百分点。[①]三是推动建设开放型世界经济,推动构建人类命运共同体,加强科技领域开放合作,加强宏观经济政策协调,为完善全球治理体系、促进全球共同发展繁荣、增进人类福祉贡献中国智慧和中国方案。虽然中美两国的贸易摩擦不断,但中国与世界其他地区的经济合作正在进一步加强,利用双循环是中国实现经济高质量发展的必由之路(高培勇等,2020)。

第五节　构建新发展格局的策略

新发展格局不仅是针对当前产业链、供应链因新冠肺炎疫情中断而亟须重启和恢复经济的权宜之计,也是中国立足长远、迈向高质量发展的强国方略,是筹划以更深层次的改革、更高水平的开放加快形成内外良性循环的战略抉择,是基于国内发展形势、把握国际发展大势作出的重大判断和重要战略选择。面对全球经济发展趋势的不确定性,需要在经济发展中全面统筹国内国际两个大局,以我为主、内外兼修,积极保障中国经济安全,谋划新增长空间,推动中国从传统的国际经济均衡模式转向新的国内国际双循环模式。

以国内大循环为基础,构建国内国际双循环,要以满足国内需求作为发展的出

---

① 数据来源:商务部副部长,《中国与"一带一路"沿线国家货物贸易累计达9.2万亿美元》,https://baijiahao.baidu.com/s?id=1697559462464587584&wfr=spider&for=pc。

发点和落脚点,在此基础上持续深化对外开放,拓展国际市场,构建国内国际双循环相互促进的新发展格局。加强国内经济大循环,才能让各类要素更加自由地流动,进而形成更多新的区域增长极;主动参与国际经济循环,才能在扩大开放中获得更有力的资源、技术、人才、资金支撑。要坚持发挥好国内市场和国际市场、国内循环和国际循环的相互作用,全面统筹国内国际两个大局。着力形成一个完整的创新链、供应链、产业链和价值链,包含着从关键技术的研发创新,到生产制造再到品牌营销售后服务等从生产到消费的所有环节。构建国内大循环,关键在于挖掘和激发国内市场,逐步清除国内市场中生产、分配、流通、消费各环节间存在的堵点和痛点,破除经济转型发展中面临的结构性、周期性和制度性问题。要提高要素的市场化程度,打破区域市场分割,保障区域间的循环畅通,打造安全稳定的产业链,攀升全球价值链中高端。要保障和改善民生,激发内需动力。构建现代产业体系,基于要素禀赋重新整合资源,推动产业集群发展,提升产业整体效率,补链强链,构建产业安全新边界。坚持高水平和高质量对外开放,优化国际循环。全球化的倒退与区域化的兴起无法阻挡国际产业链、供应链分工的趋势。要实行更加积极主动的开放战略,全面对接国际高标准市场规则体系,实施更大范围、更宽领域、更深层次的全面开放,一有机会就融入国际循环里去,参与高质量的国际产业链分工,实现高水平外循环。

一、 扩大国内市场规模

国内大市场是构建新发展格局的战略基点。只有扩大国内市场规模,才能构成新的比较优势和竞争优势。过去的比较优势是低成本生产要素,现在则是在超大规模国家基础上形成的超大规模市场,它将是中国实现现代化发展战略目标的最重要手段和工具。可以与飞速发展的信息化、网络化结合,成为拉动或推动重大技术进步、结构变迁和社会演化的主要力量。

进入后工业化时代,随着服务经济的发展,居民收入水平不断提高并拥有较高储蓄率,区域一体化、深度城市化、城乡一体化等不断推进,人民群众日益增长的对美好生活的追求(包括大健康、大养老、大环保、大教育、智能化、财富管理等)等导致潜在市场规模巨大,但潜能并没有充分释放,存在实际需求不足、需求结构不合理、需求体系不完整等问题。因此,通过深化改革、结构调整深入挖掘潜在需求;通过创新驱动、高质量供给创造新需求。

供给和需求是市场经济内在关系的两个基本方面,既相互作用又相互制约。进入新时代,中国经济发展中供需矛盾的主要方面,在于供给质量、服务难以有效满足人民群众日益增长、不断升级和个性化的物质文化和生态环境需要。培育完整内需体系,必须更加重视对接消费需求,通过不断发展新模式、新业态、新技术、新产品,优化供给结构,改善供给质量,把被抑制的市场需求释放出来,形成需求牵引供给、供给创造需求的更高水平动态平衡。

完善扩大内需的政策支撑体系,形成需求牵引供给、供给创造需求的更高水平动态平衡;协同推进并强大国内市场建设和贸易强国建设,以国内大循环吸引全球资源要素。

(一)消费方面

从供给和需求两侧发力,推动以消费升级为导向的产业链升级,扩大高品质消费供给。提升传统消费,培育新型消费,适当增加公共消费;推动汽车等消费品由购买管理向使用管理转变,促进住房消费健康发展;促进线上线下消费融合发展;放宽服务消费领域市场准入;培育国际消费中心城市。

提升传统消费。汽车、住房等传统消费在居民消费结构中占比较大。截至2020年6月,全国机动车保有量达3.6亿辆。巨大的汽车保有量使汽车消费量的扩张空间缩小,质的提升需求扩大。新能源汽车、中高档汽车需求持续增加,汽车更新换代速度也在加快,为汽车产业发展拓展了新空间。中国深入推进以人为核心的新型城镇化建设,加快农业转移人口市民化步伐,解决新市民和年轻人的住房问题,每年还有一定的新增住房消费需求。加大城镇老旧小区、棚户区改造和农村危房改造力度,将释放更多的改善性更新需求。这些新增需求都是更高水平、更高质量的需求,对提升传统消费有很大促进作用。提升传统消费,关键是要以质量品牌为核心,朝着绿色、健康、安全的方向发展。

培育新型消费。新型消费增长是生活水平提高和科技进步的必然结果。应对新冠肺炎疫情以来,"云经济"、"云消费"、无接触交易服务发展较快,表明发展消费新模式新业态、促进服务业线上线下融合、拓展服务内容、扩大服务覆盖面具有广阔发展空间,是提升消费的新增长点。

发展服务消费。居民消费从商品消费向服务消费转变提升是客观规律。2019年,中国人均服务业消费支出接近1万元,在居民人均消费支出中的占比为45.9%。受体制机制和相关政策影响,中国健康、养老、育幼、文旅、体育等服务业准入门槛较高,开放程度不够,服务供给规模还不大,质量还不高,标准化、品牌化建设不足,一些服务消费需求潜力尚未被充分激发出来。这要求放宽服务消费领域市场准入,推动生活性服务业向高品质和多样化升级。

适当增加公共消费。公共消费是内需的重要组成部分,必须在财政可支持和可持续前提下,适度增加公共消费,发挥其杠杆作用。把公共消费作为全面促进消费的重要内容,适当增加公共消费,这有利于激发居民消费意愿、增强消费能力。

鼓励消费新模式新业态发展。大力发展在线新经济,推动"云购物"发展,加快人工智能、大数据、区块链等新技术应用,建设一批智慧购物示范场景,鼓励直播电商、社交电商、小程序电商等创新发展。促进"云服务"建设,提升"互联网+"餐饮、旅游、家政、旅游和体育等生活服务数字化能级,提供覆盖"衣食住行娱"的个性化本地生活服务。加快"云终端"布局,鼓励数字化技术在零售终端、支付结算等方面应用,推广智能快件箱、取物柜、智能售货机、智能回收站等智慧终端发展。打造"云供应"品牌,鼓励电商平台为制造业企业提供全渠道、全品类、全体验销售模式,形成面向垂直领域、细分客户群的网络新品牌。推动首发经济发展。加快全球新品首发地建设,举办具有国际国内重大影响力的品牌首发活动,打造全球新品网络首发中心。

（二）投资方面

加快补齐基础设施、市政工程、农业农村、公共安全、生态环保、公共卫生、物资储备、防灾减灾、民生保障等领域短板;扩大战略性新兴产业投资;推进新型基础设施、新型城镇化、交通水利等重大工程建设,支持有利于城乡区域协调发展的重大项目建设;推进一批强基础、增功能、利长远的重大项目建设,如西部陆海新通道、国家水网、星际探测、重大科技设施等。

补齐基础设施短板。科学把握交通运输业发展与未来经济发展的匹配度,通过规划带出一批铁路、公路、航空、水运等方面重大项目,更好发挥综合交通在区域协调发展中的先导引领作用。要聚焦项目交通抓建设,加快在建工程建设进度,确保拟开工项目如期开工,抓紧谋划一批项目前期工作,全力以赴破解资金、土地等要素制约,实现重大综合交通项目滚动推进、接续建设。要聚焦产业交通抓培育,紧盯交通建筑业、交通装备制造业、交通运输业和交通关联服务业等重点领域,发挥产业优势做大做强高端交通装备制造业,抓住物流降成本增效改革契机加快现代物流业发展。要聚焦民生交通抓服务,进一步深化城乡公交一体化,美化城乡路网生态,全力推进"四好农村路"建设,不断提高交通出行满意度。要聚焦智慧交通抓转型,加快建设智慧路网,大力提倡智慧出行,以智能化、数字化提升公众出行服务水平。

扩大战略性新兴产业投资。紧紧抓住提升自主创新能力这一核心环节,把精力更多地放在原始创新和集成创新能力的培养上。设立产业发展引导基金,统筹扶持战略性新兴产业关键技术、共性技术研发;增设新能源汽车、海洋工程装备、高性能复合材料、先进医疗装备等国家级科技产业化重大专项,系统推进相关领域技术攻关和产业化。加大高层次人才引进和培养力度,既要重视科技型人才,也要重视金融、管理和创业型人才的配套等。切实防止战略性新兴产业的地区趋同化,改变"中央出政策,地方各干各"的局面。要处理好高新产业和传统产业的关系,应当运用先进技术改造传统产业,推动传统产业的升级换代,不可厚此薄彼。

加强重大项目建设支持保障力度,谋划一批、建造一批重大项目。加快完善运输机场布局,提升枢纽机场综合保障能力,重点加快实施西安、兰州、西宁、深圳、福州、贵阳、海口、广州、重庆、长沙等枢纽机场改扩建工程,推进厦门新机场、大连新机场以及昆明新机场等枢纽机场改扩建工程前期工作,推进建设一批支线机场。加强资金支持,支持有关方面强化川藏铁路建设资金保障。充分利用中央预算内投资、地方政府专项债等资金,创新投融资模式,鼓励社会资本积极参与,为西部陆海新通道建设提供资金保障。对于符合有关规定的铁路项目,统筹研究安排中央预算内投资予以支持。继续给予中西部地区支线和西部干线机场的中央预算内资金支持,优先安排重大项目建设资金,确保项目顺利实施。加强协调调度,充分利用重大建设项目库等相关管理信息系统,对已安排中央预算内投资和正在开展前期工作的重大项目开展定期调度。支持有关部门、地方和企业加强沟通协作,加快推进西部陆海新通道、沿江高铁等重大项目建设。

二、 完善全国统一市场

全国统一的大市场构建是新发展格局的重要基础。只有在完善的统一市场上,才能促进内需扩大,才能形成国内国际双循环相互促进。当前,一些制约全国统一要素市场建设、妨碍商品服务跨区域城乡流通的体制机制障碍仍然没有得到根本性消除。如图 4.12 所示,1998—2019 年全国劳动力市场和资本市场相对价格方差的波动幅度尚未出现显著的收敛趋势,近年来甚至出现"翘尾"现象。可见,劳动力市场和资本市场分割状况尚未出现明显改善。培育完整内需体系,必须进一步强化国内统一市场建设,破除妨碍生产要素市场化配置和商品服务流通的体制机制障碍,依托强大国内市场,使生产、分配、流通、消费各环节更加畅通,形成国民经济良性循环。

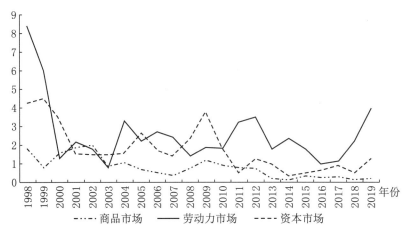

图 4.12　1998—2019 年中国商品、劳动力、资本市场相对价格方差演变
资料来源:刘志彪、孔令池(2020)。

（一）促进要素市场化

尽管各类市场已陆续建立和健全，但要素市场化发展仍然不平衡、不充分，存在要素流动的有形障碍和无形障碍，要素配置的城乡分割、地区分割以及市场规范化等问题。因此，需要进一步推进要素市场化改革，完善全国统一大市场。凡是能由市场形成价格的都要交给市场，政府不进行不当干预，通过市场竞争形成价格，进而调节供求关系，优化资源配置。

建设统一开放、竞争有序的市场体系，是使市场在资源配置中起决定性作用的基础和条件。市场体系是由商品及服务市场和土地、劳动力、资本、技术、数据等要素市场构成的有机整体。哪一类市场发展滞后，都会直接或间接影响其他市场发挥功能，从而影响市场体系的整体效率和市场功能的有效发挥。改革开放40多年来，中国商品和服务市场发展迅速，目前97%的商品和服务已由市场定价，但要素市场发育明显滞后，要素市场化配置范围相对有限，要素流动存在体制机制障碍，要素价格形成机制不健全。加快完善社会主义市场经济体制，充分发挥市场配置资源的功能，提高资源配置效率和全要素生产率，推动经济高质量发展，必须深化要素市场化配置改革，推进要素市场制度建设，清除要素自由流动的体制机制障碍，实现要素价格市场决定、流动自主有序、配置高效公平。贯通生产、分配、流通、消费各环节，打破行业垄断和地方保护；破除妨碍生产要素市场化配置和商品服务流通的体制机制障碍。

（二）微观层面的主要措施

在微观层面，推进土地、劳动力、资本、技术、数据等要素市场化改革，激活各类市场主体活力。

深化土地、劳动力、资本等市场化配置改革。自改革开放以来，中国土地、劳动力、资本等要素改革取得积极进展，但尚未实现市场化机制全覆盖，仍不同程度地存在双轨制，深化改革的任务依然艰巨。针对农村土地长期被排斥在土地市场之外，城市土地存在"招拍挂"和协议出让等不同价格的问题，应加快修改完善土地管理法实施条例，制定出台农村集体经营性建设用地入市指导意见，扩大国有土地有偿使用范围等改革举措。针对农业转移人口受到户籍制度和公共服务供给不均等的制约,难以实现市民化的问题,必须开放宽除个别超大城市外的城市落户限制,建立城镇教育、就业、创业、医疗卫生等基本公共服务与常住人口挂钩机制等。

加快培育技术和数据要素市场。由于产权制度不完善,特别是体制内职务科技成果的产权界定不清晰,以及数据的产权界定规则尚未建立,中国技术和数据要素市场发育迟缓。健全职务科技成果产权制度,深化科技成果使用权、处置权和收益权改革,开展赋予科研人员职务科技成果所有权或长期使用权试点,培育发展技术转移机构和技术经理人,以及根据数据性质完善产权性质,培育数字经济新产业、新业态和新模式。

（三）宏观层面的主要措施

在宏观层面,完善宏观经济治理,以财政政策和货币政策为主要手段,并与就业、产业、投资、消费、环保、区域等政策紧密配合;建立现代财税金融体制;建设高标准市场体系,实施统一的市场准入负面清单制度。

发挥国家发展规划的战略导向作用。运用接续的中长期规划指导经济社会持续健康发展,确保国家战略目标、战略任务和战略意图的实现,体现中国特色社会主义制度的独特优势,是中国共产党治国理政的重要方式。一是健全目标鲜明、层次清晰、功能明确的国家发展规划体系,统筹中华民族伟大复兴战略全局和阶段性发展任务,统筹国内国际两个大局,统筹经济、政治、文化、社会、生态文明等建设,统筹发展与安全,强化专项规划、区域规划、空间规划、地方规划与国家总体发展规划的有机衔接,突出规划的战略性、系统性。二是充分体现新发展理念,突出高质量发展目标引领,科学设置目标任务,增强国家中长期规划对年度计划、公共预算、金融信贷、国土开发、公共服务、产业发展等的引导功能和统筹功能,实现宏观经济治理目标与手段有机结合,提高规划的引领性、指导性。三是创新规划实施机制,加强规划实施的推进能力、协调能力和执行能力,维护规划的严肃性和权威性,充分运用大数据等现代信息技术手段对规划实施情况开展监测评估,推动国家战略得到有效落实,确保一张蓝图干到底。

完善财政政策和货币政策手段。财政政策和货币政策是宏观调控的主要手段。一是更好发挥财政政策的再分配功能和激励作用。调整优化财政支出结构,更好发挥中央、地方和各方面积极性,加大对解决经济社会发展中不平衡、不充分问题的财政支持力度,增强基本公共服务保障能力,科学实施结构性减税降费,支持实体经济发展。二是健全货币政策和宏观审慎政策双支柱调控框架。健全基础货币投放机制,完善中央银行利率调控和传导机制,保持货币信贷和社会融资规模适度增长,强化有效防范系统性金融风险能力和逆周期调节功能,加强货币政策、宏观审慎政策和金融市场监管的协同性,增强金融政策普惠性,提升金融服务实体经济能力。

健全就业、产业、投资、消费、环保、区域等政策紧密配合机制。把握中国新发展阶段经济形态的深刻变化,促进就业、产业、投资、消费、环保、区域等政策协同发力,构建更加高效的宏观政策供给体系。坚持实施就业优先政策,把稳定和扩大就业作为经济社会发展的优先目标,加大对就业容量大的服务业、部分劳动密集型产业、灵活就业和新就业形态的支持,推动实现更加充分、更高质量的就业。突出产业政策的战略引导作用,适应市场需求变化,深化供给侧结构性改革,强化对技术创新和结构升级的支持,加强产业政策和竞争政策协同。发挥投资对优化供给结构的关键性作用,着力抓重点、补短板、强弱项,以有效投资稳定总需求、促进经济结构调整,多措并举激发社会资本投资活力。完善促进消费的政策体系,进一步深化收入分配制度改革,大力改善消费环境,激发消费潜力,解除后顾之忧,增强消费对经济发展的基础性作用。实施因地制宜、分类指导的区域政策,完善国家重大区域战略推进实施机制,统筹区域分类指导和统一市场建设,建设彰显优势、协调联动的区域发展体系。

构建高标准市场体系。确立全国统一的市场准入负面清单制度。大力清理妨碍统一市场和公平竞争的政策措施,加强反垄断和反不正当竞争司法执法,强化竞争政策基础地位。加强监管体系部门和区域协同,在监管中引入大数据、信用、社会共治等创新监管手段,进一步健全市场信用体系,完善失信行为认定、失信联合惩戒、信用修复等机制。

三、 加快区域协调发展

面对国内外发展环境的重大变革,中国经济发展进入新常态,区域经济发展也面临新的问题。例如,南北差距日益成为新的关注点、区域创新能力差距较大等。这些问题目前已经得到学术界以及政府有关部门的普遍关注,在"十四五"规划中已予以高度重视,并针对新问题制定新对策。"十四五"规划中单列出第九篇即"优化区域经济布局,促进区域协调发展",为区域协调政策的后继实施奠定基石并引领方向,从"优化国土空间开发保护格局""深入实施区域重大战略""深入实施区域协调发展战略""积极拓展海洋经济发展空间"等四个方面具体阐述区域战略内容。其一,"十四五"期间将立足资源环境承载能力,发挥各地区比较优势,促进各类要素合理流动和高效集聚,推动形成主体功能明显、优势互补、高质量发展的国土空间开发保护新格局。其二,聚焦实现战略目标和提升引领带动能力,推动区域重大战略取得新的突破性进展,促进区域间融合互动、融通补充。其三,深入推进西部大开发、东北全面振兴、中部地区崛起、东部率先发展,支持特殊类型地区加快发展,在发展中促进相对平衡。其四,坚持陆海统筹、人海和谐、合作共赢,协同推进海洋生态保护、海洋经济发展和海洋权益维护,加快建设海洋强国。

构建以国内大循环为主体、国内国际双循环相互促进的新发展格局是中国应对内外双重困局的必然选择,也是当前及未来一段时期中国区域协调发展战略的基本遵循。正确理解并处理好区域协调发展与双循环新发展格局的关系是深入设计、完善、发展区域协调发展战略架构和实施路径的重要前提。

(一)建立国际循环枢纽,发挥双循环先发优势

双循环战略是以国内大循环为主体的战略。自加入 WTO 以来,中国经济是国内和国际双循环驱动的,外循环在促进东部沿海地区经济发展过程中起着重要作用(江小涓、孟丽君,2021)。当前的国际贸易形势是中国与发达国家之间的经贸关系由以互补为主逐渐转向互补和竞争并存的格局。"十四五"时期,中国将继续扩

大对外开放,但可能会有结构上的变化,比如对外贸易的依存度会继续下降。与此同时,还要尽量保持出口与进口的总体平衡。双循环战略是国家战略,不是区域战略。国内大循环不可能以某一个区域为单位进行循环,必然是全国统一市场的大循环。双循环的关键在于把握产业链条核心环节的技术,建立循环的枢纽或者节点,长三角、粤港澳大湾区、京津冀等区域,都具备形成这样的枢纽或者节点的条件。这些枢纽或者节点的主要任务是有效地聚集和配置国际资源。当前全国许多重要城市都在抢占双循环战略的先机,积极打造国内大循环的枢纽城市,这说明中国实施的双循环战略已经开始指导区域经济的发展了(孙久文、张翱,2021)。

(二)推动重大区域战略,畅通国内大循环多个环节

新时代新阶段区域以"畅通国民经济循环为主构建新格局"的科学论断为指导,把握好新阶段新特征,在双循环中以建立域际利益共享体为主题,同步深入实施京津冀协同发展、长江经济带发展、长三角区域一体化发展、粤港澳大湾区建设和黄河流域生态保护与高质量发展,以及西部大开发和东北振兴等国家区域发展大战略。要在国内国际双循环的能量交换中,牢固抓住扩大内需这个战略基点,对体制、机制、手段、方法等进行全方位、系统性变革,畅通国内大循环的生产、分配、流通、消费等诸多环节;要针对治理相对贫困的突出问题,持续扩大中等收入群体,把规模倍增作为区域发展的约束性指标,不断提高全民对共同富裕是中国特色社会主义根本原则的认知水平,不断提高人民群众的获得感、幸福感、安全感水平;要强力释放消费潜力,形成纵向更加紧凑、横向更加集聚的双循环新动力源和支撑面的新格局。新格局的要义决定了中国在打赢脱贫攻坚战、全面建成小康社会和城乡一体化生产力布局取得历史性巨大成就的进程中,坚定不移地自觉融入双循环发展的国家大战略里,不断开创研发在首位度城市、制造在新型圈群全域,孵化在首位度城市、转化在新型圈群全域的新局面,实现城市集群创新链、产业链一体化融合发展,不断提高资金链、政策链和监管链向全域扩散的水平(郭先登,2021)。

(三)聚焦制度建设,推动形成统一大市场

扫除阻碍国内大循环和国内国际双循环畅通的制度、观念和利益羁绊,破除妨

碍生产要素市场化配置和商品服务流通的体制机制障碍,形成高效规范、公平竞争、充分开放的国内统一大市场,是新发展格局的核心要求。[①]在与户籍挂钩的系列制度约束下,中国大中小城市、小城镇之间存在明显断层,城乡、区域、收入差距持续扩大,区域协调发展与公共服务均等化进展缓慢,新市民获得感、体验感差。具体而言,存在如下问题:第一,以京津冀为例,北京、天津两个超大城市与河北省之间缺乏有经济活力的中小城市支撑,城市群等级结构不合理。第二,城市间特别是临近城市间经济联动仍有提升空间。2019 年有 11 个省会城市在本省份的经济首位度超过 30%,集聚效应显著而辐射联动不足,没有有效调动各个城市参与经济活动的积极性,城市比较优势发挥尚不充分。第三,城市内各群体收入和生活质量差距仍然存在。根据《2019 年农民工监测调查报告》,50.9% 的受访农民工反映存在子女在城市上学难、看病难,市民权利缺失等问题。农村转移人口市民化仍然是新型城镇化和高质量城市发展需要解决的重大问题。未来城市发展需要转换空间视角,通过制度变革,以人口要素的自由流动带动城乡之间和地区之间在人均 GDP、人均实际收入和生活质量方面的均等化,推动城市公平发展(刘秉镰、汪旭、边杨,2021)。

鉴于此,需建成并完善以国内大循环为主的区域产业链。一是快速推进城市产业链由以外循环、自循环为主转向以内循环、区域循环为主,加快相应制度建设。一方面,面向国内市场和需求,加快自主创新、联通产学研用,加大基础科学和紧缺技术的投入力度,构建完善且自主可控的创新链、产业链和供应链;另一方面,以中心城市为支撑,合理规划产业布局,实现区域内及区域间产业优势互补和创新成果自由流动,进行多层次产需对接,打破区域间城市间分割,推动大尺度产业链整合,构建布局完善、门类齐全、结构合理的区域产业体系。二是加快推进城乡融合。健全城乡双向要素流动机制,加快推进农村土地流转交易、工商资本引流入乡、多渠道城乡财政金融服务等体制机制建立和完善;优化城乡教育资源配置,加强乡村医

---

① 刘鹤:《加快构建以国内大循环为主体、国内国际双循环相互促进的新发展格局》,《人民日报》2020 年 11 月 25 日。

疗卫生服务体系建设,健全农村养老服务网络,构建城乡统一的社会保险和社会救助体系,推动城乡公共服务一体化;逐步建立城乡一体化的基础设施发展机制,推进城市轨道交通、市政供水供气向城郊村延伸,加快实现各区乡镇村道路联通。三是完善城市生态品质治理。通过制度治理城市空气、水体、土壤污染,改善城市建设用地结构,适度增加绿地建设面积。一手抓污染源头控制,调整能源结构,提高能源使用效率;一手抓生态修复,逐步还原城市绿色基底,提升生态系统功能。四是关注城市文化培育。通过制度引导城市居民参与渗透家国情怀、集体精神、地方文化的各类活动,在地方文化的基础上逐步建立一套居民理解、认同并喜爱的城市文化供给体系,以提升大众审美为出发点,强调先进文化的导向作用,强化城市文化符号,增强城市居民的文化自信(刘秉镰、汪旭、边杨,2021)。

（四）推动新基建在区域中的广泛应用

一是牢固坚持久久为功谋长效的新理念。旨在将现状使用与长远发展紧密结合,为实现一网通办、一网通管提供完整的新型基础设施。区域在新基建不断转化为可持续发展新动能的大趋势下,要以越来越强大的网络和数据中心为根本标志,加快推进新基建科创新空间发展。浙江通过以数字经济壮大新动能、数据空间融合新应用和智慧产业发展新途径的"三部曲",把数字基因渗透到发展的每一寸肌理,加快发展新基建。广东以加快5G＋nG技术新产品攻关、加快建设世界级5G＋nG产业集聚区、加快5G＋nG全产业链全域满覆盖的"三加快",从一个数字企业到一个产业集群,从一个数字应用到一个区域共识,发展新基建。江苏突出信息产业先导性和支柱性地位,不断汇聚散落在各角落、各系统的数据,构建数字经济生态圈,以书就产业数字化和数字产业化的"状元卷",引领发展新基建。山东以"泛在连接、高效协同、全域感知、智能融合、安全可信"的理念,发展数字经济,探索数字治理,加快建设以5G网络、人工智能、工业互联网、物联网为标志的新型基础设施。吉林聚焦数字是数字经济的核心竞争力,开放数字资源,降低数字资费,加大数字应用,以5G设施布局带动现代新型汽车、特高压电网、制造业5.0版等重点领域发展,集中启动既定项目,集约部署先导项目,集成共享平台项目,推动实体经济和数字经济加速融合,创造发展新基建的新模式。

二是牢固坚持统筹发展新理念,把区域新基建与国家既定的新基建战略部署放置于一个大盘中,实现"全国一盘棋"的同一效应释放。实证研究显示,场景竞争是区域重塑竞争优势的战略高地。因此,场景已经成为以人的现代化为核心,坚持社会主义核心价值观和总体国家安全观,让精神文化文明充分彰显人本价值的新版典范和发展宗旨的新窗口;成为推动企业与产业新技术、新产品、新模式结合的直接应用平台;成为推动经济社会连续爆发强大活力的生态载体;成为网络时代确保自然人享有基本公共服务、强固权力边界,从根本上消除一"码"就灵的"枷锁"现象,再造城乡社区等社会领域治理单元的发展新优势。场景显现了市民追求高品质美好生活与发展的高效能单元型空间新形象,使城市成为践行"绿水青山就是金山银山"新理念的样板地、模范生,开创"完整社区"共建、共治、共享新局面的新路径。

三是牢固坚持畅通为先和协调与平衡的新理念,充分发挥集中力量办大事的制度优势,抓住以项目为主要内容的重大工程,全面构建数据驱动、智慧赋能、平台助力的创新体系。要科学统筹城市与农村、沿海与内地、增量与存量、重点与次序等,从源头上避免盲目、重复、无效建设问题的出现;科学处理好不同区域之间客观存在的新型基础设施建设不平衡问题,突出解决后发区域由于建设迟滞而难以实现本应能够实现的弯道超车问题。要促使区域尽快建立多主体参与积蓄能量、多领域联动聚集要素、多维度筛选夯实项目、多资源链接引爆消费的现代化生产生活大平台,形成畅通产业、市场、经济、社会的生态化大循环新格局。新格局决定了需要通过三个规划期接续运行,不断开创新基建、新基础、新场景、新引擎、新开放、新高地、新消费、新平台、新服务、新机制的"十新"协调发展新局面;需要基本完成收入结构与消费结构、需求结构、价格结构、生产结构在一个平面上重新进行结构比合理排列的改革;需要引领消费线上线下形成从市场供给、消费生态、消费能力、消费环境的扩容提质,用全民"化学反应"促使内需持续释放,促使畅通为先的新型消费成为主导现代消费的主流性新场景、新形态、新模式(郭先登,2017)。

四、建设现代产业体系

现代化产业体系是构建新发展格局的关键环节。通过建设现代产业体系,增强有效供给以满足潜在有效需求并创造新需求,并以更高水平参与国际产业分工和国际竞争。推动产业协调发展,更好发挥国内需求升级在加快发展现代产业体系中的牵引作用。实体经济是中国经济发展的根基,是财富创造的源泉。实体经济发展得越好,对其他产业的带动作用就越强。要把做实做强做优实体经济,推动金融、房地产同实体经济均衡发展,促进农业、制造业、服务业、能源资源等产业门类关系协调,作为扩大国内需求的主战场。

(一)增强产业链、价值链韧性

坚持创新在中国现代化建设全局中的核心地位,把科技自立自强作为国家发展的战略支撑,增强对产业链、价值链的掌控力。

近年来出现的贸易保护主义上升、逆全球化动向,使全球分散布局的产业链的脆弱性凸显,由于不具备完整的国内产业链,一个国家会由于上游的断供而造成重要产业的生产难以为继。新冠肺炎疫情也一度使一些国家的生产和国际货运出现问题,造成全球产业链出现供应紧张甚至断供的局面。

在未来一段时期,世界经济形势仍然复杂严峻,面临较大的不稳定性不确定性。中国已经是世界第二大经济体和第一制造大国,但产业技术与世界领先水平仍存较大差距,产业整体处于全球价值链的中低端,缺少对全球产业链价值链的话语权和掌控力。一些高端装备、先进材料、核心零部件、重要科学仪器、工业软件等高技术产品严重依赖进口,很容易由于经贸摩擦、重大突发事件等造成重要投入品供应中断,给国民经济发展造成重大冲击。因此,中国在发挥比较优势、积极参与全球产业链分工的同时,需要更加重视产业链供应链的安全性,在发生外部供应中断时能够保持国内产业链的运转。

增强产业链的韧性、保持经济的平稳发展,在根本上需要提高对产业链价值链的掌控力,这就要求补短板与锻长板并举。补短板就是要缩小中国在重要产业链以及产业链关键环节与世界领先水平的差距,改变落后状况,减轻对国际供应链的依赖。锻长板就是形成若干在技术水平、产品性能上领先全球的领域,使中国成为该产品全球供应链中重要乃至不可替代的供应来源。短板的补齐可以使中国不再受制于人,长板的锻造可以使中国拥有"撒手锏",在面对外部断供时形成反制。

(二)推进产业基础高级化、产业链现代化

坚持自主可控、安全高效,分行业做好供应链战略设计和精准施策,推动全产业链优化升级;建设制造强国、质量强国、网络强国、数字中国。产业基础再造和产业链提升两者相辅相成、不可分割,必须系统谋划,统筹推进。要抓住全球产业链供应链调整的战略窗口期,加强顶层设计,夯实制造强国的根基和现代化经济体系的底盘,提升产业链供应链的稳定性、安全性和竞争力。

突出分工协作,形成定位清晰、高效协同的产学研创新体系。当前,中国技术创新体系存在基础研究能力薄弱、关键共性技术缺位和系统集成能力减弱等问题,必须深化科技体制改革,重塑专业化分工基础上的产学研合作新体系。加大基础研究投入。要推动政府研发投入聚焦基础研究领域,引导社会资金加大基础研究投入,力争将基础研究占研发投入比例从目前的5.5%左右提升至2025年的10%。调整现有创新主体的定位。可考虑按照专业化原则对现有国家重点实验室、国家工程实验室等进行重组,强化基础研究和应用研究的分工,明确高校(基础研究)、科研机构(关键共性技术研发)和企业(应用技术开发)等各类创新主体在创新链不同环节的功能定位,建立定位清晰、分工明确、协同有力的现代创新体系。支持设立一批机制灵活的新型研发机构。支持龙头企业联合高校、研究院所、金融机构以及产业链上下游,在关键优势领域建设类似鹏城实验室、北京协同创新研究院等新型创新平台,重点解决跨行业、跨领域的关键共性技术问题,填补基础研究和产业化技术创新之间的鸿沟,从全产业链角度梳理产品和技术的痛点,促进全产业链协同创新和产业链创新链融通创新。

突出融合共生,形成大中小企业上下游协同创新的产业生态。围绕"巩固、增强、提升、畅通"八字方针完善产业生态,强化科技、人才等要素支撑,支持上下游企业加强产业协同和技术合作攻关,构建融合共生、互动发展的协同机制,增强产业链韧性,提升产业链水平。支持大中小企业上下游协作。鼓励采取研发众包、"互联网＋平台"、大企业内部创业和构建企业生态圈等模式,促进大中小企业之间的业务协作、资源共享和系统集成,充分发挥大企业的主导作用、小企业的专业化优势和发展活力,通过大中小企业协同、上下游协作联动,形成良好的产业链互动合作机制。促进自主创新产品的市场应用。制定鼓励自主创新产品应用的一揽子政策,依托新基建等重大工程,构建产品技术支撑体系及应用场景,培育和完善自主可控的产业生态。充分发挥行业协会、产业联盟等中介组织"织网人"作用。支持行业协会等加强自身能力建设,推进资源统筹和整合工作,建立完善信息交流、人才培训、共性技术研发合作、标准制定和行业秩序规范的平台,做好产业组织协调和宣传引导等方面的支撑服务,密切产业链上下游关系,更好支持产业基础能力提升。

突出"专精特新",培育专注基础能力提升的企业群体。企业是提升产业基础能力和产业链现代化水平的重要载体。要围绕关键基础材料、基础装备和核心零部件、基础工业软件、基础技术和工艺等基础能力,铸造聚焦基础产品和技术研发生产的企业群体。大力发展专精特新中小企业。国际经验表明,产业基础能力大多掌握在专精特新中小企业手中。相比发达国家而言,中国这类企业数量并不多,应加大专精特新中小企业培育力度,以提升基础产品、关键基础材料、核心零部件研发制造能力和基础软件研发、先进基础工艺和尖端设计能力为目标,给予企业长周期持续稳定的支持,提升企业竞争力,争取打造一批"百年老店"。强化国企在产业基础能力提升中的责任。健全中央企业考核评价体系,建议把产业基础领域研发投入、产业基础能力提升和产业生态培育作为考核国企的重要指标,强化国企在承担国家重大和长远战略中的责任,在若干重大国家安全领域实施"备胎"计划,打造一批产业基础能力坚实的国家队。培育壮大产业链主导企业。抢抓机会窗口期,加快推进重点产业链和龙头企业复工达产,强化技术攻关,夯实基础能力,拓展市场空间,努力在新一代电子信息、生命健康、新能源、智能网联汽车等事关未来科技产业竞争制高点领域,培育壮大一批产业生态中具有重要影响力和主导作用的龙头企业。

突出人才引领,培育勇于科学探索和精益求精的人力资源。要提升产业基础高级化、产业链现代化水平,人才是基础所在。要根据产业发展需要,改革高技能人才培养模式,在全社会营造精益求精的工业文化,大力培养具有科学探索精神的从事基础研究的创新型人才和掌握先进制造技术的工程师和技能型产业工人。一方面,培养潜心科研、热爱探索的科学家和创新人员。通过体制机制创新,充分赋予科研人员决策权,把人的创造性活动从不合理的经费管理、人才评价等体制中解放出来,支持科研人员更加心无旁骛地勇攀科学高峰。另一方面,改革高技能人才培养模式。在这一过程中,既要发展高端职业教育,在高校引入技工职业资格证培训制度,又要支持企业与高校、科研院所及职业院校加强密切合作,创新"订单式"人才培养方式,打造一批高层次人才和高技能人才团队。

突出位势重构,打造具有更高附加值的全球化产业链。受新冠肺炎疫情冲击,全球产业链供应链面临重构,出现本地化、多元化、分散化趋势,这对中国产业链带来冲击。如何化危为机,需要更加精准的战略导向。稳住制造业基本盘。要加大力度有针对性地对中小企业进行扶持,落实好减税降费各项政策,加大企业稳岗补贴,帮助企业渡过难关。此外,还可考虑在中西部地区选择若干工业基础较好、承载空间较大的城市集中力量打造一批承接产业转移示范区,构建中国经济发展"新雁阵"。努力实现全球价值链分工地位跃升。以提高国际分工地位为核心,加大高附加值零部件环节的进口替代和本地化产业链配套,促进中国制造业向高级组装、核心零部件制造、研发设计、营销网络等分工阶梯攀升,提高产业链分工地位。鼓励优势企业利用创新、标准、专利等优势开展对外直接投资,在垂直分工中打造以我为主的国际化产业链。积极打造具有战略性和全局性的产业链。聚焦高端芯片、基础软件、生物医药、先进装备等影响产业竞争格局的重点领域,加快补齐相关领域的基础零部件、关键材料、先进工艺、产业技术等短板,培育壮大形成新兴优势产业集群。

突出改革创新,打造有效激发各类主体活力的制度环境。提升产业基础能力,必须破除制约要素自由流动、优化配置的藩篱,打造让各类主体活力迸发的制度环境。进一步深化改革。对标国际一流营商环境,清理废除妨碍统一市场形成和公平竞争的规定,建设统一开放、竞争有序的市场体系。加快培育技术、人才、数据等各类要素市场,促进要素自由流动,提高配置效率。通过深化改革,进一步降低制造业融资、人工、物流等成本,为产业链稳定发展营造良好环境。促进市场化创新,对于绝大部分科技和产业创新项目,要充分发挥市场力量,支持企业主体按照市场化运作方式推动创新;突出先行示范、效率优先,依托深圳、长三角等发达地区和华为等龙头企业重点突破产业基础瓶颈制约;对于极少数事关产业发展全局的战略性领域,探索建立新型举国体制,集中力量予以突破。持续推进开放合作,坚持独立自主和开放合作相互促进,继续大力推进中国企业、机构、高校与一些国家在科技、金融、人才等领域的合作,营造有利于产业发展的良好国际环境。

(三)锻造产业链供应链长板,补齐产业链供应链短板

锻造产业链供应链长板,打造新兴产业链;补齐产业链供应链短板,推动产业链供应链多元化。需要注意的是,补短板和锻长板并不是要脱离国际大循环而形成完全自给的产业链,而是要找准产业链的关键环节发力,解决产业链的稳定性和竞争力问题。产业链短板是既有产业差距的体现,这些产业往往发展历史长,产业竞争格局已经成型,要缩小差距既需要长期的科学技术、工程技术、管理能力积累,也需要打破领先企业已经形成的稳固生态格局,因此补短板需要较长时期的持续努力。锻长板不仅要在已有产业链的关键环节实现赶超和领跑,更要抓住新一轮科技革命和产业变革带来的历史性机遇。在新兴产业领域,世界各国大致处于相同的起跑线上,且颠覆性创新不断涌现,未来发展方向也具有很大的不确定性。通过发挥产业基础好、企业数量多、人才供给充裕、创新创业活跃、市场容量大等优势,中国有很大希望在新兴产业领域锻造若干产业链长板。

补短板和锻长板需要更多依靠科技创新,增强产业创新能力和科技水平,这就需要推动创新链、产业链、资金链、政策链的互动,形成推动产业创新升级发展的合

力。加大政府对科技创新的支持,并鼓励企业增加研发投入,在稳步提高研发投入总额在 GDP 中的占比的同时,显著提高基础研究和企业研发投入占 GDP 的比例,抢抓新科技革命涌现出的增长点,加快形成中国产业链长板和经济增长新动能。完善公平的市场竞争环境,强化竞争政策的基础性地位,让市场机制更好地发挥决定性作用。通过放宽市场准入、加强知识产权保护、严厉打击垄断和不正当竞争行为、改善中小企业和民营企业金融支持、完善创新创业环境等举措,进一步激发企业和个人的创新创业活力,加大对短板和长板领域的持续投入。加强对产业发展的市场拉动。产业技术的进步和产品质量性能的提高需要在生产过程、用户使用中实现。针对中国产业链的关键短板和重点培育锻造的长板,通过实施首台套、首批次和首版次政策,以及加大政府采购力度和推动新型基础设施建设投资等,为新技术新产品的工程化产业化提供市场支持,使其在产业化的过程中快速迭代、不断完善。坚持扩大开放和经济全球化的大方向不动摇。每一个国家都有自己的产业优势,只有充分利用全球资源,才能够生产出性能最优的产品;只有充分利用全球市场,才能够发挥规模经济,使产业更具竞争力。要进一步扩大国内产业的对外开放,吸引国外高科技企业投资设厂、设立研发中心;加强国际协商合作,维护以规则为基础的多边贸易体制;推进与世界主要经济体及中国主要贸易伙伴的谈判,加快促进贸易和投资自由化便利化的自贸区建设;继续推进"一带一路"建设,深化与沿线国家和地区的经贸合作。

(四)优化区域产业链布局

当前中国区域发展形势是好的,同时经济发展的空间结构正在发生深刻变化,中心城市和城市群正在成为承载发展要素的主要空间形式。在新形势下促进区域协调发展,要按照客观经济规律调整完善区域政策体系,发挥各地区比较优势,促进各类要素合理流动和高效集聚,增强创新发展动力,加快构建高质量发展的动力系统;增强中心城市和城市群等经济发展优势区域的经济和人口承载能力,增强其他地区在保障粮食安全、生态安全、边疆安全等方面的功能。要保障民生底线,推进基本公共服务均等化,在发展中营造平衡。

五、 参与更高水平国际产业分工

在新发展格局下,面对国际分工体系的大调整与大变革,中国要树立更加理性、更加宏大、更加包容的世界观,坚持和平发展,坚持互利共赢,推动构建人类命运共同体,着眼于新体系、新秩序构建的合作效应。从融入既有分工体系转向携手构建一个新型分工体系,努力建立一个更为多元、更有活力、更加公平的国际分工新秩序;从被世界包容到包容世界,继而通过双向包容实现更高水平的合作共赢。中国要立足国际分工演进规律,统筹思考参与国际分工的新目标、新优势、新角色,更好把握分工重构的主动权与合作发展的新机遇。

坚持多边主义,在国际和区域空间维度参与并推动全球经济治理变革。深度参与更高水平的大国分工竞合,不断优化国内经济发展的制度环境,借助自由贸易区、自由贸易港以及双边、区域和多边合作平台,推动开放合作中的制度创新,以达成更高水平的规则共识,在高质量发展中不断增强对全球发展的制度供给力和价值辐射力。凸显中国作为全球先进要素价值创造分享中心的独特地位。发挥大国产业体系特殊的安全保障效应,为全球产业链供应链安全提供保障,推动国际分工体系在国内区域及产业维度上的延伸,实现国内分工体系与国际分工体系的融合互动。

(一)构建双向开放新格局

面对国际格局的深刻变化,中国要充分利用大国优势,积极参与全球经济治理体系变革,主动营造外部环境。同时,要适应中国比较优势转换,充分发挥本土市场优势、人力资本优势、基础设施和产业配套优势,加快体制机制的改革创新,大力吸引全球生产与创新资源、高端制造与现代服务产业,增强创新能力,培育参与国际竞争的新优势,进一步提升中国在全球价值链中的地位和国际影响力,确保2035年基本实现社会主义现代化。

牢牢把握住以信息技术为代表的新技术革命和绿色发展带来的机遇。中国在新技术领域具备良好的创新发展基础,加上政府重视和社会积极投入,未来15年,数字技术、能源技术和绿色技术革命为中国实现"弯道超车"提供了难得的机遇。要发挥好市场规模巨大、人力资源丰富、产业基础完备等优势,弥补制度短板,克服面临的挑战,鼓励产业创新,力争走一条从应用创新到原始创新演进的新道路,实现跨越式发展,甚至赶超。

加强重点领域的技术创新。加强数字技术基础设施建设,加快推动云、网、端等数字基础设施建设,提高数字基础设施普及水平。加快推进工业互联网平台建设和推广。加强网络安全、数字标准、知识产权保护、数字主权等领域的全球合作。大力推进可再生能源、电动汽车和能源数字化技术创新、商业模式创新及政府管理体制改革,并为世界能源变革提供可靠产品、解决方案和治理方案,引领全球能源变革。加快环境保护和循环发展重大共性技术并突破瓶颈式技术装备研发,构建市场导向的绿色技术创新体系。

不断提高科技创新能力。推进科技供给侧结构性改革,使科技创新模式从需求驱动转向需求和供给交互驱动,提升原始创新能力,在部分领域实现前瞻性、原创性、引领性重大科技突破,逐步从科学技术的"跟随者""追赶者""并跑者"向"创新者""领跑者"转变。围绕新兴技术领域,实施国家重大科技项目,突出关键共性技术、前沿引领技术、现代工程技术、颠覆性技术创新,在应用基础领域实现跨越式发展。

打造良好的产业创新发展环境。发挥中国市场巨大的优势,坚持走从应用创新向原始创新演进的创新道路,破除传统制度障碍,积极构建与新技术革命相适应的产业发展制度,建立适应创新发展的良好市场监管制度,支持创新创业,促进科技成果应用,加快新一轮技术革命在中国"落地生根,开花结果"。

推动人力资源和教育市场的适应性改革。根据新一轮技术革命的人力资源需求,加快科技体制和教育改革,培育创新型人才,激励人才创新。针对人口年龄结构和数字化需求,设计过渡计划,构建终生学习体系,加强职业培训,适应新技术革命引发工种变动新需求。

积极构建高水平的开放创新体系,在全球范围内整合创新资源。为了迎接新技术革命下的高水平国际竞争、融入全球化科技创新,亟须建立良好的国际科技交流合作环境和与国际接轨的创新环境,吸引和集聚人才、技术和资本等国际高端创新要素。面向未来新技术革命和高质量发展对创新提出的更高要求,为全球科技创新中心建设营造良好的环境,包括建立和完善与吸引一流海外创新人才相配套的税收、医疗等制度。加强企业整合全球创新资源的能力,培育世界级创新型企业。

着眼提升产业国际竞争力,着力推进关键领域市场化改革。着力推进产业国际竞争力升级。充分利用新技术革命的成果,加快推进传统劳动密集型产业转型升级,正确处理转型与转移的关系,构造以我为主的国际分工体系;在资本、技术密集领域实施开放发展新战略,以扩大开放和深化改革为动力,加速提升资本和技术密集型制造业、服务业的国际竞争力。积极推进关键生产要素的市场化改革。深入开展电力管理体制、油气管理体制、户籍管理制度、财税管理体制、金融管理体制,破除体制机制障碍,挖掘要素成本下降的空间,培育产业国际竞争新优势。

加快重点领域的市场化改革。一是在基础设施领域引入市场竞争,加强对自然垄断性质基础设施的规制。二是通过培育绿色信贷、绿色保险、绿色债券、绿色股票、公募私募基金等多种绿色金融产品,形成成熟稳定的绿色金融市场,将环保成本内在化,并嵌入社会生产全过程。三是加快推动公共数据开放,建立良好的数据流通制度,使数字化进程中的企业竞争更加公平。

（二）实行高标准开放

以国内大循环为主体,决不是搞封闭的国内循环,而是开放的国内国际双循环。有观点认为,内向型经济的特点是筑起贸易保护壁垒,促进进口替代,造成进口萎缩;外向型经济的特点是推动贸易自由化和便利化,实施出口导向战略;开放型经济的特点是贸易政策既不偏向出口,也不偏向进口,既不偏向外商投资企业,也不偏向国内生产者和投资者,而是由市场机制选择优胜者。实践证明,以国内大循环为主体是符合经济规律的,世界上凡是大国都是以内循环为主体的,大多更重视国内需求,依靠国内需求支撑其整体经济发展并带动进口需求。

世界上凡是开放大国都是国内国际双循环相互促进的。有能力高水平驾驭

"两个市场、两种资源",有实力牢牢把握国际市场上的话语权、定价权和影响力,有责任发挥全球公共产品供给、国际宏观经济政策协调和多边规则体系形成作用的,才是开放大国。面向未来,中国在世界经济中的地位将持续上升,同世界经济的联系会更加紧密,为其他国家提供的市场机会将更加广阔,成为吸引国际商品和要素资源的巨大引力场。中国要全面提高对外开放水平,建设更高水平开放型经济新体制,形成国际合作和竞争新优势。

加快推进高水平对外开放。一是进一步提升对外开放层次和水平。进一步扩大服务业和高端制造业开放水平,完善外商投资环境。不断提高贸易投资便利化水平,主动降低关税。对标国际高标准经贸规则,进一步提升自贸试验区开放水平,充分发挥自贸试验区的压力测试和先行先试作用,并加快创新经验的复制推广,不断增强自贸试验区的辐射带动作用。二是加快构建开放型经济新体制。对外商直接投资实施准入前国民待遇加负面清单的管理体制,建立健全事中事后监管体制建设;完善安全审查制度和风险防范体系;提升地方更大的自主权和创新空间,充分发挥地方在体制机制改革创新中的积极性和创造性。三是加强法律法规与能力建设,为扩大开放提供支撑与保障。完善国际宏观经济政策协调的国内协调机制;加强对外谈判的组织协调机制,通过提升授权与沟通协调的层级,提高工作效率;完善涉外经济管理体制改革与重大涉外谈判的第三方评估机制;大力加强应对贸易摩擦的能力建设,积极应对经贸摩擦长期化、常态化趋势。

积极稳妥参与全球经济治理。参与全球经济治理,需保持战略定力,力争为国内发展赢得更长战略机遇期和有利的外部环境。可选择国际合作需求迫切、与中国实力能力和现实需求相匹配的领域等作为重点,推进全球经济治理体系的改革完善,提升中国制度性话语权。对于符合经济全球化深入发展需要的现存体系和规则,要维护其权威,通过改革完善并加以利用。例如,多边体制对维护国际经贸秩序良性发展不可或缺,需坚定维护基于规则的、开放公平、透明可预测、包容非歧视的多边贸易体制主导地位,维护开放性世界经济和自由贸易体系,提高其有效性和灵活性。积极参与国际合作新机制的建设,不断完善金砖合作机制,积极推进发展中国家关注的发展议题和 2030 年后发展议程的落实,在新经济、新模式、绿色发展等领域积极参与全球规则的制定。需注意,不另起炉灶,不挑战现有全球经济治理体系与经贸规则,不划分势力范围。

第六节　新发展格局带来崭新局面

一、促进经济发展

(一)保持相当时间稳定的增长

首先,GDP 和人均 GDP 趋于稳定上升状态。从发展成果来看,中国成为世界上最有经济影响力的经济体之一,但仍属于发展中国家。目前,高收入发达国家的人均 GDP 大约在 40 000 美元,中国的人均 GDP 则仍为上中等收入国家的水准,2016 年为 8 260 美元。世界银行高收入国家的下限目前是 12 235 美元,中国目前存在着一定的差距,尤其是与美国相比,还存在较大的差距。这种发展上的差距正是中国的比较优势,在供给方面,中国可以利用具有竞争力的生产要素和其他优越条件来更好地发展生产;在需求方面,由于中国整体生活水平尤其是物质水平与发达国家比仍存在差距,这就意味着还有更大的潜在市场需求,而不断满足这种需求的过程正是中国实现进一步经济增长和推进全面现代化建设的过程。

对于现代化进程而言,中国也面临着经济发展的创新瓶颈,科技创新能力薄弱已经成为中国经济高质量发展的"阿喀琉斯之踵"。虽然中国科技创新能力不断提升,已经成为研发人员投入第一大国、经费投入第二大国,但是以"工业四基"为代表的产业基础能力高级化和产业链现代化水平亟待提升,存在大量的"卡脖子"技术,技术体系中相当多的关键核心技术依赖国外。这种关键核心技术的依存性不能有效突破,直接制约着中国新发展阶段的经济高质量发展和中国现代化进程的推进。在 2018 年中美贸易摩擦、2020 年新冠肺炎疫情冲击以及经济全球化强势逆流背景下,这种关键核心技术依附性突破的必要性和急迫性更加凸显。习近平总书记指出,新发展格局的本质特征是高水平的自立自强,必须更强调自主创新,这意味着构建新发展格局是一种立足于以畅通国内经济大循环为主、寻求突破关键核心技术"依附性"的经济现代化模式,在一定程度上是对低成本出口导向型工业化发展模式的扬弃。当然,构建新发展格局,要实行高水平对外开放,重视以国际循环提升国内大循环效率和水平,塑造中国参与国际合作和竞争新优势,改善中国生产要素质量和配置水平,推动中国创新能力提升和产业转型升级。也就是说,构建新发展格局,是要在经济全球化下实现关键核心技术"依附性"突破、具有中国特色的经济现代化模式。

其次,地方政府经济增长目标趋于理性化。双循环新发展格局的思想已经在学界、经济界和政界广泛传播,但大家对双循环的概念仍有不同理解。有人认为这是一种增长范式的调整或者根本性转变。有人认为以国内大循环为主体,只是强调今后的经济发展更加注重内需,包括提高国内消费在 GDP 中的占比。有人强调双循环的重点在于循环,就是要打通国内国际各种梗阻。还有人强调国际国内双循环是要强化供给侧结构性改革,完善国内统一大市场等。但说到底,国内国际双循环、以国内大循环为主体的思想,是中国发展战略的调整,其中最重要的就是有利于构建以高质量发展为目标的政绩考核指标体系。以 GDP 为核心的考核机制激励地方政府为了追求政绩而制定较高的增长目标并对经济过度干预,过分追求经济增长速度而忽略了经济发展质量。图 4.13 所示为 2005—2018 年中国部分省份(自治区/直辖市)的经济增长目标,可以看出,相当一部分省份的经济增长目标经历了从快速提高到逐渐下降,再到趋于平稳的过程。构建以高质量发展为目标的政绩考核指标体系,使地方政府在追求地方经济增长的同时兼顾生态环境以及民生福利,则有望"推动经济发展质量变革、效率变革、动力变革,提高全要素生产率",实现高质量发展,满足人民日益增长的美好生活需要。党的十九届四中全会为经济高质量发展提供了制度支撑,明确指出,"坚持党管干部原则,落实好干部标准,树立正确用人导向,把制度执行力和治理能力作为干部选拔任用、考核评价的重要依据"。

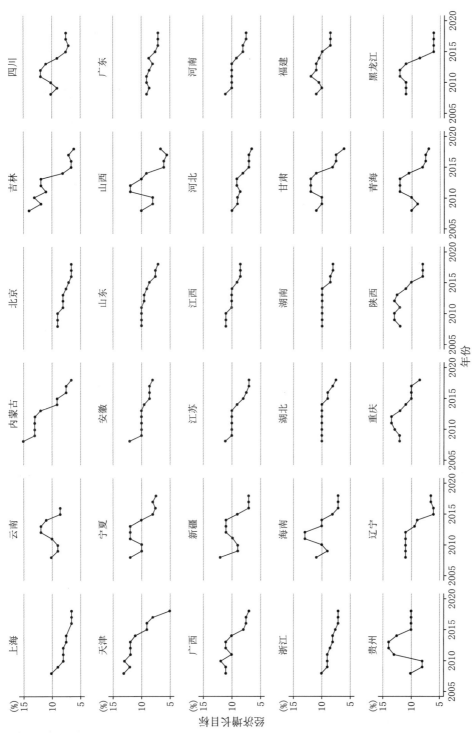

图 4.13　2008—2018 年中国部分省份（自治区/直辖市）经济增长目标

资料来源：作者测算。

(二) 促进高质量发展

首先,从高速度增长向高质量发展转型。党的十九大提出中国特色社会主义进入了新时代,强调经济从高速增长向高质量发展转变,并提出"我国社会主要矛盾已经转化为人民日益增长的美好生活需要和不平衡不充分的发展之间的矛盾"。一方面,改革开放以来高增长的背后一定程度上存在着高消耗、高污染和高杠杆。而且,居民收入差距不断扩大,基尼系数已经长期处于0.4以上,高于世界银行的警戒线。另一方面,关键技术缺乏、地区发展失衡、城乡二元结构等不平衡不充分问题凸显。近年来,供给侧结构性改革取得了阶段性成果,"去产能、去库存、去杠杆"有了重大进展,但成本问题和短板问题依然是摆在眼前的长期问题,推进结构性改革,发挥市场机制作用,形成可持续发展格局重要性日益凸显,也将成为供给侧结构性改革的重点。同时,中国对外开放也进入了瓶颈期。在全球化过程中,国与国之间的竞争与合作并存,中国只有做好自己的事,提升本国价值,才能在全球化中获得更大的合作空间,而这正需要畅通国内大循环,进而形成国内国际双循环相互促进的新发展格局。

其次,从要素驱动增长转向全要素生产率驱动型增长。进入新时代,中国经济高速增长已结束,面对新变局,破题的关键是回归到全要素生产率(TFP)这个经济学最核心的概念上。首先,现在中国的工业化进程基本已经结束,到了2035年,服务业的占比会达到65%,在服务业主导的后工业化时代,全要素生产率保持较高的增速不太符合过去产业发展的规律(图4.14)。因此,依靠服务业、农业为全要素生产提供较高增速的难度非常大。此外,从投资角度来看,在过去40多年的发展中,中国依靠投资拉动增长的方法屡试不爽,未来中国也有很大的投资空间,但面临着如何融资的问题。而随着新发展格局的形成,全要素生产率的提升将会进一步加快,因为在此过程中,受益于全球一体化背景下数字转型和产业互联网的驱动,新一轮产业变革将会实现,这是一个再工业化过程,而这可以给全要素生产率带来提升空间。此外,在畅通国内大循环中,新型基础设施建设对中国企业赋能作用将充分显现,目前中国的基础设置建设主要是高速公路、铁路等,而国内大循环背景下

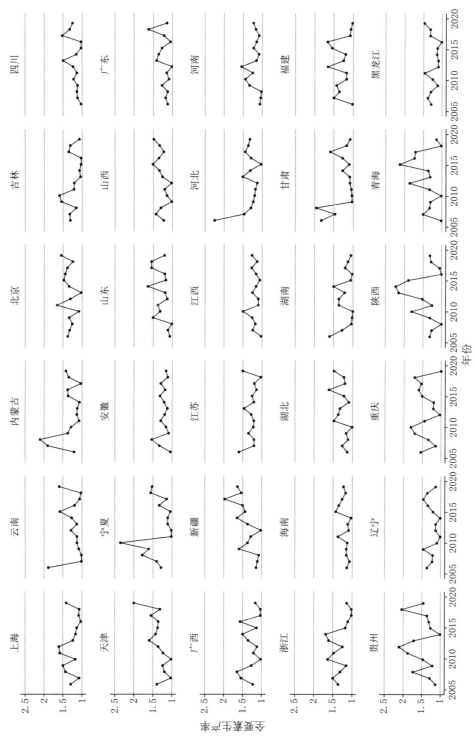

图 4.14　2005—2020 年中国部分省份（自治区/直辖市）全要素生产率

资料来源：作者自行测算。

围绕产业互联网的变革所需要配套的基础设施,比如说5G基站、云计算设备等,将成为中国全要素生产率提升的重要支撑(沈坤荣、赵倩,2020)。

此外,无论是国内大循环还是国内国际双循环,随着贸易壁垒降低和开放型经济建设,中国区域间全要素生产率也将迅速提升,因为竞争的市场结构和完善的市场体系能使生产要素自由流动,而贸易的开展又使得生产要素得以在更大的空间内流动,提高要素的使用效率和边际产出水平。健全的市场体系能使信息在各类经济主体之间顺畅流动。出口企业能较为容易地获得出口市场信息,又将该信息通过生产、交换和投资上的联系逐步传导给非出口部门。根据比较优势理论,一国在国际交换中确立其比较优势的前提条件是要素能自由流动,只有在这种情况下,资源才能集中到效益较高的出口部门,从而提高整体生产率。如图4.14所示,2005—2020年中国省级全要素生产率处于波动状态,但近年来随着高质量发展理念和双循环发展格局的初步建立,大部分省份的全要素生产率趋于稳定上升状态。

二、 提升产业能级

以国内大循环为主体并非应急之策,而是适应经济发展阶段变化的长期战略。过去,中国主要依靠外延式增长打造完整产业体系,使经济规模迅速扩大;发展到今天,必须依靠内涵式增长,通过全要素生产率的提升来实现经济高质量发展。从长期来看,以国内大循环为主体、贯彻新发展理念,是实现经济高质量发展的重要手段。通过持续健康发展实体经济,优化生产要素配置,打造现代产业体系,来实现产业结构的调整和升级,提升产业集聚的广度和深度,推动产业能级的稳步提升。

(一)巩固壮大实体经济根基

实体经济直接创造物质财富,是社会生产力的直接体现,也是一个国家综合国力的基础。近年来,受经济发展方式转型等多重因素影响,中国实体经济发展遭遇瓶颈。党中央、国务院一再强调要促进实体经济转型升级和提质增效,提出要加快新旧动能平稳接续、协同发力,促进覆盖一二三产业的实体经济蓬勃发展。

当前实体经济发展困难主要表现在企业数量增长放缓、规模以上工业增加值增长速度下降、企业效益下滑等方面。此外,一些领域的实体经济产能过剩。在经济运行中,存在所谓"实体经济不实,虚拟经济太虚"的失衡现象。实体经济"脱实向虚"的根本原因,是实体经济投资回报率偏低,致使企业资金流入房地产、金融等领域,企业对实体投资意愿不强。

建设现代化经济体系的当务之急是通过供给侧结构性改革提高实体经济供给质量,形成实体经济与科技创新、现代金融、人力资源协同发展的产业体系。

一是加强实体经济与科技创新协同发展。积极运用新技术改造提升传统产业,加强新经济与传统经济的深度融合,加快突破制约实体经济转型升级的研发设计、供应链管理、品牌培育、营销等关键环节,加快实体经济价值链升级、禀赋升级、载体升级。积极培育壮大战略性新兴产业,重点发展前景好、容量大、效益高的新产业,新技术,新业态,新模式,着力推动产业价值链由低端环节向高端环节深化延伸。要运用互联网、大数据、人工智能等现代技术,推动生产、管理和营销模式变革,加快促进新技术和新兴产业交叉渗透融合,推动基于网络化、智慧化的多元产业跨界融合,积极培育由于新兴信息技术与传统优势产业融合、新兴信息技术与其他高技术产业交叉融合而衍生的新兴产业和新兴业态,形成多元化、多层次、多形式、多渠道产业融合发展的新模式。

二是鼓励企业产融结合。通过产融结合,可以降低商业信用使用,推动降低企业债务成本,提高毛利率,进而推动企业提质增效。政策在鼓励产融结合的同时,也应防范可能的风险。具体而言,部分企业持股金融机构之目的不是单纯提高自身经营水平,而是获得更多资金支持,便于促进对外投资或资本运作。在鼓励以促进经营为目的的产融结合的同时,也应该防范脱离主业、资本运作型产融结合;并且应加强金融机构的治理机制建设,提高关联交易的披露要求,加大对金融机构与股东之间信贷、往来款的监督。

三是补齐人力资源短板。必须站在实现"两个一百年"奋斗目标和中华民族伟大复兴的高起点上,站在建设现代化经济体系的着力点上,全面重视人力资源在建设协同发展产业体系中的作用,采取一切措施补齐人力资源短板,为经济转型升级提供人才保障。深化人力资源供给侧结构性改革,在人力资源领域去产能、补短板、提质量。推进人才培养由规模增长向质量增长的转化,坚持人才培养质量第一的原则,保障人力资源实现有效供给。建立引导人力资源向实体经济集聚的体制机制。抑制利润失衡、薪酬失衡、福利待遇失衡等乱象,扭转人才流动"脱实向虚"的倾向。加强对实体经济人力资本投资的监管,保证职工教育经费足额用在职工培训上,促进人力资本投资持续增长和人力资源素质持续提高。

（二）优化产业链水平

优化产业链供应链现代化水平是形成以国内大循环为主体、国内国际双循环相互促进的新发展格局的必然要求。创新能力不足、产业链供应链现代化水平不高造成中国现阶段国内大市场循环供给质量不高,不能有效满足消费者对消费品转型升级的要求,使得生产和消费之间、供给和需求之间不能很好地实现动态匹配。在新发展格局下,提升产业基础高级化水平和产业链现代化水平,是提升供给质量、打通国民经济循环堵点的关键。

一般而言,现代化产业链一般具有以下特征:强大的创新能力、高端的引领能力、坚实的基础能力、良好的协同能力、较强的全球产业链控制力和治理能力、较高的盈利能力、完善的要素支撑能力,以及可持续的绿色发展能力。从产业技术来看,产业链关键环节的核心技术能自主可控;从供应体系来看,产业供应链灵活高效,具有较强的韧性和抗冲击能力;从控制力来看,本国头部厂商具有较强的垂直整合能力,能够在全球范围内配置资源和市场网络;从盈利能力来看,企业具有较强的价值创造能力,整体处于产业价值链的中高端;从发展的可持续性看,能够实现资源节约集约、环境友好发展;从要素支撑来看,产业链、技术链、资金链、人才链深度链接,能够为产业链现代化提供关键支撑。

经过 70 多年的努力,中国从一个"一穷二白"的农业国跃升为全球第一工业制造大国,建立了世界上最完整的工业体系,多种产品产量位居世界首位,部分领域实现重大创新突破,绿色发展方式加快形成,体制机制改革取得显著成效,产业国际化水平大幅提升,取得了举世瞩目的成就。但就产业基础能力、关键环节控制能力、产业链现代化等方面而言,中国产业发展水平较美国和西欧发达国家还有一定差距。推进产业链现代化是一项任务艰巨的系统工程,要深刻认识加快产业基础能力提升、促进产业链升级、提高全球产业分工地位的紧迫性,深化对产业链现代化规律的认识,理清思路,夯实产业基础能力,加快培育产业生态主导企业和具有"撒手锏"的零部件供应企业,提升产业链控制力和主导能力,促进产业链联动发展,打好产业基础高级化、产业链现代化攻坚战。推进中国产业链现代化,应抓好四方面的重点任务。

第一,夯实产业基础能力,补齐产业链的短板环节。当前,中国产业链水平和欧美发达国家的差距主要集中在产业基础能力方面,具体包括底层工业数据和设计软件、研发设备、测试仪器、关键零部件和材料等。为此,应重点加大对基础零部件、关键材料、工业软件、检验检测平台和新型基础设施等领域的投入力度,积极探索新型举国体制,进一步调动国内产业力量,强化协同,组织实施产业基础能力攻关工程,推动重大示范工程实施,加快补齐产业基础短板。适应5G、人工智能、智能网联汽车、量子通信、数字经济、基因检测、电子商务、在线医疗、远程教育等产业发展需求,加快建设信息网络基础设施、智能应用场景、工业互联网平台、大数据中心、新能源汽车充电桩、智慧化交通基础设施、生物种植资源库等基础设施,加快构建以新一代信息技术和以数字化为核心的新型基础设施,支撑制造业数字化、网络化、智能化、绿色化发展。

第二,提升产业链控制力和主导能力。产业链控制的基本形态有三种:全产业链控制、关键环节控制、标准和核心技术控制。全产业链控制的企业一般为产业链主导企业,主要通过契约方式组建产业链合作联盟,通过优化联盟内协作机制提升产业链绩效,或者通过核心能力培育,增强对产业链上下游其他产业的影响力,构建动态的产业链合作关系。关键环节控制更多地植根于自身核心能力的培育,需要利用自身更好的成本控制能力和竞争优势掌握话语权。标准和核心技术控制则通过技术创新和产业发展之间的互补互促效应进行,拥有标准和核心技术的企业则在提升产业发展层次过程中进行市场控制和利润获取。由此可见,产业生态主导企业和具有"撒手锏"的零部件供应企业是决定产业链控制能力的关键。提升产业链控制力的核心是以企业和企业家为主体,培育产业生态主导企业和核心零部件企业,增强全产业链、关键环节、标准和核心技术的控制力,实现自主可控、安全高效的目标。要着力弘扬敢于进取、创新创业的企业家精神,积极营造有利于企业家创新创业的良好环境,调动企业家干事创业的积极性,增强企业家投身实体经济的信心,支持实体经济企业做大做强。要激发国有企业、现代科研院所和新型研发机构创新活力,建立适应重大技术攻关和产业链主导企业培育的考核评价体系,加快提升核心竞争力。同时,加大对"专精特新"中小企业的支持力度,鼓励中小企业参与产业关键共性技术研究开发,持续提升企业创新能力,加快培育若干"单项冠军"企业。强化创新企业培育,把发展培育壮大创新型企业放在更加突出的位置,打造数量多、质量优、潜力大、成长快的创新型企业集群。

第三,促进产业链联动发展。一是促进产业链上下游联动发展,支持上下游企业加强产业协同和技术合作攻关,促进服务业和制造业深度融合发展,增强产业链韧性,提升产业链水平。二是促进供需联动发展,围绕"巩固、增强、提升、畅通"八字方针,提高供给质量和效率,打造具有战略性和全局性的产业链,注重发挥人口和超大规模市场规模优势,以庞大的国内需求倒逼产业转型升级。三是促进内外联动发展,坚持独立自主和开放合作相互促进,促进国内标准和国际标准衔接,推动全球创新成果在中国的孵化转化和应用,在开放合作中形成更强创新力、更高附加值的产业链。四是促进产业链、价值链、创新链联动发展,加强产业化、市场化联动,建立共性技术平台,促进成果转化应用,打造"政产学研资"紧密合作的创新生态,解决跨行业、跨领域的关键共性技术问题。五是促进要素协同联动发展,坚持政府引导和市场机制相结合,强化实体经济发展导向,以产业政策、财政政策、金融政策、人才政策、贸易政策等协同为保障,促进科技创新、现代金融、人力资源等要素资源顺畅流动,加快构建以信息、技术、知识、人才等新要素为支撑的新优势。六是促进中央与地方的联动,充分调动地方积极性,聚焦 5G、人工智能、高端装备、汽车、家电、纺织服装等重点领域,建设一批有影响力的世界级产业集群,将产业链现代化攻坚战的决策部署落到实处。

第四,提升产业链整体效率。当前,中国产业特别是制造业体量规模已经领先全球,下一步产业发展的重点是提升质量和效率。进一步完善产业链生态体系,重点是促进产业链上下游和基础材料、核心零部件、关键设备、研发设计、生产制造和市场应用的协同。积极利用信息技术改造传统产业,推广应用智慧供应链管理和工业互联网平台,推动工业全产业链、全价值链的信息交叉和智能协作,促进上下游供应链灵活高效配置和低成本资源协同。鼓励企业应用大数据技术提升研发制造、供应链管理、营销服务等环节的智能决策水平和经营效率,实现产业转型升级,促进形成具有更高生产率的现代产业体系。

(三)促进先进制造业和现代服务业深度融合

打造有利于先进制造业与现代服务业深度融合的市场环境。良好市场环境是推动先进制造业和现代服务业深度融合的重要支撑。一是加快建设统一完善的市场体系,破除行业之间、区域之间的市场壁垒,降低产业融合所需要的要素流动成本,提高资源配置效率。二是通过深化"放管服"改革加强法治政府、诚信政府建设,切实保护知识产权,营造有利于激发企业家精神、保障企业家守法创新的法治环境。三是加大对先进制造业与现代服务业融合的政策支持,从财政、税收、人才、金融等多方面发力,努力实现精准支持,解决产业融合发展中的各种困难。

鼓励制造业企业向服务型制造转型。服务型制造具有先进制造业与现代服务业深度融合的特征,是制造业发展方向。当前和今后一段时期,应进一步加大政策的支持力度,为先进制造业企业向服务型制造转型创造有利条件。一是完善工业互联网网络体系顶层设计,尽快制定工业互联网的相关技术标准和服务规范。二是建设以先进制造业企业为中心的网络化协同制造服务体系,鼓励先进制造业企业提升信息化水平,推动制造业企业与软件信息企业、互联网企业跨界融合。三是给予一定的政策支持,鼓励先进制造业企业加大创新力度,对运营流程和环节进行重构,加大技术研发、市场服务等方面的创新力度,整合资源优势,提供专业化、系统化、集成化的系统解决方案,开展在检验检测、供应链管理、专业维修维护等领域的总集成总承包工作。四是尽快破除相关制度障碍,从产业融合的角度出发促进先进制造业与现代服务业的政策协调和资源整合。

搭建先进制造业与现代服务业融合发展的载体和平台。一是建设先进制造业与现代服务业融合发展的技术服务平台,为产业融合提供研发设计、协同技术创新等公共技术服务,推动产业融合相关技术创新。二是建设先进制造业与现代服务业融合发展的产业协作平台。建设先进制造业相关上下游企业和现代服务业企业的产业联盟,推动数据信息共享和网络协同制造,提供各类配套服务,为产业融合提供信息数据支持、应用支持和标准支持。三是建设先进制造业与现代服务业融合发展的综合服务平台。扶持地方政府建设综合服务平台,为产业融合发展提供金融、法律、会计、咨询等综合服务,整合各类资源,提高服务水平,创新服务手段,降低企业融合发展成本。四是建设先进制造业与现代服务业融合发展的国际交流平台。鼓励有实力的先进制造业企业面向全球布局产业融合网络,利用国际资源,借鉴吸收国际先进经验和先进技术,推动中国产品、服务和标准"走出去"。

三、 促进自主创新能力提升

从中国创新指数来看,中国创新能力有了较大提升(如图 4.15),但从国际大环境来看,中国在关键领域和核心技术上依然受制于欧美发达国家。世界经验和中国实践都深刻表明,自主创新已经成为关乎国家命运和核心竞争力的决定性力量。下好创新"先手棋"既是顺应全球竞争博弈大势的要求,也是中国所处发展阶段的必然选择。唯有坚定不移走中国特色自主创新道路,把科技创新摆在国家发展全局的核心位置,才能有效增强国家核心竞争力,把创新的主动权和发展的主动权牢牢掌握在自己手中。

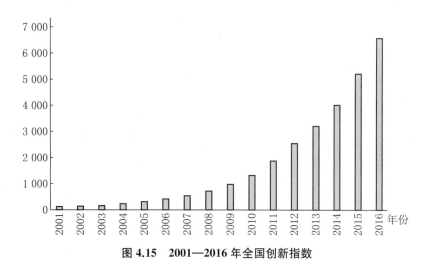

图 4.15　2001—2016 年全国创新指数

注：全国创新指数以 2001 年为 100 计算得出。
资料来源：《中国城市和产业创新能力报告 2017》。

（一）形成自主创新的新动能

新动能是推动新经济发展的核心驱动力，也是中国经济实现高质量发展的重要路径。随着科技创新的不断发展，以创新为引领和主要支撑的经济体系和发展模式加快形成，一大批新模式、新业态、新经济快速发展。新动能保持高速增长，对经济发展的引领支撑作用进一步凸显，开辟了中国经济增长的新空间，成为推动经济转型升级、提质增效、行稳致远的重要力量。

加快培育"三新"经济。大力培育新产业、新业态、新商业模式的"三新"经济，提高"三新"经济增加值在 GDP 中的占比。壮大新业态，继续鼓励数字经济、人工智能、5G 新基建、机器人、量子技术、新能源汽车、工业互联网、互联网金融、无人驾驶、在线教育、云办公等新业态的推广与发展，为"三新"经济提供产业发展空间。在推进"三新经济"的同时，不断将互联网、人工智能、数字技术与传统产业相融合，进行产业智能化改造，利用新技术和技术创新提升传统产业，让旧动能焕发新的生机。

持续优化营商环境。按照"无事不扰，有求必应"的原则，对标国际一流营商环境，深化商事制度和投资贸易便利化改革，强化知识产权保护，完善社会信用体系，改革完善公平竞争审查制度和公正监管制度,营造对各类主体一视同仁的公平公正市场环境。适应新兴产业发展需要,及时调整智能网联汽车、基因免疫治疗、人工智能等领域相关政策法规及行业标准,建立适应技术更迭和产业变革要求的标准动态调整机制和快速响应机制,营造更加适宜的创新生态,用高效率的服务为企业创新赢得更多机遇。

加强新兴产业集群建设。优先培育和大力发展一批国家级战略性新兴产业集群,形成高价值专利集聚区。一是营造良好的产业生态。通过加强规划引导,加强集群内部协同创新,形成企业、院所、高校战略联盟,构建产学研合作长效机制,建设若干资源共享、优势互补的区域共性技术服务平台,强化金融扶持等,增强集群创新能力。二是构建多元服务支撑平台。加强标准、计量、检验检测、认证认可等质量基础设施建设。推动高校和科研院所联合地方政府、企业、协会、金融机构等实施产业链合作伙伴计划,建设产业创新公共服务综合体。三是优化管理服务。建立产业集群地图、关键核心技术路线图、金融支撑机构名录表、重点项目储备库、领军企业库、优质中小企业库、产学研金人才库等"两图一表四库",做好发展动态监测。

探索国际合作新模式。通过全球资源利用、业务流程再造、产业链整合等方式,提升中国产业发展全球位势和分工地位,以高水平开放释放新旧动能转换潜力。借助"一带一路"国际合作高峰论坛,宣传推介中国促进新旧动能转换的理念,推动中国新技术、新业态在国际上获得更多认同。以"一带一路"沿线国家和地区为重点,发挥中国高铁、共享经济、电子商务等领域新动能发展优势,借助人工智能、电子商务对传统产业的整合作用,推动中国农业、工业、能源等产能"走出去",建设一批境外合作区、科技园区,构建以中国为主的全球产业链和价值链。

(二)夯实自主创新的基础

自主创新能力需要夯实研发、人力、组织、社会等基础。通过建立近中远期相结合、多层次自主创新战略体系,深入推进科技体制改革,构建高技术产业自主创新体系;加强人才培养,建设创新型人才队伍;完善自主创新激励机制,加强对知识产权的管理和保护；营造良好的自主创新氛围，从而有助于促进科技创新与实体经济深度融合，更好发挥创新驱动发展作用。

夯实高技术产业自主创新制度基础。夯实以企业为主体、市场为导向、产学研相结合的技术创新制度基础。要按照国家科技体制改革的总体部署，充分运用市场机制解决科技与经济脱节的深层次问题，优化配置高技术产业资源。第一要确立高技术企业的自主创新主体地位，全面提高企业自主创新能力。第二要以市场为导向，确定自主创新的战略目标，制定自主创新规划与计划，加强自主创新的组织与管理。第三要积极推进高技术企业与高等院校、科研机构的联合与协作，建立有效的产学研联合机制，促进科技成果向现实生产力转化。要继续深化国有企业改革，把建立健全技术创新机制作为建立现代企业制度的重要内容，制定相应的财税政策和金融政策，鼓励企业增加科技投入。要支持民营科技型企业增强技术创新能力，通过科技型中小企业创新基金等方式扶持它们参与竞争。对关系国家安全和难以引进的核心技术，要采取国家大力支持和企业自主开发相结合的方式，加快研究开发进程，以及工程化、产业化步伐。

夯实自主创新人力基础。自主创新，人才为本。自主创新的决定因素是人才，尤其是具备创新能力的人才。大力培育富有创新能力的各类人才，紧紧抓住培养、吸引和用好人才这三个重要环节，充分发挥人才在科技创新中的关键作用。建设一支适应高技术产业自主创新要求的人才队伍，必须在人才的培养、吸引和使用上下工夫，建立有利于自主创新的人才机制。要根据自主创新的特点和要求，以拓宽人才培训渠道、优化人才成长环境、加强人才实践锻炼、激发人才创造活力为目标，建立健全人才培训、使用、评价、激励、流动机制，为自主创新提供机制保证，要着眼于未来自主创新的需要。

营造良好自主创新氛围。要强化创新意识教育，大力提倡敢于创新、敢为人先、敢冒风险的创新精神，鼓励各种自主创新活动。要大张旗鼓开展自主创新宣传工作，广泛宣传自主创新的典型人物和事迹，深入开展多种形式的自主创新活动。进一步形成崇尚科学、尊重知识、尊重人才、尊重创造的浓厚氛围。同时，要为广大科技工作者提供施展才能的舞台,提供自主创新的环境和条件,充分展示他们的创造才能(胡海波,2010)。

(三)形成自立自强的科技能力

发挥新型举国体制优势。首要的就是打好关键核心技术攻坚战,充分发挥中国社会主义制度能够集中力量办大事的显著优势,抓重大、抓尖端、抓基本,尽快在关键核心技术领域取得突破。要把科技创新的质量摆在更重要的位置,解决好科技创新资源分散、重复、低效问题,消除"项目多、帽子多、牌子多"等现象,既要用好钱更要用好人,尤其要调动科研人员的积极性,发挥企业在技术创新中的主体作用,提高科技产出效率。要立足现实需要,瞄准痛点难点,朝着科技成果向现实生产力转化不力、不顺、不畅的顽瘴痼疾"开刀",不能使科技成果仅仅落在经费上、填在表格里、发表在杂志上,必须千方百计让科技力量在经济社会发展主战场上冲锋陷阵。

持之以恒加强基础研究。基础研究是整个科学体系的源头。中国进入新发展阶段,创新在现代化建设全局中居于核心地位,基础研究的战略意义更加凸显。中国面临很多"卡脖子"技术问题,其深层次原因正是基础理论研究跟不上,源头和底层研究亟待加强。经济高质量发展亟需高水平基础研究的供给和支撑,只有持之以恒加强基础研究,才能大力提升自主创新能力,打好关键核心技术攻坚战,提高创新链整体效能。持之以恒加强基础研究,要多渠道增加基础研究投入。中国的基础研究投入近年来大幅增长,但绝大多数是中央财政投入,企业投入和其他社会力量投入都比较少。反观一些发达国家,企业投入基础研究的比例接近总投入的20%。当前,中国部分企业已进入行业技术前沿,开展前沿技术创新迫切需要基础研究支撑。因此,全面加强基础科学研究,在继续增加中央财政对基础研究支持力度的同时,也要鼓励和引导地方政府、有能力的企业和社会力量增加投入。例如,对企业投入基础研究实行税收优惠;支持企业参与国家重大科研计划,加强产学研合作;鼓励社会以捐赠和建立基金等方式多渠道投入。此外,做基础研究的科学家格外需要心无旁骛进行长期稳定的研究,这是由基础研究的特点和规律所决定的。这就需要我们尊重科学发展规律,从顶层设计上突出目标导向,支持自由探索,优化总体布局,深化体制机制改革,为科学家营造一个宽松的创新环境。要建立完善符合基础研究特点和规律的管理和评价机制。

充分发挥企业的主体作用。拥有一批具有强大创新能力的企业,是一个国家保持创新活力的重要因素。近年来,中国一些企业面向国家重大需求加强高新技术研究,推动中国在载人航天、探月工程、深海工程、高速列车、特高压输变电、大飞机制造等领域取得了一批重大科技成果。以科技创新实现高水平自立自强,需要着力培育一批创新型国有骨干领军企业,支持其成为创新决策、研发投入、科研组织、成果转化的主体。鼓励领军企业牵头承担或与其他科研院所联合承担国家重点研发计划项目、国家重大科技专项、技术创新引导专项(基金)、国家自然科学基金重大项目等科研项目,支持其牵头组建重大创新联合体,集成高校、科研院所的科技成果,参与建设国家技术创新中心,支撑国家重大工程建设。同时,支持创新型中小微企业成长为产业创新的重要发源地,大力推动科技成果商品化、产业化进程,推动数字经济与实体经济深度融合。加强共性技术平台建设,推动产业链上中下游、大中小企业融通创新,为企业创新搭建技术平台。大力推动科技创新创业,完善众创空间、孵化器、加速器等创业孵化体系,培育一大批"隐形冠军"企业。

四、 缩小国内差距

以国内大循环为主体、国内国际双循环的新发展格局的提出为未来缩小国内差距指明了方向。区域和城乡差距能否进一步缩小与新发展格局下的区域协同发展战略的实施有着紧密联系:国内差距缩小是实现新格局的基本保障,决定着新发展格局建设能否顺利圆满完成,更决定着国民经济发展是否切实满足新时代中国发展的实际需求,从而促进中国实现共同富裕。相比全球化红利,国内大循环红利具有更大普惠性。通过国内大循环,一方面有助于挖掘中国超大市场规模效应,另一方面对区域协调发展、发挥地区比较优势有强大推动作用。

(一)有助于缩小地区差距

自改革开放以来,随着人均收入水平的不断提高,中国区域发展差距从整体上

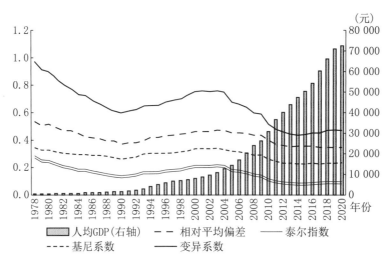

图 4.16　1978—2020 年中国区域发展差距演变趋势与人均 GDP 变化

资料来源:国家统计局。

经历了"减、增、减"三个阶段(图 4.16),新时代区域发展差距变化趋于稳态甚至处在差距缩小的平缓期,反映出此时期在政府引导和市场主导环境下促使区域发展差距向最优方向开始转变。以国内大循环为主体、国内国际双循环的新发展格局的提出也为未来缩小区域发展差距指明了方向。在国内大循环为主体的情况下,东部沿海地区通过产业内迁与产业链延伸,主动构建以本土企业为主体的国内价值链,有效缩小中国地区发展差距,改善落后地区发展状况。尤其是推进产业升级和转移,有助于中国东部沿海地区与中西部地区之间形成有效的产业功能划分,塑造互补和协调关系的产业分工格局。从收入分配角度来看,要素的自由流动可以使得地区间要素报酬趋同,从而缩小地区收入差距。围绕"以国内大循环为主体"落实区域协调发展战略可以体现在以下三个方面。

　　第一,有助于解决中西部发展落后问题。在以国内大循环为主体的情况下,中央与地方政府在促进区域协调发展时,应该聚焦中西部等发展落后区域,一方面可以解决区域发展不平衡问题,另一方面还可以挖掘巨大的消费与投资潜力,增大有效需求,从而促进国民经济良性增长。以国内大循环为主体,必须重视中西部区域的作用。从战略区域的角度来看,中西部地区的潜力最大,是中国最大的回旋余地。2020 年上半年,在中西部地区 18 个省(区、市)中,河南、湖北、陕西、山西与内蒙古 5 个省(区、市)的经济增长速度为负;在除港澳台外的 31 个省(区、市)中,16 个省(区、市)是正增长,其中 13 个省(区、市)分布在中西部地区。数据表明,在面对重大冲击时,中西部地区抵御冲击的能力要强于其他地区。总体而言,中西部地区的发展潜力较大,新型基础设施建设应该重点布局于中西部地区。

第二,有助于促进国内区域一体化。在"西部开发、东北振兴、中部崛起、东部率先"的区域发展总体战略指引下,在"区域""省域"和"市域""县域",以及"城乡"等不同空间尺度上强化分工、联系与合作,促进要素在国内区域间充分流动,打破区域间原料大战与市场封锁或分割,畅通不同尺度空间单元间的大循环。进一步提高中央与地方各级政府的区域治理体系与治理能力。使国内不同地域单元成为一个利益共同体是国内区域一体化的最终目标。

第三,有助于发挥城市群与都市圈的带动作用。由珠江三角洲城市群、长江三角洲城市群、京津冀城市群与成渝城市群组成的菱形地区是中国目前的经济重心,这四大城市群以及这个菱形的几何中心——长江中游城市群,是中国扩大内需与自主创新的领头羊。这类核心城市群与都市圈不仅要通过高质量发展创造新内需,而且负有带动整个国家发展的重任。京津冀协同发展、长江经济带发展、粤港澳大湾区建设、长三角一体化发展,以及黄河流域生态保护和高质量发展等战略的实施,将优化已有增长极并催生新的增长极。城市群与都市圈是整个国家一体化发展的脊梁,除了发挥已经形成的经济核心地区城市群与都市圈的作用外,有目的地培育中西部欠发达地区的新城市群与都市圈,使之与已经形成的城市群与都市圈相互呼应,在集聚中走向平衡,在国内大循环中缩小地区差距。

(二)有助于缩小城乡差距

构建新发展格局,形成国民经济良性循环至关重要,关键是打通经济循环堵点。当前,中国城乡发展差距大、要素双向流动不畅等问题依然突出,进一步推进城乡双向开放,有利于提高资源配置效率,有利于促进经济增长率向潜在增长率靠拢,是畅通国内大循环的一个主攻方向。在构建新发展格局的进程中,城乡发展不平衡、循环不畅问题得到高度重视。中央正以推进城乡双向开放为切入点,促进城乡人口双向流动,进而将带动各类要素双向顺畅流动;与此同时,采取有力措施缩小城乡发展差距、疏通城乡循环堵点。

扩大城市对农村居民的开放。一方面,转变观念,把外来人口视作发展资源。在扩大城市对农村居民开放的过程中,不只看到需要提供更多公共服务的压力,更看到农村居民市民化带来的综合效益。随着人口老龄化程度加深、劳动年龄人口减少,吸引到外来人口将对城市发展产生重要影响。促进进城农民市民化,将在扩大消费、活跃市场、提高产业竞争力等方面带来长期收益。另一方面,提高公共服务覆盖的广度和深度。当前,以放宽落户限制为核心的城镇户籍制度改革,已取得长足进展,下一阶段的重点是通过提高公共服务覆盖的广度和深度,增强进城农民的获得感。可以展望的是,未来出台的公共服务措施不再与户籍性质挂钩,对目前仍然挂钩的公共服务事项进行全面清理、逐步脱钩,特别是做好城乡之间社会保障制度的衔接。同时,将建立有效的激励机制,加大现有激励机制的实施力度,扩大中央财政对农业转移人口市民化奖励资金的规模;建立新的激励机制,中央财政用于支持义务教育等公共服务的转移支付应按各地实际人口安排;持续深化财税体制改革,使其适应城市对农村居民扩大开放的趋势。

扩大农村对城镇居民的开放。从城市向乡村的人口流动也是畅通国民经济循环的重要环节,而且随着发展水平的提高,这种流动的经济社会意义将越来越明显。这也是振兴乡村的现实要求。推进乡村振兴,关键是调整乡村的功能定位,挖掘农业的多种功能,释放乡村的多元价值。在这个过程中,特别需要发挥人才的重要作用,主要是农村居民的主体作用,并将其作为主导力量和主要受益群体。但也要清醒地看到,进入工业化城镇化快速发展阶段以来,农村地区转移人口在年龄、受教育年限、思想观念等方面明显优于农村留守人口,单纯依靠留守人口的人力资源和资金积累难以有效激活新的乡村功能,需要各类人才下乡返乡创业就业。随着收入水平的提高,城镇居民对乡村的需求已经由农产品逐步拓展到自然风光、风土人情、休闲旅游、健康养老等方面。随着农村人居环境的改善、交通便捷性的提高、线上办公的普及,特别是城市群的加快发展,城镇居民对周边乡村居住等功能的需求意愿逐步提升,在城市工作、在乡村生活,甚至在乡村工作和生活,已越来越具有可行性。满足城镇居民对农产品的传统需求,需要物进城;满足城镇居民对休闲、居住、办公等方面的新需求,则需要人入乡。在这方面,农村地区将在优化人口结构、保障外来人口需求上下工夫。有效满足外来人口的居住需求,促进城乡公共服务对接。加快建立鼓励各类人才入乡的政策体系,支持各地因地制宜建设各类创业平台,为下乡创业者提供综合配套服务。同时,鼓励专业人才为农村服务,完善职称评定制度,让到农村基层工作的专业人才获得更多机会。与此同时,以提高配置效率、发展乡村产业为目标,持续深化改革,做好村庄建设规划,优化生产、生活、生态空间布局。

（三）有助于缩小收入分配差距

短期内,中国在收入分配方面存在三个难以改变的基本事实:一是收入差距较大并且有可能固化。加入 WTO 后,中国"城乡二元"等多重经济社会结构并未得到有效调整或改革,中国在世界贸易顺差中赚取的巨大利益未能充分惠及普通百姓,廉价劳动力在参与生产过程中,缺乏足够的报酬和闲暇时间,劳动报酬占比偏低。贫富差距大,民间活力被挤压,导致国内市场的有效需求难以被充分挖掘。二是社会支出结构不合理,储蓄投资背离。居民支出占比不合理,即房地产支出占比过高,多数居民的房屋月供消耗掉了自身大量收入,而用于其他消费的资金占比非常低。三是人口红利式微,收入分配的结构性梗阻导致居民增收可持续动力不足,在一定程度上也导致了部分行业的生产过剩,加大了消解过剩产能的困难,使得生产—消费—再生产的内循环链条受到梗阻,制约了社会再生产的良性循环。

在以国内大循环为主体的情况下,不仅将创造更丰富的就业机会,将蛋糕继续做好做大,而且有助于共同富裕,将惠及全体国民的蛋糕分好,在收入分配方面具体表现如下:

第一,有助于推动收入分配制度改革。一是有助于提高劳动报酬占比,着重保护劳动所得,增加劳动者特别是一线劳动者报酬,从而提高劳动报酬在初次分配中的占比,缩小分配差距。完善反映市场供求关系和企业生产经营效益的工资决定机制,包括劳动报酬增长机制和薪酬支付保障机制。在社会主义市场经济条件下,劳动力需求方和劳动力供给方的工资集体协商机制将进一步完善,同时参照市场工资水平,机关事业单位职工的劳动报酬将合理调整。二是有助于构建发挥各类生产要素活力的分配体制,强化以增加知识价值为导向的收入分配激励机制。让资本、管理、技术以及数据等要素在生产经营中更加活跃,使企业家、职业经理人、科研技术人员和职业技能人员的各种创新潜能得以充分发挥,并进一步扩大中等收入群体。三是有助于在全面脱贫的基础上适当提高各地最低生活保障水平,并确保低收入者家庭子女的义务教育和职业技能培训权益,畅通低收入群体的社会上升通道,最大限度避免低收入群体阶层固化。

第二,有助于深化基本社会保障制度。在以国内大循环为主体的新发展格局下,功能清晰的多层次社会保障体系将逐步完善,支撑投资和消费的持续稳定增长,让老百姓敢花钱、敢投资。职工基本养老保险全国统筹将加快实施,平衡各地畸轻畸重的养老保险负担和待遇水平,促进全国人力资源的合理流动。城乡之间以及不同人群之间基本社会保障待遇差别将逐步调整并缩小。基本社会保障最重大的项目——职工基本养老保险——改革的方向将坚持基本公共服务均等化方向,提高其公平性和共济性。划转国有资本补充职工基本养老保险基金的工作,将在职工基本养老保险全国统筹的基础上开展。由此实现"居民收入增长—消费扩大—经济增长—居民收入增长"的良性循环。

第三,有助于发挥税收平抑贫富分化的作用。一是进一步完善个人所得税制度。扩大综合征收范围,实行家庭申报制度,并适当降低劳务所得最高边际税率,加大对短期资本利得、财产交易所得的调节力度。二是稳妥开征房地产税。"十四五"时期将利用互联网大数据科技,尽快摸清居民住房实际情况,稳妥启动开征房地产税。房地产税的主要征收对象不是广大中低收入普通劳动者,而是高收入多套住房家庭,通过较高的累进税调节机制达到平抑贫富分化的目的。三是研究开征遗产税和赠与税。

总之,对加快实现以国内大循环为主,国际国内双循环相互促进的新格局而言,深化收入分配制度改革极其重要,它不仅是经济结构调整的主要举措,还是维护社会稳定的重要环节,更是坚定政治信仰的群众基础。

参考文献

保平、豆渊博:《"十四五"时期构建新发展格局推动经济高质量发展的路径与政策》,《人文杂志》2021 年第 1 期。

蔡昉、王美艳:《如何解除人口老龄化对消费需求的束缚》,《财贸经济》2021 年第 5 期。

蔡昉:《生产率、新动能与制造业——中国经济如何提高资源重新配置效率》,《中国工业经济》2021 年第 5 期。

蔡昉:《四十不惑:中国改革开放发展经验分享》,《国企管理》2018 年第 13 期。

蔡昉:《中国老龄化挑战的供给侧和需求侧视角》,《经济学动态》2021 年第 1 期。

曾宪奎:《新形势下的两个市场两种资源分析》,《中国劳动关系学院学报》2021 年第 1 期。

陈冀、贾远琨:《外资垄断"锁喉"中国装备业》,《瞭望》2009 年第 48 期。

程志强:《以科技创新实现高水平自立自强》,《人民日报》,2021 年 3 月 24 日。

邓娜、侯少夫:《中国加工贸易的发展历程与政策演变》,《开放导报》2012 年第 6 期。

董雪兵、池若楠:《中国区域经济差异与收敛的时空演进特征》,《经济地理》2020 年第 10 期。

董志勇、李成明:《国内国际双循环新发展格局:历史溯源、逻辑阐释与政策导向》,《中共中央党校(国家行政学院)学报》2020 年第 5 期。

方创琳:《改革开放 40 年来中国城镇化与城市群取得的重要进展与展望》,《经济地理》2018 年第 9 期。

高培勇、袁富华、胡怀国、刘霞辉:《高质量发展的动力、机制与治理》,《经济研究》2020 年第 4 期。

郭熙保、韩纪江:《改变投资驱动型发展模式》,《经济日报》2013 年 3 月 29 日。

郭先登:《大国区域经济发展空间新格局理论与实践新发展的研究》,《环渤海经济瞭望》2017 年第 1 期。

郭先登:《论"双循环"的区域经济发展新格局——兼论"十四五"及后两个规划期接续

运行指向》,《经济与管理评论》2021 年第 1 期。

郭先登:《新时代大国区域经济发展空间新格局下多维度配置生产力研究》,《山东财经大学学报》2018 年第 4 期。

郭先登:《新时代完善大国区域经济发展空间新格局的路径选择》,《山东财经大学学报》2020 年第 1 期。

国家发展改革委宏观经济研究院课题组、费洪平、王云平、盛朝迅、徐建伟:《实体经济发展困境解析及对策》,《经济日报》,2017 年 2 月 27 日。

何德旭、史丹、张晓晶、杨开忠、刘元春、杨志勇:《学习党的十九届六中全会精神笔谈》,《财贸经济》,2022 年 1 月 23 日。

洪俊杰、商辉:《中国开放型经济发展四十年回顾与展望》,《管理世界》2018 年第 10 期。

洪俊杰:《中国开放型经济的双环流理论初探》,《国际贸易问题》2018 年第 1 期。

胡海波:《产业自主创新能力及其评价研究》,江西财经大学学位论文,2010 年。

黄群慧:《"双循环"新发展格局:深刻内涵、时代背景与形成建议》,《北京工业大学学报(社会科学版)》2021 年第 1 期。

黄群慧:《新发展格局的理论逻辑、战略内涵与政策体系——基于经济现代化的视角》,《经济研究》2021 年第 4 期。

黄群慧:《以产业链供应链现代化水平提升推动经济体系优化升级》,《马克思主义与现实》2020 年第 6 期。

贾根良:《国际大循环经济发展战略的致命弊端》,《马克思主义研究》2010 年第 12 期。

贾根良:《国内大循环:经济发展新战略与政策选择》,中国人民大学出版社 2020 年版。

江小涓、孟丽君:《内循环为主、外循环赋能与更高水平双循环——国际经验与中国实践》,《管理世界》2021 年第 1 期。

姜淑萍:《"以人民为中心的发展思想"的深刻内涵和重大意义》,《党的文献》2016 年第 6 期。

金碚:《关于"高质量发展"的经济学研究》,《中国工业经济》2018 年第 4 期。

金怡顺、陶厚勇:《中国共产党忧患意识的历史发展及其现实意蕴》,《社会科学家》2016 年第 6 期。

寇宗来、刘学悦:《中国企业的专利行为:特征事实以及来自创新政策的影响》,《经济研究》2020 年第 3 期。

李海金、贺青梅:《改革开放以来中国扶贫脱贫的历史进展与发展趋向》,《中共党史研究》2018 年第 8 期。

李敬、陈旎、万广华、陈澍：《"一带一路"沿线国家货物贸易的竞争互补关系及动态变化——基于网络分析方法》，《管理世界》2017 年第 4 期。

李林杰、王金玲：《对工业化和城市化关系量化测度的思考——兼评我国的工业化与城市化进程》，《人口学刊》2007 年第 4 期。

李晴晴：《高质量发展的政治经济学阐述》，《现代工业经济和信息化》2021 年第 7 期。

李苏秀、刘颖琦、王静宇、张雷：《基于市场表现的中国新能源汽车产业发展政策剖析》，《中国人口·资源与环境》2016 年第 9 期。

李燕：《夯实产业基础能力打好产业链现代化攻坚战》，《中国工业报》，2019 年 9 月 12 日。

李怡、肖昭彬：《"以人民为中心的发展思想"的理论创新与现实意蕴》，《马克思主义研究》2017 年第 7 期。

李泽锦、刘强、陆小莉：《结构性减速背景下中国经济增长潜力探究》，《统计与信息论坛》2021 年第 36 期。

梁树清：《论邓小平"以人为本"的思想及其理论表现》，《青岛科技大学学报》2003 年第 3 期。

刘秉镰、孙鹏博：《新发展格局下中国城市高质量发展的重大问题展望》，《西安交通大学学报(社会科学版)》2021 年第 3 期。

刘秉镰、汪旭、边杨：《新发展格局下我国城市高质量发展的理论解析与路径选择》，《改革》2021 年第 4 期。

刘鹤：《加快构建以国内大循环为主体、国内国际双循环相互促进的新发展格局》，《人民日报》，2020 年 11 月 25 日。

刘志彪、孔令池：《从分割走向整合：推进国内统一大市场建设的阻力与对策》，《中国工业经济》2021 年第 8 期。

栾若曦：《以"双循环"促进经济社会协调发展——专访中国宏观经济研究院研究员肖金成》，《中国投资(中英文)》，2020 年第 9 期。

吕冰洋、王雨坤、贺颖：《我国地区间资本要素市场分割状况：测算与分析》，《统计研究》2021 年第 11 期。

吕政：《中国能成为世界的工厂吗？》，《中国工业经济》2001 年第 11 期。

马强、李延德：《社会保障支出对全要素生产率影响的实证分析》，《重庆理工大学学报(社会科学)》2020 年第 12 期。

马茹、罗晖、王宏伟、王铁成：《中国区域经济高质量发展评价指标体系及测度研究》，

《中国软科学》2019年第7期。

马述忠、任婉婉、吴国杰:《一国农产品贸易网络特征及其对全球价值链分工的影响——基于社会网络分析视角》,《管理世界》2016年第3期。

马蔚然:《补齐协同发展产业体系人力资源短板》,《辽宁日报》,2018年7月26日。

蒲清平、杨聪林:《构建"双循环"新发展格局的现实逻辑、实施路径与时代价值》,《重庆大学学报(社会科学版)》2020年第6期。

任保平、豆渊博:《"十四五"时期构建新发展格局推动经济高质量发展的路径与政策》,《人文杂志》2021年第1期。

任保平:《新时代高质量发展的政治经济学理论逻辑及其现实性》,《人文杂志》2018年第2期。

荣晨、盛朝迅、易宇、靳晨鑫:《国内大循环的突出堵点和应对举措研究》,《宏观经济研究》2021年第1期。

沈国兵、徐源晗:《疫情全球蔓延对我国进出口和全球产业链的冲击及应对举措》,《四川大学学报(哲学社会科学版)》2020年第4期。

沈坤荣、赵倩:《以双循环新发展格局推动"十四五"时期经济高质量发展》,《经济纵横》2020年第10期。

沈在宏:《加快推进新型工业化 实现又好又快发展》,《唯实》2007年第7期。

盛朝迅:《"十四五"时期推进新旧动能转换的思路与策略》,《改革》2020年第2期。

盛朝迅:《打好产业链现代化攻坚战》,《经济日报》,2019年9月10日。

盛朝迅:《制造立国》,中国社会科学出版社2019年版。

宋晓梧:《深化收入分配改革促进国内经济循环》,《中国经贸导刊》2020年第24期。

孙红玲:《论崛起三角向均衡三角的有机扩散——基于"两个大局"战略与大国崛起之路》,《中国工业经济》2009年第1期。

孙久文、彭薇:《我国城市化进程的特点及其与工业化的关系研究》,《江淮论坛》2009年第6期。

孙久文、张翱:《"十四五"时期的国际国内环境与区域经济高质量发展》,《中州学刊》2021年第5期。

孙久文、张皓:《新发展格局下中国区域差距演变与协调发展研究》,《经济学家》2021年第7期。

王军、朱杰、罗茜:《中国数字经济发展水平及演变测度》,《数量经济技术经济研究》2021年第7期。

王灵桂、洪银兴、史丹、洪永淼、刘俏、周文:《阐释党的十九届六中全会精神笔谈》,《中国工业经济》2021年第12期。

王小鲁、樊纲、余静文:《中国分省份市场化指数报告(2018)》,社会科学文献出版社2017年版。

王雪冬:《改革开放的逻辑与界限》,《理论导报》2018年第8期。

王一鸣:《国内大循环与对外开放是统一的》,《环球时报》2020年8月7日。

王一鸣:《解析中国经济持续健康发展的密码》,《中国中小企业》2019年第9期。

王一鸣:《适应变革趋势提升产业链水平》,《北京日报》,2019年7月8日。

魏后凯、年猛、李玏:《"十四五"时期中国区域发展战略与政策》,《中国工业经济》2020年第5期。

魏后凯:《从全面小康迈向共同富裕的战略选择》,《经济社会体制比较》2020年第6期。

魏婕:《中国宏观经济结构失衡:理论与实证研究》,西北大学学位论文,2014年。

吴殿廷、安虎森、孙久文:《以习近平新时代中国特色社会主义思想为指导创建中国特色区域经济学》,《区域经济评论》2019年第2期。

武晟:《邓小平"以人为本"的社会发展观》,《湖湘论坛》1998年第1期。

习近平:《把握新发展阶段,贯彻新发展理念,构建新发展格局》,《求是》2021年第9期。

习近平:《不断开拓当代中国马克思主义政治经济学新境界》,《求知》2020年第9期。

习近平:《不断做强做优做大我国数字经济》,《求是》2022年第2期。

习近平:《共同构建人类命运共同体》,《求是》2021年第1期。

习近平:《论把握新发展阶段 贯彻新发展理念 构建新发展格局》,中央文献出版社2021年版。

习近平:《努力成为世界主要科学中心和创新高地》,《求是》2021年第6期。

习近平:《全面加强知识产权保护工作激发创新活力推动构建新发展格局》,《求是》2021年第3期。

习近平:《习近平谈治国理政》,外文出版社2014年版。

习近平:《正确认识和把握中长期经济社会发展重大问题》,《求是》2021年第2期。

夏融冰:《引入外资对促进贸易是否还有效》,《中国投资(中英文)》2020年第4期。

夏申:《论中国外向型经济发展的战略选择——兼评"国际大循环"战略构想》,《财贸经济》1988年第9期。

肖金成:《"十四五"时期区域经济高质量发展的若干建议》,《区域经济评论》2019年第6期。

肖翔、廉昌:《国际视域下新中国70年工业发展的历史考察》,《当代中国史研究》2019年第6期。

谢巧生:《如何推动先进制造业与现代服务业深度融合》,《经济日报》,2019年10月14日。

杨昕、张荣臣:《中国共产党忧患意识的传承发展与现实启示》,《治理现代化研究》2020年第2期。

杨耀武、张平:《中国经济高质量发展的逻辑、测度与治理》,《经济研究》2021年第1期。

杨占锋、段小梅:《中国开放型经济发展的绩效评价与反思》,《改革与战略》2018年第9期。

姚丹、毛传新:《国际贸易对我国区域城乡收入差距的影响研究》,《国际商务(对外经济贸易大学学报)》2013年第2期。

叶兴庆:《以城乡双向开放畅通国内大循环》,《中国青年报》,2021年10月4日。

余永定:《改革开放历史进程下的中国经济循环》,《金融市场研究》2020年第9期。

余永定:《双循环和中国经济增长模式的调整》,《新金融》2021年第1期。

张慧君:《推动形成"双循环"新发展格局的马克思主义政治经济学解读》,《哈尔滨市委党校学报》2020年第6期。

张可云、肖金成、高国力、杨继瑞、张占仓、戴翔:《双循环新发展格局与区域经济发展》,《区域经济评论》2021年第1期。

郑红玲:《中国对外贸易发展对产业升级影响的实证研究》,辽宁大学学位论文,2019年。

郑乐凯、王思语:《中国产业国际竞争力的动态变化分析——基于贸易增加值前向分解法》,《数量经济技术经济研究》2017年第12期。

郑世林、熊丽:《中国培育经济发展新动能的成效研究》,《技术经济》2021年第1期。

郑长德、刘晓鹰:《中国城镇化与工业化关系的实证分析》,《西南民族大学学报(人文社科版)》2004年第4期。

中国社会科学院工业经济研究所课题组、史丹:《"十四五"时期中国工业发展战略研究》,《中国工业经济》2020年第2期。

周文、李思思:《高质量发展的政治经济学阐释》,《政治经济学评论》2019年第4期。

周振华、李鲁:《缔造中国经济奇迹:探索与实践》,上海人民出版社2021年版。

周振华、张广生:《全球城市发展报告2020:全球化战略空间》,格致出版社2021年版。

周振华:《经济高质量发展的新型结构》,《上海经济研究》2018年第4期。

周振华:《全球城市的理论涵义及实践性》,《上海经济研究》2020年第4期。

下卷 | 周振华 主编

经济思想新飞跃

New Era
A Leap in Economic Thought

格致出版社　上海人民出版社

目　录

上　卷

下　卷

第五章

推进全面深化改革

第一节　全面深化改革的理论认识和实践背景

1978 年底召开的中国共产党十一届三中全会明确了"改革开放"方针,开创了中国经济发展的新的征程。改革开放是决定当代中国命运的"关键一招",也是中国共产党的一次"伟大觉醒"[1],是中国人民和中华民族发展史上的一次伟大革命。这个伟大革命推动了中国特色社会主义事业的伟大飞跃。40 多年来,中国共产党"领导人民创造了世所罕见的经济快速发展奇迹和社会长期稳定奇迹,中华民族迎来了从站起来、富起来到强起来的伟大飞跃"。[2]中国经济增长连续迈上新的台阶,2010 年全社会 GDP 总量进入全球第二位并一直保持攀升势头,人均 GDP 成功迈过"中等收入"发展阶段。[3]在 2020

---

① 习近平:《在庆祝改革开放 40 周年大会上的讲话》,2018 年 12 月 18 日。

② 《中共中央关于坚持和完善中国特色社会主义制度,推进国家治理体系和治理能力现代化若干重大问题的决定》,人民出版社 2019 年版。

③ 按照世界银行对全球各国发展水平的统计分析,将不同国家经济总量(GDP)规模与人口数量进行对比,把人均 GDP 水平用于评价经济发展所处阶段。人均 3 000 美元以下被看作低收入阶段,3 000—12 000 美元为中等收入阶段,12 000 美元以上为高收入阶段。中国 2021 年的 GDP 总量规模达到 112 万亿元,按汇率折算后,人均 GDP 已经达到 12 500 美元,迈过中等收入阶段。

年实现了全面脱贫攻坚任务后，中国共产党进一步提出"乡村振兴规划"，促进城乡融合发展；并全面明确部署新的分"两步走"的发展战略，到 21 世纪中叶，"把我国建成富强民主文明和谐美丽的社会主义现代化强国"。①

改革开放的事业在不断推进，从"农村改革"的农产品价格调整到"城市经济体制改革"，从"企业放权让利试点"的经济责任制到建立"现代企业制度"，从"市场取向"的"增量改革"到"经济体制的整体转轨"，从经济体制构造的"单项突破"到"协同配套、系统集成"，从"经济体制改革"到"全面深化改革"和推进"五位一体"改革，改革开放不断深化。纵观改革开放的历史进程，中国共产党领导人民，基于社会主义初级阶段基本国情的科学判断，聚焦全面深化改革的总目标，完善和发展中国特色社会主义制度，推进国家治理体系和治理能力现代化。

改革开放是中国经济社会持续快速健康发展的驱动力量。正如习近平总书记所指出的，"改革开放只有进行时，没有完成时"，"实践发展永无止境，解放思想永无止境，改革开放永无止境"。②进入新时代，推进全面深化改革的进程稳健前行，"全面深化"更需要在制度创新的"系统集成"上下功夫，中国特色社会主义制度的建设完善进入一个新的阶段。

围绕"全面深化改革"新阶段的工作任务，弘扬马克思主义"问题导向"的学术风格，我们需要对改革开放对于探索形成中国特色社会主义发展道路的理论和实践意义进行系统深入的研究；对改革开放实践已经积累形成的经验在经济理论上加以凝练概括，为中国特色社会主义理论添砖加瓦；对改革开放赋予中国共产党人实事求是、与时俱进的行动执行力的作用机制展开分析，以进一步提升行动的自觉性。我们需要对进入改革开放"深水区"所面临的挑战有清醒的认识，以"啃硬骨头"的精神和行动不断开拓改革开放和经济社会发展的新局面。

---

① 习近平：《决胜全面建成小康社会，夺取新时代中国特色社会主义伟大胜利——在中国共产党第十九次全国代表大会上的报告》，中华人民共和国中央人民政府网，2017 年 10 月 27 日。

② 《中共中央关于全面深化改革若干重大问题的决定》，人民出版社 2013 年版。

第二节　马克思主义与中国发展的"第二次结合"

一、社会主义运动在中国探索经济体制模式的初始实践

"社会主义"作为一种代表先进生产力发展要求的制度安排,在中国的展开经历了丰富的发展历程,伴随实践的深化,中国共产党人始终以一种坚定的决心和信心,砥砺前行,探寻一种适合中国国情的富有活力的制度安排。我们从经济体制模式分析的视角考察中国社会主义实践的探索,将其分为前后两个大的阶段,即"走进"传统计划经济体制与"走出"传统计划经济体制。我们从探讨改革开放与当代社会主义实践和开创中国特色社会主义发展道路的意义出发,审视为什么最初会选择"传统社会主义计划经济体制"模式,由此对中国经济产生什么样的影响,有哪些经验和启示。相应地,对于"走出"传统计划经济体制,确立"改革开放"方针,探索如何赋予社会主义新的生命力,以实现中国特色的社会主义制度、理论和道路的全面创新。中国共产党促成经济体制模式和经济发展模式的转型,重新界定"计划"与"市场"、政府与企业、中央与地方等方面的经济关系,探索在新全球化背景下,加快工业化和经济发展步伐的路径,加快中国实现现代化,开辟符合中国自身实际的社会主义道路,丰富发展中国特色社会主义理论体系。一定意义上说,针对传统体制排斥商品货币的市场机制,以直接计划手段配置资源的弊端,改革开放的突破在于注重发育市场对于资源配置的调节作用。从起步时重视商品货币关系的"市场取向"的改革,到1992年10月,党的十四大明确以建设社会主义市场经济体制作为经济体制改革的目标模式,提出"让市场在配置资源中发挥基础性作用",改革实践使我们加深了对于"处理好政府与市场的关系是经济体制改革的关键"的理解。2013年11月,十八届三中全会通过的《关于全面深化改革若干重大问题的决定》,进一步明确提出"发挥市场在配置资源中的决定性作用和政府的宏观调控作用"。[1]中国特色社

---

[1]　《中共中央关于全面深化改革若干重大问题的决定》,人民出版社2013年版。

会主义政治经济学理论在改革实践中不断得到拓展,不断丰富发育。

中国社会主义实践进程,总是前行在积极探索"马克思主义中国化"的征途上。把前后两个阶段的实践放在这样的场景下加以考察,我们就能够对中国社会主义建设实践有科学的动态的认识和把握。正如习近平总书记所指出的:"我们党领导人民进行社会主义建设,有改革开放前和改革开放后两个历史时期,这是两个相互联系又有重大区别的时期,但本质上都是我们党领导人民进行社会主义建设的实践探索。"①

（一）中国社会主义实践发展中经济体制初始模式的探索

从 1949 年 10 月到 1978 年 12 月的 30 年时间,是中国共产党领导社会主义经济建设发展的第一阶段。基于对中国社会复杂矛盾的解剖和对中国社会各阶层的科学分析,中国共产党创造性地发展了马克思主义,开创了一条新民主主义革命的道路。在一个半殖民地半封建国家,通过"农村包围城市"和"武装夺取政权",建立社会主义制度。毫无疑问,在取得政权后,摆在中国共产党面前的一项最重要的任务就是,借助中央政府的权威,使社会主义制度得以巩固确立,发挥集中力量办大事的"制度优越性",迅速恢复国民经济,启动工业化进程,建设相对独立的工业体系。现实的社会主义究竟应该是一个什么样的图像呢? 在当时的情况下,中国可以学习模仿的"先行示范"只有斯大林领导的苏联,而且,当时的苏联,经过 30 多年的建设,确实也具有一定的经济实力。中国的新生的政权自然只能选择追随"苏联模式"。或者说,学样模仿是顺理成章的事情。因此,在这个阶段里,我们一直是在传统计划经济体制的认识框架里进行摸索。

简单回溯一下,在 1949 年 10 月到 1952 年的"三年恢复时期",中国的国民经济经过了短暂的"休养生息"。这时,全社会都抱有对于社会主义的憧憬。此后,社会主义建设事业从"社会主义改造运动"起步,着力于建立社会主义经济制度的物质基础;与此同时,凭借政权的力量,推进实现工业化,致力于建设相对独立的国民经

---

① 《习近平总书记在新进中央委员会的委员、候补委员学习贯彻党的十八大精神研讨班的重要讲话(2013 年 1 月 5 日)》,《人民日报》2013 年 1 月 6 日。

济体系。通过集中手段控制资源解决结构性问题,能够更快地解决替补经济结构存在的空白、克服经济结构瓶颈。在"第一个五年计划"时期(1953—1957年),通过当时的苏联"援助"建设的156个工业项目的上马,形成工业化的"骨架"和进一步拓展工业体系的基础,取得经济发展的明显的成绩,这也强化了我们对集中计划经济的"迷信"。到了"二五"时期(1958—1962年),经济发展的实践过程就出现了巨大的波动。"二五"计划开始时,国内经济状况较好,重工业的迅速发展意味着工业化的初步基础得以建立,加之"三大改造"①相继完成,公有制主体地位已经基本确立。由于"一五"计划的成就滋长了骄傲自满情绪,我们对客观经济自然规律没有深入的研究,对现实社会主义建设事业的复杂性缺乏十分自觉清醒的认识,"二五"计划制定了超高的发展指标,甚至是以"大跃进"的动员方式搞经济建设,变成完全是主观主义的一厢情愿,这种理想化的朴素的愿望自然会受到经济规律的惩罚。"运动式"动员社会,解决经济问题的"集权"工作方式,以及僵化地保持"集中计划"的经济管理办法,导致整个国民经济陷入"收死放乱"的循环,在"传统社会主义经济体制"里打转转。

如何评价这种传统的计划经济体制呢?客观上说,在具体的工作场景中,实践是不能等待、不能停下来的。由于长期的战争环境,我们党没有充分的理论研究储备,无法提出完全独立的建设社会主义的具体"蓝图",对"工业化"的一般规律也缺乏十分全面的研究。况且,当时的理论环境也不允许有不同于"苏联模式"的理论出现。因此,只能是向已经先行步入社会主义道路的苏联"老大哥"学习,模仿其经济体制模式。对于"社会主义改造"的安排,原来规划用三个"五年计划"的时间推进完成的任务,只用了三年就"走过场"完成了。与此同时,在农业部门,原来设计的是组织农民走集体化规模经营,要经过"互助组""初级社"和"高级社"的分阶段推进设计,但同样也受到苏式体制中的"集体农庄"模式的影响。原计划分阶段推进的工作安排也很快被放弃,在1958年就全面推进"人民公社"制度。不仅如此,我

---

① 指中华人民共和国成立后,由中国共产党领导的对农业、手工业和资本主义工商业的改造,实现了把生产资料私有制转变为社会主义公有制的任务。

们在推进工业化的过程中也只有寻求与苏联合作,苏联帮助我们建设了156个工业项目。一方面,这些项目的建设,确实对我们加快建设相对独立的工业体系起到了十分重要的作用。另一方面,这些项目的安排在一定程度上导致了人们对工业化的理解的简单化。可以看到,在经济结构比较简单、所面临的矛盾比较突出的情况下,以计划手段集中配置资源,安排投资建设大的工程项目,可以获取比较明显的工作效果。而仓促推进的"社会主义改造"的工作方式,显然存在诸多的"夹生"现象,造成了具体工作开展中的矛盾累积,这也引起了领导层的警觉和重视。

社会主义制度的基本规定性和特征是什么? 现实社会主义制度的规定性如何转化为体制性安排? 在具体的体制运行中又应该如何处理处在这一体制中的当事人之间的经济关系? 体制运行的具体机制又是怎样? 对于这些问题,当时我们还没有形成完整的理论认识和成熟的运行体系,总是处在一种探索和"试错"的工作方式中。

(二)经济体制传统模式中对社会主义经济制度特征的理解

经济建设的实践如何体现基本经济制度的原则要求,基本经济制度展开作用与资源配置的方式从而经济体制的安排,以及在这种体制安排下的经济运行机制:以上三个方面的内容,在当时的情况下并没有在理论上得到充分讨论。换句话说,对于现实社会主义运动的基本理论的认识被束缚在斯大林的认识模式里。斯大林对社会主义制度的基本特征的概括,成了传统社会主义经济建设的工作标准。根据斯大林在1952年发表的《苏联社会主义经济问题》中的相关论述,以及在斯大林主持下由苏联科学院专家集体编写的《政治经济学教科书》中的内容[1],关于社会主义基本经济制度,有三方面的特征概括,即生产资料公有制、计划经济和按劳分配。在中国社会主义经济管理体制的初始模式实践中,我们依循了这样的特征规定。

第一,如何建立生产资料公有制。可以看到,通过"社会主义改造"运动,没收官僚资本,改造民族资本,组织城市小手工业者和广大农民,我们形成了"全民所

---

[1]　苏联科学院经济研究所编《政治经济学教科书》(中文版),人民出版社1955年版。

有"和"集体所有"两种生产资料公有制的基本形式。公有制生产关系迅速被推开并固化下来。根据斯大林的说法，即使是"全民"和"集体"这两种公有制形式，还附加有所谓"高级""低级"之分，他认为全民所有制是生产资料所有制的高级形式。不难发现，在这种生产资料全民所有制的情形下，具体的资源配置和国民经济运行活动的担当主体，又只能是政府。也就是说，"全民所有制"表现为"国家所有制"，运动实际经济活动的任务必然就落在了"政府"身上，由此形成"政府所有制"，全社会经济社会事务全由政府包了下来，表现为"政府全能主义"。因为"集体所有制"需要向"全民所有制"看齐，实际上成了"二全民"。本来意义上的"公有制"的规定性，变成了形而上学的形式追求性的工作任务，不顾生产力自身的条件和劳动者当事人的接受参与方式、不顾所有制关系与产业领域和产业经济活动的具体内容，完全与现实生产力相脱节。除此之外，对于经济生活中存在的公有制难以覆盖的经济活动内容，对于居民个人可能从事的生产流通行为，则被当作"资本主义的尾巴"加以限制和批判，且一再强调要加以割除。这意味着，在处理配置公有制生产关系时，我们把问题看得"过于简单、宽泛"。

第二，关于计划经济，即如何选择资源配置方式和在一定配置方式下的经济运行机制问题。当时我们简单地将资本主义生产方式条件下所存在的商品货币关系视作经济制度的基本内容，采用简单对立的思想方法，认为在社会主义条件下不需要将商品货币关系作为处理资源配置的工具，采用直接的实物分配方式，以纵向的直接计划调节对全社会的再生产活动进行管理，认为这样就可以消除自由资本主义经济运行中所存在的再生产的"盲目性"。而且，在社会主义建设初期，由于当时国民经济生活中所存在的结构性问题比较突出，中央政府的直接计划对于克服比较明显的结构性问题相对有效，但这进一步滋长了对于"计划经济"的迷信和膜拜。与本来国民经济活动中生产（供给）和消费（需求）关系的处理有关的在微观场合的许多事情，都集中到中央政府的直接计划管理中。这又与对公有制的简单理解和简单处理相叠加，政府的直接计划则把国民经济活动的方方面面都管起来、包下来。具体表现为财政的统收统支、生产资料资源配置的统购包销（统包统配）、劳动力就业和薪酬处理的统分统配，从计划经济、实物配置的经济运行中滋生出全社会对政府的依赖，企业吃国家的大锅饭、个人吃企业的大锅饭，国民经济运行低效率和"短缺经济"相伴相生。

第三，关于按劳分配。从形式上说，按劳分配隐含着对于劳动者劳动贡献的重视和相应激励。但是，在客观评价劳动者的劳动贡献方面，我们缺乏合适的评价工具和客观的尺度，加之对劳动力资源的统分统配，按劳分配自然就滑向了"干多干少一个样、干好干坏一个样"的平均主义和"大呼隆"的薪酬处理方式。这导致在"团队作业"条件下的"搭便车"行为成为常态，形成了对劳动者行为的"逆向激励"，全社会劳动生产率不高，按劳分配原则难以得到贯彻落实。按劳分配原则还有一个重要的前提，即"各尽所能"，实际上，中央计划部门不可能事先获取每一位劳动力的"所能"，并科学客观地配置全社会的劳动力资源；更何谈为了经济社会发展充分动员各类资源，特别是充分开发利用稀缺资源（包括技术、资金等）并对其进行经济补偿。形式上，传统的分配方式表现为关注了"公平"，但是，"大呼隆""大锅饭"的薪酬处理，挫伤了劳动者的工作热情和积极性，损害了劳动生产效率。最终的结果是全社会劳动者的工资收入提高不快，居民生活水平的改善不明显。

中国社会主义制度建设前 30 年的实践，是依据斯大林所概括的社会主义经济制度的"基本特征"和"基本原则"进行"命题作业式"的解答推进，而转化为资源配置、经济运行的体制机制，正是围绕集中计划管理的工作方式展开的，形成了"集中计划管理体制"。对于现实社会主义经济发展所面临的复杂环境条件缺乏客观全面的了解，简单地以"三大特征"去尺度一切经济活动的做法，隐含着追求"纯而又纯"的思想倾向、"宁左勿右"的"左倾"，以至于"左"成为工作主基调。脱离中国实际的经济政策必然带来对生产力的破坏和国民经济的低效率运行，产生了对领导人治理国家能力的压力和焦虑，进一步强化了领导人"运动式"动员社会和解决经济问题的"集权"工作方式，使整个国民经济进入"收死放乱"循环。实际上，在这种焦虑和以"集权"工作方式消化存在问题的努力背后，出发点仍旧是想找到一个新的"出路"。我们在 20 世纪 60 年代面对经济运行中企业活力不足的问题时，尝试过对企业管理体制的"上收""下放"，但是，这种企业隶属关系的变化，并没有改变企业作为政府机构附属物的地位，因而不能从根本上改善社会主义经济运行的效率。在这里，同样可以看到，所有这些"努力"都没有从根本上跳出既有的对现实社会主义基本经济制度、资源配置方式、经济体制和经济运行中的"当事人"关系和行为机制的完整理解。实践证明，要摆脱旧有的对现实社会主义的理论认识，必须跳出传统的计划经济体制，在思想理论上进行彻底清理，摒弃教条主义，回到马克思主义"实事求是"的思想路线上来。

二、改革开放开拓马克思主义与中国发展"第二次结合"的新境界

经过中国社会主义制度建设前 30 年的实践探索，社会主义建设事业取得了巨大的成就，同时也留有诸多不尽如人意的地方。实践证明，简单地接受马克思主义对"社会主义"的预测理解，以"教条主义""本本主义"运用社会经济制度的几条原则，脱离现实生产力发展条件去"展示"这些"原则"，显然是对分工和社会化生产条件下资源配置的客观属性和客观规律缺乏深入认识，尤其是对于如何尊重劳动者的劳动积极性，如何调动和释放劳动者的创造精神和创造能力，表现出十分强烈的"理想主义"特点。对于经济体制的设计和社会生产组织方式，简单模仿"先行者"的做法，以"拿来主义"的工作方式处理经济社会生活中的各类经济主体关系和资源配置的不同手段之间的关系。前者包括：中央政府与地方政府之间的关系，政府与企业的关系，企业与劳动者之间的关系；后者包括："计划"与"市场"之间的关系，资源配置、经济运行中的各类主体的分工交换权益实现机制的经济关系，区域发展和城乡经济发展之间的协调关系，经济发展的眼前与长远的关系，等等。换句话说，经济运行中存在着多个主体，资源配置中客观上存在着多个侧面、多重经济关系，它们会在经济体制的建构和经济运行秩序的安排中得以体现。这对我们的启发是，应深刻总结前 30 年的经济发展实践，重视对于现实社会主义经济体制的理论认识上的聚焦和实践探索。

传统的社会主义经济体制模式在中国的实践，明显地表现出以集中计划方式

管理经济运行与中国国情之间所存在的不适应与不协调。其中,没有充分关注个人如何参与社会分工劳动,忽视了他们自身对于物质利益的关心,没有找到客观的工具和手段,以至于抑制了社会主义制度本来所具有的引领性和容纳社会生产力快速发展的优越性的充分发挥。对照马克思主义"实事求是"的辩证唯物主义和历史唯物主义方法论,既往的探索尝试的主观努力与中国经济社会客观存在的实际之间的脱节就十分清楚了。正如邓小平于1984年10月26日在会见马尔代夫总统时的谈话中所指出的:"现在中国搞建设,也要把马克思列宁主义同中国的实际相结合,走自己的路。这是我们吃了苦头总结出来的经验。"①正是在这样的思想理论和工作实践的背景下,邓小平在主持中央工作的重要岗位上,及时发起党内理论务虚会议,以一种宽松的研讨方式呼唤和推动"实事求是"的党的优良传统的回归,得出了"改革开放"的新的工作指导方针。

(一)解放思想,实事求是,在思想理论的"交锋"中使"实事求是"重新扎下了根

重温1978年十一届三中全会前后"思想解放"大讨论对于中国经济社会发展所产生的影响,对于我们不断提升理论自信和道路自信具有重要的现实意义。

实践证明,在"集中计划经济体制"下,各类社会主体都听从于中央政府的计划,难以发挥自身的能动作用,反而养成对中央政府的依赖,换句话说,就是吃"大锅饭",以至于整个经济运行低效率、经济生活失去活力。在集中计划经济管理方式下,经济运行总是在低效率状态徘徊,没有能够形成快速改变"一穷二白"的落后面貌的发展活力,社会主义制度的优越性没有得到发挥。正是在这样的背景下,邓小平力挽狂澜,发动了"拨乱反正"和"解放思想"大讨论,在1978年11月10日到12月15日,召开了中央工作会议。经过多场讨论会议的"思想风暴",1978年12月13日,邓小平在闭幕会上作了题为"解放思想,实事求是,团结一致向前看"的重要讲话。②他指出,"解放思想是当前一个重大的政治问题","要善于学习,要研究新问

---

① 邓小平:《革命和建设都要走自己的路》,载《邓小平文选》第3卷,人民出版社1993年版。
② 《邓小平文选》第2卷,人民出版社1983年版,第140—153页。

题"。这次会议让党的高级干部对既已开展的社会主义实践有了一个比较全面完整的总结反思,在"解放思想"的口号引领下,党的思想路线回到了"实事求是"的轨道。中央工作会议的理论务虚,为1978年12月18日至22日召开的十一届三中全会做了充分的思想准备。十一届三中全会讨论了把全党"工作中心转入社会主义现代化建设",这次会议成为"第二次结合"的标志性"转折点"。从此,中国经济体制和发展模式揭开新的一页,我们进一步探索一条符合中国实际的新的社会主义发展道路。

改革必然要触动既已形成的对于经济体制规定性的理论认识和实践做法,其中甚至也涉及对社会主义制度内容规定性的理解,这显然不是一个简单的一蹴而就的事情,长期积淀形成的对于传统社会主义理论的认识理解,需要用改革开放实践带来变化的事实加以"开悟"和"启智",形成"诱致性"制度变迁[①]的驱动能量,去逐步消解旧有的思想理论观念与经济体制改革举措的摩擦羁绊,摆脱由这些旧观念产生的"路径依赖"惰性,使改革事业以一种逐步展开、递次推进的图像展现出来。

(二)理论创新与实践探索的良性互动,改革开放驱动中国经济快速发展

"解放思想、实事求是"的思想路线体现了马克思主义的历史唯物主义方法。经济体制改革首先从农产品价格调整起步,一方面通过价格调整,增加农民收入,另一方面对城市劳动者施以调价补贴,由此松动经济运行体系中的价格体系,而后逐渐将改革的重点转到城市经济中来。从触动计划管理的力度和范围开始,以"扩大企业自主权"起步,唤起各类经济主体的"经济理性"复归,承认和尊重经济主体的独立利益,形成了千军万马主动积极关心劳动绩效的局面,国民经济活力大大增强。改革开放驱动着中国经济步入发展的快车道,从1979年以来保持了连续30多年的10%左右的发展速度,到2010年,GDP总量已经跃上全球第二的位置。2020

[①]　美国经济学家道格拉斯·诺思在解释经济增长时纳入了制度因素,并将制度变迁区分为"诱致性"和"强制性"两种类型。

年中国 GDP 总量跨过 100 万亿元大关,人均 GDP 超过 1 万美元。

经过前一个阶段在农村与城市推开各项具体改革之后,对外开放吸引了国外(境外)资本进入,带来了资本和技术及国际经济、商务知识,也同时引入了可以参照的市场经济运行的规则。渐进的改革进程促进了社会各界对于利用市场经济机制发展社会生产力的理解,并逐渐培育出对于市场经济运行的驾驭能力。1992 年,党的十四大明确提出了把建设社会主义市场经济体制作为中国经济体制改革的目标,按照十四届三中全会通过的《中共中央关于建立社会主义经济体制若干问题的决定》的具体部署,经济体制转轨进程不断加快。经济体制中的政企关系、市场机制与政府(宏观调控)作用的关系、中央与地方的关系、国内经济与国际市场的关系、劳动者就业制度与收入分配的关系等都发生了根本性变革,市场在配置资源中发挥的基础性作用不断加强。十六届三中全会通过了《中共中央关于完善社会主义市场经济若干问题的决定》,明确指出社会主义市场经济体制在中国已经基本确立,对进一步巩固前期改革成果,完善经济体制功能协调提出了新的工作要求。2013 年,十八届三中全会通过了《中共中央关于全面深化改革若干重大问题的决定》,将改革推向更深层次、更加全面、更高境界,明确提出全面深化改革的总目标,强调"必须更加注重改革的系统性、整体性、协同性,加快发展社会主义市场经济、民主政治、先进文化、社会和谐、生态文明,让一切劳动、知识、技术、管理、资本的活力竞相迸发,让一切创造社会财富的源泉充分涌流,让发展成果更多更公平惠及全体人民"。①全面深化改革标志着中国发展进入新阶段,改革进入攻坚区和深水区,"必须立足于我国长期处于社会主义初级阶段这个最大实际,坚持发展仍是解决我国所有问题的关键这个重大战略判断,以经济建设为中心,发挥经济体制改革牵引作用","经济体制改革是全面深化改革的重点,核心问题是处理好政府与市场的关系,使市场在资源配置中起决定性作用和更好发挥政府作用"。②由此表明,中国改革开放事业进入一个全新的阶段。

---

① 《〈中共中央关于全面深化改革若干重大问题的决定〉辅导读本》,人民出版社 2013 年版,第 3 页。
② 同上书,第 5 页。

以上我们叙述了1978年底开始的中国经济体制改革的进程,我们在全面总结检讨既往的社会主义实践中的正反两个方面的经验和教训,确立起"改革开放"方针,开辟了中国特色社会主义新的篇章。通过回顾经济体制改革的推进和梳理对相应体制内容的认知,我们有如下启发:正确对待各类经济主体的自主地位,尊重主体理性;探索公有制实现的新形式,解决好公有制与市场经济相融合的问题;开放非公有制经济;在发育劳动力市场的同时逐渐导入"要素稀缺"产生的"要素报酬"评价,形成收入分配关系上的"按劳分配"为主与"按要素分配"相结合的新分配体制。由此,经济体制的其他各个方面也会发生相应变革。不难发现,40多年的改革进程的分阶段推进,凸显出鲜明的改革深化的节奏,由此成功地实现经济体制的顺利转轨。中国共产党积极进取、主动有所作为,不断探索前行在改革开放的轨道上,清晰地走出一条有中国特色的社会主义建设道路。

三、"改革开放"是历史唯物主义科学方法的具体应用,决定当代中国发展命运

我们可以从以上讨论中感受到,在"社会主义在中国的实践"进程中,中国共产党人"不忘初心"、砥砺前行的坚定信念和刚毅的行动能力,中国共产党人一直致力于将马克思主义的科学社会主义理论与中国的具体国情相结合,探索将两者有效结合的路径和方式。正是有了前30年的艰难探索,中国共产党人积累起丰富的经验和教训,对照马克思主义历史唯物主义的方法论和"一切从实际出发"的"实事求是"的思想路线,深刻感受到既往工作中存在着从"概念出发"的"教条主义"和"本本主义"的思想方法。既已积累的经验和教训启发了中国共产党人拿起"解放思想"的武器,回到马克思主义"问题导向"的思想方法和理论风格上来,下决心变革传统的计划经济体制,确立"改革开放"的全新的工作方针。40多年的改革实践证明了马克思主义"问题导向"的思想理论的重要性,赋予了中国共产党人"与时俱进"推进现实社会主义实践前行的不竭动力。

改革开放的实践行动,促成了中国经济体制模式和经济发展模式的"双重转

型"。相较于传统体制的运行特点，"开放"也是"改革"，将开放行动导入国际经济运行的做法和规则，也为改革提供了很好的借鉴和参照。立足于中国自身国情，"开放"与其所打开的国际视野，也有效地回应了世界经济发展环境的变化，40 多年的历练过程中蕴含着十分丰富的值得我们深刻认识的哲理。正是这样，我们可以将"开放"纳入广义的"改革"范畴，聚焦这一广义的"改革"命题，并从以下三个层面进行深入考察。

（一）现实社会主义运动没有现成的固定的模式

社会主义阶段是一个代表人类走向更高级社会形态的特定阶段，社会主义既有一定的原则规定，同时也是动态的。社会主义在中国的实践和发展给我们提供了一条重要的启示，现实社会主义运动没有现成的固定的模式。

在马克思对于人类社会演进规律的描述中，他对资本主义生产方式的内在矛盾进行了深刻解剖，由此提出社会经济制度"变革"的思想主张。马克思集成了德国古典哲学中的"唯物论"和"辩证法"思想，并将它们有机统一起来，形成了辩证唯物主义的新方法论，并将其用于考察社会再生产和经济运行机制，创造性地建构起分析"生产力"和"生产关系"的相互作用及其矛盾运动的工具。其作为解剖社会发展演进的钥匙，揭示了人类社会发展演进的规律，并刻画出社会发展不同阶段的制度特征。"变革"思想离不开历史唯物主义方法论，我们在推进现实社会主义运动中所积累的经验可以佐证这一点。

现实社会主义运动依循马克思所揭示的基本原则，而如何建构社会再生产组织和经济运行的管理体制，归根结底是要围绕更好地发展社会生产力这一历史唯物主义原则，力求现实生产力发展基础与它所承载的社会生产关系之间形成一定的"默契"。尤其是中国这样的生产力发展水平相对落后的国家，更是需要重视加快发展生产力，探寻适合生产力发展特点和促进生产力发展的经济体制安排，决不能简单地照抄复制马克思主义的现成结论。因为既有的结论是在分析资本主义自发成长的基础上得出的，它针对的对象是在生产力最发达的起点上进入社会主义社会的。正是这样的社会制度的物质基础的明显差异，决定了我们不能简单呈现马克思所提出的社会主义制度原则。然而，马克思揭示的社会主义制度所具有的优越特征中关于更好地发展生产力的主张，正是我们需要加以重视和运用的理论内核。由此，我们必须将这样的原则与具体国情有机结合，进而我们需要回到马克思主义基本原理的生命力来源上去，应用历史唯物主义"实事求是"的方法、以问题为导向的研究方法，去回答现实社会主义实践所面对的挑战，探寻建构符合自身国情的社会主义制度架构和内容安排，进一步丰富和发展马克思主义基本原理。

与上述讨论相呼应的是，对于其他社会主义国家所选择的制度实践模式和经济体制，无论其实际运行绩效如何，我们同样不能够简单模仿、照抄学样。因为彼此的国情不同，生产力发展水平不同，经济发展的基础和路径不同，乃至于文化传统也有相异，这必然会直接影响经济制度和体制安排。实践的经验和教训也告诉我们，简单模仿或者是照抄照搬别国的经济体制模式，脱离自身国情，不可能带来理想的后果。

正是这样，只有坚持马克思主义"实事求是"思想方法，信守以问题为导向的马克思主义研究风格，立足基本国情去探寻自身的发展道路，坚持社会主义原则和实践取向，建构适合本国国情的制度安排和经济运行体制机制，将"发展"作为"第一要务"，才能不断刷新对于现实社会主义运动规律的理论认识，开拓出一条具有中国特色的社会主义发展道路。

（二）探寻适合自身国情的现实社会主义模式，需要有"改革"进取的精神

基于以上分析，纵览中国社会主义建设实践所走过的历程，特别是改革开放所开辟的"新社会主义"发展实践道路（其中催生发育形成中国特色社会主义制度），我们对现实社会主义的规定性和具体工作内容有了更加清晰、完整、准确的理解，这也提高了我们对现实社会主义实践任务的驾驭能力，由此我们更加坚定对社会主义发展前景的信念。达致这样的认识和实践境界，离不开对马克思主义思想方法论的坚守和应用，离不开以"实事求是"态度和"改革"精神去积极回应实践前行中的各种挑战，以"改革"的有力行动去克服传统体制的"沉疴痼疾"。只有这样，我

们才能推进"改革"朝着"全面"配套、系统集成的工作要求标准继续发力，我们的各项制度才会更加完善，才能不断逼近改革深化的"总目标"，推进国家治理体系和治理能力现代化。

（三）中国共产党的坚强领导是保证改革开放行稳致远的关键因素

中国共产党领导着改革开放事业，以党的历次重要会议为标志，及时地在理论创新方面作出新的表述，刷新相关理论内涵和概念表达，规划实践中需要采取的措施，并在扎实探索践行的基础上及时规范这些措施，及时巩固经济体制的功能与内涵。40 多年来，党的历次重要会议都及时且科学地总结了改革在过去时段所取得的成果和经验，并部署了后来阶段的主要工作任务。由此，我们可以清晰地看到党对改革开放事业的方向引领、阶段目标设计和工作任务安排，久久为功，我们定能迈向改革目标彼岸。

十八大以来，改革推进进入"全面深化"攻坚阶段，以习近平总书记为核心的党中央，加强了对改革的"顶层设计"。2013 年 12 月 30 日，中共中央政治局召开会议，决定成立中央全面深化改革领导小组，负责改革的总体设计、统筹协调、整体推进、督促落实。习近平总书记强调，"全面深化改革，全面者，就是要统筹推进各领域改革。就需要有管总的目标，也要回答推进各领域改革最终是为了什么、要取得什么样的整体结果这个问题"，"这项工程极为宏大，零敲碎打的调整不行，碎片化修补也不行，必须是全面的系统的改革和改进，是各领域改革和改进的联动和集成"。[1]注重加强顶层的和总体的设计与对各项改革举措的协调推进，同时，又鼓励和允许不同地方进行差别化探索，加强党中央对改革全局的领导与基层的自主创新之间的良性互动，改革推进保持着稳健前行的工作节奏。

40 多年改革开放发展所取得的丰硕成果，为建设社会主义现代化强国打下扎实的基础，也凝练形成指导中国特色社会主义事业发展新阶段各项工作高质量发展的"新发展理念"。面对"百年未有之大变局"，经济社会发展进入新的阶段，"改

---

① 习近平：《在省部级主要领导干部学习贯彻十八届三中全会精神全面深化改革专题研讨班上的讲话》，2014 年 2 月 17 日。

革开放"持续发挥着驱动中国特色社会主义建设事业持续健康发展的力量,推动各项工作按照党的十九大所提出的"分两步走"建设社会主义现代化强国的发展战略要求继续稳健前行。

第三节　改革开放:"伟大觉醒"与"关键一招"

习近平总书记在庆祝改革开放 40 周年大会的重要讲话中,高度评价改革开放的伟大意义和伟大成就,指出:"改革开放是我们党的一次伟大觉醒,正是这个伟大觉醒孕育了我们党从理论到实践的伟大创造。改革开放是中国人民和中华民族发展史上一次伟大革命,正是这个伟大革命推动了中国特色社会主义事业的伟大飞跃!""40 年的实践充分证明,改革开放是党和人民大踏步赶上时代的重要法宝,是坚持和发展中国特色社会主义的必由之路,是决定当代中国命运的关键一招,也是决定实现'两个一百年'奋斗目标、实现中华民族伟大复兴的关键一招。"

改革开放是在深刻总结传统社会主义体制模式的实践经验和检讨发生"文化大革命""极左"思想根源的背景下提出来的。在邓小平和其他老一辈革命家的倡导下,经过了"拨乱反正"和 1978 年中共中央工作会议中"解放思想"的大讨论,我们重新理解了社会主义理想的"理论原则目标"的实现与实践之间关系,对于目标实现的"约束条件"之重要性和我们所处经济社会发展阶段存在的复杂的约束条件,我们有了更加客观深入的认知。我们开始探究,为了实现中国经济快速发展、"民族复兴"和"人民幸福"的根本目标,如何将马克思主义中关于人类社会发展进步的制度演进规律与中国自身国情有机结合起来。"解放思想"的大讨论为中共十一届三中全会做了思想理论的准备,"改革开放"发展的方针由此确立,全党工作重心逐步转到经济建设上来,中国经济社会发展的全新的历史阶段由此开启。

一、实事求是:回归马克思主义"问题导向"的思想理论方法

深刻认识和理解中国共产党历史上的一次"伟大觉醒",以及决定中国发展命

运的"关键一招",对比现实社会主义实践的不同记录,可以发现,中国共产党的指导思想回归到马克思主义"实事求是"的历史唯物主义的轨道上。坚持"实事求是"就是要立足中国国情,"以我们正在做的事情为中心",以马克思主义历史唯物主义的"问题导向"为指引,明确"社会主义初级阶段"的历史发展方位,明确"社会主义的根本任务是发展生产力",围绕这些前提部署改革开放的工作任务。

十九届六中全会通过的《中共中央关于党的百年奋斗重大成就和历史经验的决议》又一次强调:"改革开放是党的一次伟大觉醒。"党的这次"伟大觉醒"是如何发生的? 改革开放这个历史性决策是怎样作出的? 任何一个历史事件和历史现象的出现都不是偶然的,在其背后都有着深刻的经济、政治、社会、历史原因。

(一)促成"伟大觉醒"思想"飞跃"的历史背景和经济基础

新中国成立之后,中国经历了三年国民经济恢复、社会主义工业化建设和对生产资料所有制的社会主义改造等发展阶段。当时的现代化建设表现出强烈的追赶态势,客观要求体制的高度计划性和可控性。在这一时期,社会主义制度的最初模式是与高度集中的计划经济相联系的,在这种模式下生产力的发展服从于生产关系的安排。以国有制为主的单一的所有制结构、高度集中的决策体系和自上而下的行政命令构成了这种体制的基础(张宇,1997)。计划经济体制在社会主义经济发展的初期发挥过巨大作用:有效集中和动员了有限的社会资源,建立起相对独立完整的工业体系,并在军工方面获得不少突破,使中国在国际社会的地位显著提升。但随着经济发展,计划经济体制的缺陷和弊端逐渐显露:增长动力不足、经济结构僵化、配置效率低下、官僚主义盛行等。

需要指出的是,在完成新民主主义革命基本任务,转向建设社会主义社会制度的实践起步阶段,面临特殊的国际经济环境,巩固新生的政权、建设起相对独立的工业体系、解决好老百姓的基本的生活保障,这些重要工作任务的要求与我们所能够利用的生产力水平之间存在着极大的不匹配,这是中国共产党在取得政权初期所面临的突出矛盾和问题。党在战争时代已经积累的工作经验和工作方式启发中国共产党人,可以通过集中动员的方式,聚焦解决当时所面临的经济工作的主要矛盾,况且,这样的工作方式与当时条件下对于社会主义制度规定性的"计划经济"特征的理解相吻合。在这样两个方面的因素叠加的情况下,通过集中动员资源解决所面临的主要矛盾是相对有效的,此外,这样做也增强了人们对集中计划经济工作方式的理解与信服。而且,围绕着如何建设社会主义社会制度,经典文献在对资本主义生产方式内在矛盾加以解剖揭露的理论分析中,已经推导出"理想社会"的运行图景。这就是通过社会的计算中心对社会再生产进行管理,通过"计划"手段对全社会的生产活动进行组织调配,也就是在生产活动中由社会的计算中心(即政府的计划部门)对全社会的生产活动资源进行直接配置。这种对社会主义制度表现的经济运行方式的特殊理解,与我们在社会主义建设初期的实践之间形成一定程度上的印证,恰好又与在当时的经济工作中可能动员的主客观条件相契合。这也导致了我们对基础理论中的社会主义经济制度基本特征的"固化"。以至于在"计划"手段的应用过程中,凡是与此相对而存在着的其他资源配置手段,比如通过商品货币关系加以尺度的、由生产活动主体自我决策加以配置展开的经济活动(即市场调节),都属于资产阶级法权,或者是被称为资本主义"尾巴"的东西,统统要被排斥或者抵制。乃至于对于是"计划"还是"市场"的理解、工作主张,都会成为一个带有"原则"性的理论话题;在"左"的倾向最为严重的时候,它们不仅是理论认识分歧的意识形态问题,甚至被上升到"阶级斗争"问题。在差不多30年的时间内,传统计划经济作为经典社会主义主要特征的理论认识一直成为不容怀疑的"定论",与此有关的经济理论,比如商品货币关系、价值规律、市场与竞争等,都一概被看作属于资本主义经济制度的具体内容而受到排斥和否定。

在实际经济运行方面,由于中国经济的生产力发展水平还比较低,整体的工业化发展程度不高,产业体系发育不充分,不同产业部门之间、区域之间、城乡之间也存在着十分明显的落差,要想通过全社会的计算中心的集中计划安排处理和管理全社会的经济活动,显然是不可能做到的事情。实际经济活动场合的复杂多样性,客观上决定了集中计划管理的不可能性。更何况,从事具体生产经营活动的经济活动主体成为政府机构的"附属物",在它们的"上级"所给予的计划指令和计划分配的工作条件下，以"等""靠""要"的活动方式存在着，全社会的经济运行谈不上有什么"活力"。这样的集中计划对具体经济运行场合的"误配"或"错配"，导致了经济运行的资源配置的低效率；全社会分散存在于具体场景的从事经济活动的各个主体所具备的生产活动条件，还受到"规模"、交通、地理区位等诸多差异性、多样性条件的约束。这些经济活动的执行主体的利益诉求得不到重视，因为当时我们不承认它们也具有独立的利益诉求，更谈不上重视它们的创造性、主动性与调动它们的积极性。还有，劳动者在作业场合具体展开生产活动，集中计划管理方式对劳动力的统包统配，以及简单地实行"八级工资制"的个人收入分配办法，不可能对个别劳动者的天赋技能和劳动态度加以识别，同样也不承认其独立的利益诉求，不区分劳动者的工作热情和工作绩效差异。集中计划管理的经济运行方式归结起来就是所谓的"大锅饭"现象，即作为经济活动具体执行单位的"企业"吃国家的大锅饭，劳动者个人吃"企业"的大锅饭。客观上存在着的作为经济计算（核算）主体的"企业"和劳动者个人的"经济理性"被忽略，甚至不被承认和尊重，整个社会的经济生活表现出"干多干少一个样、干好干坏一个样"，形成了"搭便车"的工作风气和"逆向淘汰"的经济生活现象。理论中描绘的社会主义制度所蕴含着的优越性，以及计划者的良好愿望最终不能得到真正实现。

深刻总结和解剖传统的集中计划经济中存在的理论认识和在制度内容展开实践中碰到的问题，特别是将我们的经济发展、科技进步、国力蓄育和国家竞争实力放在国际经济环境中进行比较评估，则会促动我们用国际化的视野来检视现象和问题。诚然，我们也需要特别指出，在中国社会主义建设实践的最初 30 年中，对于解决国民经济结构中存在着的突出问题，集中调度资源的做法是有针对性的，也是有效的，而且在推进建设独立的工业体系和集中力量攻克重大专项方面取得了标志性成果。正是对这样两个方面进行全面的分析讨论，有助于我们加深理解现实社会主义在实践推进进程中所面临的复杂性，这绝不是仅凭一腔热情和理想主义、浪漫主义就能够得以完成的艰巨工程。

最初 30 年的现实社会主义建设中所积累的经验教训，激发了人们对高度集权的计划经济体制进行深刻反思,对传统社会主义理论命题进行深入研究。思想是行动的先导,不解决思想观念的问题,不打破人们头脑当中固有的、僵化的观念,从思想上调动起人们对重大历史任务的认识,中国就难在社会主义建设中取得胜利。因此,邓小平曾强调"解放思想是当前的一个重大政治问题",它不是简单的思想观念的问题,而是必须提高到政治的高度才能加以理解的重大问题。当时,在党和人民面前有三条路:一条是走封闭僵化的老路;一条是走改旗易帜的邪路;一条是开辟新的发展道路。在这个重大历史关头,邓小平领导全党全国各族人民勇敢地面对现实,从实际出发,总结经验,纠正错误,毅然决然地作出改革开放的历史性决策,团结带领全党全国各族人民,从困境中重新奋起,在新中国成立以来国家建设和发展的基础上,开创了中国特色社会主义道路。从这个意义上说,"伟大觉醒"的提出的基础是对党和国家前途命运的深刻总结。

（二）"伟大觉醒"是在马克思主义"问题导向"的科学方法指引下产生的

习近平总书记在哲学社会科学工作座谈会上提出"坚持问题导向是马克思主义的鲜明特点",这抓住了马克思主义的实践本性。以问题为导向,首先要发现实践中的深刻矛盾和问题,进而分析这些矛盾和问题的成因、性质、状况、发展趋势等,最后从实际出发创造性地提出解决矛盾和问题的思路、方式方法等（韩喜平,2016）。马克思主义认为,人类的生产活动是最基本的实践活动,是决定其他一切活动的东西。一切主观的东西都必须经受实践的检验。中国共产党团结带领人民实现的"伟大觉醒",正是从1978年进行的那场关于"实践是检验真理的唯一标准"的大讨论开始的。通过真理标准问题的大讨论,党坚持和发展了马克思主义,恢复和重新确立了实事求是的思想路线,把人们的思想从长期"左"的禁锢和教条主义的束缚下解放出来。

第一,对人民群众期盼和需要的深刻体悟。

只有从解放思想入手,才能重新激发和释放出全社会的创造活力。然而,思想观念本身具有相对的独立性和稳定性,表现出巨大的惯性、惰性以及根深蒂固的特征,打破思想上的束缚比破除现实的障碍更不容易。面对改革阻力,一方面,党和国家把人民群众看作解放思想的社会历史主体,通过分析和把握当时社会的基本矛盾运动,尊重和发挥人民群众的主体作用,找到了动力之源。新中国成立后,党团结带领全国各族人民建立起独立的比较完整的工业体系和国民经济体系,初步满足了人民吃饭穿衣的基本生活需要。由于传统社会主义探索经历了严重曲折,社会主义的优越性没有充分发挥出来,生产力的发展还比较落后,人民群众生活的改善比较缓慢。邓小平深刻指出,贫穷不是社会主义,社会主义要消灭贫穷;不发展生产力,不提高人民的生活水平,不能说是符合社会主义要求的。[①]通过强调发展生产力,我们回归了马克思唯物主义。另一方面,邓小平指出"民主是解放思想的条件",必须充分发扬民主,创造"又有集中又有民主,又有纪律又有自由,又有统一意志,又有个人心情舒畅、生动活泼的政治局面"[②],充分发挥人民群众的主动创造精神,在唯物史观基础上,承认多劳多得和物质利益,从而调动起人民参加生产的积极性,激发人民从事社会主义建设的热情和无穷创造力。因此,把握住人民群众的利益、愿望和要求,就找到了推进思想解放的基本动力。

第二,对社会主义革命和建设实践的深刻总结。

如何在中国建设社会主义,这是中国共产党执政后面临的一个崭新课题。在探索过程中,虽然经历了严重曲折,但党在社会主义革命和建设中取得的独创性理论成果和巨大成就,为在新的历史时期开创中国特色社会主义提供了宝贵经验、理论准备、物质基础。

党的十一届三中全会以后,以邓小平同志为主要代表的中国共产党人,团结带领全党全国各族人民,深刻总结新中国成立以来正反两方面的经验,围绕什么是社会主义、怎样建设社会主义这一根本问题,借鉴世界社会主义历史经验,创立了邓小平理论,解放思想,实事求是,作出把党和国家工作中心转移到经济建设上来、实行改革开放的历史性决策,深刻揭示社会主义本质,确立社会主义初级阶段基本路线,明确提出走自己的路、建设中国特色社会主义,科学回答了建设中国特色社会

[①] 《邓小平文选》第3卷,人民出版社1993年版,第225页。

[②] 《邓小平文选》第2卷,人民出版社1983年版,第145页。

主义的一系列基本问题,制定了到 21 世纪中叶分三步走、基本实现社会主义现代化的发展战略,成功开创了中国特色社会主义。党的十三届四中全会以后,以江泽民同志为主要代表的中国共产党人,团结带领全党全国各族人民,坚持党的基本理论、基本路线,加深了对什么是社会主义、怎样建设社会主义和建设什么样的党、怎样建设党的认识,形成了"三个代表"重要思想,在国内外形势十分复杂、世界社会主义出现严重曲折的严峻考验面前捍卫了中国特色社会主义,确立了社会主义市场经济体制的改革目标和基本框架,确立了社会主义初级阶段公有制为主体、多种所有制经济共同发展的基本经济制度和按劳分配为主体、多种分配方式并存的分配制度,开创全面改革开放新局面,推进党的建设新的伟大工程,成功把中国特色社会主义推向 21 世纪。党的十六大以后,以胡锦涛同志为主要代表的中国共产党人,团结带领全党全国各族人民,在全面建设小康社会进程中推进实践创新、理论创新、制度创新,深刻认识和回答了新形势下实现什么样的发展、怎样发展等重大问题,形成了科学发展观,抓住重要战略机遇期,聚精会神搞建设,一心一意谋发展,强调坚持以人为本、全面协调可持续发展,着力保障和改善民生,促进社会公平正义,推进党的执政能力建设和先进性建设,成功在新形势下坚持和发展了中国特色社会主义。所有这些方面的努力和对中国特色社会主义事业的推进,充分反映出了中国共产党在践行马克思主义中国化的进程中所取得的思想理论的"飞跃"(韩喜平,2016)。

第三,对时代潮流的深刻洞察。

20 世纪 70 年代末 80 年代初,世界形势发生了重大变化。邓小平深刻洞察世界形势,指出"现在世界上真正大的问题,带全球性的战略问题,一个是和平问题,一个是经济问题或者说发展问题"。同时,他还强调,"大战打不起来,不要怕,不存在什么冒险的问题,我们要抓住这个机遇,一心一意搞建设,加快发展自己"。经过长期观察和综合分析,中国共产党准确把握了东西方关系有所缓和、世界战争危险逐渐减弱、科技革命浪潮不断兴起、各国争先抢占战略发展制高点的趋势和特征,提出了和平与发展是当今时代的主题。这为作出对外开放的重大决策和制定新时期中国的外交方针政策提供了重要依据。

对发展机遇期的准确判断,同追赶时代步伐是相辅相成的。对当时世界经济发展进程的深入了解,增强了中国共产党推进改革开放和加快发展的现实紧迫感与责任感。因此,邓小平强调:"我们要赶上时代,这是改革要达到的目的。"我们党顺应时代潮流,把握历史规律,果断实行改革开放,由此赢得了主动,赢得了发展,赢得了未来(曲青山,021)。

(三)"伟大觉醒"孕育的"伟大创造"是决定中国命运的"关键一招"

"伟大觉醒"催生了改革开放。中国共产党团结带领全国各族人民进行的改革开放这场新的伟大革命,极大地激发了广大人民群众的积极性、主动性、创造性,极大地解放和发展了社会生产力,中国实现了从生产力相对落后的状况到经济总量跃居世界第二的历史性突破,实现了人民生活从温饱不足到总体小康、奔向全面小康的历史性跨越,推进了中华民族从站起来到富起来的伟大飞跃。历史雄辩地证明,改革开放是党和人民大踏步赶上时代的重要法宝,是坚持和发展中国特色社会主义的必由之路,是决定当代中国前途命运的关键一招,也是决定实现"两个一百年"奋斗目标、实现中华民族伟大复兴的关键一招。

习近平总书记强调:"改革只有进行时,没有完成时。"国内外经济形势错综复杂,很多情况是改革开放以来从未遇到的。国际金融危机深层次影响持续蔓延,国际贸易低迷,保护主义普遍,世界经济复苏乏力。国内经济下行压力不断增大,产能过剩矛盾突出,工业品价格连续下降,金融风险隐患增多。面对如此复杂的经济形势,党和政府召开了上百次涉及经济问题的会议,提出了坚持问题导向部署经济发展的新战略。抓大事,谋长远。党和政府针对关系全局、事关长远的问题实施了一系列重大发展战略,如以促进人的城镇化为核心、提高质量为导向的新型城镇化战略等。这些重大战略已经并持续对中国经济改革产生深远影响。①

总结来看,改革开放40多年的实践启示我们:实践发展永无止境,解放思想永无止境。中国共产党在领导革命和建设进程中,坚持以问题导向,由此促成对中国

---

① 《习近平谈治国理政》第3卷,外文出版社2020年版,第235—236页。

命运之根本和革命的主要对象的准确认识,使得中国共产党一路前行,取得革命和建设事业的成功。

二、 找准历史方位:对社会主义初级阶段的基本经济制度内容的理解不断深化

围绕基本经济制度的规定性,十九届四中全会通过的《中共中央关于坚持和完善中国特色社会主义制度推进国家治理体系和治理能力现代化若干重大问题的决定》明确指出三个方面的主要内容,即"公有制为主、多种所有制经济共同发展,按劳分配为主体、多种分配方式并存,社会主义市场经济体制"。对于中国基本经济制度的新概括表述,其中强调了"所有制关系""收入分配制度"和"资源配置体制"三大内容,较之既有的对"基本经济制度"的表述,有了新的拓展和补充,这样的拓展补充正是在总结中国社会主义实践 70 年,特别是改革开放 40 年所经历的诸多成功探索的基础上形成的(顾海良,2020)。

(一)对现实社会主义所处历史阶段的重新认识和清晰定位

联系上述在推进社会主义制度建设中面临的诸多挑战,我们需要对"正在做的事情"进行深入思考。如何理解科学社会主义的基本原则? 如何将基本原则对于解放和发展生产力的内在要求在基本经济制度的规定性上进行界定? 如何建构灵活高效的资源配置和调节动态经济运行的经济管理体制,以有效组织社会再生产的资源配置和经济运行? 如何通过这样的经济体制去组织生产活动的经济活动主体和参与社会分工组织的劳动者? 如何能够在微观经济场合产出更高效率及更好地调动经济活动行为者的积极性? 为了回答好这几个层面上的问题,我们需要对现实社会主义经济制度赖以确立的生产力基础条件有全面、客观的认知,需要了解建构什么样的经济体制才有助于充分调动全社会各类经济主体的工作积极性,以形成解放和发展生产力的制度驱动力量。说到底,就是要从中国自身的国情出发去推进现实社会主义的进程,对中国推进社会主义实践处在社会主义发展进程的历史方位有科学的定位。

　　我们在经济社会发展的多方面工作实践中积累的经验教训,增强了中国共产党领导集体对如何认识中国的基本国情这一问题的重要性的认识。早在1977年10月,邓小平就指出:"人们都说中国是个大国,其实只有两点大,一是人口多,二是地方大。就发展水平来说,是个小国,顶多也是个中小国家,连中等国家都算不上。"①1978年8月,他又说:"各国的发展阶段不同,消灭资本主义,建立共产主义,这是一个很长的历史过程。"1979年3月,陈云在中央政治局会议上也提出:"我们搞四个现代化,建设社会主义强国,是在什么情况下进行的。讲实事求是,先要把'实事'搞清楚。"②1979年9月,经党的十一届四中全会讨论通过的、由叶剑英作的《在庆祝中华人民共和国成立三十周年大会上的讲话》明确指出,中国的社会主义制度"还不完善,经济和文化还不发达","还处在幼年时期","在我国实现现代化,必然要有一个由初级到高级的过程"。③1981年6月,党的十一届六中全会通过的《关于建国以来党的若干历史问题的决议》指出:"尽管我们的社会主义制度还是处于初级的阶段,但是毫无疑问,我国已经建立了社会主义制度,进入了社会主义社会,任何否认这个基本事实的观点都是错误的。"④我们从这些论述中可以看到,有关中国正在推进中的社会主义发展的阶段性认识和判断已经得到高度重视。

　　实践证明,正确认识中国社会发展所处的历史阶段,是在中国特色社会主义实践进程中制定和执行正确的路线、方针和政策的根本依据。中国共产党根据马克思主义关于社会发展阶段的理论,总结中国社会主义建设的经验教训,从现实的国情出发,提出中国正处在社会主义的初级阶段的理论。在1987年10月召开的中国共产党第十三次全国代表大会上,《沿着有中国特色的社会主义道路前进》这一政治报告郑重提出和系统论述了"社会主义初级阶段"理论命题,强调指出,这是建设有中国特色的社会主义的首要问题,并依据这一命题展开论述了中国共产党在现

---

①　《邓小平思想年谱》,中央文献出版社1998年版,第73页。

②　中央文献研究室编:《陈云传》(下),中央文献出版社2005年版,第1557页。

③　《三中全会以来重要文献选编》上,人民出版社1982年版,第295、300、307页。

④　《〈关于若干历史问题的决议〉和〈关于建国以来党的若干历史问题的决议〉》(合订本),中央党史出版社2010年版,第112页。

阶段的基本路线和改革、建设的基本纲领,初步形成了中国社会主义初级阶段的理论。

首先,中国社会主义的初级阶段,不是泛指任何国家进入社会主义都会经历的起始阶段,而是特指中国在生产力落后、商品经济不发达条件下建设社会主义必然要经历的特定阶段。这个阶段从 20 世纪 50 年代生产资料私有制的社会主义改造基本完成,到社会主义现代化的基本实现,至少需要上百年时间。中国的社会主义脱胎于半殖民地半封建社会,当时中国的生产力水平远远落后于发达的资本主义国家,这决定了中国必须经历一个很长的初级阶段,去实现许多别的国家在资本主义条件下实现的工业化和生产的商品化、社会化、现代化。中国人口多,底子薄,人均国内生产总值仍居于世界后列。生产力的落后,决定了在生产关系方面,发展社会主义公有制所必需的生产社会化程度还很低,商品经济和国内市场很不发达,自然经济和半自然经济占相当比重,社会主义经济制度还不成熟不完善。这种状况说明,中国现在仍然远没有超出社会主义初级阶段。中国建设社会主义所面对的情况,既不是马克思主义创始人设想的在资本主义高度发展的基础上建设社会主义,也不完全等同于其他社会主义国家的情况。照搬书本不行,照搬外国也不行,必须从中国国情出发,把马克思主义基本原理同中国实际结合起来,在实践中开辟有中国特色的社会主义道路。为了解决现阶段的经济发展所面临的主要矛盾,必须大力发展商品经济,提高劳动生产率,逐步实现工业、农业、国防和科学技术的现代化,并且为此改革生产关系和上层建筑中不适应生产力发展的部分。

其次,明确社会主义初级阶段理论对于明确中国特色社会主义发展的指导方针具有直接的指导意义。我们必须集中力量进行现代化建设,必须坚持全面改革,必须坚持对外开放;在社会主义初级阶段完成基本实现现代化的任务,需要分步骤、长时期的努力。党的十三大还设计了分"三步走"基本实现现代化的宏伟蓝图。正是在改革开放的驱动下,到 20 世纪末,中国基本实现了现代化建设"三步走"战略的第一步、第二步目标。2017 年召开的党的十九大在全面总结推进"三步走"、推进社会主义现代化建设经验的基础上,明确提出 2020 年("第一个一百年",即中国共产党成立 100 周年)消灭绝对贫困,全面建成小康社会,并对后续 30 年发展作出新的战略规划,即 2035 年基本实现社会主义现代化,21 世纪中叶的 2050 年("第二个一百年",即中华人民共和国成立 100 周年),建成社会主义现代化强国。

最后,基于社会主义初级阶段理论,明确现实社会主义所处的发展阶段和务实前行的出发点,才能更好地找准发展阶段的主要矛盾和主要工作任务,才能准确判断现实社会主义发展的历史方位。基于这一基本判断,我们才能避免在理论上和实践上出现"左"或右两种错误倾向,才能为中国社会主义建设的航船确定前行的方向和航道,开拓出一条中国特色社会主义发展道路。改革开放成为推进中国特色社会主义建设前行的重要驱动力量。在社会主义初级阶段,由于长期形成的僵化体制严重束缚着生产力的发展,改革更成为迫切的历史要求。改革是社会主义生产关系和上层建筑的自我完善,是推进一切工作的动力。必须坚持对外开放,因为当代国际经济关系越来越密切,任何国家都不可能在封闭状态下求得发展。在落后基础上建设社会主义,尤其要发展对外经济技术交流和合作,努力吸收世界文明成果,逐步缩小同发达国家的差距。必须以公有制为主体发展多种经济成分,在以按劳分配为主体的前提下实行多种分配方式,在共同富裕的目标下鼓励一部分人通过诚实劳动和合法经营先富起来。伴随改革开放的不断深化,为了推进中国社会主义制度的自我完善和发展,且中国共产党对改革开放是一项长期的、艰巨的、繁重的事业有了充分的认识,党的十八届三中全会通过的《关于全面深化改革若干重大问题的决定》对推进全面深化改革作出"顶层设计",明确了全面深化改革的总目标——完善和发展中国特色社会主义制度,推进国家治理体系和治理能力现代化。在十八届中央政治局第二次集体学习上,习近平总书记指出:"改革开放只有进行时没有完成时。没有改革开放,就没有中国的今天,也没有中国的明天。"[①]

只有明确社会主义初级阶段理论,中国特色社会主义才能找准自身发展的历史方位、发展方向和工作重点。经过了 40 多年改革开放,中国经济持续高速发展,

---

① 《习近平谈治国理政》第 1 卷,外文出版社 2014 年版,第 69 页。

国内生产总值规模已经攀升至全球第二位,中国经济发展站在了一个新的历史起点上,中国特色社会主义进入了新的发展阶段。从历史和现实、理论和实践、国内和国际等结合上进行思考,从中国社会发展的历史方位上来思考,从党和国家事业发展大局出发进行思考,社会主义初级阶段仍然是中国现实社会主义发展阶段的主要特征。正如十九届六中全会通过的《中共中央关于党的百年奋斗重大成就和历史经验的决议》中所指出的:"我们仍处于并将长期处于社会主义初级阶段,我国仍然是世界上最大的发展中国家,社会主要矛盾是人民日益增长的美好生活需要和不平衡不充分的发展之间的矛盾。"我们必须始终明确中国处于社会主义初级阶段这一基本判断,始终不忘发展是解决中国一切问题的"第一要务"。不忘初心,行稳致远。

(二)伴随改革开放发展不断加深对基本经济制度演进的历史逻辑的理解

中国社会主义基本经济制度的演进先后经历探索和建立完善两个阶段,其科学内涵随着中国特色社会主义经济建设的实践不断丰富和深化。

新中国成立以后,关于如何开展社会主义建设实践的理论认识还不充足,干部队伍准备不足的情况仍然存在,而当时的苏联借助集中计划的经济管理体制在推进工业化方面已经取得较为明显的成绩。在此背景下,学习模仿苏联也就成为"自然而然"的选择。正是因为这样,经过新民主主义革命的过渡,我们在推进生产资料所有制关系的社会主义改造方面形成了加速度推进的工作节奏,塑造形成集中计划管理国民经济的经济体制的"初始模式"。这种"初始模式"对于后续如何开展社会主义建设进程势必产生一定的"路径依赖"影响。此外,集中计划管理的经济体制在着力加快工业化建设和克服国民经济中明显存在着的结构性薄弱环节方面,表现出相对理想的效率。这些都会促成人们对于"集中计划经济"体制的迷信,并进一步刺激人们在对待生产资料所有制关系上追求"一大二公"[①]的行为取向,不

---

① 具体是指第一人民公社规模大,第二人民公社公有化程度高。

断加强了人们对于生产资料所有制关系的重视(张晖明,2020)。

围绕基本经济制度的理解和实践转化,在所有制层面,通过没收官僚资本及对农业、手工业和资本主义工商业进行"社会主义改造",社会主义公有制经济基础初步确立。没收官僚资本建立国家所有制形式。对于农业的社会主义改造采取农业合作化的方式,核心任务是对包括土地在内的主要农业生产资料所有制进行改造,并通过农业合作社将农民组织起来,最终引导农民走向社会主义集体化农业的发展道路。对手工业的社会主义改造以手工业工人、手工业独立劳动者和家族手工业者为主要改造对象,采取生产合作社的方式将手工业者组织起来,旨在将手工业的小私有制逐步改变为半私有制,再从半私有制发展到公有制。资本主义工商业的社会主义改造根据"利用、限制、改造"的政策,采取和平赎买的方式实现资本主义工商业的公私合营,利用国家资本主义的过渡形式,将民族资本主义私有制企业逐步改造成社会主义公有制企业。

在劳动者个人收入分配制度建设方面,农村建立在土地和主要生产资料集体所有制基础上的高级农业生产合作社和人民公社实行单一的按劳分配,将劳动力划分为不同类型,根据劳动量确定工分,年终时根据集体生产剩余计算工分值,最后根据个人全年工分总额分配劳动报酬。在城市方面,最初实行供给制和工资制并存的分配制度。1952 年,政务院将工资自上而下分为 29 个级别,党政机关人员根据级别获取对应的工资并以实物进行折算。1956 年,国务院进一步改革国家机关和企事业单位的工资制度,确定 24 级的干部工资标准和 8 级企业工资制。上述制度奠定了延续到 20 世纪 80 年代末的劳动工资制度基础(宋冬林、谢文帅,2021)。

在经济运行管理体制方面,结合推进社会主义工业化进程,逐步形成集中计划管理的工作方式。国家通过制定和实施第一个五年计划,以苏联援建的 156 个项目为核心,集中力量重点发展钢铁、煤炭、军工等重化工业。同时,借鉴苏联工业化发展经验,采取指令性计划综合平衡资源配置、生产结构及产品消费等,构建起集中计划管理国民经济的经济体制的"初始模式"。这种"初始模式"为中国社会主义工业化奠定了基础,构建起计划经济体制的基本框架。"二五""三五"等五年计划的实施,巩固和完善了计划经济体制。1954 年颁布的《中华人民共和国宪法》规定,"国家用经济计划指导国民经济的发展和改造,使生产力不断提高,以改进人民的物质生活和文化生活,巩固国家的独立和安全",将计划经济体制上升为国家法定的经济体制。①

如前所述,实行高度集中的计划经济管理方式,尽管在应对重大专项和克服国民经济结构中的明显缺陷方面表现出一定的时效性,但是全社会经济活动主体的积极性和经济运行活力没有能够得到充分调动,社会主义制度所具有的能够解放和发展生产力的优越性没有得到充分发挥。为了更好地推进发展生产力这一社会主义的"根本任务",必须对高度集中计划经济体制"开刀",探索社会主义基本经济制度的变革创新。通过"摸着石头过河"的渐进方式,引入"市场取向"的工作举措,发挥价值规律和商品经济的积极作用。然而,价值规律作用的充分发挥离不开价格机制、供求机制和竞争机制的有效运行,这就势必需要对传统的计划经济体制进行改革,对基本经济制度特征内容的理论进行突破创新。

在 40 多年的经济体制改革中,通过引入商品货币关系的运行机制,一方面,调整政府与企业、企业与职工之间的经济(利益)关系,另一方面,通过财政体制的变革,调整中央与地方之间的"财权"和"事权"关系,将全社会多个经济主体的积极性都调动起来。改革的起步,正是遵循了马克思主义的"物质利益"原则,通过"增量改革"的"双轨过渡",释放企业和职工的积极性、地方各级政府的积极性,从利益关系变革带动生产关系多个层次内容的调整,解放和发展了生产力,形成改革深化的"诱致性"制度变迁的内生动力机制。在明确社会主义市场经济体制是中国经济体制改革的目标模式的基础上,针对市场经济主体企业的"法人独立性"所提出的如何确立"法人财产权"的独立性问题,逐步摸索明确国有资产管理运营体制,形成政府与企业之间的"出资"与"用资"关系,创新公有制的实现形式,在开放其他多种非公有制经济形式的同时,形成"公有制为主体、多种所有制经济共同发展"的新所有

---

① 中共中央文献研究室编:《建国以来重要文献选编》第 5 册,中央文献出版社 1993 年版,第 524 页。

制结构,混合所有制经济成为公有制的主要实现形式。伴随生产力进步的分工关系的不断深化,生产要素的物理形态和能力特点各异,实现科学配置组合、形成要素开发使用的合力,必然要求在坚持"按劳分配"基本原则的基础上,引入要素报酬分配的其他多种分配形式,形成"按劳分配为主体、多种分配形式并存"的新的制度安排。想要处理好多种经济形式的共同发展、多种分配形式的协调和谐,则需要通过市场机制配置各类经济资源,客观科学地评价社会主义市场经济体制安排的"公平竞争"。

40多年改革开放的不断深化推进,触动着中国经济社会运行的体制机制的变革创新,对经济生活中的多个主体参与社会分工的合作方式和经济关系的变革也得以形成。社会再生产经济运行的资源配置组织形式、经济活动调控方式和经济主体收入分配形式等多方面有了新的更加符合生产力发展要求的制度安排。实践的深化和动态发展的不断检验矫正促成了社会主义基本经济制度的具体内容在理论表述和功能理解上的清晰明确。对此,党的十九届四中全会通过的《关于坚持和完善中国特色社会主义制度。推进国家治理体系和治理能力现代化若干重大问题的决定》对中国的基本经济制度作出新的概括表述。"以公有制为主体、多种所有制经济共同发展,按劳分配为主体、多种分配方式并存和社会主义市场经济体制"等表述,更加完整地表达了基本经济制度建构的体系性和动态运行的功能性特征,展现出三个方面的经济制度的有机统一。明确将"社会主义市场经济体制"囊括进来,与"所有制关系"和"收入分配关系"相并列,这样的对于基本经济制度规定性的表述,不仅清晰地交代了特征内容的规定性,与此同时也表现出这种制度规定性的动态运行制度和实现机制。在社会主义市场经济的运行环境下,要回答好这样的所有制关系和收入分配关系,还需要通过市场经济体制机制来配置运行实现它们,赋予其动态运行的意蕴。可见,对基本经济制度作出新的概括表述,有利于更好地在社会主义初级阶段借助市场评价手段,科学合理组织社会再生产,动员和组织整合各类生产要素,协调平衡多种经济形式、多个要素主体之间的合作机制和利益关系,不断解放和发展生产力,促进和保证经济持续稳定健康发展。

可见,改革开放同样促进了中国特色社会主义理论不断创新发展。改革开放实践的成果充分说明，实践是理论深化创新的源头，理论的创新就是要"以我们正在做的事情为中心"，以我们在实践中所面临的"问题为导向"，赋予中国特色社会主义理论创新以不竭动力和活力。"实践发展永无止境，解放思想永无止境，改革开放永无止境"①，理论创新也就必须做到"永无止境"。

三、 改革开放：解放和发展生产力，实现经济体制的成功转轨

把全党和国家的重心转移到经济建设上，来自对传统社会主义实践的深刻总结与检讨反思，来自"解放思想"与回归"实事求是"。邓小平在多个场合强调，要重视对基本国情的认识理解，并指出："不要离开现实和超越阶段采取一些'左'的办法，这样是搞不成社会主义的。"②"社会主义的初级阶段，就是不发达的阶段。一切都要从这个实际出发，根据这个实际来制订规划。""社会主义初级阶段的最根本任务就是发展生产力，社会主义的优越性归根到底要体现在它的生产力比资本主义发展得更快一些、更高一些，并且在发展生产力的基础上不断改善人民的物质文化生活。"③这说明，初级阶段指中国在生产力落后、商品经济不发达的条件下，建设社会主义必然要经历的、无法直接跨越的特定阶段。在初级阶段，人民日益增长的物质文化与落后的社会生产之间存在矛盾，在经济 40 年高速发展之后，这种社会的主要矛盾表现为"人民日益增长的物质文化需要与社会生产力发展不平衡不充分的矛盾"，解决这一矛盾的唯一出路就在发展。明确社会主义初级阶段的历史定位和基本特征，使我们能更加现实、准确、客观地认识国情，也使我们对社会主义现代化建设的长期性、紧迫性、复杂性、艰巨性有足够的思想准备。

2012 年党的十八大胜利召开，我们进入中国特色社会主义发展的新时代，以习近平总书记为核心的党中央多次强调，以经济建设为中心是兴国之要，发展是党执政兴国的第一要务，是解决中国一切问题的基础和关键。中国是世界上最大的发

---

① 《中共中央关于全面深化改革若干重大问题的决定》(辅导读本)，人民出版社 2013 年版，第 2 页。
② 《邓小平文选》第 2 卷，人民出版社 1994 年版，第 312 页。
③ 《邓小平文选》第 3 卷，人民出版社 1993 年版，第 252 页。

展中国家,仍处于并将长期处于社会主义初级阶段。社会主义初级阶段的最大特点就是经济不发达,最根本的任务就是发展社会生产力。目前,我们与发达国家的差距还很大,西方发达国家的经济科技优势在短期内不会改变,而发展就是要使国家由落后的不发达状态向先进的发达状态过渡与转化,其中经济的发展又是基础。只有不断发展,才能提高我们化解各种矛盾和风险的能力。只有经济持续健康发展,才能筑牢国家繁荣富强、人民幸福安康、社会和谐稳定的物质基础。实现社会主义现代化,根本是要靠发展。

改革开放是中国经济保持稳定高速和持续发展的主要驱动力量,40多年来,我们坚定不移地坚持发展是硬道理的战略思想,以"追赶型"的经济发展模式,用几十年的时间走完了发达国家几百年走过的历程,取得了举世瞩目的成就。今天,中国已成为全球第二大经济体、最大外汇储备国、最大出口国和世界第一大货物贸易大国。中国也从低收入国家跨入中等偏上收入国家行列,创造了前所未有的大规模减贫和民生进步的奇迹。这些成绩的取得,得益于始终坚持改革开放和理论创新(杨英杰,2017)。

（一）明确发展"第一要务",坚持以经济建设为中心

坚持以经济建设为中心,就是要不断做大蛋糕,为人民群众生活改善不断打下更为雄厚的基础。习近平总书记指出:"只要国内外大势没有发生根本变化,坚持以经济建设为中心就不能也不应该改变。这是坚持党的基本路线一百年不动摇的根本要求,也是解决当代中国一切问题的根本要求。"坚持以经济建设为中心,就是要坚定不移地坚持发展是硬道理的战略思想,把发展作为党执政兴国的第一要务。发展是基础,经济不发展,一切都无从谈起。针对发展过程中出现的贫富差距,部分言论主张分配优先于发展,认为"分好蛋糕比做大蛋糕更重要"。针对这种说法,习近平总书记强调:"这种说法不符合党对社会主义初级阶段和我国社会主要矛盾的判断。"他还指出:"党的十八大提出准备进行具有许多新的历史特点的伟大斗争,是为了毫不动摇地坚持和发展中国特色社会主义,不是不要发展了,也不是要搞杀富济贫式的再分配。"任何束缚和阻碍社会生产力发展的言行,都是违背社会主义本质要求的,都要坚决反对。

改革开放,以及变革不适应生产力发展的经济管理体制,目的就是要解放和发展生产力,正如邓小平一再强调的,"讲社会主义,首先就要使生产力发展,这是主要的"。[①]经过了40多年的改革开放洗礼,中国经济体制已经成功转型,社会主义市场经济体制已经成型并不断得到完善。在经济生活中的政府与企业的关系、政府与市场的关系及经济社会发展中的中央与地方的关系,还有中国经济参与国际分工中中国经济与世界经济的关系等几个经济体制建构方面,我们经历了脱胎换骨的改造;正是这样的变革,极大地解放了生产力。

（二）政府与企业关系的变革：尊重经济主体地位的独立性,调动积极性,激发创造性

新中国成立初期,经济工作的主线围绕着推进计划经济体制的确立与建设。但随着经济的发展,计划经济体制所实行的"统收统支、统包统配",以及工农业产品之间的"剪刀差"(不等价交换),使城乡之间的生产要素难以自由流动,劳动者没有自由择业权,特别是户籍制度将农民锁定在农村和农业作业的劳动方式中;农村居民和城镇居民的发展机会严重不均,收入水平普遍低下(吴丰华、韩文龙,2018)。计划经济体制和经济运行方式导致工农业的不均衡增长,资料显示,1949—1978年中国工业与农业的产值之比由3∶7变成7.5∶2.5(张晖明等,2021)。

面对计划经济执行过程中出现的严重问题,在改革开放初期的探索阶段,最先启动了农产品价格的调整,去刺激农民的积极性,还对城市农产品的消费进行价格补贴,去唤起农村和城市劳动者的经济理性。全社会对经济主体的独立利益的关注被激发出来。随着改革的深入,发轫于安徽省凤阳县小岗村的家庭联产承包责任制引领了中国农村的改革方向。家庭联产承包责任制赋予了农民对土地的控制权、对生产的决策权和对收益的索取权,极大调动了农民的积极性,农业生产效率大幅度提高,粮食产量激增。同时,经济理性的复归改善了农村的资源配置和要素整合能力。农副产品及其加工业的发展促进了乡镇企业的快速发展,成为率先满

[①]　《邓小平文选》第2卷,人民出版社1994年第2版,第314页。

足广大人民群众物质文化需要的改革先锋。

与此同时,对于城市经济的改革,主要通过对企业"放权让利"、引入"经济责任制",打破"统"的局面,企业(生产经济活动的主体)的独立性逐步得到发育增强。商品货币手段受到重视,经济核算意识逐步加强,传统的计划经济运行养成的"企业吃国家大锅饭、职工吃企业的大锅饭"的局面受到冲击,微观经济运行活力开始显现。"增量改革"方式推进改革举措稳健推进,"市场取向"及商品货币关系和经济核算机制渗透到经济运行过程中。经济生活中各类主体的精神面貌被刷新了,经济运行有了新的活力。在1984年召开的党的十二届三中全会通过了《中共中央关于经济体制改革的决定》,明确了将"增强企业活力"作为整个经济体制改革的"中心环节"。中国经济体制改革进入"诱致性"制度变迁的深化轨道。以利润留存为主要内容的经济责任制方式,扩大了企业自主权,极大调动了企业的积极性。允许企业在计划外自主采购、自主安排和自主定价销售,填补了集中计划体制安排难以兼顾到的微观"空间空隙",以企业自主能力矫正、弥补计划存在的"缺憾"(缺陷),全社会经济运行的活力和效率得到大大提高。与此同时,为了克服国民经济运行中长期存在的短缺现象,实行对外开放,引进国外资本和技术,对内开放产业的准入,允许非公企业发展。由此,中国经济生活中出现多种经济成分主体,必然也就出现了不同经济主体之间的竞争及相互之间的运行机制和运行绩效的参照比较。

概括起来说,既有的国有企业改革经历了"放权让利"改革(1978—1984年)、"两权分离"改革(1984—1992年)、产权制度改革(1992—2003年)三个阶段。非国有企业的外资经济经过了"三来一补"(1979—1987年)加工贸易、"合资合作"(1987—2001年)的产品型和要素型开放、"合资和独资"(2001年开始)要素型与制度性开放等阶段。非公经济的国内资本经过了意识形态约束放松下的艰难起步(1978—1982年)、夹缝中生存(1982—1997年)、跨越式发展(1997—2003年)三个阶段。[①]非公有制企业的崛起,逐渐打破了国有企业一统天下的局面,优胜劣汰的竞

---

① 关于国有企业和非公有制企业改革阶段的"划分方法",参考了白永秀、任保平的《中国市场经济理论与实践(第2版)》(高等教育出版社2011年版)。

争机制得以形成。

在政府与企业利益关系的变革方面,从所有权与经济权的"适度分离",到对企业身份的经济属性提出相应的变革诉求,以及实行"利润留成"和扩大企业自主权、自主经营权,"所有权与经营权可以适度分离"在理论上被证明了,行使国家权利的政府被推向了前台,习惯上所说的"全民所有制"被"国家所有制"取代。[①]在此基础上,1992年明确把建立社会主义市场经济体制作为中国经济体制改革的目标,进一步提出将"现代企业制度"作为社会主义市场经济的微观基础,使企业成为完全独立的市场主体。所谓"现代企业制度"就是"现代公司制度",正是为了规范企业制度改革,及时出台了《中华人民共和国公司法》。相应的是,在政府与企业关系的处理上,所有权与经营权的"适度分离"得到进一步深化,形成了"出资人所有权"与"用资人(企业)法人财产权"和法人企业的"经营权"的"三权"关系。企业的市场法人独立地位由《中华人民共和国公司法》加以规范。

可见,政企关系的变革在"利益"关系与"产权"关系之间形成系统性创新,构筑起社会主义市场经济的微观基础。作为市场经济微观主体的企业的法律地位和企业自身独立利益形成的全新的制度安排,打开了企业活力释放的广阔空间,竞争能力得到不断提高。与此相伴推进的是劳动者就业制度和形式、劳动者收入分配制度的变革,在公司制企业这一社会化分工条件下,劳动者就业组织也成为劳动者发挥积极性和创造性的新的舞台。企业和劳动者的微观主体地位得到确立和尊重,并成为经济运行活力的微观来源。

(三)资源配置方式的市场化转轨:从"基础性"作用到"决定性"作用

相较于传统体制中以高度集中计划的方式配置社会再生产资源的经济管理体制,市场取向的改革、引入商品货币关系,激发起经济活动主体的积极性,为国民经济注入活力,"诱致性"制度变迁的内生动力得以形成。伴随这一过程,我们对社会化大生产条件下"计划"与"市场"两种手段的认识越来越清晰,传统经济理论将"计划"手段视作社会主义基本特征的命题逐渐被解构。对中国实践中的社会主义经

---

① 《中共中央关于经济体制改革的决定》(中国共产党十二届三中全会1984年10月20日通过)。

济属性的概括表述，伴随着改革实践进程的深化，经过了"计划经济为主，商品经济为辅""计划经济与商品经济相结合""有计划的商品经济"等不同阶段。人们不再回避"市场经济"概念，改革实践的成果证明了"计划"与"市场"都是调节经济运行的"工具和手段"。直到1992年党的十四大，"社会主义市场经济"概念被明确提出，我们彻底摆脱了传统经济理论的桎梏，并明确经济体制改革的目标就是要建立社会主义市场经济体制，"发挥市场配置资源的基础性作用"。进入中国特色社会主义新时代，2013年党的十八届三中全会对全面深化改革作出部署，进一步提出了"发挥市场配置资源的决定性作用"，发力经济体制改革牵引其他领域改革走向全面纵深。围绕建设社会主义市场经济体制这一改革目标，我们成功实现了从计划经济向社会主义市场经济的转轨。

1. 从"基础性作用"到"决定性作用"的演进。

党的十一届三中全会之后，放权让利和扩大企业自主权成为主要改革内容，增强企业活力则是整个经济体制改革的中心环节。以利润留存为主要内容的经济责任制方式，扩大了企业自主权，极大调动了企业的积极性。企业可以在计划外自主采购、自主安排和自主定价销售，经济运行的活力和效率得到提高。在社会化大生产背景下，伴随着对外开放，沿海地区积极建立经济特区和吸引外商投资的各类开发区，经济生活中出现了外资企业运营管理产生的直接刺激力量，引发了人们对于经济运行效率的深入思考，进而引发了人们对于经济运行中的资源配置方式是采用计划还是市场的深入讨论。早在1979年11月，邓小平在会见外宾时，就提出了"社会主义也可以搞市场经济"的看法。[1]针对国内对于社会主义能否搞市场经济的争论，1992年邓小平的南方讲话中明确指出："计划经济不等于社会主义，资本主义也有计划；市场经济不等于资本主义，社会主义也有市场。计划和市场都是经济手段。"[2]这解决了当时社会对于市场经济姓"资"姓"社"的争论，加快了中国从传统计划经济向社会主义市场经济的转变。党和国家逐渐认识到"社会主义生产关系的

---

[1] 《邓小平文选》第2卷，人民出版社1983年版，第231—236页。
[2] 《邓小平文选》第3卷，人民出版社1993年版，第373页。

发展并不存在一套固定的模式,我们的任务是要根据我国生产力发展的要求,在每一个阶段上创造出与之相适应和便于继续前进的生产关系的具体形式"。①1992 年党的十四大首次明确提出"使市场在国家宏观调控下对资源配置起基础性作用"这一突破性理论②,同时明确"我国经济体制改革的目标是建立社会主义市场经济体制"③。以此为界,随后的经济体制改革从体制外的增量改革转入体制内的存量改革,对经济体制的协调配套的系统性改革得到进一步加强。经济体制转轨所涉及的关系也从计划和市场的关系转变为经济运行总体协调机制中的政府和市场的关系。在党的十五大至十七大期间,中国将改革重点从建立社会主义市场经济体制转向完善社会主义市场经济体制。十八届三中全会进一步突出市场对资源配置的作用,明确提出"使市场在资源配置中起决定性作用和更好发挥政府作用"。④

2. 对市场发挥"基础性"与"决定性"作用内涵的比较。

2012 年以来,中国特色社会主义进入新的发展时代,改革开放进入攻坚阶段,党的十八届三中全会对全面深化改革,提出了"五位一体"改革推进的顶层设计,对经济体制改革发挥牵引作用提出更高要求,明确提出"经济体制改革的核心问题是处理好政府和市场的关系"。一方面,需要政府通过自身的改革使市场对资源配置起决定性作用;另一方面,要求政府在市场决定资源配置新格局中更好发挥应有的"有为"和"善为"的作用,对市场在资源配置中作用的新定位将成为中国在经济体制改革中处理政府作用和市场作用的新指南。

首先,在原先市场对资源配置起"基础性作用"的定义中,人们往往将其理解为"双层调节模式",即国家调节市场,市场调节资源配置,市场和国家在资源配置中的地位有着等级层次,要求市场发挥的基础性调节作用仅是属于微观交换关系意义上的。而现在提的市场起"决定性作用",意味着不再是两个层次的调节,市场自主地起决定性作用,对于指导实际经济工作的决策方式也受到重视。其次,原来的"基础性作用"定义是通过国家调控市场来实现宏观经济总体平衡和各类政府目

---

① 中共中央文献研究室编:《十一届三中全会以来重要文献选读》上,人民出版社 1987 年,第 347 页。
②③ 中共中央文献研究室编:《十四大以来重要文献选编》上,人民出版社 1996 年版,第 18—19 页。
④ 中共中央文献研究室编:《十八大以来重要文献选编》上,中央文献出版社 2014 年版,第 513 页。

标,市场的作用机制容易被忽略或没有被引入宏观决策思维中。而在市场起"决定性作用"时,能够在真正重视市场作用的基础上,实施政府所调控的影响宏观经济稳定的价格总水平、利率总水平和就业总水平等,政府的调控举措不是直接干预市场作用机制,而是间接发挥调控作用。最后,在"基础性作用"定义中,政府需要预先调控市场,并随时调控市场。而在市场起"决定性作用"时,宏观调控是在反映宏观经济的失业率和通货膨胀率超过上限或下限时才进行的,这就给市场作用在宏观经济领域留下了很大的空间(洪银兴,2014)。

3. 发挥市场的"决定性作用"就是要发挥市场的自主性。

明确市场对资源配置的"决定性作用",实际上是回归到了市场经济本身。经济学不仅研究效率目标,更要研究实现效率目标的机制。无论是马克思主义经济学还是西方经济学,它们对此共同的结论是:市场通过各种规则,如价格机制、供求机制和竞争机制来配置资源,实现效益最大化和效率最优化。[①]这一原理映射到现实的表现是,市场自主地决定生产内容、生产方式及生产成果的分配。实现这一目标的前提是消费者拥有主权、自由竞争和资源自由流动等。

市场对资源配置起"决定性作用",其中最关键的是发挥市场的自主性。这种自主性主要表现为市场调节信号(即市场价格)自主地在市场上形成。关于价格如何在市场上形成,马克思主义经济学明确指出:只有竞争性市场才能形成能准确反应市场供求的价格体系。因此,政府可以不直接参与市场定价。市场决定生产内容,在保证生产者企业自主经营决策,以及消费者自由选择的前提下,生产者按消费者需求、按市场需要决定生产什么,真正提供社会所需要的产品。市场决定生产方式,企业具有完全自主的决策权,拥有真正独立的市场主体身份。在完全竞争的市场环境中,生产者会选择最科学的生产方式参与竞争。竞争越是充分,资源配置

---

① 马克思在《资本论》(第3卷)中曾提出:"竞争,同供求比例的变动相适应的市场价格的波动,总是力图把耗费在每一种商品上的劳动的总量归结到这个标准上来。"社会劳动时间在各个部门的有效分配的标准是每个部门耗费的劳动时间总量是社会必要劳动,这一分配的实现依赖于价值规律的充分作用,而市场机制正是价值规律的作用表现。西方经济学对此的解释则来自福利经济学的两大定律。即,如果将帕累托有效作为一种目标来追求,那么该目标可以通过自发、分散决策的市场机制来实现。市场总是能促使相对稀缺的资源流向效率高的地区、部门和企业。

效率越高。市场决定生产分配,生产成果在要素所有者之间的分配,取决于生产要素市场上的供求关系。在要素市场,市场配置的资源包含自然资源、劳动、资本、技术和数据等,各种资源之间可能存在互补或替代的关系。在资源是稀缺的这一前提下,市场决定资源配置效率的一个表现是:最稀缺的资源得到最高效的使用,从而实现有效供给。这种调节是由要素市场内各种要素的供求关系所形成的要素价格机制来调节的。中国经济已经过了依靠资源投入的阶段,资源和环境供给不可持续的问题已经非常突出,中国经济确确实实到了需要着重提高效率的阶段。因此,将资源配置的重任交给市场就显得更为迫切(洪银兴,2014)。

4. 政府的作用不可或缺。

伴随改革开放的不断深化,市场对于经济运行的资源配置的作用不断增强,经济体制平稳有序地从计划经济运行方式转轨进入社会主义市场经济体制运行方式。2003 年,党的十六届三中全会在总结经济体制改革成果的基础上作出基本建成社会主义市场经济体制的判断,对进一步完善社会主义市场经济体制作出部署。联系政府与市场关系的互动优化实践,综观中国经济 40 多年的成功崛起,我们可以得出一个结论,市场经济道路无疑是中国经济发展的正确道路。我们通过发挥市场的作用,刺激了经济活动主体的自主性、独立性,激发出广泛的社会化创新创造能力。政府的宏观调控,一方面为市场作用提供环境条件,并维护了市场竞争秩序,积极推动市场机制和市场功能的发育;另一方面针对市场作用难以解决的生态环境、经济波动、基础设施和产业布局结构等方面的问题,通过财政和金融手段的有机结合,进行调控管理,形成政府与市场之间作用方式的有机组合,驱动和保证了中国经济一直前行在高速稳定发展的轨道上,基本经济制度的新型建构得以发育形成,并成为中国特色社会主义制度的一大亮点。

具体说来,重视发挥政府的作用,能确保市场经济运转良好,这表现在政府对于市场主体的财产权利的保护,特别是保护使用权人的财产,筑牢财产安全这一市场经济运转的基础和前提。此外,政府对市场准入障碍的清理,确保了生产性投资可以顺利进入一个给定的行业中。政府的经济管理职能发生转变和调整,以"放管服"改革为标志,我们逐步进入"服务型政府"的运行模式。各级政府致力于改善投资环境、营商环境和硬件基础设施,为市场主体从事经济活动创造更多更好的条件。20世纪90年代中后期以来,中国政府在上述方面所做的努力是有目共睹的,这使得我们今天面对着复杂多变的国际经济形势,仍可以保证相当稳定的供应链和出色的制造能力,这也决定了我们底层的经济活力。

5. 协调处理好中央与地方的关系。

经济体制改革的实质在于利益关系的调整。在社会经济系统的多个利益主体的关系中,中央与地方之间的关系直接决定了区域空间发展的能力,在我们这样一个东中西部存在着十分明显的发展不平衡现象的国家中,这一点尤为明显。在地理因素(区位和交通条件)、自然因素(地貌、人口资源和水利条件)、人文历史因素(其造成经济活动方式和经济发展累积的存量资产的差异)等的共同作用下,中国的区域之间存在着十分明显的发展水平的落差,概括起来说,中国经济发展的总体水平较低且呈现出"东高西低"的不平衡的特点。作为一个后发展的国家,中国的经济发展态势有着十分明显的追赶型特点。因而,我们在处理中央政府统一全社会管理并保持权威性的同时,需要兼顾处理区域之间的不平衡性。因此,处理好中央与地方之间的关系,选择合适的处理中央与地方之间管理权利的合理配置,就显得十分重要。其中关键性的工作内容是财政体制。因为"财政是国家治理的基础和重要支柱,科学的财税体制是优化资源配置、维护市场统一、促进社会公平、实现国家长治久安的制度保障"。[①]

在传统计划经济体制中,中国实行财政体制上的"统收统支",收入全部上缴。在此前提下,中央对地方实行三种不同的结算形式,即区分区域性盈余地区、自我平衡地区和转移支付地区等三类地区进行分类结算管理。

党的十一届三中全会后,针对高度集中计划管理体制的改革,必然要选择将财政体制改革作为变革中央与地方关系的突破口。从1980年起,实行"划分收支,分级包干",明确各级政府在财政管理方面的权力和责任,从"共吃一锅饭"走向"分灶

---

① 《中共中央关于全面深化改革若干重大问题的决定》,人民出版社2013年版,第19页。

吃饭"。针对不同地区的特点,所谓的"分灶吃饭",即中央与地方之间的财政收支结算,又具体表现为对沿海财政盈余省份实行"固定比例上缴"与"固定上缴总额,一定数年",对财政赤字地区实行"固定补贴数量,多收自留"等做法。财政体制的这一变革有效调动了地方政府的积极性,打破了既有的"统收"局面。但在当时的条件下,"统支"的局面还没有被打破,中央政府的负担依然较重。因此,这一变革还刺激了地方增加财源、保护税源的做法,出现了以下现象:"划地为牢"的区域市场之间的隔离封锁,区域之间的不合理竞争,搞重复建设,地方政府与地方骨干企业联手的"藏富于企"。"分灶吃饭"的改革在突破"统"的局面后,刺激地方政府增强独立利益意识,并引发新的问题,这些同样会对全国财政收入造成很大影响。"改革开放中的矛盾只能用改革开放的办法来解决","改革没有完成时",[①]1982年后,我们对"分灶吃饭"体制进行了一些调整。首先推出两步"利改税",之后又根据新的形势,国务院决定从1985年起实行"划分税种、核定收支、分级包干",进一步完善"分灶吃饭"财政体制(楼继伟,2019)。经过十多年的探索,伴随企业活力增强和经济快速发展,全社会财政收入能力普遍提高。在此基础上,从1994年开始,在坚持"统一税制,公平税负"的基本原则下,全面导入"分税制"结算方法,中国的财政体制转向符合社会主义市场经济体制要求的、逐步与国际管理接轨的管理体制形式。

在改革开放的驱动下,中国经济高速发展,中国经济总量迅速攀升到全球第二,财政税收收入同样有大幅增长,国家经济实力大大增强。2012年党的十八大胜利召开,中国特色社会主义发展进入新时代,对进一步完善财税体制提出新的要求,提出"必须完善立法、明确事权、改革税制、稳定税负、透明预算、提高效率,建立现代财政制度,发挥中央和地方两个积极性"。财政体制自身牵动着多重关系,以上要求既涉及了政府与市场、政府与社会、中央与地方的关系,还涉及政治、经济、社会、文化和生态文明等各个方面。在推进"五位一体"全面深化改革进程中,深化财税体制改革,建立现代财政制度,是完善社会主义市场经济体制、加快转变政府

---

①　《习近平谈治国理政》(第1卷),外文出版社2014年版,第69页。

职能的迫切需要,是转变经济发展方式、促进经济社会持续健康稳定发展的必然要求,是建立健全现代国家治理结构、实现国家长治久安的重要保障。首先,要建立完整、规范、透明、高效的现代政府预算管理制度,构筑起牢固的现代财政制度的基础,围绕预算编制科学完整、预算执行规范有效、预算监督公开透明及三者之间的有机衔接、相互制衡,推进预算制度建设。其次,建立有利于科学发展、社会公平、市场统一的税收制度体系,发挥税收作为国家实施宏观调控、调节收入分配的重要工具的作用。具体说,促进发展方式转变,调节社会财富分配,节约能源资源和保护环境,促进经济社会持续稳定发展;坚持税费联动,有增有减,保持宏观税负相对稳定;培育地方主体税种,调动地方组织的积极性和主动性;尽量做到不开征新税种,适当简并现有税种与税率,税制设计尽可能简单透明,减少自由裁量权,降低征管成本;进一步加快税收立法步伐,推进依法治税。最后,为保证现代财政制度的有效运转,需要处理好事权划分,在明晰政府间事权划分的基础上,界定各级政府间支出责任。明确划分政府间财政收入,再通过转移支付等手段调节上下级政府的财力余缺,补助地方政府履行事权存在的财政缺口,健全财力与事权相匹配的财政体制。构建起从中央到地方权责清晰、运行顺畅、充满活力的财政体系,发挥好财政体制对于建设和巩固完善国家治理体系和治理能力现代化的基础和支柱作用。

第四节　开放也是改革,促进改革,驱动经济发展

1978 年底召开的中共十一届三中全会确立了"改革开放"方针,开启了中国特色社会主义的探索之路。围绕经济建设中心工作,社会再生产的各领域、各方面、各环节冲破传统体制的桎梏,我们启动了导入商品货币关系的"市场化"取向的改革。不难理解,相对于集中计划管理的自我封闭的经济运行而言,开放也是改革,是调整中国经济与世界经济交往方式的改革。而且,开放引入发达国家在经济运行管理方面的做法,可以直接产生对传统的集中计划管理思维和做法的"冲击",引

入可供比较借鉴的参照系,可以促进改革所要探索的新经济体制建构。正如习近平总书记所指出的:"改革开放是我国经济社会发展的动力。不断扩大对外开放,提高对外开放水平,以开放促改革、促发展,是我国发展不断取得新成就的重要法宝。"①

实践已经充分证明,服从于中国经济追赶型发展的任务要求,通过主动加入国际分工体系,在其全球范围配置资源、调度资源,开放带来的对中国经济运行中资源配置方式和配置内容的改革,与明确市场取向的经济体制改革形成了叠加效应,两方面相得益彰。通过开放,主动融入国际社会,制定配套政策,吸引国外投资、引进国外先进技术和管理,形成利用国外(或境外)一切有利因素的外部增量,使其直接服务于中国经济发展的需要;与此同时,通过外部资源的调度使用,引入国际惯例,形成可供学习借鉴的、与中国经济改革发展相伴而行的参照对象,使之成为推进改革、发展社会主义市场经济的特殊动力。40多年来,中国的对外开放范围不断扩大,领域渐次延展不断放宽,内容层次不断加深。从时间阶段考察,中国的对外开放主要分为两个大的阶段,以2001年中国加入世界贸易组织为节点,2001年加入世界贸易组织之前为开放实践的第一阶段,这一阶段更多的是根据中国经济发展的需要,主动开放吸引外资和与外资进入相关联的技术和管理,学习参照国际管理,积极参与国际合作,即"与国际接轨"的阶段;第二个阶段是在2001年加入世界贸易组织之后,是在社会主义市场经济体制基本确立,参与国际经济活动的次数和能力得到增强,并取得国际社会的广泛赞同和普遍认可的基础上,正式加入世界贸易组织,并能够自觉遵照和应用国际贸易规则的开放阶段。从地域空间考察,中国的对外开放经过了沿海城市开放、沿江开放再到沿边开放。从开放的内容方式考察,中国的对外开放经过了设置引进国外资本技术管理的各类开发区(出口加工区、经济技术开发区、高新技术园区和工业或产业园区等)、城市特区(深圳、珠海、汕头和厦门)、对外开放新区(上海浦东、重庆两江新区、天津新区等)、保税区和综合保税区、自由贸易区和自由港等阶段。就开放行为来说,中国的对外开放呈现出

①《习近平谈治国理政》第2卷,外文出版社2017年版,第100页。

从"商品型"（货物贸易和"三来一补"加工贸易等）开放、"要素型"（引进技术、资本、人才和管理，合资合作或外商独资等）开放到"制度型"（在规则、规制、管理、标准等方面的开放，积极参与国际规则制定等）开放的发展轨迹。

用历史的眼光来看，提出并确立改革开放方针是需要极大的政治勇气和决策胆略的。早在 1975 年 8 月，邓小平在国务院关于国家计委起草的《关于加快工业发展的若干问题》的讨论的谈话中就明确提出要"引进新技术、新设备"。根据对中国经济发展状况的判断，邓小平还指出，"现在看来，同发达国家相比，我们的科学技术和教育整整落后了 20 年"。承认落后才能下决心赶超，正是坚持这种实事求是的科学态度，才可能坚决摒弃过去那种自我封闭的发展思路，主动开放，向先进国家学习，自觉加入国际分工体系，实现赶超目标。

对外开放方针的明确，也是以对发展环境和机遇的准确认识和把握为前提的。早在 20 世纪 70 年代末，中国共产党对国际经济社会环境进行科学分析评估，得出结论：当今世界，和平与发展在今后相当一段时间是国际社会的主流，我们可以利用这一"重要机遇期"，加快实现经济快速追赶发展。

"开放"放大了"改革"效应，处在开放前沿的各类具体区域，成为在产业布局、生产能力、技术研发、资金投入、人员往来和管理对标等方面全方位对接融入世界市场的"桥头堡"，成为国际资本投资的"热土"。首先，"开放"表现出党和政府领导经济工作具有全球视野，在经济工作的指导思想和理论认识上，自觉运用了马克思主义的"分工"原理，以"主动开放"的积极行动，彰显自身主权，自觉调度利用全球资源发展好自己。其次，摆脱传统的意识形态桎梏，将生产力因素和生产力自身的作用机制和经济规律，与生产力作用的效果为谁所用区别开来。将西方经济生活中的经济管理和商务工作流程界定的制度规则、产业和技术规制、管理措施和工作标准等，更多地与生产力运动的客观规律相联系，而不再是将这些方面的内容简单地与反映生产关系的资本主义经济制度的内容混在一起。由此，不断深化开放内容。再次，"开放"反映出我们在审视自身发展能力上的"实事求是"，我们客观坦诚地看到自身在产业技术和经济"效率"提升的管理实践中存在的落后和不足。依托既有地位和产业存量能力,形成强大的对接西方技术经济的接应能力。主动吸引国际资本,在与跨国公司的交往中学习、熟悉和自觉应用国际商务规则,科学及时选择"国际对标"参照,将国际先进技术、管理流程和绩效指标,作为比较检讨我们已经掌握的"存量产业"运行的参照系,形成对整体经济释放发展潜能的激化作用,带动整体经济的快速发展。最后,汇聚以上三个方面的人事资源和政策转化资源,以"开放"为灵魂的各项体制和政策安排使各类开放区域成为中国经济快速持续发展的新的"增长极"。

一、 开放举措带来的改革和发展效应

"开放"的动作相继出台,其中一项则是引入国际通行的经济贸易管理规则作为经济体制改革的重要的"参照"因素。最早是在 1979 年,选择地理区位独特的地处广东、福建的四个城市试办"经济特区",可谓是"旗开得胜",显现出"开放"形成的强大的对国际资本的吸引能力。"经济特区"吸引的国外资本和学习吸收的国际经济贸易规则的"体制性"因素,很快就显示出对经济发展的驱动力量,以及对国际资本和跨国公司所掌握的先进技术和产业运营能力的"集聚效应"。"经济特区"成为中国经济发展的"标杆"和示范,成为中国经济发展的新的"增长极",释放出强劲的对全社会产业经济和商务发展的"扩散"带动能力。

1984 年 4 月,为进一步吸收外资,引进国外先进的科学技术,加快对外开放的步伐,中央政府又决定扩大开放沿海 14 个港口城市,启动一大批"经济技术开发区"等新兴"产业园区"。配合"增量改革",辅以"新事新办法"策略,旨在培育相关地方和城市经济发展的"增长极",运用政策杠杆,吸引国际资本进驻,形成园区对产业的集聚吸引力,构筑起产业发展在技术、管理水平方面的新高地。这些举措势必对全社会产生强大的辐射效应,并为加速推进中国经济融入全球化潮流注入新的动力,"对内改革、对外开放"双向互动、互为促进的态势得以形成。

"特区"试点和开放沿海城市这两波动作带动了中国经济迅速切入全球分工体系,中国及时获取了全球分工机会并取得了一定的经验和显著的成就,由此进一步

坚定了我们将"改革开放"向更大范围推进的决心。第三波对外开放的重大举措就是,1990 年 4 月,中共中央、国务院宣布浦东开发开放,作为沿海开放城市之一的上海,被追加赋予具有开创性的试点任务。"新区"政策不同于"特区",较之"特区"做法具有更为灵活的政策。由此为标志,上海作为中国最大的经济中心城市,其角色从全国改革开放起步阶段的"后卫",转变为改革开放的"前沿阵地"。还需要指出的是,在中央宣布浦东开发开放重大决策的同时,另一个非常值得重视的改革动作就是上海证券交易所的筹办开张。这一动作从资本市场的建设进行突破,为金融改革撕开了一个大的"豁口",该事件也是启动建设上海国际金融中心的标志性事件。这样两个特别重大的动作,揭开了重振上海的国际都会地位和打造国际经济金融中心的序章。

前期的两波改革,取得了理想的成绩,我们由此积累了丰富的开放改革经验。为了继续将开放举措向纵深推进,我们进一步提出新的开放做法,决定启动浦东开发开放,后续在天津和重庆等经济中心城市也相继推出"新区"建设方案。"新区"政策的特点就在于导入全球视野,自主配置各类生产资源,不是简单地强调或倚重"特殊政策",不仅仅着眼于区域的物理空间思考开放举措,而是在区域经济社会发展规划、经济社会行政管理体制(包括投资管理、产业准入管理、人员管理、金融管理、税收管理、海关管理和产业园区规划、土地开发管理)等方面,推出一系列配套的体制改革举措,加强与国际环境、资本和技术的合作,使整个国民经济运行更快地融入全球化潮流。由此,我们进入了以"新区"政策带动经济社会整体发展的阶段,中心城市发挥对全国经济发展的全新的更加强大的辐射带动能力。

2001 年中国成功加入世界贸易组织,这表明了国际社会对中国改革开放建设社会主义市场经济努力的充分肯定,有助于进一步扩大中国在经济全球化中的参与度和影响力。在二战结束之后的国际分工体系中,研发设计、加工制造、生产装配、营销售后等价值链的不同环节在空间和时间维度上形成了市场化协作。成体系的国际经济规则逐渐形成,原有的针对关税体制协调功能的关税及贸易总协定(GATT)升级成长为世界贸易组织(WTO)。对照世界贸易组织的各项规则,中国持续推进对外开放,积极参与国际分工,不断扩大贸易、技术、资本等多方面的合作,尤其是通过开放市场为国际资本提供投资、发展和盈利的机会,不断增强国际资本对中国的信任。通过不断扩大对外开放,中国经济获得了更多的向先进技术学习的机会,工业化进程得以加速,同时也吸引了更多的资本进入,以驱动经济快速成长。此外,我们也获取了更多的接触和应用国际贸易规则的机会,锻炼了参与国际经济活动的能力,国际竞争实力不断提高。正如习近平总书记在博鳌亚洲论坛2013年年会的中外企业家代表座谈上讲到的,"过去10年,中国全面履行入世承诺,商业环境更加开放和规范。中国将在更大范围、更宽领域、更深层次上提高开放型经济的水平。中国的大门将继续对各国投资者开放,希望外国的大门也对中国投资者进一步敞开","中国坚持改革开放的决心坚定不移,政策将更加完善"。①

在开放初期,中国凭借生产要素低成本的竞争优势,以加工贸易方式积极参与国际分工,中间品的跨境流动使得中间需求呈现爆炸式扩张,这直接促成了以加工贸易为主的中国经济出现了前所未有的繁荣,中国也站稳了制造业大国的地位。在参与国际分工的过程中,机遇与挑战并存。一方面,如上所述,中国借助外循环有效拉动了内循环;另一方面,如果只依靠低成本优势参与国际分工,在发达国家主导全球价值链体系的情况下,我们会被锁定在低附加值环节(凌永辉、刘志彪,2021)。面对西方保护势力的抬头和"逆全球化"趋势,如何继续保持高水平开放,在全球价值链中向高附加值环节攀升,构建以中国为主的区域价值链,成为党和国家面临的重大议题。正是在这样的国际经济大背景下,党中央在规划全面深化改革的总体方略中,进一步提出了"构建开放型经济新体制"的工作要求:"适应经济全球化新形势,必须推动对内对外开放相互促进、引进来和走出去更好结合,促进国际国内要素自由流动、资源高效配置、市场深度融合,加快培育参与和引领国际经济合作竞争新优势,以开放促改革。"②具体的举措有"放宽投资准入""加快自由贸易区建设"和"扩大内陆沿边开放"等。进入中国特色社会主义新时代,2013年9

① 《习近平谈治国理政》第1卷,外文出版社2014年版,第114、115页。
② 《中共中央关于全面深化改革若干重大问题的决定》,人民出版社2013年版。

月,中国(上海)自由贸易试验区正式挂牌成立,我们原先设计用三年时间"先行先试",探索"可复制可推广"的做法和经验,再行扩大试点,在全社会推出更多的自由贸易试验区。通过在一定规模空间范围内的区域性全面开放,中国继续完善规则、规制、管理和标准等方面的制度建设,并积极参与新的国际经济规则的制定,中国进入制度型开放新阶段。

二、 从商品型、要素型开放向制度型开放的不断进取努力

加入世界贸易以来,中国利用以商品和要素流动型开放为主要内容的经济全球化发展的历史性机遇,大力发展开放型经济,取得巨大成功。当前,经济全球化出现了一些新趋势和新特点,中国开放型经济进入高质量发展新阶段,原有开放模式的局限性日益显现:一是原有以"外资、外贸、外经"为主要内容的开放模式受到国际贸易保护主义的严重干扰,拓展空间极其有限;二是依托"边境开放"的发展模式对高端和创新性生产要素的吸引和集聚力不够;三是国际经贸规则面临大调整、大重塑,并朝着高标准化方向发展,仅仅因循"边境开放"的老路已经不适应经济全球化发展新形势的需要。特别是,国际贸易环境的变化与中国自身学习掌握应用国际规则、参与国际经济交往能力的进步,促动着对外开放向更深层次推进,从既有的商品型开放、要素型开放,朝着制度型开放前行。

（一）正确认识开放升级转型的必要性

面临国内外环境的深刻变化,在继续推动商品和要素流动型开放的同时,要更加注重规则等制度型开放,如此才能实现新一轮的高水平开放。所谓制度型开放,主要是指从以往的"边境开放"向"境内开放"拓展、延伸和深化,建立形成与国际高标准经济规则相接轨的基本制度框架和行政管理体系。实现上述转型的必要性主要体现在三个方面:

第一,适应经济全球化新形势的必然选择。一是经济全球化继续向前推进的总体趋势不会变,跨国公司期望各国在规则和制度方面实现相容、一致,以满足其统筹全球价值链、整合和利用全球要素"无缝对接"的需求升级;二是国际经贸规则

演进的高标准化趋势不会变,即从以往降低关税和非关税壁垒的"边境开放",向贸易和投资便利化、知识产权保护、政府采购、竞争中立等为特征的"境内开放"的拓展和延伸。可见,无论是基于微观层面的跨国企业需求,还是基于宏观层面的全球经济规则演进,规则等制度型开放必将是经济全球化发展的新形势和新特点。

第二,发展新一轮高水平开放的必由之路。在全球要素分工条件下,开放发展的水平和层次,不仅取决于自身拥有什么样质量和层次的要素,还取决于能够吸引和集聚到什么样质量和层次的全球要素。因此,新一轮高水平开放离不开对全球高端和创新型生产要素的吸引和集聚。由于高端和创新型生产要素对制度环境内的交易成本等更为敏感,因此,对这类生产要素的吸引,仅仅依靠原来的"边境开放"降低流动壁垒,仅仅依靠低成本优势要素乃至优惠政策形成的"成本洼地"吸引效应,是远远不够的,必须依托规则等制度型开放。况且,新一轮高水平开放不仅体现在经济"放开"层面上,同样表现在"善治"等规则制度层面上,即未来的国际竞争更加体现在谁更善于治理。

第三,全面深化改革的制度优化使然。规则等制度型开放的本质是从以往"边境开放"向"境内开放"的拓展、延伸和深化,会触及开放中的深水区,因而更具有"试验"和"探路"的特点。实际上,全国范围内已经设立的多个自由贸易试验区以及着力建设的海南自由贸易港,本质上担负的正是制度型改革"试验"和"探路"的使命。

(二)理解制度型开放:国际视角、历史逻辑与时代内涵

从经济全球化发展的新态势看,制度型开放是中国主动应对国际经贸规则挑战的战略选择。二战结束后,在关税及贸易总协定及其衍生而来的世界贸易组织的推动下,成员国关税和非关税壁垒等边境措施大幅度削减甚至消除,极大地促进了商品和生产要素的跨国自由流动(隆国强,2017)。随着2006年世界贸易组织多哈回合谈判遭受严重挫折,特别是2008年全球金融危机爆发以后,以美欧日为代表的发达资本主义国家企图通过重构国际经贸规则来重塑全球价值链,《美国—墨西哥—加拿大协定》(USMCA)、《全面与进步跨太平洋伙伴关系协定》(CPTPP)、《日欧经济伙伴关系协定》(EPA)等规则体系开始对多边贸易体制形成冲击(李杉,

2019）。这些新的经贸协定充分体现了对国际高标准经贸规则的重构，它们具有以下新的特点：一是从聚焦传统的货物贸易转向"投资—贸易—服务"的全面开放与自由化。贸易领域从传统的货物贸易自由化向金融服务、数字贸易等服务贸易自由化的新规则拓展（赵龙跃，2016）；投资开放更加强调从准入后的国民待遇转向全过程的国民待遇。二是从追求"自由贸易"转为更加关注"公平贸易"。不仅是相互尊重、自由竞争，而且要相互平等，不附加任何条件。实行"零关税、零壁垒、零补贴"的"三零"标准（王晓红等，2019），摒弃对世界贸易组织发展中成员特殊与差别待遇权利的保障，还涉及导入竞争中性原则①，破除经济活动主体之间的因为"身份"特征差异而可能存在的"特惠（优惠）"（或歧视）问题。规则内容从传统的关税和非关税壁垒的"边境措施"向国内规制、竞争政策、政府采购、知识产权、环境标准、劳工标准、透明度等"边境后措施"延伸，强调各成员间国内制度规则的公平性、一致性。三是体现了通过规则重构全球产业链价值链布局的意图。以 USMCA 中汽车业为例，原产地规则标准显著提高，乘用车与轻型卡车生产的区域内价值含量从以前的 62.5％提高到 2023 年 1 月 1 日的 75％，乘用车、轻型卡车和重型卡车的生产必须使用 70％以上的原产于北美的钢和铝，乘用车 40％的成分到 2023 年以前必须由每小时工资 16 美元以上的工人生产，这些措施就是为了促使汽车制造产业链、价值链整体向北美地区回流。四是具有贸易自由化和贸易保护主义的双重色彩。特别是，对非成员国具有显著的排他性，比如 USMCA 中专门设置针对中国等新兴市场国家的"毒丸条款"②。应对经济全球化新形势和国际经贸规则重构的新挑战，

---

① 竞争中性原则在国际上最早由澳大利亚政府理事会于 1994 年提出，后经经济合作与发展组织（OECD）推广，在全球范围逐渐得到认可。从 OECD 确认的标准和含义看，竞争中性的内涵包括企业经营形式、成本确认、商业回报率、公共服务义务、税收中性、监管中性、债务中性与补贴约束、政府采购等八方面的标准。内涵虽广，目的只有一个：确保国有企业（公共企业）与私有企业平等竞争。在国际经济对话舞台上，在 2018 年 10 月召开的"G30 国际银行业研讨会"上，中国人民银行行长易纲作为中国政府官员最先应用这一概念，提出"为解决中国经济中存在的结构性问题，中国将考虑以竞争中性原则对待国有企业"。2019 年 3 月，十三届全国人大二次会议在北京召开，李克强总理作政府工作报告，其中也采用了这一概念。

② 指 USMCA 的第 32 节。其中，第 32 章第 10 条规定：如果一国被美加墨三方任何一方的国内贸易救济法认定为非市场经济国家，同时该国与美加墨三方均没有签订自贸协定，三方中任何一方若要与该国进行自贸协定谈判，则需要至少提前三个月通报 USMCA 其他各方；任何一方如果与该条中所说的非市场经济国家签订自贸协定，其他各方有权在提前六个月通知的条件下终止适用 USMCA 协议，并且用双边协定取代。

主动深化制度型开放是中国提升全球经济治理话语权的必然选择。

从中国改革开放的历程看,制度型开放是商品和要素流动型开放的迭代升级。习近平总书记在博鳌亚洲论坛 2018 年年会开幕式上的主旨演讲中指出:"过去 40 年中国经济发展是在开放条件下取得的,未来中国经济实现高质量发展也必须在更加开放条件下进行。"①回顾改革开放 40 多年来的历程,联系开放也是改革、开放促进改革等判断,从建设和完善社会主义市场经济的视角来考察中国开放型经济的发展,我们将其分为三个阶段:第一阶段(1978 年至 2001 年前后)"补市场经济课",党的十一届三中全会召开以后,中国主动打开国门,通过实施"外资三法"引进境外资金、技术,发展以出口为导向的外向型经济,通过深圳特区、浦东开发开放的极点示范效应以点带面形成全面开放格局,成为经济全球化的跟随者和参与者。第二阶段(2001 年至 2012 年前后)"赶 WTO 考",加入 WTO 以后,中国全面接轨 WTO 规则实现制度调整,利用国内国外两个市场、两种资源参与全球产业链、价值链分工,迅速发展成为第一货物贸易大国,成为经济全球化的贡献者和受益者。第三阶段(2013 年至今)"谱改革开放之新篇",党的十八大特别是十八届三中全会以来,以自贸试验区制度创新为引领构建开放型经济新体制,引入"对外资的准入前国民待遇"和"负面清单"管理制度,推进"一带一路"建设与建立自由贸易区网络相融合,中国以更加开放的经济活动能力和制度设计能力在全球经济建设中发挥作用,正在成为经济全球化的建设者和引领者。前两个阶段开放的鲜明特征是商品和要素流动型开放,同时也伴随着制度型开放的不断深入;而第三个阶段开放的更高要求是制度型开放,并以此引领更高水平的商品和要素流动型开放。从长远看,如果制度型开放不足,那么商品和要素型开放也将是不全面、不深入、不持久的。

基于上述分析,我们可以这样表述制度型开放的概念:通过"制度进口"将国际高标准经贸规则内化为国内经济制度,通过"制度出口"将国内有效的经济制度外化为国际通行规则,促进国内经济制度与国际通行规则的协调性和一致性,实现国际国内要素自由流动、资源高效配置、市场深度融合的全面开放。厘清基本概念是

---

① www.xinhuanet.com/politics/2018-04/10/c_1122659873.htm.

为了更好地掌握继续深化推进开放的"硬核"、明确开放发展的目标、找准工作任务重心。可见，相比商品和要素型开放，制度型开放富有几个新的鲜明的特点。一是开放范围更广、领域更宽、层次更深：开放的区域空间从面积有限的产业园区、保税区发展到城市和省域全境，自由贸易区从沿海几个省市扩大到东西南北多个区域；从制造业领域开放为主向制造业和服务业领域全方位开放转变，注重货物贸易和服务贸易、双边贸易和双向投资的协同开放；从贸易壁垒、市场准入的"边境措施"向规则、规制、管理、标准等"边境后措施"延伸，从数量型开放向质量型开放转变。二是开放的内容更加具有系统集成性，要求从制度适配向体系建构转变，形成一整套与开放型经济发展相适应的制度体系和监管模式。三是开放更加主动作为，具有"双向性"，要求从高标准国际经贸规则的跟随者向参与者、制定者转变，既要推动国内制度与国际规则接轨，又要更加积极主动地参与国际经贸规则制定。

（三）自贸试验区"先行先试"，积累制度型开放经验

自贸试验区在制度型开放方面取得的成效主要体现在以下三个方面[①]：一是主动对接国际通行规则，建立了与开放型经济发展相适应的基本制度框架。据国务院有关文件，中国（上海）自由贸易试验区在最初的一年时间里陆续总结推广了 27 项改革试点经验；一年后，由商务部会同上海市和有关部门进行了一次全面的阶段性总结，形成了 34 项试点经验，均以国务院文件的形式印发全国进行推广，探索形成符合国际惯例的自由贸易区管理体制模式，原规划三年完成的工作目标两年完成，促成第二批试点提前推出。围绕"负面清单管理"为核心的投资管理制度、符合高标准贸易便利化规则的贸易监管制度、以自由贸易账户为载体促进投融资汇兑便利化的金融创新制度、以规范市场主体行为为重点的事中事后监管制度，构成了自贸试验区构建开放型经济新体制的"四梁八柱"。其中，"负面清单管理"从根本上促成了在经济运行中纳入"法制化"和企业作为市场经济活动主体的"本位化"，进一步推进政府与市场、政府与企业之间经济关系的科学定位，有助于我们在经济

---

① 　商务部国际贸易经济合作研究院：《中国自由贸易试验区发展报告（2019）》，2019 年 3 月。

管理的工作理念和工作方式方面彻底摆脱传统体制的"路径依赖"。

二是主动对接世界银行评估标准，推动中国营商环境的全面改善。在世界银行营商环境排名中，中国从 2017 年的第 78 位大幅跃升至 2019 年的第 31 位，作为中国两个样本城市之一的上海则直接受益于上海自贸试验区的投资贸易便利化制度创新。以企业设立为例，自贸试验区商事登记和"证照分离"改革试点的全面开展，有效破解了企业准入不准营的难题，打破了市场准入的隐性壁垒，推动市场准入全面提速。一个最直接的工作效率的指标性例证就是，自贸试验区内超过 90%的外商投资企业是通过简易备案程序实现注册设立的，以前外商投资企业的设立需要 21 天左右，现在只要 1—3 个工作日，以前需要提交 10 份文件，现在减少到3 份。

三是制度型开放成果全面复制推广，推动中国对外开放向纵深发展。自贸试验区率先试点的对外商投资实行准入前国民待遇加负面清单管理制度已被正式写入 2020 年 1 月 1 日起施行的《中华人民共和国外商投资法》，负面清单管理理念极大地推动了政府管理从注重事前审批向注重事中事后监管转变。自贸试验区率先试点的国际贸易单一窗口向全国全面推开，既践行了中国签署 WTO《贸易便利化协定》的承诺，又极大地推动了全国贸易通关一体化改革。据商务部统计，中国自贸试验区设立近 6 年来，累计形成 202 项制度创新成果得以复制推广，改革开放的示范引领作用得到充分发挥。

"建设自贸试验区是党中央在新时代推进改革开放的一项战略举措，在我国改革开放进程中具有里程碑意义。"①自 2013 年 9 月 29 日上海自贸试验区挂牌设立以来，截至 2019 年 8 月，中国已先后分五批设立了"1＋3＋7＋1＋6"共计 18 个自贸试验区，形成了覆盖东西南北中的改革开放创新格局，以自由贸易试验区为载体建构形成中国经济全方位制度型对外开放的新态势。自贸试验区建设摈弃了传统开发区打造政策洼地的发展路径依赖，探索了以制度创新为核心的发展模式，在经济

---

① 《习近平对自由贸易试验区建设作出重要指示》，www.gov.cn/xinwen/2018-10/24/content_5334153.htm#1。

运行管理方式和营商环境建设方面全面对接国际经济惯例,适应了中国由商品和要素型开放向规则等制度型开放转变的需要,具有制度型开放的时代特征。

三、 积极参与全球治理,倡导建设人类命运共同体

"中国发展是惠及世界的。中国的发展首先惠及邻国。"中国每年需要进口数万亿美元的商品,对外投资的增长也较快,"我们正在大力推动周边国家的互联互通,所有这些举措都将为本地区和全球经济增长作出更大贡献"。①中国致力于"积极推动建立均衡、共赢、关注发展的多边贸易体制",积极推动建立国际宏观经济政策协调机制。面对全球化深入演进带来的机遇和挑战,2013 年 3 月,习近平总书记在莫斯科国际关系学院发表演讲时,首次阐释人类命运共同体的理念。人类命运共同体的核心内涵"全人类的共同价值"②,人类命运共同体的思想为人类社会的发展提供切实可行的路径。

(一)基于"合作共赢"理念基础,坚守全人类共同价值

马克思主义关于世界史演化的理论,为全人类共同价值提供了坚实的理论基础。资本主义生产的全球化,将不同国家和地区的人们囊括在一个共同的世界经济体系中。马克思、恩格斯认为:"各个相互影响的活动范围在这个发展进程中愈来愈扩大,各民族的原始闭关自守状态则由于日益完善的生产方式、交往以及因此自发地发展起来的各民族之间的分工而消灭得愈来愈彻底,历史就在愈来愈大的程度上成为全世界的历史。"经济的全球化必然会对当今人类价值产生影响。"'价值'这个普遍的概念是从人们对待满足他们需要的外界物的关系中产生的。"③共同价值代表了共同生活对人类集体意识的塑造与映射。人类交往的全球化对人类行为提出了全球性的准则。随着思想文化交流的深化,人们逐渐在价值判断上找到了"共同点"。

全人类共同价值的提出,为各国人民找到共同发展的最大公约数提供了价值

---

① 《习近平:中国发展是惠及世界的》,www.politics.people.com.cn/n/2013/0408/c70731-21056995.html。
② 2015 年 9 月 28 日,国家主席习近平出席第七十届联合国大会一般性辩论并发表题为《携手构建合作共赢新伙伴 同心打造人类命运共同体》的重要讲话,在讲话中正式提出"全人类的共同价值"这一概念。
③ 《马克思恩格斯全集》第 3 卷,人民出版社 1960 年版,第 51、406 页。

基础,完成了对西方普世价值的批判和超越。西方始终把自身发展模式视为唯一标尺,普世价值在逻辑上存在否定其他文明和文化的倾向(文平,2009)。西方国家凭借工业革命,在世界经济体系中占据统治地位,但据此认为西方模式可以上升到普世价值的层面,否定其他文明选择自身发展的权利无疑是短视和傲慢的。全人类共同价值坚信文明间相互借鉴,鼓励文明间求同存异、共同发展,反对发展模式的一元化。与普世价值不同,全人类共同价值并非从单一文明生发,而是世界各国、各文明在发展与相互交往过程中通过相互承认、相互借鉴自然产生的意志共识。不同文明在审视自身利益和信仰时有着不同的传统和方式,全人类共同价值主张尊重这种差异性,这种差异性不仅反映了世界各国发展的客观情况,也体现了世界的多元性(于海洋等,2021)。

(二)践行人类命运共同理念,倡议共建"一带一路"

"一带一路"是"丝绸之路经济带"和"21世纪海上丝绸之路"的简称,2013年9月和10月,中国国家主席习近平分别提出建设"新丝绸之路经济带"和"21世纪海上丝绸之路"的合作倡议(陈积敏,2018)。依靠中国与有关国家既有的双多边机制,借助既有的、行之有效的区域合作平台,借用古代丝绸之路的历史符号,高举和平发展的旗帜,积极发展与沿线国家的经济合作伙伴关系,共同打造政治互信、经济融合、文化包容的利益共同体、命运共同体和责任共同体。共建"一带一路"顺应世界多极化、经济全球化、文化多样化、社会信息化的潮流,秉持开放的区域合作精神,致力于维护全球自由贸易体系和开放型世界经济。共建"一带一路"旨在促进经济要素有序自由流动、资源高效配置和市场深度融合,推动沿线各国实现经济政策协调。开展更大范围、更高水平、更深层次的区域合作,共同打造开放、包容、均衡、普惠的区域经济合作架构。共建"一带一路"符合国际社会的根本利益,彰显人类社会共同理想和美好追求,是国际合作以及全球治理新模式的积极探索,将为世界和平发展增添新的正能量。

当今世界正发生复杂深刻的变化,国际金融危机深层次影响继续显现,世界经济缓慢复苏、发展分化,国际投资贸易格局和多边投资贸易规则酝酿深刻调整,各国面临的发展问题依然严峻。

2021 年 7 月 1 日,在庆祝中国共产党成立 100 周年大会上的讲话中,习近平总书记再次强调:"中国共产党将继续同一切爱好和平的国家和人民一道,弘扬和平、发展、公平、正义、民主、自由的全人类共同价值,坚持合作、不搞对抗,坚持开放、不搞封闭,坚持互利共赢、不搞零和博弈,反对霸权主义和强权政治。"[①]全人类共同价值的发展将体现在"一带一路"倡议和中国行动实践中。在习近平总书记提出"一带一路"倡议后,为了支持基础设施互联互通,促进区域经济合作和一体化,中国发起创办了亚投行并出资 400 亿美元设立丝路基金。在参与"一带一路"建设的过程中,中国企业既可以单体形式嵌入全球价值链,例如,进入中亚和非洲的资源品市场,从事资源品开采和加工,再将加工产品销往发达国家,或者进入劳动密集型行业,例如服装和纺织行业,利用东道国低劳动要素成本这一优势,结合自己所掌握的代工技术进行产品加工和贴牌生产;中国企业也可产业集聚,抱团嵌入全球价值链(刘志彪、吴福象,2018)。"一带一路"建设能够为各方带来丰厚的贸易和投资红利。一是为企业发展提供丰厚的外需市场,有助于消化国内企业内的富余产能;二是为东道国大量的剩余劳动力提供就业岗位;三是有利于各方间接嵌入发达国家主导的全球创新链,逐渐摆脱依附性经济发展模式。

"一带一路"国际合作平台将不同要素禀赋类型的国家和地区整合起来,推动它们融入全球价值链。例如,伊朗、科威特、伊拉克等国的油气资源丰裕,哈萨克斯坦、乌兹别克斯坦等国的矿产资源丰富,它们是资源密集型价值链的主要参与国。印度、越南等国的劳动资源丰富且成本相对较低,它们是劳动密集型价值链的重要参与国。新加坡、中东欧等国家和地区的资本和技术优势明显,它们是高端技术价值链的主要参与者(于海洋等,2021)。它们共同参与国际经济一体化分工体系,实现了生产要素在"一带一路"沿线国家和地区之间的优化配置,使有关发展中国家以更有利条件参与国际分工,提升沿线各国本土产业结构,促进创新资源共享,提

---

① 《习近平:在庆祝中国共产党成立 100 周年大会上的讲话》,求是网,www.qstheory.cn/dukan/qs/2021-07/15/c_1127656422.htm。

升了"一带一路"沿线国家和地区在全球价值链中的地位。

值得强调的是,与西方国家主导的全球分工体系不同,"一带一路"倡议所强调的高质量发展为世界经济发展提供新的机遇。首先,绿色发展理念是"一带一路"高质量发展的重要内容。在西方主导的价值链中,高耗能高污染的生产制造环节通常被分流至发展中国家,并为这些国家和地区的经济发展带来较高环境成本。中国一直高度重视绿色"一带一路"建设,2017年中国环境保护部等四部委联合发布了《关于推进绿色"一带一路"建设的指导意见》,明确了绿色"一带一路"建设的基本思路和重点任务。中国将与沿线国家和地区积极开展绿色经济合作。一是合理布局产能合作项目。例如,在东南亚地区优先推动跨境河流共同开发、综合利用等方面的合作;在中亚地区优先考虑解决沙漠化问题,提高太阳能和生物质能应用与转化效率的项目合作。二是加强绿色科技成果的转化和低碳领域的国际合作。发挥中国企业核心技术优势,加强可再生能源发电、智能电网、电源储存、氢能利用、海洋负排放技术等领域的项目投资合作。有效利用减碳、无碳和去碳等绿色低碳技术,探索节能减排新模式,建立"一带一路"沿线国家和地区低碳技术合作与可再生能源合作的共享平台。三是深化绿色金融国际合作。进一步发挥亚投行、丝路基金等"一带一路"金融机构在绿色经济发展中的导向作用,鼓励沿线各国和其他国际金融机构设计并开发促进绿色发展的绿色金融衍生品与绿色金融工具,建立"一带一路"沿线绿色债券市场、碳交易市场、绿色期货市场、绿色发展基金等,构建"绿色责任共同体"和"绿色发展共同体",推动环境友好型和低碳共建项目的顺利实施(陈健、龚晓莺,2017)。

其次,"一带一路"建设坚持以开放为导向,秉持共商共建共享原则,通过双边和多边合作,建设"更紧密的开放包容伙伴关系"。第一,坚持开放的地区主义。开放的地区主义是指区域内部共建成果不仅适用于非成员体,且对在WTO框架下的行动和措施具有全面支持作用(廉晓梅,2017)。"一带一路"建设坚持开放的地区主义,即坚持非歧视性原则。在地域和国别范围上,凡是认同"一带一路"建设原则和丝路精神的国家和地区都可以加入其中;在发展模式上,坚持和谐包容,尊重相关国家自主选择权利;在合作机制上,坚持倡议与多元化合作机制并存。第二,提升发展中国家开放能力。西方国家的对外援助通常以政治目的为导向,兼有政治要求。但"一带一路"倡议具有不设置规则门槛、坚持发展导向的开放性特征,为发展中国家参与国际经济合作创造了条件。例如,相关国家可以根据各自经济发展制约因素或战略需求,选择参与"一带一路"建设中部分领域的合作,且只履行所参与合作领域的规则,这为相关国家特别是发展中国家参与"一带一路"建设提供了保障,为最不发达国家参与国际经济合作创造了条件(李向阳,2020)。"一带一路"建设项目主要集中于铁路、公路、港口等领域,为"一带一路"沿线国家和地区实施发展开放型经济提供了坚实的设施保障。与此同时,中国积极支持向发展中国家转移新技术,倡导建立全球性先进低碳技术的共享机制,并提高在数字经济、人工智能、纳米技术、量子计算机等领域的创新能力合作,努力消除发展中国家与发达国家之间的技术鸿沟。

中国经济发展进程中主动开放、不断扩大开放的诚意和行动努力,既为中国经济发展增添活力,驱动中国经济保持持续健康稳定高速发展,使我们"迅速赶上了时代",同时也为世界经济发展作出贡献。正如习近平总书记在庆祝改革开放40周年大会上的重要讲话中所指出的:"我们党作出实行改革开放的历史性决策,是基于对党和国家前途命运的深刻把握,是基于对社会主义革命和建设实践的深刻总结,是基于对时代潮流的深刻洞察,是基于对人民群众期盼和需要的深刻体悟。"我们赶上了时代,这是改革要达到的目的。

第五节　改革策略:保证改革开放发展的有机统一

在人口数量达到14亿、自然资源禀赋并不丰裕、区域经济发展极不平衡的大国,成功地推进经济体制的转型,走出传统的集中计划经济体制,建成社会主义市场经济体制,实现经济持续高速发展,开辟中国特色社会主义发展道路,离不开中国共产党的英明领导。中国共产党自觉遵循和坚持实事求是这一马克思主义的精髓,清醒地认识国情和准确判断国际格局,及时确立改革开放方针,扎实推进改革开放进程,采取渐进稳健和科学的推进改革开放的战略策略。通过认识改革开放所经历的多个阶段和推出各项举措的方式及推进的力度,我们可以更好地理解改革开放成功的奥秘,这也有助于我们更好地理解改革开放发展有机统一的规律,更好地理解中国特色社会主义建设发展的规律,这还有助于我们更好地推动中国特色社会主义制度的工作实践。

通过总结40多年改革开放所走过的历程,回放改革开放举措推出的场景,我们可以将改革开放的稳健渐进策略概括为,从"试点突破""增量改革""配套协调"(1978年底至2003年10月)到"巩固完善"和"区域推进"(2003年10月至2013年11月),再到"五位一体"全面深化推进(2013年11月至今)。改革开放稳健渐进策略,保证了改革开放举措所产生的解放和发展生产力的效应能及时地转化为发展的动力、发展的绩效。正因为采用了这种策略,中国经济持续健康高速发展,人民生活水平快速改善提高,科技进步,经济竞争实力,增强,工业化城市化进程加快,城乡面貌迅速改观。更重要的是,这种策略帮助我们开辟了一条通向美好未来的中国特色社会主义发展道路。

一、 改革开放稳健开局决定了深化推进的必然性

经过"解放思想"的大讨论,我们认识到传统的高度集中的计划经济体制没能发挥社会主义的优越性,我们需要进行改革。正如邓小平在1978年12月中央经济工作会议闭幕会上的讲话中所指出的,"只有思想解放了"才能够做到实事求是,应该"正确地改革同生产力迅速发展不相适应的生产关系和上层建筑",探寻形成适合中国国情的经济管理体制。①改革开放的初始举措能否成功会直接影响人们对改革的态度和对继续推进改革的信心。因此,改革的第一阶段必须稳健有效。

(一)"试点突破""增量改革""配套协调"推进阶段

这一阶段需要回答好以下几个问题:如何突破传统体制,确定改革的基本取

---

① 《邓小平文选》第2卷,人民出版社1994年版,第141页。

向,找到改革的突破口? 如何抓住改革的"牛鼻子",找准改革所要解决的核心问题? 如何使改革举措的实施不打乱现有的工作节奏,保持经济发展的平稳性? 针对这样的工作要求,具体解答如下:

首先,明确"市场化"取向,重视引入和采用商品货币经济关系。传统体制的"统收统支"排斥商品货币关系,使经济核算流于形式,本质上刻意回避了作为市场经济基本因素的商品货币,从根本上忽略了劳动者个人对于物质利益的关心和作为核算主体的企业的独立经济地位。进一步说,在社会化大生产条件下,调节经济活动和资源配置的不外乎就是"计划"和"市场"这样两种基本工具和手段。因此,突破传统体制的改革取向就是"市场化"的取向。中国40多年改革取得成功的实践证明,这样的改革取向是正确的。改革从引入商品货币因素与客观评价经济活动成果开始突破,进而对企业和劳动者这样的经济活动主体实行绩效挂钩的激励,激发和调动它们的积极性,从微观源头上激发起活力。此外,转向"用经济方法管理经济",有助于进一步加强"经济责任制"。伴随着这些改革,我们理解和掌握了市场经济的基本理论,1992年党的十四大就明确提出了将建立社会主义市场经济作为中国经济体制改革的目标。

其次,强调物质利益原则,改革的本质实际上就是利益关系的调整。马克思主义认为生产关系的本质是利益关系。传统体制"统"的做法,无视经济活动主体就是利益主体且有自己的利益诉求。改革所要解决的关键就在于将这种利益诉求与经济活动主体自己的劳动产出紧密关联挂钩,形成对称的激励约束机制。邓小平对此也有明确的看法,"不讲多劳多得,不重视物质利益,对少数先进分子可以,对广大群众不行,一段时间可以,长期不行","革命是在物质利益的基础上产生的,如果只讲牺牲精神,不讲物质利益,那就是唯心论"。[①]与改革的市场取向相呼应,抓住物质利益调整这个改革的"牛鼻子",正是体现了马克思主义实事求是的唯物主义思想,在重视将物质利益原则作为经济主体行为诉求的同时,又找到了激发调动经济主体积极性的"抓手",也保障了劳动者的参与动力,找到了用"诱致性"变迁方式

---

① 《邓小平文选》第2卷,人民出版社1994年版,第146页。

推进改革开放前行时所要解决的问题的关键。

最后,以"新事新办法"进行"增量改革"。在保证改革的平稳性的同时,新办法及其产生的效果成为"存量"老办法的直接对照,由此证明了新办法的科学合理性,证明了改革的必要性,进而增强了改革的主动性、自觉性。采用"新事新办法"的推进策略,保证了在改革举措的推出过程中经济运行活动的平稳性,启动了改革开放渐次推开的进程。形成经济体制改革转轨需要经过一段时间的"双轨"并存过渡,随着市场化因素不断发育,最终实现市场化"并轨",顺畅地转向建立社会主义市场经济体制。渐进改革的战略策略保证了经济发展的高速度和平稳性的有机统一。

我们还发现,"新事新办法"的"增量改革"做法表现为,"试点先行"取得经验,其中包括针对具体经济体制侧面内容的变革,然后在改革试点获得经验的基础上再在面上推开,扩大相关改革举措的实际效果。这种做法进而也促使人们去理解经济体制自身所具有的系统性特点,相应的结果是,改革深化的努力朝着完善经济体制系统的配套性、协调性方向前进,我们能够更好地设计新一轮改革的行动方案,推进改革的内生性要求得以形成。以上也反映出了经济体制创新内容的系统性和功能性发育特点及改革深化推进前行的规律。

(二)区域推进与全面深化推进:新经济体制的"巩固完善"与经济发展战略的融合

2002 年 10 月,党的十六大胜利召开,对改革开放所取得的成就作出了全面总结,明确提出社会主义市场经济体制已经基本建成,深化改革的工作任务进入"巩固完善"新阶段。这就意味着,我们需要充分发挥社会主义市场经济体制的功能,使中国经济继续保持高速健康稳定发展。2003 年 10 月,党的十六届三中全会通过了《中共中央关于完善社会主义市场经济体制若干问题的决定》,其中提出要继续推进改革深化,巩固改革成果,结合区域经济发展特点,完善经济体制的功能。一定意义上说,中国经济体制改革从前期的"增量改革"、以"试点突破"配套推进的策略转向"区域推进"策略,以期巩固前期改革成果,完善新经济体制功能。这也就是说,要将完善经济体制的工作与区域协调发展结合起来,联系区域发展的特点推进新的改革举措,促进经济体制功能完善。

中国是一个人口和地理规模庞大的发展中国家,地理规模庞大意味着地区间存在着较为突出的异质性特征,东中西部呈现出十分明显的发展水平的"落差"和"梯度"。40多年来,改革开放所释放的对于经济社会发展的强大的驱动力量,极大地推进了中国各个地区实现持续快速的经济增长。但是,由于既有的经济发展基础存在着落差,在吸引承接新的更大投资能力方面,从横向比较来看,尽管不同区域都在向前发展,但它们之间的经济差距并未呈现出持续缩减态势,区域间的市场分割特征也仍然存在,经济要素向东部发达地区和中西部中心城区的集聚态势依然明显(张晖明等,2021)。

联系经济发展的目的性要求,在推进新改革措施,完善社会主义市场经济体制时,需要结合区域特点开展各项工作。具体来说,一是要尊重客观规律。产业和人口向优势区域集中,形成以城市群为主要形态的增长动力源,进而带动经济总体效率提升,这是经济规律。要破除资源流动障碍,使市场在资源配置中起决定性作用,促进各类生产要素自由流动并向优势地区集中,提高资源配置效率。二是要发挥比较优势。经济发展条件好的地区要承载更多产业和人口,发挥价值创造作用。生态功能强的地区要得到有效保护,创造更多生态产品。要考虑国家安全因素,增强边疆地区发展能力,使之有一定的人口和经济支撑,以促进民族团结和边疆稳定。三是要完善空间治理。要完善和落实主体功能区战略,细化主体功能区划分,按照主体功能定位划分政策单元,对重点开发地区、生态脆弱地区、能源资源地区等制定差异化政策,分类精准施策,推动形成主体功能约束有效、国土开发有序的空间发展格局。四是要保障民生底线。实现基本公共服务均等化,完善土地、户籍、转移支付等配套政策,提高城市群承载能力,促进迁移人口稳定落户。

遵循经济发展规律,形成主体功能明显、优势互补、高质量发展的区域经济布局,就要从多方面健全区域协调发展的新机制,抓紧实施促进区域协调发展的主要举措。第一,形成全国统一开放、竞争有序的商品和要素市场。要实施全国统一的市场准入负面清单制度,消除歧视性、隐蔽性的区域市场壁垒,打破行政性垄断,坚决破除地方保护主义。除中央已有明确政策规定之外,全面放宽城市落户条件,完善配套政策,打破阻碍劳动力流动的不合理壁垒,促进人力资源优化配置。要健全市场一体化发展机制,深化区域合作机制,加强区域间基础设施、环保、产业等方面的合作。第二,尽快实现养老保险全国统筹。养老保险全国统筹对维护全国统一大市场、促进企业间公平竞争和劳动力自由流动具有重要意义。要在确保 2020 年省级基金统收统支的基础上,加快养老保险全国统筹进度,在全国范围内实现制度统一和区域间互助共济。第三,改革土地管理制度。要加快改革土地管理制度,建设用地资源向中心城市和重点城市群倾斜。在国土空间规划、农村土地确权颁证基本完成的前提下,城乡建设用地供应指标使用应更多由省级政府统筹负责。要使优势地区有更大发展空间。第四,全面建立生态补偿制度。要健全区际利益补偿机制,形成受益者付费、保护者得到合理补偿的良性局面。要健全纵向生态补偿机制,加大对森林、草原、湿地和重点生态功能区的转移支付力度。要推广新安江水环境补偿试点经验,鼓励流域上下游之间开展资金、产业、人才等多种补偿。要建立健全市场化、多元化生态补偿机制,在长江流域开展生态产品价值实现机制试点。第五,完善财政转移支付制度。要完善财政体制,合理确定中央支出占整个支出的比重。要对重点生态功能区、农产品主产区、困难地区提供有效转移支付。基本公共服务要同常住人口建立挂钩机制,由常住地供给。要运用信息化手段建设便捷高效的公共服务平台,方便全国范围内人员流动。①

从经济发展的全局来看,国家级战略平台(拥有具有较强"造血"功能的稀缺性政策资源)的区域布局,能反映出不同时期国家区域发展战略的重点关切,以此为线索能够很好地梳理出国家区域发展战略的演变脉络。国家级战略平台是由政府设立的,并被赋予了较高行政级别,其拥有特定先行先试权限等高层级政策资源,是承担国家发展中特定重大战略任务的载体。国家级战略平台在保证市场积极发挥资源配置作用的前提下,更好地发挥政府作用,对市场进行宏观引导、调控和规

---

① 《习近平谈治国理政》第 3 卷,外文出版社 2020 年版。

制,解决单纯依靠市场解决不了或解决不好的发展问题。特别是,一些重大发展战略问题、发展方式转变问题、深层次体制机制问题,单靠资金等要素投入是难以解决的,只能通过国家级战略平台的特殊政策安排来破解。我们可以将改革开放以来设立的国家级战略平台按照功能大致分为五类。一是改革平台,即以推动改革来增强国家发展内生动力的战略平台,如国家综合配套改革试验区等。改革平台聚焦改革,通过与时俱进的制度创新来不断破除制约生产力发展的体制机制障碍。二是开放平台,即以对外开放促进国家发展的战略平台,如经济特区、开放城市、自由贸易试验区、自由贸易港等。开放平台着眼于用好国内和国际"两个市场""两种资源",开展对外贸易、推动国际合作、促进引资和对外投资等,坚持内外联动,在全球范围内通过更好地配置各种资源服务国家整体发展。三是创新平台,即以培育创新动力来引领国家实现更高质量发展的战略平台,如国家自主创新示范区等。创新平台重在营造有利于创新的软硬环境和条件,紧紧抓住和用好新一轮科技革命、产业变革的机遇,推动经济发展质量变革、效率变革、动力变革,提升国家发展的国际竞争力。四是绿色平台,即以绿色发展理念促进国家可持续发展的战略平台,如国家生态文明试验区等。绿色平台要在处理好经济发展与生态环境保护的关系方面作出示范,引领全国推动绿色发展、循环发展、低碳发展。五是综合平台,即以改革、开放、创新、绿色发展等共同助推国家发展的综合型战略平台,如国家级新区等。综合平台重在发挥多领域的协同交互作用,随着对中国特色社会主义建设规律(特别是中国特色社会主义市场经济发展规律)的认识的不断深化,不同时期"综合"的内涵和外延在不断丰富和完善,但始终都代表着当时最先进的发展理念(尹虹潘,2018)。

党的十八大以来,中国特色社会主义建设进入新时代,中国提出"一带一路"重大倡议,对外促进和平、发展、合作、共赢,对内推动开放环境下的经济地理重塑。2014年,中央提出推动京津冀协同发展和长江经济带发展,在区域发展总体战略的基础上更加突出"一带一路"建设、京津冀协同发展、长江经济带发展的引领作用。党的十九大报告提出实施区域协调发展战略,并在对外开放方面进行了优化区域开放布局的战略部署,通过改革开放、推进绿色发展等,培育全方位经济发展新动能,以更加积极主动的战略姿态和全局谋划,促进以兼具平衡与充分为导向的全国区域协调发展。在这一阶段,相关战略平台密集增加,相较前两个阶段,本阶段在先行先试的深度、广度、高度上都有所提升,呈现出贯彻新发展理念、以各类战略平台全方位培育区域发展新动能的特点,并且特别注重通过类型丰富的改革平台形成对各方面发展的制度支撑。本阶段以来,国家级新区、自由贸易试验区、自主创新示范区等战略平台的设立遵循以下规律,通常是前一批次试点取得一定成效后很快布局下一批次扩大试点的范围,通过"滚动"运行加快了"试点—推广"节奏。在国家战略指导下,众多战略平台在快节奏"试点—推广"中更好地发挥了自身作用,而这必然需要中央依靠更高权威来深入推进战略,并确保地方全面贯彻落实相关措施,需要央地之间有密切互动。中央按照激励和约束并重的原则,依据地方贯彻新发展理念取得的实效进行有效激励,并建立容错纠错机制,引导各重点区域结合自身基础和特点,科学推进试点试验任务,迅速形成可复制可推广的经验,更好服务国家战略意图和目标的实现。

改革开放发展的有机统一,驱动着中国经济沿着中国特色社会主义发展道路持续高速健康前行。2012年以来,进入新的发展时代,在全面建成小康社会的努力中,提出"五位一体"全面深化改革,围绕国家治理体系和治理能力现代化建设总目标,运用"系统集成"的工作方法,继续推进改革开放砥砺前行。

二、 渐进改革方法的科学性,与激进改革方法进行比较

纵观改革开放40多年来的伟大历程,我们发现,经济体制改革所取得的巨大成就与中国采取的渐进式改革策略密不可分。渐进式改革是指在经济发展的市场化、工业化和全球化进程中,坚持和完善中国特色社会主义制度,开拓中国特色社会主义道路的积极稳健实践,通过局部推进、双轨过渡、不断试验的方式逐步向市场经济转轨。与之对应的是另外一种改革策略主张或者做法,即激进式改革。这种改革是指在根本否定社会主义宪法秩序的前提下,通过强制的整体推进的方式

向市场经济快速转轨。我们可以通过对中国渐进式改革的主要特征进行全面和具体的分析,加深理解中国渐进式改革的稳健性特质。

（一）自上而下的推进与诱致性改革相结合

按照道格拉斯·诺思的理论,制度变迁有两种类型,即强制性变迁和诱致性变迁。诱致性变迁是指一群人在响应由制度不均衡引致的获利机会时所进行的自发性变迁;强制性变迁指的是由政府法令引起的变迁。中国的经济改革是在中国共产党的领导下为完善社会主义制度而进行的自上而下的制度变迁,党和政府的政策和法令主导着改革的方向和路径。中国改革的特征和成功之处,恰恰在于始终强调坚持党的领导,将权威性与诱致性相结合,自上而下推进改革,充分利用自发性改革和基层单位的主动精神。改革的发动虽然是自上而下的,但这不过是对社会生活中早已存在的改革要求的一种承认。改革是在统一领导下进行的,但各具体部门、地区和单位的改革措施、内容和步骤却丰富多样。改革中提倡大胆创新、大胆试验,有意识地允许、特许或默许局部的"犯规"行为,经实践证明这些行为的合理性后,再加以普遍推广。个人、企业和其他基层单位为了实现自身利益的最大化,在制度创新中发挥了空前的主动性和创造性。完美的设计、精确的计算和全面的规划,往往还没有真正形成就被实践抛到了后面,"摸着石头过河""走一步看一步"则具有更高的指导意义。

农村联产承包责任制的实践可以说是自发的诱致性改革,农业中的联产承包责任制并不是改革以后创造出来的新生事物,实际上,在从农村实现了集体化到十一届三中全会的 20 多年间,家庭联产承包责任制曾于 1956 年和 1961 年在农村中自发地实行过,但在"左"倾路线的支配下受到批判和压抑。1978 年秋冬到 1979 年春天,"包产到户"和"包干到户"在一些地方又悄悄出现了,在实事求是路线的影响下,这种做法在实践中受到了当地领导机关的默许,人们抱着试试看的态度静观事态的变化。实践是检验真理的唯一标准,农业生产的迅猛发展宣告了联产承包责任制的胜利。于是,自发的分散的诱致性变迁转变成了自上而下的由政府推动的强制性变迁,联产承包责任制得到了全面的推广。

自上而下的推进与诱致性改革相结合的另外一个成功典型是多种经济成分的迅猛发展。改革以来,包括集体经济、个体经济、私营经济、三资企业和其他各种形式在内的非国有经济出人意料的迅猛发展并不是政府强制的结果,而是因为它们适应了中国生产力结构多层次发展的需要和市场经济中竞争秩序的要求,是"自发秩序"的产物。改革前的中国对非国有经济的发展采取了严格限制和排斥的政策,而改革以后,党和政府对多种经济成分的发展采取了积极鼓励和支持的态度,从而使强制性与诱致性、自觉性与自发性结合起来,大大促进了非国有经济的发展。

(二)双轨过渡、增量先行

激进式改革是对原有法律制度与经济体制规则和利益结构的彻底否定,是在旧体制被彻底破坏的基础上,从头开始构造新体制。而渐进式改革则是在坚持社会主义宪法制度的基础上,在不破坏正常的经济政治秩序的前提下,逐步放松控制,由易到难,循序渐进。在这里,新旧体制在一定程度上是兼容的,并且新旧体制之间存在着继承性,原有的经济结构、政治结构和利益结构并没有完全失去历史根据,因而只能逐步改革而不能彻底否定。渐进式改革的这种特殊性质决定了新旧体制的转换必然要以双轨制作为自己的过渡形式。它的实质是增量改革与存量改革并举,但增量改革快于存量改革,以增量带动存量,然后再由存量改革推动增量改革,以平稳的方式实现向市场经济的过渡。

在各种形式的双轨制中,价格双轨制最具有代表意义。价格双轨制指的是同一商品在同一时间、同一市场执行市场价格和计划价格两种不同形式的价格。价格双轨制在历史上早已有之,但在改革以前它只是以隐蔽形式存在于计划经济的夹缝之中。1984 年,随着扩权让利改革的推进,国务院规定企业自销和超产部分的价格可以浮动 20%;1985 年 1 月,国家规定,工业生产资料属于企业自销和完成国家计划后的超产部分的出厂价格,可按稍低于当地的市场价格出售,参与市场调节;从此,价格双轨制得以正式确立,并推广到了农业产品等各个部门,计划价格体制被打开了一个巨大缺口。之后,市场价格部分的比重逐步增大,直到成为价格体制的主要形式。双轨制是中国改革中最具有特色的一种改革形式,它不仅存在于价格改革中，而且渗透在企业改革、部门改革、所有制改革、外汇改革、财政改革等各个方面，成为中国经济体制转换的基本形式。传统的价格有两个主要弊端，一是价格决策权高度集中，二是价格体系严重扭曲，主要是基础产品价格偏低。为了理顺这种不合理的价格，可能出现的情况有：若由政府按照市场均衡价格统一调整价格，由于受动力和信息因素的制约，不仅难以达到预期效果，而且还会造成新的价格扭曲；若全面放开价格，则由于缺乏市场竞争和必要的宏观条件，会造成巨大的混乱。而不论是"调"还是"放"，一步到位的做法都会破坏正常的经济和政治秩序，导致改革的停滞和失败。在这种情况下，实行调放结合、双轨过渡、政府定价与市场定价并存的改革战略显然是一种最为有利、最为现实的选择。这种双轨过渡的办法可以把灵活性与稳定性、计划与市场、改革与发展结合起来，为市场机制发挥作用开辟了广阔天地；可以绕开改革中的一些障碍和难点，大大减少改革的摩擦成本；可以避免结构转换的调整成本，维持改革过程中稳定与速度的必要平衡，推动经济改革的顺利进行。

（三）从局部到整体

相对来说，激进式改革是一种全面推进的整体改革战略，它更强调整体的变革；而渐进式改革则是一种局部推进的非均衡改革战略，它比较强调从局部到整体。渐进式改革采取从局部到整体的改革战略有其必然性。渐进式改革是在肯定社会主义宪法制度和传统计划经济的历史意义的前提下向市场经济进行过渡，新旧体制并不是截然对立的，因而，这样的改革必然是从局部入手逐步推进的，而不可能一开始就是整体、全面的。中国的改革者们认识到，市场体制是逐步形成的，其要素也只能一步步逐渐引入，改革和发展都不能急于求成，都应当从实际出发，走一步看一步，不断试验，由易到难，稳步前进。同时，全面的大规模的社会变革很可能会造成严重的社会动荡，使改革的方向和改革的进程失去控制。因而，中国经济改革的整体协调是在一个个局部变化中实现的，不同部分之间在改革的进度上存在很大的差别，整体市场化过程是分领域、分部分、分地区、分企业各个突破，是分步推进的在改革进程中，逐步形成农村"包围"城市、沿海"包围"内地、非国有经济"包围"国有经济的态势,最后实现经济体制的整体转换。中国的改革采取了局部推进的非均衡改革战略,因而特别强调改革的次序和顺序问题,强调局部与整体的协调。

局部的非均衡的改革战略可能会产生零敲碎打的问题,但是它在许多方面获得了巨大的成功。例如,20世纪80年代初在城市经济还处于高度集中的计划经济体制的时候,中国的农村改革率先获得成功,取得巨大进展;在生产要素市场还处于计划管制的条件下,20世纪80年代中后期中国商品市场率先实现了市场化,绝大多数商品的生产、分配和价格形成被纳入了市场调节的轨道;在全国经济改革刚刚开始后不久,沿海经济特区率先与国际市场接轨,较大程度地实现了市场化。此外,价格、财税、金融、外贸、社会保障和企业等各方面的改革及这些部门的内部改革在时间和空间上是不同步的,各自都保持了较大程度的独立性。中国改革以来一直实行的先试验后推广的做法就是这种从局部到整体的改革战略的典型形式。

（四）体制内改革和体制外推进相结合

激进式改革的实质是私有化加市场化,它否定公有制与市场经济共存的可能性,试图从对国有体制内部存量的根本改造入手推进市场化。而渐进式改革则得益于体制内改革与体制外推动的结合,在坚持和完善公有制的同时,通过大力发展非国有经济来向市场经济过渡。

对于中国的渐进式改革来讲,坚持公有制的主体地位和国有制的主导地位不仅是经济上的要求,更是政治上的要求。渐进式改革是在肯定社会主义宪法制度的前提下进行的改革,这种性质的改革必然要以公有制为基础。渐进式改革的核心是认为国有制与市场经济是可以兼容的,国有企业的效率是可以提高的。根据这样的认识,中国改革的中心环节不是私有化,而是搞活国有企业。国有企业通过扩权让利、承包制等改革,增强了活力,适应了市场,推动了市场化进程和经济发展,在改革、发展与稳定中发挥了主导性作用。但是,由于国有制改革涉及了产权问题、破产和就业问题、产业结构的调整问题及许多带有根本性的制度问题,因而,改革起来步履艰难。同时,由于中国的经济发展很不均衡,生产力的结构十分复杂,在这种条件下,单纯依靠国有经济的改革显然难以实现市场化改革的目标,非国有经济的迅猛发展就成了推进市场化进程的另一个基本动力。1979 年以来,中国的非国有经济发展迅猛,对于改革与发展起到了举足轻重的作用。中国市场化改革的许多重大进展,如价格、利率、汇率和工资的市场化,也都是在非国有部门率先完成的。非国有经济的发展推动了市场化改革的进程,造就了比较真实的竞争环境,促进了经济快速发展,减少了改革阻力,并为国有制的改革创造了条件。中国渐进式改革的一个重要经验就是,要支撑非国有经济的发展,坚持从国有体制外到国有体制内的改革逻辑,即把体制内改革与体制外推动结合起来,一方面积极推进国有企业改革,另一方面大力培养和发展非国有经济,在国有经济外形成一个竞争的市场环境,逐步解决国有经济的问题。

(五)改革、发展与稳定相协调

转型中的所有问题都可以归结为改革、发展和稳定的关系问题。激进式改革要从政治上彻底否定传统的社会主义制度,这种根本性的变革必然会引起经济和政治的剧烈动荡,制度的变化压倒了稳定和发展的需要。与此不同的是,渐进式改革是在坚持社会主义宪法制度和相对稳定的经济和政治秩序的前提下,在经济快速发展的条件下,稳步推进改革。激进式改革把市场化放到了第一位,发展与稳定服从于改革的需要;而渐进式发展则以发展为目标,始终把促进经济发展放在经济工作的首位,兼顾改革、发展与稳定,在经济改革中实行以稳定快速增长为目标的宏观经济政策,通过做大国民收入的"蛋糕",以减少改革的阻力,实现改革与发展的相互促进。在宏观经济政策的选择上,中国实行的政策是非货币主义的,是总量政策、结构政策和行政干预等各种政策的混合,促进经济增长、调整经济结构、防止经济滑坡是宏观政策关注的焦点。对于现实中出现的通货膨胀,中国在宏观政策制定上多数采用"软着陆"的方法,运用紧缩需求、调整结构、加强管理等多种手段加以治理,这些均是温和的而非激烈的稳定措施。

(六)经济市场化与政治多元化的分离

激进式改革以西方式的政治多元化或多党制的政治结构为政治基础,认为政治多元化是经济自由化的保证，没有政治多元化和西方式的民主，就没有市场经济，就不会有经济的繁荣，在社会主义的政治结构中不可能进行彻底的市场化改革。而渐进式改革则是在社会主义政治结构的基础上进行的，改革中坚持了共产党的领导和人民民主的政体。中国的经济改革同样是在与政治体制改革的相互协调中推进的，不是只进行经济改革而不进行政治改革。但中国政治体制的改革目标是建立社会主义的民主，而不是实行西方式的多元政治。因此，渐进式改革特别注重在市场化的过程中保持政治体制的相对集中和政治秩序的相对稳定，经济的市场化与政治的多元化在这里是相分离的，西方式的民主和自由的价值在这里远不如发展经济、改善生活重要。中国共产党所特有的意识形态以及与此相适应的路线、方针和政策对于改革的方向和进程具有决定性的影响。

（七）"问题导向"的理论方法与实践理性

从指导改革的思想方法来看，激进式改革的思想方法更像波普（Karl Popper）所说的"天真的理性主义"和哈耶克（Friedrich Hayek）所说的"构造理性主义"。这种理性主义倾向于从理想的模式出发，根据理性的设计来对现实进行全面改造。而中国渐进式改革的思想方法则更多地具有实践理性的特点。实践理性反对脱离实际的空想，反对从抽象理性的原则出发来判断改革的成败，而强调从实际出发，把实践作为检验改革成败的标准，强调主观与客观的统一。

1978 年，邓小平指出："一个党，一个国家，一个民族，如果一切从本本出发，思想僵化，迷信盛行，那它就不能前进，它的生机就停止了，就要亡党亡国。"[①]因此，"实践是检验真理的唯一标准"就成了推动改革的第一面旗帜。解放思想，实事求是，一切从实际出发，一切从国情出发，成为有中国特色的社会主义理论和中国渐进式改革道路得以形成的思想基础。以"实事求是"为核心的党的思想路线，以"经济建设为中心"的党的政治路线，用"三个有利于"检验改革成败的标准，把社会主义的本质与解放生产力、发展生产力联系起来，其中都渗透着求实主义的精神。而"摸着石头过河""走一步看一步"和"不争论，大胆地试，大胆地闯"的态度则更是鲜

---

① 《邓小平文选》第 2 卷，人民出版社 1994 年版，第 143 页。

明地反映了中国改革中的实践理性。这种实践理性不仅使中国的改革摆脱了传统反市场教条的束缚，而且也使中国的改革免受了新自由主义意识形态的危害。

通过以上几个方面的分析，我们可以对中国渐进式改革的本质有一个更加深入准确的了解。中国的渐进式改革是在工业化与社会主义宪法制度双重约束下逐步进行的，它要求把公有制与市场经济、计划与市场、社会理性与个人理性、历史与现实、传统与现代、改革发展与稳定等性质不同的事物有机地统一起来，因而，它的方式只能是在共产党的领导下局部推进、双轨过渡，自觉与自发、体制内与体制外相结合，逐步向市场经济过渡。

改革开放 40 多年以来，正是坚持实事求是的思想路线，摈弃僵化教条的思想方法，摆脱传统的高度集权的计划经济体制模式束缚，以市场取向启动改革，以试点突破和增量改革解开旧制度的锁扣，以渐进式改革的策略促进经济体制转轨，进而以经济体制改革牵引全面深化改革，开拓出了一条中国特色的社会主义发展的道路。采用渐进式改革的策略，保证了改革开放的推进"既不走改旗易帜的邪路，也不走封闭僵化的老路"，有效地防止发生颠覆性错误，保证了改革开放深化进程的有序、有效。在此基础上，我们坚定了"将改革进行到底"的决心和信心，朝着全面深化改革的总目标稳健前行。

第六节 系统集成：全面深化改革，接续新的长征

改革开放彻底摒弃了僵化的思维模式和理论模式，摆脱了"依葫芦画瓢"和"本本主义"，回归到马克思主义"实事求是"的历史唯物主义科学方法论轨道上来，是中国共产党的一次"伟大觉醒"，孕育了党从理论到实践的伟大创造，推动马克思主义中国化的中国特色社会主义事业成功实现"第二次飞跃"。改革开放也是决定当代中国前途命运的"关键一招"。正是通过改革开放的凤凰涅槃般的历练，中国的发展踏准了时代的步伐节奏，迅速赶上世界发展潮流，开辟出一条符合中国自身国情的具有中国特色社会主义的发展道路。改革开放解放了生产力，极大地释放了

社会主义制度的优越性,驱动中国经济高速持续健康发展,驱动我们朝着建设社会主义现代化国家的宏伟目标接续前行。

党的十八大以来,中国特色社会主义发展进入新时代。习近平总书记亲自谋划、亲自部署、亲自推动全面深化改革,领导全党全国人民开创了中国改革开放新局面。改革开放是中国特色社会主义制度的自我完善和发展的深刻的革命,是一项具有长期性、艰巨性和繁重复杂性的系统工程,也是前无古人的崭新事业。进入新的经济社会发展阶段,改革进入攻坚期和深水区,习近平总书记号召我们,要"以更大的政治勇气和智慧,不失时机深化重要领域改革",要以更大的决心冲破思想观念的束缚,更加深刻地认识改革开放的历史必然性,敢于肯硬骨头,敢于涉险滩,更加自觉地把握改革开放的规律性,更加坚定地肩负起深化改革开放的重大责任。

一、 系统集成,全面深化改革,探索改革规律

2013 年 11 月,中国共产党召开了十八届三中全会,对全面深化改革作出总部署、总动员。《中共中央关于全面深化改革若干重大问题的决定》对中国改革发展稳定面临的重大理论和实践问题进行了深刻剖析,对改革开放以来所取得的经验和成就进行了深刻总结,对经济、政治、文化、社会和生态文明"五位一体"改革的 336 项改革内容进行了"顶层设计",展现了国家治理的新视野,凝聚了全党全社会关于全面深化改革的思想共识和行动力量,描绘了中国特色社会主义制度建设的蓝图,对推动中国特色社会主义事业发展产生了重大而深远的影响。在党的十八届三中全会后的近十年时间里,改革开放以前所未有的力度向前推进,闯过了不少激流险滩,改革呈现出全面发力、多点突破、蹄疾步稳、纵深推进的局面。

（一）全面深化改革是中国特色社会主义制度发育完善的内在要求

习近平总书记指出:"党的十一届三中全会是划时代的,开启了改革开放和社会主义现代化建设历史新时期。党的十八届三中全会也是划时代的,开启了全面深化改革、系统整体涉及推进改革的新时代,开创了我国改革开放的全新局面。"①

---

① 《习近平新时代中国特色社会主义思想学习纲要》,学习出版社、人民出版社 2019 年版,第 82 页。

整体设计推进经济、政治、文化、社会和生态文明"五位一体"的全面深化改革,是在改革开放取得举世公认成功的基础上提出来的,是在经济体制改革成功转轨,并带动社会其他领域的变革取得一定经验和成效的基础上提出来的。全面深化改革无疑就是当改革进入攻坚区和深水区时,需要展开的一场更加深刻而全面的社会变革。"五位一体"的全面改革任务,正是经济社会体制自身构造特点决定的。作为经济社会制度建构的经济、政治、文化、社会和生态五大系统相互依存、协调融合合作,五大系统自身内部多个方面具体的体制内容和作用功能有机耦合,组成经济社会构造的架构和肌体功能。不难理解,改革开放进入全面深化阶段是体制建构自身的系统性和体制功能的整体性的内在要求。正是这样,在全面深化改革的工作推进中,更需要强调系统思维,在动态的工作过程掌握系统集成方法论,不断探索改革的规律。改革开放实践所积累的经验已经证明,"摸着石头过河",采用渐进而不是激进的改革策略,是科学有效推进改革不断深化的法宝。所谓"摸石头"就是"摸规律"、摸索改革开放的规律,从实践中获得真知,形成体制变革进程中内生的诱致性变迁的促动机制。

在部署全面深化改革的工作要求上,习近平总书记是这样阐述的:"摸着石头过河和加强顶层设计是辩证统一的,推进局部的阶段改革开放要在加强顶层设计的前提下进行,加强顶层设计,要在推进局部的阶段性改革开放的基础上来谋划。""每一项改革都会对其他改革产生重要影响,每一项改革又都需要其他改革协同配合。要更加注重各项改革的相互促进、良性互动,整体推进,重点突破,形成推进改革开放的强大合力。""要坚持把改革的力度、发展的速度和社会可承受的程度统一起来,把改善人民生活作为正确处理改革发展稳定关系的结合点。"①习近平总书记的关于改革开放推进工作的系统思维和精辟论述,关于系统集成工作方法的重视和理论阐发,对于指导全面深化改革、全社会掌握运用改革规律,保证改革实践的科学精准和取得实效,具有十分重要的理论意义和现实意义。

可以说,围绕"五位一体"改革任务的设计,正是运用马克思主义的历史唯物

---

① 《习近平谈治国理政》第1卷,外文出版社2014年版。

义科学方法论的经典之作。自觉学习运用这一科学原理和方法，指导全面深化改革各项规划的扎实推进，进一步解放思想，解放和增强社会活力，以经济体制改革深化先行，为其他领域的改革创造出相对宽松的经济环境。既要发挥经济体制改革的牵引作用，又要承认改革需要加强协同配套，需要全面深化，形成"五位一体"改革合力，在经济改革的牵引下着力开展全面深化改革。

（二）加强改革系统集成，激活高质量发展新动力

基于对经济社会体制构造的系统性、整体性、协同性的理解和把握，明确新阶段全面深化改革的任务是，"加快发展社会主义市场经济、民主政治、先进文化、和谐社会、生态文明"。"坚持系统观念"是新时期中国经济社会发展必须遵循的一项基本原则。习近平总书记指出，"要加强改革系统集成，激活高质量发展新动力"。[①]以改革系统集成谋划新举措，就要聚焦基础性和具有重大牵引作用的改革举措，在政策取向上相互配合、在实施过程中相互促进、在改革成效上相得益彰，推动各方面制度更加成熟更加定型。

社会大系统立体地表现"五位一体"的耦合功能，它与个别子系统有着共生互动的关系；同时，各具体体制内部的单项制度和执行机构的具体行动路线之间也存在着子系统自身的共生配伍关系。加强经济社会各项制度的系统集成，可以提高制度运行效率，使制度因素在整合资源配置、维系各类经济主体合作关系中发挥特殊的积极的作用，充分释放制度自身的活力，为高质量发展提供动力。由此拓展开来，在社会分工体系中各类主体之间的分工合作关系的处理中，在经济社会发展中各项工作之间的协同中，在建设社会主义现代化国家战略目标的分阶段推进中，也应充分发挥制度优越性的保障作用。与此同时，制度因素也可以对造就更加宽松的发展环境与和谐的工作氛围发挥直接的作用。它可以充分调动社会全体成员的工作积极性，激发创新活力。社会全体成员应聚力于经济社会发展的共同目标，围绕我们正在做的事情，接续进入全面建设社会主义现代化国家的新征程，持续提高我们的工作设计能力和执行能力，以制度的优化能力提升经济社会运行的宏观

---

① 《习近平：在浦东开发开放 30 周年庆祝大会上的讲话》，新华社，2020 年 11 月 12 日。

效率。

系统集成是一种思想方法和工作方式。作为一种思想方法,它启发我们在研究问题、推进工作中有开放的思维,有宽阔的视野和前瞻性的眼光,有合作开放的胸怀,在具体工作中注重协同、合作,服从大局和整体利益。系统集成思维体现了实事求是和辩证唯物主义的哲学底蕴,有助于我们驾驭客观环境、解决工作中的实际问题、实现工作目标。一方面,改革进入深水区,相关的改革任务和改革内容涉及的制约因素更加复杂,所要触动的利益结构相对固化,调整难度更大;另一方面,调整优化经济社会体制不同侧面的具体内容的举措,存在一定的先后次序,某个方面的"滞后"会影响制度的整体功能,影响制度作用的工作目标实现。正是这样,就更需要重视加强系统集成功能,在动态的制度演进优化中更好地发挥制度执行的主观自觉努力,不断推进制度优势与治理效能的协同提升。

系统集成作为一种工作方法,启发我们加深理解经济社会体制的系统建构、经济体系运行的构造功能、经济社会各类主体的相互关系。掌握系统集成的工作方法,我们在新发展阶段谋划设计推进重要领域和关键环节的改革中,才能处理好各项举措的充分联动和衔接配套。我们在认识经济体系构造的不同层次、不同内容、不同时空因素时,才能够联系技术、市场、规模、竞争能力的来源和动态运行,来获得更加深入的透析能力和驾驭治理能力。我们才能对经济社会各类主体的分工角色、主观诉求和行为特征有更加细腻的考察,以提高组织分工、合作和进一步调动工作创造的积极性。我们才能更好地聚焦高质量发展,完成阶段工作任务,接续奋斗、善作善成,为全面建设社会主义现代化国家而不懈奋斗。

(三)发挥经济体制改革的牵引作用,推进全面深化改革

经济体制改革具有牵引性、基础性的作用。这其中蕴含着马克思主义对社会经济关系的科学理解:经济是基础,就是要坚持以经济建设为中心,将经济健康稳定发展作为推进各项改革的物质基础,发挥经济体制改革的牵引作用,带动其他各项改革协调跟进,推动生产关系同生产力、上层建筑同经济基础相适应,推动经济社会持续健康发展。也正是这样,我们需要特别注重加强对经济体制重要领域和

关键环节改革任务的高度重视和统筹推进，创造更加宽松的改革环境和相关配套条件。

明确经济体制改革对全面深化改革的牵引能力，凸显出经济体制在五大体制中的本体地位和维系社会主体经济利益关系的功能。马克思主义原理告诉我们，"人们所奋斗的，都与他们的利益有关"，人与人之间的关系，最根本的是经济的、利益的关系。在任何社会存在中，生产力（物质存在）是"第一性"的，是制度建构的基础和起点；生产力是社会生产关系的具体内容，生产关系作为生产力的外在表现，构成一个社会的经济基础，并决定该社会的上层建筑和意识形态。实践经验也告诉我们，中国经济体制改革所取得的巨大成就，为全面深化改革开辟了道路。具体表现为，在改革开放驱动下，经济体制改革释放了"改革红利"，中国经济实力快速增强，国家地位不断提升，人民收入和生活水平连上几个台阶。这些成果的取得正是体现了运用历史唯物主义方法论指导实践的有效性。

发挥经济体制改革对全面深化改革的牵引作用，表明在"五位一体"的改革任务中，经济建设是社会全面发展的基础，是整个社会建构当中的本体，而经济问题的核心是利益问题，改革深化所要解决的问题实质上就是利益关系的配置调整问题。经济体制改革作为"牵引者"，在"五位一体"推进的全面深化改革实践中、在完整的社会体制构造中起了先行者的作用，是"五匹马"当中的"第一匹马"。基于这种定位，发挥经济体制改革的牵引作用，揭示了在整个社会治理体系中体制构造的多层面内容的相互联系；在五大体制当中，经济体制是"基座"，同时，经济体制的变革可以为其他体制的变革转型提供物质条件，成为整个社会建构体系体制变革创新的"先行者"。

经济体制改革为全面深化改革奠定扎实的经济基础。围绕推进改革的相关举措如何设计、如何创造相应条件、如何发现各项改革的具体内容相互之间的内在联系，以获取改革举措的预定目标，经济体制改革既积累了经验，也对人事、行政、中央地方集分权关系、社会管理、文化等社会建构和运行的多个侧面带来许多的变革。与此同时，也逐渐触发经济体制改革的深化，需要启动全面深化改革的总体设计并内生提出全面深化改革的总体工作内容。此时经济体制改革单兵突进就碰到了障碍,不能够一味地单兵突进,没有其他体制的配套,经济体制自身也改不下去,所以呼唤全面改革,这就进一步提出了体制作为一个系统功能耦合的综合能力。实际上,这也加深了我们对体制(就是"制度系统")的构造功能耦合的总合能力("木桶原理"的启示)的理解;我们正是在经济体制的成功和探路先行的测试中,形成提升拓展"五位一体"的施政视野。

二、 以全面深化改革驱动经济社会高质量发展,探索社会主义建设规律

在中国40多年的改革开放进程中,经济体制转轨驱动经济快速发展,居民生活水平大幅提高,小康社会全面建成,微观经济充满活力,宏观经济管理水平不断改善,城乡面貌迅速改观,国际经济交往能力不断增强,社会各领域全面加速现代化进程,中国特色社会主义制度建设夯基垒台、立柱架梁、厚积成势。全面深化改革向纵深推进,系统集成、协同高效,各个领域基础性制度框架基本确立,许多领域实现历史性变革、系统性重塑、整体性重构,为实现中华民族伟大复兴提供了充满新的生机的体制制度保证。

(一)全面深化改革是有方向、有立场、有原则遵循的

全面深化改革的总目标是完善和发展中国特色社会主义制度,推进国家治理体系和治理能力现代化。即改革的着力点在于不断巩固完善中国特色社会主义制度。一方面,明确改革的方向就是中国特色社会主义发展道路,而不是什么其他道路;另一方面,改革的具体指向和成果表现在国家治理体系和治理能力的现代化。这是一个具有丰富内涵的范畴,体现了中国特色社会主义的丰富内容。

中国共产党领导是中国特色社会主义最本质的特征,也是中国特色社会主义的最大优势。改革开放和中国社会主义发展所取得的成就充分证明了中国共产党所具有的"人民至上""开拓创新""自我革命""胸怀天下""敢于斗争""坚持中国道路",以及为中华民族谋复兴、为中国人民谋幸福的能力和信心。正是因为坚持党的集中统一领导,我们才能坚定不移推进改革开放,才能成功应对改革道路上的艰

难险阻和风险挑战。中国共产党始终坚持把最广大人民根本利益作为一切工作的出发点和落脚点,提出并实施正确的改革方案,并从人民实践创造和发展要求中获得深化改革开放的动力。方向决定道路,道路决定命运。正是因为始终明确并坚持改革方向,我们才能不断拓展中国特色社会主义道路,才能把改革开放的主动权牢牢掌握在自己手中,避免在根本性问题上出现颠覆性错误,才能把我们的国家建设成富强民主文明和谐美丽的社会主义现代化强国。

(二)着力制度执行力建设,推动经济转向高质量发展

党的十九届四中全会对中国特色社会主义制度作了全面阐述,描绘了由根本制度、基本制度和重要制度构成的中国特色社会主义制度的"全景图谱"。全面推进改革深化着眼于增强制度执行力,发力促进经济转向高质量发展。牢牢扭住经济建设这个中心,毫不动摇坚持发展是硬道理,坚定不移贯彻新发展理念,构建新发展格局,推动高质量发展,全面增强中国经济实力、科技实力、综合国力和国际影响力,为实现中华民族伟大复兴奠定雄厚的物质基础。

中国经济经过几十年的高速增长,正在从既有的高速增长转向高质量发展,经济发展态势正处在转变发展方式、优化经济结构、转换增长动力的攻关期。而要成功跨越这一关口,就需要中国的经济体系进行全方位的升级,进行质量变革、效率变革和动力变革,提高全要素生产率。从过度倚重有形要素投入的粗放方式转变为更多依靠要素组合效率的集约方式,依靠要素组合效率推动经济发展,规避特定国家的要素供给约束以及要素边际报酬递减态势。因此,从中国经济体制的现状出发,中国接下来的经济体制改革要把供给侧结构性改革作为工作主线,把发展经济的着力点放在实体经济上。必须以完善产权制度和要素市场化配置为重点,实现产权有效激励、要素自由流动、价格反应灵活、竞争公平有序、企业优胜劣汰。在微观企业体制方面,除了进一步鼓励、支持和引导非公有制经济的发展之外,还要完善国有企业产权制度及国有资产管理体制改革,以培育有竞争力的微观主体。在市场体系建设方面,健全现代产权制度,全面实施市场准入负面清单制度,推进实现要素价格市场决定、自由流动有序、配置高效公平;不断完善营商环境,激发和

保护企业家精神，强化竞争政策基础地位；进一步放宽外资准入限制，扩大市场开放度。在政府体制与职能方面，要深化行政体制和财政税收体制改革，防范系统性金融风险，以建设法治型、服务型和高效型政府，创新和完善政府宏观调控与促进增长和发展的机制与能力，以推动国民经济持续稳定发展。特别是，要落实一系列重大发展战略，包括加快供给侧结构性改革和创新型国家建设、实施乡村振兴和区域协调发展战略、推动形成全面开放新格局。着力构建一个市场机制有效、微观主体有活力、宏观调控有度的经济体制，彰显社会主义市场经济体制的活力和韧性，更好地发挥经济体制改革的牵引能力，带动和促进"五位一体"全面深化改革协同互促、顺畅运行，使中国特色社会主义制度不断完善、更加成熟。

三、 创新进取，勇毅前行，接续新的征程

全面深化改革夯实改革已经取得的成果，为坚持和完善中国特色社会主义制度、为接续"第二个一百年"新的征程增添动力。党的十九届六中全会通过的《中共中央关于党的百年奋斗重大成就和历史经验的决议》，突出中国特色社会主义新时代这个重点，聚焦我们正在做的事情，对党的百年奋斗重大成就和历史经验作出科学而深刻的全面总结，"推动全党增长智慧、增进团结、增加信心、增强斗志"[①]，接续踏上新的"赶考之路"。在新的征程上，必须继续"统筹推进'五位一体'总体布局、协调推进'四个全面'战略布局，全面深化改革，立足新发展阶段，完整、准确、全面贯彻新发展理念，构建新发展格局，推动高质量发展"。[②]

正确认识新发展阶段的特点，对于我们理解正在开展的伟大事业所处的历史方位，对于我们理解新的征程所要完成的中心任务，聚焦工作重点，制定实现工作任务目标的政策，依据我们党所制定的实现现代化的"路线图"和"时间表"，缜密规划好具体实施的"施工图"，具有十分重要的指导意义。新发展阶段是中国社会主义发展进程的一个重要阶段。正如习近平总书记所指出的："社会主义初级阶段不

---

① 习近平：《关于〈中国共产党的百年奋斗重大成就和历史经验的决议〉的说明》，载《〈中共中央关于党的百年奋斗重大成就和历史经验的决议〉辅导读本》，人民出版社 2021 年版，第 88 页。

② 习近平：《在庆祝中国共产党成立 100 周年大会上的讲话》，《人民日报》2021 年 7 月 2 日。

是一个静态、一成不变、停滞不前的阶段,也不是一个自发、被动、不用费多大力气自然而然就可以跨过去的阶段,而是一个动态、积极有为、始终洋溢着蓬勃生机活力的过程,是一个阶梯式递进、不断发展进步、日益接近质的飞跃的量的积累和发展变化的过程。""进入新发展阶段,国内外环境的深刻变化既带来一系列新机遇,也带来一系列新挑战,是危机并存、危中有机、危可转机。"①正确认识新发展阶段,有助于我们"辩证认识和把握国内外大势,统筹中华民族伟大复兴战略全局和世界百年未有之大变局,深刻认识我国社会主要矛盾发展变化带来的新特征新要求,深刻认识错综复杂的国际环境带来的新矛盾新挑战"。②中国共产党取得成功的经验告诉我们,准确认识社会主义发展进程中不同阶段特点的变化,就能够做到"顺应时代潮流,回应人民要求,勇于推进改革,准确识变、科学应变、主动求变,永不僵化、永不停滞,就一定能够创造出更多的人间奇迹"。③

伴随发展环境和发展条件的变化,发展进程也会不断变化。在新的发展阶段实现高质量发展,就是要做到让创新成为第一动力,挖掘发展的驱动力量来源;让协调成为内生特点,解决发展不平衡问题;让绿色成为普遍形态,解决人与自然和谐问题;让开放成为必由之路,解决发展的内外联动问题;让共享成为根本目的,解决社会公平正义问题。习近平总书记强调指出:"新发展理念是一个系统的理论体系,回答了关于发展的目的、动力、方式、路径等一系列理论和实践问题,阐明了我们党关于发展的政治立场、价值导向、发展模式、发展道路等重大政治问题。"④这也为我们提供了继续推进全面深化改革的根本遵循,指导我们在处理改革开放发展工作上,坚持问题导向的工作方法,把经济社会发展的历史、实践和理论统一起来,将全面建设社会主义现代化国家新的征程的伟大事业不断向前推进。

明确认识新发展阶段的特点,遵循新发展理念,在推进工作过程中掌握好改革

---

① 习近平:《把握新发展阶段,贯彻新发展理念,构建新发展格局》,《求是》2021年第9期。

② 习近平:《在经济社会领域专家座谈会上的讲话》,新华网,www.xinhuanet.com/2020-08/24c_1126407772.htm,2020年8月24日。

③ 十九届六中全会《中共中央关于党的百年奋斗重大成就和历史经验的决议》。

④ 习近平总书记在省部级主要领导干部学习贯彻党的十九届五中全会精神专题研讨班开班式上的讲话,2021年1月11日。

的辩证法,因应国际国内发展环境和条件的变化,加快构建以国内大循环为主体、国内国际双循环相互促进的新发展格局。要加快完善社会主义市场经济体制,加快推进现代化经济体系建设,健全市场体系、充分发育市场、进一步理顺政府和市场关系,克服一定程度上存在着的市场激励不足、要素流动不畅、资源配置效率不高、微观活力不强和高质量发展面临的体制机制障碍,在更高起点、更高层次、更高目标上推进经济体制改革及其他各方面体制改革,构建更加系统完备、更加成熟定型的高水平社会主义市场经济体制。①继续推进供给侧结构性改革这条主线,完成好"三去一降一补"的重要任务,着力解决经济循环过程中出现的堵点、断点,保持经济循环有效畅通。全面优化升级产业结构,提升科技创新能力、经济竞争力和综合实力,实现高水平的自立自强。实行高水平对外开放,形成对全球要素资源的强大吸引力,加强国内大循环在双循环中的主导作用,塑造中国参与国际合作和竞争新优势。建立起扩大内需的有效制度,释放内需潜力,加快培育完整的内需体系,加强需求侧管理,使建设超大规模的国内市场成为一个可持续的过程。全面提高增强供给体系的韧性,形成高效率和更高质量的投入产出关系,实现经济在高水平上的动态平衡。

党的百年奋斗经验启发我们进一步加深对全面深化改革的理解,充分证明了坚持党的领导是我们各项事业取得胜利的根本保障,彰显了中国共产党"锐意进取、不断创新、与时俱进"的政治品格。党领导中国特色社会主义建设的丰富实践也充分证明:"创新是一个国家、一个民族发展进步的不竭动力。越是伟大的事业,越充满艰难险阻,越需要艰苦奋斗,越需要开拓创新。"②我们可以从党的百年奋斗重大成就中深刻体会到"改革的本质就是创新"这一运用唯物主义辩证法的科学道理。中国特色社会主义发展进入了新阶段,习近平总书记亲自谋划的以全面深化改革推动高质量发展,是一场关系我们国家经济社会全局的深刻变革,是继续推进中国特色社会主义事业,实现中华民族伟大复兴的政治任务。我们要加强党对经

①　参见《中共中央 国务院关于新时代加快完善社会主义市场经济体制的意见》(2020年5月11日)和《中共中央 国务院关于构建更加完善的要素市场化配置体制机制的意见》(2020年3月30日)。
②　十九届六中全会《中共中央关于党的百年奋斗重大成就和历史经验的决议》。

济工作的统一领导和战略谋划,完善党领导经济工作的体制机制。坚持问题导向、目标导向,发扬专业主义的"钉钉子精神",解放思想、实事求是,推动改革开放发展行稳致远,推动中国特色社会主义事业航船劈波斩浪、一往无前,驶向目标彼岸。

参考文献

陈积敏:《正确认识"一带一路"》,《学习时报》2018 年 2 月 26 日。

陈健、龚晓莺:《绿色经济:内涵、特征、困境与突破——基于"一带一路"战略视角》,《青海社会科学》2017 年第 3 期。

《邓小平文选》第 2 卷,人民出版社 1994 年版。

樊纲:《制度改变中国》,中信出版社 2014 年版。

顾海良:《社会主义市场经济体制是如何上升为基本制度的?》,《红旗文稿》2020 年第 2 期。

韩喜平:《坚持马克思主义的问题导向》,《光明日报》2016 年 8 月 1 日。

洪银兴:《关键是厘清市场与政府作用的边界——市场对资源配置起决定性作用后政府作用的转型》,《红旗文稿》2014 年第 3 期。

李杉:《主动应对国际贸易规则重构》,《学习时报》2019 年 10 月 25 日。

李向阳:《"一带一路"的高质量发展与机制化建设》,《世界经济与政治》2020 年第 5 期。

廉晓梅:《APEC 区域经济合作模式与发展前景研究》,中国社会科学出版社 2005 年版。

凌永辉、刘志彪:《全球价值链发展悖论:研究进展、述评与化解》,《经济体制改革》2021 年第 3 期。

刘志彪、吴福象:《"一带一路"倡议下全球价值链的双重嵌入》,《中国社会科学》2018 年第 8 期。

隆国强:《构建开放型经济新体制 中国对外开放 40 年》,《广东经济出版社》2017 年版。

楼继伟:《40 年重大财税改革的回顾》,《财政研究》2019 年第 2 期。

曲青山:《改革开放是党的一次伟大觉醒》,《人民日报》2021 年 12 月 9 日。

宋冬林、谢文帅:《中国社会主义基本经济制度的历史演进与实践愿景》,《社会科学战线》2021 年第 4 期。

王晓红、李锋、夏友仁、高凌云:《对"三零"国际经贸规则的认识》,《国际贸易》2019 年第 6 期。

文平:《"普世价值"辨析》,《红旗文稿》2009年第10期。

吴丰华、韩文龙:《改革开放四十年的城乡关系:历史脉络、阶段特征和未来展望》,《学术月刊》2018年第4期。

吴敬琏:《当代中国经济改革教程》,上海远东出版社2010年版。

习近平:《决胜全面建成小康社会,夺取新时代中国特色社会主义伟大胜利——在中国共产党第十九次全国代表大会上的报告(2017年10月18日)》,人民出版社2017年版。

《习近平谈治国理政》第1、2、3卷,外文出版社2020年版。

习近平:《把握新发展阶段,贯彻新发展理念,构建新发展格局》,《求是》2021年第9期。

杨英杰:《发展是解决一切问题的基础和关键》,《学习时报》2017年6月16日。

尹虹潘:《国家级战略平台布局视野的中国区域发展战略演变》,《改革》2018年第8期。

于海洋、崔健、廉晓梅、郭锐:《"坚持推动构建人类命运共同体"笔谈》,《东北亚论坛》2021年第6期。

张晖明:《从制度建构的系统性和功能实现的动态性加深理解社会主义基本经济制度新的概括表述》,《政治经济学评论》2020年第2期。

张晖明等:《中国现代化经济体系建设研究》,上海人民出版社2021年版。

张宇:《过渡之路——中国渐进式改革的政治经济学分析》,中国社会科学出版社1997年版。

赵龙跃:《制度性权力:国际规则重构与中国策略》,《人民出版社》2016年版。

中共中央宣传部编:《习近平新时代中国特色社会主义思想学习纲要》,学习出版社、人民出版社2019年版。

第六章

建设高水平开放型经济

习近平新时代中国特色社会主义思想中的开放理念对于建设更高水平开放型经济新体制的重大指导意义。党的十九届五中全会提出了"十四五"规划的经济目标,要求基本形成更高水平开放型的经济新体制。在国际环境日趋复杂,不稳定性、不确定性明显增加的大背景下,中国实行高水平对外开放,坚持实施更大范围、更宽领域、更深层次的对外开放,建设更高水平开放型经济新体制,是构建以国内大循环为主体、国内国际双循环相互促进新发展格局的客观要求,是发挥中国14亿人口大市场优势以促进经济全球化、开拓合作共赢新局面的重大举措。经济全球化和世界一体化是生产力发展和科技进步的必然结果,而经济具体实践和人民生活诉求,以及商品生产和价值规律的调节从根本上决定了中国走开放型发展的客观必然性。构建更高水平开放型经济新体制的关键在于借鉴创新制度型开放理论,形成开放型经济有机整体,为维护中国经济发展,构建全球新秩序提供理论依据。因此,构建开放型经济新体制,有利于推动形成中国国内全面开放新布局,有利于加速推进中国与世界的良性互动,是新形势下中国改革开放、参与全球经贸治理、积极构建人类命运共同体的重要组成部分。

第一节　指导思想与现实依据

一、"开放"理念指导

(一)在新形势下坚持更高水平开放

改革开放以来,中国坚持对外开放基本国策,打开国门搞建设,实现了由封闭半封闭到全方位开放的历史转变,极大地促进了中国和世界的经济增长。习近平总书记指出:开放带来进步,封闭必然落后。中国的发展离不开世界,世界的繁荣也需要中国。今后,需要我们继续把握好新时代对外开放的新要求,以高水平对外开放推动经济高质量发展。

对外开放是中国的基本国策,是国家繁荣发展的必由之路。总结过去40多年的改革开放成就,可以看出,中国开放型经济新体制是在改革开放的进程中逐步形成的规律。习近平总书记指出,"中国坚持改革开放不动摇。中国越发展,就越开放"。开放是中国特色社会主义制度的重要特征。建设更高水平开放型经济新体制,就是要进一步打通国内国际两个市场、高效利用国内国际两种资源,形成统一开放、竞争有序的现代市场体系,充分发挥市场在资源配置中的决定性作用,更好发挥政府作用,促进国内国际要素资源有序自由流动、全球高效配置。中国特色社会主义进入新时代,建设更高水平开放型经济新体制,加快建设与国际高标准贸易和投资通行规则相互衔接的市场规则制度体系,有利于加快完善社会主义市场经济体制,推进国家治理体系和治理能力现代化。

近年来,中国发展所面临的国际和国内环境发生了深刻复杂的变化。当前和今后一个时期,中国发展仍然处于重要战略机遇期,但机遇和挑战都有新的发展变化。当今世界正经历百年未有之大变局,中国正处于实现中华民族伟大复兴关键时期,外部发展环境和条件正在发生深刻变化,机遇和挑战并存,机遇大于挑战。

从外部环境来看,新一轮科技革命和产业变革深入发展,国际力量对比深刻调整,和平与发展仍然是时代主题,人类命运共同体理念深入人心;同时,国际环境日趋复杂,不稳定性、不确定性明显增加。随着世界经济进入深度调整期,经济全球化在曲折中前行,一些国家单边主义、保护主义和内顾倾向愈演愈烈,多边主义和自由贸易体制受到严重冲击,各国抢占科技制高点、整合全球价值链的竞争日趋激烈,全球化动力系统面临转换,国际经贸规则体系面临重构。从自身面临的环境来看,随着中国成为世界第二大经济体和世界经济增长重要引擎,中国的经济实力与在世界经济中扮演的新角色上的不匹配,主要表现为中国对外开放水平总体不够高、国际话语权不够强。面对外部环境新形势,需要我们因势而谋、应势而动,认识好、把握好、利用好中国发展的重要战略机遇期,加快发展更高层次的开放型经济,主动参与国际经贸规则制定,推动经济全球化朝着更加开放、包容、普惠、平衡、共赢的方向发展,为推动建设开放型世界经济体系贡献我们的智慧和力量。这既是顺应大势拓展中国自身发展空间的需要,也是主动作为彰显中国大国担当、为全球经济治理做出贡献的需要。

与此同时,中国经济开始由高速增长阶段转向高质量发展阶段,社会主要矛盾转化为人民日益增长的美好生活需要和不平衡不充分的发展之间的矛盾。这是关系全局的历史性变化,对扩大开放也提出了新要求。当前,中国正处在转变发展方式、优化经济结构、转换增长动力的攻关期,部分中低端产品过剩和中高端产品供给不足并存,产业链的强韧性和安全性较为欠缺,市场开放水平不高、企业国际竞争力不强。这些都迫切要求我们把发展质量摆在更为突出的位置。为了解决以上问题,需要我们以推动经济高质量发展为根本要求,推动形成以国内大循环为主体、国内国际双循环相互促进的新发展格局,通过建设更高水平开放型经济新体制,更好利用全球资源和市场,更大程度引进国际先进技术、经营理念和管理经验,更大力度拓展国际人才、经济技术交流与合作,进一步增强中国经济创新能力,推动经济转型升级,实现新旧动能转换,促进中国产业迈向全球价值链中高端。

过去的实践证明,以开放促改革是我们的一条重要经验。按照以往的经验,开放是改革的动力,以开放促改革是基于中国具体国情的主动改革和自主改革。随着经济体制改革进入攻坚期和深水区,针对体制性障碍、机制性梗阻、政策创新不足等瓶颈,需要我们以党的十八届三中全会以来中央部署的各项改革任务为指引,以更大的勇气,打破思想束缚和利益藩篱,进一步深化改革。在新时期,需要我们以第二次"入世"的毅力和决心,通过建设更高水平开放型经济新体制,主动开放,自主开放,变外部压力为内生动力,坚持实施更大范围、更宽领域、更深层次对外开放,更好吸引全球资源要素,打造参与国际经济合作和竞争新优势,以开放促改革、以改革促发展,加强改革系统集成、协同高效,不断激发市场活力,增进人民福祉。在新形势下,需要我们以开放为目标,以习近平新时代中国特色社会主义思想为引力,推动基础性、根本性、全局性的重大改革举措,解决当前存在的一系列结构性、周期性、体制性问题,进一步推动规则、规制、管理、标准等制度型开放。通过在不断改革的实践中求真知、在探索中找规律,聚焦打通各类梗阻,坚持抓好制度集成创新,让新一批可推广可复制的制度成果涌现出来,形成新经验、新认识、新方案,为不断丰富更高水平开放型经济新体制提供源头活水。

(二)重大部署

为了把握机遇,主动应对百年未遇之大变局,2015年5月,中共中央、国务院颁布了《关于构建开放型经济新体制的若干意见》(下称《意见》)。《意见》强调,对外开放是中国的基本国策,指出中国改革开放正站在新的起点上,经济结构深度调整,各项改革全面推进,经济发展进入新常态,面对新形势新挑战新任务,要统筹开放型经济顶层设计,加快构建开放型经济新体制,进一步破除体制机制障碍,使对内对外开放相互促进,引进来与走出去更好结合,以对外开放的主动赢得经济发展和国际竞争的主动,以开放促改革、促发展、促创新,建设开放型经济强国,为实现"两个一百年"奋斗目标和中华民族伟大复兴的中国梦打下坚实基础。

《意见》对构建开放型经济新体制提出了总体要求,即全面贯彻落实党的十八大和十八届二中、三中、四中全会精神,坚持使市场在资源配置中起决定性作用和更好发挥政府作用,坚持改革开放和法治保障并重,坚持引进来和走出去相结合,坚持与世界融合和保持中国特色相统一,坚持统筹国内发展和参与全球治理相互促进,坚持把握开放主动权和维护国家安全。主动适应经济发展新常态,并与实施"一带一路"倡议和国家外交战略紧密衔接,科学布局,选准突破口和切入点,发挥社会主义制度优势,把握好开放节奏和秩序,扬长避短、因势利导、有所作为、防范风险、维护安全,积极探索对外经济合作新模式、新路径、新体制。《意见》还提出了总体目标:加快培育国际合作和竞争新优势,更加积极地促进内需和外需平衡、进口和出口平衡、引进外资和对外投资平衡,逐步实现国际收支基本平衡,形成全方位开放新格局,实现开放型经济治理体系和治理能力现代化,在扩大开放中树立正确义利观,切实维护国家利益,保障国家安全,推动中国与世界各国共同发展,构建互利共赢、多元平衡、安全高效的开放型经济新体制。

为落实《意见》精神,《推动共建丝绸之路经济带和21世纪海上丝绸之路的愿景与行动》①《关于推进国际产能和装备制造合作的指导意见》②《关于加快实施自由贸易区战略的若干意见》③和《关于加强国际合作提高我国产业全球价值链地位的指导意见》④等一系列政策措施相继出台,体现了构建开放型经济新体制以多边、区域、双边和单边自主开放共进为路径,以逐步实现全球价值链框架下推进开放型世界经济格局,共建人类命运共同体的鲜明特征。

2019年11月5日,党的十九届四中全会通过的《中共中央关于坚持和完善中国特色社会主义制度,推进国家治理体系和治理能力现代化若干问题的决定》(下称《决定》)提出,建设更高水平开放型经济新体制,实施更大范围、更宽领域、更深层次的全面开放。这是完善社会主义市场经济体制的重要科学实践,对于坚持和完善中国特色社会主义制度,推进国家治理体系和治理能力现代化,推动构建人类命运共同体具有重大意义。

2020年10月,十九届五中全会通过的《中共中央关于制定国民经济和社会发

---

① 《推动共建丝绸之路经济带和21世纪海上丝绸之路的愿景和行动》,国家发展改革委、外交部、商务部,2015年3月。

② 《国务院关于推进国际产能和装备制造合作的指导意见》,2015年5月5日。

③ 《国务院关于加快实施自由贸易区战略的若干意见》,2015年12月6日。

④ 《关于加强国际合作提高我国产业全球价值链地位的指导意见》,商务部、发展改革委、科技部、工业和信息化部、中国人民银行、海关总署、国家统计局,2016年12月6日。

展第十四个五年规划和二〇三五年远景目标的建议》①（下称"十四五"规划建议）明确要求，达到"社会主义市场经济体制更加完善，高标准市场体系基本建成，市场主体更加充满活力，产权制度改革和要素市场化配置改革取得重大进展，公平竞争制度更加健全，更高水平开放型经济新体制基本形成"是"十四五"时期经济社会发展主要目标之一。为此，要求立足国内大循环，发挥比较优势，协同推进强大国内市场和贸易强国建设，以国内大循环吸引全球资源要素，充分利用国内国际两个市场两种资源，积极促进内需和外需、进口和出口、引进外资和对外投资协调发展，促进国际收支基本平衡；要完善内外贸一体化调控体系，促进内外贸法律法规、监管体制、经营资质、质量标准、检验检疫、认证认可等相衔接，推进同线同标同质，要优化国内国际市场布局、商品结构、贸易方式，提升出口质量，增加优质产品进口，实施贸易投资融合工程，构建现代物流体系，从而促进国内国际双循环。

"十四五"规划建议明确，要"实行高水平对外开放，开拓合作共赢新局面"，必须"坚持实施更大范围、更宽领域、更深层次对外开放，依托我国大市场优势，促进国际合作，实现互利共赢"，提出要通过"全面提高对外开放水平，推动贸易和投资自由化便利化，推进贸易创新发展，增强对外贸易综合竞争力；完善外商投资准入前国民待遇加负面清单管理制度，有序扩大服务业对外开放，依法保护外资企业合法权益，健全促进和保障境外投资的法律、政策和服务体系，坚定维护中国企业海外合法权益，实现高质量引进来和高水平走出去；完善自由贸易试验区布局，赋予其更大改革自主权，稳步推进海南自由贸易港建设，建设对外开放新高地；稳慎推进人民币国际化，坚持市场驱动和企业自主选择，营造以人民币自由使用为基础的新型互利合作关系；发挥好中国国际进口博览会等重要展会平台作用"等方法和路径，建设更高水平开放型经济新体制。

这是以习近平同志为核心的党中央统筹中华民族伟大复兴战略全局和世界百

---

① 《中共中央关于制定国民经济和社会发展第十四个五年规划和二〇三五年远景目标的建议》，2020 年 10 月 29 日。

年未有之大变局作出的重大战略部署,指出了推动开放合作的行动路线图,提出了互利共赢的新举措,为新形势下对外开放指明了方向。习近平新时代中国特色社会主义思想中的"开放"理念对于建设更高水平开放型经济新体制有重大指导意义。赵瑾(2019)指出,习近平总书记关于开放型世界经济的论述是毛泽东关于三个世界划分理论、邓小平关于和平与发展理论、江泽民关于建立公正合理的国际政治经济新秩序理论、胡锦涛关于建设和谐世界理论的最新发展,是中国改革开放40年的重大理论成果,是习近平新时代中国特色社会主义经济思想的重要内容,是中国对世界和平与发展做出的巨大贡献。卢江和张晨(2019)认为,中国特色社会主义开放型经济体制改革具有坚实的理论来源,指出经济全球化和世界一体化是生产力发展和科技进步的必然结果,经济具体实践和人民生活诉求,以及商品生产和价值规律的调节从根本上决定了中国走开放型发展的客观必然性;中国特色社会主义开放型经济体制改革取得成就的关键在于借鉴创新比较优势理论,形成了开放型经济有机整体,从而维护了国家利益,积极推动了全球新秩序的构建。

二、 现实依据

(一)推动新发展格局的客观要求

自党的十八大以来,在习近平总书记为核心的党中央的领导下,中国持续扩大开放,不断完善构建开放性经济新体制,开放型经济体系建设成效显著。在新的形势下,为了重塑中国国际合作和竞争新优势的战略抉择,需要我们推动形成以国内大循环为主体、国内国际双循环相互促进的发展格局。其中,建设更高水平开放型经济新体制,对于中国在新发展阶段抓住新机遇、应对新挑战,加快形成以国内大循环为主体、国内国际双循环相互促进的新发展格局具有重大意义。迟福林(2020)认为,在国际环境日趋复杂,不稳定性、不确定性明显增加的大背景下,中国实行高水平对外开放,坚持实施更大范围、更宽领域、更深层次的对外开放,建设更高水平开放型经济新体制,是构建以国内大循环为主体、国内国际双循环相互促进新发展格局的客观要求,是发挥中国14亿人口大市场优势以促进经济全球化、开拓合作共赢新局面的重大举措。

立足于把扩大内需作为推进高水平开放的动力。进入发展新阶段,中国对外开放的环境、条件都有新的变化,高水平开放呈现历史性新特点,扩大内需在引领高水平开放中的基本导向作用全面凸显。首先,14亿人口的内需大市场开始成为推进高水平开放的独特优势和基础条件。其次,随着中国经济融入世界,内需潜力的释放需要以更高水平开放融入国际经济循环。这意味着双循环新发展格局绝不是封闭的国内循环,而是应对复杂多变国内外环境实行的战略转型,绝不是短期举措,而是与中国经济转型升级趋势相适应的中长期发展战略。以扩大内需为基本导向的高水平开放,就是要实现内外市场联通、要素资源共享,就是要构建更加开放的国内国际双循环。

立足于把制度型开放作为激发市场和企业活力的突破口。"十四五"时期建设更高水平开放型经济新体制,制度型开放必须实现重大突破。进入新发展阶段,释放14亿人消费潜力的重点是消费性服务,推动消费性服务性的关键是扩大服务业市场开放和加快服务贸易发展。从经济全球化趋势看,服务贸易已经成为全球自由贸易的焦点。从中国经济发展趋势看,服务贸易开始成为经济转型升级的重点。进入高质量发展阶段以后,不但产业结构升级对研发、设计等生产性服务业领域贸易的需求日益提升,而且消费结构升级、城乡结构升级对教育、医疗、健康、旅游、文化、信息等生活性服务业领域贸易的需求也不断提升。同时,适应经济全球化大趋势与国内经济转型升级的需求,协同推进强大国内市场和贸易强国建设,其关键是加快服务业市场开放进程与提高服务贸易发展水平。开放是最好的改革,改革必须依赖于高水平制度型开放。特别是推进规则、规制、标准、管理等制度型开放,实现规则的国际接轨,是形成重点领域高水平开放新格局的基本需求。从重点领域来看,需要率先在医疗健康、教育等社会需求较大的服务业领域引入国际先进管理标准。从服务性领域来看,要实质性推动服务业领域市场对内对外开放进程,尽快打破服务业领域的各类市场垄断与行政垄断,既为释放民营企业的强大活力创造市场条件,又为外资企业拓展更大投资空间。

高水平开放是中国推动全球自由贸易进程的重要力量。中国经济的发展,不仅需要满足国内的消费市场需求,而且还为与全球各国合作共建全球与区域巨大市场提供了广阔的空间,成为未来推动多边、双边投资贸易自由化便利化的重要引擎。深圳经济特区、海南自由贸易港、自由贸易试验区、粤港澳大湾区等,是中国建设更高水平开放型经济新体制的"试验田",肩负着市场开放的历史使命。要赋予其更大改革开放自主权,率先对标国际高水平经贸规则,加大在市场准入、管理标准、透明度、知识产权保护、监管规则等重要领域的先行先试和压力测试。

"十四五"时期,中国将致力于建设开放的国内国际双循环,充分挖掘内需潜力,利用好两个市场、两种资源,进一步加强和世界的联系,通过建设更高水平开放型经济新体制,为世界各国提供更加广阔的市场机会,成为吸引全球资源和要素流动的巨大引力场,以促进中国经济与全球经济的共同发展,为合作共赢提供中国方案。建设更高水平开放型经济新体制,是推动新发展格局的客观要求。

(二)建设开放型世界经济的必然选择

自冷战以后,东西对峙和关税同盟已经成为翻过的一页,具有开放型特点的经济全球化逐步成为世界经济发展的主流。在开放型经济中,生产要素、商品与服务可以比较自由地跨境流动,从而实现最优资源配置和最高经济效率。开放型经济强调一国市场是整个世界市场的有机组成部分,应尽可能充分地参加国际分工,同时在国际分工中发挥出本国经济的比较优势。一般而言,一国经济发展水平越高,市场化程度越高,越接近于开放型经济。近年来,全球化开始遭遇逆流,单边主义、保护主义势力抬头,全球产业链、供应链遭受冲击,国际经济政治格局发生深刻调整。但是,从长期来看,各国分工合作、合作共赢仍是长期趋势,经济全球化方兴未艾。

自2001年12月正式加入世界贸易组织以来,中国严格信守承诺,为开展国际经济技术合作创造更加良好的条件。中国清理并修订了数千部法律、法规和部门规章,涉外经济法律体系不断完善,贸易政策的透明度不断增强。中国依照承诺逐步降低关税,并取消了大多数非关税措施。在银行、保险、证券、分销等服务贸易领域加快了开放步伐，在世界贸易组织分类的160多个服务贸易的部门中，中国实现了绝大多数服务贸易部门的开放，已接近发达国家水平。中国积极推动新一轮多边贸易谈判，全面参加了各项议题的谈判，在农业、非农产品市场准入、服务贸易等谈判中，开展一系列多双边磋商，为推动发展中成员与发达成员相互沟通、减少分歧，发挥了建设性作用。中国和世界贸易组织其他成员一道，为推动谈判取得实质性进展、尽早达成共识做出了重要贡献。

中国是世界上最大的发展中国家，丰富且素质不断提高的劳动力资源是中国发展劳动密集型产业和部分技术密集型产业的天然优势。随着中国经济社会的发展和人民生活水平的提高，中国对资本密集型、技术密集型和知识密集型产品的需求不断增长，给外国产品、技术和服务进入中国市场提供了大量机会，中国已成为国际公认的大市场之一。中国对外贸易与世界上许多国家的互补性很强，中国出口到美国、日本和欧盟的产品中有近70%为劳动密集型产品，而从美国、欧盟和日本进口的产品中近80%以上是资本密集型、技术密集型和知识密集型产品。在新的国际分工格局中，中国已经成为全球产业链中不可或缺的重要环节。因此，构建开放型经济也就成为包括发展中国家在内的世界大部分国家的基本选择，是当代中国经济发展的必然选择。

近年来，在世界经济波动幅度加大的情况下，中国经济保持平稳较快发展，为世界经济的增长带来了希望和动力。中国积极参与国际分工合作有利于全球资源合理有效配置，中国对外互惠互利经贸关系的不断扩大，给中外双方带来了巨大的实际利益。一方面，巨大的国内市场为国际资本提供了投资机会，使各国投资者能够分享中国经济快速发展带来的利益；另一方面，中国对外投资不断扩大，为东道国经济社会发展带来了机会。未来，全球化发展的趋势不会改变，全球经济走向更加开放也是各国的必然选择。中国需要把握战略机遇，积极面对这一时代潮流。

推动构建新一轮的贸易投资规则。中国本着包容发展的理念，尽快推动完成贸易投资新规则，通过构建新的规则来平衡发展当中的一些弊端，实现贸易投资的繁荣发展，为全球化发展提供良好环境，探索贸易投资的新模式。

构建人类命运共同体。当前中国在全球正在倡导构建人类命运共同体的伟大理念,中国推动的"一带一路"倡议是一种新的合作模式,这一理念对推动全球贸易投资模式的创新具有重大意义。

推动全球治理结构的优化。十九大再次重申,中国是最大的发展中国家,意味着中国将继续维护发展中国家的利益。从发展中国家的角度看,各国需要中国首先担负全球治理的主要责任。但是我们也应该看到,随着中国经济总量的增加,中国将不可避免地面临欧美等发达经济体的挑战。如何在全球治理的体系中承担发展中国家的责任,同时处理好同发达国家的关系,需要中国以更加开放的姿态迎接挑战。

当前国际局势正处于大变革、大动荡、大调整的关键时期,欧美发达国家经济出现了新的复苏苗头,随着欧美经济的好转,大国竞争和地缘政治矛盾将进一步凸显,中国将面临更大的外部挑战及扩大开放的压力,中国应客观把握形势、判断形势,保持战略定力,继续坚持扩大开放,保持国内经济增长的活力,构建良好的营商环境,扩大招商引资,保持国内经济的稳定增长,积极稳妥地推动"一带一路"建设,鼓励企业走出去参与国际竞争,加快培育企业参与国际竞争的新优势,以更加开放的经济新体制迎接下一轮经济全球化发展的要求。

构建开放型世界经济需要以平等、开放、包容为前提,以改革、创新、合作、竞争为动力,以公平、公正、共商、共建为原则,以普惠、联动、协调、平衡为辅助,以互利、共享、共赢为目标,以繁荣与和谐为愿景。为契合时代发展新需要,在新时代中国需要以"共同价值"理念为导向与各国共同推动构建开放型世界经济(伍抱一、伍山林,2020)。

（三）构建人类命运共同体的重要途径

2017年10月18日,习近平总书记在十九大报告中提出,坚持和平发展道路,推动构建人类命运共同体。韩庆祥(2017)认为,构建人类命运共同体是习近平关于国际战略思想和外交政策的精髓、核心,是为解决人类发展问题贡献的"中国理论"。中国共产党始终把为人类做出新的更大的贡献作为自己的使命。中国将高举和平、发展、合作、共赢的旗帜,恪守维护世界和平、促进共同发展的外交政策宗旨,坚定不移在和平共处五项原则基础上发展同各国的友好合作,推动建设相互尊重、公平正义、合作共赢的新型国际关系。可以说,推动建设人类命运共同体,是中国领导人基于对世界大势的准确把握而贡献的"中国方案"。人类只有一个地球,各国共处一个世界。经济全球化让"地球村"越来越小,社会信息化让世界越来越平。不同国家和地区已是你中有我、我中有你,一荣俱荣、一损俱损。国家之间,过时的零和思维必须被摒弃,不能只追求你少我多、损人利己,更不能搞你输我赢、一家通吃。只有义利兼顾才能义利兼得,只有义利平衡才能义利共赢。

赵瑾(2019)指出,面对逆全球化对世界经济发展的负面影响,在经济全球化发展的十字路口,习近平总书记以人类命运共同体为理念,在国际上提出构建创新、开放、联动、包容、平等的开放型世界经济,是中国对世界和平与发展做出的巨大贡献。我们看到,在全球遭遇逆流的背景下,围绕多边和双边的全球经济合作仍然不断取得进展,中国对外投资贸易显示出了强大的韧性,中国将通过继续坚持多边主义,提倡自由贸易,推动多边和双边机制下的投资与贸易的便利化,积极构建全球和区域视野下的大型自贸区,努力促进投资和贸易的双向流动和发展,以推动建设开放型世界经济。建设更高水平开放型经济新体制是推动构建人类命运共同体的重要途径。

从中国自身的角度出发来看,开放是中国坚持和平发展道路、迈向大国复兴的必由之路,是构建人类命运共同体的重要途径。习近平总书记指出,人类生活在同一个地球村里,越来越成为你中有我、我中有你的命运共同体。其中蕴含着实现合作共赢,共建繁荣世界的人类共识和共同理念。秦亚青和魏玲(2018)认为,强调治理的多主体、开放包容和公平公正,旨在推动构建新型国际关系,构建人类命运共同体。共建"一带一路"是以新型全球治理观为指导的国际实践,以构建多元协商的合作体系、开放包容的世界经济和以可持续发展为核心的共同体为主要内涵和目标。共商共建共享的全球治理思想和"一带一路"国际合作实践有助于全球治理走出实践和理论困境,引领塑造新型全球治理和世界秩序。

构建人类命运共同体的理念首先明确了中国与世界是命运与共的相互依存关系。中国坚持和平发展，努力成为世界和平的建设者，将积极影响崛起大国与现存大国关系演进的历史模式，为人类和平带来福音。从全球经济的角度看，随着经济全球化深入发展，资本、技术、信息、人员跨国流动，国家之间处于一种相互依存的状态，一国经济目标能否实现与别国的经济波动有重大关联。各国在相互依存中形成了一种利益纽带，要实现自身利益就必须维护这种纽带，即现存的国际秩序。国家之间的权力分配未必要像过去那样通过战争等极端手段来实现，国家之间在经济上的相互依存有助于国际形势的缓和，各国可以通过国际体系和机制来维持、规范相互依存的关系，从而维护共同利益。

构建人类命运共同体的理念明确了中国愿意与各国携手解决共同挑战的愿望。事实证明，没有哪个国家能够独自应对人类面临的各种挑战，需要各国人民同心协力，在多边框架下加强合作，化解危机，实现共同发展。从全球经济的角度看，在经济全球化背景下，一国发生的危机通过全球化机制的传导，可以迅速波及全球，危及国际社会整体。面对这些危机，国际社会只能同舟共济、共克时艰。亚洲金融危机后，中国把握其宏观经济政策以帮助东盟国家，2008 年国际金融危机后，二十国集团机制的出现，都是国家之间在相互依存中通过国际机制建设应对国际危机的例证。因此，如果国家之间互不合作、以邻为壑、危机外嫁，这些危机完全可能像 20 世纪 20—30 年代的危机一样，引发冲突甚至战争，给人类社会带来严重灾难。构建人类命运共同体表明中国愿意与各国携手解决共同挑战的愿望。

构建人类命运共同体明确了中国将坚定推动经济全球化的决心。应该看到，新兴市场和发展中国家的发展，加快了世界力量格局的转换，西方主导的经济全球化的确面临某个拐点，但没有哪个国家能够退回到自我封闭的孤岛。经济全球化是一个历史进程，新形势下它的推动角色更为多元，不再由西方一家独大地主导，而是由包括广大发展中国家在内的世界各国共同推动。随着国力的上升，中国将推动经济全球化朝着更加开放、包容、普惠、平衡、共赢的方向发展，为新型经济全球化发展注入新的活力。

三、 实现路径

建设更高水平开放型经济新体制需要通过中国特色社会主义市场经济体制与国际经济市场体制的战略链接来实现。

(一)重视开放条件下的宏观经济运行

在开放条件下,一个国家的宏观经济均衡是将内部经济与国际收支结合在一起的均衡。其中,内部经济的政策目标是实现充分就业、物价稳定和经济增长。对外经济则需要保持国际收支的平衡。而在对外经济中,贸易和金融是实现国际经济交易的两个主要途径。建设更高水平开放型经济新体制,不但要求我们利用外需开拓海外市场空间,更需要我们实现减让关税、放宽国内市场准入、扩大进口和保护知识产权,促进投资和贸易的双向流动和良好循环。

改革开放 40 多年来,中国积极参与国际经济大循环发展,既推动国内经济大发展,也为世界经济做出了巨大贡献。我们要深刻地认识到,参与国际经济大循环为中国经济发展,特别是为中国参与国际市场分工、弥补国内要素短缺、吸引国际先进生产经验和技术等都发挥了不可替代的重要作用。但是,我们也需要清晰地认识到,面对当前国际经济环境的深刻变化,作为世界第二大经济体的中国,更需要发挥国内生产和消费市场优势,以及发展韧性足、创新转型机遇多、不平衡发展空间大等潜在优势,以国内大循环为主体,积极带动国际市场复苏、繁荣,在国内国际双循环相互促进双重作用下,加快推动世界经济摆脱“长期停滞”,尽快形成新的发展动能和活力。因此,从参与国际经济大循环到形成国内国际双循环新发展格局,正是中国参与世界经济的方式发生重大转变,这种转变意味着中国将会为未来世界经济长期复苏、持续繁荣和发展带来更多、更大新机遇。从这个意义上说,国内国际双循环新发展格局将引领世界经济继续开放发展。

在新形势下,未来中国经济发展的主要方式是调结构稳增长,用增长促发展,用发展促增长,实现可持续发展。为了实现调结构稳增长的目标,政府实施积极的财政政策,以政府投资带动民间投资,以投资驱动带动创新、创业,带动企业技术提升和产业结构升级,提升生产效率,推动增长方式转变,以保证经济高质量运行。应该看到,在经历了多年高强度大规模开发建设后,传统产业相对饱和,但基础设施互联互通和一些新技术、新产品、新业态、新商业模式的投资机会大量涌现,对创新投融资方式提出了新要求,必须善于把握投资方向,消除投资障碍,使投资继续对经济发展发挥关键作用。与此同时,货币政策则需要继续坚持稳健审慎,保证实体经济的有效运行。

为了进一步发挥市场对资源配置的决定性作用,需要我们更好释放生产要素的流动性。过去,劳动力成本低是最大优势,引进技术和管理就能迅速变成生产力,2014 年以后,人口老龄化日趋发展,农业富余劳动力减少,要素的规模驱动力减弱,经济增长将更多依靠人力资本质量和技术进步,必须让创新成为驱动发展新引擎。为进一步发挥市场竞争的作用,需要我们改变过去简单的数量扩张和价格竞争方式,引导市场逐步转向质量型、差异化为主的竞争。深化改革,消除壁垒,统一国内市场、提高资源配置效率是经济发展的内生性要求,加快形成统一透明、有序规范的市场环境。为进一步发挥消费对经济增长的主导作用,需要我们积极利用人民生活水平不断提高的有利条件,充分利用个性化、多样化和平台化的新型消费模式。通过创新供给激活需求的重要性显著上升,对此必须采取正确的消费政策,释放消费潜力,使消费继续在推动经济发展中发挥基础作用。为进一步发挥贸易大国的优势,需要我们调整贸易结构,平衡贸易进出口,利用好贸易对中国经济快速发展的重要动能。在全球总需求低迷、各国经济衰退的现实下,为提高中国出口竞争优势,推动高水平引进来、大规模走出去,必须加紧培育新的比较优势,使出口继续对经济发展发挥支撑作用。

因此,在未来新形势下,需要我们结合国际国内两个市场、两种资源来推导开放条件下的宏观经济均衡模型,进一步探索扩展货币政策的调控空间,提高财政政策的调控效果,发挥自贸试验区的制度创新优势,积极对标国际高水平开放规则,大胆摸索金融和贸易体制改革的路径,实现内部和外部的同时均衡。刘学和伍旭川(2019)对近年来的开放经济宏观经济学的研究进行了梳理。他们认为,开放经济宏观经济学主要由小型开放经济和两国经济模型两大框架构成,引入两种异质性商品可以产生实际汇率的动态,完全市场下,两国可以完全分担风险,而不完全市场下,特别是金融中介摩擦的引入,可以产生顺周期的资本流动,进一步扩展到开放经济框架下宏观审慎政策的讨论。趋势冲击是产生新兴经济体经济周期的重要机制。在当前全球经济面临较大不确定性的大背景下,带有不确定性冲击的开放宏观模型是重要的研究内容。他们认为,随着国际宏观金融研究的发展,不完全信息、非理性预期的开放宏观模型是重要的研究方向,生产、贸易和金融等网络结构也将是开放经济宏观经济学未来的重要研究领域。

(二)以"国内循环"为主轴

构建国内国际双循环新发展格局首先要形成以国内大循环为主体的国民经济循环,这是新发展格局的前提和条件。习近平总书记指出,要优化升级生产、分配、流通、消费体系,深化对内经济联系、增加经济纵深,增强畅通国内大循环和联通国内国际双循环的功能。显然,构建国内国际双循环新发展格局要增强畅通国内国际大循环的功能,特别是要发挥国内大循环对国际大循环的积极带动和相互促进作用,这是当前提出国内国际双循环新发展格局的关键所在。因此,非常重要的一点就是以国内大循环为主体,提升国内大循环对国际大循环的促进和带动作用。

发挥国内大循环为主体,是中国经济新发展阶段出现的新趋势,也是许多大国经济发展的规律和特征。国际上许多大国经济发展,往往到了中高收入阶段以后,其内需占 GDP 的比重开始上升,逐渐达到 80%—85% 的水平。2019 年中国人均 GDP 到了 1 万美元,为扩大内需提供了增长空间。从内需增长规模来看,2000 年中国内需规模约 9 万亿元,至 2018 年已上升至 76 万亿元。内需对中国经济增长发挥的作用变得愈发重要。同时,从中国经济发展对外需的依赖性来看,自 2010 年以来,随着中国经济规模和市场规模的扩大,外贸净出口占比开始逐渐降低,货物进口比重相对增加,传统外贸格局逐步改变。因此,从经济发展阶段来看,中国经济发展正逐步从外需牵引式增长开始转变为内需拉动式增长,构建国内大循环为主体的战略安排正好符合形势发展的需求,是顺应时代潮流变化的举措。

构建国内大循环为主体,必须从全面深化体制改革入手,需要我们从长期的视野,而不是凯恩斯主义短期调控的眼光来认识这一系统改革。这一改革是新时代全面深化改革的重要战略抉择。第一,立足于扩大内需、形成国内大循环为主轴的举措,必须坚持以供给侧结构性改革为主线,发挥供给创造需求的作用,推动供需平衡,扭转资源错配现象。第二,立足于收入分配改革,加快培育中等收入群体,为满足人民群众日益增长消费需求创造物质条件。第三,加快国民经济体系改革,推动生产体制、流通体制、分配体制和消费体制深层次改革,消除国民经济各领域、各部门的制度壁垒、行政壁垒和市场壁垒,建立国内统一市场。第四,推动财政、税收、金融、社会保障、投融资、进出口管理、大物流、大交通等各种宏观体制机制改革,提升宏观经济运行效率,改善运行机制。第五,推动要素市场体系建设,释放要素的流动性,优化要素市场,提升要素配置的效率性。第六,优化营商环境,推动法治化建设,有效保证各类主体公平竞争,维护市场各方权益。

（三）推动国内国际双循环相互促进

改革开放以来,中国依靠外向型经济发展模式拉动经济增长,取得了显著成效。在国内需求不足的情况下,我们依靠外需拉动经济增长;在国内资金不足的情况下,我们依靠外资扩大国内就业、推动产业结构转型;在技术落后的情况下,我们依靠合资合作,以市场换技术,积极引进国外的生产技术和工艺,实现了中国经济的腾飞。中国成为全球第二大经济体,国内需求不断增加,市场不断壮大,产业升级和技术进步取得显著成效,经济随之进入转型发展时期。在新的时期,需要鼓励企业参加国际竞争,加强与国外企业的技术合作,推动企业海外并购或独立生产经营,更好地开拓海外市场、积极参与全球产业链的重塑。同时,积极扩大进口、引进高质量外资外企,助力中国扩大内需和产业升级,为构建经济新体制创造有利条件。

与此同时,我们需要认识到,国内循环与国际循环是相辅相成、有机统一不可分割的。习近平总书记指出,"新发展格局不是封闭的国内循环,而是开放的国内国际双循环"。以国内大循环为主体、国内国际双循环新发展格局本质上是一种全方位和高水平的开放发展新格局。要发挥国内循环对国际循环的带动作用、进而形成国内国际双循环相互促进发展，就必须实行对外开放，不开放则无"双循环"。因此，"双循环"新发展格局对新时代的开放发展提出了更高要求和更高标准。

首先，需要加快全面开放发展。这就意味着开放要从制造业为主体转向服务业开放、制造业开放并重；从沿海开放为主转向沿海、内陆、陆海联动并重开放；从引进来为主转向引进来、走出去并重开放；从市场型开放转向制度型开放，从而形成高水平开放的经济新体制。

其次，需要加快高水平开放。这就意味着越是开放，越要注重安全，特别是要注重服务业开放发展与有效监管的能力提升，有效防范风险，确保开放发展、安全发展相统一，确保产业链、价值链和供应链自主可控、安全稳定。

再次，推动制度、技术和管理的创新。实现创新与开放相结合，以对接国际经贸规则推动建设高水平开放型经济新体制，打造与中国经济实力相匹配的话语权和影响力，进一步提升中国经济的国际竞争力、影响力和吸引力，提升中国参与国际经济治理的能力和水平。

构建国内国际双循环相互促进的新发展格局，关键在于中国自身的开放政策。尽管近年来中国对外开放有了长足的进展，我们应该认识到，中国在世界主要经济体中的开放程度仍有待提高，特别是和经济合作与发展组织（OECD）成员国相比，中国的开放水平依然偏低。为了更好地实现对接，需要发挥中国的自贸试验区和自贸港的重要载体功能，发挥外资企业的纽带作用，它们是链接双循环的重要平台和纽带，是推动双循环相互促进的重要力量。总而言之，"双循环"新发展格局是一次全新的对外开放，需要以高水平、高质量的开放发展为前提，是推动构建更高水平开放型经济新体制的重要举措。同时，只有真正发挥国内大循环对国际大循环的动能，真正形成国内国际双循环相互促进的新发展格局，才能更好推动构建更高水平开放型经济新体制。

（四）重视构建全球价值链

全球价值链是指为实现商品或服务价值而连接生产、销售、回收处理等过程的全球性跨企业网络组织,涉及从原料采购和运输,半成品和成品的生产和分销,直至最终消费和回收处理的整个过程。包括所有参与者和生产销售等活动的组织及其价值、利润分配,以及当前散布全球的处于价值链上的企业进行着的从设计、产品开发、生产制造、营销、交货、消费、售后服务到最后循环利用等各种增值活动。

经济全球化以来,全球价值链推动了发展中国家的国际分工,新兴经济体的经济得到了快速的发展。全球要素的优化配置促进了全球生产组织方式的改变,传统的产业间贸易逐渐被产业内贸易和产品内贸易替代。全球价值链对生产环节的细分降低了国家参与国际分工的门槛,更多的新兴市场经济体和发展中国家参与到全球价值链中来。中国经济在WTO多边贸易规则框架下实现了经济腾飞,并迅速发展成为世界第一出口大国和第二大经济体。但是,发达工业化国家的跨国公司为维持在全球价值链上的主导地位和获取巨额利润,通过工序整合分离,将能源资源密集消耗、零部件生产和加工等低利润、低附加值的环节转移到后发国家,而集中于研发、设计、管理、营销等高利润、高附加值环节。同时,通过技术垄断、品牌控制等手段约束后发国家的知识创造与企业能力提升,对后发国家的价值链攀升形成了"挤出效应"。处于价值链底端的新兴市场经济体和发展中国家受资金和技术等因素的制约,始终难以形成"赶超效应"。全球经济出现发达国家控制话语权、跨国公司控制市场的"垄断"格局。结果是,发达国家主导的全球价值链在优化全球资源配置的同时也扩大了南北收入差距和发达国家内部的收入差距。

随着经济全球化的发展,跨国企业在全球建立生产链,价值链已经成为各国参与国际贸易的重要形式,规模较大且掌握核心技术的发达国家,倾向于建立全球价值链,垄断高附加值环节;而新兴市场经济体和其他发展中国家多选择嵌入已有的价值链,凭借低要素成本参与国际生产网络。建设贸易强国需要某些层面上提升本国在全球价值链的地位。党的十九大报告确立了中国企业占据全球价值链中高端的战略目标。建设更高水平开放型经济新体制将有利于推动中国经济高度融入全球价值链,为中国经济赢得全球产业分工格局调整的历史机遇。张少军和刘志彪(2013)认为,对于中国在全球化进程中的产业升级和地区差距问题,必须考虑价值链分工这一国际分工新格局。通过建立联立方程模型进行实证检验后发现,中国目前形成的全球价值链和国内价值链之间存在着负相关关系,国内价值链并没有成功对接全球价值链。他们指出,随着切入全球价值链程度的加深,全球价值链对外部价值链的弹性都会上升;而国内价值链对外部价值链的弹性则会下降。利用大国优势和在位优势延长全球价值链在国内的环节,培育其与国内价值链之间的关联对接,构建链条对链条的竞争,可能为中国产业升级和区域经济协调发展提供坚实的分工基础。洪俊杰和商辉(2019)认为,中国通过吸收和内化高端技术以及不断自我创新,并依托已建立的相对完整的工业体系,以此为中国企业走出去、加强南南合作提供了强大支撑,使得中国又能引领发展中国家价值链的扩张。这种价值链发展的模式称为"共轭环流",即中国引领发展中国家价值链,以合作共赢和共同发展为基础,致力于与发达国家价值链环流的良性互动。这两大环流的互动,以及中国的地位攀升机制,对于中国"双循环"机制的建设具有重要的意义。

随着新一轮的信息技术革命的到来,新兴产业和新型消费模式不断涌现,为中国经济发展提供了崭新的空间。未来,中国需要把握全球价值链重构趋势,积极改变过去简单被动嵌入全球低端价值链的方式,推动国家创新战略,打造高端制造业,扩大服务业开放,不断延伸全球价值链,勇于占据高端价值链。

首先,坚持创新驱动的国家战略。未来全球价值链的重塑过程,一定是立足于信息技术革命,以创新驱动为引领的增长方式,而不是传统的要素和成本驱动下的发展方式。在当前国际分工体系下,中国产业大多处于全球价值链的中低端。因此,未来需要我们坚定不移地实施国家创新战略,推动产业加速向价值链的高端攀升。2017年发布的《国家创新驱动发展战略纲要》强调,科技创新是提高社会生产力和综合国力的战略支撑,经济增长应该依靠持续的知识积累、技术进步和劳动力素质提升。

其次,继续推动工业化,打造高端制造业。中国传统劳动密集型产品的出口竞争优势不断弱化,而新的竞争优势尚未形成规模,全要素生产率和人均收入水平均并未达到美国等发达国家主动去工业化时的水平,此时应继续推进工业化进程,优化产业结构,提升中国在全球价值链上的位置。面对新兴经济体的追赶和发达经济体高端制造业的回流,中国必须改善资源配置效率以提高生产率,继续构建强大的有竞争力的制造业体系。

再次,积极扩大服务业开放,推动服务贸易和货物贸易均衡发展。通过供给侧结构性改革,重点发展发展生产型服务业和现代服务业,提高中国对外直接投资质量;利用逆向技术溢出效应提高中国技术竞争力,实现生产性服务业和现代服务业的国际转移;开辟市场发展潜力和发展空间,提高中国服务贸易在全球价值链上的增加值比重;牢牢把握战略发展机遇,争取在新一轮的国际分工中实现价值链的攀升转变。

党的十九大报告确立了中国企业占据全球价值链中高端地位的战略目标。近年的研究表明,中国在全球价值链中的地位正在不断提升。建设更高水平开放型经济新体制将有利于推动中国经济高度融入全球价值链,为中国经济赢得全球产业分工格局调整的历史机遇。通过制度创新举措和积极参与全球分工,推动中国进一步集聚全球高附加值生产要素、更高层次参与全球价值链,从而有利于中国产业向价值链高端的攀升,形成竞争新优势。

第二节　增强对外贸易综合竞争力

建设更高水平开放型经济新体制,全面提高对外开放水平,推动贸易和投资自由化便利化,推进贸易创新发展,增强对外贸易综合竞争力是中国进一步对外开放和全球化战略的重要方案。

一、现阶段对外贸易面临的主要问题

在全球化时代,中国在助力全球经济增长,减少全球贫困人口,满足全球市场需求等方面做出了应有的贡献。随着中国经济总量、贸易规模的不断增长,中国在外贸领域也开始遭遇了一系列挑战。

（一）日益增加的贸易摩擦

自加入WTO以来,中国的对外贸易出现了迅猛增长的势头。但是在另一方面,部分发达国家一直依靠不公正的价格替代国方式,对中国进行"双反"调查,并择机打压中国的贸易出口。同时,借助其国内法,对中国进行所谓的"市场经济定位",作为制约中国参加多边和双边贸易制度安排的借口。在这些政治制度和经济体系歧视等因素的影响下,中国的对外贸易经常遭受部分发达国家的贸易抵制,比较容易引发贸易摩擦,严重制约了对外贸易的可持续发展。从贸易摩擦的案件来看,2016年与中国发生贸易摩擦的国家就达到27个,贸易摩擦事件达117起,中国的光伏产品、钢铁产品在出口贸易中受到严重影响。2017年,美国、加拿大、土耳其等国家也开始对中国部分对外贸易产品进行立案调查,并以反倾销为由向WTO提出调查申请。2018年,美国总统特朗普通过政治手段对中国出口产品征收额外关税,引发中美贸易争端,严重阻碍了两国正常的贸易往来,对全球贸易造成了不可逆转的影响。

（二）贸易规模和贸易结构之间的失调

经济全球化从本质上来讲就是市场经济在全球范围内进行的资源优化配置,通过全球产业链的构建,来实现资源在全球范围的合理利用。但是,现阶段中国经济的结构性问题不但通过市场和产业体系反映出来,也通过贸易结构体现出来。如何优化贸易结构成为中国解决转变增长方式的关键问题之一。

首先,中国经济发展不平衡既是贸易结构不合理的主要原因,也是其主要结果。中国经济比重存在东高西低、南重北轻的现象。其中,东部沿海地区经济较为发达,同时这一地区的地理空间优势比较明显,也是集聚贸易进出口的主要地区。可以说,整体资源配置扭曲、各地经济发展不平衡与贸易不平衡存在着相关关系。

其次,中国产业结构的不平衡既是贸易结构不合理的主要原因,也是其主要结果。产业结构的不平衡直接影响了中国的贸易结构。受产业结构影响,加工贸易始终占据中国出口贸易的"半边天"。这一结构不但决定了中国必须依赖大量进口能源和原材料才能维持传统贸易发展模式,也决定了中国的经济发展模式必然是

"大进大出"的出口外向型经济。

在经历了数十年的发展以后,中国经济转型、产业升级初具成效,这为改变传统贸易结构创造了有利条件。目前,中国已开始逐步融入全球产业链,成为全球资源配置的重要组成部分。"中国制造"不但逐步贯穿全产业链,而且贸易增加值也开始逐步上升,贸易增加值的上升又进一步加速了产业升级和产品换代的步伐,为推动高端产业和新兴产业的发展提供了动力。尽管如此,目前中国在世界经济发展中依然处于生产、制造阶段,贸易产品主要以服装、纺织、加工产品、农产品等为主,在科技产品、文化产品等方面缺乏竞争力,这就导致中国目前依然处于世界产业链的低端,产品附加值较低,核心竞争力不足。从本质上讲,优化贸易结构必须和改变增长方式、产业结构相结合,必须成为中国"三位一体"的系统工程,推动供给侧结构性改革有利于从根本上扭转这一局面。

(三)外贸企业风险抵御能力较差

目前,中国外贸企业面临的风险除周知的汇率风险、信用风险、国家风险、声誉风险意外,还包括以下四类:

其一,出口产品市场风险。外贸企业通过贸易方式使产品进入国外市场,对当地市场的影响力较弱,很难通过加大广告宣传等方式引导消费者的需求按企业预设的方向转变。同时,市场信息反馈有限,难以对国外市场的产品需求情况和供需走势估计准确,对市场的控制能力较弱,甚至可能所出口的产品不符合目标消费者的品味,得不到顾客的认可,形成滞销产品,产生产品市场风险。

其二,经营决策风险。外贸企业的经营决策包含了企业经济资源、人力资源的配置和使用。这些资源的组合配置方式,影响着企业的经营效率,对企业产品的生产进度、交货时间、产品质量产生影响。在整个外贸业务链上任何一个环节的经营决策都需要全面考虑,否则,任何环节的瑕疵和纰漏,都有可能影响企业的经营,造成巨大的风险。

其三,竞争风险。在现在信息高度发达、产品成本几乎透明的背景下,外贸企业竞争的重点转向优质的服务以提高客户的满意度。一个企业贸易份额的增加,往往是对其他外贸企业贸易份额的替代。

其四,营运风险。在外贸企业营运过程中,还涉及应收账款不能收回的坏账风险和合同欺诈风险。外贸企业对境外销售后对业务控制程度较低,一旦形成坏账,则可能影响到企业的周转资金,重大的坏账损失甚至能导致规模较小企业资金链断裂。企业虽然可以通过调查客户或代理商的信用状况和资信来判断信用风险,但在大量的客户和代理商中选择资信等级高的合作方是困难的,尤其是一些缺乏必要信息的小企业更让外贸企业难以作出有效的评价,加大外贸企业的营运风险。

中国外贸企业从特点来看,主要以生产、加工和制造型贸易企业为主。这部分企业在全球价值链中的增加值比重较低,利润空间相对有限,比较容易受到汇率和大宗商品国际价格波动的冲击,也容易受到发展中国家同类产品的价格竞争。由于缺乏核心竞争力,中国的外贸企业在技术研发、产品制造、售后服务、品牌设计等方面均无法与发达国家相比拟。因此,一旦发生贸易争端,中国外贸企业容易受到较大的冲击。此外,就风险抵御能力而言,中小和民营外贸企业通常抵御能力较弱,国有企业略强,外资企业较强。近年来,随着美国为首的西方国家加强了对中国国有企业和华为等大型民营企业的抵制,该类企业在外研发、投资、生产、销售等各个环节受到很大影响,主要原材料和中间产品进口也被列入制裁清单。今后,国家风险或政治风险将成为外贸企业新的外来风险。

二、 增强对外贸易竞争力是必然之举

(一)实现"贸易大国"向"贸易强国"转变的根本

改革开放以来,中国经历了从对外贸易到引进外资、再到对外投资的发展历程。尤其是 21 世纪初开始推行企业"走出去"战略之后,中国的对外直接投资呈现加速增长之势,到 2015 年超过引进外国直接投资,中国首次成为净资本输出国,之后连续四年保持这一态势。其中,2016 年,中国对外直接投资达到 1962 亿美元的历史高点,与 2006 年相比,十年间增长了 8.3 倍。之后由于全球经济增长减缓、国际直接投资流动放缓,中国的对外直接投资也呈减少之势,但依然是全球对外直接

投资最多的国家之一,在全球对外直接投资格局中始终保持着第二或第三大国的地位。这意味着目前中国不仅依然保持着引进外资大国的地位,而且越来越成为世界对外投资大国。可以预见,新时代中国将继续打造双向投资均衡增长的新格局,一方面,将进一步改善国内营商环境,完善相关立法,优化准入前国民待遇与负面清单管理体制,继续稳定和扩大外商对华直接投资;另一方面,将进一步推动企业走出去,鼓励和促进企业对外直接投资。

中国对外贸易发展迅速,始终在对外开放格局中占据主体地位,并为其他领域的对外开放创造了有利条件。1978—2018年的40年间,中国货物贸易由206亿美元增至46 230多亿美元,增长了223倍;其中,出口贸易由98亿美元增至24 874.0亿美元,增长了254倍;进口贸易由108亿美元增至21 356多亿美元,增长了195倍。2013年,中国首次成为全球货物贸易第一大国。但与此同时,由于出口贸易的增长远远快于进口贸易,从1990年开始,中国对外贸易产生顺差,之后贸易顺差持续快速扩大,最多时曾达5 939亿美元(2015年)。贸易顺差持续扩大带来的直接后果之一,是贸易摩擦日趋激化。且中国的外贸顺差主要来自美国,与之相应的是美国的贸易逆差又主要来自中国,从而引发中美贸易冲突。以此为背景,进入新时代的中国外贸战略,必然转向继续稳定并扩大出口市场的同时,进一步开放国内市场,积极扩大进口,形成进出贸易并重的新布局。中国国际进口博览会的成功举办,即是其重要的实际举措。同时,新时代中国社会主要矛盾转化为人民日益增长的美好生活需要和不平衡不充分的发展之间的矛盾之后,也需要通过扩大进口,来满足人民日益增长的美好生活需要。

伴随着中国经济的发展,中国比以往任何时候都更接近世界中心。正在实现民族伟大复兴的中国,其经济增长也是世界经济增长的动力,同时也前所未有地正在经历由国际规则和治理体系的跟随者、接受者向参加者、引领者的角色转变。在此过程中,坚持全球化的战略取向和道路选择,实现更高水平的对外开放,增强中国对外贸易综合竞争力对于中国有特别重要的意义。当此全球化遭遇逆境、不稳定不确定因素增多、"新民粹主义"甚嚣尘上之际,积极增强对外贸易综合竞争力有利于我们更好地开放、更好地抵御外来风险,更好地以"中国制造"迎接全球刚需。

（二）来自创新驱动和转型发展的强大动力

增强对外贸易综合竞争力的动力是创新驱动和转型发展。需要从宏观、中观和微观三个层面推动创新,加速转型,才能为增强对外贸易综合竞争力创造物质基础。从宏观层面来说,增强对外贸易综合竞争力,必须改变以往以数量扩张为基础的贸易模式,需要建立以质量为中心的贸易模式;从中观层面来说,必须改善以往以价格为基础的竞争形式,需要引导外贸企业以质量、技术、服务和品牌为基础的竞争形式;从微观层面来说,外贸企业必须转向制造业和服务业有机融合的生产方式。

建立以质量为中心的贸易模式。需要外贸企业提高要素投入效率,实现要素的集约化,改善外贸企业的要素密集度,积极引导外贸企业向资本、技术和知识密集型企业转变,从而提升贸易产品的增加值,增强外贸企业的国际竞争力。

引导外贸企业改变出口产品的竞争形式。需要外贸企业提升出口产品的质量,产品质量提升不仅包括产品生产者对产品生产工序和质量检验的重视,还包括国家对产品质量的监督管理。因此,提升产品质量应从企业和国家两个层面共同努力。而打造知名品牌,同样既需要企业加大投入、积极创新,又需要国家营造良好环境。

实现服务业和制造业的有机融合。生产性服务业发展既是新型竞争力的一个重要来源,又是其他产业提升竞争力的支撑。慕绣如和李荣林（2016）认为,融资约束同生产率一样,都是阻碍企业进入国际市场的重要壁垒。实证分析表明:融资约束会提高企业出口 OFDI 的生产率阈值,从而阻碍企业的出口和 OFDI 决策;融资约束对 OFDI 的影响大于对出口的影响,融资约束最低的企业采取对外直接投资的方式参与国际市场,融资约束次之的企业更倾向于出口,融资约束最大的企业更倾向于国内市场。对融资约束与规模、地区特征和行业特征的交互项研究发现,外源融资对规模较大、行业融资依赖度较低以及地区金融发展水平较高的企业促进作用更大。因此,应在加快生产性服务业发展的同时,推动生产性服务业与制造业互动发展、货物贸易与服务贸易协调发展。

为实现以上目标，需要我们做好相应的政策引导，推动长三角经济一体化、粤港澳大湾区建设、京津冀协同发展，实施长江经济带和中西部开发战略。结合国家战略的实施，重点制定区域协同的产业政策，深化战略性出口和进口贸易自由化和便利化政策，推进区域和次区域对外经贸合作，优化产业升级和产业布局调整优化，为培育外贸企业综合竞争力提供制度保障，以全面提高开放型经济水平。

三、 增强对外贸易综合竞争力的路径

从国际贸易的发展潮流来看，大致经历了三个阶段：一是以最终产品为主的传统贸易阶段，二是以中间品为主的全球价值链贸易阶段，三是以服务化、数字化为主的新型贸易阶段。未来，中国需要把握对外贸易发展的时代潮流，与时俱进，不断创新，加大外贸企业技术研发力度，推动产业升级产品换代，不断优化贸易结构，引导中国产品占据全球价值链的中高端，不断优化贸易结构。同时，加快制度型开放步伐，推动体制机制创新，为未来对外贸易的发展提供适宜的政策环境。

（一）对内改革：推动"三大计划"和五项重点任务的实施

从对内改革来讲，今后中国增强外贸综合竞争力的路径可以总结为三大计划和五个重点。

1. 三大计划，即优进优出计划、贸易产业融合计划和贸易畅通计划。

优进优出计划。优化进出口产品结构，提高出口产品质量，大力扶植跨境电商、市场采购、保税维修等外贸新业态新模式的发展，积极推进国家进口贸易促进创新示范区建设，全面实现外贸从"大进大出"向"优进优出"的转变。

贸易产业融合计划。引导国内企业着眼于高质量发展要求，充分利用国际国内两个市场两种资源，面向国际国内两个市场，认定一批外贸转型升级基地，培育一批加工贸易产业园区；加大研发投入，生产适销对路的高质量商品，持续提升产品的市场竞争力；引导企业加快运用现代技术改造传统产业，推动由劳动密集型向资本技术密集型转变；着力建设世界一流的加工贸易企业和服务外包企业，确保国

内产业链供应链安全;积极拓展跨境电商、服务贸易和数字贸易等新业态发展空间,推动外贸新业态蓬勃发展。

贸易畅通计划。第一,大力推动海关通关便利化,注重硬件设施建设,完善内陆口岸设置,优化口岸布局,增加中西部地区口岸数量,着力提升口岸基础设施水平。完善软件系统建设,积极打造智慧口岸,增进口岸"单一窗口"功能,推进"一站式"服务等通关便利化举措,提升通关效率。改善管理制度,进一步规范和降低进出口环节合规成本,提升口岸收费透明度,减轻进出口企业负担。第二,推动全国范围内的检验检疫、认证认可、信息互换和监管互认等海关合作,建设更为完善、科学并符合国家重大战略调整需要的检验检疫、认证认可、信息互换、监管互认体系,提升全域范围的通关能力。第三,进一步推进纳税便利化改革,加快出口业务各环节事项办理速度。完善出口退(免)税申报途径,提供离线申报工具、电子税务局和标准版国际贸易"单一窗口"出口退税平台等多渠道申报途径,推行无纸化单证备案,简化结关、收汇手续,帮助出口企业加快全环节各事项办理进度、压缩单证收集整理时间,提升出口退税整体效率。第四,完善进出口贸易保险制度,加快建设跨境贸易智能保险平台功能,实现国际贸易单一窗口与智能跨境贸易保险平台的对接,实现跨境贸易相关数据与保险行业数据的高效互联互通,构建与国际规则对接的贸易保险体系。第五,持续提升金融服务实体经济和推动外贸高质量发展的能力。积极疏通国际国内生产、物流等方面的堵点,强化标准化建设,节约生产、流通等领域成本。用好广交会、进博会等进出口平台,提升全球影响力和辐射面,围绕重要资源和重要产品打造世界级进出口市场平台。第六,加强国际营商体系建设。加强与"一带一路"沿线国家的对接,办好广交会,发展线上展会,扩大海外仓规模,为中国外贸发展增加动力。

2.五个重点,即持续扩大市场准入、加强外资政策支持、持续提升平台建设功能、促进和保护投资、优化投资环境。

第一,在市场准入方面持续扩大。落实好新版负面清单,进一步清理负面清单之外的限制措施,严格实行"非禁即入""准入准营"。进一步扩大服务业对外开放,推进服务业扩大开放试点示范,推动实施跨境贸易负面清单。第二,在政策支持方面持续加强。落实鼓励外商投资产业目录等已有政策措施,同时根据外资企业的共性诉求,搞好政策调研和储备,适时推出稳外资新举措。第三,在平台建设方面持续提升。完善自贸试验区布局,落实海南自由贸易港建设总体方案,推动国家级经开区创新提升。第四,促进和保护投资。发挥多双边投资促进机制作用,指导各地开展产业链精准招商;落实投诉办法,加大外商合法权益保护力度。第五,持续推进投资环境优化。对内深入推进外商投资法及其实施条例的落实,着力打造市场化、法治化、国际化营商环境。对外推动双边和区域协定落地生效,促进国际贸易投资自由化便利化,营造良好外部环境。深化多边和双边贸易关系,积极参与全球贸易治理体系改革,拓展外贸发展空间。

(二)外部合作:深化双边和多边经贸关系,优化对外经贸关系布局

改革开放以来,经济全球化为中国经济的发展、国力和地位的提高,以及与全球经济的深度融合提供了战略机遇。在新时期,为实现"两个一百年"的奋斗目标、实现中华民族伟大复兴的中国梦,中国需要积极参与全球治理,推动国际经贸治理体系改革,构筑人类命运共同体。其中,深化双边和多边经贸关系是优化对外经贸关系布局极为重要的举措。

从全球视野来看,中国不但是第二大经济体和第一大贸易国,还是最大的发展中国家。按照党的十九大精神和"十四五"规划纲要,中国将继续坚持多边主义和贸易自由主义,推进区域经济一体化,致力于投资和贸易的自由化和便利化,实现要素、商品和服务的国际自由流动,此举不但是中国增强外贸综合竞争力必须具备的外部条件,也是建设更高水平开放型经济新体制的必要条件。深化双边和多边经贸合作,可以有利于发挥互补优势,构建互补型产业链,培育共同发展基础,平衡贸易进出口贸易,优化贸易结构,推动投资双向流动。

为实现以上战略目标,需要我们适应经济全球化新趋势,准确判断国际形势新变化,深刻把握国内改革发展新要求,以更加积极有为的行动推进更高水平的对外开放,以更加积极的姿态来深化双边和多边的经贸关系,改善外部经济环境、发展

对外经贸关系,建立跨国要素、商品和服务流动、配置的市场渠道和纽带,更好地利用国内国际两个市场、两种资源,促进中国经济的可持续发展。具体来讲,就是要坚持平等协商和互利共赢,维护多边主义和自由贸易体制,积极参加 WTO 现代化改革,加强自由贸易协定谈判,完善国际国内一体化的贸易规则体系,促进国际国内贸易法律法规、监管体制等相衔接,着力构建面向全球的高标准自由贸易区网络,积极推进 RCEP 协定早日生效,尽快参加 CPTPP 协定谈判,推动双边和多边自由贸易协定升级,与相关国家构建更为稳固的贸易伙伴关系。

四、主要任务

为增强对外贸易综合竞争力,我们需要深入推进"五个优化"和"三项建设",推动贸易创新发展,以及促进内外贸一体发展。

(一)推进"五个优化"和"三项建设"

2020 年 10 月,国务院办公厅印发《关于推进对外贸易创新发展的实施意见》(以下称《实施意见》),要求以习近平新时代中国特色社会主义思想为指导,全面贯彻党的十九大和十九届二中、三中、四中、五中全会精神,坚持新发展理念,围绕构建新发展格局,推进国际市场布局、国内区域布局、经营主体、商品结构、贸易方式等"五个优化"和外贸转型升级基地、贸易促进平台和国际营销体系等"三项建设",实现外贸创新发展。《实施意见》提出了"五个优化"任务并明确具体措施,明确了"三项建设"任务的实施路径。"五个优化"和"三项建设"的实施,对国际国内产业联动、改善企业营商环境、矫正商品结构扭曲、改变贸易增长方式提出了新的要求,对重构价值链产生了深远的影响。

1. "五个优化"。

优化国际市场布局。于鹏(2014)认为,中国的贸易顺差来源地比较单一,出口市场主要依赖发达国家市场。自 2008 年次贷危机和欧债危机以来,发达国家经济增长下滑,贸易保护主义兴起,对中国的贸易出口造成冲击。这要求中国优化国际市场布局,积极发展新兴经济体市场,推动经济区域化发展。作为优化国际布局的重要举措,中国自贸试验区建设、RECP建设,以及中日韩和东盟合作都取得了进一步的发展。鞠建东等(2020a,2020b)认为,在价值链贸易领域,已呈现"北美—欧洲—亚洲"的三足鼎立格局,美国、德国和中国分别作为其中的核心节点存在。因此,在区域一体化建设上,中国可以增强主动性。

优化国内区域布局。近年来,国内产业链布局开始产生协同效应,对照都市区建设,国内城市之间应加强城市的功能型建设,并不断提高协同性。企业间的联系成为城市之间的重要纽带,拥有产业链的重要节点的城市将成为核心城市。鞠建东和陈骁(2019)分析了经济体之间联系的形式,包括生产网络、市场结构、全球价值链、人口流动、空间规划、动态决策等,认为可以根据物流和人流的流动来布局生产基地和贸易网络,这为优化国内区域布局提供了理论依据。

优化商品结构。优化商品结构必须保护和发展产业链和供应链,保障在全球产业链中有重要影响的企业和关键产品生产出口,维护国际供应链稳定,实现物流、商流、资金流、信息流等互联互通,推进供应链数字化和智能化发展,搭建应急供应链综合保障平台,提升全球产业链供应链风险防控能力。不但如此,郑江淮和郑玉(2020)还认为,在优化商品结构上,高质量中间产品对一国价值链的提升具有重要的意义。通过高质量的中间产品出口能够倒逼企业成为全球高端价值链的一环,促进其提高技术和科研能力,为优化商品结构创造条件。

优化经营主体和贸易方式。优化经营主体的具体举措是培育龙头企业,提升中小企业,加强企业间协同。但是,政策落地的前提是必须有贸易自由化氛围、良好的企业营商环境和知识产权保护体系。同时,优化贸易方式需要做强一般贸易,提升加工贸易和发展其他贸易。易靖韬和蔡菲莹(2019)认为,随着国际竞争加剧和全球价值链深化,以及贸易保护主义兴起,国内的劳动力成本上升,经济发展转入中速增长等,转变贸易方式成为提高出口竞争力的重要途径。推进贸易自由化、企业改善营商环境,加大知识产权保护力度有利于推动企业创新和促进贸易方式转型。

2."三项建设"。

建设外贸转型升级基地、贸易促进平台和国际营销体系,有利于促进贸易进出口增长,优化进出口贸易结构。依托各类产业集聚区,加快基地建设,做大做强主导产业链,完善配套支撑产业链,增强供给能力,可以推进国家外贸转型升级基地建设。办好进博会、广交会等一批综合展会,对标国际一流展会,有利于贸易促进平台建设。鼓励企业以合作、自建等方式,完善营销和服务保障体系,建立营销网点,开展仓储、展示、批发、销售、接单签约及售后服务,有利于促进国际营销公共体系建设。罗秋菊等(2011)认为,广交会的举办有利于发挥平台效应,对举办地企业的贸易出口带来经济效应。喜崇彬(2020)通过对进博会的分析,证明了进口平台仍然能够产生巨大的经济效益。刘秉镰和王钺(2018)则认为,外贸转型升级基地对提升周边地区产业和就业带来积极的影响。

(二)推动贸易创新发展

中央全面深化改革委员会第十五次会议审议通过了《关于推进对外贸易创新发展的实施意见》,强调要落实新发展理念,紧紧围绕构建新发展格局,以供给侧结构性改革为主线,深化科技创新、制度创新、业态和模式创新,加快提升贸易质量,稳定产业链供应链,培育外贸新动能,深入推进贸易便利化,优化外贸发展环境。

支持外贸出口创新,开拓新兴国际市场。裴长洪和刘洪愧(2017)认为,中国自加入 WTO 以来,通过大力发展出口的策略,形成了"世界工厂",国际贸易规模不断扩大,逐步成为贸易大国。但是,从国际贸易的中间产品来看,中国商品的科技水平还有待进一步提高,服务贸易还需要进一步发展,中国需要推动"贸易强国"建设。裴长洪和刘洪愧(2017)分析了贸易强国的指标和内涵,提出了建设目标,认为中国"贸易强国"的差距体现在人均指标较低,出口附加值较低,企业国际化不足等,应在国家层面上培育战略性新兴产业和高新技术产业出口竞争力,推动人民币国际化进程,地方层面上降低企业成本,加大研发力度,保护知识产权。李钢(2018)则分析了迈向贸易强国的战略路径,重点强调了科技力量和国际金融政策的配合。

推动进口贸易创新发展。郑江淮和郑玉(2020)认为,虽然高质量的中间产品对一国价值链的提升具有重要的意义。但是中间产品的进口也能够提高国内企业的整体水平。因此,扩大中间品、关键零部件等进口,并鼓励企业积极开拓国内外多元化供应渠道,有利于以高质量进口促进产业发展内在动力和出口竞争力提升。同时,应进一步扩大高品质新消费品进口,打通国外高质量终端品供给与国内高质量消费市场的循环通道,建立扩进口与促消费相结合的新型消费市场体系。

大力培育贸易新业态新模式。高凌云和樊玉(2020)认为,移动支付、大数据、云计算、人工智能等信息技术的发展,极大地改变了人们的生活,为传统贸易发展提供了新的技术手段,从而促进数字贸易迅速发展。但是,由于贸易保护主义的兴起,数字贸易的各种规则需要国际协调和修订,数字贸易也需要注重国际安全,对数据进行分类管理。

(三)促进内外贸一体发展

优化市场流通环境,便利企业统筹用好国际国内两个市场,降低出口产品内销成本。鼓励出口企业与国内大型商贸流通企业对接,多渠道搭建内销平台,扩大内外销产品"同线同标同质"实施范围。加强宣传推广和公共服务,推动内销规模化、品牌化。但是,郭东乐(2004)认为,实现内外贸一体化必须建立健全流通组织,不同的企业类型拥有不同的流通组织,因此其效果也并不相同。于培伟(2005)则认为,加快内外贸一体化进程是发展社会主义市场经济的内在要求,内外贸一体化的目的就是要充分发挥流通的先导作用,充分拓展流通的功能。统筹国内发展和对外开放,需要统一管理职能,统一经营主体,统一内外市场。

第三节　实现高质量引进来和高水平走出去

中国正在进入新发展阶段,必须始终坚持新发展理念,着力构建新发展格局。党的第十九届五中全会强调,构建新发展格局是以国内大循环为主体、国内国际双循环相互促进,是要通过更大力度、更高水平、更深层次的改革开放,进一步做强大循环、畅通双循环。实现国内循环与国际循环的有机结合,使两个循环相互统一、相互促进、相得益彰,从而提高国家对外开放的质量和水平。目的是通过发挥内需潜力，使国内市场和国际市场更好联通，更好利用国际国内两个市场、两种资源，实现更加强劲的可持续的发展。在新的形势下，未来中国外贸进口和出口、利用外资、对外投资需要实现双向流动、相互促进、质量并举。其中，通过何种路径才能有效地扩大利用外资与对外投资的规模，优化双向投资结构，是要解决的首要问题。

一、"引进来"与"走出去"的相互作用

中国对外开放走过了 40 多年，成果斐然，有目共睹。从引进外资的数量、对外投资的数量上看都跃居为世界第二位。近年来，中国"引进来"与"走出去"成效明显。"引进来"方面，国家统计局报告显示，截至 2020 年，跨国公司在华投资地区总部和研发中心超过 2 000 家、外资高技术产业企业数占全国约四分之一，外资企业研发投入在全国规模以上工业企业中占比约五分之一，开放的基本国策正为经济高质量发展注入新活力。2020 年 1—11 月，全国实际使用外资 8 993.8 亿元人民币，同比增长 6.3%。从单月情况看，2020 年 11 月当月全国实际使用外资 987 亿元人民币，同比增长 5.5%，连续 8 个月实现同比增长。分行业看，1—11 月服务业实际使用外资 7 044.6 亿元人民币，同比增长 16.1%，占全国实际使用外资 78.3%。高技术服务业同比增长 31.6%，其中电子商务服务、专业技术服务、研发与设计服务、科技成果转化服务同比分别增长 43.9%、35.1%、93.6%、53%。近年来，中国吸引到的外商投资的形式、结构、内涵和作用都发生了深刻变化。同时，中国经济社会新的发展阶段对外商投资也提出了新的更高要求。外商投资向产业链中高端延伸，传统引资要素竞争优势在减弱，周边发展中国家乃至某些发达国家都对中国发展形成了强大竞争压力；外资在中国经济发展中仍然具有不可替代的重要作用，但在资本形成、经济增长、进出口贸易等指标中的贡献率显著降低。这些都需要在扩大利用外资的规模的同时更加注重利用外资的质量与效果，在提高对外投资规模的同时更加注重投资水平与投资效率。

在"走出去"方面，商务部数据显示，2020 年 1—10 月，中国企业对"一带一路"沿线国家非金融类直接投资 141.1 亿美元，同比增长 23.1%，占同期总额的 16.3%，

较上年提升 3.6 个百分点。但很明显，在对外投资方面，中国企业还需要大力开拓创新，以高水平对外投资实现两种资源、两个市场的充分利用，抢占国际产业链、供应链、价值链的中高端。

　　总的来说，"引进来"比"走出去"的规模更大、更强。这与经济发展阶段有关。邓宁的国际直接投资发展阶段理论（IDP）以人均 GNP 为标志，划分了一国经济发展与国际投资之间关系的四个阶段：（1）人均 GNP 小于等于 400 美元，该国的外资流入量不大，不会发生资本净流出；（2）人均 GNP 在 400—1 500 美元，外资流入增加，进行一些技术水平较低的生产投资，对外投资水平仍然很低；（3）人均 GNP 在 2 000—4 750 美元，该国资本净流入下降，资本净流出增加，标志着一国专业化国际直接投资过程的开始；（4）人均 GNP 在 2 600—5 600 美元，是该国国际直接投资净流出的时期，这时该国企业已经具备较强的所有权优势和内部化优势，并具备发现和利用外国区位优势的能力。世界上大多数国家已经验证了这一模式。邱立成和潘小春（2010）用中国数据验证了 IDP 理论。不同于 IDP 理论侧重国家层面的分析，Uppsala 模型聚焦企业层面，它将企业的国际化进程划分为四个阶段：偶然的出口、代理出口、建立海外销售机构、海外直接生产。随着外资不断进入东道国，该国偶然的出口逐步扩大规模，并形成代理出口；积累更多经验以后，该国企业建立海外销售机构，并最终投资建立海外生产基地。

　　现在，中国已经到了吸引外资与对外投资互动，高质量引进来和高水平走出去的新阶段。潘文卿等（2015）认为，全球范围来看，一国吸引外资对该国对外投资有着显著的正向影响；并且吸引外资对东道国对外投资促进作用的大小与东道国的特征密切相关：东道国吸引外资能力越强、市场规模越大，则越有利于从吸引外资发展出自身的对外投资能力。杨校美（2015）以 IDP 理论为基础，运用 14 个新兴经济体 1980—2013 年的面板数据进行了实证检验，结果表明：吸引外资能显著地促进东道国的对外投资；并且吸引外资对东道国对外投资促进作用的大小与东道国的特征密切相关：人力资本存量越丰裕、市场规模越大、市场关联程度越高，越有利于吸引外资来促进对外投资。陈涛涛等（2017）选择中国、巴西、日本和韩国作为典型国家,采用国家层面的时间序列数据研究发现,吸引外资对一国对外投资的作用在各国具有一定的不确定性,人力资本是最重要的国家特征影响因素,来自发达国家的投资具有更强溢出效应,因而对本土企业对外投资能力提升更显著。从行业层面看,陈涛涛等(2014)发现,中国汽车产业吸引外资对该行业对外投资能力的形成存在积极影响。Buckley 等(2007)研究发现,国际化经验有助于中国企业对外投资。

因此,要更高质量引进来,更大步伐走出去,就要以国际化的企业和国际化的产业作为基础整合资源,统筹国际国内市场资本和资源,加强创新平台共建、研发项目合作和产业创新联盟建设,努力从产品竞争优势向全产业链竞争优势转变。要加大创新力度,围绕产业链布局创新链,围绕创新链布局人才链,把"人口红利"加速向"人才红利"转变,不断向价值链高端攀升。还要主动抢占风口,努力开拓"两个市场"、利用"两种资源",让重大历史机遇和国家政策红利为发展赋能助力。

党的十九届五中全会通过的"十四五"规划建议提出,"促进国内国际双循环。立足国内大循环,发挥比较优势,协同推进强大国内市场和贸易强国建设,以国内大循环吸引全球资源要素,充分利用国内国际两个市场两种资源,积极促进内需和外需、进口和出口、引进外资和对外投资协调发展,促进国际收支基本平衡,建设更高水平开放型经济新体制";指出"全面提高对外开放水平,推动贸易和投资自由化便利化","完善外商投资准入前国民待遇加负面清单管理制度,有序扩大服务业对外开放,依法保护外资企业合法权益,健全促进和保障境外投资的法律、政策和服务体系,坚定维护中国企业海外合法权益,实现高质量引进来和高水平走出去"。2020 年 11 月 14 日,习近平总书记在全面推动长江经济带发展座谈会上指出:"要统筹沿海沿江沿边和内陆开放,加快培育更多内陆开放高地,提升沿边开放水平,实现高质量引进来和高水平走出去,推动贸易创新发展,更高质量利用外资。"实现高质量引进来和高水平走出去,主要任务是提高利用外资质量,提升对外投资水平和强化服务保障。

二、提高利用外资质量

（一）稳存量、促增量并举

优化外商投资环境,积极提升投资便利度,坚持稳存量、促增量并举。第一,首先充分发挥中国在政策方面的优势,持续深化改革开放、优化外商投资环境,积极推动全面落实外商投资法,完善外商投资的营商环境,进一步释放稳外资政策效应。第二,提升为外商投资企业提供服务的水平和质量,确保外资企业平等享受各项支持政策,"一对一"帮助企业解决个性化问题。第三,实施信息报告制度提升投资便利度,提升投资促进和招商引资水平,推动各类开放平台建设,提升开放平台引资质量,推进自贸试验区、开发区、边境经济合作区、综合保税区等园区建设,支持有条件的园区建设国际合作园区。第四,推动外资大项目签约落地,健全地方层面重大外资项目协调机制,加强项目储备,以重大外资项目工作为示范引领,全面提升外资项目服务水平,更好地促进外资增量。第五,充分发挥中国在生产方面的优势,包括中国由规模生产带来的成本优势以及高效且具有弹性的供应链系统优势,保持实现新产品量产的速度和质量,并鼓励企业开展科技创新、项目对接、信息交流、人力资源开发等多方面国际合作,支持地方和企业做好引资、引智、引技等工作,积极开拓国际市场。第六,充分发挥中国的市场优势,中国经济长期向好的基本发展趋势没有变,超大市场规模的强大磁吸力没有变,在产业配套、人力资源、基础设施及投资环境等方面的综合竞争优势没有变,外商长期在华投资经营的信心没有变,要切实增强做好稳外资工作的决心和信心,扎实做好稳外资各项工作。

（二）完善准入前国民待遇加负面清单管理

完善准入前国民待遇加负面清单管理,加强同国际经贸规则的对接,深化外商投资管理制度改革,营造法治化、国际化、便利化和自由化投资环境。

首先,需要尽快梳理、制定和公布负面清单名录,明确开放领域和禁止开放领域,推动落实"非禁即入"。投资准入负面清单总的方向是实施更大范围、更宽领域、更深层次的全面开放,以高水平开放推动经济高质量发展。进一步放松对外资金融机构在国内经营的限制和束缚,减少业务申请流程和行政约束;同时,负面清单的存在可以做到在扩大开放的同时保护部分敏感领域,避免出现过度开放而诱发金融风险的问题。具体来看,需要分层次、有重点放开服务业领域外资准入限制,进一步放开一般制造业。在维护国家安全的前提下,对于交通、电信等基础设施以及矿业等相关领域逐步减少对外资的限制。

其次,负面清单与加强事中事后监管双管齐下。应进一步强化宏观审慎调控和监管能力,丰富逆周期调控工具,重点监测跨境资本流动、外币融资、汇率等领域的波动风险,对外资流入的领域、行业和方向进行动态监控,做到稳定有序开放。负面清单与加强事中事后监管双管齐下,调整负面清单模式下的监管模式,从准入管理转向事中事后监管倾斜,实现监管效能的提升。

最后,外商投资准入负面清单与《中华人民共和国外商投资法》(以下简称《外商投资法》)要做好衔接。准入前国民待遇加负面清单管理模式彰显了中国更加积极参与全球经济治理、对接国际高标准经贸规则的坚定立场,也有利于推动中国以高水平开放促进深层次市场化改革,加快推进规则、规制、管理、标准等领域制度型开放,构建高水平对外开放新格局。在实践中,需要落实外资准入管理,调整中外合作经营限制性规定以及增加负面清单豁免规定,从而使外商投资准入负面清单与《外商投资法》有更好的衔接。

(三)有序扩大服务业对外开放

积极扩大服务业对外开放,需要遵循有序、渐进的原则。扩大服务业开放会对全球先进服务要素形成强大的吸引力,通过吸引和集聚全球要素,可以为服务业高质量发展提供必要的要素支撑。不仅能够直接改变要素禀赋结构,促进服务业发展,还能产生显著的竞争效应和技术进步效应。但这并非意味着扩大服务业开放没有风险,所以做好扩大服务业开放的"时序"安排,对于尽可能降低风险具有关键的作用和意义。

扩大服务业开放,一方面,要尽可能地避免对国内相关产业造成过度冲击,否则不但无益于反向拉动国内服务业发展,相反还有可能造成国内服务业发展被外资企业垄断的局面,引发产业安全等问题;另一方面,扩大服务业开放还要考虑监管能力,根据自身体制机制的变革和优化进展,做好开放时序和重点部门的安排,以尽可能地降低系统性风险。为此,一是要加大简政放权力度,落实《外商投资法》确立的对外商投资实施准入前国民待遇加负面清单制度,真正让外资在中国落地生根,助力中国服务业发展;二是要充分利用已经广泛布局的各地自贸试验区等先行先试平台,渐进推动相关行业开放,在做好风险评估的基础上,分层次、有重点地放开服务业领域外资准入限制,推进金融、教育、文化、医疗等服务业领域有序开放,放开育幼养老、建筑设计、会计审计、商贸物流、电子商务等服务业领域外资准入限制。

（四）引导外资更多投向先进制造业、现代服务业等领域

坚持市场化运作、内外资企业一视同仁,培育先进制造业集群。加快引进先进制造业企业、专业化"小巨人"企业、关键零部件和中间品制造企业,支持企业建设新兴产业发展联盟和产业技术创新战略联盟;加强与相关投资基金合作,充分发挥产业基金、银行信贷、证券市场、保险资金以及国家融资担保基金等作用,拓展产业集群的投融资渠道。

实施现代服务业优化升级行动。地方人民政府可结合地方服务业发展实际,利用现有政策和资金渠道,支持在符合条件的国家级经开区内发展医疗健康、社区服务等生活性服务业,以及工业设计、物流、会展等生产性服务业。

优化外商投资导向,进一步优化产业结构。修订外商投资优势产业目录,出台措施提升引资质量以及实施财税等方面的措施,鼓励和引导外资更多投向高新技术产业、现代服务业等领域,引导外商投资企业助力中国产业补短板、锻长板,填补空白领域,扩大投资规模。

（五）创新提升国家级经济开发区、边合区、跨合区、综合保税区等开放平台

国家级经济开发区、边合区、跨合区、综合保税区是经济发展的强大引擎,是对外开放的重要载体,也是体制改革的先行区。

发挥开放平台功能,引导投资服务国家科技创新政策。要充分发挥这些平台的对外开放平台作用,坚定不移深化改革,持续优化投资环境,激发对外经济活力,打造体制机制新优势。要鼓励这些开放平台复制和推广自贸试验区、自主创新示范区等试点经验,率先将国家科技创新政策落实到位,成效明显的可加大政策先行先试力度,打造成为科技创新集聚区。

发挥开发平台示范效应,引导投资打造对外开放的载体。总结提炼国家级经开区发展的好经验、好做法,及时复制推广。同时指导国家级经济开发区、边合区、跨合区、综合保税区学习借鉴自贸试验区、自主创新示范区以及国外先进产业园区的成功经验,不断提高国家级经济开发区的管理服务水平,努力把这些平台建设成为对外开放的重要载体。

提升国家级经济开发区的功能定位。紧紧围绕新时代国家级经济开发区"三创新、两提升、一打造"的发展定位,特别是稳外贸、稳外资的工作要求,在贸易投资促进、营商环境打造、管理服务水平提升等方面采取更加有力的措施,真正把国家级经开区打造成为改革开放的新高地。

完善开放平台的考核评价指标体系和办法。突出发展开放型经济,特别是稳外贸、稳外资的导向作用,精减考核指标、完善考核办法、优化考核流程,建立健全有进有退、优胜劣汰的动态工作机制,不断提升考核评价工作水平。

二、 提升对外投资水平

目前,中国已经成为全球对外直接投资大国。实施高水平对外投资,是中国构建更高水平开放型经济新体制的重要内容。更好实施高水平对外投资,有利于加速国内产业结构调整、解决工业化进程中的资源能源约束,有利于更好构建国际国内市场深度融合、安全高效、协同发展、互利共赢的全球价值链体系,亦有利于改善中国对外贸易环境,对推动经济高质量发展具有重要意义。"十四五"时期,我们需通过实施积极主动的对外投资,不断完善产业全球布局,构建内外协同发展的产业链、安全高效的供应链和利益共享的价值链体系,构建面向全球的生产、服务、金融和创新网络,有效带动国内产业结构调整,促进国际国内产业链有序衔接、市场深度融合、创新相互促进。

(一)创新对外投资方式

相对于激增的对外投资数量而言,中国对外投资的质量总体不高,在资金出海的许多领域都面临着严峻的挑战。2017年,习近平总书记在党的十九大报告中明确指出,要创新对外投资方式,促进国际产能合作,形成面向全球的贸易、投融资、生产、服务网络,加快培育国际经济合作和竞争新优势。同年12月的中央经济工作会议强调,"要围绕'一带一路'建设,创新对外投资方式,以投资带动贸易发展、产业发展",并要"有效引导支持对外投资"。这意味着新时代创新对外投资方式,将在推动全面开放、增强中国经济质量优势的过程中发挥更大作用,为建设更高水平开放型经济体制做出新贡献。

创新对外投资和合作方式是构筑中国参与国际经济合作和竞争新优势的重要路径。可以从四个方面着手:一是开展跨国并购,有效提高企业在研发、生产、销售等方面的国际化经营水平。支持具备条件的企业在全球整合资源链,树立自己的国际知名品牌,打入国际主流市场。二是积极开展国际能源资源互利合作。推动在资源富集地区进行能源资源开发、农业项目综合开发和远洋渔业资源开发,建立多元、稳定、可靠的能源资源供应保障。三是开展境外加工贸易。通过加工贸易方式,可以有效释放中国已经具备的充足生产能力,规避贸易壁垒,带动相关产品的出口。目前,中国已启动八个境外经济贸易合作区的建设,从政策、资金、配套服务等方面积极支持企业走出去。四是有序推动对外间接投资。以国家外汇投资公司等方式,拓展境外投资渠道,逐步形成以企业和居民为主体的对外间接投资格局。

(二)鼓励有实力、信誉好的企业走出去

2018年1月24日,在人民网主办的第二届"人民财经高峰论坛"上,商务部副部长王受文指出,商务部根据"两个一百年"奋斗目标的战略安排,研究提出了新时代商务改革发展的奋斗目标,即在2020年前,进一步巩固中国作为世界经贸大国的地位;在2035年前,基本建成经贸强国,2050年前,全面建成经贸强国。由此,"将

继续鼓励有实力、信誉好的企业走出去,为企业走出去营造好的环境、好的条件、好的服务,引导企业增强风险防范的能力"。实现以上目标具体还需要从以下方面着手:

第一,为企业营造良好的投资法律环境。通过签署自贸区协定、双边投资协定、双边税收优惠协定、基础设施合作协定以及双边劳务合作协议等,切实保障中国企业的合法权益。

第二,进一步提高便利化水平。商务部在2014年9月就已经发布了《境外投资管理办法》,确立了企业对外投资"备案为主、核准为辅"的管理模式,引入了负面清单的管理方式。现在除了在敏感的国家和地区以及敏感的行业的投资需要核准以外,企业在网上可以在3个工作日内完成相关的备案手续。有关部门应继续充分发挥政策效能,对现有政策进行评估、调整,提高政策针对性和实效性。明确财政资金支持企业开展国际产能合作的产业方向和重点领域,充分发挥政策性、开发性金融机构融资作用,重点支持项目和合作区建设。

第三,进一步完善公共服务。定期发布《对外投资合作的国别(地区)指南》《中国对外投资合作发展报告》《国别投资经营便利化状况报告》等公共服务产品,为企业走出去提供精准的信息服务。运用互联网技术和信息化手段,丰富和完善走出去公共服务内容和形式。加强境外安全风险预警,妥善处置突发事件,有效防范对外投资风险。

（三）规范企业海外经营行为

2017年,国务院印发《关于规范企业海外经营行为的若干意见》。同年,国家发改委、商务部、中国人民银行、外交部等多部门联合制定的《关于进一步引导和规范境外投资方向的指导意见》也得到国务院批复,有关部门相继建立了对外投资备案核准及报告制度,执行阶段性管控措施,加强真实性、合规性审查,引导企业遵守东道国法律法规、保护环境、履行社会责任,遏制恶意竞争。

实施分类指导。制定境外投资活动分类目录,进一步引导和规范境外投资方向。对鼓励开展的境外投资,要在税收、外汇、保险、海关、信息等方面进一步提高服务水平,为企业创造更加良好的便利化条件。对限制开展的境外投资,要引导企业审慎参与,并结合实际情况给予必要的指导和提示。对禁止开展的境外投资,要采取切实有效的措施予以严格管控。

完善管理机制。加强境外投资真实性、合规性审查,防范虚假投资行为。建立境外投资黑名单制度,对违规投资行为实施联合惩戒。建立部门间信息共享机制。指导境内企业加强对其控制的境外企业的监督和管理,建立健全境外投资决策、财务管理和违规责任追究制度。建立国有企业境外投资资本金制度。完善国有企业境外投资审计制度,维护境外国有资产安全。

提高服务水平。制定境外投资经营行为规范,引导企业建立健全境外合规经营风险审查、管控和决策体系,深入了解境外投资合作政策法规和国际惯例,遵守当地法律法规,合法经营。加强与有关国家在投资保护、金融、人员往来等方面机制化合作,为企业开展境外投资创造良好外部环境。支持境内资产评估、法律服务、会计服务、税务服务、投资顾问、设计咨询、风险评估、认证、仲裁等相关中介机构发展,为企业境外投资提供市场化、社会化、国际化的商业咨询服务,降低企业境外投资经营风险。

强化安全保障。定期发布《国别投资经营便利化状况报告》,加强对企业赴高风险国家和地区投资的指导和监督,及时警示和通报有关国家政治、经济和社会重大风险,提出应对预案和防范措施,切实维护中国企业境外合法权益。督促企业开展境外项目安全风险评估,做好项目安全风险预测应对,建立完善安保制度,加强安保培训,提升企业境外投资安全风险防范能力。

（四）树立中国投资形象

在对外投资中,企业不仅代表着经营主体本身,有自己的企业品牌,同时也是一个国家综合实力的展现,是一个国家标志性的名片,蕴含着一个国家的民族文化个性,象征着一个国家的经济实力。可以说,企业品牌是国家品牌的重要支柱,是国家品牌形象的直接承担者。但中国在对外投资品牌形象塑造方面存在一些问题,如国家海外品牌拓展战略意识欠缺,已有一定影响力的国际化品牌尚未凝合出

鲜明民族特质,对国内外舆论影响重视不足等。因此,为树立中国投资形象,应从以下几方面入手:

第一,联合广受信赖的国际组织,提升走出去企业接受度。鉴于目前中国国家品牌理念尚未成熟,中国品牌在海外仍遭质疑和诟病,若能与一些已经得到国际社会广泛认可的组织或机构合作,寻求信誉担保,借其声誉开拓国际市场,待"中国投资"品牌的影响力逐渐扩大、品牌美誉度大幅上升后再"独挑大梁",或许会是短时期内塑造"中国投资"品牌的捷径。与国际接轨还将成为未来中国参与国际对话、提升国际知名度和话语权,对接国际市场需求的重要基础。如联合国提出的"可持续发展"理念,OECD 倡导的"负责任的商业行为",国际标准化组织(ISO)发布的 IWA 26:2017 指导文件(指导组织将 ISO 26000 社会责任国际标准融入现有管理体系)等,都可作为中国走出去企业对接国际倡议的行动指南。商务部研究院联合国资委研究中心和联合国开发计划署(UNDP)共同编写和发布的中英文《2017 中国企业海外可持续发展报告》重点分析了中国企业在"一带一路"沿线国家践行企业社会责任及推动当地落实 2030 年议程的努力,表明中国企业积极响应联合国"可持续发展"理念,贯彻落实 2030 年议程的实践已经得到了联合国的认可。此外,中国企业或机构还可多参与各种国际性论坛或会议,推动中国标准国际化,得到国际组织认可,为中国企业提供信誉担保。

第二,树立强有力的"中国投资"子品牌,打造海外投资新名片。由于缺乏鲜明民族特质,中国企业在海外往往各自为政,难以形成合力。鉴于此,我们更应集中优势力量,在海外投资合作的重点领域着力打造富含中国理念的品牌形象。世界上许多国家在国家品牌建设过程中都曾提出过自己的战略原则与口号,如日本以品牌"树立日本新形象",瑞士的"生产的专业化,产品的品牌化"原则,新加坡提出打造"精致的城市"口号等。中国在制定国家品牌战略时,也应提出明确、可操作的品牌口号,以凝聚中资企业整体品牌形象。还可以针对"中国投资"有计划地打造如下分领域子品牌:在对外投资合作领域,重点突出负责任的投资大国形象,结合 OECD 提倡的负责任的商业行为,以国家电网、华为等已具备一定知名度的海外优秀企业为代表,着力打造"负责任投资企业"整体品牌形象;在对外承包工程领域,充分发挥中国在交通、电力、建筑等基础设施建设领域的优势,借"一带一路"倡议的东风,以高铁、电站、桥梁、港口等实力项目为名片,着力打造"世界互通和心灵互通"品牌形象;在对外劳务合作领域,充分彰显中国劳务人员技术娴熟、吃苦耐劳等优秀品质,着力打造"工匠精神"对外劳务合作者品牌形象。此外,可成立专门机构负责推进和协调,引领企业朝着目标方向努力。如日本2003年在内阁增设知识产权战略总部,韩国在2002年成立国际形象委员会,并于2009年将其升级为韩国国家品牌委员会,瑞士外交部专门设有瑞士国家形象委员会等,这些机构专门负责本国品牌战略的规划与实施。而中国目前还没有这样的一个专门机构来统筹、推进和协调国家品牌战略,为企业品牌和国家品牌之间搭建有效的政策支撑和实施平台。

第三,重视海外舆情,利用新媒体营造良好舆论环境。2014—2018年,针对不同地区进行的《中国企业海外形象调查报告》显示,互联网已成为海外民众了解中国企业的第一大渠道。在历年的调查报告中,平均有超六成的民众通过互联网了解中国和中国企业。因此,应重视海外舆情,充分利用互联网和电视等大众传媒,特别是新媒体,多层次、多角度展示中国企业良好的国内外形象,尤其是精准展现和传播企业产品信息和服务信息。面对国际上的部分质疑和诟病,中国企业应着力宣传中资品牌的融合度,减少异质性和对抗性。要让其他国家的政府、企业和人民认识到中资企业与全球任何其他国家的跨国企业一样,均是参与市场竞争的主体之一,不带有特殊政治目的,也不具备侵略性。通过"互联网＋品牌"的发展模式,有效提升和扩大中国企业和产品的海外影响和公众认知,为中国企业更好走出去及实现跨国企业自身国际化战略创造良好舆论环境。

三、 加强投资服务保障体系建设

(一) 持续优化营商环境

打造国际一流的营商环境,是中国进一步扩大对外开放的重要基础和关键一环。相比传统的土地税收等优惠举措,东道国的外资服务水平和企业营商环境对外资更具有吸收力(黄启才,2018)。习近平总书记在第三届中国国际进口博览会开幕式上,就坚定不移全面扩大开放,提出了"持续优化营商环境"的有力举措,为中国进一步实现高水平开放、高质量发展指明了方向。

2015年,国务院《关于加快实施自由贸易区战略的若干意见》要求:完善外商投资法律法规。推动修订中外合资经营企业法、中外合作经营企业法和外资企业法,研究制定新的外资基础性法律,改革外商投资管理体制,实行准入前国民待遇加负面清单的管理模式,完善外商投资国家安全审查制度,保持外资政策稳定、透明、可预期。促进投资自由的一个重要方式是采用负面清单。负面清单最早在1994年产生于北美自由贸易区。随后,"准入前国民待遇+负面清单"的模式成为投资自由化改革的焦点,被越来越多的国家接受并广泛应用于国际投资协定中。宋薇萍(2015)认为,负面清单管理模式使外资准入在市场机制的作用下更有序地进行,采用负面清单将有助于增加外国直接投资流量和发展产业链。在中国,《中国(上海)自由贸易试验区外商投资准入特别管理措施(负面清单)》从2013年版到2019年版,再到2020年版,其所列负面清单项目数逐渐减少,内容完整性提高,开放程度逐渐加强,以及透明化程度逐渐增强,有利于吸引和鼓励全球跨国公司来华投资兴业。李晶(2015)研究了上海自贸试验区负面清单的法律性质,指出未来在开放力度、透明度以及与国际投资规则对接等方面要进行制度完善。审批制改为备案制、"证照分离"的商事登记制度、本外币一体化的自由贸易账户等措施,将提高中国的投资便利化水平。

(二)依法保护外资企业合法权益

世界各国一方面积极推动双边投资协定和避免双重征税协定的谈判和签署,以保护和促进跨境投资;另一方面积极促成国内立法,保障外资权益。

2019年3月15日,十三届全国人大二次会议表决通过了《中华人民共和国外商投资法》,自2020年1月1日起施行,取代原有的"外资三法"(《外资企业法》《中外合资经营企业法》《中外合作经营企业法》)。这是一部外资领域新的基础性法律,标志着中国对外开放事业开启了新的篇章。《外商投资法》贯彻了保护外商投资合法权益的原则,有助于优化外商在中国的营商环境,吸引外资持续投资中国市场,促进外商投资主体多元化、投资领域多样化和投资产业结构合理化。

《外商投资法》的制定,是中国向制度性开放迈出的重要和实质性的一步,其亮点可以归结为:更加凸显投资环境的开放性,更加突出外资待遇的公平性,更加强调对外资合法权益的保护性,更加彰显对外资管理的规范性。这不仅会对中国高质量利用外资产生积极影响,也将对外资企业在中国开展投资活动释放出供更多的活力,实现进得来、留得住和出得去。

在贯彻落实《外商投资法》方面,地方政府相关部门应立足商务职责,加强与国家部委联系,密切跟踪实施细则进展、负面清单修订情况,以及落实《外商投资法》的工作部署,扎实做好外商投资促进、保护、管理等相关工作,营造良好营商环境。

第一,健全投资促进体系,创新招商引资。明确对外商投资实行准入前国民待遇加负面清单管理制度;提高外商投资有关的规范性文件制定的透明度;保障外商投资企业平等参与市场竞争;地方政府在法定权限内制定外商投资促进和便利化政策措施,鼓励和引导外商投资。此外,还应加强对外商投资提供包括法律法规、政策措施、投资项目信息等方面的咨询和服务。比如提供外商投资企业自主申报名称核准、工商设立、分支机构设立、银行开户、外汇登记、变更、注销等项目的手续代办服务;招商合作信息发布、项目收集及招商对接、投资政策咨询、项目选址推荐、项目投融资咨询等境内投资服务;境外投资及国际并购咨询、代设离岸公司等海外企业及分支机构等国际市场开拓服务;针对外籍人士的签证到期提醒、国际驾照认可、国际学校子女就学、涉外婚姻登记等服务。

第二,完善投资权益保护,营造良好投资环境。建立自下而上面向外商投资企业的服务咨询体系,加强对话交流,听取意见建议,及时回应和解决外资企业反映的问题,做到"有求必应,无事不扰"。建立健全投资保护工作机制,加大外商投资企业合法权益保护力度。逐步推广自贸试验区知识产权综合保护和管理机制,建立专利、商标、版权"三合一"的知识产权管理体制,提供快速确权、授权、维权的"一站式"服务。相关部门要及早开展新旧法律衔接工作,修订或废止与现行开放政策不符的法规、规章和规范性文件。打破"玻璃门""旋转门",解决准入不准营的问题,切实为外资企业营造公平、稳定、透明、可预期的投资环境。

第三,规范外商投资管理,内外资一视同仁。各级市场监管部门应全面落实准入前国民待遇加负面清单管理制度,对禁止和限制外国投资者投资的领域,将以清单方式明确列出,清单之外充分开放,中外投资享有同等待遇。在新法正式实施前,继续做好核准和备案工作,进一步提高工作效率。新法实施后,按照实施细则和商务部部署,规范外商投资企业登记程序,落实外商投资信息报告制度和外商投资安全审查制度。

(三)对外商洽高水平投资协定,推动完善境外中资企业商会联席会议机制

1. 对外商洽高水平投资协定。

自1982年与瑞典缔结第一份双边投资协定以来,中国双边投资协定的保护内容经历了重大变化。第一代双边投资协定签署于20世纪80年代。总体上讲,第一代协定为投资者提供的保护水平较低。此条款要么不包含任何投资国仲裁条款,要么仅限于没收引起的赔偿金分歧。起始于20世纪90年代末的第二代双边投资协定弥补了第一代的大多数缺陷,包括针对所有投资国分歧类型的仲裁规定,并在实质性条款方面逐渐和国际标准接轨。第三代的双边投资协定为最近期的协定,一个典型案例是于2012年达成的中国—加拿大双边投资协定。该协定试图在投资人和东道国利益保护方面找到更好的平衡点。2019年4月9日下午,中欧发布《第二十一次中国—欧盟领导人会晤联合声明》,声明指出,协定的高水平将体现在实质性改善市场准入、消除影响外国投资者的歧视性要求和做法、建立平衡的投资保护框架,以及纳入投资和可持续发展方面的条款。

近年来,中国由资本输入国向资本输出国转变趋势明显。但是,在与主要投资目的地国家的投资保护协定中,部分条款内容已难以符合未来中国对外投资的发展需求。宜基于中国与主要投资目的地国家的双边投资关系,针对投资存量和流

量相对大的国家,缔结更为开放自由、全面、高标准的双边投资保护协定,以与国际投资协定的最新发展趋势接轨,更好维护海外投资利益,推动形成对外开放新格局。

一是加快制定中国双边投资协定范本。中国际投资协定签订多年,条款质量参差不齐,已经不能满足中国快速增长的对外投资和吸收外资的需要。对协定进行升级研究,并在合适的时机与缔约伙伴进行升级谈判,虽然方法可行,但是逐一谈判成本高昂且不利于保持协定体系的一致性,因此应加快制定中国双边投资协定范本。

二是完善准入前国民待遇条款。国民待遇条款缺失或不完善出于在吸引外资的同时保护本国市场的目的,1998 年之前中国签订的双边投资协定中极少对国民待遇作出明确规定,之后签订的双边投资协定开始涉及国民待遇条款,但也仅限于准入后国民待遇。准入后国民待遇使得东道国政府能够对外资流入进行更强的控制,从而保证国内市场的安全。但是随着中国对外投资流量屡创新高,准入前国民待遇条款的缺失又使得中国企业对外投资与东道国国民相比处于不平等地位,阻碍了投资活动的进行。

三是完善投资保护机制,明确“间接征收”的范围及补偿方式。中国缔结的大部分双边投资协定都对直接征收进行了约定,而对于间接征收则通过“其他类似措施”一词一带而过。但进入 21 世纪以来,已经很少发生针对投资者的直接征收。同时,多种形式的间接征收开始出现,例如部分国家出于维护本国的国家安全、环境和公众健康等目的,可能对外国投资者在本国的资产采取干预和限制措施,导致投资者所拥有资产的实际效用丧失。然而,中国在 20 世纪签订的大多数双边投资保护协定并没有就间接征收进行明确的界定。这导致中国对外投资企业在遭到间接征收时很难根据明确条款提出仲裁。

四是完善投资争端解决机制。双边投资保护协定中提到的投资争议主要包括两种:缔约双方间的争议,以及一国投资者与东道国之间的投资争议,而其中投资者与东道国之间的争议,由于地位不对等,其解决方式尤其关键。因此,投资者一国家争端解决是投资保护关注的一个重要问题。出于东道国利益保护的诉求,中国之前缔结的大部分双边投资协定中,或没有关于投资者与东道国之间争端的解决条款,或要求在发生投资争端后,投资者先穷尽东道国当地救济,才能提起国际仲裁,而且可进行仲裁的内容仅限于征收的金额而非征收行为本身。在目前中国资本净输出规模增加的情况下,这些条款也极大地限制了中国投资者在东道国的各类权利,成为维护企业海外利益的"绊脚石"。因此,中国作为国际投资争端解决中心(ICSID)的缔约国,应积极参与ICSID的改革,加快完善投资争端解决机制,为其提供中国方案、中国智慧和中国贡献,有利于促进资本合理流动,营造良好而稳定的国际投资环境(谢晓彬,2019)。

2. 推动完善境外中资企业商会联席会议机制。

2019年9月11日,全球境外中资企业商(协)会联席会议成立大会在北京召开。联席会议由中资企业(新加坡)协会、俄罗斯中国总商会、全巴基斯坦中资企业协会、德国中国商会、尼日利亚中国总商会等15家境外中资企业商(协)会发起成立,72家境外中资企业商(协)会成为首批成员。

促进境外中资企业商(协)会高质量发展,加强各商(协)会之间的交流合作和互帮互助,搭建一个信息共享、服务到位、联动高效的综合性平台,已成为各境外中资企业商(协)会的共识。推动完善境外中资企业商会联席会议机制,将对更好地发挥新时期境外中资企业商(协)会的作用,提升中资企业国际化水平,加快与当地经济和社会的融合发展,履行好社会责任,树立好中国企业形象,维护好中国企业权益等方面产生重要积极影响。

一是努力加快组织发展,扩展联席会议中商会组织的参加范围。要稳步增加参会的境外中资企业商会数量。探索设立联络处等代表机构,不断延伸联席会议覆盖范围。利用商会覆盖世界不同地区的优势,不断推动和指导地方成立相同或类似商会,并吸纳为联席会议成员。商会自身要不断优化会员结构。既要体现代表性,重点吸收所在行业领域实力排名靠前的头部企业,也要注重广泛性,兼顾在细分行业领域代表性强的中小微企业和成长性好的企业。对出现发展困难会员,不要"挤水分"，要主动加大帮扶力度帮助企业渡过难关。

二是提升联席会议的服务功能。联席会议成立后应注重整合资源、加强协作、形成合力，定期召开联席会议，通过汇总国别数据、产业信息和项目信息等方式，协助中资企业更好融入当地、履行社会责任，从而实现健康稳定可持续发展。在服务行业发展时，要加强调查研究，及时了解反映行业和会员诉求，积极参与制定行业发展战略规划，提升行业发展水平，参与制定行业标准，推进形成产业集群，形成聚合发展，为中国企业在战略性新兴产业和领域赢得发展主动权。在服务会员时，要聚焦会员的所思所想所盼，主动适应会员特点和需求，创新运行机制，丰富活动方式和内容，帮助企业解决实际困难，通过开展丰富多彩的活动，为会员搭建融资、信息、法律、技术、人才、对外交流等服务平台，助推企业转型升级、提质增效、创新发展。

三是切实提升规范化建设水平。规范发展是联席会议作用发挥的前提，加强联席会议规范化建设，提升专业化建设水平需要做好以下工作：健全内部管理制度，切实建立健全以章程为核心的财务、人事、会员管理、资产管理、分支机构管理等的内部管理制度；主动进行信息公开，建立健全公开承诺制度，自觉接受会员监督和各职能部门的综合监管；切实加强秘书处职业化建设，招聘高素质、年轻化、热心社会工作的人才，提高薪资待遇，落实劳动合同，形成稳定专职工作人员队伍。

第四节　建设对外开放新高地

从高标准经济自由化视角看，建设对外开放新高地也是建设更高水平开放型经济新体制的方法和路径之一。高水平建设自贸试验区，稳步推进海南自由贸易港和中国（上海）自贸试验区临港新片区建设，以及发挥好进口博览会等重要展会平台作用是其三大主要任务。

一、　推动建设高水平开放的自贸试验区

为适应中国新一轮对外开放战略，2013 年 8 月 22 日，党中央、国务院决定设立

中国(上海)自由贸易试验区,旨在新形势下通过探索高标准制度创新来推进改革开放的重大举措。中国(上海)自由贸易试验区揭开了中国自贸区战略的序幕。此后,2015年4月21日,广东、天津、福建等3个自贸试验区揭牌;2016年8月31日,新设辽宁、浙江、河南、湖北、重庆、四川和陕西等7个自贸试验区;2018年10月16日,中国(海南)自由贸易试验区成立;2019年,新增设山东、江苏、广西、河北、云南、黑龙江6个自贸试验区;2020年9月,安徽、湖南、北京等3个自贸试验区成立。截至2020年底,中国共设立21个自由贸易试验区。

自贸试验区采用准入前国民待遇＋负面清单模式,对投资贸易的自由化和便利化起到了积极的推动作用。因此,投资贸易便利化成为中国自由贸易试验区实施制度创新的主要抓手。余淼杰和梁中华(2014)指出,贸易自由化通过降低资本品成本、中间投入品价格和劳动替代型技术引进成本,显著降低了企业层面的劳动收入份额。周岩和陈淑梅(2016)指出,贸易自由化和便利化有利于沿线国家形成比较优势互补、产业结构优化的贸易新格局,对各国经济增长和福利水平提高均具有显著的促进作用。施炳展和张夏(2017)指出,贸易自由化不仅提升了消费者福利水平,而且促进了消费者间福利分布公平化。Wilson等(2003)发现提升了通关便利化程度,有利于提高政策透明度和可预测性,提升进出口系统效率,降低企业的行政管理费用,有利于营造宽松开放的贸易环境,促进商品和市场要素的自由流动,从而增加贸易规模。Karabarbounis和Neiman(2013)认为,贸易自由化不仅降低了资本品的进口关税,而且通过加剧资本品市场的竞争带来的国内资本品价格下降,提高了资本品的可获得性。

自贸试验区制度创新红利还可能体现在推进资本项目开放和贸易市场拓展等方面。Yao和Whalley(2015)指出,中国(上海)自由贸易试验区的浮动汇率与资本自由化政策,通过降低资本管控程度,从而促进了中国资本市场的自由化。类似的,杨帆(2014)指出,中国(上海)自由贸易试验区可通过国际水准的投资便利、货币兑换自由、监管高效便捷、法制环境规范等方面的制度创新,利用区域内放松外汇管制来推动人民币国际化。李猛(2017)从区域发展战略角度论述了中国自由贸易试验区政策的作用。他指出,中国自由贸易试验区政策与"一带一路"倡议具有相近的背景和功能价值,同为新时期改革开放战略的重要组成,共同促进中国对外贸易发展。竺彩华和李锋(2016)指出,贸易管理制度框架正由关境便利化转向关境内便利化,这种特殊的海关监管制度是上海自贸试验区的最大特点,可以简化手续、降低成本,使得区内人员和货物高效快捷流动,有利于对外经济贸易的发展。

(一)进一步完善区域布局,赋予自贸试验区更大改革自主权

建设高水平自贸试验区有利于完善区域布局,主要应着手区域经济协调发展,推动自贸试验区及其周边的经济体系的发展方向,有机促进自贸试验区与周边经济体系的合作,发挥试验区的辐射带动作用,并通过带动周围经济发展来享受区域联动的回馈,形成良性循环。

1. 自贸试验区制度改革与经济发展成果分析。

自2013年以来,中国的自贸试验区一直承担着扩大开放试验田和发挥全面深化改革的作用。在这一过程中,各个自贸试验区结合国家的经济指示和当地实际情况,有条不紊地进行了各项试点,取得了一系列成就。据商务部统计,截至2020年,七年来共计形成了约260项改革试点,积累了丰富的经验,这些成功的经验正在陆续向全国复制推广,将自贸试验区的红利分享至全国各地的经济体,形成了改革红利共享、开放成果普惠的良好局面。

2020年以来,虽然新冠肺炎疫情的暴发给自贸试验区的改革和发展造成了不小的困扰,但各个自贸试验区并没有在困境中止步不前,而是尽最大的努力消除疫情带来的负面经济影响,继续改革创新、大胆摸索,困局更彰显创新的力量。2020年的前10个月,各个自贸试验区不但持续推进优化营销环境的进程,还有效激发了市场活力,对中国在疫情期间稳定外贸和稳定外资两个方面做出了积极贡献。2020年1—10月,前18家自贸试验区进出口总额达3.8万亿元人民币,占全国14.8%;其中,浙江、河南、四川自贸试验区增速亮眼,进出口分别同比增长80.5%、52.9%和38.3%。前18家自贸试验区实际利用外资1 310.1亿元人民币,占全国16.4%;其中,海南、福建、上海自贸试验区增速显著,实际利用外资分别同比增长

49.8%,46.5%、39.4%。

2. 以自贸试验区合理布局促进区域协调发展。

为减小区域差距,中国政府出台了很多政策措施,例如,西部大开发、振兴东北老工业基地、中部崛起等,但是效果仍有待提高。自贸试验区作为制度创新高地,其优秀制度成果在有着相似地理因素、文化因素的临近区域有着更好的适应性和可复制性,可以更好地被周边地区吸收,促进周边区域制度创新和经济发展。自贸试验区的设立,可以通过制度创新,缩小不同地区制度环境等方面的差距,进而缩小地区差距。所以,合理的自贸区布局可以实现区域内"1+1>2"的效果,既利于推动形成全方位、多层次、多元化的开放合作格局,又有利于打造国际合作与竞争新优势。

对于自贸试验区的选址并不是随机和独立的,而是对国家战略和区域协调发展的综合考量。2020年北京、安徽、湖南三个新设立的自贸试验区便体现了以自贸试验区布局促区域协调发展这一点。2020年以前中国设立的18个自贸试验区,其中11个所在的省份是靠海的,还有7个属于内陆地区。北京自贸试验区会实现京津冀的全覆盖,有利于推动京津冀协同发展。安徽自贸试验区实现了长三角全覆盖,有利于推动长三角区域一体化。湖南自贸试验区则可以进一步叠加中部崛起等国家发展战略。

3. 完善自贸试验区域布局。

首先,21世纪以来,中国逐步形成了西部大开发、东北振兴、中部崛起和东部率先发展的区域发展总体战略,该战略至今仍是中国区域发展的重要指导性战略。在完善自贸试验区区域布局时应考虑区域协调发展总战略,协调区域经济发展。

其次,完善自贸试验区区域布局要考虑构建合理的区域产业结构。以区位优势为基础,突出能发挥地区优势的产业,兼顾区域分工,各个地区相互服务,良性发展。

再次,自贸试验区布局应考虑自身重点发展领域与所处地域营商环境的兼容性,在北京、上海、广东等营商环境靠前区域考虑以更优的环境推动自贸试验区与国际接轨,在营商环境靠后的区域则考虑以自贸试验区为基点,带动区域营商环境的改善。

此外,完善自贸试验区区域布局还要着重对落实改革试点任务进行监督,以自贸试验区为中心,形成更多可复制、可推广、有效果的制度创新成果。由点及面,推动和支持支持自贸试验区高质量发展的同时,在全国构建适应新时代的新发展格局。这方面具体可以从以下三个方面推进:

第一,可以在创新服务贸易管理方面引入负面清单管理模式,于有条件区域内最大限度放宽服务贸易准入限制。此举既有利于自贸试验区内"放管服"改革,也有利于推动自贸试验区经济纵深发展。第二,可以充分利用金融科技为实体赋能的驱动力,利用金融科技创新监管试点。第三,建立内外链接机制。在激发区内外资外贸活力的同时,可以更加便捷地联系区域经济发展,提供更加平滑的接口,方便改革试点方案向外延伸,同时还可以促进贸易便利化、推动跨境结算。

4. 自贸试验区改革自主权。

党的十九大报告明确指出,赋予自由贸易试验区更大改革自主权,这对自贸试验区发挥其开放型经济"主阵地"的作用提出更高的要求。赋予自贸试验区更多自主权,是因为区内企业和管理部门更了解园区实际情况,太多任务型的管理模式虽然能更好地统筹兼顾全国战略需求,但牺牲了自贸试验区的效率。所以,下一步,自贸试验区一方面可以形成更多针对性强、实效性强、集成性强的制度创新成果,推动更深层次改革;另一方面,可以采取一些更具创新性的措施,比如,将更大的自主改革权与数字贸易充分结合,鼓励发展数字经济背景下的新模式新业态,探索数字贸易与产业合作的新的可能性,为自贸试验区经济从高速发展到高质量发展打下基础,避免自贸试验区发展在新的经济形势下掉队。

(二)加强差别化探索,形成更多制度创新成果

在利用区内优惠政策吸引外资,引进国外先进技术与管理经验,以及进一步扩大地区和国家的出口贸易和转口贸易,从而提升中国在全球贸易中的地位和能级这些方面,现有自贸试验区都取得了丰硕的成果。随着中国经济改革逐步深入,各

大自贸试验区成功经验的复制推广工作也在有条不紊地进行。而各个自由贸易试验区如何基于自身经济发展基础提高区域内要素使用效率,如何利用现有产业结构和区位地理优势特色等因素致力于差别化的制度创新发展路径,将是下一阶段各大自贸试验区应重点关注的问题。

1. 自贸试验区差别化探索的现状。

从自贸试验区建设现状来看,不同类型的自贸试验区之间存在一定的差异。目前,全国各地 19 个自贸试验区、海南自由贸易港、上海自贸试验区临港新片区在发展战略目标、定位上各有不同。比如,上海自贸试验区临港新片区战略定位是打造更具国际市场影响力和竞争力的特殊经济功能区;河南自贸试验区是内陆开放型经济示范区;湖南自贸试验区是中部有序承接产业专业示范区;四川自贸试验区则是西部门户城市开发发放引领区;辽宁和浙江自贸试验区是东部地区海上开放门户示范区;重庆自贸试验区是西部大开发战略重要支点;海南自贸试验区是国家重大战略服务保障区;广西自贸试验区是面向东盟的国际陆海贸易新通道;河北自贸试验区是国际商贸物流重要枢纽;黑龙江自贸试验区是对俄罗斯及东北亚区域合作的中心枢纽;江苏自贸试验区是开放型经济发展先行区;山东自贸试验区和云南自贸试验区则分别致力于打造对外开放新高地和连接南亚、东南亚通道重要节点。

各大自由贸易试验区根据自身的特点,实行差别化探索的趋势越来越明显。例如,广东、天津、福建自贸试验区在 2015 年成立时就在发展方向上展现出不同的侧重点。2018 年 5 月,三个自贸试验区在新的深化方案中再一次根据区域因素制定了各具特色的发展任务和指标:广东自贸试验区提出打造开放型经济新体制先行区、高水平对外开放门户枢纽和粤港澳大湾区合作示范区;天津自贸试验区提出构筑开放型经济新体制、增创国际竞争新优势、建设京津冀协同发展示范区;福建自贸试验区则提出进一步提升政府治理水平、深化两岸经济合作、加快建设 21 世纪海上丝绸之路核心区。

2. 制约自贸试验区差异化发展的制约因素与问题。

随着自贸试验区数量的增多和改革步伐的推进,原有的差异化探索深度略显不足,需要重点梳理现有的制度瓶颈,为下一步的改善措施提供方向。

在新的背景下,覆盖东西南北中的各大自贸试验区应该针对区内经济发展所面临的难点堵点进行排查和记录,把握市场发展的"痛点",结合各自战略定位和区位条件对症下药,进一步深入开展差别化探索,并探索协同推进的路径,借鉴其他存在相同问题的自贸区的解决方案,提高解决问题的效率。现有的自贸试验区差异化探索存在的问题主要是制度创新较为同质化、浅层化,营商环境高地的用户体验不够强,部分自贸试验区制度创新成果较少、受重视程度不够,自贸试验区以改革促发展的作用未得到充分发挥。现有很多制度创先成果都源于利用信息化手段简化手续、流程再造等政务改革层面,不够凸显自贸试验区作为改革开放新高地的重要意义,也无法让在自贸试验区经营的市场主体感受到更优越的营商环境。

3. 自贸区试验区差异化发展的路径。

区域条件决定的差异。区域条件是决定自贸试验区差异化发展的重要因素,自贸试验区所处地理位置决定其差异化探索的未来方向。例如,黑龙江与东北亚地区以及俄罗斯地区临近,决定着黑龙江自贸试验区在加强中国同俄罗斯的合作方面有独一无二的优势;同样,福建自贸试验区可以继续加强其深化两岸经济合作方面起到的作用。

资源禀赋决定的差异。资源禀赋同样是自贸试验区差异化发展所要考虑的因素,不同自贸试验区所处地域有着不同的资源优势和劣势。例如,辽宁自贸试验区可以领域其地理位置和粮食资源的优势,深化打造"中俄粮食走廊"平台;上海自贸试验区利用上海先进的金融体系,加强作为中国融入经济全球化载体的作用。

产业基础决定的差异。例如,各大自贸试验区以更加具体细微的业态需求、项目需求强势带动制度创新,让制度创新为产业发展服务、为项目落地服务。各大自贸试验区应当在原有重点产业基础上,根据当地区位因素和发展需求进行品类拓展。例如,海南自贸试验区可以根据医疗产业和国际旅游项目的落地需要,着重发展这些行业下的优势子类产业,进行全流程制度创新保障;地处东北的辽宁自贸试验区可以利用地理优势,根据"中俄粮食走廊"等项目的需求,针对性地推出例如粮食运输、加工、存储等全产业链等制度。

进行差异化探索意味着某些自贸试验区要进行比较大规模的转型升级，需要注意的是，无论是差异化探索还是自贸试验区转型升级都不是一蹴而就的，这一点可以从其他国家自贸区转型升级的经验中得到验证。20 世纪中后期，全球自贸区开始从临港经济逐渐向金融保险、物流仓储、高科技产业延伸，形成了"港区结合＋现代服务业"的发展模式。例如，伦敦港在港口、航运等具备一定硬实力的产业基础上，大力发展上游服务业，形成提供船舶代理、法律、融资、保险、船级认定等一体的航运服务聚集区，并提供影响全球航运的金融衍生品。这些高端服务业在自贸区聚集、沉淀、延伸，逐渐形成一套市场规则，让伦敦港成为首屈一指的国际航运中心。中国自由贸易试验区的差异化发展同样可以在依托现有产业基础和资源禀赋的基础上，通过制度创新哺育更多新经济、新业态和新产业，在特定优势领域和差异化自然禀赋的条件下形成更适合自己的产业生态。

二、 稳步推进海南自由贸易港和上海自贸试验区临港新片区建设

经济全球化的再平衡，并非仅仅是简单的赞成和支持经济的全球化，而是涉及减小贫富差距、全球环境保护、贫困国家援助等诸多国际议题的重要趋势。在此背景下，中国显然不能缺席经济全球化再平衡的过程，有必要提高对全球化再平衡的参与度，支持全球化的健康发展。一方面，要通过自由贸易港建设向世界提供一个大而富有、公正而开放的中国市场；另一方面，结合"一带一路"国际合作等平台继续向世界各国尤其是向发展中国家提供各种援助和投资，反哺中国经济的健康稳定发展，补平社会建设方面的短板，同时提升中国在世界经济中的地位和话语权。

启动海南自由贸易港和中国（上海）自贸试验区临港新片区建设，是中国向全球展示进一步扩大开放的决心和信心。与现有的自由贸易试验区不同，海南自由贸易港和中国（上海）自贸试验区临港新片区的建设，将形成对外开放的新高地。海南自由贸易港和上海自贸试验区临港新片区都是中国深度融入经济全球化的重要载体，应把生产要素跨境自由流动和现代产业体系作为支撑点，贸易投资自由化

便利化为重点,同时辅以合理的税收制度安排、高效的社会治理体系和完备的法治体系,以此发展成为具有中国特色的自由贸易港。

从国际比较来看,特殊经济区政策是各国实施开放战略的重要组成部分,自贸区政策则包含其中。大量文献量化研究了特殊经济区政策对出口、就业、企业表现乃至技术溢出的积极作用,并从集聚效应、投资激励效应等视角给出解释。Neumark 和 Simpson(2014)认为,特殊经济区导致的企业聚集能够创造丰富的熟练劳动力资源,企业可以受益于更高的劳动生产率。Schminke 和 Van Biesebroeck(2013)的研究结果表明,在特殊经济区运营的企业能够获得更多的贸易伙伴国,以及更高的出口产品质量。而对特殊经济区创造就业的研究结果还没定论,但 Sanders 和 Brown(2012)研究菲律宾特殊经济区情况发现,特殊经济区能够为菲律宾创造新的就业机会,尽管机会集中在少数地区。Wang(2013)发现特殊经济区对人均 FDI 有很强的正向影响,包括国家内部的资源重新配置影响,以及外来的新投资影响。

中国现有自由贸易试验区政策既包含特殊经济区政策的共性,也具有鲜明的中国特色。王利辉和刘志红(2017)发现,中国(上海)自由贸易试验区对上海固定资产投资、实际人均 GDP 以及进出口增长方面产生了积极效应。殷华和高维和(2017)指出,中国(上海)自由贸易试验区显著促进上海 GDP、投资、进口和出口的增长,且具有长期经济效应。刘秉镰和王钺(2018)发现,中国(上海)自由贸易试验区能够显著促进上海创新水平提升。Chauffour 和 Maur(2011)认为,自由贸易区政策的积极作用,较多地归因于自由贸易试验区能够在一定程度上超越市场准入政策的限制范畴,在打破生产要素、商品及服务流动障碍等方面具有重要作用。

(一)以贸易投资便利化为重点,促进要素跨境自由有序安全便捷流动

推进贸易自由便利化的突破点。贸易自由化便利化分为两个方面:一是货物贸易的自由化便利化。二是服务贸易的自由化便利化。在海南自由贸易港和临港新片区推进贸易自由便利化,需要从制定征税商品目录、制定自由贸易港禁止(限制)进出口货物清单、建设高标准的建设口岸的基础设施、实施智能精准监管等方面入手,探讨推进贸易自由便利化的措施。

推进投资自由便利化的突破点。推进投资便利化,是要在实现有效监管的前提下,对货物贸易,实行以"零关税"为基本特征的制度安排。可以继续完善负面清单制度,破除跨境交付、境外消费等服务贸易模式下存在的各种壁垒,给予境外服务提供者更有吸引力的待遇。还可以考虑进一步放宽海南自由贸易港和上海自贸试验区临港新片区的市场准入,加强园区内各类产权保护,营造公平公正的竞争氛围,打造公开透明的投资环境,从而进一步激发各类市场主体活力。需要不断优化外商投资促进服务政策体系,积极引导外资投向先进制造业、现代服务业,落实境外投资者以分配利润直接投资暂不征收预提所得税政策,充分发挥两大园区的政策优势。

推进安全监管措施。投资便利化并不意味不管不顾的全部放开,要贸易自由和安全监管两手齐抓,注意贸易投资便利化进程中安全监管的同步升级。货物监管方面,需要着重从货物清单和货物准入监管两个方面入手。要强化安全准入(出)监管,加强口岸公共卫生安全和产品质量安全管控,同时还要保证生物安全、食品安全等民生、环境方面的监管。在确保履行中国参加的国际条约所规定义务的条件下,制定两区禁止、限制进出口的货物清单,由海关依法对其进行监管。同时,要制定更加详细的自由贸易港进口征税商品目录,对目录外货物进入自由贸易港严格实行免税政策,其他货物照章征收关税。服务监管方面,尤其要重视数字贸易监管。目前,中国对服务贸易的监管,尤其是数字贸易的监管处仍基于过去监管货物贸易的一套办法。用监管传统服务贸易的方法来监管数字经济和数字贸易,属于一种姑息的办法。应当注重从数字贸易监管属权问题、流通机制和敏感数据保护等方面出发,探讨自贸试验区服务监管的推进。

(二)对标国际标准,打造竞争力强的特殊经济功能区

选择国家战略需要强、国际市场需求大、对开放度要求高但其他地区尚不具备实施条件的重点领域,实施具有较强国际市场竞争力的开放政策和制度,加大开放型经济的风险压力测试,打造更具国际市场影响力和竞争力的特殊经济功能区。

一是参照国际高标准自贸区(FTA、FTZ)政策制度。

围绕国际高水平自贸园区开放性政策制度,推动海南自由贸易港和上海自由贸易试验区临港新片区的自由化、便利化的政策。海南自由贸易港和上海自贸试验区临港新片区将以国际上竞争力最强的一批自由贸易区作为前期探索实践的目标,同时兼顾国内外市场,既要保证重点推进的领域能够适应国际市场的需求,又要保证发展方向符合国家战略要求,还要担负起发展其他地方不具备实施条件的国家重点建设领域的责任,结合实际发展经验,研究并提出在国际市场上富有竞争力的开放政策和优惠制度。

作为对标国际公认、竞争力最强的自贸区的载体,海南自由贸易港和上海自由贸易试验区临港新片区要在原实施的综合保税区政策的基础上,进一步取消不必要的贸易监管和审批许可程序,实施更高水准、对标国际的自由化、便利化的政策和制度。

从中国香港到新加坡、韩国,再到中东迪拜和德国汉堡,以及美国纽约,在全球范围内,每一个自贸港或自贸区都有其典型和独特的优势及背景,每一个样本也都蕴藏发展的经验和智慧。所以,要研究梳理中国香港自贸区、新加坡自贸区、纽约港自贸区等国际高标准自贸区政策制度,寻找可以被中国自贸试验区建设借鉴的经验,高效打造更具国际市场影响力和竞争力的特殊经济功能区。

二是重点领域开放与政策制度设计。在经济全球化面临贸易保护主义侵袭的背景下,自贸试验区作为全方位、高水平、多层次对外开放的主力军,要在引进外资、加快进出口、打造高端制造业、抢占技术创新高地等方面起到引领作用。在重点领域开放选择上要围绕服务贸易、先进制造业、科技创新和数字经济等新业态,构建以国内市场为主体的开放的、稳定的、安全的产业链。

中国是全球货物贸易大国,目前在服务贸易领域也发展势头迅猛。尽管如此,从全球范围来看,中国服务贸易的竞争力优势并不明显。而且,在国际经贸新规则中,许多内容和服务贸易息息相关,且服务业有着开放半径更大,影响范围更广的特点。因此,在推进服务贸易开放的进程中,我们要稳扎稳打地探索和尝试,通过试点和评估，不断扩大服务贸易开放对经济的影响，寻找更适合中国国情的发展模式。

三是完善安全审查制度、商事主体登记确认制和金融监管制度。通过完善安全审查制度、商事主体登记确认制和金融监管制度等措施来提高自由贸易园区的国际竞争力。对标国际高水准自贸易园区，可以吸收借鉴高水平自贸区的通行做法，实施外商投资安全审查制度，在保险、证券、科研和技术服务、旅游等重点领域加大对外开放力度，同时放宽注册资本、投资方式等方面的限制，促进各类市场主体公平竞争。要尊重市场主体权力，探索商事主体登记确认制的可行性，对于提交上来的材料和文件采取形式审查的模式。同时，海南自由贸易港和上海自由贸易试验区临港新片区可以借鉴国际上商事纠纷解决方案，加强园区国际商事纠纷审判组织建设，可以允许境外仲裁及争议解决机构在经政府司法行政部门登记并报国务院备案的前提下，在自由贸易试验区内合法设立业务机构，就国际投资贸易等领域发生的民商事争议展开仲裁业务，依法保障中外当事人的合法权益。

在风险可控的前提下，海南自贸港和上海自贸试验区临港新片区还可以借鉴国际先进的金融监管规则，进一步优化优质企业跨境人民币业务办理程序。园区可以试点探索自由贸易账户本外币一体化功能，尝试进一步推进自贸试验区内资本自由流动。支持自贸区的企业参照国际通行规则依法开展跨境金融活动，以实践探索前进方向，根据具体案例一步一步完善自贸区的金融监管体系，提高金融效率。

全球价值链分工的内在要求趋势是标准和规则的跨国界执行。中国经济发展不可能游离在国际标准和规则之外，只会参与其中。因此，自贸区要对标高标准和高度自由化的国际准则，不应有任何迟疑。海南自贸港和上海自贸试验区临港新片区可以参照 TPP 等高标准贸易投资协定，创新试验开放水平更高、具有国际领先水平的新版负面清单，进一步放宽外商投资准入，在各自特色领域试验开放水平更高的负面清单管理。

四是开放型经济的风险压力测试。面对国际市场的种种不确定性，自贸试验区设立之初便有风险压力测试的职责，随着中国持续不断地扩大开放，自贸试验区开放经济压力测试的内容也在不断加码。不同自贸试验区重点领域开放后所面临的压力和风险各有不同,需要我们首先梳理各大自贸试验区控制开放风险的措施和制度,寻找这些制度的共同点,探索可复制的、适合更大范围的风险控制措施,为将来更大范围的开放打好基础。

三、 积极推动国际进口博览会等重要展会平台建设

(一) 打造国际进口博览会的功能性平台,确保越办越好

2018 年,中国举办了首届中国国际进口博览会(以下简称"进博会")。作为世界上首个以进口为主题的大型博览会,进博会是国际贸易发展史上的一大创举。进博会是中国坚持改革开放、主动承诺向世界开放市场的重要举措。以此为平台,中国邀请众多国家和地区参会,彰显了中国以投资带动贸易,实施进出口贸易平衡的战略。同时,从广交会到进博会,从单向到双向,显示了中国贸易战略的转变。东艳和刘杜若(2018)研究认为,进博会将引领全球贸易治理、树立反映国际贸易发展趋势的风向标,有利于中国以主动扩大进口战略推进贸易强国建设,建设现代化经济体系。同时,可以助力上海构建新一轮对外开放的示范新高地,发挥溢出和辐射效应。连续几届进博会,综合效益持续放大,在海内外产生很大影响,受到了广泛赞誉。下一步,中国要将进博会打造成一个国际采购、投资促进、人文交流、开放合作的平台,要办出水平、办出成效、越办越好。李锋和陆丽萍(2019)认为,上海要抓住进博会重大契机,加强其与上海建设"五个中心"、打响"四大品牌"的紧密联动,持续放大进博会的溢出效应。

将进博会打造成国际一流的采购平台。搭建国际采购平台,也就是要搭建一个"买全球、卖全球"的平台,为全球企业拓宽进入中国市场、开展国际合作的"航道"。在逆全球化趋势下,进博会所搭建平台的关键在于创新,要精心策划展会新内容,积极探索办展新模式,努力打造服务新体验,让全球参展商不仅能跨越千山万水相见洽商,也能无缝隙沟通促成交易。

将进博会打造成国际一流的投资促进平台。目前,进博会的国际公共产品属

性日渐增强,正逐渐成为促进贸易往来,积极带动投资成为推动经济全球化奔腾向前的强大力量。如何把进博会搭建成投资促进平台,商品展示平台,让参展商成为投资商,积极构建参展商和投资机构的交流平台,让有意向合作的企业和投资商能够无障碍交流,为外资进入中国、投资项目对接合作提供更广阔的机会,是需要解决的关键问题。

将进博会打造成国际一流的人文交流平台。进博会交易的是商品和服务,交流的是文化和理念。搭建进口博览会的人文交流平台,一方面,可以充分展示中国经济社会发展成果、改革实践、营商环境、城市品牌等内容,向世界展示中国璀璨悠久的文明;另一方面,要疏通国外文化产品展示的通道,促进国外文化和中华文化的交流。

将进博会打造成国际一流的开放合作平台。开放合作是进博会的灵魂。中国有世界上规模最大、门类最全、配套最完备的制造业体系综合优势,有超大规模市场优势,外贸发展长期向好的趋势没有改变。将进博会打造成开放合作平台,有利于充分展示中国互利共赢、合作共享的诚意,为全球企业搭建一个可以彼此学习、共同成长的平台,根据各国各地区的优势和劣势领域,提供针对性的服务,实现以开放促合作、以合作谋发展。

(二)拓展广交会、服贸会等重要展会功能,培育更多具有国际影响力的展会平台

中国进出口商品交易会(简称广交会)是中国对外贸易中最重要的一扇对外窗口。自 1957 年创办以来,广交会累计出口成交约 14 126 亿美元,累计参会境外采购商约 899 万人,是中国目前历史最长、规模最大、商品种类最全、到会采购商最多且分布国别地区最广、成交效果最好、信誉最佳的综合性国际贸易盛会。罗秋菊等(2011)研究发现,广交会这样的城市定期举办的大型商务活动对举办地的许多产业部门具有很强的拉动效应,对当地经济产生明显的持续性的经济效应。

中国(北京)国际服务贸易交易会(简称服贸会)开办至今,已经成功举办八届,已成为全球服务贸易领域规模最大的综合性展会和中国服务贸易领域的龙头展

会。服贸会的举办,对内极大地增强了中国服务业和服务贸易国际竞争力,对加快转变经济发展方式起到了良好的推动作用;对外已发展成为国际服务贸易领域传播理念、衔接供需、共享商机、共促发展的重要平台。

总之,广交会、服贸会作为中国对外开放展会平台,发展已较为成熟。下一步,主要应在原有基础上,积极发挥新兴技术优势拓展展会功能,提升展会规格品质,提升国际影响力。一方面,可以运用 AI、VR 等新技术提升服务水平,突破传统展会模式,搭建云上平台,打造形式多样、内容丰富的活动,突出娱乐性、趣味性、互动性;另一方面,可以邀请国际知名企业家或者国际组织负责人参会,同时发布行业规范标准、发展指数等权威信息,提升展会的国际化和专业化水准。

在三大展会之外,需要我们培育更多有国际影响力的展会平台,更加积极主动融入世界经济发展,为推动国际开放合作贡献更多中国智慧和中国方案。从广交会到进博会,从单向到双向,显示了中国贸易战略的转变。目前,除三大展会之外,中国现在还举办了诸如国际美食博览会、糖酒会、国际图书博览会等展会,但这些展会与国际同类展览会相比,在国际影响力、举办经验等方面略显不足,需要进一步加强建设。

参考文献

陈涛涛、陈晓:《吸引外资对对外投资能力影响的机制研究——以中国汽车产业的发展为例》,《国际经济合作》2014 年第 8 期。

迟福林:《建设更高水平开放型经济新体制》,《马克思主义与现实》2020 年第 6 期。

东艳、刘杜若:《"进博会"的溢出效应和辐射效应》,《人民论坛》2018 年第 31 期。

高凌云、樊玉:《全球数字贸易规则新进展与中国的政策选择》,《国际经济评论》2020 年第 2 期。

郭东乐:《中国内外贸一体化的实践、目标与政策建议》,《财贸经济》2004 年第 5 期。

韩庆祥:《为解决人类发展问题贡献"中国理论"——习近平"人类命运共同体"思想》,《东岳论丛》2017 年第 11 期。

洪俊杰、商辉:《中国开放型经济的"共轭环流论":理论与证据》,《中国社会科学》2019年第1期。

黄启才:《自贸试验区设立促进外商直接投资增加了吗——基于合成控制法的研究》,《宏观经济研究》2018年第4期。

鞠建东、陈骁:《新新经济地理学多地区异质结构的量化分析:文献综述》,《世界经济》2019年第9期。

鞠建东、彭婉、余心玎(2002b):《"三足鼎立"的新全球化双层治理体系》,《世界经济与政治》2020年第9期。

鞠建东、余心玎、卢冰、李昕(2002a):《全球价值链网络中的"三足鼎立"格局分析》,《经济学报》2020年第4期。

李锋、陆丽萍:《进一步放大进博会溢出带动效应》,《科学发展》2019年第8期。

李钢:《中国迈向贸易强国的战略路径》,《国际贸易问题》2018年第2期。

李晶:《中国上海自贸区负面清单的法律性质及其制度完善》,《江西社会科学》2015年第1期。

李猛:《中国自贸区服务与"一带一路"的内在关系及战略对接》,《经济学家》2017年第5期。

刘秉镰、王钺:《自贸区对区域创新能力的影响效应研究——来自上海自由贸易试验区准实验的证据》,《经济与管理研究》2018年第9期。

刘学、伍旭川:《开放经济宏观经济学建模——文献综述》,《投资研究》2019年第8期。

卢江、张晨:《论中国特色社会主义开放型经济体制改革的理论来源》,《经济社会体制比较》2019年第3期。

罗秋菊、庞嘉文、靳文敏:《基于投入产出模型的大型活动对举办地的经济影响——以广交会为例》,《地理学报》2011年第4期。

慕绣如、李荣林:《融资异质性与企业国际化选择——来自微观企业的证据》,《当代财经》2016年第1期。

潘文卿、陈晓、陈涛涛、顾凌骏:《吸引外资影响对外投资吗?——基于全球层面数据的研究》,《经济学报》2015年第3期。

裴长洪、刘洪愧:《中国怎样迈向贸易强国:一个新的分析思路》,《经济研究》2017年第5期。

秦亚青、魏玲:《新型全球治理观与"一带一路"合作实践》,《外交评论(外交学院学报)》2018年第2期。

邱立成、潘小春：《偶然或趋势？——我国对外投资加速增长的因素分析》，《南开学报（哲学社会科学版）》2010 年第 6 期。

施炳展、张夏：《中国贸易自由化的消费者福利分布效应》，《经济学（季刊）》2017 年第 4 期。

宋薇萍、梁敏：《自贸区 2.0 出发》，《上海证券报》2015 年 4 月 21 日。

伍抱一、伍山林：《推动构建开放型世界经济：英美经验与中国思路》，《财经研究》2020 年第 12 期。

喜崇彬：《从进博会看中国物流发展机遇》，《物流技术与应用》2020 年第 1 期。

谢晓彬：《"一带一路"视阈下投资者——东道国争端解决机制的选择与完善》，《法治社会》2019 年第 5 期。

杨帆：《上海自贸区意义究竟何在》，《南方经济》2014 年第 4 期。

杨校美：《吸引外资能促进对外投资吗——基于新兴经济体的面板数据分析》，《南方经济》2015 年第 8 期。

易靖韬、蔡菲莹：《企业创新与贸易方式转型：知识产权保护和贸易自由化的调节作用》，《中国软科学》2019 年第 11 期。

殷华、高维和：《自由贸易试验区产生了"制度红利"效应吗？——来自上海自贸区的证据》，《财经研究》2017 年第 2 期。

于培伟：《关于内外贸一体化的再思考》，《中南财经政法大学学报》2005 年第 3 期。

于鹏：《中国对外贸易市场结构优化研究》，《国际经济合作》2014 年第 4 期。

余森杰、梁中华：《贸易自由化与中国劳动收入份额——基于制造业贸易企业数据的实证分析》，《管理世界》2014 年第 7 期。

张少军、刘志彪：《国内价值链是否对接了全球价值链——基于联立方程模型的经验分析》，《国际贸易问题》2013 年第 2 期。

赵瑾：《习近平关于构建开放型世界经济的重要论述——理念、主张、行动与贡献》，《经济学家》2019 年第 4 期。

郑江淮、郑玉：《新兴经济大国中间产品创新驱动全球价值链攀升——基于中国经验的解释》，《中国工业经济》2020 年第 5 期。

周岩、陈淑梅：《21 世纪海上丝绸之路贸易自由化和便利化的经济效应分析》，《亚太经济》2016 年第 1 期。

竺彩华、李锋：《上海自贸区建设的主要成就与问题分析》，《亚太经济》2016 年第 1 期。

Buckley, P.J., L.J. Clegg, A.R. Cross, X. Liu, H. Voss, and P. Zhang, 2007, "The

Determinants of Chinese Outward Foreign Direct Investment", *Journal of International Business Studies*, 38, 499—518.

Chauffour, Jean-Pierre and Jean-Christophe Maur, 2011, *Preferential Trade Agreement Policies for Development: A Handbook*, World Bank Publications.

Karabarbounis, L. and B. Neiman, 2013, "The Global Decline of the Labor Share", NBER Working Paper No. 19136, June.

Sanders, S., D. Brown and D. A. Swanson, 2012, "The Migratory Response of Labor to Special Economic Zones in the Philippines", *Population Research and Policy Review*, 1995—2005.

Schminke, A., J. Van Biesebroeck, 2013, "Using Export Market Performance to Evaluate Regional Preferential Policies in China", *Review of World Economics*, 149(2).

Wilson, J. S., C. L. Mann and T. Otsuki, 2003, "Trade Facilitation and Economic Development: A New Approach to Measuring the Impact", *World Bank Economic Review*, 17:367—389.

Yao, D. and J. Whalley, 2015, "The Yuan and Shanghai Pilot Free Trade Zone", *Journal of Economic Integration*, 30(4):591—615.

第七章

实施供给侧结构性改革

第一节　供给侧结构性改革的重大理论与现实意义

　　党的十八大之后，中国特色社会主义进入了新时代。中国共产党面临的主要任务是，实现第一个百年奋斗目标，开启实现第二个百年奋斗目标新征程，朝着实现中华民族伟大复兴的宏伟目标继续前进。[①]面对世界百年未有之大变局，以习近平同志为核心的党中央，统筹国内国际两个大局，深刻把握中国社会主要矛盾的变化，综合分析全球经济新趋势与中国经济发展的新要求，继续高举改革旗帜，把握历史机遇，站在更高历史起点全面深化改革。在新的历史时期，为适应全球经济发展新趋势与中国经济高质量发展新要求，全面实施了供给侧结构性改革，形成了新时代供给侧结构性改革思想，为推进中国经济结构战略性调整与经济发展方式转型升级指明了方向。[②]

---

　　①　十九届六中全会《中共中央关于党的百年奋斗重大成就和历史经验的决议》。
　　②　习近平：《决胜全面建成小康社会　夺取新时代中国特色社会主义伟大胜利——在中国共产党第十九次全国代表大会上的报告》。

供给侧结构性改革理论,是习近平新时代经济思想的核心内容,也是习近平新时代中国特色社会主义思想的重要组成部分[1],是当代中国马克思主义与21世纪马克思主义经济思想的主体内容,也是当代中国经济改革实践的主要指导思想,与习近平新时代中国特色社会主义思想中的其他原创性理论,共同构成了马克思主义中国化、时代化、大众化新飞跃的重要标志。[2]坚持以推进供给侧结构性改革为主线,加快推动经济结构转型升级与高质量发展,将成为"十四五"时期乃至2035年及未来相当长的一段时间内中国经济改革的关键内容与重大部署,对于保证中国经济行稳致远与全面建设社会主义现代化国家意义重大。

"供给侧结构性改革"提出伊始,就引起了全球热议与广泛关注。理论学术学术界更是其进行了持续深入研究,系统梳理了"供给侧结构性改革"提出的现实、理论与历史逻辑,全面总结了供给侧结构性改革的理论内涵、实施路径,评价了其理论与现实价值(李文清、丁启丹,2021;陈光宇、张磊,2019;杨振,2020;黄新华、马万里,2019;周小亮,2019;赵宇,2017;金碚,2016)。其中,关于供给侧结构性改革思想与实践产生的理论基础的研究最多(李文清、丁启丹,2021;陈光宇、张磊,2019;杨振,2020;高青松、朱泉郦,2019;方福前,2017),众多学者从马克思主义政治经济学的经典著作中寻找供给侧结构性改革的理论基础,也有学者将供给侧结构性改革思想同凯恩斯的有效需求管理理论进行比较,甚至有学者认为,供给侧结构性改革思想应该追溯到西方供给学派与"新自由主义"的思想,是供给侧改革在中国的翻版。

无可否认,这些相关的重要思想与理论,均或多或少对中国供给侧结构性改革理论与实践的形成与发展具有一定的影响。但任何一项改革都是在特定的历史条件下产生的,是由经济发展自身的规律与需要所推动,已有的社会思潮与经济思想只不过是推动改革的众多因素当中的一小部分力量。不仅如此,任何一项小的改

---

[1] 十九届六中全会《中共中央关于党的百年奋斗重大成就和历史经验的决议》。

[2] 习近平:《决胜全面建成小康社会 夺取新时代中国特色社会主义伟大胜利——在中国共产党第十九次全国代表大会上的报告》。

革均属于整体制度变革过程中的一部分，都不能脱离已有的社会制度本身以及制度变革的整体过程，前者属于后者的延续与发展。习近平新时代供给侧结构性改革理论与思想，是以习近平总书记为核心的党中央，根据社会主义解放与发展生产力的本质要求，立足新发展阶段，在总结几十年中国经济建设与发展改革经验的基础上，针对当前中国经济发展面临的现实问题与需要，在改革实践中不断探索形成的，并在实践中得到不断发展与完善，是中国供给侧改革实践的重要现实理论成果，也将进一步指导中国经济改革的实践，属于中国特色社会主义理论的重要组成部分，区别于以往的任何改革思想与理论。①

由此可见，如何从社会主义制度的本质要求以及中国经济改革实践的历史演变逻辑过程中，理解新时代供给侧结构性改革思想与实践的形成、发展与演变，回答供给侧结构性改革实践的历史必然性与现实必然性，总结供给侧结构性改革实践的过程与效果，对于在全面建设社会主义现代化国家的新时期，如何坚定进一步改革的信心与决心，继续深入推进供给侧结构性改革，均具有重要的理论与现实意义。

同时，供给侧结构性改革理论与实践，与西方国家在 20 世纪 90 年代所提出的"供给革命"及相应的供给学派的理论，有何本质区别？在政策主张与措施上有哪些不同？如何从马克思主义政治经济学来理解需求侧管理与供给侧结构性改革的结合及其共同的理论基础？在构建新发展格局的背景下，如何处理好"需求侧管理"与"供给侧结构性改革"之间的关系，实现二者的动态协调？这些问题不仅是中国特色社会主义政治经济理论必须回答的重要理论课题，也是新时代进一步全面深化改革、实现中国经济高质量发展必须解决的现实政策问题。

最后，在百年未有之大变局下与全面建设社会主义现代化国家新征程的过程中，供给侧结构性改革面临的任务已经发生了深刻变化，进一步推进制度改革与供给将成为未来供给侧改革的重点，这就需要我们立足新发展阶段，系统分析新发展

---

① 习近平：《决胜全面建成小康社会 夺取新时代中国特色社会主义伟大胜利——在中国共产党第十九次全国代表大会上的报告》。

格局下供给侧结构性改革的制度再造。为此,我们将在回顾改革开放以来取得制度成就的基础上,从制度建设层面分析新发展格局下供给侧结构性改革面临的新形势和新任务,给出供给侧结构性改革的制度系统构建。

第二节 供给侧结构性改革的历史演进

一、 供给侧结构性改革的历史必然性

(一)新发展阶段中贯彻新发展理念的现实需要

党的十八大以来,由于 2008 年国际金融危机的持续深刻影响以及中国经济发展自身的阶段性调整,中国发展的外部国际环境与内部条件因素均发生了重大变化。

从外部环境来看,国际金融危机使得全球经济格局深度调整,新一轮产业技术革命蓄势待发,世界面临百年未有之大变局。首先,金融危机后全球大循环受阻,欧美发达经济体依靠科技与金融优势对外进行资本、技术输出与借贷消费,东亚国家通过廉价代工提供产品以及高储蓄进行资本积累,中东地区、俄罗斯、拉丁美洲地区等提供能源资源的原有全球经济分工格局已无法维持。同时,危机之下,贸易保护主义不断抬头,经济全球化受阻,各国利益摩擦与矛盾冲突持续加剧,全球经济的不确定性日益增强,国际市场有效需求也持续萎缩,我们面临的外部环境的复杂程度前所未有。最后,全球大循环的不畅,导致主要国家的生产成本与社会成本不断攀升,传统产业的增长乏力,新兴产业的增长动能与规模尚未形成。为进一步开辟新的发展空间,各经济体积极寻求新的增长动能、发展新的产业,以数字经济为代表的新一轮产业技术革命蓄势待发,全球经济与产业结构即将进入深度变革调整期。

从内部条件来看,中国经济进入了外部需求疲软、劳动力优势逐渐减弱、增长速度逐渐放缓、经济结构与发展方式亟待转换的调整期。首先,随着中国劳动力成

本的迅速上升,依靠廉价劳动力参与国际产业与贸易分工的比较优势已经不复存在,原有的出口与产业分工模式遭受挑战。更重要的是,中国经济经过几十年的高速增长,后发优势不断减弱,经济增长进入减速与收敛阶段,粗放型增长模式中存在的问题开始不断显现,生态环境不断恶化,科技创新对经济增长的推动不足,城乡差距、区域差距不断扩大,"中等收入陷阱"风险不断累积,中国经济进入了"降速换挡"的调整期。与此同时,为抵御2008年金融危机而推出的大规模需求刺激政策的副作用开始暴露,这些在国内外需求扩张与国内经济高速增长阶段形成的产能一时难以消化、退去,再加上技术快速变革、消费结构升级、市场增长放缓,导致传统低端产业严重的产能过剩,大量资金流入虚拟经济与房地产市场,造成债务与金融风险高企,系统性金融风险不断上升。

在全球经济不确定性日益上升、外部环境不断恶化、有效需求不断收缩,以及中国经济增速放缓、动力不足与效益下降的背景下,如何寻找新的动能、形成新的经济结构、重塑中国经济新优势、顺应与把握新一轮全球科技革命的新机遇,是当时中国经济宏观管理面临的现实问题。显然,这些目标仅仅通过扩大有效需求与进行需求侧管理难以实现,要改变原有的以需求侧管理为主的宏观经济管理模式,而供给侧结构性改革成为新形势下宏观经济管理的必然选择。

(二)推进中国经济高质量发展的必然路径

针对日益复杂的外部因素与不断变化的内部经济形势,党的十八大后,以习近平总书记为核心的党中央,在2012年底召开的中央经济工作会议上就快速、准确地作出了"世界经济已由危机前的快速发展期进入深度转型调整期,但我国发展仍处于重要战略机遇期的基本判断没有变"的重大战略性判断,并明确指出,"我们面临的机遇,不再是简单纳入全球分工体系、扩大出口、加快投资的传统机遇,而是倒逼我们扩大内需、提高创新能力、促进经济发展方式转变的新机遇",同时强调"要实现尊重经济规律、有质量、有效益、可持续的发展,关键是深化产业结构战略性调整",这表明了中央对经济发展方式转变与产业结构调整急迫性的清醒认识。2013年9月,习近平总书记在接受多国媒体联合采访时再次强调,"如果我们继续以往的发展方式,我们会有更高的增长率。但是,在宏观经济政策选择上,我们坚定不移推进经济结构调整,推进经济转型升级,宁可主动将增长速度降下来一些,也要从根本上解决经济长远发展问题",这进一步表明了中央调整经济结构的坚决与主动。在2013年中央经济工作会议上,习近平总书记更是给各地方政府提出了明确要求:"我们要的是实实在在、没有水分的速度,是民生改善、就业比较充分的速度,是劳动生产率同步提高、经济活力增强、结构调整有成效的速度,是经济发展质量和效益得到提高又不会带来后遗症的速度。"①显然,中央已经对经济发展方式提出了更高要求,为了解决中国经济在粗放式增长中存在的深层次问题,决心从调结构入手,通过短期内牺牲一定的发展速度,换取长期更高质量的发展,最终实现经济发展方式的转变。

为了实现经济结构调整与发展方式的转变,党中央对新形势下的经济出现的一些新特征与新变化做了深刻分析与把握,提出中国经济已进入了由高速增长阶段转向高质量发展阶段的新常态。在2013年底召开的中央经济工作会议上,习近平总书记提出了"我国经济正处于增长速度换挡期、结构调整阵痛期、前期刺激政策消化期的'三期叠加'时期"的重要判断。②③随后,2014年5月,习近平在河南考察时正式了提出"新常态"的概念,指出"要从当前我国经济发展的阶段性特征出发,适应新常态,保持战略上的平常心态",并在当年11月的亚太经合组织工商领导人峰会上,高度概括了"速度变化、结构优化、动力转化"的新常态的三大特征。④

为了适应"经济新常态",实现中国经济的结构优化与动能转换,推动中国经济可持续发展,加之外需疲软,从需求侧出发依靠投资与出口来扩大有效需求的老路子显然已不可行,从"供给侧"进行发力,通过制度改革与科技创新,改善要素与制度供给,提高全要素生产率,实为不二选择。为此,在2015年11月召开的中央财经

---

① ② 《习近平系列重要讲话读本:实现实实在在没有水分的增长》,《人民日报》2014年7月7日转载。

③ 《关系我国发展全局的一场深刻变革——习近平总书记关于完整准确全面贯彻新发展理念重要论述综述》,《人民日报》2021年12月8日。

④ 新华网:《习近平首次系统阐述"新常态"》,2018年11月9日。

领导小组第十一次会议上,习近平总书记指出:"在适度扩大总需求的同时,着力加强供给侧结构性改革,着力提高供给体系质量和效率,增强经济持续增长动力,推动我国社会生产力水平实现整体跃升"[①],于是"供给侧结构性改革"应运而生。在随后即 11 月 18 日召开的亚太经合组织工商领导人峰会上,习近平总书记再次强调:"要解决世界经济深层次问题,单纯靠货币刺激政策是不够的,必须下决心在推进经济结构性改革方面作更大努力,使供给体系更适应需求结构的变化。"[②]可以看出,中央关于供给侧结构性改革对于解决经济深层次问题、实现经济更高质量发展的重要性,及其与需求侧管理之间的关系,已经有了非常清晰的认识,深化供给侧结构性改革的共识已经形成。

总之,供给侧结构性改革是中国经济进入新常态背景下,转变经济发展方式、实现经济结构调整的必然选择,是当前历史阶段条件下中国经济改革发展的必然结果,也是实现更高质量发展的必经阶段,具有一定的现实必然性。

（三）进一步解放与发展生产力的必然要求

社会主义的本质要求之一就是解放与发展生产力,就是破除生产关系与上层建筑中与生产力发展不相适应的因素。党的十一届三中全会公报指出:"实现四个现代化,要求大幅度地提高生产力,也就必然要求多方面地改变同生产力发展不适应的生产关系和上层建筑,改变一切不适应的管理方式、活动方式和思想方式,因而是一场广泛、深刻的革命。"[③]供给侧结构性改革的关键在于,通过一系列制度改革降低市场管制与经济运行的制度性成本,促进要素自由流动与增强经济的创新活力,从而提高供给质量,矫正要素配置扭曲,扩大有效供给,提高供给结构对需求变化的适应性和灵活性,提高全要素生产率,更好满足广大人民群众的需要。因此,从生产关系要适应生产力发展、上层建筑要适应经济基础转变这一角度来看,供给侧结构性改革本身就是对中国经济改革历程和发展内涵的高度概括(胡鞍钢

---

① 《关系我国发展全局的一场深刻变革——习近平总书记关于完整准确全面贯彻新发展理念重要论述综述》,《人民日报》2021 年 12 月 8 日。

② 习近平:《发挥亚太引领作用 应对世界经济挑战》,《人民日报》2015 年 11 月 19 日。

③ 新华社:《十一届三中全会公报提要》,《人民日报》1978 年 12 月 24 日。

等,2016)。

不同时期的生产力与生产关系之间的矛盾运动呈现出不同特征。追溯与回顾生产力与生产关系之间的矛盾变化与运动规律,能够帮助我们进一步认识当前中国经济发展所处的阶段以及供给侧结构性改革的历史必然性(何成学,2019)。

在社会主义制度确立时期,三大改造的完成,奠定了社会主义公有制的经济基础,标志着社会主义制度的建立以及计划经济体制在中国的确立,极大提高了工人阶级和广大劳动人民的积极性、创造性,极大促进了中国社会生产力的发展,为社会主义建设的发展、人民生活水平的提高开辟了广阔的前景。

改革开放后,在坚持社会主义基本制度的前提下,对不适应生产力发展的生产关系与上层建筑的部分与环节进行深入调整与变革,有效激发了各类市场主体活力和创造力,极大调动了社会各方面的积极性,解放与发展了生产力。党的十一届三中全会后,中共中央全面总结与吸取了过去在脱离生产力盲目变革生产关系问题上的经验教训,结合生成力发展实际变革生产关系,形成了坚持公有制为主体、多种所有制经济共同发展的所有制结构以及按劳分配为主体、多种分配方式并存的分配制度。在资源配置方面,更是破除了社会主义与市场经济对立的思想禁锢与教条,实现了从高度集中的计划经济向社会主义市场经济的完全转变,让市场成为配置资源的主要手段。

党的十八大后,中国社会的主要矛盾转化为发展的不平衡、不充分与广大人民群众对美好生活需要之间的矛盾。因此,如何进一步变革生产关系、突破生产关系对生产力的束缚,解决发展中存在的长期问题,推进中国经济进入高质量发展阶段,就显得尤为迫切与必要。解决现阶段中国发展面临的突出矛盾和问题,"仅仅依靠单个领域、单个层次的改革难以奏效,必须加强顶层设计、整体谋划,增强各项改革的关联性、系统性、协同性"。①同时,大量事实表明,在当前阶段中国经济发展面临的主要问题,根源出在供给侧与结构上,这是制约当前中国经济实现高质量发

---

① 习近平:《坚持历史唯物主义不断开辟当代中国马克思主义发展新境界》,《奋斗》2020年第2期。

展的主要障碍。因此,全面深化改革阶段,必须也只能从供给侧、结构性上入手,围绕供给侧结构性改革这条主线展开,破除经济制度上妨碍生产力发展的长期问题,进一步释放经济的活力,实现经济整体迈向高质量发展。

从经济体制改革、全面深化改革以及供给侧结构性改革这一逻辑关系链条中可以看出,以供给侧结构性改革作为持续深化经济体制改革的主线,把简政放权、放管结合、优化服务改革作为供给侧结构性改革的重要内容,持续增加有效制度供给,用改革的方法持续深入推进上层建筑与经济基础、生产关系与生产力发展相适应,是我们在经济发展新常态与新的发展阶段进一步推进生产力发展的必由之路。但值得注意的是,以供给侧改革为主线全面深化改革,并不是要否定社会主义,相反是为进一步"完善和发展"中国特色社会主义制度。供给侧结构性改革与全面深化改革,是在坚持社会主义制度的前提下,根据社会生产力发展的需要不断调整生产关系,根据经济基础发展的需要不断调整上层建筑,从而适应社会基本矛盾的变化与发展。

总之,从生产力与生产关系之间的矛盾运动以及社会主义的本质要求来看,供给侧结构性改革是中国经济社会的生产力与生产关系之间矛盾不断运动的必然结果,是社会主义制度对解放与发展生产力的本质要求,是中国特色社会主义制度的自我完善,是中国经济改革与发展过程的自然延续,也是中国经济发展的必经阶段,具有一定的历史必然性与制度必然性。

二、 供给侧结构性改革的实践进程

梳理供给侧结构性改革自 2015 年提出以来的具体实践过程,大体可以分为三个阶段。在供给侧结构性改革推进的每个主要阶段,中央都非常明确地部署了阶段性改革任务,采取了不同的改革措施。

（一）第一个阶段:"三去一降一补"

2015 年,为了解决与消化金融危机过程中刺激性政策形成的产能过剩问题,进一步营造宽松的市场环境。中央提出了"三去一降一补"。这一阶段的供给侧改革的重点在"去产能、去库存",解决"存量"无效供给问题。

在 2015 年 11 月召开的中央财经领导小组第十一次会议上,习近平总书记首提"供给侧结构性改革"这一概念,明确指出"推进经济结构性改革,要牢固树立和贯彻落实创新、协调、绿色、开放、共享的发展理念,适应经济发展新常态","战略上坚持持久战,战术上打好歼灭战,在适度扩大总需求的同时,着力加强供给侧结构性改革,着力提高供给体系质量和效率,增强经济持续增长动力,推动我国社会生产力水平实现整体跃升"。①随后,在 2015 年底的中央经济工作会议提出了"去产能、去库存、去杠杆、降成本、补短板"五大任务,强调"着力加强结构性改革,在适度扩大总需求的同时,去产能、去库存、去杠杆、降成本、补短板,提高供给体系质量和效率,提高投资有效性,加快培育新的发展动能,改造提升传统比较优势,增强持续增长动力。着力加强供给侧结构性改革,实施相互配合的五大政策支柱。五大任务与五大政策的提出,为这一阶段的供给侧结构性改革提出了明确的发力方向与具体的政策举措"。②

为了进一步深化供给侧改革,2016 年中央重点关注实体经济与科技创新,将其作为供给侧侧结构性改革的重点,不仅仅再局限于前期的产能过剩问题,并深刻认识到了供给侧改革对于整体经济效率的重要性。正如习近平总书记 2016 年 1 月在省部级主要领导干部学习贯彻党的十八届五中全会精神专题研讨班上的讲话中指出的,"供给侧结构性改革,重点是解放和发展社会生产力,用改革的办法推进结构调整,减少无效和低端供给,扩大有效和中高端供给,增强供给结构对需求变化的适应性和灵活性,提高全要素生产率","我们讲的供给侧结构性改革,既强调供给又关注需求,既突出发展社会生产力又注重完善生产关系,既发挥市场在资源配置中的决定性作用又更好发挥政府作用,既着眼当前又立足长远"。③

(二) 第二个阶段:破、立、降

在第一阶段的历史遗留问题基本解决后,2017 年底的中央经济工作会议提出

---

① 新华网:《习近平主持召开中央财经领导小组第十一次会议》,2013 年 10 月 11 日。
② 新华社:《中央经济工作会议举行 习近平李克强作重要讲话》,2015 年 12 月 21 日。
③ 习近平:《习近平在省部级主要领导干部学习贯彻党的十八届五中全会精神专题研讨班上的讲话》,《人民日报》2016 年 5 月 10 日。

"破、立、降",其政策含义在于:破无效供给,清僵尸企业;立新动能,强化创新;降实体经济成本,降制度性交易成本,旨在避免产生新的无效供给主体、去除旧的动能,属于供给侧改革的"增量供给"阶段。明确指出,"坚持以供给侧结构性改革为主线,推动质量变革、效率变革、动力变革","深化要素市场化配置改革,重点在'破''立''降'上下功夫"。[①]

"破、立、降"是这一阶段供给侧结构性改革的三个方面,是一个完整的链条体系,通过先"破"无效供给、后"立"新供给,达到"降"低成本、降能耗的功效。首先,所谓的"破"就是利用市场化、法制化的手段,以处置大量僵尸企业及产能过剩与高污染、高能耗行业为突破,化解过剩产能与高能耗、高污染产业,从而破除无效供给。其次,"立"就是通过传统产业的优化升级以及新产业、新产品、新技术、新业态的发展来培育新动能,建立新的供给体系与新的产业动能,推动资源要素向新产业、新动能流动。最后,"降"就是通过制度改革,降低制度性成本,通过建立新的供给体系,降低实体经济的运行成本与能耗。

（三）第三个阶段:巩固、增强、提升、畅通

在第一阶段"三去一降一补"以及第二阶段"破、立、降"任务的基础上,2018年底的中央经济工作会议提出"巩固、增强、提升、畅通"的八字方针,即"巩固改革成果,增强活力,提升产业链水平,畅通国民经济循环,补短板"成为供给侧改革的重点。对此,习近平总书记明确指出,"我国经济运行主要矛盾仍然是供给侧结构性的,必须坚持以供给侧结构性改革为主线不动摇,更多采取改革的办法,更多运用市场化、法治化手段,在'巩固、增强、提升、畅通'八个字上下功夫"。[②]供给侧结构性改革的上述"八字口诀",全面总结了第三个阶段改革要实现的目标,且充分说明中央已经认识到供给侧结构性改革是一项长期性改革,以及供给侧改革对于供应链提升、畅通国民经济大循环的重要性,也为后来的"双循环、新格局"经济思想的提出奠定了基础。这一阶段标志着供给侧结构性改革已经向着纵深方向与各个领域发展。

---

① 新华社:《中央经济工作会议举行,习近平李克强作重要讲话》,2017年12月20日。
② 新华社:《中央经济工作会议举行,习近平李克强作重要讲话》,2018年12月21日。

三、 供给侧结构性改革的效果

从 2015 年中央提出供给侧结构性改革以来,尽管全球经济与政治形势波诡云谲,再叠加中美贸易冲突、新冠肺炎疫情等外部不利冲击,但中央以供给侧结构性改革为主线全面深化改革,实现中国经济高质量发展的决心与定力始终未变。在经济下行与外部需求减弱的背景下,我们没有搞"大水漫灌"式的短期需求刺激,而是从供给侧发力,意在通过长期的改革,绵绵用力,攻坚克难,久久为攻,解决经济中存在的长期问题,并已取得了显著成效。

(一)供给侧结构性改革已成为实现高质量发展的关键

十八大后,中国特色社会主义进入了新时代,中国经济进入了新发展阶段。面对经济发展中存在的长期性突出问题,全国上下各地方、各部门始终坚持把新发展理念贯穿到发展全过程和各领域,始终坚持以供给侧结构性改革推动质量变革、效率变革、动力变革。可以说供给侧结构性改革已经深入人心,高质量发展已成为全社会的共识。2020 年初的新冠肺炎疫情发生后,虽然在第一季度出现了中国经济发展史上的最大单季度 GDP 降幅,但中央与各地坚持高质量发展的决心始终未曾动摇,疫情防控与经济转型发展统筹推进。近年来,各地区各部门持续深化"放管服"改革,在巩固、增强、提升、畅通上下功夫,以高质量供给引领创造新需求,有力促进了实体经济发展,增强了发展的内生动力。可以说,深化供给侧结构性改革、实现经济高质量,正成为"十四五"时期中国经济改革与发展的主线。

(二)供给侧结构性改革助推经济总量实现平稳增长

供给侧结构性改革,是一项长期改革,是"壮士断腕"与"刮骨疗毒",短期内经济必然面临较大的下行压力。2020 年初爆发的新冠肺炎疫情更是对国内与全球经济造成了强烈冲击,但中国经济并未实现"硬着陆",而是维持在正常的稳定增长区间,且在疫情冲击后率先复苏,成为 2020 年全球唯一实现经济正增长的主要经济体,全年经济总量超过 100 万亿元,是推动全球经济复苏的重要力量。2021 年中国经济更是在前三季度以同比增长 9.8% 的速度领跑全球,实现了疫情防控与经济发展的全球"双领先"。这不仅说明了中国经济的强大韧性与长期向好的基本面没有变，更进一步表明了供给侧结构性改革已经取得了明显成效。

（三）供给侧结构性改革助力新旧动能持续转换

通过前期的"三去一降一补"以及后期的"巩固与提升"，产能利用率水平得到很大提升。国家统计局公布的数据显示，2021年第二季度全国工业产能利用率为78.4％，处于近年来较高水平。通过前期的降杠杆与化解金融风险，企业资产负债率已有明显下降。截至2021年5月末，规模以上工业企业资产负债率为56.3％，同比下降0.6个百分点。同时，企业单位营收成本下降，2021年1—5月，规模以上工业企业每百元营业收入中的成本为83.48元，比上年同期减少1.24元。同时，新产业蓬勃发展，新动能得到不断培育。国家统计局发布的2020年国民经济统计公报显示，2020年全年规模以上工业中，高技术制造业增加值比上年增长7.1％，占规模以上工业增加值的比重为15.1％；装备制造业增加值增长6.6％，占规模以上工业增加值的比重为33.7％；全年规模以上服务业中，战略性新兴服务业企业营业收入比上年增长8.3％；全年高技术产业投资比上年增长10.6％。全年新能源汽车产量145.6万辆，比上年增长17.3％；集成电路产量2 614.7亿块，增长29.6％。全年网上零售额117 601亿元，按可比口径计算，比上年增长10.9％。

（四）供给侧结构性改革推动创新第一动力不断增强

党的十八大以来，以习近平同志为核心的党中央高度重视科技创新工作，观大势，谋全局，坚持创新在中国现代化建设全局中的核心地位，将科学技术上升为经济发展的关键投入要素，把科技自立自强作为国家发展的战略支撑，完善国家创新体系，加强科技强国建设。通过一系列科技领域的供给侧改革，深化科技创新制度变革，坚持科技创新和制度创新"双轮驱动"，优化和强化技术创新体系顶层设计，明确企业、高校、科研院所创新主体在创新链不同环节的功能定位，激发了各类主体创新激情和活力。此外，通过加快转变政府科技管理职能，发挥好与运用好中国制度在科技攻关中的组织优势，牢固确立人才引领发展的战略地位，营造了良好创新环境，提升了国家创新体系整体效能。天宫、蛟龙、天眼、悟空、墨子、大飞机、高铁、北斗等一大批重大创新成果涌现,科技创新势头强劲,一些前沿领域开始进入并跑、领跑阶段,科技实力正在从量的积累迈向质的飞跃,从点的突破迈向系统能力提升,推动中国科技事业取得历史性成就、发生历史性变革。

（五）供给侧结构性改革进一步强化市场在资源配置中的决定性作用

微观市场主体活力持续增强。根据国家统计局的数据,2021 年上半年,日均新设市场主体同比增长超过 25%;6 月末,全国法人单位数首次突破 3 000 万个,达到 3 039.1 万个,同比增长 16.6%。2021 年上半年,规模以上国有控股企业效益大幅增长;规模以上私营工业企业增加值同比增长 18.3%,快于全部规模以上工业 2.4 个百分点;民间投资占全部投资比重达 57.8%,比上年同期提高 1.4 个百分点;民营企业进出口额同比增长 35.1%,占进出口总额比重为 47.8%,比上年同期提高 2.8 个百分点(宁吉喆,2021)。同时,一步理顺了"市场"与"政府"的关系,持续推进"放管服"改革,推进企业制度性交易成本不断降低,各地的营商环境持续优化,高标准市场体系建设取得成效,市场在资源配置中的决定性作用得到不断发挥。

（六）供给侧结构性改革加速提升产业与区域经济绿色协调发展

通过供给侧不断改革,产业结构得到不断调整,能源结构持续优化,生态环境持续改善,"绿水青山就是金山银山"的绿色发展理念深入人心。根据国家统计局的数据核算,2021 年上半年单位 GDP 能耗同比下降 2.0%,清洁能源消费比重提高 0.4 个百分点。环境质量总体改善。2021 年上半年,全国 339 个地级及以上城市 PM2.5 平均浓度同比下降 2.9%;3 641 个国家地表水考核断面中,水质优良（Ⅰ—Ⅲ类）断面比例为 81.7%,同比提高 1.1 个百分点。需求结构继续改善。2021 年上半年,最终消费支出增长对经济增长贡献率为 61.7%,比第一季度提高 8.2 个百分点(宁吉喆,2021)。同时,民生得到持续改善,脱贫攻坚取得决定性胜利,全面建成小康社会,发展不平衡问题得到缓解。2021 年上半年,城乡居民人均可支配收入之比为 2.61,比上年同期缩小 0.07;中部、西部、东北地区固定资产投资同比分别增长 22.3%、11.4%、11.8%,均快于东部地区,发展不平衡正不断缩小(宁吉喆,2021)。

四、 供给侧结构性改革的未来演进趋势

新时代,围绕如何全面建设社会主义现代化这一重大问题,以习近平总书记为核心的党中央提出一系列新思想、新理念、新要求,强调实现社会主义现代化和中华民族伟大复兴是"坚持和发展中国特色社会主义的总任务",系统谋划了分两步走全面建成社会主义现代化强国的战略安排。"十四五"与2035远景目标规划更是明确了"十四五"时期乃至更长时期中国经济社会发展的奋斗目标和行动纲领,开启了全面建设社会主义现代化国家的新征程,标志着中国特色社会主义进入了新的历史发展阶段。

进入新发展阶段、贯彻新发展理念、构建新发展格局,是"十四五"规划与2035远景目标建议与纲要的核心要义与逻辑主线,是贯彻"十四五"时期乃至全面建设社会主义现代化国家全过程的战略导向。构建新发展格局的关键在于经济循环的畅通无阻,而促进经济双循环的关键在于"深化供给侧结构性改革"。正如习近平总书记在2021年1月的省部级主要领导干部学习贯彻党的十九届五中全会精神专题研讨班上的讲话中所强调的,"在我国发展现阶段,畅通经济循环最主要的任务是供给侧有效畅通,有效供给能力强可以穿透循环堵点、消除瓶颈制约,可以创造就业和提供收入,从而形成需求能力。因此,我们必须坚持深化供给侧结构性改革这条主线,继续完成'三去一降一补'的重要任务,全面优化升级产业结构,提升创新能力、竞争力和综合实力,增强供给体系的韧性,形成更高效率和更高质量的投入产出关系,实现经济在高水平上的动态平衡"。因此,在新发展阶段,构建新发展格局,供给侧结构性改革是关键,要在供给侧结构性改革的过程中,全面、准确、完整认识与落实新发展理念,形成高质量供给体系,实现"双循环"与"新格局"。

深化供给侧结构性改革,是一项长期战略。在全面建设社会主义现代化国家的新征程中,深化供给侧结构性改革,就是要满足人民日益增长的美好生活需要为根本目的,以推动高质量发展为主题,继续坚定不移贯彻创新、协调、绿色、开放、共享的新发展理念,在坚持扩大内需这个战略基点与加快培育完整内需体系的同时,

在各领域进一步深化改革，全面破除制约资源要素自由流动与配置的机制体制障碍，以创新驱动、高质量供给引领和创造新需求，提升供给体系的韧性和对国内需求的适配性，形成高质量供给体系，加快构建以国内大循环为主体、国内国际双循环相互促进的新发展格局，加快建成现代化经济体系，推进国家治理体系和治理能力现代化，实现经济行稳致远、社会安定和谐。[①]

第三节　供给侧结构性改革理论的形成

一、供给侧结构性改革的理论来源与依据

自从中共中央提出供给侧结构性改革以来，国内学术界对其进行了多种理论阐释。本章认为，深化供给侧结构性改革是习近平新时代中国特色社会主义经济思想中极其重要的一环，是马克思主义政治经济学的最新成果。2020 年 10 月召开的十九届五中全会公报指出："坚持扩大内需这个战略基点，加快培育完整内需体系，把实施扩大内需战略同深化供给侧结构性改革有机结合起来，以创新驱动、高质量供给引领和创造新需求。"2020 年 12 月召开的中央经济工作会议进一步强调："加快构建以国内大循环为主体、国内国际双循环相互促进的新发展格局，特别提出要紧抓供给侧结构性改革这条主线，同时注重'需求侧'管理，打通堵点，补齐短板，贯通生产、分配、流通、消费各环节，形成需求牵引供给、供给创造需求的更高水平动态平衡，提升国民经济体系整体效能。"2021 年 11 月 11 日，党的十九届六中全会通过的《中共中央关于党的百年奋斗重大成就和历史经验的决议》指出："全面实施供给侧结构性改革，推进去产能、去库存、去杠杆、降成本、补短板，落实巩固、增强、提升、畅通要求，推进制造强国建设，加快发展现代产业体系。"

那么，供给侧结构性改革与西方经济理论和实践中所提出所谓"供给革命"及

---

① 十九届六中全会《中共中央关于党的百年奋斗重大成就和历史经验的决议》。

相应的供给学派的理论、政策主张有怎样的本质区别？在构建新发展格局下，"需求侧管理"的价值和意义为何？需求侧管理与供给侧结构性改革是否具有内在的关联？如何从新时代中国特色社会主义政治经济学来理解需求侧管理与供给侧结构性改革的结合及其共同的理论基础？这些都是未来中国经济发展重大政策实践问题，也是新时代中国特色社会主义政治经济学需要关注的重大理论问题。

（一）习近平经济思想

坚持马克思主义的立场和方法论。习近平新时代中国特色社会主义经济思想不仅继承了马克思主义，而且还充分体现了新时代人民群众当家作主的时代特征，因此是一种以人民为中心的马克思主义理论和时代发展思想，从而为习近平新时代中国特色社会主义经济思想赋予了灵魂（邱海平，2021）；在根本的方法论层面，习近平新时代中国特色社会主义经济思想将马克思主义中的生产力与生产关系、经济基础与上层建筑的对立统一关系一以贯之，以此来深刻把握和认识新时代中国特色社会主义经济发展现实和规律，并将其进一步应用于新时代中国特色社会主义经济改革和发展实践（邱海平，2021）；在政治原则层面，习近平新时代中国特色社会主义经济思想强调党对经济工作的集中统一领导，坚持了马克思主义的科学社会主义中关于人的自由全面发展和社会全面进步的价值目标，站在无产阶级和广大人民群众的立场上，从而推动中国特色社会主义经济制度的不断完善和经济的不断发展。

体现了系统的辩证思维方法。系统的辩证思想观即指马克思主义的辩证系统思想。习近平新时代中国特色社会主义经济思想全面而深刻地体现了理论与实践、政治与经济、国内与国际、城市与乡村、稳定与发展、人类与环境、合规律与合目的、效率与公平、历史和现实与未来等的辩证法和系统观（邱海平，2021）。譬如，习近平总书记认为"新发展理念的提出，是对辩证法的运用；新发展理念的实施，离不开辩证法的指导"，"要坚持社会主义市场经济改革方向，坚持辩证法、两点论，继续在社会主义基本制度与市场经济的结合上下功夫，把两方面优势都发挥好"，"在市场作用和政府作用的问题上，要讲辩证法、两点论，'看不见的手'和'看得见的手'

都要用好"等。通过充分利用系统辩证思维,可以更加深刻理解习近平新时代中国特色社会主义经济思想中的精华,从而有利于增强中国改革发展的整体性和协调性,不断推进中国全面建设社会主义现代化的发展进程。

(二)马克思主义政治经济学

回顾马克思主义的政治经济学,对于供给理论有着深刻的论述,马克思认为:供给起决定性作用,潜在供给的实现程度取决于需求;在一定程度的生产力发展水平上,有效供给和有效需求的规模及其增长,需要与之相适应的生产关系(方福前,2017)。就这一意义而言,对于马克思《资本论》研究的对象来说,在资本主义的市场经济环境中,资本家对利润的强烈渴求大大增加了全社会范围内的生产和供给。然而,如果考虑的是社会主义社会,那么其生产(或供给)及其增长,最终应由人民群众的实际社会需要所决定。从马克思主义思想来看,生产关系决定了经济结构关系,生产关系的变革或体制的变迁,其最终目的是实现经济结构的调整。马克思的这些重要思想和论述,是中国实施供给侧结构性改革的重要理论基础和依据(方福前,2017)。

坚持马克思主义政治经济学,是推进供给侧结构性改革的根本遵循和基本前提。在马克思主义政治经济学的视角下,供给侧结构性改革的核心就是社会主义生产方式的调整和完善,即持续地整合优化生产方式中的物质技术结构和社会关系结构中不合理、落后的因素,以更好地理顺生产、分配、交换和消费四个环节的交互关系,从而在不断解决社会主义社会主要矛盾过程中更有利于社会主义生产目的的实现(杨宜勇,2017)。因此,在继承的基础上进一步对马克思主义政治经济学进行创新,是实现供给侧结构性改革成功的基本条件。中国供给侧结构性改革的意义在理论层面上影响深远,它在某种程度上超越了西方经济学理论,有力促进马克思主义的重大发展,它立足于中国改革发展的成功实践,进一步实现了马克思主义的中国化应用,丰富了新时代中国特色社会主义现代化的理论内涵。

必须强调的是,中国供给侧结构性改革与萨伊定律、供给学派无论是理论还是着力点都有根本性的不同。萨伊定律强调"供给会自行创造需求",其隐含的思想是,消费者的欲望满足是经济的终极目的与动力,强调市场自主释放的供给能够自发产生均衡。然而,不仅萨伊定律不适用于中国经济,且供给学派对市场有效性的理论假设本身就不同于中国的国情及经济体制。马克思在《资本论》中充分论证了市场中劳动力的商品化所暗含的剩余价值剥削。因此,中国作为社会主义国家,其制度设计中就存在对市场有效性的怀疑,市场并非全能,供需无法自动匹配,这种对市场功能局限性认识的思想一直伴随着中国的经济制度探索与设计。事实上,中国供给侧结构性改革,就充分强调政府要更好地发挥宏观调控职能,并通过推动供给侧的改革深化,推进中国经济的深层次结构重构和调整,解决中国经济的深层次问题,在创新驱动和产业升级的基础上,实现供给质量不断优化和经济增长的动能转换,确保经济持续稳定增长。

(三) 借鉴西方供给学派理论

在某种程度上,供给侧结构性改革理论与供给理论二者是相似的,但是供给理论与供给侧结构性改革的理论分析焦点却有不同。供给理论主要分析的是总供给能力从何而来,受哪些方面的因素所影响;而供给侧结构性改革分析的焦点是在确定供给侧结构及其失衡的基础上,研究如何通过改革来改善总供给结构、提高总供给的能力和质量(方福前,2017)。因此,供给理论与供给侧结构性改革仅仅在分析供给方面存在一定的共同之处,但供给侧结构性改革理论绝不等同于供给理论。

西方古典经济学既是对资本主义制度确立、对自由竞争时期的资本主义市场经济的政治经济理论回应,也是对大机器工业替代工场,手工业的产业革命的回应。古典经济学瓦解之后直到马歇尔的经济学整合,同样也都坚持以供给分析为重点。其实,古典经济学之后直到凯恩斯之前的西方正统经济学(马克思称之为"庸俗经济学")均强调供给分析,特别强调在供给与需求的相互关系上(方福前,2017),供给起决定性作用,并且可以创造需求,进而能与需求自动平衡。这种观点在本质上,不仅是在生产能力仍不够发达条件下对发展资本主义以大机器工业为基础的社会化大生产的强调,而且更重要的是作为资产阶级的政治经济学对资本主义制度优越性和公正和谐性的强调。萨伊等学者所谓"供给可以自动创造需求"的观点,包括19世纪末20世纪初的马歇尔的《经济学原理》中对多种学说的综合,都是在集中论证资本主义市场经济可以形成供求均衡(刘伟,2017),出现供求之间的矛盾,并且指出这是因为资本主义市场竞争不够自由和充分,而不是资本主义市场经济本身内在的矛盾所致(刘伟,2017)。

就西方经济思想史演变而言,凯恩斯主义与供给学派的争论背后存在经济哲学观上的分歧,"凯恩斯革命"之后,西方国家对总需求分析的强调,在经济哲学观上与古典经济学不同,强调政府从总需求上对经济干预的不可或缺性。然而,在20世纪70年代,出现了新的金融危机,"滞胀"现象直接打击了美国经济并进一步波及全世界,这不仅导致全球经济增长徘徊不前,还造成了大量失业;另一方面又间接助长了新的通货膨胀,导致了经济危机的形成和投资环境的恶化,推动了对凯恩斯主义宏观经济学和政策主张的批评与修正,并进一步促使人们开始重视供给管理,形成所谓当代西方经济学中的"供给学派经济学",即针对传统凯恩斯主义需求管理的"供给革命",对"凯恩斯革命"的革命(刘伟,2017)。

20世纪90年代之后,人们对长期经济增长及可持续发展命题关注程度的不断提高,使得技术创新政策、产业组织和产业结构政策、全球化及区域结构政策,以及针对总供给的长期增长政策等,被作为长期性供给管理政策的主要构成部分(刘伟,2017)。但运用供给管理政策,需要深刻的制度创新,特别是要求处理好政府与市场的关系,而在资本主义私有制条件下的市场经济机制,在基本制度上难以协调政府自觉调节和市场自发竞争的矛盾,因而供给管理政策的长期效应在实践中也难以取得明显成效,这就加剧了人们对供给管理政策及所谓供给革命的短期效应和长期效应的质疑。从经济思想史的角度,不论是强调需求侧的"凯恩斯主义"还是强调供给侧的"供给学派",都是把需求与供给割裂开来作为两种宏观经济政策的相机抉择,并没有真正看到供给与需求背后的同一性。

二、 中国供给侧结构性改革的理论逻辑

(一)创新驱动战略与供给侧结构性改革的协同推进

2012年底召开的中共十八大明确提出:"科技创新是提高社会生产力和综合国

力的战略支撑,必须摆在国家发展全局的核心位置。"十八届五中全会提出:必须把创新放在国家发展全局的核心位置,不断推进理论创新、制度创新、科技创新、文化创新等各方面创新。必须认识到,科技创新处于所有创新中的关键焦点,能够直接带动并深刻影响其他领域的创新,是促进经济增长的第一驱动力。

发挥科技创新的引领作用,必须深入实施创新驱动发展战略,不断深化科技体制改革,激发创新主体活力,提升创新要素的配置效率(张慧君、顾梦佳,2016)。当前,中国经济发展环境出现变化,以往的生产要素发生了明显变化,要素组合方式的变革愈加明显,科学技术对于经济增长的影响全面上升。同时,中国产业总体上还处于国际产业链、价值链中低端,高端供给短板明显,创新能力还不适应高质量发展要求。对此,习近平总书记一再强调:"只有把关键核心技术牢牢掌握在自己手里,才能建立起安全稳定的产业链、供应链,筑牢构建新发展格局的根基;才能把握发展主动权,维护国家安全和发展利益。"

从供给侧看,决定一国潜在经济增长率的因素不仅包括劳动力和资本,还有自然资源禀赋、技术发展水平和制度环境。在经济发展过程中,伴随劳动力、资本、自然资源等要素投入的持续增加,它们对经济增长的贡献都会出现边际收益递减趋势,这时只有通过创新,不断促进外生因素如技术水平和制度变革,才能抵消要素边际收益递减对经济增长带来的负面影响,推动要素的生产可能性边界向外不断推移,从而促进经济的长期发展。根据约瑟夫·熊彼特的理解,创新是把一种全新的生产要素和生产条件的"新组合"引入生产体系的过程。创新的内涵及其外延极为丰富,既包括产品创新、技术创新、市场创新,也包括生产要素创新、制度和组织创新。这些创新对于矫正资源配置扭曲、优化经济结构、培育经济发展新动力发挥着重要作用,是推动当前供给侧结构性改革的关键变量。

首先,创新是克服供需结构不匹配的有效手段。中国经济发展进入新常态以来,为了遏制经济下行趋势,政府主要采取扩大总需求的方式来提振经济增长,但效果不甚理想。其中一个重要表现就是消费需求依然乏力。导致消费需求不足的重要原因在于,国内商品供需结构不匹配抑制了居民的消费意愿。

其次,创新可以有效推动产业结构的优化升级。对农业而言,通过完善农村基本经营制度、促进土地有序流转、构建农业社会化服务体系等制度创新,可以提高农业的集约化、产业化、社会化程度,通过加大农业科技创新力度,能够提升农业现代化水平。对制造业而言,把技术创新、产品创新、商业模式创新、品牌创新等多种手段运用到产业结构升级中,有利于增强产业体系整体竞争力(张慧君、顾梦佳,2016)。对服务业而言,将创新融入服务生产和消费的各个环节,可以进一步优化其内部结构,促进生产性服务业向专业化和价值链高端延伸。

因此,推进供给侧结构性改革,是适应和引领新常态的重大创新,其实质就是从决定经济长期增长率的主要因素入手,通过结构性改革与创新,改善资源配置效率,提高全要素生产率,为经济持续健康发展创造不竭动力。在供给侧改革中,创新驱动是核心龙头,深刻影响着其他领域改革的深入推进,不断优化产业链、价值链的结构调整,实现经济发展方式的转型升级。

(二)以供给侧结构性改革的主线推动高质量发展的主题

2017年,中国共产党在第十九次全国代表大会上首次提出"高质量发展"表述,表明中国经济由高速增长阶段转向高质量发展阶段。十九大报告以及中央的多次经济工作会议强调,"通过深化供给侧结构性改革,推动经济高质量发展"。从马克思政治经济学而言,这是习近平新时代中国特色社会主义思想特别是经济思想的重要理论创新成果,其理论内涵、核心要义、政策举措、重点任务既是一脉相承的,也是一个渐进深化、不断拓展的思想体系。

以深化供给侧结构性改革为主线,推动经济高质量发展,是坚持问题导向、解决经济社会发展主要矛盾的重要手段。党的十八大前后,中国经济社会发展长期积累的深层次矛盾和问题日渐凸显,主要表现有:发展方式粗放、三大结构性失衡、生态环境问题严重、城乡区域发展不协调等,这些问题所形成的矛盾错综复杂,而供给侧的问题决定了矛盾的主要方面。因此,解决问题和矛盾的关键在于进一步优化和调整供给结构,解决经济体中存在的结构性矛盾,有效提高整体供给质量,不断改进现有的供给水平。

"以深化供给侧结构性改革为主线，推动经济高质量发展"，是坚持以人民为中心发展思想、贯彻新发展理念的重要举措。理念是行动的先导，必须始终坚持以人民为中心的发展思想，坚持新发展理念，并贯穿到高质量发展指标体系的设计中。比如，坚持创新发展，发挥创新的核心作用，努力形成高质量、多层次、宽领域的有效供给体系；坚持协调发展，促进新型工业化、信息化、城镇化、农业现代化同步发展、深度融合；坚持绿色发展，推进绿色低碳循环发展，倒逼产业转型升级；坚持开放发展，以"一带一路"建设为统领构建全方位开放新格局；坚持共享发展，努力让广大人民群众共享改革发展成果。

以深化供给侧结构性改革为主线，推动经济高质量发展，是坚持目标引领、实现"两个一百年"奋斗目标的必由之路。推动高质量发展就是要建设现代化经济体系，牢牢把握工作主线，坚定推进供给侧结构性改革。为了跨越阶段性关口，必须着力打好防范化解重大风险、精准脱贫、污染防治三大攻坚战，实现全面建成小康社会第一个百年奋斗目标。为了跨越长期性关口，必须大力推动经济发展方式转变、经济结构优化、增长动力转换，加快建设实体经济、科技创新、现代金融、人力资源协同发展的产业体系，努力实现从全面建成小康社会到基本实现现代化，再到全面建成社会主义现代化强国奋斗目标。

（三）深化供给侧结构性改革服务构建新发展格局

加快构建新发展格局，是以习近平同志为核心的党中央根据中国发展阶段、环境、条件变化作出的战略决策，是事关全局的系统性深层次变革。习近平总书记在庆祝中国共产党成立 100 周年大会上的重要讲话中强调："立足新发展阶段，完整、准确、全面贯彻新发展理念，构建新发展格局，推动高质量发展。"构建新发展格局的关键在于经济循环的畅通无阻，这就要求我们必须坚持深化供给侧结构性改革这条主线（刘国中，2021），不断强化实体经济，全面优化升级产业结构，提升创新能力、竞争力和综合实力。

巩固"三去一降一补"成果。新时代，中国经济已由高速增长阶段转向高质量发展阶段，继续发展具有多方面优势和条件。同时，中国发展不平衡、不充分问题仍然突出,经济发展正处在转变发展方式、优化经济结构、转换增长动力的攻关期。这要求我们继续推动更多产能过剩行业调整和整顿,淘汰关停环保、能耗、安全、质量等方面不达标企业,减少无效和低端供给,扩大有效和中高端供给(张宇贤、宋瑞礼,2021);着眼于既促消费惠民生、又调结构增后劲,加大新型基础设施等领域补短板力度。

在深化供给侧结构性改革的同时,也要注重需求侧管理,坚定实施扩大内需战略。内需是中国经济发展的基本动力,扩大内需是构建新发展格局的战略基点。中国拥有全球最大规模的中等收入群体,消费升级方兴未艾,城镇化进程进一步加快,正在成长为全球最大的消费市场。健全扩大内需的有效制度,加快培育完整内需体系,同时在拓展时尚消费、定制消费、信息消费、智能消费等新兴消费方面下功夫,使得国内市场的生产、销售和消费等增值环节快速发展起来,形成需求牵引供给、供给创造需求的更高水平动态平衡。

三、 新发展格局下供给侧结构性改革与需求侧管理的动态协同

解决供给需求结构性错位,需要推进供给侧结构性改革。中国经济面临一系列新的突出矛盾,表面上是发展速度降低,本质上是经济结构问题。中国供需关系正面临产业的结构性失衡,"供需错位"已成为阻挡中国经济实现高质量发展的重要路障:一方面,过剩产能已严重影响了中国经济的转型升级。另一方面,中国目前的供给能力还停留在中低端,而对于价值链的高端产品则难以满足市场需求。一般而言,总需求和总供给分别拉动、推动经济的整体增长。总产出规模及其增长速度决定于总需求和总供给双方力量的大小以及对比关系。总供给能力(潜在的总供给)决定了经济的长期增长趋势。总需求则决定了经济在一定时期总供给能力的利用或实现程度。当一个经济体一定时期的总需求小于其潜在总供给时,实际产出就会低于潜在产出,经济中就会出现产能过剩和失业增加,经济增速将会走低。当一定时期的总需求大于潜在总供给时,经济就会出现通货膨胀,也就是经济过热。当一定时期的总需求结构和总供给结构不匹配时,经济就会出现供给短缺

和供给过剩并存,这就是经济结构失衡。因此,总需求和总供给必须在数量上和结构上保持协调匹配,并且要在动态过程中保持平衡,否则就会出现经济不稳定,甚至出现经济衰退或高通货膨胀。

（一）供给侧结构性改革与需求侧管理的适配性

《中华人民共和国国民经济和社会发展第十四个五年规划和 2035 年远景目标纲要》提出,要"坚持扩大内需这个战略基点,加快培育完整内需体系,把实施扩大内需战略同深化供给侧结构性改革有机结合起来"。为此,必须准确理解供给侧结构性改革与扩大内需之间的关系。

供给和需求的相互关系存在适配和错配两种情况。在供给和需求适配的情况下,只要市场机制充分有效(张培丽,2021),需求的扩大就会牵引供给增加,推动经济持续稳定增长。此时的供求矛盾通常表现为供给大于需求,或者说有效需求不足,需求成为矛盾的主要方面,扩大内需的核心要义是加强需求侧管理,运用宽松的货币政策、积极的财政政策和提高居民收入的分配政策等宏观政策扩大有效需求,解决有效需求不足对有效供给的抑制,促进国民经济良性循环。

在供给和需求错配的情况下,即使总供给等于总需求,供求矛盾还会表现为产能过剩和需求过剩并存,此时,供给和需求的错配表现为结构问题(张培丽,2021)。供给和需求之所以会发生错配,主要是因为:居民消费升级是随着收入增长的自然过程,而供给结构的适配必须经历技术和设备的升级才能实现,这使供给适应需求必然有一定的时滞,从而出现因消费升级而无法实现的产能过剩,以及因升级了的需求得不到新供给的满足而出现的消费抑制或流向境外。此时,供给成为供求矛盾的主要方面,扩大内需的核心要义是加快供给侧结构性改革,迅速增加适应居民消费升级的新供给,以及增加新供给所需要的新投资,解决新供给不足对需求的抑制和需求外流,用新供给创造新需求。

党的十九大明确指出我国社会主要矛盾的转变,供给的不平衡、不充分成为满足人民日益增长美好生活需要的主要制约因素,这为坚持以供给侧结构性改革推动扩大内需奠定了坚实理论基础、提供了明确政策导向。党的十九届五中全会在提出以扩大内需为战略基点的同时,仍强调坚持以供给侧结构性改革为主线,并在提出坚持扩大内需这个战略基点后,将"提升供给体系适配性"确定为第一大任务(张培丽,2021),这就明确地界定了供给侧结构性改革与扩大内需的基本关系,即:坚持以供给侧结构性改革为主线来扩大内需;供给侧结构性改革是手段,扩大内需是目的,内需的扩大是供给侧结构性改革的结果。

(二)供给侧结构性改革与需求侧管理动态协同的现实基础

就构建新发展格局这个目标要求和中国经济运行状况而言,中国经济运行问题既有周期性因素又有结构性因素,主要以结构性为主,且主要矛盾出在供给侧,这要求坚持供给侧结构性改革这条主线。但是需求侧方面有效需求不足的问题日益突出,需要在短期内通过管理手段止住投资、消费持续下降趋势,并与改革手段相配合以促进消费升级,优化投资结构,完善收入分配制度、消费体系,改善投资环境,从长期视角化解需求不足的结构性问题(黄群慧、陈创练,2021)。也就是说,围绕新发展格局要求的经济运行的经济循环畅通,需要短期与长期、需求与供给、管理与改革的综合施策(黄群慧、陈创练,2021),这就要求供给侧结构性改革和需求侧管理的动态协同(如图7.1所示)。

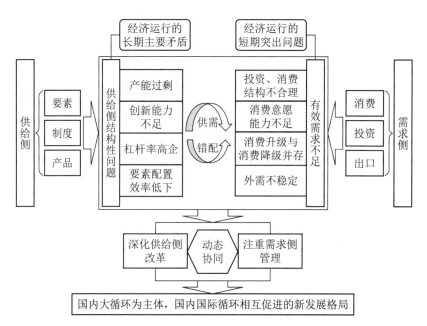

图7.1 新发展格局下需求侧管理与供给侧结构性改革的动态协同

新发展格局的要义是实现经济的高质量增长,核心牵引力就在于培育成熟的国内国际双循环系统,特别是要转变过去"两头在外"的经济循环模式,构建和依靠以国内大循环为主体、国内国际双循环相互促进的"产销在内、内外兼修"的新发展格局。从机制上看,经济高质量发展要求供需两侧达到更高水平的均衡,即形成"需求牵引供给、供给创造需求"的发展机制。"十四五"时期供给侧结构性改革的方向应着重于实现产品和产业升级(黄群慧、陈创练,2021)。中国庞大的经济体量和人口规模使得国内消费市场拥有强大的开发潜力,因此,在继续推进高水平开放的同时,应将创造国内需求作为新阶段供给侧结构性改革的重要抓手,其重点任务在于通过技术创新和高科技产品的进口替代、服务水平的提高来激发国内市场潜力,创造新的更高质量的需求。与此同时,新的需求需要匹配更完善的市场环境和消费能力。通过需求侧管理可进一步提升需求能力,促进需求升级,最终牵引供给升级,形成"国内供给升级→满足国外需求、创造国内需求→国内需求升级→引领供给进一步升级"的经济高质量发展机制,最终实现供给侧结构性改革和需求侧管理的有机统一、高效协同的新发展格局。

深化供给侧结构性改革,在实践上可以为扩大内需创造出巨大的新空间,具体体现在:释放出被压抑的巨大的新需求。即通过深化供给侧结构性改革,提升供给体系与消费结构的适配度,将居民无法得到满足而被抑制的新需求释放出来。以服务业为例,按照世界各国发展经验,人均 GDP 从 5 000 美元增长到 1 万美元期间是服务性消费占比不断提升并超过物质消费占比的消费升级阶段,这意味着居民对文化、健康、养老、体育、旅游、休闲等服务需求大幅上升。但由于中国服务业发展相对滞后,2019 年服务业增加值占 GDP 的比重仅为 53.9%,不仅低于欧美发达国家 70% 以上的水平,也低于世界平均 64.96% 的水平,适应居民新需求的服务新供给不足,大量居民服务性新需求被抑制。因此,十九届五中全会明确提出,要聚焦产业转型升级和居民消费升级需要,扩大服务业有效供给。近年来随着中国产品品质、品牌的提升,尤其是受新冠肺炎疫情影响,外流的需求已开始逐渐转向国内,但从中长期来看消费外流的动因依然存在。十九届五中全会明确指出,要深入实施质量提升行动,推动制造业产品"增品种、提品质、创品牌",就是要与国际标准对标达标,让居民消费升级选择中国的产品和服务。

（三）供给侧结构性改革与需求侧管理动态协同的实现机制

十九届六中全会通过的《中共中央关于党的百年奋斗重大成就和历史经验的决议》（以下简称《决议》）强调:"必须实现创新成为第一动力、协调成为内生特点、绿色成为普遍形态、开放成为必由之路、共享成为根本目的的高质量发展,推动经济发展质量变革、效率变革、动力变革。"

首先,加快供给侧结构性改革,以新供给适应新需求。在供给和需求错配的情况下,以供给侧结构性改革推动扩大内需,就是以居民消费升级形成的新需求为导向,提高供给适应新需求的能力,在更好满足人民对美好生活的需要中实现扩大内需（刘伟,2017）。具体包括:适应居民消费升级形成的新需求,精准提供满足不同消费群体的个性化、创意化、品质化、品牌化、服务化的新商品和服务,有效释放被压抑的居民需求;努力满足居民消费升级形成的品质化、品牌化新需求,精准提供达到、甚至超过国际标准的新商品和服务,把供需错配造成的外流需求吸引回国内。

其次,加快供给侧结构性改革,以新供给引领和创造新需求。在新一轮科技革命大潮下,用新供给引领和创造新需求,就是以抢占数字经济、人工智能制高点为目标导向,加快新产业、新技术、新业态、新模式等新经济的发展,并迅速提高其在GDP中的占比,在创造新投资和新消费中不断扩大内需。主要包括:加快发展战略性新兴产业和高新技术产业等新产业,不断提高其在GDP中的占比,形成扩大内需的新投资,同时新产业创造出的新商品和服务,会创造出巨量新消费;加快新技术自主创新,掌握核心关键技术,既能够因加大研发投入带来新投资、增加科技人员收入派生出新消费,又会因新技术的开发和应用催生出新产业,创造巨量的新投资和新消费;运用新技术改造传统产业,提升产品和服务的品种、品质和品牌,增加技术改造新投资,并因产品适应居民生活品质需要创造出新消费;新模式、新业态是顺应新技术革命对传统生产方式、流通方式、分配方式、消费方式的颠覆性创新,很大程度上适应了与互联网一起成长的新一代消费群体的创业和生活理念,新模式、新业态的发展,能够更好适应新一代消费群体的消费理念和行为,催生消费的爆发式成长。

最后,加快供给侧结构性改革,形成更高水平的供求动态平衡。供给和需求是相互联系、相互依存、相互促进的对立统一,为此,要在供求动态平衡中不断扩大内需。第一,在新供给适应新需求的进程中,新供给的增加会通过扩大就业和提高居民收入进一步推动居民消费升级,形成更高水平和更大规模的新需求,新需求又会牵引新供给,在更高水平上形成新的平衡,以此循环往复,形成不断扩大内需的动态过程。第二,在新供给引领和创造新需求的进程中,新供给引领和创造的新需求开始可能仅被部分消费群体所接受,供给和需求会在较低的水平上达到平衡,但随着新供给在市场上不断发展,供给和需求会在更高水平上达到新的平衡,以此循环往复,形成不断扩大内需的动态过程。第三,新供给引领和创造新需求需要具备必要的市场规模条件,中国超大市场规模使新供给的提供成为可能,而新供给的规模扩大会通过成本的下降进一步引领和创造新需求,以此循环往复,形成不断扩大内需的动态过程。

四、 供给侧结构性改革理论发展的未来展望

党的十八大以来,以习近平同志为核心的党中央作出经济发展面临“三期叠加”、经济发展进入新常态等判断,强调“不能简单以生产总值增长率论英雄,必须深化供给侧结构性改革”。党的十九大作出中国经济转向高质量发展阶段的判断,十九届六中全会《决议》对高质量发展作了进一步强调。《决议》还强调,经济发展理论必须与时俱进,马克思主义的认识论同样指出,新理论产生于新实践,新实践需要新理论指导。这些思想环环相扣,系统回答了经济形势“怎么看”、经济工作“怎么干”的问题。因此,供给侧结构性改革主线论,既是马克思主义政治经济学的最新成果,更是习近平新时代中国特色社会主义经济思想的重要组成部分。

概括而言,未来供给侧结构性改革的理论展望包括三个方面:一是新发展格局

下需求侧管理要紧扣经济发展中的结构性问题，做到更加精准有效。构建国内经济大循环需要从供给侧和需求侧同时发力，更重要的是，要将供需两侧的结构性问题结合起来考虑，集中力量解决阻碍实现更高水平供需平衡的堵点和短板。二是新发展格局下需求侧管理应在扭住供给侧结构性改革这个主线的前提下更加积极有为，宏观经济治理需要兼顾经济增长、充分就业、通胀稳定、国际收支平衡四大目标。三是新发展格局下需求侧管理应围绕扩大内需兼顾短中长期目标，做到保持中性适度需求侧管理必须紧紧扭住扩大内需这个战略基点。同时，需求侧管理还要在中期上促进消费升级，完善投资结构，通过需求升级牵引供应链和产业链发展。需求侧管理要比以往更加中性和适度，在运用当期政策解决紧迫性问题的同时，前瞻性地思考对中长期的影响，把握政策力度，与供给侧结构性改革的力度和节奏紧密结合起来。

第四节　供给侧结构性改革的制度建设

2020年5月18日，中共中央、国务院发布了《关于新时代加快完善社会主义市场经济体制的意见》，对新时代加快完善社会主义市场经济体制的目标、方向、任务和举措进行系统设计和部署。在"坚持以供给侧结构性改革为主线"的基本原则部分，明确指出"加大结构性改革力度，创新制度供给"。由此可见，制度建设作为供给侧结构性改革的重要组成部分，将成为未来深化改革的主要方向。总结过去制度建设的成功经验，展望改革实践中亟待强化的制度创新，把经过实践检验的改革措施制度化，是新发展格局下以供给侧结构性改革为抓手畅通国内国际双循环的重要路径。

从2013年经济进入"三期叠加"的初步判断，到2014年经济发展新常态的系统性论断，再至2015年底对供给侧结构性改革的全面部署，是一个循序渐进、不断探索、深化认识的过程。可以认为，供给侧结构性改革是经济发展过程中的重要创新和必然选择，改革成功的关键是通过基础性的制度改革提供稳定可预期的经济环境。供给侧结构性改革是中国经济发展"新常态"下的新一轮制度创新(方敏、胡涛,2016),是以现代化为主轴、以改革为核心的制度供给创新。通过物质产品供给结构改革和制度供给结构改革的有机结合(徐宏潇,2016),可以从生产力和生产关系两个层面破解双重结构失衡困境,实现需求侧管理和供给侧管理的辩证统一。

百年未有之大变局下,当前供给侧结构性改革面临的任务已经发生了变化,这就需要我们立足新发展阶段,系统分析新发展格局下供给侧结构性改革的制度再造。本节将回顾改革开放以来的制度建设,梳理供给侧结构性改革的制度建设任务和已经取得的成就,基于新发展格局下供给侧结构性改革面临的新形势和新任务,给出供给侧结构性改革的制度系统构建。

一、 改革开放以来的制度建设成就

(一)农村生产组织制度改革

1978—1984 年,中国改革的重点是农村生产组织制度改革,即家庭联产承包责任制。家庭联产承包责任制是党的领导下中国农民的伟大创造,是马克思主义农业合作化理论在中国经济实践中的新发展,是农村经济体制改革的产物,被师邓小平称为"中国社会主义农业改革和发展的第一个飞跃"。家庭联产承包制突破了"一大二公"的旧体制,解放了生产力,调动了广大农民的劳动积极性,提高了农业部门内部的配置效率(沈坤荣、赵倩,2019),取得了丰硕的成果。以家庭联产承包制为基础,随着改革开放的不断深入,中国放开农产品市场,取消农业税,对农民实行直接补贴,初步形成了适合国情和生产力发展要求的农村经济体制。

(二)国有企业改革

1985 年开始,中国经济改革的重点由农村转移到了城市。1993 年,党的十四届三中全会用"财产混合所有的经济单位",提出了混合所有制经济的思想;1997年,党的十五大进一步明确,"公有制经济不仅包括国有经济和集体经济,还包括混合所有制经济中的国有成分和集体成分";2003 年,党的十六届三中全会倡导大力发展混合所有制经济,使股份制成为公司制的主要实现形式;2013 年,党的十八届三中全会明确"国有资本、集体资本、非公有资本等交叉持股、相互融合的混合所有制经济,是基本经济制度的重要实现形式"(刘泉红、王丹,2018;李政,2019)。2013年以来,混合所有制改革呈现出两个重要特征:一是更加强调基于国有企业功能的分类改革(刘戒骄、徐孝新,2018);二是开始注重同企业系统治理理论的更好结合,典型代表是证监会不断完善上市公司股权激励的管理办法。

（三）财税制度改革

1994 年的分税制改革,建立了中央与地方税收体系。根据事权与财权相结合的原则,将税种统一划分为中央税(由国税局征收)、地方税(由地税局征收)、中央地方共享税(由国税局代征,按固定比例返还地方),建立中央和地方两套税收管理制度。分税制改革实现了中央政府与地方政府之间税种、税权、税管的划分,也成功化解了中央政府的财政危机,强化了中央政府对宏观经济的调控能力。但是,分税制改革也存在两大争议,一是土地出让收入归地方政府形成的"土地财政",成为推动房地产市场泡沫重要因素;二是财权与事权的不匹配,使得地方政府财政过于弱势,加之税收返还和转移支付执行层面的问题,使得地方政府负债过重。为此,党的十八届三中全会提出,"中央和地方按事权划分相应承担和分担支出责任","进一步理顺中央和地方收入划分"。

（四）银行制度改革

金融与财政的分离标志着银行制度的整体建设理念由"大一统"转向"多元化",在改革实践中也逐渐形成了"以人民银行为领导,以国家专业银行为主体,多种金融机构并存"的金融体系。1993 年 11 月,党的十四届三中全会通过的《中共中央关于建立社会主义市场经济体制若干问题的决定》,规定组建政策性银行来承担原专业银行的政策性业务。2003 年 9 月,党中央、国务院决定对国有商业银行实施股份制改革。2010 年 5 月,《国务院关于鼓励和引导民间投资健康发展的若干意见》明确规定"允许民间资本兴办金融机构",鼓励民间资本以入股方式参与商业银行的增资扩股。2015 年 6 月,国务院批转《银监会关于促进民营银行发展的指导意见》,对民营银行设立的相关问题作了进一步的详细规定(信瑶瑶,2019;高媛、李阳,2011)。国有商业银行股份制改革,其根本是建立现代企业建构,解决风险软约束问题,形成风险自担的内控机制,建立市场导向的经营行为。[①]近年来,在构建现代金融体系方面,要求金融业增强服务实体经济的能力、守住不发生系统性金融风险的底线,这其实也是对风险管理的重申。

(五)改革开放以来制度建设成就的重要启示

回顾改革开放以来重要的制度建设成就,主要有两方面启示。第一,制度再造不是凭空出现的,它既反映了对现实问题的针对性解决,又需要经过一定时间的实践积累。实践是检验真理的唯一标准,制度建设的效果关键看对经济社会发展的贡献程度,看是否切实解决了当时面临的重要问题。第二,制度建设是因时因地制宜的。彼时行之有效的制度,时至今日未必同样有效。过去的制度尽管很好地解决了当时的问题,但却未必最适用于当前的形势。不能"刻舟求剑"式地简单沿袭过去的制度,而要深刻分析国内外环境变化和经济社会发展的需要,从而作出行之有效的制度调整。

二、 新时代供给侧结构性改革的制度建设任务和成就

(一)"三去一降一补"与"破、立、降"下供给侧结构性改革的制度建设任务

2012年以前的宏观经济政策调控,主要基于凯恩斯主义框架下的需求管理,通过财政政策和货币政策进行短期的逆周期调节,尽管能够较好地解决总量上的问题,但进一步导致了结构性失衡。源自供给侧的体制机制滞后,相应的制度建设不足,是导致宏观经济呈现结构性失衡的主要原因。

为适应引领经济发展新常态,2015年11月,习近平总书记在中央财经领导小组第十一次会议上首次提出"供给侧结构性改革"。2015年12月的中央经济工作会议上,将2016年供给侧结构性改革的任务明确为"三去一降一补"。2017年底的

---

① 中国人大网:《新世纪以来普惠金融实践和理论思考》,2020年3月3日。

中央经济工作会议提出"破、立、降"，这一段时期的供给侧结构性，可以认为是供给侧结构性改革的第一阶段，本阶段主要的任务就是围绕去产能、去库存、去杠杆、降成本、补短板展开。

从制度建设层面看，该时期供给侧结构性改革要完成的任务主要包括：为市场化破产程序、资本市场企业兼并重组、不良资产处置和失业人员再就业等"去产能"过程中可能存在的问题提供相应的政策体系和执行层面的制度依据；推进户籍制度改革，建立购租并举的住房制度，实现房地产市场的"去库存"；严格金融风险监管制度，强化信用违约依法处置制度，完善政府债务管理制度，推动金融市场的"去杠杆"；降低制度性交易成本，落实简政放权，推动企业税收制度改革，推进煤电价格市场化定价制度，帮助企业"降成本"；在企业技术改造、金融创新、基础设施建设、农业生产等方面进行相应的激励机制设计和制度保障，实现"补短板"。

（二）"巩固、增强、提升、畅通"下供给侧结构性改革的制度建设任务

2018 年 12 月，中央经济工作会议又指出，中国经济运行主要矛盾仍然是供给侧结构性的，必须坚持以供给侧结构性改革为主线不动摇，更多采取改革的办法，更多运用市场化、法治化手段，在"巩固、增强、提升、畅通"八个字上下功夫。这标志着，在"三去一降一补"取得显著成效的基础上，供给侧结构性改革的任务有了进一步深化。可以认为，自 2019 年起，供给侧结构性改革进入第二阶段，其核心任务由此前的"三去一降一补"拓展为巩固"三去一降一补"成果、增强微观主体活力、提升产业链水平、畅通国民经济循环。

该时期供给侧结构性改革的制度建设，不仅进一步继续服务于"三去一降一补"，而且还包括：全面推进市场准入负面清单制度，持续优化"放管服"改革体系，打破市场不合理限制和隐形壁垒，增强微观主体活力；试点推广产业链"链长制"，由地方政府一把手亲自担任"链长"，通过产业政策引导，积极推进"延链、补链、强链"，加快促进产业链上下游、产供销、大中小企业协同发展，[①]通过统筹内外部资源

---

① 《"链长制"为何备受各地青睐》，《中国青年报》2020 年 8 月 7 日。

对产业链薄弱环节进行精准施策,切实提升产业链水平;加快建设统一开放、竞争有序的现代市场体系,提高金融体系服务实体经济能力,形成国内市场和生产主体、经济增长和就业扩大、金融和实体经济良性循环。

（三）供给侧结构性改革已取得的制度建设成就

供给侧结构性改革制度建设的路径机制,一类基于马克思主义政治经济学的基础逻辑。从马克思社会总资本再生产理论和两大部类平衡理论角度,通过政策制定和体制完善实现供求平衡;从社会再生产四个环节的辩证关系与矛盾运动出发,重构和再造社会再生产体系;以制度创新缓解生产力与生产关系的矛盾,以劳动价值论原则服务实体经济。另一类基于发展经济学和制度经济学的理论框架。培育新的增长动力以实现新旧动能的有效衔接,通过体制机制改革以形成有效制度供给（《供给侧结构性改革研究的基本理论与政策框架》课题组,2017）;以全局视角从各层次实现微观层面企业创新、中观层面产业升级以及宏观层面制度创新的有机结合（任保平、付雅梅,2017）;通过制度变革实现劳动力、土地、资本、科技、制度五大供给侧要素的组合优化（贾康,2018）;发挥以企业家群体为主的认知性劳动引领作用,实现供给侧的结构特征由罗默区域转向熊彼特区域（周密等,2018）。

供给侧结构性改革的制度建设,致力于实现从国家治理、市场体系、财政制度到政治文明和发展理念的重要逻辑联结（贾康、苏京春,2016）,形成良性增长的经济系统、生态盈余的自然系统以及和谐共生的社会系统（兰洋,2016）;以政策体系的协调性、高效性和高质性来拓宽供给体系的创新空间（金碚,2017）,建立高质量和高水平的供需动态平衡体系（盖凯程、冉梨,2019）;同"需求侧管理"中扩大内需的战略基点更好地匹配起来,基于结构性调整实现供给与需求的动态均衡（孔祥利、谌玲,2021）。

供给侧结构性改革的制度建设,消除了体制机制改革滞后造成的制度交易成本,打破了一系列制度瓶颈。较为典型的制度瓶颈包括:行业垄断和地方保护阻碍要素流动;户籍制度导致制约城乡一体化和人口自由流动;僵化的土地管理制度既不能保证生产效率,又容易引发社会冲突;长期推行的计划生育政策引发人口老龄化,导致人口红利下降和劳动力成本上升;金融创新不足难以支撑实体经济的多样化融资;教育资源配置存在校际、城乡间、区域间等不公平问题;科技成果转化激励机制和知识产权保护制度的滞后,遏制了科技创新;部门之间和区域之间的利益共享机制迟迟未能建立,严重阻碍了资源共享和协同创新;市场经济的公平竞争环境、法治环境和契约精神面临设租寻租的挑战,政府和市场的边界仍不够清晰。此外,地方政府制度供给侧改革,一定程度上解决了深入性欠缺、系统性较差、灵活性较弱等较为突出的问题(莫良元,2020)。

(四)新发展格局下供给侧结构性改革的制度建设任务

百年未有之大变局下,日益严峻的国际环境叠加新冠肺炎疫情冲击,因而必须在坚持对外开放的基础上,更好发挥内需潜力。2020年10月,党的十九届五中全会通过的《中共中央关于制定国民经济和社会发展第十四个五年规划和二〇三五年远景目标的建议》提出:要加快构建以国内大循环为主体、国内国际双循环相互促进的新发展格局。新发展格局下面临的经济社会发展问题,既不是纯粹的供给侧问题,也不是单独的需求侧问题,而是如何更好实现需求侧管理和供给侧结构性改革的动态协同。新发展格局下,供给侧结构性改革的任务重心,将转入如何通过同需求侧管理的有机协同,实现畅通国内大循环。

2021年以后,供给侧结构性改革又被赋予了全新的时代特征和历史使命,从制度建设层面需要完成的任务主要包括:基于生产、分配、流通、消费四个环节,从同需求管理动态结合的角度,构建有效市场和有为政府更好结合的制度体系,畅通国民经济循环。

三、 新发展格局下供给侧结构性改革的制度系统构建

双循环的内涵,主要从社会总生产循环理论的生产、分配、流通、消费四个环节来把握。新发展格局下,供给侧结构性改革的制度系统构建,也应围绕这四个环节进行有针对性的设计。

(一)生产环节

建立多元化的基础研究投入制度和评价制度。生产环节的主要堵点在于核心

"卡脖子"技术和关键零部件。这就需要从源头上保证基础研究投入,夯实自主创新的基础,尽快实现关键技术和零部件的突破。建立以中央财政为引导,各省、市、县财政为主体,企业和社会力量为辅助的多元化基础研究投入制度。建立中央政府对基础研究的投入增长机制以及相应的财务预算制度,要求地方政府根据实际情况设立基础研究专项基金并通过地方立法的形式保证对基础领域的资源投入,鼓励企业、高校、科研院所和其他社会力量承担基础研究计划并以科研基金、捐赠等方式支持基础研究。确保科研经费的稳定性和持续性,特别是在基础研究以及需要较长时间积淀的应用研究领域,给予科研工作人员尤其是优秀人才长期支持。完善基础研究评价制度,对基础研究进行分类评价,突出以创新质量为核心的评价机制;完善科研经费使用、科技创新奖励等激励制度,鼓励从事原创性较强的基础研究。

健全对接基础研究和应用研究的科技成果转化制度。加大产业技术应用转化力度,把科技成果充分运用到现代产业体系的构建中来。建立以需求为导向的科技成果转化制度。推进以企业为主体、高校和科研院所广泛参与的产学研一体化创新机制,推动形成协同创新和成果转化的共同体,实现能力对接企业市场需求、学科对接产业发展方向、科研对接教育教学工作的三位一体产学研新模式。以产权制度建设为核心推动更高效、更便捷的科技成果转化。完善科研人员用科研成果评估作价入股的成果转化制度,赋予科技人员科技成果所有权;完善创新资金扶持制度,由简单的资金拨付模式向项目奖励模式转变,依据成果转化情况进行相应的科研奖励、税费减免或其他政策支持。建立多元化风险投资主体,发挥科技引导基金的作用,建立于科技产业生命周期相适应的科技金融服务产业链,真正实现金融对技术创新以及高新技术产业发展的支持和推动。

形成产业链供应链安全稳定的制度保障体系。产业链与供应链安全稳定是畅通内循环的核心,要构建形成以国内大循环为主的全球价值链体系。基于产业链供应链的分类梳理,完善产业链供应链安全管理体系,针对不同产业、不同地区建立产业链供应链的风险预警制度。目前正在探索完善的"链长制"举措是以政府精准服务降低交易成本的制度设计,是区域政策精准化的有益尝试和公共服务助力比较优势提升的改革实践,充分体现"有效市场"和"有为政府"的更好结合。要以"链长制"为核心,构建产业链供应链安全稳定的制度保障体系,以政府提供公共产品以及高效的信息流动共享为抓手,在产业内畅通、产业间融合、地区间协作等层面,从补链、强链、延链等角度,以营商环境改善、服务提效和制度建构助力产业链供应链的安全稳定。

（二）分配环节

推进收入分配制度改革。从供给侧推动收入分配制度改革,优化居民收入分配制度,有助于稳定就业、拉动消费内需,进而有效推动双循环。要以增加居民收入占国民收入比重为导向,以提高居民消费能力为目标,完善初次收入分配制度,强化二次收入分配制度。依托市场机制,完善工资制度,促进工资在一定区间的合理增长,扩大居民收入增加渠道,打击行政垄断和其他非市场行为的超额报酬。加强税收、转移支付、社会保险等方面的调节精度和力度。建立有助于扩大消费的财政税收制度,推动消费税立法,个人所得税制度在综合和分类更好结合方面进一步完善;优化税收结构,以低收入群体享受更多税收调整优惠为导向,进一步降低制造业、批发和零售业的增值税,适当提升金融业的增值税,加大医疗、健康、家政、养老等生产性服务业的税收优惠政策,放宽对小型微利企业的认定条件;完善社会保障制度,健全中央调剂养老金制度,建立通过大数据分析协调劳动力市场供求关系的长效机制。

构建区域一体化发展的制度体系。由于突破行政区划壁垒的深层次利益共享机制尚未成体系,制约了区域一体化发展的进程。要从制度层面建立区域协同发展的利益共享和利益分配机制,并从官员绩效考核的角度激励地方政府官员主动推进区域一体化进程。制定税收共享制度,各区域税收存量部分仍按归口不动,增量部分实现统一分享。资源信息数据实现区域共享,通过投资项目信息平台等资源信息平台,实现跨区域的"一网通办"。人才引进政策实现良性竞争,推动形成既高度统一、又有梯度差异的人才引进政策体系。建立健全示范区公共服务标准,促进公共服务均等化、普惠化、便捷化。加快推进教育一体化,推进教育资源的跨区域流动,探索区域一体化的高考制度改革。加快推进医保一体化,提升异地就医备案便利性,实现异地门诊直接结算全覆盖。

（三）流通环节

建立要素自由流通的制度体系。畅通国内大循环,不仅要形成产品统一市场,而且要畅通要素流动渠道。依托要素市场化改革,实现土地、劳动力、资本、技术、数据等五大要素的自由流动。土地要素方面,建设用地市场实现城乡统一,农村宅基地制度进一步改革完善,加快发展建设用地二级市场;劳动力要素方面,建立教育、医疗、社会保障等基本公共服务对户籍人口和常住人口同等开放的制度安排,并逐步消除城乡差别;资本要素方面,推动资本市场制度的抗风险性和多层次性,完善股票发行注册制,增强债券市场的联通性,加快人民币国际化的进程,推进人民币资本项目可兑换;技术要素方面,对科技成果的使用、处置以及利益分配进行改革,鼓励以企业为主导搭建集基地、项目、资金、人才于一体的创新联盟,以市场导向和社会需求作为评价科技成果的主要依据;数据要素方面,建立数据资源产权的基本制度,明确跨国数据传输的基本规范,对接数据交易流通的国际标准,打造数据开放共享的国家级数据平台,推动各地区各部门间数据共享交换。

推动户籍制度改革。国家发展改革委发布的《2019年新型城镇化建设重点任务》,明确规定:Ⅱ型大城市全面取消落户限制,Ⅰ型大城市全面放开放宽落户条件,同时全面取消对于重点群体的落户限制。超大特大城市要调整完善积分落户政策,大幅增加落户规模、精简积分项目,确保社保缴纳年限和居住年限分数占主要比例。当前各地的落户政策,大多倾向于对优质人才引进适当放宽条件,但对农村转移人口落户则相对关注不足。通过提升公共服务水平逐步软化户籍制度的硬性约束,在基本公共服务,尤其是医疗、教育、就业等方面实现常住人口和户籍人口的均等化,根据常住人口规模统筹配置公共资源。结合长三角、珠三角的区域一体化推进,就户籍准入年限的跨区域累计互认,进行同城化试点。

构建供应链现代化体系。进入新发展阶段,强大的供应链是支撑双循环新发展格局的重要保障。要以供应链创新与应用试点为契机,把握创新引领、统筹协同、融合发展、巩固深化的基本原则,从产供销紧密衔接和内外贸高效融通两个维度,打造供应链现代化体系。[①]在城市层面,推动供应链先进技术在城市治理方面的应用,形成跨区域和跨部门的供应链体系;针对供应链的横向拓宽和纵向延展,出台相应的顶层制度设计和具体执行细则,形成安全可靠的供应链生态;进一步优化营商环境,通过配套政策鼓励国内供应链参与全球竞争,巩固全球供应链体系中的地位和作用;以乡村振兴战略为指引,以国潮趋势下的消费者偏好演化为依托,加强市场塑造和消费者引导,以需求引导促进供应链安全稳定。在企业层面,通过税收优惠等政策,督促企业加快供应链的数字化转型升级,以5G、物联网、人工智能等新技术,打造现代化供应链的新发展生态和新应用场景;加大对供应链金融的支持力度,鼓励企业为供应链上下游提供多样化的金融服务;加大对企业碳排放的监管力度,推动供应链实现节能环保的绿色发展。

(四)消费环节

完善加速培育新型消费的制度保障。新型消费的培育发展,不仅能够更好地满足居民日常生活需要,而且对于内需体系的打造和新发展格局的构建意义重大。2021年3月,国家发改委印发了《加快培育新型消费实施方案》。需求侧的提升需要供给侧的制度保障给予动态协同,相应的制度保障主要体现在:优化用地用能支持,探索产业融合发展用地、二三产业混合用地等新模式,落实工商用电同价政策,推动直供电改造。强化财政支持,发行地方政府专项债券支撑新型消费的公益性项目建设,将优质在线教育服务纳入地方政府购买的指导性目录。加强金融支持,加大新型消费的信贷支持力度,完善非接触式金融服务,将互联网场景下的保险、支付、出行等纳入风险监管。降低交易成本,鼓励商业银行等机构创新移动支付相关费用,引导各类网络平台优化抽成、佣金,加快数字人民币推动新型消费的试点。

推动形成多主体供给的住房制度。党的十八大以来,"租购并举"制度逐步推

---

① 中华人民共和国商务部:《商务部等8单位关于开展全国供应链创新与应用示范创建工作的通知》,2020年3月30日。

进,但住房市场秩序不规范、供需结构不匹配等问题,亟待通过住房制度建设来解决。要全面贯彻习近平总书记关于住房工作的重要指示批示精神,建立健全多主体供给、多渠道保障、租购并举的住房制度。根据城市人口结构、市场需求的变化,适时调整完善住房建设规划,使租赁住房规划同土地、公共服务设施、城市管理、投融资等规划相互衔接;增加市场有效供给,支持利用存量土地、低效用地、农村集体建设用地等建设租赁住房,鼓励发展长租公寓,推动租赁房屋提档升级,更好满足居民租赁需求;探索"租购同权"实现形式,逐步构建以居住权为依托的基本公共服务体系;加大财税金融扶持力度,降低住房租赁综合税负水平,推动金融机构为住房租赁企业打造专属金融产品;加快出台住房租赁条例,加强对住房租赁企业、中介机构信息发布、资金使用等全流程监管;培育多元化供给主体,发展机构化、规模化住房租赁企业,鼓励房地产开发企业、物业企业等拓展租赁业务,支持民营租赁机构发展。[①]

第五节　结　语

在实践层面,从历史唯物主义的视角来看,供给侧结构性改革,是生产关系与上层建筑一定要适应生产力发展的必然结果,是中国特色社会主义制度的自我完善与前期改革过程的自然延续,是制度创新的重要动力,是全球经济大变局与中国经济现实运行结构调整下的必然选择,也是推进中国经济迈向高质量发展的必经之路,具有历史必然性与现实必然。在全面建设社会主义现代化国家新征程的过程中,仍然要牢固树立中国特色社会主义道路、理论与制度自信,坚定不移贯彻新发展理念,以深化供给侧结构性改革为主线,以改革创新为根本动力,同时注重需求侧管理,形成需求牵引供给、供给创造需求的更高水平动态平衡,构建新发展格局,以满足人民日益增长的美好生活需要与全面建设社会主义现代化国家的新

[①] 《全国政府召开网络议政远程协商会,围绕"建立'租购并举'制度,加快住房租赁市场健康发展"协商议政》,央广网,2020年9月25日。

要求。

在理论层面,一个国家的宏观经济来看,其总产出及其增长是在总需求和总供给相互作用下决定的。总需求是经济增长的拉动力量,总供给是经济增长的推动力量,总产出规模及其增长速度决定于总需求和总供给双方力量的大小以及对比关系。总供给能力(潜在的总供给)决定了一个经济的长期增长趋势,总需求则决定了一个经济在一定时期总供给能力的利用或实现程度。供给与需求是相互依存、相互作用的。微观和宏观经济变量的均衡值都是由供求均衡决定的。不分长短期,只强调供给重要或只强调需求重要,都是片面的,供给侧结构性改革和需求侧管理是中国调控宏观经济的两个基本手段。

在制度层面,从"三去一降一补"到"巩固、增强、提升、畅通",供给侧结构性改革的制度建设任务也进行了相应的动态调整。新发展阶段和新发展格局下的供给侧结构性改革,需要通过制度建设实现供给侧改革和需求侧管理的动态协同,构建有效市场和有为政府更好结合的制度体系,畅通国内国际双循环。深化供给侧结构性改革的制度建设,应从生产、分配、流通、消费四个环节入手,建立多元化的基础研究投入制度和评价制度,健全对接基础研究和应用研究的科技成果转化制度,形成产业链供应链安全稳定的制度保障体系;推进收入分配制度改革,构建区域一体化发展的制度体系;建立要素自由流通的制度体系,推动户籍制度改革,构建供应链现代化体系;完善加速培育新型消费的制度保障,推动形成多主体供给的住房制度。

在中国共产党的领导下,全面建成小康社会的第一个百年奋斗目标已经实现,全面建成社会主义现代化强国的第二个百年奋斗目标未来可期。如习近平总书记在深圳经济特区建立 40 周年庆祝大会上所言,"改革永远在路上,改革之路无坦途",深化供给侧结构性改革将是未来相当长的一段时期内推动高质量发展的主线和抓手。

参考文献

陈兴宇、张磊：《供给侧结构性改革的理论基础、现实背景与价值意蕴》，《中共山西省委党校学报》2019年第5期。

方福前：《寻找供给侧结构性改革的理论源头》，《中国社会科学》2017年第7期。

方敏、胡涛：《供给侧结构性改革的政治经济学》，《山东社会科学》2016年第6期。

盖凯程、冉梨：《〈资本论〉视域下的供给侧结构性改革——基于马克思社会总资本再生产理论》，《财经科学》2019年第8期。

高青松、朱泉郿：《供给侧结构性改革研究进展及评述》，《改革与战略》2019年第02期。

高媛、李阳：《对我国大型商业银行竞争力的实证分析——兼论中国农业银行竞争力提升对策》，《武汉金融》2011年第6期。

《供给侧结构性改革研究的基本理论与政策框架》课题组：《推进供给侧结构性改革的基本理论与政策框架》，《宏观经济研究》2017年第3期。

何成学：《新中国70年社会主要矛盾的演变》，《党史文汇》2019年第6期。

胡鞍钢、鲁钰锋、周绍杰等：《供给侧结构性改革的三大逻辑》，《国家行政学院学报》2016年第6期。

黄群惠、陈创练：《新发展格局下需求侧管理与供给侧结构性改革的动态协同》，《改革》2021第3期。

黄新华、马万里：《从需求侧管理到供给侧结构性改革：政策变迁中的路径依赖》，《北京行政学院学报》2019年第5期。

贾康、苏京春：《论供给侧改革》，《管理世界》2016年第3期。

贾康：《供给侧改革及相关基本学理的认识框架》，《经济与管理研究》2018年第1期。

金碚：《基于价值论与供求论范式的供给侧结构性改革研析》，《中国工业经济》2017年第4期。

金碚：《科学把握供给侧结构性改革的深刻内涵》，《理论导报》2016年第3期。

孔祥利、谌玲：《供给侧改革与需求侧管理在新发展格局中的统合逻辑与施策重点》，《陕西师范大学学报（哲学社会科学版）》2021年第3期。

兰洋：《供给侧结构性改革：反思、溯源与问题》，《理论与现代化》2016年第6期。

李文清、丁启丹：《深化供给侧结构性改革的主题分布与趋势演变——基于对1080篇报纸文献的文本挖掘》，《四川文理学院学报》2021年第02期。

李政：《改革开放40年国企改革的基本逻辑与宝贵经验》，《上海集体经济》2019年第1期。

刘国中:《坚定不移推动高质量发展 凝心聚力新时代追赶超越》,《求是》2021 年第 7 期。

刘戒骄、徐孝新:《改革开放 40 年国有企业制度创新与展望》,《财经问题研究》2018 年第 8 期。

刘泉红、王丹:《我国混合所有制经济的发展历程与展望》,《经济纵横》2018 年第 12 期。

刘伟:《我国供给侧结构性改革与西方"供给革命"的根本区别》,《中共中央党校学报》2017 年第 6 期。

莫良元:《法治行政视域下地方政府制度供给侧改革研究》,《江海学刊》2020 年第 1 期。

宁吉喆:《经济恢复成效明显,发展韧性不断增强》,《人民日报》2021 年 8 月 30 日。

邱海平:《系统把握习近平新时代中国特色社会主义经济思想》,《光明日报》2021 年 7 月 13 日。

任保平、付雅梅:《系统性深化供给侧结构性改革的路径探讨》,《贵州社会科学》2017 年第 11 期。

沈坤荣、赵倩:《改革开放四十年的重大制度创新与阶段性发展》,《学习与探索》2019 年第 1 期。

习近平:《坚持历史唯物主义不断开辟当代中国马克思主义发展新境界》,《奋斗》2020 年第 2 期。

信瑶瑶:《新中国 70 年银行制度建设:思想演进与理论创新》,《财经研究》2019 年第 12 期。

徐宏潇:《双重结构失衡困境与破解路径探索:供给侧结构性改革的政治经济学分析》,《经济问题探索》2016 年第 6 期。

杨振:《供给侧结构性改革的历史逻辑、学理逻辑与实践逻辑》,《理论学刊》2020 年第 2 期。

张慧君、顾梦佳:《让创新成为引领发展的第一动力》,《学习时报》2016 年 2 月 15 日。

张培丽:《以供给侧结构性改革为主线扩大内需的理论与实践逻辑》,《光明日报》2021 年 6 月 1 日。

张宇贤、宋瑞礼:《构建新发展格局要围绕"全""调"做文章》,《经济日报》2021 年 2 月 19 日。

赵宇:《供给侧结构性改革的科学内涵和实践要求》,《党的文献》2017 年第 1 期。

周密、朱俊丰、郭佳宏:《供给侧结构性改革的实施条件与动力机制研究》,《管理世界》2018 年第 3 期。

周小亮:《供给侧结构性改革提升经济发展质量的理论思考》,《当代经济研究》2019 年第 3 期。

第八章

新时代共同富裕论

　　中国是一个实行社会主义制度且人口和地理超大规模的发展中国家,社会主义的本质是解放和发展生产力,消除两极分化,最终达到共同富裕。超大规模和发展中国家则意味着中国实现共同富裕目标是一个需要付出艰辛努力的长期过程。就社会性质而言,实现共同富裕是社会主义制度的内在要求和根本属性,也是中国建成社会主义现代化强国的重要内容和集中体现。1949 年中华人民共和国成立之后,中国在中国共产党的领导下开启了社会主义现代化建设的伟大历程,在某种意义上,这一历程就是中国人民对共同富裕这个主题的思想认识深化史,也是对共同富裕这个目标的实现路径探索史。迄今为止,中国围绕实现共同富裕这个重大主题已经形成了较为丰富的实践经验与理论提炼,这为指引共同富裕事业走向深入提供了充裕资源。从历史实践的角度看,1949 年之后,中国通过社会主义改造所形成的生产资料公有制格局,以及通过实施重工业优先发展战略所形成的独立的、比较完整的工业体系,分别从经济制度和产业体系维度为中国的共同富裕事业奠定了重要基础。1978 年以来,中国开始实施增长导向战略,并通过推进改革开放在全球范围内创造了经济增长"奇迹",社会生产力水平得到了极为显著的解放和发展,并在很大程度上改变了长期困扰中国的落后社会生产格局,这从"做大蛋糕"、显著增强经济实力的角度为中国实现共同富裕目标提供了坚实基础。

2012 年 11 月党的十八大召开以来，中国特色社会主义进入新时代，这意味着中国经济社会发展进入新的历史方位。在新时代背景下，中国社会主要矛盾转化为人民日益增长的美好生活需要和不平衡不充分的发展之间的矛盾，经济格局则由高增长阶段转向高质量发展阶段，社会主要矛盾转化和发展阶段转变意味着中国需要贯彻立足新发展阶段，贯彻新发展理念，加快形成新发展格局，并以此推进高质量发展。在实践层面，2012 年之后，中国着力通过促进城乡结构转化、推进区域协调发展、实施乡村振兴战略、打赢农村脱贫攻坚战等一系列重大举措，减小城乡差距、区域差距，为实现更高水平的共同富裕目标提供有力支撑。从战略目标的角度看，党的十九大报告明确提出，2020 年全面建成小康社会之后，中国全面建设社会主义现代化国家新征程可分为两个阶段，即 2020—2035 年基本实现社会主义现代化阶段、2035 年到本世纪中叶建成社会主义现代化强国阶段。在这一战略布局中，共同富裕始终是中国全面建设社会主义现代化国家新征程的一个目标指向，"全体人民共同富裕迈出坚实步伐"是中国基本实现社会主义现代化的重要内容，"全体人民共同富裕基本实现"则是中国建成社会主义现代化强国的重要内容。2020 年 10 月十九届五中全会通过的《中共中央关于制定国民经济和社会发展第十四个五年规划和 2035 年远景目标的建议》、2021 年 3 月发布的《中华人民共和国国民经济和社会发展第十四个五年规划和 2035 年远景目标纲要》都明确提出要推动"全体人民共同富裕取得更为明显的实质性进展"，这意味着相对于新中国成立初期、改革开放初期以及新世纪初期，新时代赋予共同富裕以新内涵和新目标要求，同时也具备追求更高水平共同富裕的有利条件。概而言之，新时代中国实现共同富裕正站在新的起点上，并面临着的目标。

实现共同富裕是中国特色社会主义的内在要求，从逻辑上说，中国针对共同富裕这个重大主题所形成的经验总结、认识深化、理论提炼，都是马克思主义经典理论在中国的具体应用，是马克思主义中国化的组成部分，是中国共产党立足中国实践推进理论创新的重要内容。尤其是，在中国特色社会主义进入新时代之后，以习近平同志为主要代表的中国共产党人从新的实际出发,紧紧围绕新的重大时代课题不断推进理论创新,在不断深化对中国特色社会主义建设规律认识的基础上形成了习近平新时代中国特色社会主义思想。十九届六中全会通过的《中共中央关于党的百年奋斗重大成就和历史经验的决议》明确指出,习近平新时代中国特色社会主义思想是当代中国马克思主义、21世纪马克思主义,是中华文化和中国精神的时代精华,实现了马克思主义中国化新的飞跃。以习近平同志为主要代表的中国共产党人在总结历史经验的基础上,针对共同富裕形成了一系列重要论断和阐述,并在新时代带领全国人民接续推进共同富裕事业。从经验总结和理论提炼的角度出发,可以将中国针对实现共同富裕的条件、目标、方式的理论认识和实践总结简称为新时代共同富裕论。显而易见,新时代共同富裕论是习近平新时代中国特色社会主义思想、尤其是习近平新时代中国特色社会主义经济思想的重要组成部分,其在习近平新时代中国特色社会主义经济思想的完整体系中占据着关键位置,发挥着重大作用。新时代共同富裕论对当前和未来中国扎实推进共同富裕、实现更高水平的共同富裕目标也具有重要启发和指引作用。由此可见,系统梳理中国推进共同富裕事业的实践轨迹,进而阐释中国推进共同富裕的经验总结和理论体系,具有重要性和必要性。由此出发,本章沿着理论逻辑和实践逻辑两条主线,深入研究中国实现共同富裕的实践过程、经验总结和理论提炼,特别是阐释中国实现共同富裕的实践在经济发展史上的主要贡献,说明中国实现共同富裕的实践对其他经济体的启发作用,揭示中国实现共同富裕的思想对已有经济理论的改进功能,并立足于新时代共同富裕论引申出对后续中国建设社会主义现代化强国、实现高质量发展的政策含义。我们的研究对推动新时代中国特色社会主义经济思想的学理化体系化具有重要作用,对实现新时代中国业已确立的经济社会发展战略目标具有重要意义。

第一节　实现共同富裕的相关研究文献及其评述

实现共同富裕对中国共产党和国家的事业而言具有重大意义,它是中国推进社会主义现代化建设的重要目标，也是中国开创中国式现代化道路的重要标志。中国共产党领导中国人民推进革命、建设和发展，最终落脚点就是促使全体人民共享发展的成果，实现共同富裕并促进人的全面发展。从实践的角度看，中国是一个人口和地理规模超大的发展中国家，在世界范围具有显著的超大规模特征，迄今为止，中国在发展实践中仍存在制约共同富裕目标实现的诸多因素，特别是在改革开放之后的一段时期内，中国收入分配差距在高位徘徊、甚至在波动中走高，这些均成为影响共同富裕目标达成的直接因素。基于共同富裕战略目标重要性和现实约束性之间的"冲突"，国内学术界针对共同富裕这个主题、尤其是与此关联的收入分配差距问题进行了广泛研究。十九届五中全会明确提出要推动"全体人民共同富裕取得更为明显的实质性进展"，在此之后，针对共同富裕问题的研究进入一个急速增长的新阶段。根据中国知网（CNKI）提供的资料，1998—2020 在 CSSCI 期刊上发表的标题含有"共同富裕"的论文数在 5—29 篇。但 2021 年该数据攀升至 149 篇。不难发现，共同富裕正成为现阶段中国哲学社会科学、特别是经济学研究的一个焦点问题。以研究的内容作为基准，当前学术界针对中国共同富裕问题的文献主要可划分为如下线索。

一、 针对共同富裕内涵的研究

理解中国的共同富裕事业首先需要廓清"共同富裕"的内涵。据此，已有研究从多个角度探究了共同富裕的含义，这些探究的一个特征是凸显了在不同时段中共同富裕概念的动态演变，以及在跨国比较中共同富裕概念的国别差异。从历史视角看，刘长明、周明珠（2020）强调，无论是上古文明中的"天道均平，人道法天"，还是先秦百家的"损益之道，抑强扶弱"，或者是农民起义中提出的"等贵贱，均贫富"等思想，都在一定程度上体现了共同富裕的内核。这意味着，共同富裕对于具有千年传统文化的中国来说，并不是一个当代才出现的新鲜的名词，现阶段中国强调共同富裕内在契合并延续了传统中国文化传统（王若磊，2021）。尽管如此，也有文献认为，新中国成立之后，中国强调的"共同富裕"概念与中国传统文化强调的

"均贫富"观念之间存在显著的差异。例如，易伍林（2021）就认为，传统儒家虽然非常关注财富分配的公正，但却漠视财富的创造，即其强调的是"克己"的"均平"，而非"共富"，即便清末民国时期出现了"富国强民"等理念表述，其内在价值仍与现阶段中国强调的共同富裕概念相去甚远。由此可见，不能简单地将中国历史传统中的均富思想或观念直接等同于中国社会主义现代化建设进程中的共同富裕概念，现阶段中国强调的"共同富裕"概念是对历史传统中类似表述的创造性转化。

现阶段中国的共同富裕事业是紧密融入社会主义现代化建设实践之中的，因此，中国特色社会主义建设中的共同富裕的内涵，是在中国共产党带领全国人民进行持续奋斗和探索的过程中逐渐明确并不断丰富的。显然，脱离中国社会主义现代化建设的实践历程，就难以准确深入地揭示现阶段中国共同富裕的丰富内涵。就此而言，许多文献都关注到现阶段中国共同富裕概念的时代特征和实践特征，因此在研究中都将共同富裕内涵的发展与中国共产党建党以来的百年历程相联系（蒋永穆、豆小磊，2021；李军鹏，2021；谢地、武晓岚，2021；王婷、苏兆霖，2021）。在这些研究中，改革开放通常被视为中国共同富裕思想发展和实践进程的一个重要转折点，在此之前的社会主义建设时期，中国在建设实践中继承了马克思主义的科学共产主义思想，且共同富裕这一概念被毛泽东首次提出，但这一时期侧重将共同富裕理解为低生产力水平背景的"同等富裕""平均富裕""同步富裕"；1978年启动改革开放之后，中国共产党逐步深化和拓展了对共同富裕问题的认识，邓小平同志对中国特色社会主义的本质进行了理论扩展和创新阐释，学术界针对共同富裕的认识和研究也逐步走向深入。在这一阶段，人们不仅从实现前提的角度认识到发展生产力对共同富裕实现的必要性，而且从过程和结果的角度认识到，在社会主义初级阶段，共同富裕的实现是一个在程度、速度、次序等诸多方面存在合理差距的历史的过程。除了1978年这个重要的时间点之外，2012年中共十八大的召开通常也被视为"共同富裕"内涵发展的另一个重要时间点。伴随着中国特色社会主义进入新时代，中国的社会主要矛盾和发展阶段也发生了重大转变。立足于新发展阶段，习近平总书记多次强调要坚持人民至上、坚持以人民为中心的发展思想，明确提出了要贯彻落实"全民共享、全面共享、共建共享、渐进共享"的共享发展理念，并将共享发展理念贯穿于经济建设、社会建设、政治建设、文化建设、生态文明建设等各领域全过程。这鲜明地体现了共同富裕的要求，显著拓展了改革开放后党提出的共同富裕涵盖范围，并赋予了共同富裕新的内涵（姬旭辉，2020）。概括起来，中国的共同富裕是一个与社会主义现代化进程相伴随的动态概念，它具有阶段性与历史性，并包含着具体的阶段性发展特征（陈燕，2021）。

立足于共同富裕内涵的动态演变特征，在中国特色社会主义进入新时代的特定背景下，深入总结以往实践和认识成果，并准确界定新时代的共同富裕内涵就具有重要的理论和实践价值。在这方面，许多文献从"共同"与"富裕"两个维度入手对共同富裕内涵进行了阐释。例如，杨宜勇、王明姬（2021）认为，"共同"和"富裕"分别对应着"做大蛋糕"与"分好蛋糕"这两个重要维度，共同富裕是"共同"与"富裕"两者的有机统一。其中，"富裕"体现了社会生产力的发展水平，而"共同"体现的是社会生产关系的性质，即意味着全体人民共同享有平等的发展机会和成果。李军鹏（2021）则指出，"富裕"相对于"共同"而言是首要含义，即共同富裕以生产力的发展为前提，在社会主义现代化的语境下，它特指着中国全面实现了以新型工业化、智能化、信息化为代表的现代化，"共同"则是指在这一前提和基础之上对生产关系进行改革和完善。针对这种改革和完善的具体含义，付文军、姚莉（2021）从学理角度分析指出，"共同富裕"在生产关系的层面意味着生产资料的社会占有、劳动回归自由自觉的活动，以及生产结果从为资本牟利变为人人富裕。与前述的归纳方法相区别，高帆（2021c）从"过程"和"结果"两个角度出发，在将共同富裕分为体现经济总量的增长性和发展过程的包容性的"增长过程"部分，以及体现发展成果的分享性和公平性的"结果分享"部分，进而阐释了共同富裕作为系统概念的动态含义——即根据"过程"和"结果"两部分的组合关系，共同富裕存在着"首先实现经济增长以提供物质基础"，"其次实现不同成员分配差距缩小以体现发展成果的分享特征"，"最后实现经济高质量发展和分配差距保持在较低水平以体现共同富裕的稳定性和高水平"这三个相互联系、接续推进的动态过程。

上述梳理表明,伴随着社会主义现代化进程的动态变动,中国在不同时段对共同富裕的内涵界定存在着差异。基于此,许多文献立足于实践变动特征,着重把握和辨析新时代中国共同富裕的重要特征(张占斌、吴正海,2022;万海远、陈基平,2021;王若磊,2021;逄锦聚,2021)。这些文献强调新时代背景下中国的共同富裕在目标指向和根本内涵方面存在着如下特征:一是共同富裕主体的全面性。共同富裕的覆盖面应具有广泛性和全面性,只涉及少数人、一部分人或者某一集团阶层的富裕并不是共同富裕,只有惠及为中国特色社会主义伟大事业而奋斗的全体人民的"全民共富"才是新时代的共同富裕。二是共同富裕领域的全面性。共同富裕的富裕领域应具有广泛性和全面性,共同富裕首先是指全体人民能够获取充裕的物质财富并因此而改善其生活状态;但共同富裕内涵绝不局限于物质领域,而必须包含经济、社会、政治、文化、生态等各领域在内的全方位体系,其最终指向是促进人的全面发展。三是共同富裕内涵着公平正义的全面性。新时代中国的共同富裕不仅是指结果公平(即社会成员相对均匀地分享发展的成果),而且包括权利公平、机会公平、过程公平和结果公平,甚至还包括代际公平(郁建兴、任杰,2021)。换言之,中国所要实现的共同富裕内涵着所有社会主体不受制度性因素阻碍,有机会、有能力平等地参与经济社会的发展,并在全领域共享发展成果。四是共同富裕实现的差别有序。从实现路径的角度看,共同富裕虽然与两极分化相对而称,但它并不等于平均主义,而是不同社会成员之间存在着合理差距的普遍富裕。适度差别不必然意味着不平等,而是在考虑了不同社会成员付出与贡献差异基础上的相对平等。此外,共同富裕的实现并不是完全同步或齐头并进的,而是存在着区域、群体等层面的先后顺序,在实践过程上呈现出一个动态的、非同时达成富裕的过程。

中国的共同富裕概念不仅具有时序意义的动态演变特征,而且具有空间意义的国别差异特征。从横向比较来看,"shared prosperity"这个概念在全球范围内虽然具有普遍性,但在不同国家话语体系下有着不同的内涵(Ferreira et al.,2018)。由此出发,理解内生于中国现代化建设历程中的共同富裕的概念,除了时序比较视角之外,还需要立足于国际比较视角,从空间维度探究其特殊性。秦刚(2021)指出,虽然没有一个社会不追求发展和富裕,但资本主义国家设想个人对私利的追求会带来整个社会的财富涌流,社会财富会通过"涓流效应"使每个人的收入水涨船高,从根本上说,这种观念是以生产资料私有制为前提的,只有社会主义追求的富裕才是真正的"全体人民共同富裕"。陈新(2021)同样认为,在资本主义的财富观中,财富的生产和分配最终服务于资本的增殖,而不是服务于人这一"目的本身",其财富观的内涵仍然是资本的逻辑。与此相对,中国的共同富裕内涵着公有制为主体的社会财富生产和分配方式,强调了财富的社会性和公共性基础上以"人"为中心的财富观。这与万海远、陈基平(2021)的观点一致,即中国共产党领导下的共同富裕事业,其最终目标是人的全面自由发展,而不是一些资本主义国家简单以高福利结果兜底。刘培林等(2021)则从社会契约的角度切入,指出部分资本主义国家虽然创造出了发达的生产力,但只有"金字塔尖"的资产阶级和社会精英群体可以享受发展成果,社会保障、转移支付体系的建立不过是出于维护资产阶级统治或延缓资本主义经济危机需要而采取的举措,这与马克思主义"解放和发展生产力、最终实现人的自由全面发展"的科学社会主义截然不同。中国要实现的共同富裕内涵着党的初心使命以及对人民的庄严承诺,区别于资本主义的社会契约,它是国强民富的社会主义社会契约。共同富裕是社会主义的本质特征,是关系到党的执政基础的重大政治问题。由此可见,共同富裕内涵着人民至上的价值取向,体现着党的根本宗旨(于成文,2021)。从跨国比较来看,在覆盖主体、发展领域以及实现的制度安排等方面,中国强调的共同富裕是一个与社会主义国家现代化进程相嵌套的独特概念,它与资本主义国家对这一概念的内涵理解及其路径选择存在着本质区别。

除了从定性视角阐释中国的共同富裕概念的时空特征之外,还有文献从定量角度来理解共同富裕的内涵及实现状况。这些文献强调,"只有定性分析与定量分析相结合,才能从'质'和'量'两个方面全面准确地把握共同富裕的实质和丰富内涵,从而为推进共同富裕伟大实践提供可靠的指导思想和方法"(于成文,2021)。就此而言,杨宜勇和王明姬(2021)、刘培林等(2021)都从发展成果共享程度以及总体富裕程度两个方面切入,分别提出了由 5 个一级指标、12 个二级指标、27 个三级指标构成的"共富系数",以及包含着 2 个维度、19 个具体指标的测度体系。李军鹏(2021)则基于"社会整体进入富裕社会、全体人民都富裕、全面富裕、消除了两极分化但存在合理差距的普遍富裕"四个特征,提出应通过人均国内生产总值指标、生产资料社会占有的公平分配指标、公共服务体系完善程度指标等 12 个指标来对共同富裕实现状况进行衡量。陈丽君等(2021)则认为,现有评价指标的选取主要基于结果正义,在测算指标选取方面,基尼系数、离散系数等计量指标也仅着眼于结果公平,评价结果容易流于简单平均,与共同富裕的丰富内涵存在一定程度的偏离。准确测度共同富裕需要采用更为综合全面的体系,该研究提出了包含 81 项三级指标的共同富裕指数模型。万海远、陈基平(2021)则考虑到物质生产力是精神富裕的基础和决定性因素,以及当前中国仍处于社会主义初级阶段的现实,指出短期内聚焦于物质层面的收入和分配可以最简单地捕捉到中国共同富裕内涵的最主要方面。由此出发,该研究强调可以用人均国民收入来衡量"总体富裕",用人均可支配收入基尼系数代理共享富裕。与这种研究思路相类似,樊增增和邹薇(2021)、谢华育和孙小雁(2021)也认为应首先以物质层面的相对贫困治理来看待共同富裕。

二、 针对总体收入分配状况的研究

中国实现共同富裕不仅是一个理念问题,而且是一个实践问题。在实践层面,中国的共同富裕实现程度与收入分配差距变动紧密相关,在某种意义上,收入分配差距是影响中国共同富裕目标首先的关键因素或首要因素。基于此,学术界往往将共同富裕实现状况与收入分配差距问题直接关联,并侧重总体收入分配视角来阐释中国收入分配差距的变动趋势及其可能成因,以此形成对共同富裕实现这个主题的理论回应。

这类研究既关注国民收入在居民、政府和企业三者之间的分配状况,也关注国民收入在不同居民之间的分配状况。特别是,针对国民收入中不同居民分配状况的研究是中国总体收入分配研究的主要部分。就前者而言,已有研究认为:20世纪90年代,国民收入分配格局较为稳定,没有实质性变化;但进入21世纪之后,中国国民收入分配格局变化明显,主要表现为居民收入占比下降,政府和企业收入占比上升(常兴华、李伟,2009)。白重恩、钱震杰(2009)在调整资金流量表的基础上测算了1992—2005年间的国民收入分配,指出该期间内居民收入占比下降的主要原因是居民劳动报酬和财产性收入占比下降。然而,姜雪(2020)则计算得到,自2012年以来,中国国民收入分配格局呈现出"优中有忧"的态势,即初次分配向居民倾斜,再分配力度不断加强,但金融机构在国民收入分配中的占比增长过快。就后者而言,已有文献指出:改革开放以来中国总体收入差距变化整体上可划分为两个阶段:即1978—2008年的第一个阶段,这一阶段收入差距出现了全方位持续扩大,城乡之间、地区之间、行业之间的收入差距均有不同程度的扩大;2008年之后的第二个阶段,这一阶段收入差距出现小幅波动但仍在高位徘徊(李实,2015;李实、朱梦兵,2018;李实,2020)。如果采用基尼系数来标度居民收入差距,则根据国家统计局提供的数据,中国总体收入差距在2008年达到最大,该年的基尼系数为0.491,之后开始逐步小幅下降,2020年中国的基尼系数为0.468。图8.1汇总了国家统计局和部分研究文献对中国基尼系数的统计或研究结果。

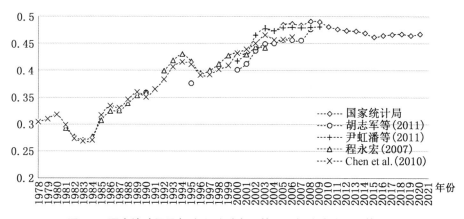

图8.1　国家统计局及部分文献对中国基尼系数的统计或估算结果

关于第一个阶段,学术界的研究显示该阶段的基尼系数基本呈现出攀升态势。

Chen 等(2019)的研究结果显示：1978—2006 年中国的基尼系数由 0.304 3 波动上升至 0.462 4。李实等(1998)根据两次居民收入抽样调查数据，估算表明 1988—1995 年全国居民可支配收入的基尼系数由 0.375 上升到 0.445。程永宏(2007)则认为中国 1978—2005 年的总体基尼系数呈现持续上升趋势，但也有少数年份下降，如 1981—1984 年和 1995—1996 年，该研究将总体基尼系数下降的主要原因归结为城乡差距的缩小。胡志军等(2011)采用拟合收入分布方法估计了中国的总体基尼系数，结果显示基尼系数由 1985 年的 0.316 8 上升到 2008 年的 0.476 7。尹虹潘、刘姝伶(2011)的研究结果则表明中国 2000—2008 年总体基尼系数由 0.418 0 上升到 0.481 5。关于第二个阶段，学术界针对中国居民基尼系数的研究结果存在着不同观点。一种观点认为自 2008 年以来，中国的居民收入差距出现下降趋势。除了国家统计局公布的基尼系数显示收入差距缩小外，Kanbur 等(2017)使用中国家庭收入调查和中国家庭追踪调查的数据，也发现 2012 年之后中国总体收入差距呈现出缩小趋势。另一种观点则认为，住户调查数据存在高收入人群样本偏差的问题，这种偏差会导致收入差距的严重低估，因此利用住户调查数据研究得出的收入差距下降趋势可能并非是真实发生的(罗楚亮等，2021)。李实(2020)在修正样本偏差后研究发现，2007—2013 年，中国的基尼系数是上升的。除基尼系数外，不同收入阶层居民收入在总收入中的比重也是观察中国收入差距变化的重要指标。从不同收入阶层居民收入的占比来看，Piktety 等(2017)研究发现，中国收入差距呈现出 1978—2008 年逐步扩大、2008 年后微弱缩小的趋势。其中，最高收入 1％人群的收入占比从 1978 年的 6％上升到 2008 年的 15％，之后下降到 2015 年的 14％；次高收入 9％人群的收入占比从 1978 年的 21％上升到 2008 年的 27％，此后再次上升到 2015 年的 28％；最低收入 50％人群的收入占比则从 1978 年的 27％下降到 2008 年的 15％，2015 年依然保持在 15％左右。

已有文献除了研究中国总体收入分配差距的变动趋势之外，还探究了这种差距变动的引致因素。作为一个正处在经济体制转型进程中的发展中大国，中国总体收入分配差距的变动是多种因素叠加作用的结果。厘清收入分配差距变动的原因、阐释不同因素对收入分配差距变动的作用也就成为理论界研究的重要主题。概括起来,已有文献针对中国总体收入分配差距变动成因的研究主要基于以下几个方面来展开:一是强调政府发展战略对收入分配差距的影响。陈斌开、林毅夫(2012)指出,政府推行重工业优先发展战略是对资本市场的干预,这会导致金融抑制现象出现,进而引致个体财富收敛速度减缓和收入分配趋于恶化。林毅夫、陈斌开(2013)则研究了政府发展战略通过劳动力市场影响收入分配差距的机制,该研究指出重工业优先发展战略会减少劳动力需求,进而降低劳动者的收入,导致收入分配差距扩大。虽然改革开放之后中国已不再实施重工业优先发展战略,但由此所衍生的一系列制度和政策并没有完全改变,这些会持续影响收入分配差距的变动。二是强调政府政策因素对收入分配差距的影响。李实、赵人伟(2006)认为,在中国收入差距扩大的过程中,政府因素所产生的作用是主要的、主导的,同时制度因素、政策因素也是造成城乡收入差距和地区收入差距扩大的主要原因。安体富、任强(2007)从三次分配的角度出发,认为政府再分配手段调节不力是收入差距扩大的主要原因。王小鲁、樊纲(2005)则发现,社会保障体系的不健全、政府财政转移支付的使用方向不明确、政府腐败是导致中国收入差距扩大的主要原因。三是强调市场因素对收入分配差距的影响。于良春、菅敏杰(2013)指出,行业垄断是造成行业收入差距的重要因素,姜付秀、余晖(2007)则通过实证研究表明中国行政性垄断行业的平均收入远高于其他行业,其结果是加剧了收入分配的不均等。四是强调教育和人力资本对收入差距的影响。杨俊等(2008)认为,教育通过人力资本而影响了收入分配差距,其实证结果表明教育不平等的降低对改善中国收入分配并不明显,但收入不平等却能迅速地加剧教育不平等程度。熊广勤、张卫东(2010)通过对1993—2007年中国农村居民收入的实证研究表明,教育不平等会加剧收入不平等,且受教育年限和收入不平等之间存在着正相关。邹薇、张芬(2006)进一步对农村居民的收入来源结构进行了分解,指出居民收入差距的扩大主要来源于工资性收入差距扩大,而工资性收入和劳动者的受教育程度紧密相关。

三、 针对分领域的收入差距问题研究

首先,关于中国城乡收入差距问题的研究。迄今为止,中国仍存在以城乡居民收入差距作为重要表现的二元经济结构(高帆,2019),城乡二元结构是中国经济不平衡不充分发展的一个重要表现,城乡收入差距也是影响整体居民收入差距和共同富裕目标实现的一个重要方面。基于此,已有文献针对中国城乡收入差距问题进行了广泛研究。在关于中国城乡收入差距的演进轨迹方面,已有文献倾向将中国 1978 年之后的城乡收入分配差距变动划分为六个阶段(邓阳,2019;刘杜建、徐艳,2004;蔡昉,2000;王立成,2010;黄茂兴、张建威,2021):第一阶段为 1978—1985 年,家庭联产承包责任制的实施极大地调动了农民的生产积极性,从而提高了农民收入并使城乡收入差距持续缩小;第二阶段为 1985—1994 年,经济体制改革的重点开始由农村转向城市,地区发展政策逐步向城市人口集中的东部地区倾斜,这导致了城乡收入差距的快速上升;第三阶段为 1994—1998 年,导源于劳动力流动性改善、地区发展政策相对平衡等因素的影响,城乡收入差距出现了短暂的下降;第四阶段为 1998—2003 年,导源于农产品价格下降、政府采取再分配手段保障国企下岗职工的基本生活,这个阶段的城乡收入差距出现了持续扩大;第五阶段为 2003—2010 年,国家强调工业反哺农业、城市支持农村并出台了一系列强农支农惠农政策,这使得农民收入增速提高,城乡收入差距保持相对稳定;第六阶段为 2010 年至今,导源于城乡统筹发展和城乡融合发展政策的实施,中国城乡收入差距呈现出缩小趋势,但在跨国比较中仍然较为突出。由此可见,城乡二元结构是中国面临的一个重要结构性问题,城乡收入分配差距在中国总体收入差距中也扮演了重要角色,差距程度随着时间推移而呈现变动态势。罗楚亮(2017)根据 2007 年和 2013 年住户调查数据的分解结果表明,2007 年城乡收入差距对中国总体收入差距的解释程度为 46%,2013 年,该数值下降至 35%。李实、朱梦冰(2018)也指出 2007—2013 年城乡收入差距在全国收入差距中的比重由 40% 下降到 15%,尽管如此,城乡收入差距对中国总体收入差距的影响依然是不容忽视的。在影响因素方面,陈斌开、林

毅夫(2013)利用中国 1978—2008 年的省级面板数据进行了实证研究,其结果表明鼓励资本密集型部门优先发展的政府战略是导致城乡收入差距扩大的重要原因。陆铭、陈钊(2004)则表明,城市化能显著缩小城乡收入差距,中国持续扩大的城乡收入差距和城市偏向型的社会经济政策紧密相关。陈斌开等(2010)则表明教育政策是影响城乡收入差距的重要因素,其贡献程度高达 43.92%,并指出城市偏向的教育投入政策是城乡教育不平等的主要原因。万海远等(2013)指出户籍职业选择歧视会导致农户个体收入降低 3.5%,户籍制度对中国城乡收入差距具有显著影响。

其次,关于中国地区收入差距问题的研究。地区收入差距是影响中国总体收入差距的一个重要因素(高帆,2012),在特定时段,地区收入差距扩大是中国总体收入差距扩大的一个重要原因(王洪亮、徐翔,2006),因此,在针对中国收入分配差距的研究中,地区收入差距问题也受到广泛关注。学术界针对该问题的研究主要集中在如下方面:一是针对地区收入差距变动趋势的研究。改革开放以来,中国地区收入差距的演进可划为三个阶段,即 1978—1990 年的差距缩小阶段、1990—2003 年的差距扩大阶段,以及 2003—2012 年的地区差距再次缩小阶段(武鹏,2012)。然而,罗楚亮、曹思未(2018)根据 CHIP 数据并对中国总体不平等程度进行分解发现:2002—2007 年间中部、西部地区和东部地区之间的差距依然在扩大,2007—2013 年间有所缩小,地区差距始终是总体收入差距变化的主要因素。在针对中国地区差距问题的研究中,有学者关注到了中国南北收入差距的问题。例如,张跃胜(2021)指出,2013 年前后,中国区域发展格局由东西差距转变为南北差距,南方与北方的收入差距也在扩大。盛来运等(2018)基于中国 2012—2017 年的省级面板数据计算了南北地区收入差距,指出 2013 年以来北方居民人均收入低于南方,且两者的差距在不断扩大。二是针对地区收入差距影响因素的研究。林毅夫、刘培林(2003)指出,重工业优先发展战略下所形成的生产要素存量配置结构与其本身要素禀赋决定的比较优势相违背,中西部省区市较东部地区违背程度更高,这是导致地区收入差距逐渐扩大的主要原因。王小鲁、樊纲(2004)则指出,东部地区长期以来享受的各种优惠政策、户籍制度等是导致地区差距的重要原因。蔡昉等（2001）从劳动力市场的角度进行实证分析,结果表明,中西部地区劳动力市场发育滞后导致资源配置扭曲程度更高,经济增长受到阻碍,因此扩大了其与东部地区间的收入差距。李兰冰等（2020）的研究显示,农村劳动力流动规模扩大有利于缩小地区收入差距,且在流动方式上,本地及省内的跨部门流动对缩小地区收入差距的影响最为显著。此外,张文武、梁琦（2011）指出,各省市间的人力资本分布不均衡可能会导致地区收入差距进一步扩大,卢倩倩、许坤（2018）基于2006—2016年的省级面板数据实证研究指出,财政赤字水平会导致中国地区收入差距扩大。

最后,关于中国行业收入差距问题的研究。除了城乡和地区之外,中国居民收入不平等还体现为行业收入差距,据此,也有文献侧重从行业差距角度切入来研究中国的收入分配及共同富裕问题。如果以行业平均工资的变异系数作为测度标准,则已有研究发现,改革开放之后,中国行业收入差距呈现出与总体收入差距相似的变动趋势,即1978—1989年不断缩小,1990年后开始逐步扩大,直到2008年后才略有缩小的趋势（王弟海,2019）。与此观点类似,管晓明、李云娥（2007）计算了中国1993—2002年间的行业职工工资极值比、极值差、标准差系数和基尼系数,结果表明,全部行业间基尼系数由0.092 5上升到0.175 6,即虽然总体收入差距并不高,但一直在扩大。关于行业收入差距变动的原因,已有研究集中于分析行业垄断对行业收入差距的影响。例如:姜付秀、余晖（2007）基于中国1997—2005年六个行政性垄断行业进行了分析,结果表明,行政性垄断行业的职工收入水平远高于其他行业,且这种差距并没有缩小趋势,这会对行业收入分配产生不利影响。任重、周云波（2009）基于1997—2007年中国行业数据的实证研究表明,垄断行业的收入比其他行业高2 500—2 600元,垄断对中国行业收入差距的贡献度高达35%—40%。武鹏（2011）利用中国2003—2008年的数据进行实证分析,结果显示,行业垄断是行业收入差距扩大的主要原因,垄断行业和非垄断行业的组间差距对行业收入差距的贡献份额不断上升,垄断行业过高的收入水平导致中国行业收入差距上升了25%。此外,相关文献还研究了教育投入、对外开放、人力资本、行业特征等因素对行业收入差距的影响。例如，李昕等（2019）的研究表明：在技能偏向型技术进步假设下，中国行业收入差距与教育投入之间呈现倒 U 型关系。张原、陈建奇（2008）基于"中国城市住户调查"数据的分析表明，人力资本越高、行业内国有绝对控股比重越高，则这些行业的平均工资也越高。

四、 针对已有相关研究文献的评述

从上述文献梳理可以发现，学术界针对中国的共同富裕问题已经进行了广泛研究，并形成了较为丰富的成果。已有文献的研究价值集中体现在四个方面：一是强调了共同富裕的重要意义。现有文献将实现共同富裕视为中国特色社会主义的基本特征，视为中国式现代化道路的重要内涵，视为中国社会主义现代化强国建设的战略目标。这意味着实现共同富裕对中国不仅具有经济意义，而且具有政治意义。在中国共产党领导中国人民推进现代化建设的过程中，共同富裕不是一个要不要实现的问题，而是一个如何更好实现的问题。二是强调了共同富裕的丰富内涵。现有文献指出，在中国推进现代化的不同阶段，共同富裕的内涵在发生动态变化，从跨国比较的角度看，中国强调的共同富裕也具有区别于其他经济体的独特性。更为重要的是，现阶段中国强调实现共同富裕目标，并不是退回到计划经济体制下的绝对平均主义，不是一个单纯的"切分蛋糕"的概念，而是一个将"做大蛋糕"和"分好蛋糕"这两者有机结合的问题。三是强调了收入分配差距缩小对实现共同富裕目标的意义。新中国成立以来、特别是改革开放之后，中国居民收入差距呈现出动态变动特征，且居民收入差距表现在城乡之间、地区之间、行业之间等诸多领域。收入分配差距是影响中国达成共同富裕目标的重要因素，已有研究将收入分配差距与共同富裕相关联，强调从收入分配差距的多个视角去探寻共同富裕的现实状况、制约因素和推进路径，这使共同富裕问题研究更具针对性和系统性。四是强调了收入分配差距缩小的政策组合特征。收入分配差距直接关联着共同富裕内涵的发展成果分享状态，在经济持续增长的基础上逐步缩小收入分配差距，无疑是中国推进共同富裕事业的重要步骤和举措。已有文献指出，无论是总体居民收入差距还是分领域居民收入差距,其影响因素往往是多元的,影响机理也通常是复杂的,这意味着在中国必须采用组合型的政策工具,以此逐步缩小收入分配差距并实现共同富裕目标。总而言之,已有相关文献在研究视野上具有广泛性,研究方法也凸显了理论和实证分析之结合,这对于人们深化对中国共同富裕问题的理解具有启示和借鉴作用。

尽管学术界针对中国共同富裕问题已经进行了广泛研究,但从新时代推进共同富裕事业再上新台阶的角度看,现有文献仍存在需要改进和完善的地方,这主要体现为:

首先,已有文献关注中国共同富裕实践的时序演变特征,并隐含地以时序外推来理解共同富裕问题。事实上,党的十八大以来,中国特色社会主义进入新时代,中国的发展阶段进入新的历史方位,由此延伸开来,相对于此前格局,中国现阶段实现共同富裕面临的条件以及确立的目标均发生了显著转变。新时代背景下,中国针对共同富裕问题已经有一系列新的理论和政策创新,在实践层面也实施了一系列锚定共同富裕目标的重要举措,这些理论探索和实践经验需要总结、提炼和概括。显然,已有文献针对新时代这个时代背景,以及这个背景下的共同富裕实现问题关注尚不充分、尚不系统。

其次,中国共同富裕的实践是一个与中国本土化特征紧密相关的"自身的故事"。区别于世界上的其他经济体,中国是在中国共产党领导下实行社会主义制度并致力于推进社会主义现代化建设的国家,是一个拥有人口和地理超大规模特征的国家,是一个处在从计划经济体制向社会主义市场经济体制转型的国家,这些均意味着中国的共同富裕具有独特的内涵,且是在独特的制度背景下逐步实现的,影响中国现代化进程的政府—市场关系也具有较为鲜明的自身特色。已有文献针对中国共同富裕问题的制度分析不够系统和深入。现有文献在中国共同富裕实现阶段,以及收入分配差距的成因研究中虽然涉及制度因素,但其中的制度分析往往是零散的、局部的,尚未从中国的本土制度特征出发形成一个较为完整的、具有说服力的共同富裕理论体系。

最后,理论研究的根本目标是启示和指引实践,现有文献针对中国共同富裕问题的研究虽然强调了共同富裕的重要性,以及收入分配差距对共同富裕实现进程的影响;然而,对于新中国成立以来、特别是改革开放之后,中国针对共同富裕的政策的变动轨迹以及实践演变逻辑的探究相对较少。同时,针对新时代中国共同富裕面临的新格局新要求,如共同富裕主体和内容覆盖面不断扩大、经济持续增长的动力来源、城乡内部收入差距持续增大等分析不够充分。从新时代的战略要求出发,中国要推动全体人民共同富裕取得更为明显的实质性进展,意味着必须在"做大蛋糕"和"分好蛋糕"这两个方面持续发力,并逐步形成这两者之间的新组合、新平衡,这对现阶段的制度平衡和政策实施提出了新命题、新要求,已有研究针对这些新情况的探究还不细致。事实上,在针对新时代中国共同富裕问题的研究中,不能将"应然"直接等同于"必然",也不能用"应然"去直接替代"实然"。

基于对已有相关研究的梳理,可以发现:现有文献具有广泛性,但尚未针对中国新时代共同富裕问题形成一个系统的、相对完整的理论体系,且对中国制度独特性与共同富裕事业之间的逻辑关系论证不够清晰深入,对中国实现共同富裕目标的理论价值和实践意义研究也缺乏系统性。基于此,我们将在现有文献梳理的基础上,解析新中国成立以来中国推进共同富裕事业的政策演变轨迹,以此在政策维度阐释中国实现共同富裕的阶段特征,进而采用指标探究新中国成立以来,中国共同富裕的实践演变过程,以此在绩效维度把握中国实现共同富裕的变动轨迹。基于对政策、绩效两个维度的分析,我们将结合中国具体国情,立足于本土化的制度特征提炼一个系统性的共同富裕理论体系,该体系特别凸显了新时代中国针对共同富裕问题的重要表述和理论创新,因此这个理论体系可简称为新时代共同富裕论。最后,我们将利用新时代共同富裕理论体系,来分析现阶段中国实现更高水平共同富裕面临的实践条件及政策方案,并概括中国实现共同富裕对指引中国实践、推动理论创新的多重意义。考虑到消除贫困、规避贫富悬殊和两极分化是世界范围的普遍主题,中国实现共同富裕的实践和理论探索对其他经济体也具有启发作用。由此可见,我们的研究工作体现出对已有研究文献的边际改进,体现出对中国解决不平衡不充分发展问题的积极回应,同时也体现出中国式现代化道路启示其他国家发展的有力支撑,显然这种研究具有重要的理论价值、实践作用和世界意义。

第二节　不同时期的共同富裕政策表述变化

中国的共同富裕事业不是一个脱离现代化进程的孤立问题。1949 年,中国共产党在领导中国人民取得新民主主义革命胜利之后建立了中华人民共和国,并开启了社会主义现代化建设的伟大进程,中国的共同富裕事业随即同这一进程相互嵌入、密不可分。探究中国共同富裕的理论和实践进程,首先应基于大历史观,将共同富裕问题研究放置在中国社会主义现代化的历史进程中,细致探究不同阶段中国针对共同富裕的政策转变。尤其是,不同阶段中国实现共同富裕的侧重点并不相同,为此就需要阐释这种阶段差异的形成逻辑以及不同阶段发展结果的接续特征。作为一个在中国共产党领导下实行社会主义制度的超大规模国家,中国在不同时段针对经济社会发展的制度性规定,主要是通过党和国家的政策文本来体现的,因此可以梳理相关政策文本表述,来观察和分析中国针对共同富裕问题的理念转变及主要特征。1949 年新中国成立以来,中国在现代化进程中存在着两个极其重要的转折点:一是 1978 年开始改革开放,二是 2012 年中国特色社会主义进入新时代。据此,可以将新中国成立以来 70 多年划分为三个阶段进行分析:1949—1977 年的计划经济时期、1978—2011 年的改革开放初期,以及 2012 年以来的中国特色社会主义新时代,以此探究中国实现共同富裕在政策层面“变”与“不变”的历史逻辑。

一、 计划经济时期的共同富裕问题政策表述

新中国成立之后,首先面临着多年战争之后快速恢复国民经济秩序的重大任务。考虑到这一时段中国还是一个农业、农民占主体的国家,恢复国民经济需要将

重心放在农业和农民方面，并有序推进城市和工业部门的经济发展。据此，中国在农村实施了激励农业劳动者的"耕者有其田"制度，在城市则实施了激励工商劳动者的工资保护举措。1949 年 9 月，中国人民政治协商会议通过的《中华人民共和国中国人民政治协商会议共同纲领》(简称《共同纲领》)明确提出要减租减息、分配土地，实现耕者有其田，保护工人的合法权益(厂方不得随意解雇工人、克扣工资)，工人的工资应由劳资双方协商解决。上述政策规定及其实施对恢复国民经济产生了积极作用，特别是，以"耕者有其田"为指向的土地改革显著激发了农民的生产积极性，极大地提高了农村生产力。1949—1953 年，中国 3 亿无地或少地的农民无偿获取了约 7 亿亩的耕地以及其他生产资料，根据 CEIC 数据库提供的数据，这一时期，中国粮食总产量从 1.131 8 亿吨增至 1.668 4 亿吨，增长率超过 47.0%。在国民经济初步恢复的基础上，中国随即开始实施以"一化三改造"为核心内容的过渡时期总路线，重工业优先发展随即成为这个时段的重要战略取向。然而，重工业优先发展战略与这一时段中国的要素禀赋条件——劳动力充裕但资本严重短缺存在着冲突，为了解决这种冲突，中国在经济领域实施了以扭曲的宏观政策环境、高度集中的资源计划配置制度、缺乏自主权的微观经营机制为特点的"三位一体"经济体制(林毅夫等，1994)，计划经济随即成为 20 世纪 50 年代中期直至 20 世纪 70 年代末期中国经济领域资源配置的主要方式。由此出发，中国在计划经济时期针对共同富裕的理念及政策表述就以强调平均分配、推动资源向重工业发展倾斜为基本取向。

就政策表述而言，如表 8.1 所示，在城市内部，经过 20 世纪 50 年代的两次工资改革，城镇就业人员的工资形式趋向于统一，按劳分配随即成为中国收入分配的主要甚至唯一形式，在此后的十年"文革"时期，这种工资制演变为否定物质利益的平均主义。在农村内部，中国在这个时段非常明确地提出"共同富裕"这个政策表述。例如，1953 年 12 月中共中央作出的《关于发展农业生产合作社的决议》明确强调，农村开展生产合作社等组织化的目标是"使农民能够逐步完全摆脱贫困的状况而取得共同富裕和普遍繁荣的生活"，1955 年 7 月毛泽东在《关于农业合作化问题》的报告中明确提出农业社会主义改造要"使全体农村人民共同富裕起来"。显然,在这个时段共同富裕概念在针对农村发展的政策文本中已经被提出,并被作为农村经济体制选择和政策实施的一个目标导向。从政策取向来看,在计划经济时期,中国在农村内部强调农业的社会主义改造,强调土地的集体所有和集体经营,农村集体内部则实行大体平均的分配方式和有限的社会保障供给,生产队实行以评工评分、年终统一分配为基本形式的工分制。由此可见,这一时期中国城市和农村分别形成了以工资制和工分制为主的分配方式,这两种分配方式均内生于以重工业优先发展为基本特征的国家工业化战略,即通过对居民的劳动报酬调控,来形成实施重工业优先发展战略所必需的支持条件、尤其是重工业优先发展所需要的资本来源。在计划经济时期,中国实施工资制和工分制是以一系列经济制度变革为前提的,即在城市通过对手工业和资本主义工商业的社会主义改造,将生产资料所有制逐步转为国家所有制和集体所有制,在农村经过对农业的社会主义改造,将土地以及其他重要生产资料逐步转为集体所有制,由此,公有制经济成为中国城市和农村生产资料所有制的基本形态。这种所有制结构为分配方式转为工资制、工分制等相对单一的方式提供了基础。更重要的是,为了在资本短缺、劳动力充裕的禀赋条件下实施重工业优先发展战略,中国必然采用政府指令性计划,而不是市场价格机制来进行资源配置,并通过"农业支持工业、农村支持城市"的方式来推动国家工业化。正是依据这种逻辑,中国实施了以集体所有和集体经营为主要特征的人民公社制度,以获取工农业产品价格"剪刀差"为导向的农产品统购统销制度,以控制农村劳动力流动为导向的城乡户籍制度。总之,在计划经济时期,中国共同富裕相关政策的基本特征是:按劳分配是主要甚至唯一收入形式,城市内部实施工资制、农村内部实行工分制,城市内部和农村内部的收入分配具有明显的平均化特征。这种收入分配方式与社会主义改造所形成的生产资料公有制格局紧密相关,其最终指向是在初始条件极其不利的情况下,通过提高资本积累和管控要素流动来支撑重工业优先发展战略的顺利实施。

表 8.1　1949—1978 年中国共同富裕相关政策表述的梳理

时间	划　分	主要表述	特点概括
1949—1978 年	城市以"工资制"为主的收入分配政策	1. 1949 年 9 月,《共同纲领》:"公私兼顾、劳资两利","保护工人的合法权益(厂方不得随意解雇工人、克扣工资),工人的工资应由劳资双方协商解决"。 2. 1952 年 8 月,《政务院劳动就业委员会关于失业人员统一登记办法》:"所有公私企业,因采取先进生产方法,提高了劳动生产率,因而多余出来的劳动力,应采取包下来的政策。实行轮流调剂,发给原工资。" 3. 1952—1955 年,第一次工资改革。这一政策逐步将供给制为主的工资制度改为工资制。改革的主要内容包括:统一以"工资分"作为全国统一的工资计算单位,并统一规定了"工资分"所包含实物的品种和数量,同时,建立了新的工人和职员的工资等级制度。1956 年,第二次工资改革。改革的主要内容包括:取消"工资分",实行直接货币工资标准,进一步改革工资等级制度,国家机关工作人员实行统一的职务等级工资制;最终确立了以技术、职务、行业、地区四个基本因素为参照标准的"按劳分配"制度,同时对一些便于实行计件工资的部门实行计件工资,对企业及职工实行与效益挂钩的奖励制度。 4. 1957 年 3 月,批转劳动部的文件中规定:"企业、事业、机关编余的人员,应该想法在企业、事业、机关内部或部门之间调剂安排工作或组织他们学习,不得任意辞退。" 5. 1966—1976 年:大搞平均主义,否定物质利益原则、计件工资和奖金制,按劳分配政策在实施中受到重创。	1. 按劳分配成为收入分配的主要甚至唯一的方式。 2. 全国工作人员的工资形式趋向统一,国企、事业单位实行等级工资制,工作具有"铁饭碗"特征。
	农村以"工分制"为主的收入分配政策	1. 1949 年 9 月,《共同纲领》:"没收官僚资本",继续"减租减息、分配土地,实现耕者有其田"。 2. 1953 年 12 月 16 日,《关于发展农业生产合作社的决议》:"为着进一步地提高农业生产力,党在农村中工作的最根本的任务,就是要善于用明白易懂而为农民所能够接受的道理和办法去教育和促进农民群众逐步联合组织起来,迅速实行农业的社会主义改造,使农业能够由落后的小规模生产的个体经济变为先进的大规模生产的合作经济,以便逐步克服工业和农业这两个经济部门发展不相适应的矛盾,并使	1. 集体经济,按劳分配为主、兼顾平等。 2. 集体经济内部实行大体平均的分配和有限的社会保障;生产队实行以评工记分、年终统一分配为基本形式的工分制。

时间	划　分	主要表述	特点概括
1949—1978年	农村以"工分制"为主的收入分配政策	农民能够逐步完全摆脱贫困的状况而取得共同富裕和普遍繁荣的生活";1955年7月31日，《关于农业合作化问题》："这就是在逐步地实现社会主义工业化和逐步地实现对于手工业、对于资本主义工商业的社会主义改造的同时，逐步地实现对于整个农业的社会主义的改造，即实行合作化，在农村中消灭富农经济制度和个体经济制度，使全体农村人民共同富裕起来。我们认为只有这样，工人和农民的联盟才能获得巩固。" 3. 1958年，《关于人民公社若干问题的决议》强调要继续发展商品生产和交换，保持按劳分配原则，开始努力纠正"左倾"错误；1961年5月，《农村人民公社工作条例》明确人民公社的体制是"三级所有、队为基础"，"以生产小队为基本核算单位"，对某些规模大的公社和大队划小；在集体经营的同时鼓励社员搞好家庭副业和饲养，实行公私"两条腿走路"；在生产队之间、个人与个人之间克服分配上的平均主义，贯彻按劳分配原则。	

二、改革开放初期的共同富裕问题政策表述

以党的十一届三中全会召开为标志，中国现代化建设开始进入改革开放阶段。这一阶段中国明确提出将党和国家的工作重心转移到社会主义现代化建设和经济建设上来，明确提出社会主要矛盾是人民日益增长的物质文化生活需要同落后的社会生产之间的矛盾。导源于上述转变，经济发展战略也随即从重工业优先发展转向增长导向，即在社会主义经济制度确立和独立完整的工业体系形成之后，必须着力解决计划经济时期的激励不足、资源错配和低效率问题，以此更为充分地体现社会主义制度的优越性，更好地满足人们物质文化的需要。由此出发，中国必须将社会生产力的解放和发展、经济总量的持续高速增长放在现代化建设的首要位置。从体制比较的角度看，市场经济体制相对于计划经济体制更有利于优化资源配置，并对微观经济主体形成激励效应，因此实施增长导向战略就需要计划经济体制转向社会主义市场经济体制，而优化资源配置需要要素配置空间的扩展，充分利用国

内国外两个市场、充分利用国内国外两种资源对实现经济增长至关重要,这样中国推动改革开放就成为实施增长导向战略的内在要求。20世纪70年代末期,中国开始依靠对内的市场化改革、对外积极融入全球经济来实施增长导向战略,这是对此前计划经济时期长期低效率格局的主动变革,也是对社会主义制度本质和优越性的认识深化。由此延伸开来,这一阶段中国针对共同富裕的政策表述,也是围绕实现经济持续高速增长这个主线而展开的。

从政策表述的角度看,改革开放总设计师邓小平在1979年12月会见日本首相大平正芳时强调了"小康"概念,这意味着在中国实现共同富裕目标是一个渐进迂回的过程。共同富裕的实现思路是首先实现小康,而实现小康及共同富裕是建立在经济持续快速增长基础之上的,离开经济的持续快速增长或者说"做大蛋糕"去谈共同富裕是不切实际的。进一步地,要实现经济持续快速增长必须赋予微观经济主体足够的自主权,必须对微观经济主体形成充足激励,使其经济回报与自身努力能够更紧密地匹配起来。基于这种思路,20世纪70年代末期中国在农村率先启动了经营体制变革,即从人民公社制转向家庭联产承包责任制,这一转变的逻辑是坚持土地集体所有制并赋予农户土地承包经营权,从而变革此前的集体化经营和平均主义分配格局。特别是,家庭联产承包责任制意味着在农村分配方式的深刻变化,"交足国家的、留够集体的、剩下的全是自己的"这个表述形象地表达了农户拥有了剩余索取权,农户的经济利益与自身的经营决策、投入水平和努力程度直接关联,这对破解农业经营的低效率、解放和发展农村社会生产力产生了显著的推动作用。在农村经济体制改革取得成功之后,中国逐步在更大范围内推进了分配政策的调整,如表8.2所示,党的十三大报告明确提出"在促进效率提高的前提下体现社会公平","以按劳分配为主体,其他分配方式为补充"。1992年邓小平同志在南方谈话中明确提出,"社会主义的本质,是解放生产力,发展生产力,消灭剥削,消除两极分化,最终达到共同富裕"。这个著名论断意味着中国对社会主义性质的认识深化取得了重大成果,即相对于"社会主义=公有制+按劳分配+计划经济"的传统认识,中国在现代化实践中更加强调:社会主义的本质主要体现为其在解放发展生产力和实现共同富裕方面的制度优势。对于中国这样的发展中大国而言,实现共同富裕必须首先解放和发展生产力,在此基础上,通过消除两极分化来逐步进行,事实上这就确立了中国实现共同富裕的步骤和路径。概言之,改革开放之后中国在理念和政策层面开始出现了对此前分配政策的调整,即在强调以按劳分配为主体的同时,也充分肯定其他方式获取收入的合法性,同时强调效率优先、通过先富带动后富来逐步消除两极分化。

表 8.2　1978—2011 年中国共同富裕相关政策表述的梳理

时间	划　分	主要表述	特点概括
1979—1992 年	邓小平会见日本首相大平正芳(1979 年 12 月 6 日)	"我们要实现的四个现代化,是中国式的四个现代化。我们的四个现代化的概念,不是像你们那样的现代化的概念,而是'小康之家'。到本世纪末,中国的四个现代化即使达到了某种目标,我们的国民生产总值人均水平也还是很低。要达到第三世界中比较富裕一点的国家的水平,比如国民生产总值人均一千美元,也还得付出很大的努力。就算达到那样的水平,同西方来比,也还是落后的。所以,我只能说,中国到那时也还是一个小康的状态。"	1. "共同富裕"的发展思路首先是实现小康。 2. 强调以按劳分配为主体的同时,充分肯定了以其他分配方式获取收入的合法性。 3. 效率优先。"先富带动后富""消除两极分化"。
	中共中央批转《全国农村工作会议纪要》(1982 年 1 月 1 日)	农村以家庭联产承包责任制为主,"目前农村实行的各种责任制,包括小段包工定额计酬,专业承包联产计酬,联产到劳,包产到户、到组,包干到户、到组等等,都是社会主义集体经济的生产责任制;反映了亿万农民要求按照中国农村的实际状况来发展社会主义农业的强烈愿望。"收入分配方式的通俗表述为"交足国家的、留够集体的、剩下全是自己的"。	
	中共十三大(1987 年 10 月 25 日—11 月 1 日)	"我们的分配政策,既要有利于善于经营的企业和诚实劳动的个人先富起来,合理拉开收入差距,又要防止贫富悬殊,坚持共同富裕的方向,在促进效率提高的前提下体现社会公平";"社会主义初级阶段的分配方式不可能是单一的。我们必须坚持的原则是,以按劳分配为主体,其他分配方式为补充。除了按劳分配这种主要方式和个体劳动所得以外,企业通过发行债券筹集资金,就会出现凭债权取得利息;随着股份经济的产生,就会出现股份分红……以上这些收入,只要是合法的,就应当允许"。	

续表

时间	划　分	主要表述	特点概括
1979—1992年	邓小平南方谈话(《在武昌、深圳、珠海、上海等地的谈话要点》)	"社会主义的本质,是解放生产力,发展生产力,消灭剥削,消除两极分化,最终达到共同富裕。"	
1993—2001年	初次分配	1. 十四届三中全会(1993年):《中共中央关于建立社会主义市场经济体制若干问题的决定》指出:"个人收入分配要坚持以按劳分配为主体、多种分配方式并存的制度,体现效率优先、兼顾公平的原则。""国家依法保护法人和居民的一切合法收入和财产,鼓励城乡居民储蓄和投资,允许属于个人的资本等生产要素参与收益分配。" 2. 十五大(1997年):"坚持按劳分配为主体、多种分配方式并存的制度。把按劳分配和按生产要素分配结合起来,坚持效率优先、兼顾公平……允许和鼓励一部分人通过诚实劳动和合法经营先富起来,允许和鼓励资本、技术等生产要素参与收益分配。"	1. 各种生产要素参与分配。 2. 效率优先,兼顾公平。
	再分配	1. 完善税收调节制度:随着1994年分税制改革的推行,个人所得税、消费税、财产税等一些税种得以不断完善,调节作用也开始显现。 2. 推进社会保障制度改革:《关于深化企业职工养老保险制度改革的通知》《关于建立统一的企业职工基本养老保险制度的决定》《关于建立城镇职工基本医疗保险制度的决定》《社会保险费征缴暂行条例》《失业保险条例》和《城市居民最低生活保障条例》等一系列政策文件,养老和医疗保险的制度模式得以明确,同时,国务院组建成立了劳动和社会保障部,原来较为分散的社会保障行政管理体制得以改善。	

时间	划　分	主要表述	特点概括
2002—2011年	中共十六大（2002.11.8—11.14）	"确立劳动、资本、技术和管理等生产要素按贡献参与分配的原则，完善按劳分配为主体、多种分配方式并存的分配制度……初次分配注重效率，发挥市场的作用，鼓励一部分人通过诚实劳动、合法经营先富起来。再分配注重公平，加强政府对收入分配的调节职能，调节差距过大的收入。"	1. 各生产要素按贡献参与分配。 2. 更加注重公平和收入分配调节。
	中共十六届五中全会	《中共中央关于制定国民经济和社会发展第十一个五年规划的建议》在阐述和谐社会建设问题时，首次提出"更加注重社会公平，使全体人民共享改革发展成果"。	
	中共十七大（2007.10.15—10.21）	1. 提出"四个提高"，即"逐步提高居民收入在国民收入分配中的比重，提高劳动报酬在初次分配中的比重。着力提高低收入者收入，逐步提高扶贫标准和最低工资标准"。 2. 针对居民收入中财产性收入比重过低的问题，提出要"创造条件让更多群众拥有更多的财产性收入"。 3. 针对中国收入分配调节能力弱化，提出"初次分配和再分配都要处理好效率和公平的关系，再分配更加注重公平"。 4. 针对收入分配调节当中社会保障制度的缺陷，首次提出要"加快建立覆盖城乡居民的社会保障体系"。	

1992年，党的十四大明确将建立社会主义市场经济作为经济体制改革的目标。既然经济体制改革的目标是建立社会主义市场经济体制，那么收入分配方式必然要多元化，收入分配也应保持适度差距，以此体现微观经济主体的禀赋差异并对其形成充分激励。这在政策表述方面的具体体现是：1993年十四届三中全会明确提出"个人收入分配要坚持以按劳分配为主体、多种分配方式并存的制度，体现效率优先、兼顾公平的原则"，1997年十五大报告则强调"把按劳分配和按生产要素分配结合起来，坚持效率优先、兼顾公平"。尽管这个时段中国强调完善税收调节制度并推进社会保障制度改革，但收入分配政策的侧重点是强调各种要素参与分配，以及效率优先、兼顾公平，这相对于计划经济时期强调按劳分配和平均主义是一大变

革。进入 21 世纪之后,中国不仅面临着继续推动经济高速增长的任务,而且面临着在增长进程中收入分配差距拉大的情形,这样共同富裕的相关政策表述也出现了部分调整,即强调生产要素按贡献参与分配,同时也强调要更加处理好效率和公平的关系。如表 8.2 所示,2002 年十六大提出"确立劳动、资本、技术和管理等生产要素按贡献参与分配的原则","再分配注重公平,加强政府对收入分配的调节职能,调节差距过大的收入"。2007 年十七大则强调"初次分配和再分配都要处理好效率和公平的关系,再分配更加注重公平","加快建立覆盖城乡居民的社会保障体系"。这意味着伴随着经济总量增长和收入分配差距拉大,中国在理念层面开始更多关注并强调公平问题,并力图在效率和公平之间形成更好组合。尽管如此,考虑到改革开放初期,实施增长导向战略是中国社会主义现代化建设的重心,社会公平的充分达成以政府财政能力持续提高为前提,且地方政府的激励考核机制中存在着显著的增长偏向,这些因素的叠加导致在改革开放初期,中国的收入分配政策主线是强调分配方式多元化以及效率优先、兼顾公平,依靠收入差异化来激励经济增长成为这一时段收入分配政策的基本特征。

三、 新时代的共同富裕问题政策表述

中共十八大以来,中国特色社会主义进入新时代,这是中国社会主义现代化建设新的历史方位。之所以说中国特色社会主义进入新时代,从经济学角度看,主要是因为 2012 年前后中国经济总量、结构、层次以及对外关系等诸多方面发生了一系列重大转变,这些转变在很大程度上是长期性、趋势性的,其对中国经济的持续发展具有关键影响和标志意义(高帆,2021a)。最重要的趋势性变化是,伴随着经济的持续高速增长,中国已成为世界第二大经济体,长期困扰中国的落后社会生产格局得到了显著改变。伴随着经济基数的扩大、国际经济格局的逆转以及人口结构等因素的转变,中国经济增速开始"下台阶",要继续保持此前 10% 左右的年均 GDP 增长率越来越困难。根据 CEIC 数据库提供的数据,1990 年、2000 年、2010 年和 2020 年中国 GDP 分别为 18 872.87 亿元、100 280.14 亿元、412 119.26 亿元、1 013 567.00 亿

元,这意味着:2020 年中国 GDP 增长 5% 所形成的增量(50 678.4 亿元),相当于 2010 年 GDP 增长 12.3%、2000 年 GDP 增长 50.5%、1990 年 GDP 增长 268.5% 所形成的增量。劳动年龄人口的持续下降从供给侧对中国经济增速趋势性下降也产生了重要影响(蔡昉,2021)。与之相伴的是,中国经济发展中的结构性问题不断累积并亟待解决。例如,在劳动力等要素供给格局出现转变的情形下,增长动力将更加倚重创新以及与此关联的全要素生产率的提高,经济增长需要从密集使用要素的粗放型方式转为更多依靠效率驱动的集约型方式。另外,城乡、地区、行业之间的收入分配差距在拉大,国民收入中劳动者报酬占比、国内生产总值中居民最终消费占比也出现了下降趋势等,这些结构性问题对中国经济发展的持续性、协调性、平衡性带来了挑战。总之,新时代中国的经济发展不再是单纯地回应落后社会生产、提高经济增速,而必须将效率提高、结构优化等放在举足轻重的位置。基于此,中国强调在新时代背景下,经济从高增长阶段转向高质量发展阶段,社会主要矛盾也转为人民日益增长的美好生活需要和不平衡不充分发展之间的矛盾。如果说改革开放初期中国实施的是增长导向战略,那么新时代中国实施的是经济高速增长基础上的高质量发展战略,这种战略转变必然导致针对共同富裕的一系列理念和政策表述的转变。

从政策表述的角度看,与推动高质量发展战略相契合,2012 年以来,中国将扎实推进共同富裕和深化收入分配改革放在了更为重要的位置。如表 8.3 所示,中共十八大明确提出"两个同步"和"两个提高",即必须深化收入分配制度改革,努力实现居民收入增长和经济发展同步、劳动报酬增长和劳动生产率提高同步,提高居民收入在国民收入分配中的比重,提高劳动报酬在初次分配中的比重。这意味着新时代中国所追求的不是单纯的经济总量高速增长,而是更加强调经济增长与增长成果分配之间的协调。在分配方式方面,不仅强调按劳分配和按要素分配相结合,而且强调完善劳动、资本、技术、管理等要素按贡献参与分配的初次分配机制,加快健全以税收、社会保障、转移支付为主要手段的再分配调节机制。这意味着分配方式从"效率优先、兼顾公平"开始转向效率和公平并重、更好地处理效率和公平的关系。十八届三中全会明确提出深化收入分配改革的路径和目标,即通过"提低、括中、缩差"来逐步形成橄榄型的分配格局,即"增加低收入者收入,扩大中等收入者比重,努力缩小城乡、区域、行业收入分配差距,逐步形成橄榄型分配格局"。党的十八届五中全会首次提出创新、协调、绿色、开放、共享等新发展理念,提出并贯彻五大发展理念是事关中国发展全局的一次深刻的思想和实践变革。特别是,新发展理念强调坚持共享发展、着力增进人民福祉,这揭示了中国社会主义现代化建设的目标指向,明确了中国高质量发展的基本特征。

表 8.3　2012 年以来中国共同富裕相关政策表述的梳理

时间	划　分	主要表述	特点概括
2012—2019 年	中共十八大 (2012 年 11 月 9—14 日)	1. 新目标:到 2020 年,"在发展平衡性、协调性、可持续性明显增强的基础上,实现国内生产总值和城乡居民人均收入比 2010 年翻一番"。 2. "两个同步"和"两个提高"方针:"必须深化收入分配制度改革,努力实现居民收入增长和经济发展同步,劳动报酬增长和劳动生产率提高同步,提高居民收入在国民收入分配中的比重,提高劳动报酬在初次分配中的比重。" 3. "规范收入分配秩序,保护合法收入,增加低收入者收入,调节过高收入,取缔非法收入。" 4. "完善劳动、资本、技术、管理等要素按贡献参与分配的初次分配机制,加快健全以税收、社会保障、转移支付为主要手段的再分配调节机制。"	明确提出不断促进全体人民共同富裕。
	中共十八届三中全会	《中共中央关于全面深化改革若干重大问题的决定》: 1. "增加低收入者收入,扩大中等收入者比重,努力缩小城乡、区域、行业收入分配差距,逐步形成橄榄型分配格局。" 2. "健全资本、知识、技术、管理等由要素市场决定的报酬机制。"	
	中共十八届五中全会	《中共中央关于制定国民经济和社会发展第十三个五年规划的建议》提出"坚持共享发展,着力增进人民福祉",并专门就"缩小收入差距"作出了细致的说明。	

续表

时间	划　分	主要表述	特点概括
2012—2019年	中共十九大（2017年10月18—24日）	1. 社会主要矛盾转变为人民日益增长的美好生活需要和不平衡不充分的发展之间的矛盾,坚持按劳分配原则,完善按要素分配的体制机制,促进收入分配更合理、更有序。 2. 坚持在发展中保障和改善民生。增进民生福祉是发展的根本目的。必须多谋民生之利、多解民生之忧,在发展中补齐民生短板、促进社会公平正义,在幼有所育、学有所教、劳有所得、病有所医、老有所养、住有所居、弱有所扶上不断取得新进展,深入开展脱贫攻坚,保证全体人民在共建共享发展中有更多获得感,不断促进人的全面发展、全体人民共同富裕。建设平安中国,加强和创新社会治理,维护社会和谐稳定,确保国家长治久安、人民安居乐业。	
2020年至今	中共十九届五中全会（2020年10月26日）	"改善人民生活品质,提高社会建设水平。坚持把实现好、维护好、发展好最广大人民根本利益作为发展的出发点和落脚点,尽力而为、量力而行,健全基本公共服务体系,完善共建共治共享的社会治理制度,扎实推动共同富裕,不断增强人民群众获得感、幸福感、安全感,促进人的全面发展和社会全面进步。到2035年,人民生活更加美好,人的全面发展、全体人民共同富裕取得更为明显的实质性进展。"	1. 强调要实现全体人民共同富裕要取得更为明显的实质性进展。 2. 强调要正确认识和把握实现共同富裕的战略目标和实践途径。
	"十四五"规划纲要（2021年3月12日）	"共同富裕是社会主义的本质要求,是人民群众的共同期盼。我们推动经济社会发展,归根到底是实现全体人民共同富裕。"	
	中央政治局会议（2021年4月30日）	制定促进共同富裕行动纲要,以城乡居民收入普遍增长支撑内需持续扩大。	
	《关于支持浙江高质量发展建设共同富裕示范区的意见》（2021年5月20日）	"我国发展不平衡不充分问题仍然突出,城乡区域发展和收入分配差距较大,各地区推动共同富裕的基础和条件不尽相同。浙江要坚持按劳分配为主体、多种分配方式并存,着重保护劳动所得,完善要素参与分配政策制度,在不断提高城乡居民收入水平的同时,缩小收入分配差距,率先在优化收入分配格局上取得积极进展。到2025年,浙江省推动高质量发展建设共同富裕示范区取得明显实质性进展。到2035年,浙江省高质量发展取得更大成就,基本实现共同富裕。"	

时间	划　分	主要表述	特点概括
2020年至今	习近平总书记"七一"重要讲话（2021 年 7 月 1 日）	推动人的全面发展、全体人民共同富裕取得更为明显的实质性进展。	
	中央财经委员会第十次会议（2021 年 8 月 17 日）	1. 共同富裕是社会主义的本质要求，是中国式现代化的重要特征。必须把促进全体人民共同富裕作为为人民谋幸福的着力点，不断夯实党长期执政基础。强调共同富裕是全体人民的富裕，是人民群众物质生活和精神生活都富裕，不是少数人的富裕，也不是整齐划一的平均主义。要坚持基本经济制度，立足社会主义初级阶段，坚持"两个毫不动摇"。要坚持循序渐进，对共同富裕的长期性、艰巨性、复杂性有充分估计。 2. 要坚持以人民为中心的发展思想，在高质量发展中促进共同富裕，正确处理效率和公平的关系，构建初次分配、再分配、三次分配协调配套的基础性制度安排，加大税收、社保、转移支付等调节力度并提高精准性，扩大中等收入群体比重，增加低收入群体收入，合理调节高收入，取缔非法收入，形成"中间大、两头小"的橄榄型分配结构，促进社会公平正义，促进人的全面发展，使全体人民朝着共同富裕目标扎实迈进。 3. 要提高发展的平衡性、协调性、包容性，加快完善社会主义市场经济体制，增强区域发展的平衡性，强化行业发展的协调性，支持中小企业发展。要着力扩大中等收入群体规模，抓住重点、精准施策，推动更多低收入人群迈入中等收入行列。要促进基本公共服务均等化，加大普惠性人力资本投入，完善养老和医疗保障体系、兜底救助体系、住房供应和保障体系。要加强对高收入的规范和调节，依法保护合法收入，合理调节过高收入，鼓励高收入人群和企业更多回报社会。要清理规范不合理收入，整顿收入分配秩序，坚决取缔非法收入。要保护产权和知识产权，保护合法致富，促进各类资本规范健康发展。要促进人民精神生活共同富裕，强化社会主义核心价值观引领，不断满足人民群众多样化、多层次、多方面的精神文化需求。要加强促进共同富裕舆论引导，为促进共同富裕提供良好舆论环境。要促进农民农村共同富裕，巩固拓展脱贫攻坚成果，全面推进乡村振兴，加强农村基础设施和公共服务体系建设，改善农村人居环境。	

时间	划　分	主要表述	特点概括
2020 年至今	中共十九届六中全会（2021年 11 月 8 日）	立足新发展阶段、贯彻新发展理念、构建新发展格局、推动高质量发展，全面深化改革开放，促进共同富裕，坚持在发展中保障和改善民生，协同推进人民富裕、国家强盛、中国美丽；坚持人民至上，坚定不移走全体人民共同富裕道路。	
	中央经济工作会议（2021年 12 月 8—10 日）	要正确认识和把握实现共同富裕的战略目标和实践途径。在我国社会主义制度下，既要不断解放和发展社会生产力，不断创造和积累社会财富，又要防止两极分化。实现共同富裕目标，首先要通过全国人民共同奋斗把"蛋糕"做大做好，然后通过合理的制度安排把"蛋糕"切好分好。这是一个长期的历史过程，要稳步朝着这个目标迈进。要在推动高质量发展中强化就业优先导向，提高经济增长的就业带动力。要发挥分配的功能和作用，坚持按劳分配为主体，完善按要素分配政策，加大税收、社保、转移支付等的调节力度。支持有意愿有能力的企业和社会群体积极参与公益慈善事业。要坚持尽力而为、量力而行，完善公共服务政策制度体系，在教育、医疗、养老、住房等人民群众最关心的领域精准提供基本公共服务。	

与上述政策表述的转变逻辑相一致，中共十九大明确提出新时代背景下中国社会主要矛盾的转化，明确提出 2020 年全面建成小康社会之后"两个十五年"的发展战略：即在 2035 年基本实现现代化，在本世纪中叶建成富强民主文明和谐美丽的社会主义现代化强国，而共同富裕的实现程度是"两个十五年"战略布局的重要内容。十九大报告强调"保证全体人民在共建共享发展中有更多获得感，不断促进人的全面发展、全体人民共同富裕"。这表明，在新时代中国将不断促进全体人民共同富裕作为发展的重大议题，全体人民共同富裕随即成为高质量发展推进状况的"试金石"。在十九大之后，中国针对全体人民共同富裕的理论认识在不断深化，实践举措也在不断推进。如表 8.3 所示，2020 年十九届五中全会强调要扎实推进共同富裕，到 2035 年人民生活更加美好，人的全面发展、全体人民共同富裕取得更为明显的实质性进展。"全体人民共同富裕取得更为明显的实质性进展"，这意味着新时代中国共同富裕的覆盖面、内涵、质量等均有了新要求、新定位。在政策举措

层面,2021年4月30日的中央政治局会议提出要制定促进共同富裕行动纲要; 2021年5月20日中共中央、国务院发布了《关于支持浙江高质量发展建设共同富裕示范区的意见》;2021年8月17日中央财经委员会第十次会议明确提出构建初次分配、再分配、三次分配协调配套的基础性制度安排;2021年12月的中央经济工作会议则提出,要正确认识和把握实现共同富裕的战略目标和实践途径,指出实现共同富裕目标,首先要通过全国人民共同奋斗把"蛋糕"做大做好,然后通过合理的制度安排把"蛋糕"切好分好。十八大之后,中国通过实施农村脱贫攻坚战略、乡村振兴战略、城乡基本公共服务均等化战略、区域协调发展战略、深化收入分配改革等一系列重大举措来回应高质量发展战略,以此推动全体人民共同富裕取得新进展。概言之,在2012年后进入新时代的背景下,中国在理念层面将共同富裕放在贯彻落实新发展理念、切实推进社会主义现代化强国建设的战略高度,放在实施高质量发展战略、回应社会主要矛盾的重要位置,在政策层面则将推进共同富裕从功能的重要性转化为实践的操作性,强调通过完善三次分配制度、开展地区试点、推进乡村振兴等方式切实推进共同富裕走向更高水平。

从上述梳理可知,新中国成立以来,中国共产党领导中国人民持续推进了社会主义现代化建设,这种建设历程在时段上可分为1949—1977年的计划经济时期、1978—2011年的改革开放初期以及2012年以来的中国特色社会主义新时代。与此相对应,中国在这三个时段依次实施了重工业优先发展战略、增长导向战略和高质量发展战略。导源于发展战略的差异,中国共同富裕相关的政策表述发生着时序变动。具体地说,1949—1977年,中国在政策层面强调了按劳分配、城镇内部的工资制和农村内部的工分制,收入分配的平均化及城乡二元结构相对固化成为这个时段分配政策的基本特征。1978—2011年,中国强调按劳分配和按要素分配相结合,且将效率优先、兼顾公平作为收入分配政策的基本取向,这意味着收入分配方式转向多样化,并凸显了收入分配的经济增长激励功能。2012年之后,中国明确提出了贯彻落实共享发展理念,在政策层面强调切实推进全体人民共同富裕,并将效率优先、兼顾公平转变为效率和公平并重。可见,作为一个实行社会主义制度的发展中大国,中国在现代化进程中始终高度重视共同富裕这个重大主题,并将全体人民充分分享发展的成果作为社会主义制度的本质特征,这是贯穿新中国成立 70 多年以来的现代化进程的一条主线。在实践层面中国则立足于具体国情,依据不同阶段的社会主要矛盾以及发展战略来制定差异化政策,政策表述的演变轨迹是:首先通过社会主义改造和重工业优先发展来为共同富裕事业提供经济制度和产业体系基础,进而通过改革开放来实现经济持续快速增长,以此"做大蛋糕"并为社会成员分享发展成果提供充裕的物质条件,进而着力解决发展中的结构性问题,通过促进效率和公平并重来促使全体人民共同富裕迈上新台阶。考虑到政策是影响微观经济主体行为的关键变量,而微观经济主体的行为则会产生相应的绩效,中国共同富裕的政策表述不是单纯的文本问题,而是会对经济发展绩效产生重要影响的实践问题。不同时段的政策表述及其实施会带来相应的结果,这使得中国的共同富裕实现以及收入分配状况呈现出动态演变趋势。

第三节　中国共同富裕事业的实践历程

新中国成立以来,在不同时段的共同富裕政策表述体现出对发展战略的回应,这在"应然"层面构成了观察中国共同富裕问题的一个视角。除此之外,人们更应关注政策的执行状况及实施绩效,即在实践层面中国的共同富裕究竟呈现出怎样的真实状态,这在"实然"层面构成了观察共同富裕问题的另一视角。高帆(2021c)强调中国共同富裕由两个虽有区别、但紧密关联的部分组成:一是从过程的角度看,共同富裕不是社会成员的普遍贫困,它以经济总量和社会财富不断增长为前提条件,这个意义上的共同富裕体现的是经济总量的增长性和发展过程的包容性,不同成员虽然禀赋条件有所差异,但他们都有开展生产要素配置的权利,都有获取自身决策结果的条件。二是从结果的角度看,共同富裕不是指社会成员的两极分化,它以人们能够相对对等地分享发展成果为指向,虽然社会成员因禀赋条件和经济决策而获得了不同的经济回报,但国家从整体和长远目标出发进行财富"再分配",

以此体现出发展成果的分享性和公平性。如前所述,现有研究文献也侧重从经济增长和成果分享,即"做大蛋糕"和"分好蛋糕"两个维度来理解共同富裕。尽管人们对于效率和公平的次序以及组合认识不尽相同,但在共同富裕涉及"做大蛋糕"和"分好蛋糕"方面却能够达成共识,脱离这两者的任何一个来讨论共同富裕,或者将这两者割裂起来讨论共同富裕都是不合适的。阐释中国共同富裕在现实层面的推进历程,就应将经济增长和成果分配这两者结合起来,这为解析中国共同富裕实现的历史过程和现实状况提供了分析基点。

一、 推进共同富裕事业的制度—产业准备过程

在计划经济时期,中国在恢复国民经济的基础上实施了重工业优先发展战略,共同富裕的相关政策表述是围绕重工业优先发展战略而展开的。这一时段的政策实施对中国共同富裕的实现产生了两个方向的作用。

一方面,从不利于共同富裕的角度看,这个时段中国在城市和农村内部实施了工资制和工分制,城市和农村内部的收入分配强调平均主义,收入差距也相对较小,但城乡两部门之间的发展和收入落差却极为突出。特别是,人民公社制和农产品统购统销制导致农村剩余流向工业和城市部门,而户籍制度则抑制了农村劳动力的就业选择空间,伴随着时间推移,户籍制度逐步演变为针对城乡居民差异化提供社会保障资源的载体。这些因素相互叠加导致城乡之间存在着制度因素导致的发展不平衡,因产业因素引致的城乡二元结构特征在这个阶段被加剧了。如表 8.4所示,1949—1977 年,中国城市化率从 10.6% 提高至 17.6%,增长速度极其缓慢,这说明农村居民进入城市并转为城市居民是极其困难的。考察期内城乡收入差距也非常显著,1952—1977 年的城乡消费差距处在 2.4—4.3 倍的较高位置。更重要的是,在依靠政府指令性计划来配置资源的情形下,中国微观经济主体的经济活力受到了很大抑制,资源配置低效率以及由此导致的"短缺经济"成为这个时段中国经济的重要特征。这个时段,中国经济总量的增长速度较小,其相对于世界及其他主要经济体的 GDP 份额甚至出现了相对下降态势。如表 8.4 所示,根据 CEIC 数据库

表 8.4　1949—1977 年与中国共同富裕实现状况关联的若干指标变化情况

年份	GDP 总量（亿元）	GDP 增长率（%）	中国 GDP/世界 GDP（%）	中国 GDP/美国 GDP（%）	中国 GDP/日本 GDP（%）	城市化率（%）	城乡居民消费差距（倍）	全国职工平均工资（元）	人均粮食产量（公斤/人）
1949						10.6			209.0
1950						11.2			239.4
1951						11.8			255.2
1952	679.10					12.5	3.3	445	285.2
1953	824.40	15.60				13.3	3.6	495	283.8
1954	859.80	4.30				13.7	3.3	517	281.3
1955	911.60	6.90				13.5	3.1	527	299.3
1956	1 030.70	15.00				14.6	3.4	601	306.8
1957	1 071.40	5.10				15.4	3.4	624	301.7
1958	1 312.30	21.30				16.2	3.1	536	299.5
1959	1 447.50	9.00				18.4	4.3	512	252.5
1960	1 470.10	0.00	1.46	4.60	27.23	19.7	4.2	511	217.3
1961	1 232.30	−27.30	1.02	3.27	17.67	19.3	3.4	510	207.3
1962	1 162.20	−5.60	0.92	2.91	15.32	17.3	3.2	551	229.5
1963	1 248.30	10.30	0.96	3.07	15.58	16.8	3.1	576	239.6
1964	1 469.90	18.20	1.07	3.43	16.49	18.4	2.7	586	256.6
1965	1 734.00	17.00	1.18	3.77	18.22	18.0	2.5	590	268.2
1966	1 888.70	10.70	1.24	3.92	18.23	17.9	2.5	583	287.1
1967	1 794.20	−5.70	1.12	3.60	15.46	17.7	2.4	587	285.2
1968	1 744.10	−4.10	1.01	3.30	13.13	17.6	2.5	577	266.2
1969	1 962.20	16.90	1.12	3.74	13.66	17.5	2.5	575	261.5

续表

年份	GDP总量（亿元）	GDP增长率（%）	中国GDP/世界GDP（%）	中国GDP/美国GDP（%）	中国GDP/日本GDP（%）	城市化率（%）	城乡居民消费差距（倍）	全国职工平均工资（元）	人均粮食产量（公斤/人）
1970	2 279.70	19.30	1.29	4.48	15.89	17.4	2.4	561	289.1
1971	2 456.90	7.10	1.32	4.64	16.25	17.3	2.4	560	293.5
1972	2 552.40	3.80	1.30	4.58	15.56	17.1	2.6	588	275.9
1973	2 756.20	7.80	1.32	4.67	15.52	17.2	2.6	587	297.0
1974	2 827.70	2.30	1.32	4.80	16.08	17.2	2.6	584	303.0
1975	3 039.50	8.70	1.43	5.23	16.95	17.3	2.6	580	307.9
1976	2 988.60	−1.60	1.34	4.89	16.05	17.4	2.7	575	305.5
1977	3 250.00	7.60	1.38	5.02	16.54	17.6	2.9	576	297.7

资料来源：GDP，GDP增长率来自CEIC数据库，中国GDP/世界GDP，中国GDP/美国GDP，中国GDP/日本GDP根据世界银行数据库给出的GDP数据（2015年不变价美元）计算得出。城市化率，城乡居民消费差距，人均粮食产量等根据CEIC数据库数据计算得出。全国职工平均工资来自《新中国六十年统计资料汇编》。

提供的数据,1952—1977 年中国 GDP 从 679.10 亿元增至 3 250.00 亿元,考察期内的 GDP 年均增长率虽达到 6.5%,但伴随着剧烈波动,GDP 增长率变异系数高达 1.609 3,多个年份的增长呈现出"大起大落"特征。就跨国比较而言,这个时段中国的经济增长在全球范围内不具有显著优势。根据世界银行提供的数据,按照 2015 年不变价美元计算,1960—1977 年中国 GDP 占世界 GDP 的比重从 1.46% 降至 1.38%,相当于美国 GDP 的比重从 4.60% 微弱增至 5.02%,相当于日本 GDP 的比重则从 27.23% 下降至 16.54%。在经济长期低效率、增速较为缓慢且波动明显的条件下,城市和农村内部的平均主义使得经济领域呈现出一定程度的"普遍贫困"状态。如表 8.4 所示,1949—1977 年,中国人均粮食产量从 209.0 公斤缓慢增至 297.7 公斤,1952—1977 年,全国职工平均工资则从 445 元缓慢增至 576 元,这说明全国居民基本生活物资和收入水平的改善较为有限。

另一方面,从有利于共同富裕的角度看,如果将中国的共同富裕事业视为一个不同阶段前后相继、连续推进的过程,那么历史不能飞跃,中国在计划经济时期实施的重工业优先发展战略以及由此形成的政策体系,也并非一无是处,它对后续的共同富裕目标实现具有积极作用。在这个时段,中国在内外部环境极为严峻的背景下,依靠自身力量形成了独立的、相对完整的工业体系和国民经济体系。根据 CEIC 数据库提供的资料,1952—1977 年中国第一产业增加值占 GDP 的比重从 51.0% 降至 29.5%,第二产业增加值占 GDP 比重则从 20.9% 增至 46.9%,特别是工业增加值占 GDP 的比重从 17.6% 增至 42.6%。如果按照不变价格计算并以 1952 年为 100,1952—1977 年中国 GDP 指数从 100 增至 422.1,其中第一产业增加值指数从 100 增至 163.4,第二产业增加值指数从 100 增至 1 325.8(其中工业增加值指数从 100 增至 1 455.5),第三产业增加值指数从 100 增至 345.0。第二产业、特别是工业的增长速度是异常突出的,这深刻地改变了中国不同产业之间的比例关系和相对结构。新中国成立初期,中国还是一个典型的以农业生产为主体的大国,但到 20 世纪 70 年代末期,中国已经成为一个工业经济占主体地位的工业化国家,这种产业结构转变为中国维护国家安全和社会秩序平稳,以及实现后续的经济高速增长提供了有利条件。在计划经济时期,中国人口平均预期寿命、农村基础设施建设以及农村基本医疗体系也得以明显改善,这对改革开放之后中国经济的持续发展和社会秩序稳定具有积极作用。更重要的是,经过农业、手工业和资本主义工商业的社会主义改造,中国形成了生产资料公有制占据主体的所有制格局,特别是农村土地从农民个体所有制转为农村集体所有制,这为后续的国家战略展开和共同富裕逐次达成奠定了经济制度基础。例如,有研究就强调,"新中国成立初期的土地改革甚至农业合作化所形成的以相对公平的土地占有为基本特征的社会公平,为改革开放之后的经济增长和减贫创造了良好的起始社会条件"(李小云等,2018)。正是导源于计划经济时期所形成的社会主义经济制度,在改革开放之后,中国政府才有条件通过坚持和完善经济制度,进而推动经济增长并调节不同社会成员之间的收入分配差距。总之,在计划经济时期,中国为实现重工业优先发展战略所实施的政策,对短期的经济总量增长和城乡发展差距缩减实现产生了不利影响,但对长期共同富裕目标的实现提供了经济制度和产业体系等方面的必要准备。

二、 推进共同富裕事业的"做大蛋糕"过程

1978 年之后,伴随着对社会主义性质的认识深化,中国明确提出将实现共同富裕作为社会主义制度的本质特征。中国共产党领导全国人民推进现代化事业,一个具有战略性、根本性的目标指向是实现共同富裕。从实现路径的角度看,1978 年中国启动了对内的市场化改革和对外的融入全球经济,改革开放的指向是提高经济效率并实现经济总量的持续高速增长,以此通过"做大蛋糕"来为共同富裕奠定物质基础,并以此形成对社会主要矛盾中落后社会生产这个根本制约因素的回应。基于上述考虑,中国在收入分配层面实施了与增长导向战略相契合的政策,这些政策的特征是强调分配方式的多样性(按劳分配和按生产要素分配相结合)以及经济激励功能(效率优先、兼顾公平)。

就政策实施结果而言,在这一时段,通过赋予和扩展城乡微观主体的经济自主权,并充分发挥市场在资源配置和经济激励中的重要作用,中国经济总量呈现出持续高速增长态势,在人类经济史上创造出罕见的增长"奇迹"。如表 8.5 所示,根据

表 8.5　1978—2011 年与中国共同富裕实现状况关联的若干指标变化情况

年份	GDP 总量（亿元）	GDP 增长率（%）	中国 GDP/世界 GDP（%）	中国 GDP/美国 GDP（%）	中国 GDP/日本 GDP（%）	城市化率（%）	城乡居民消费差距（倍）	城乡居民收入差距（倍）	劳动报酬占比（%）
1978	3 678.70	11.67	1.48	5.30	17.49	17.9	2.8	2.6	
1979	4 100.45	7.59	1.53	5.53	17.84	19.0	2.7	2.5	
1980	4 587.58	7.83	1.62	5.97	18.71	19.4	2.8	2.5	
1981	4 935.83	5.11	1.67	6.12	18.87	20.2	2.6	2.2	
1982	5 373.35	9.02	1.81	6.80	19.91	21.1	2.2	2.0	
1983	6 020.92	10.77	1.95	7.20	21.31	21.6	2.2	1.8	
1984	7 278.50	15.19	2.15	7.74	23.49	23.0	2.2	1.8	
1985	9 098.95	13.43	2.35	8.42	25.32	23.7	2.2	1.9	
1986	10 376.15	8.95	2.48	8.87	26.69	24.5	2.2	2.1	
1987	12 174.59	11.66	2.67	9.57	28.46	25.3	2.2	2.2	
1988	15 180.39	11.22	2.83	10.22	29.64	25.8	2.4	2.2	
1989	17 179.74	4.21	2.85	10.27	29.46	26.2	2.3	2.2	
1990	18 872.87	3.92	2.87	10.48	29.19	26.4	2.2	2.2	
1991	22 005.63	9.26	3.09	11.46	30.84	26.9	2.4	2.4	
1992	27 194.53	14.22	3.46	12.65	34.93	27.5	2.9	2.6	50.69
1993	35 673.23	13.88	3.87	14.02	39.98	28.0	3.2	2.8	50.24
1994	48 637.45	13.04	4.24	15.23	44.75	28.5	3.4	2.9	50.65
1995	61 339.89	10.95	4.56	16.46	48.38	29.0	3.5	2.7	51.40
1996	71 813.63	9.92	4.84	17.43	51.56	30.5	3.2	2.5	51.37
1997	79 715.04	9.24	5.09	18.24	55.78	31.9	3.2	2.5	51.11
1998	85 195.51	7.85	5.34	18.83	60.93	33.4	3.3	2.5	51.39

续表

年份	GDP总量（亿元）	GDP增长率（%）	中国GDP/世界GDP（%）	中国GDP/美国GDP（%）	中国GDP/日本GDP（%）	城市化率（%）	城乡居民消费差距（倍）	城乡居民收入差距（倍）	劳动报酬占比（%）
1999	90 564.38	7.66	5.55	19.35	65.82	34.8	3.5	2.6	50.36
2000	100 280.14	8.49	5.77	20.16	69.48	36.2	3.6	2.7	49.57
2001	110 863.12	8.34	6.12	21.63	74.99	37.7	3.6	2.8	49.14
2002	121 717.42	9.13	6.53	23.20	81.80	39.1	3.6	3.0	48.87
2003	137 422.03	10.04	6.96	24.82	88.65	40.5	3.5	3.1	47.59
2004	161 840.16	10.11	7.34	26.33	95.53	41.8	3.5	3.1	46.40
2005	187 318.90	11.39	7.86	28.33	104.53	43.0	3.5	3.1	45.43
2006	219 438.47	12.72	8.47	31.05	116.23	44.3	3.4	3.1	45.20
2007	270 092.32	14.23	9.27	34.82	130.83	45.9	3.5	3.1	44.84
2008	319 244.61	9.65	9.96	38.23	145.23	47.0	3.4	3.1	46.80
2009	348 517.74	9.40	11.04	42.91	168.47	48.3	3.4	3.1	47.10
2010	412 119.26	10.64	11.69	46.29	179.05	49.9	3.5	3.0	45.95
2011	487 940.18	9.55	12.40	49.93	196.11	51.8	3.3	2.9	46.12

资料来源：GDP、GDP增长率来自CEIC数据库，中国GDP/世界GDP，中国GDP/美国GDP，中国GDP/日本GDP根据世界银行数据库给出的GDP数据（2015年不变价美元）计算得出。城市化率，城乡居民消费差距，城乡居民收入差距等根据CEIC数据计算得出。劳动报酬占比根据CEIC数据库中31个省、自治区、直辖市的劳动报酬和GDP数据计算得出。

CEIC 数据库提供的资料,1978—2011 年,中国 GDP 总量从 3 678.70 亿元增至 487 940.18 亿元,年均增长率为 10.01%,GDP 增长率的年均变异系数为 0.270 4。相对于改革开放之前,改革开放之后中国经济增长的速度出现了显著攀升,且增长的稳定性也得到明显增强。从跨国比较的角度看,根据世界银行的数据,1978—2011 年,中国 GDP 年均增长率为 10.00%,同期世界 GDP 年均增长率为 2.98%,高收入国家、中高等收入国家、中等收入国家、中低等收入国家、低收入国家的 GDP 年均增长率分别为 2.58%、4.24%、4.08%、3.74% 和 3.54%,中国 GDP 增长率相对于其他主要经济体具有显著的比较优势,这使得中国经济增长在全球经济格局以及与其他经济体的横向比较中呈现出显著优势。按照 2015 年不变价美元计算,1978—2011 年中国 GDP 占世界 GDP 的比重从 1.48% 快速提高至 12.40%,相当于美国 GDP 的比重从 5.30% 攀高至 49.93%,相当于日本 GDP 的比重从 17.49% 攀高至 196.11%。如果按照现价美元计算,中国在 2010 年的 GDP 总量开始超越日本,并成为仅次于美国的世界第二大经济体,如果按照 2015 年不变价美元计算,则中国在 2005 年的 GDP 总量即超过日本成为世界第二大经济体。即使剔除人口因素,按照 2015 年不变价美元计算,1978—2011 年中国人均 GDP 从 381.10 美元快速增至 6 156.83 美元,这种增长速度在世界范围内也是引人注目的。在 2012 年前后,中国已经从一个典型的低收入国家转变为世界范围内人口规模最大的中上等收入国家。从社会主要矛盾解决的角度看,中国在很大程度上突破了社会主要矛盾中落后的社会生产这个关键的制约因素。总而言之,无论是从时序比较、还是从跨国比较的角度看,改革开放之后,中国经济总量保持了持续高速的经济增长,这为中国实现共同富裕目标奠定了社会生产力或经济规模维度的坚实基础。

1978 年改革开放以来,中国经济增长不仅创造了"奇迹",而且也具有较强的包容性。这主要是因为在从计划经济向社会主义市场经济的体制转型中,中国赋予了微观主体在更大范围内配置资源的自主权,城乡居民能够依据自身禀赋条件以及市场信号进行要素和商品流动,这相对于此前的计划经济体制是一个重大突破。以城乡结构转化为例,1978—2011 年中国农村不仅实施了家庭联产承包责任制,赋予了农户相对独立的土地承包经营权,而且放松了城乡之间的就业管制,农村居民获得了进入城市从事非农产业的制度条件。在此背景下,中国城市化率得到了极为迅猛的发展,如表 8.4 所示,这一时期城市化率从 17.9％提高至 51.8％,年均增长率超过 1 个百分点,这与 1949—1977 年的城市化率缓慢增长相比是截然不同的。农村经营体制变革和城市化率快速提高意味着农村劳动力因为要素再配置而提高了收入水平,根据 CEIC 数据库提供的资料,1978—2011 年中国农民人均可支配收入从 133.60 元持续增至 7 393.92 元,同期农村绝对贫困人口也从 77 039.0 万人下降至 12 238.0 万人。1978—2011 年中国城乡居民恩格尔系数分别从 57.5％下降至 36.3％、从 67.7％下降至 40.4％,这说明城乡居民消费结构已经从基本生存物品主导格局转变为发展和享受资料主导格局。然而,导源于微观主体的禀赋差异,以及政策层面的收入分配多元化和效率优先、兼顾公平,1978—2011 年中国不同群体之间的收入分配差距总体上趋于扩大,发展成果在不同群体之间的分享遇到了较大挑战。例如,根据世界银行提供的数据,1990—2011 年中国居民基尼系数从 0.322 攀高至 0.424,而根据 CEIC 数据库提供的数据,2003—2011 年中国居民基尼系数始终处于 0.477—0.491 的较高水平。此外,劳动报酬在国民收入中的占比也呈现出逐步下降的趋势,1992—2011 年该比重从 50.69％逐步下降至 46.12％,这意味着劳动者在国民收入中的"蛋糕切分"程度在降低。就城乡结构转化而言,无论是城乡消费差距、还是城乡收入差距均呈现出在波动中逐渐走高的基本趋势,特别是进入 21 世纪之后,城乡消费差距和城乡收入差距均达到改革开放之后的最高水平,这意味着:随着时间的推移城乡二元经济结构在渐趋加剧,虽然改革开放导致城乡居民的收入和消费水平都在提高,但城市居民的提高程度要快于农村居民。总之,改革开放初期中国在创造经济增长"奇迹"的同时,也伴生着成果分享性相对不足的结构性问题,这必然引致共同富裕相关政策的适应性调整。

三、 推进共同富裕事业的"做大蛋糕"和"分好蛋糕"并重过程

中共十八大以来,中国特色社会主义进入新时代。新时代中国发展战略从增

长导向战略转向高质量发展战略,社会主要矛盾也转变为人民日益增长的美好生活需要和不平衡不充分发展之间的矛盾。与发展战略和社会主要矛盾转变相契合,中国针对共同富裕的政策表述也出现了明显变化,特别是明确提出贯彻落实共享发展理念,强调效率和公平并重以及扎实推进共同富裕。从实施绩效来看,2012年之后中国经济增长速度开始出现了下降趋势,如表 8.6 所示,根据 CEIC 数据库的资料,2012—2020 年中国 GDP 总量从 538 579.95 亿元增至 1 013 567.00 亿元,中国 GDP 总量在 2020 年首次突破 100 万亿元。这个时段,中国 GDP 的年均增长率为 6.53%,变异系数为 0.263 9,经济增长仍具有显著的稳定性,但相对于 1978—2011 年的年均增长率 10.01% 而言已经出现了明显下降。从跨国比较的角度看,根据世界银行提供的数据,2012—2020 年中国 GDP 的年均增长率为 6.54%,同期世界 GDP 的年均增长率为 2.07%,高收入国家、中高等收入国家、中等收入国家、中低等收入国家、低收入国家的 GDP 年均增长率分别为 1.16%、3.79%、3.80%、3.84% 和 3.81%。导源于经济增速的相对优势,中国经济总量在世界经济格局中的分量仍在持续增强,且在对世界第一大经济体美国的不断追赶下,中国的 GDP 增长率仍具有相对于世界和其他主要经济体的比较优势。根据世界银行给出的数据,按照 2015 年不变价美元计算,2012—2020 年中国 GDP 占世界 GDP 的比重从 13.02% 持续增至 17.93%,相当于美国 GDP 的比重从 52.68% 快速攀高至 75.86%,相当于日本 GDP 的比重从 208.66% 提高至 338.19%。即使剔除人口因素,按照 2015 年不变价美元计算,中国人均 GDP 从 2012 年的 6 608.71 美元增至 2019 年的 10 228.19 美元和 2020 年的 10 430.73 美元,2020 年中国人均 GDP 已经非常接近世界平均水平(10 520.35 美元)。由此可见,2012 年以来中国经济出现了相对于此前阶段的增速下降,但在全球比较中仍具有显著优势,这为中国居民实现共同富裕目标奠定了更为充裕的物质基础。

进入新时代以来,在经济增速开始趋势性"下台阶"的情形下,中国国民收入差距也呈现出某种程度的缩减态势。根据 CEIC 提供的数据,2012 年以来中国基尼系数趋于稳定并呈现出一定程度的下降,如表 8.6 所示,2012—2019 年中国基尼系

表 8.6　2012 年以来与中国共同富裕实现状况关联的若干指标变化情况

年份	GDP 总量（亿元）	GDP 增长率（%）	中国 GDP/世界 GDP（%）	中国 GDP/美国 GDP（%）	中国 GDP/日本 GDP（%）	常住人口城市化率（%）	户籍人口城市化率（%）	城乡居民消费差距（倍）	城乡居民收入差距（倍）	基尼系数	农村绝对贫困人口（万）
2012	538 579.95	7.86	13.02	52.68	208.66	52.57	35.33	3.2	2.9	0.474	9 899.0
2013	592 963.23	7.77	13.64	55.74	220.45	53.73	35.93	3.1	2.8	0.473	8 249.0
2014	643 563.10	7.43	14.21	58.40	236.12	54.77	36.63	2.9	2.7	0.469	7 017.0
2015	688 858.22	7.04	14.74	60.65	248.86	56.10	39.90	2.8	2.7	0.462	5 575.0
2016	746 395.06	6.85	15.32	63.71	263.91	57.35	41.20	2.7	2.7	0.465	4 335.0
2017	832 035.95	6.95	15.85	66.59	277.60	58.52	42.35	2.5	2.7	0.467	3 046.0
2018	919 281.13	6.75	16.39	69.01	294.69	59.58	43.37	2.3	2.7	0.468	1 660.0
2019	986 515.20	5.95	16.93	71.57	311.38	60.60	44.38	2.3	2.6	0.465	551.0
2020	1 013 567.00	2.20	17.93	75.86	338.19	63.89	45.40	2.1	2.6	—	0

资料来源：GDP、GDP 增长率、基尼系数、农村绝对贫困人口等来自 CEIC 数据库，中国 GDP/世界 GDP、中国 GDP/美国 GDP、中国 GDP/日本 GDP 根据世界银行数据库给出的 GDP 数据（2015 年不变价美元）计算得出。常住人口城市化率、户籍人口城市化率、城乡居民消费差距、城乡居民收入差距等依据 CEIC 数据库给出的数据计算得出。

数虽然超过 0.40,但大致稳定在 0.46—0.47 左右,且 2019 年相对于 2012 年该指标有所降低。另外,劳动报酬占比也有所提高,2012—2017 年该指标从 46.76％逐步提高至 49.96％,这意味着劳动者从国民收入中所获取的份额在增加。进入新时代之后,随着城乡融合发展政策以及乡村振兴战略的深入推进,城乡二元结构的转化速度在不断加快,2012—2020 年中国常住人口城市化率从 52.57％提高至 63.89％,年均增长率仍超过 1 个百分点,这意味着农村有更多的人口和劳动力进入城市从事非农产业。此外,城乡经济差距也改变了此前波动中逐步攀高的状况,出现了随着时间推移而持续下降的态势,2012—2020 年城乡消费差距从 3.2 倍下降至 2.1 倍,城乡收入差距则从 2.9 倍下降至 2.6 倍,就时序比较而言,这两个比值已经分别低于或等于 1978 年的水平。与此伴随的是,城乡恩格尔系数也呈现出持续下降、且落差不断缩小的态势。2012—2020 年中国城乡居民的恩格尔系数分别从 36.2％下降至 29.2％,从 40.4％下降至 32.7％,两者之间的落差也从 4.1 个百分点降至 3.5 个百分点。更值得强调的是,2013 年以来中国在农村实施了以精准识别、精准施策、精准帮扶为基本特征的脱贫攻坚战,其结果是中国在人类发展史上创造了大规模脱贫的"奇迹"(高帆,2020),2012—2020 年农村绝对贫困人口从 9 899 万降到 0。这意味着中国历史性地解决农村绝对贫困问题,并对世界减贫事业做出了突出贡献。总之,进入新时代后,中国在经济增速相对下降的背景下,收入分配差距呈现出一定程度的缩减态势。正如已有研究指出的:"近一个时期,我国收入分配改革不断推进,收入分配格局正在得到改观"(张车伟、赵文,2020)。就经济增速逐步"下台阶"但收入差距出现缩减态势而言,中国经济已经在从高增长导向向高质量发展导向转变,且对不平衡不充分发展问题这种制约因素的回应能力在不断增强。

综上所述,1949 年新中国成立以来,中国在共同富裕政策转变的背景下,共同富裕的实践过程也呈现出三个阶段的演变态势,政策制定和实施对共同富裕事业无疑产生了显著结果。从总体来看,中国在不同阶段针对共同富裕所形成的理念和政策均较好地达成了预期效果。具体而言,在 1949—1977 年的重工业发展战略实施阶段,中国经济增长速度较低,城市内部、农村内部收入平均化但城乡之间收入落差显著，这个阶段中国经济社会发展整体上具有"普遍贫困"特征，但该阶段所形成的经济制度和产业体系为共同富裕事业提供了重要准备。在1978—2011年的增长导向战略实施阶段，中国经济增长创造了世所罕见的"奇迹"，社会生产力得到空前的解放和发展，尽管改革开放之后的经济高速增长具有包容性，但此阶段的收入分配差距却呈现出在波动中逐步攀高的趋势。经济增长显著改善了中国城乡居民的收入水平和生活状态，这在很大程度上是通过"做大蛋糕"来回应共同富裕中的"富裕"主题。在2012年以来的高质量发展战略实施阶段，中国经济增长速度相对于此前阶段出现了趋势性"下台阶"，但这种增速在跨国比较中仍具有优势，更重要的是，以城乡经济差距缩减、大规模脱贫、基尼系数逐步下降等为观测点，这个阶段发展成果在不同群体之间的分享程度在渐趋提高。这在很大程度上通过持续"做大蛋糕"并将"分好蛋糕"放在更重要位置来回应共同富裕。在70多年的现代化进程中，中国在实现共同富裕目标中体现出迂回、渐进的特征，在时序意义上展示了一个超大规模国家逐步实现共同富裕的动态图景，在大国发展史上形成了将效率和公平较好兼顾的典型案例（高帆，2021c）。尽管如此，对标2035年中国基本实现现代化和本世纪中叶建成社会主义现代化强国的战略目标，特别是对标"全体居民共同富裕要取得更为明显的实质性进展"，当前中国的经济社会发展仍存在许多值得关注和回应的主题。例如，更高水平的共同富裕是构建在经济持续增长基础上的，据此，中国需要在劳动力要素供给变动和国际经济环境逆转的背景下形成新的发展动能，特别是要通过提高全要素生产率来形成效率驱动型的经济增长方式。中国经济增长成果的分享程度需要进一步提升，迄今为止，中国常住人口城市化率和户籍人口城市化率两者之间仍存在显著落差，2020年这个指标分别为63.89％和45.40％，这意味着规模庞大的农村劳动力可以进城务工，但难以通过城市化来完成市民化进程。此外，在城乡经济差距缩小的背景下，农村内部和城市内部居民收入差距却在逐步攀高，基本公共产品的配置差距也延缓了城乡经济社会一体化进程，生态环境和能源配置则成为代际共同富裕实现的新议题，等等。新时代中国为实现更高水平的共同富裕仍需付出艰辛努力，为此就需要在梳理共同富裕政策表述和实践演变的基础上,总结提炼中国围绕共同富裕事业所形成的历史经验及理论体系,以深化对中国共同富裕事业的规律性认识,并形成对新时代共同富裕实践的启示意义。

第四节　新时代共同富裕理论体系

新中国自成立以来,在推进社会主义现代化建设的进程中,立足于不同阶段的客观环境和禀赋条件制定了不同的发展战略,这些发展战略内生出差异化的共同富裕相关政策。在这个意义上,中国的共同富裕相关政策与发展战略是相互嵌套的,不存在脱离于发展战略的单纯的共同富裕政策。从实践结果来看,这些政策得到有效实施,并在整体上达成了预期目标,这使得中国共同富裕事业呈现出在多个阶段的成果累积中不断发展的特征。中国在共同富裕的实践中不断积累经验,逐步深化思想认识和推进理论创新。在社会主义现代化建设推进到 70 多年、改革开放推进到 40 多年的特定时期,中国针对共同富裕问题已经积累了较为充裕的经验。在中国已经全面建成小康社会,并开始迈向全面建设社会主义现代化国家新征程的背景下,人们对实现共同富裕的意义、路径、方式及支撑条件等均有了更为深刻的认识,中国的持续发展也为实现更高水平的共同富裕提供了坚实的物质基础、精神力量和制度条件。中国在现代化进程中已形成了一个针对共同富裕问题的较为完整的理论体系。立足于中国特色社会主义进入新时代,提炼和总结这一理论体系对于贯彻落实习近平新时代中国特色社会主义思想具有重要意义,对于乘势而上、更好地解决社会主要矛盾中的不平衡不充分发展问题具有重要意义。

从逻辑上说,共同富裕的理论体系不仅包括对"共同富裕"概念定义及其功能作用的认识,而且包括对"共同富裕"实现方式及其制度条件的认识。"什么是共同富裕""为何要推进共同富裕""怎么实现共同富裕"是中国在推进社会主义现代化建设中必须回答的重大问题,同时也构成了提炼和总结共同富裕理论体系的基本内容。中国在现代化实践中深化了对这些问题的理解,其针对共同富裕的理论创新和认识深化集中体现在八个方面。

一、 共同富裕目标的价值论

从理论和实践两个维度来看,共同富裕主要是指特定国家(或地区)的全体社会成员在生产力水平提高的基础上,能够相对均等地获得充裕的各类产品和服务,并以此较好地达成其对美好生活需要的满足。对于中国而言,实现共同富裕具有多个维度的重要作用。从价值指向的角度看,共同富裕是中国推进社会主义现代化建设的核心目标,在新时代背景下,中国的高质量发展和社会主要矛盾解决也内涵着对更高水平共同富裕的追求。具体而言,中国实现共同富裕的价值集中体现为:

首先,共同富裕是社会主义制度的本质要求。社会主义制度是在批判和消除资本主义制度内在弊端——两极分化、贫富悬殊和周期性经济危机的基础上形成的,社会主义制度区别于其他社会形态的重要标志是强调实现人的全面发展和共同富裕目标。1887年,恩格斯在《对英国北方社会主义联盟纲领的修正》中提出,"我们的目的是要建立社会主义制度,这种制度将给所有的人提供健康而有益的工作,给所有的人提供充裕的物质生活和闲暇时间,给所有的人提供真正的充分的自由"。[①]1892年,恩格斯在《社会主义从空想到科学的发展》中阐述了科学社会主义的重要原则,即"通过社会化生产,不仅可以保证一切社会成员有富足的和一天比一天充裕的物质生活,而且还可能保证他们的体力和智力获得充分的自由的发展和运用,这种可能性现在第一次出现了,但它确实是出现了"。[②]这个表述明确地将人的全面发展、全体社会成员对物质文化产品的获取视为社会主义制度的重要特征。作为一个实行社会主义制度的国家,中国在推进现代化建设的进程中也将共同富裕视为社会主义制度的基本特征。邓小平在1992年南方谈话中明确强调,社会主义的本质是解放生产力,发展生产力,消灭剥削,消除两极分化,最终达到共同

---

① 《马克思恩格斯选集》(第21卷),人民出版社1965年版,第570页。
② 《马克思恩格斯选集》(第3卷),人民出版社2012年版,第814页。

富裕。进入新时代之后，中国更是强调社会主义制度与共同富裕之间的关联特征，明确提出共同富裕是社会主义制度的本质要求。这意味着中国在确立社会主义制度之后，就必须将共同富裕作为社会主义现代化建设的战略目标和社会主义制度优越性的重要体现。

其次，共同富裕是中国共产党初心使命的集中体现。中国的社会主义现代化建设是在中国共产党领导下进行的，而党的初心使命是为中国人民谋幸福、为中华民族谋复兴。为中国人民谋幸福的集中表现是消除贫困、改善民生、实现共同富裕，不断满足人民对美好生活的需要，而中华民族伟大复兴的重要表现是全体人民相对均等地分享充裕的产品和服务。从中国共产党一百多年的奋斗历程来看，党在新民主主义革命时期、社会主义革命和推进社会主义建设时期、改革开放和社会主义现代化建设时期、中国特色社会主义新时代等不同阶段的奋斗，都体现出以人民为中心、实现共同富裕这个根本指向。习近平总书记 2021 年 1 月在省部级主要领导干部学习贯彻党的十九届五中全会精神专题研讨班开班式上强调指出，"实现共同富裕不仅是经济问题，而且是关系党的执政基础的重大政治问题"。这表明在中国共产党领导的现代化建设进程中，实现共同富裕始终是一个具有重大经济意义和政治意义的主题。

再次，共同富裕是中华民族传统文化的当代要求。作为一个拥有五千年文明史的国家，中国在漫长的历史演变中形成了丰富的文化传统和文化资源，这些传统文化中内涵着对财富分配、社会正义的强调，与此相关的观念、提法构成了现阶段中国实现共同富裕的一个思想来源。正如前面文献梳理所提及的，在中国历史演进过程中，老子强调"损有余而补不足"，孔子强调"不患寡而患不均"，以及历代流传广泛且影响深远的"等贵贱、均贫富"口号，均包含了摒弃财富分配极度悬殊、追求社会成员共同享有财富的朴素观念。就此而言，现阶段中国强调实现共同富裕，是对中华民族传统文化相关思想在当代的更高层次表达、更高水平实现。

最后，共同富裕是新时代解决社会主要矛盾的内在需要。中国特色社会主义进入新时代意味着社会主要矛盾的转化。在这一社会主要矛盾中，"人民日益增长的美好生活需要"包括了人民需要更为充分、更为均等地分享发展的成果,在收入分配差距缩减、物质精神产品充分获取、生态环境和社会正义有效实现的情形下实现人的全面发展,换言之,"人民日益增长的美好生活需要"内涵着对更高水平共同富裕的追求和向往。"不平衡不充分发展"则包含着实践层面中国经济持续增长仍存在提升空间,而城乡、地区、行业之间仍存在着发展的不平衡,不同社会成员的收入分配差距还处于较高位置,基本公共产服务的均等化程度还有待提高等等,总之,实现更高水平的共同富裕在实践层面还面临较多挑战,还需要突破诸多难题。由此可见,扎实推进共同富裕是新时代中国解决社会主要矛盾的客观需要,也是测度新时代中国高质量发展实现程度的主要标尺。

二、 共同富裕战略的导向论

实现共同富裕对中国具有多个维度的重要价值,但重要性并不直接等同于现实性。对于中国这样人口和地理超大规模的发展中国家而言,实现共同富裕是一个长期的过程,也是一项艰巨的任务,它必须在具有坚强领导核心、并经过持续努力的基础上才能实现。就此而言,中国共产党的领导使中国共同富裕事业具有坚定清晰的目标导向,同时也具有实现这一目标的组织能力和制度基础。

中国共产党的领导是中国特色社会主义最本质特征,是中国特色社会主义制度的最大优势,这在经济领域中具有极为突出的表现。已有文献强调,中国经济的一个基本特质是以党领政(共产党领导政府)和以党导经(共产党指导经济)(金碚,2019)。高帆(2021c)认为,中国在推进社会主义现代化进程中形成了区别于传统政府—市场关系的新型政府—市场关系,这种新型政府—市场关系的首要表现是突破了政府—市场两分框架和板块结合,在政府、市场之外必须引入党的领导力量,党—政府—市场的三位一体框架是中国新型政府—市场关系的重要组成部分。这意味着党的领导为中国共同富裕实现提供了坚定的理念导向。如前所述,作为马克思主义的信奉者和实践者,中国共产党自成立之日起就将为中国人民谋幸福、为中华民族谋复兴作为自己的初心使命,中国共产党在领导中国人民推进社会主义现代化建设进程中,始终将共同富裕作为体现社会主义制度特征的重要方面,作为实现"两个一百年"奋斗目标的重要内容。例如,1955 年 7 月毛泽东在《关于农业合作化问题》的报告中明确提出"使全体农村人民共同富裕起来",1992 年邓小平在南方谈话中强调"社会主义的本质是解放生产力,发展生产力,消灭剥削,消除两极分化,最终达到共同富裕"。特别是,进入新时代之后,中国共产党在实施高质量发展的背景下,将扎实推进共同富裕放在各项事业更为重要的位置,将实现共同富裕作为坚持人民至上、坚持以人民为中心的发展思想的集中体现,前文的政策表述梳理已经体现出这种特征。2012 年 11 月 17 日习近平总书记在主持十八届中央政治局第一次集体学习时就指出,共同富裕是中国特色社会主义的根本原则;2017 年习近平总书记在十九大报告中提出,必须始终把人民利益摆在至高无上的地位,让改革发展成果更多更公平惠及全体人民,朝着实现全体人民共同富裕不断迈进;2021 年 8 月习近平总书记主持召开中央财经委员会第十次会议时强调,共同富裕是社会主义的本质要求,是中国式现代化的重要特征,要坚持以人民为中心的发展思想,在高质量发展中促进共同富裕。2035 年中国基本实现社会主义现代化内涵着"全体人民共同富裕迈出新步伐",本世纪中叶中国实现社会主义现代化强国内涵着"全体人民共同富裕基本实现"。显而易见,中国共产党的领导为中国现代化事业必须始终锚定共同富裕提供了坚定的理念信念保障,这是确保中国共同富裕事业接续推进、行稳致远的最为根本的思想和力量源泉。

除了理念导向之外,中国共产党的领导还为中国实现共同富裕提供了组织和制度保障。高帆(2021b)强调,中国共产党对经济工作的全面领导不仅体现在理念维度,而且体现在战略和策略维度,这意味着中国共产党在实现共同富裕事业中具有强大的行动能力。换言之,中国共产党对共同富裕战略的导向是全方位和系统性的,即在理念层面,明确经济发展目标是以人民为中心,将社会主义本质归结为解放和发展生产力、最终实现共同富裕;在战略层面,依据发展理念或战略目标来确定所有制、分配制度和经济运行体制,将生产关系的调整视为实现以人民为中心这个核心理念的载体;在策略层面,依据中国不同阶段的具体国情和禀赋条件,探索并实施在特定阶段推进现代化建设的具体方式,组织和动员全国人民参与到经济发展进程中,通过不同时期发展结果的前后衔接来达成战略目标。如前所述,中国在不同时段制定的共同富裕政策与中国共产党制定国家发展战略、研判社会主要矛盾、完善社会发展理念、推动经济制度转变等紧密相关,这些政策在实践中能够取得良好绩效,也在根本上导源于中国共产党总览全局、协调各方的核心领导作用。从中国共产党成立 100 多年、新中国成立 70 多年的历史进程来看,中国在共同富裕事业方面取得的重大进步与中国共产党的理念和能力导向密不可分。十九届六中全会通过的《中共中央关于党的百年奋斗重大成就和历史经验的决议》明确指出,"中国共产党是领导我们事业的核心力量。中国人民和中华民族之所以能够扭转近代以来的历史命运、取得今天的伟大成就,最根本的是有中国共产党的领导"。在实现全体人民共同富裕的实践进程中,中国共产党的领导及其对这一战略的导向作用同样具有决定性意义。

三、 共同富裕内涵的多元论

中国共同富裕的目标是在经济社会持续发展的基础上,使全体居民能够更为充分、更为均等地分享发展的成果,发展的持续性、覆盖的全面性、过程的包容性、成果的分享性是中国共同富裕实现的基本目标。随着社会实践的逐步深入和思想认识的不断深化,中国不断丰富对共同富裕内涵和外延的理解,并将共同富裕视为一个由多个方面组成的复合概念。共同富裕内涵的多元性主要体现为:

首先,共同富裕是与两极分化相对而称的,它意味着发展成果不是由个别或部分社会成员所占据,而是由全体社会成员分享。共同富裕是针对所有社会成员而言的,它在覆盖对象上具有全面性、广泛性和普惠性。正是因为如此,经济增长如果不能转化为全体社会成员对发展成果的分享,那么这种总量或规模意义的物质产品增大就与共同富裕存在距离。进一步地,中国在推进社会主义现代化进程中强调共同富裕,这就将中国的现代化事业与那些单纯强调经济增长而存在贫富悬殊的经济体区别开来。

其次，共同富裕是与贫困状态相对而称的，即它不仅强调"做大蛋糕"，而且强调"分好蛋糕"，并强调这两者之间应保持动态的平衡或良性的组合关系。单纯强调经济持续快速增长或"做大蛋糕"，对社会财富两极分化听之任之不是共同富裕。同样地，过分强调收入分配的平均主义或"分好蛋糕"，对因绝对平均主义带来的经济激励缺失听之任之也不是共同富裕。对于中国这样人口和地理规模超大的发展中国家而言，"发展才是硬道理"，只有构建在经济持续发展基础上的共同富裕战略才是切实可行的。这意味着，共同富裕所要解决的是"两极分化"和"普遍贫困"这两种极端情况，它强调发展时段的持续性和发展过程的包容性。

再次，共同富裕中的"富裕"不仅是指物质产品，也包括精神产品，它是物质文明和精神文明两者的统一。在考虑代际因素的情形下，共同富裕中不仅指当代人能相对均等地分享发展的成果，而且指当代人和未来人之间也能相对均等地分享发展的成果，这意味着共同富裕中的"富裕"还包括能源、生态和社会正义等产品或服务。共同富裕中的"富裕"具有多个层面的含义和多个维度的指向，这意味着实现共同富裕是一个伴随着目标调整而持续推进的过程，不能将共同富裕视为一个静态的、目标恒定不变的概念。2018年12月，习近平总书记在庆祝改革开放40周年大会上的讲话明确指出，"我们要着力解决人民群众所需所急所盼，让人民共享经济、政治、文化、社会、生态等各方面发展成果，有更多、更直接、更实在的获得感、幸福感、安全感，不断促进人的全面发展、全体人民共同富裕"。这个重要论述就清晰深刻地揭示了共同富裕中"富裕"内涵的多样性和丰富性，人们需要分享的是包括经济、政治、文化、社会、生态各方面在内的发展成果，对共同富裕的理解和度量也必须从系统性、整体性、动态性的视角来把握。

最后，共同富裕的"共同"不是完全相同、整齐划一或绝对平均，"共同富裕"不是"同样富裕"，也不是"同步富裕"。共同富裕首先是指全体人民参与现代化进程，依靠各自力量共同推动生产力发展，然后是指全体人民依靠自身努力和政府调控来分享发展的成果。换言之，共同富裕首先是指全体人民共同创造财富，然后才是指全体人民共同分享财富，它是"共同推动富裕""共同创造财富"和"共同享有富裕""共同分享财富"的统一体。在这一过程中,不同社会成员因自身禀赋条件存在差异,其在"共同推动富裕"中的贡献、在"共同享有富裕"中的程度也并不完全相同,这些差距在理论和实践层面都是合理的。政府所需要保障的是,深化经济体制改革来使市场在资源配置中起决定性作用,以此为不同社会成员共同推动财富创造提供制度保障;健全社会保障体系和深化收入分配体制改革,以此防范人们在共同分享社会财富时出现两极分化。由此出发,中国所要追求的共同富裕更强调全体社会成员的起点公平、权利公平、过程公平以及结果的相对公平,这种共同富裕既不至于出现不同社会成员在财富分配中的贫富悬殊、两极分化,也不至于出现分配绝对平均主义和经济激励的"奖懒罚勤、奖劣罚优"状况。

四、 共同富裕路径的阶段论

新中国成立 70 多年以来,中国在推进社会主义现代化建设中始终将共同富裕放在战略位置,但共同富裕目标的实现却具有渐进性、迂回性。前文的政策表述和实践过程梳理均表明,中国的共同富裕事业不是一蹴而就、一步到位的,而是通过多个阶段的目标接续和成果累积而渐进实现的,这包括了实施重工业优先发展战略以驱动国家工业化、实施增长导向战略以实现经济的持续高速增长、实施高质量发展战略以提高发展的包容性等多个过程。问题在于,共同富裕既然是与中国社会主义制度相互嵌套、集中体现社会制度特征和性质的目标诉求,那么为何要采用分阶段的迂回方式来达成这一目标? 更重要的是,为何中国能够通过多阶段的成果积累来达成共同富裕,而不至于出现政策的朝令夕改或相互抵消? 前者的核心是共同富裕"为什么要"分阶段来进行,后者的核心是共同富裕"为什么能"分阶段来进行。

在中国的现代化进程中,采用分阶段来实现共同富裕是切合具体国情的务实选择。这是因为,首先,中国是在初始条件极其不利的条件下开启共同富裕事业的。1949 年新中国成立之后,在中国共产党的领导下开启了迈向共同富裕的历史征程。新中国在成立初期,是一个农业、农民占据主体的大国,也是一个在全球比较中处于经济落后状态的低收入国家，同时还面临着主要资本主义国家封闭和打压的国际环境。根据 CEIC 数据库提供的资料，1949 年中国农村人口为 4.84 亿，其在人口总数中的占比达到 89.4%，城市和农村居民人均可支配收入分别为 99.5 元和 44.0 元，1952 年人均 GDP 仅为 119 元。中国就是在这样的初始条件下开启了目标高远的现代化事业，这使得共同富裕目标的实现路径具有艰巨性。其次，中国是一个具有人口和地理超大规模特征的国家。2019 年中国人口总数超过 14 亿人，在世界范围内居于第一位，中国国土面积仅次于俄罗斯和加拿大，在世界范围内居于第三位。作为一个具有超大规模特征的发展中国家，中国的现代化与那些人口和地理规模小、内部同质性强的国家存在明显差异，中国不同地区、不同群体的发展水平存在着明显差异，要使中国不同群体、不同地区整齐划一地实现共同富裕，其难度不言而喻。据此，采用分阶段方式来迂回实现共同富裕就成为中国现代化进程的可行方案。最后，如前所述，共同富裕的内涵具有多元性，共同富裕中的"富裕"包含了物质、精神等多种指向，共同富裕中的"共同"也包含了效率和公平的不同组合方式。这表明，实现共同富裕不可能毕其功于一役，伴随着时间推移，人们在解决了共同富裕中的某些问题之后，会面临共同富裕中的其他问题或实现更高水平共同富裕的新议题。

更值得强调的是，中国采用分阶段方式来实现共同富裕不仅具有必要性，而且具有可行性，即中国具有通过分阶段来达成共同富裕的有利条件和坚实保障。这主要是因为，中国是一个具有大一统社会结构的国家。新中国成立之后，中国共产党成为党和国家各项事业的领导核心，"党政军民学、东西南北中，党是领导一切的"，这使得中国的现代化具有超越某个阶段、某个群体、某个地区的理念和组织保障。十九届六中全会通过的《中共中央关于党的百年奋斗重大成就和历史经验的决议》明确指出，"党代表中国最广大人民根本利益，没有任何自己特殊的利益，从来不代表任何利益集团、任何权势团体、任何特权阶层的利益，这是党立于不败之地的根本所在"。显然，实现共同富裕是最广大人民根本利益，而中国共产党通过不同阶段的战略、制度和政策安排来带领人民始终如一迈向这个目标。正是在中国共产党的领导下,中国在不同阶段的政策表述、制定和实施虽有差异,但本质上都以实现共同富裕为主线或根本指向。这是中国能够通过分阶段方式来实现共同富裕的最为根本的制度基础,也是中国在不同阶段相关政策具有累积效应、能够避免政策飘摆不定和结果相互抵消的关键原因。

五、 共同富裕实现的主体论

对于任何经济体而言,"做大蛋糕"和"分好蛋糕"都需要多元主体的协同推进,这两者不是依靠某个主体单打独斗就能够实现的。中国共同富裕的实现主体既包括企业和居民等微观经济主体,也包括作为公共产品供给者的不同层级政府。

微观经济主体的生产能力和创造活力为中国实现共同富裕提供了强大动力。如前所述,共同富裕的内涵包含了全体人民共同创造社会财富,这是全体人民共同分享社会财富的前提条件。十八届五中全会明确提出坚持共享发展,必须坚持发展为了人民,发展依靠人民,发展成果由人民共享,作出更有效的制度安排,使全体人民在共建共享发展中有更多获得感,增强发展动力,增强人民团结,朝着共同富裕方向稳步前进。这里将"发展依靠人民"作为贯彻共享发展理念、实现共同富裕目标的条件,其在本质上强调了微观经济主体在共同富裕事业中的主体地位。新中国成立以来,中国在不同阶段的发展战略正是依靠微观主体的努力而逐步实现的。以改革开放之后的经济持续高速增长为例。这个阶段中国通过人民公社制向家庭联产承包责任制的制度变迁,赋予农村家庭以土地承包经营权、经济自主权和经营结果剩余索取权,由此中国农村形成了数以亿计的市场微观主体,这些主体具有依据农业生产资料市场和销售市场价格信号而优化资源配置的意愿和能力,由此极为显著地解放和发展了农业生产力。根据《中国统计年鉴1985》提供的数据,1984年底,中国实行大包干的队达到了563.6万个,其占全国生产队总计的比例为99.0%,实行大包干的户达到18 145.5万个,其占全国总农户的比例为96.6%。同期,中国农产品产出和农民收入也进入迅猛发展阶段,1978—1984年中国粮食总产量从30 476.5万吨增至40 730.5万吨,短短几年的粮食总产量增长率达到33.6%,此

外农民人均可支配收入从 133.6 元快速增至 355.3 元,城乡消费差距也缩减至 1.84
倍的较低水平。更为重要的是,在户籍制度就业管制功能放松的背景下,中国农村
居民不仅拥有了在农村内部的不同产业之间自发配置劳动力的权利,而且拥有了
在城市和农村不同岗位之间自发配置劳动力的权利。据此,农村劳动力就以"农民
工"这种方式来实现大规模、持续化的非农化流转,这也为微观主体的资源优化配
置提供了强大动力。根据 CEIC 数据库提供的资料,2008—2021 年中国农民工人
数从 2.25 亿增至 2.93 亿,2003—2021 年外出农民工人数从 1.14 亿增至 1.72 亿。
农村劳动力以农民工方式进入城市从事非农就业,这意味着农民作为市场微观主
体自发配置其劳动力要素的功能在增强。与此相伴随,工资性收入在农民收入中
的分量不断增强,并成为农民收入持续增长的重要"增长极"和"稳定器"。根据
CEIC 数据库提供的资料,2013—2021 年工资性收入占中国农民人均可支配收入的
比重从 38.73% 增至 42.04%,同期经营净收入占农民人均可支配收入的比重则从
41.73% 降至 34.68%,从 2015 年开始,工资性收入取代了经营净收入而成为中国农
民人均可支配收入的第一大来源。可见,农民这一微观经济主体的活力释放和资
源优化配置对中国整体经济增长和城乡二元结构转化具有举足轻重的作用。

　　与此同时,中国政府通过制定长中短期发展规划、提供公共产品、实施宏观调
控等也推动了共同富裕目标的实现,"有效的市场、有为的政府"以及两者的组合关
系是中国共同富裕目标的实现动因(高帆,2021c)。仍以改革开放以来中国实施增
长导向战略为例。在这一阶段,中国通过对政府间的放权让利来激发地方政府的
增长活力,特别是在 1994 年分税制改革的背景下,地方政府立足于增强当地财政资
源以及在行政晋升中占据优势而驱动经济增长,地方政府"为增长而竞赛"成为改
革开放之后中国经济高增长的一个重要力量(周黎安,2017),地方分权化治理体制
成为中国改革开放以来的一项基本经济制度(Xu,2011)。更为重要的是,在对企
业和居民等微观主体放权让利的背景下,中国政府依靠政府职能转变来增强对市
场运行的公共产品供给,这为经济持续高速增长提供了必不可少的基础要件。根
据 CEIC 数据库提供的数据,1978—2020 年中国铁路营业里程从 5.17 万公里增至

16.63 万公里,2008—2020 年高速铁路营业里程从 0.07 万公里增至 3.79 万公里;1978—2020 年中国公路营业里程从 89.2 万公里增至 519.8 万公里,1990—2020 年高速公路营业里程从 0.05 万公里增至 16.10 万公里。这从一个侧面表明中国政府通过加大基础设施建设力度来降低交易成本,为市场在资源配置中的决定性作用提供有力保障。总之,中国推进共同富裕不是依靠某个力量的单兵突进,而是强调主体的多元性以及多个主体之间的协同发展,将不同主体充分动员起来以"做大蛋糕"和"分好蛋糕",这是中国推进共同富裕事业的重要原则和有益经验。

六、 共同富裕实现的制度论

对于中国这样具有超大规模特征的发展中国家而言,实现共同富裕是一个长期的系统性工程,推进这一工程不仅需要一系列制度安排,而且需要依据实践条件来对这些制度进行适应性调整。从经济学的角度看,制度是指在特定时空背景下,人们在开展经济活动时普遍承认并共同遵守的各种规范、规则和措施的总称,制度的功能在于界定人们之间的权利义务边界,为人们的决策和行为提供稳定预期,并依此促使人们在交互作用中实现社会目标的最大化。新中国成立 70 多年以来,中国是在一系列具有本土化和动态化特征的制度背景下推进共同富裕事业的。这些制度安排,尤其是经济制度对激发微观主体活力、完善政府职能起到了基础性作用。

如前所述,在改革开放之前,中国实施的重工业优先发展战略对长期视角中的共同富裕事业具有积极意义。在初始条件极端不利的情形下,中国之所以能够推进国家工业化战略,并最终建成独立、相对完整的工业体系和国民经济体系,其根本原因是在经济领域采用了将经济资源向工业部门、特别是重工业部门集中的制度安排,这包括人民公社制度、农产品统购统销制度、城乡户籍制度等。更重要的是,在这一阶段通过对农业、手工业和资本主义工商业的社会主义改造,中国逐步形成了公有制占主体的生产资料所有制结构。在农村,农村土地快速从农民个体所有制转变为农村集体所有制。1956 年 6 月 30 日第一届全国人民代表大会第三次会议通过的《高级农业生产合作社示范章程》明确提出，"入社的农民必须把私有的土地和耕畜、大型农具等主要生产资料转为合作社集体所有"。在城镇，根据《中国统计年鉴 1999》提供的资料，中国国有企业和集体企业产值占工业总产值的比重在 1952 年为 44.7％，1957 年为 72.6％，此后直至 1978 年该占比均为 100％。客观地说，这一制度特征不仅对改革开放之前的重工业优先发展战略实施具有支撑作用，而且对改革开放之后的国家经济职能发挥具有积极效应，即政府可以通过具有公有制性质的国有企业以及农村土地制度来实现稳定社会秩序、开展宏观调控等整体目标。

改革开放之后，中国在推进经济体制转型和对外融入全球经济的进程中，逐步形成并完善了基本经济制度。1992 年中共十四大将中国经济体制改革的目标确定为把社会主义基本制度和市场经济结合起来，建立社会主义市场经济体制。这不仅体现出中国依据本土化实践来推进经济体制变革，而且体现出马克思主义基本原理与中国具体国情相结合的鲜明特征。1997 年中共十五大进一步明确提出，中国处在并将长期处在社会主义初级阶段，要坚持和完善社会主义公有制为主体、多种所有制经济共同发展的基本经济制度。这体现出中国对社会主义初级阶段基本经济制度的认识深化，既强调公有制经济的主体地位，也强调民营经济、个体经济、外资经济等多种所有制共同发展，这从所有制变革的视角提供了中国推动经济快速发展、同时保持社会秩序稳定的制度基石。伴随着理论认识和社会实践的深化，中共十九届四中全会对中国基本经济制度做了新的表述，即坚持和完善公有制为主体、多种所有制经济共同发展，按劳分配为主体、多种分配方式并存，以及社会主义市场经济体制等社会主义基本经济制度。这体现出针对社会主义基本经济制度内涵的认识深化和理论创新，即从所有制、分配制度和经济运行机制"三位一体"的角度来界定和理解基本经济制度。从这种基本经济制度的界定来观察，改革开放之后中国的所有制结构发生了深刻变化，但公有制经济在所有制体系中仍具有举足轻重的地位。与美国、欧盟、日本等主要发达经济体相比，或者与印度、巴西、南非等主要新兴经济体相比，中国在所有制层面强调公有制经济的规模和作用，都具有突出的本土化特征(高帆,2021c)。根据国务院国有资产监督管理委员会2021年12月23日发布的资料,目前中国有央企97家,作为公有制经济的具体体现,这些企业在稳定经济秩序、承担社会责任、推动经济增长等方面发挥了重要作用。民营经济、个体经济和外资经济等非公有制经济在中国经济社会发展中也扮演了重要角色。截至2018年底,中国民营企业的数量超过2 700万家,注册资本超过165万亿元。民营经济完成了50%的企业纳税,增加值占GDP的比重超过了60%,技术创新70%是由民营企业完成的,城镇就业中民营企业占比超过了80%,城镇新增就业90%是由民营企业完成的。与公有制经济占主体、多种所有制经济共同发展相契合的是分配方式的按劳分配为主、多种分配方式并存以及经济运行机制的社会主义市场经济。这些经济制度能够确保中国有条件"做大蛋糕",同时也有能力"分好蛋糕",中国在现代化进程中形成了与自身实践相契合的基本经济制度,这些制度安排为共同富裕目标实现提供了极为关键的制度保障。

七、 共同富裕实现的方法论

新中国成立以来,中国将共同富裕视为社会主义现代化进程的核心目标,这种战略布局具有多个维度的动力源泉,它既包括中国在中国共产党领导下推进的社会主义现代化事业,这一事业内涵着对共同富裕目标的持续追求,也包括中国在传统文化内涵之下的对公平正义等社会价值的持续追求,还包括中国广大居民在现代化进程中激发出的对美好生活的持续追求。从实践的角度看,立足于人口和地理超大规模的国情特征,中国在共同富裕的实现机制中也形成了许多行之有效的方法。中国实现共同富裕的根本方法是辩证唯物主义和历史唯物主义,具体体现在四个方面:

首先,基于中国的本土化实践来推进理论创新,从而体现出马克思主义与中国具体国情相结合、与中国传统文化相结合的显著特征。共同富裕不仅是马克思主义"人的全面发展"思想的中国化表达,而且是中国传统文化中"均富"观念的当代转化以及"小康社会"的升级版本。在实现共同富裕的进程中,中国依据自身实践和战略目标不断推进马克思主义的中国化和当代化。例如,将社会主义市场经济体制确定为中国的经济体制改革目标,将公有制为主体、多种所有制经济共同发展作为社会主义初级阶段的一项基本经济制度,等等。

其次,中国基于不同的历史阶段特征来确定不同的发展战略和政策取向。新中国成立之后,中国社会主要矛盾存在三次转化:1956 年,中共八大提出中国社会主要矛盾是人民对于经济文化迅速发展的需要同当前经济文化不能满足人民需要的状况之间的矛盾,这相对于近代中国社会主要矛盾是帝国主义和中华民族的矛盾、封建主义和人民大众的矛盾而言是一个重大转变;1981 年,中共十一届六中全会指出中国社会的主要矛盾是人民日益增长的物质文化需要同落后的社会生产之间的矛盾,这相对于改革开放之前的主要矛盾认识是一个新的转变;2017 年,中共十九大提出新时代中国社会主要矛盾转化为人民日益增长的美好生活需要同不平衡不充分发展之间的矛盾,这相对于改革开放初期确定的社会主要矛盾又是一次重大转变。中国依据不同时段的社会主要矛盾来依次实施重工业优先发展战略、增长导向战略和高质量发展战略,这体现出中国共产党基于历史特征来确定发展策略及共同富裕实现重点的务实特征。

再次,作为一个发展中大国,中国在推进共同富裕的过程中强调多个维度的迂回特征。在时序意义上强调分阶段分步骤渐进式达成,在空间意义上强调从试点到推广扩散式达成,在层次意义上强调从低程度到高水平层递式达成,在内容意义上强调从物质导向到精神导向延伸式达成等。特别是,中国长期以来存在着城乡二元结构,社会主要矛盾中的不平衡发展首先表现为城乡之间的不平衡发展,不充分发展也首先表现为农业农村的不充分发展。据此,中国特别强调通过城乡二元结构转化来推动共同富裕的实现。进入新时代之后,中国强调通过实施新型城镇化战略和乡村振兴战略来实现城乡融合发展,通过实施精准扶贫战略来消除农村绝对贫困现象,通过推动脱贫攻坚与乡村振兴战略有效衔接来实现农业农村现代化。这些都体现出中国在实现共同富裕目标中的实践导向、问题导向和精准施策特征。

最后,中国在推进共同富裕事业中强调不同政策的搭配,即在政策组合的情形下来达成做大蛋糕和分好蛋糕这两者的平衡。特别是,共同富裕涉及不同分配领域以及这些领域的结构安排,为此,中国特别强调初次分配、再分配和第三次分配各司其职、相辅相成。如前所述,2021 年 8 月中央财经委员会第十次会议明确指出,要构建初次分配、再分配、三次分配协调配套的基础性制度安排。2021 年 12 月中央经济工作会议强调,要在推动高质量发展中强化就业优先导向,提高经济增长的就业带动力;要发挥分配的功能和作用,坚持按劳分配为主体,完善按要素分配政策,加大税收、社保、转移支付等的调节力度;支持有意愿有能力的企业和社会群体积极参与公益慈善事业。这些均体现出中国强调要综合采用初次分配、再分配、三次分配的功能,通过激发新的发展动能和强化收入分配调节机制来实现更高水平的共同富裕。

八、 共同富裕实现的动态论

新中国成立 70 多年以来,中国在共同富裕方面已经取得了极大成就,特别是 1978 年启动改革开放之后,随着经济总量的持续高速增长,中国城乡居民的收入水平、消费水平和生活状态均显著地提高。进入新时代之后,在经济增速逐步"下台阶"的背景下,中国不同群体的收入分配差距扩大趋势也得以遏制,城乡收入差距和城乡消费差距甚至出现了逐步缩小态势,农村贫困人口也实现了大规模脱贫,历史性地消除了农村绝对贫困现象。从时序比较和跨国比较的角度看,中国在共同富裕事业方面取得的成就世所罕见、举世瞩目。然而,中国对共同富裕目标的追求是持续的,是在动态视角下来理解共同富裕事业。在共同富裕阶段性目标实现之后,中国总是基于新的目标、新的起点持续推进共同富裕。在中国特色社会主义进入新时代之后,对标 2035 年基本实现现代化和本世纪中叶建成社会主义现代化强国的战略目标,中国明确提出 2035 年全体人民共同富裕要取得更为明显的实质性进展,在本世纪中叶基本实现共同富裕。这说明现代化事业没有止境,共同富裕事业也没有止境。2021 年 8 月中央财经委员会第十次会议指出,要坚持循序渐进,对共同富裕的长期性、艰巨性、复杂性有充分估计;2021 年 12 月中央经济工作会议强调,实现共同富裕是一个长期的历史过程,要稳步朝着这个目标迈进。这些均体现出中国是基于实践逻辑、利用动态思维来认识共同富裕问题。

从逻辑上说,中国之所以在实现共同富裕目标方面坚持动态思维,主要是因为,从共同富裕的内涵来看,富裕的程度、共同的水平都伴随着时序推移而动态变动。在中等收入水平下的共同富裕与在高收入水平下的共同富裕是存在差异的,在中国人均 GDP 已经超过 10 000 美元,并逼近高收入国家"门槛线"的背景下,中国要追求的必定是一个更能满足人们多元化、个性化需要的高水平共同富裕,而不是与低收入水平、或中等收入水平相关联的共同富裕。考虑到共同富裕包含了"做大蛋糕"和"分好蛋糕"两个方面,则中国共同富裕需要首先实现经济增长,以此为共同富裕提供物质基础;其次是实现不同社会成员分配差距的缩小,以此体现发展成果的分享特征;最后是实现经济高质量发展和分配差距保持在较低水平,以此体现共同富裕的稳定性和高水平。这三个层次分别对应了共同富裕从低到高的三重目标(高帆,2021c)。这意味着"做大蛋糕"和"分好蛋糕"两者的组合关系具有动态性,改革开放之后和新时代中国已经在很大程度上实现了前两个目标。现阶段中国提出全体人民共同富裕取得更为明显的实质性进展,"全体人民"意味着共同富裕的主体覆盖性需要进一步增强,"更为明显的实质性进展"意味着共同富裕的实现程度和质量需要进一步提高。概括地说,中国需要实现经济的高质量发展并使分配差距保持在较低水平,这相对于此前是一个新的共同富裕目标和要求。富裕的程度、共同的水平、"做大蛋糕"和"分好蛋糕"组合关系的变动特征也必将导致制度安排的动态性。例如,中国持续的经济增长是建立在全要素生产率提高的基础上的,这需要生产要素更能够依据市场价格机制进行城乡间、地区间、行业间的社会化配置,与此相关在制度层面就必须深化要素市场化改革,促使市场在要素配置中更为充分地发挥决定性作用。近年来,中国针对农村耕地推进坚持集体所有权、稳定农户承包权、放活土地经营权的"三权分置"改革,针对农村宅基地推进落实集体所有权、保障农户资格权和农民房屋财产权、适度放活宅基地和农民房屋使用权的"三权分置"改革试点，这些均体现出对新时代经济高质量发展的积极回应。总之，对标新时代的社会主义现代化强国建设目标，中国是在动态背景下来理解共同富裕问题的。与动态性特征相关联，中国在推进共同富裕事业中必须坚持稳中求进，将长远目标和短期举措结合起来，将战略性和可行性统筹起来。既要从目标的长期性出发来分阶段确定实现路径，避免陷入只见树木不见森林的思维误区，又要从落地的操作性出发来驰而不息持续推进，避免陷入毕其功于一役的认识误区。

概括起来，新中国自成立以来，在中国共产党的领导下切实推进社会主义现代化建设，在此过程中针对共同富裕形成了较为丰富的实践经验和理论认识。在某种意义上，中国已经形成了一个较为完整的共同富裕理论体系，这一理论体系包含了共同富裕目标的价值论、共同富裕战略的导向论、共同富裕内涵的多元论、共同富裕路径的阶段论、共同富裕实现的主体论、共同富裕实现的制度论、共同富裕实现的方法论、共同富裕实现的动态论。这一理论体系包含了中国对"什么是共同富裕""为何要推进共同富裕""怎么实现共同富裕"等一系列问题的深入思考和持续回应。中国在推进共同富裕事业中，将共同富裕与社会主义制度、党的初心使命、新时代社会主要矛盾解决相联系。在推进共同富裕事业中，中国共产党为这一伟大事业提供了理念指引、组织力量和制度基础，中国所要实现的共同富裕是一个包含"做大蛋糕"和"分好蛋糕"、财富创造和财富分配、物质产品和精神产品在内的系统概念，中国实现共同富裕是通过分别实现重工业优先发展、增长导向战略和高质量发展而逐步达成的，是在微观经济主体和不同层级政府职能相互协同的情形下推进的，且这种推进过程依赖于中国本土化的制度安排，特别是以公有制为主体、多种所有制经济共同发展，按劳分配为主、多种分配方式并存，以及社会主义市场经济体制等基本经济制度。中国实现共同富裕的基本方法是辩证唯物主义和历史唯物主义，对标新时代的现代化建设目标，中国共同富裕的战略定位、支撑制度均具有动态特征。以上中国针对共同富裕所形成的理论体系具有系统性以及对具体国情的契合性，其是习近平中国特色社会主义思想的重要组成部分，且对新时代中国达成更高水平的共同富裕具有启示和指引作用。

第五节　新时代共同富裕论的实践价值和理论意义

立足于新中国成立以来的现代化实践,中国形成了较为完整的共同富裕理论体系。这一理论体系与进入新时代之后的实践演变和认识深化紧密相关,与新时代中国实现更高水平的共同富裕目标息息相关,因此可称为"新时代共同富裕论"。依据前文的梳理、总结和分析可以发现,与其他经济体相比,中国共同富裕的实现路径具有一般特征,即实现共同富裕均依赖持续稳定的经济高速增长,也均依赖市场在资源配置中的决定性作用。脱离经济的持续高速增长或"做大蛋糕",共同富裕就成为无源之水、无本之木,从国际经验来看,社会成员普遍拥有高生活质量首先依赖经济增长的优异表现。然而,与其他经济体相比,中国共同富裕的实现路径具有独特性,即中国是在中国共产党领导下以实现社会主义现代化目标为指向的,中国的共同富裕包含了物质和精神、代内和代际等更为丰富的内涵,中国实现共同富裕是通过实施重工业优先发展战略、增长导向战略、高质量发展战略而逐步实现的,是通过实现国家工业化、实现经济高速增长、实现高水平共同富裕而渐进达成的,是通过"有效的市场、有为的政府"以及两者的有机组合而推进的,等等。中国实现共同富裕具有相对于已有理论的原创性贡献,中国在现代化进程中形成了区别于已有政府—市场关系的新型政府—市场关系,党—政府—市场三位一体、政府和市场两者相互增强、政府内部和市场内部存在结构特征是中国实现共同富裕的制度逻辑。中国实现共同富裕是在坚持公有制为主体、多种所有制经济共同发展,按劳分配为主、多种分配方式并存,以及社会主义市场经济体制的基础上进行的,这为重新理解市场经济—公有制两者的关系提供了契机。此外,中国是一个人口和地理规模举世罕见的大国,中国实现共同富裕意味着在人类发展史上探索出一条中国式现代化新道路,这为人们重新理解效率—公平两者的关系也提供了有利条件。中国之所以能够在实现共同富裕领域取得独特贡献,并创造出经济快速发展奇迹、社会持续稳定奇迹和大规模减贫奇迹,在根本上导源于中国坚持了马克思主义基本原理与中国具体国情、与中国传统文化的紧密结合,导源于在中国共产党领导下中国对社会主义现代化事业的持续推进,导源于中国在社会主义现代化进程中不断依据时空变动推进理论创新。概括起来,中国基于本土实践所形成的新时代共同富裕论意义重大,它在推进理论创新和实践发展等多个方面具有至关重要的价值。

一、 新时代共同富裕论的实践价值

从实践的角度看,新时代共同富裕论为中国持续解决社会主要矛盾,切实达成更高水平的共同富裕目标提供了重要理论支撑。高帆(2021)分析了新时代背景下中国实现共同富裕的新内涵、新挑战和政策选择。[①]从目标的角度看,在新时代背景下,中国所要实现的共同富裕是要实现第三个目标,即实现经济高质量发展和分配差距保持在较低水平,以此体现共同富裕的稳定性和高水平。与之相关,当前中国在实现更高水平共同富裕中面临的挑战不仅包括持续的经济增长或"做大蛋糕",而且包括更为公平的财富分配或"分好蛋糕"。

在经济增长方面,更高水平的共同富裕建立在更为发达的生产力基础之上。伴随着国内外发展格局的转变,新时代中国需要加快推进供给侧结构性改革和发展方式转变,经济增长方式需要从粗放型增长转向集约型增长,增长将更加倚重由人力资本提升、技术和管理创新、要素配置效率提高等推动的全要素生产率提高。根据CEIC数据库提供的数据:1982—2021年,中国人口出生率和人口自然增长率分别从2.228%降至0.752%、从1.568%降至0.034%,1982—2020年,0—14岁人口在人口总数中的占比从33.59%降至17.90%,1982—2021年,65岁及以上人口在人口总数中的占比从4.91%攀至14.20%。与此相伴随的是劳动年龄人口绝对数和相对数的显著下降,2010—2021年,中国16—59岁人口数从9.16亿降至8.82亿,

---

① 高帆:《新型政府—市场关系与中国共同富裕目标的实现机制》,《西北大学学报(哲学社会科学版)》2021年第6期。这篇论文对新时代下中国实现共同富裕的挑战和政策选择进行了探究,后文针对新时代共同富裕新挑战和政策选择的一部分表述来自该文。

其占人口总数的比重从 68.31% 降至 62.45%，2010—2020 年中国 15—64 岁人口数从 9.99 亿降至 9.68 亿，其占人口总数的比重从 74.50% 降至 68.53%。人口增长率的下降、少子化和老龄化趋势的加剧、劳动年龄人口的持续减少意味着中国经济增长将更多倚重人力资本红利，全要素生产率对经济增长的贡献需要进一步提高。然而，从横向比较来看，中国全要素生产率提高与美国等主要发达经济体相比还存在较大距离，"无论是从外部环境变化和全球科技革命的趋势看，还是从中国经济结构变革和资源环境压力的态势看，提高全要素生产率都是一个必须推进但面临诸多挑战的过程"（王一鸣，2020）。这会对中国经济的持续增长、进而对共同富裕所依赖的生产力基础产生不利影响。根据美国宾夕法尼亚大学"佩恩表"（PWT 10.0）提供的数据，以美国的 TFP 为 1，则 1990—2019 年中国的 TFP 处在 0.32—0.43，这与日本、韩国大致处在 0.6—0.7 存在着明显差距。这意味着，新时代中国要实现经济持续发展不能将此前的增长方式简单外推，而必须通过形成新的发展动能、特别是通过提高创新能力和全要素生产率来持续"做大蛋糕"，这对中国实现更高水平的共同富裕具有基础性作用。

在成果分享方面，改革开放以来，各群体的收入水平和生活状况均在改善，但不同群体对发展成果的分享程度仍需提高。根据 CEIC 数据库提供的数据，近年来，中国居民基尼系数有所下降，但 2003—2019 年始终处在 0.462—0.491，高于 0.4 这个国际社会标度分配差距的"警戒线"。Pitetty 等（2019）通过测算发现：1978—2015 年，中国收入最高的 10% 的群体占收入总量的份额从 27% 提高至 41%。另外，随着农村劳动力的大规模非农化流转，此前农村和城市的传统二元结构转变为城镇内部外来人口和户籍人口之间的新二元结构（陈云松、张翼，2015），迄今为止，中国城乡结构转化中的户籍人口城市化率仍显著低于常住人口城市化率，农村劳动力主要以"农民工"方式进入城市，这意味着农村人口的城市化更多是就业岗位转变而不是身份或社会保障供给方式转变，进城务工人员的市民化仍然任重而道远。农村劳动力流入城市之后在就业岗位选择、劳动报酬获取、公共服务资源等方面与城市户籍人口仍存在偏差，这导致了城市内部的新二元结构，这种情形意味着将规模庞大的农民工群体转变为中等收入群体依然面临巨大挑战。2010年以来,中国城乡收入差距和消费差距呈现出下降趋势,但城乡居民在获得社会保障资源方面仍存在明显落差,城市内部、农村内部不同群体的收入差距也在攀高,按照人均可支配收入五等分计算,2013—2020年,城镇内部高收入户/低收入户的收入差距从5.84倍增至6.16倍,农村内部高收入户/低收入户的收入差距从7.41倍增至8.23倍。在新时代背景下,城乡内部的收入差距正成为影响中国高水平共同富裕目标实现的新挑战。更重要的是,在城市内部,随着城市商品房价格的逐步攀高和金融业的迅猛发展,资产占有逐步成为导致城市居民收入差距拉大的关键因素,而城市普通家庭在高房价、高支出预期的背景下其生活压力加剧。在农村内部,农村居民在城乡基本公共服务存在着明显落差的背景下,其在教育、医疗、养老等方面往往面临着更大的支付压力,这进一步抑制了农村居民的消费能力和消费意愿。中国在全面解决农村绝对贫困之后将减贫工作重心转向相对贫困,然而,这种转变会引申出一连串的问题——相对贫困的标准确定、群体识别、成因探源以及解决方案等,回应这些问题相较于消除绝对贫困来得更为复杂。这意味着,新时代中国在"分好蛋糕"方面面临一系列的新情况新问题,2012年以来收入分配领域中出现的差距缩减趋势需要进一步巩固,这些也使中国实现更高水平的共同富裕具有艰巨性和长期性。

新时代中国实现共同富裕的目标定位更为高远。问题在于,如何破解当前的制约因素,从而实现更高水平、更具质量的共同富裕目标?从实践的角度看,现阶段必须对标我们已经确立的2035年和本世纪中叶的共同富裕战略目标,坚决贯彻落实习近平新时代中国特色社会主义思想,立足于新时代共同富裕论来完善共同富裕制度和政策体系,充分利用中国在现代化进程中形成的制度优势,并依据新条件对这些制度和政策进行动态调整,以促使社会生产力得到进一步发展,促使发展成果在社会成员间的分配更具共享特征。

(一)基于本土化特征来理解中国共同富裕理论的实践价值

如前所述,新时代共同富裕论包含了中国针对共同富裕内涵、意义、路径和方法的完整认识,是对中国实现共同富裕历史经验的系统总结,是对中国战略目标和具体国情的积极回应。从历史经验来看,中国推进共同富裕是从社会主义制度、人口和地理超大规模、历史文化传统等本土化特征中内生出来的。特别是,在新时代共同富裕理论中,包含了对共同富裕内涵和实现方式的独特理解。例如,共同富裕的内涵包含了物质产品和精神产品的统一,共同富裕的实现必须坚持党的全面领导,必须依靠"有效的市场、有为的政府"以及两者的良性组合,必须关注中央政府—地方政府关系这种政府间的结构特征等,其目标定位和实现方式具有区别于其他经济体的差异性。从实践来看,新时代共同富裕论因契合了中国自身的现代化建设需求和现实条件而取得了显著绩效。新时代中国要在共同富裕方面取得新成就,就必须在理论认识上坚持新时代共同富裕论的中国特色,坚持利用新时代共同富裕论来指导中国的实践,坚持坚持党—政府—市场的三位一体框架、政府和市场两者的相互增强、政府和市场内部的结构特征,而期望按照别国经验、"华盛顿共识"或者计划经济体制来实现共同富裕的新目标是不可行的。

（二）采用组合政策实现"做大蛋糕"和"分好蛋糕"的新平衡

现阶段中国人均 GDP 尽管已超过 10 000 美元并逼近高收入国家的"门槛线",但中国要稳步地成为高收入国家甚至达到中等发达国家水平,仍需要持续解放和发展生产力,"做大蛋糕"对中国实现共同富裕而言仍然具有基础性作用。从新时代共同富裕论出发,新时代中国的"做大蛋糕"不仅包含了物质产品生产,而且包含了精神产品、生态环境和社会正义等的充分供给。与此同时,从回应新时代社会主要矛盾出发,中国必须依靠收入分配改革深化,形成三次分配相互组合的新型"分好蛋糕"政策体系,加快构建初次分配、再分配、第三次分配协调配套的基础性制度安排。在初次分配中,应通过优化营商环境、加强产权保护、推进产业转型升级来增强各类企业的创新创业活力,引导生产要素依据市场价格信号进行流动和再配置,进一步健全按劳分配、按要素贡献分配相结合的政策安排,不断壮大中等收入群体规模。在再分配中,应加快推进基本公共服务均等化进程,充分利用税收转移支付、加大民生产品供给、抑制非法收入等方式缩减收入分配差距。在第三次分配中,应加快完善社会捐助、企业捐助等政策体系,充分发挥三次分配在调节社会财富分配中的积极作用。从新时代共同富裕论出发,中国必须关注到"做大蛋糕"和"分好蛋糕"不是相互对立的两个事物,而是统一于中国社会主义现代化建设进程的同一事物。如果不能确保社会成员能够相对均等地分享发展的成果,则"做大蛋糕"也必将因社会秩序波动、市场需求萎缩而难以为继,如果不能实现经济持续高质量发展,则"分好蛋糕"将会因社会财富规模增长乏力而失去前提条件。

（三）依靠要素市场化改革持续提高全要素生产率

新时代共同富裕论强调共同富裕实现的动态性,相对于新中国成立初期,甚至改革开放初期,现阶段中国实现共同富裕不仅有更高的目标定位,也有变动的实践环境。特别是,伴随着劳动力供给和国际经济格局的转变,现阶段中国实现持续的经济增长需要更多依赖国内的经济大循环,更多依赖全要素生产率的支撑作用,"全要素生产率的提升与高质量发展的本质方向上是高度一致的"（刘志彪、凌永辉,2020）。当前中国必须立足于"使市场在资源配置中起决定性作用",加快全国统一大市场建设,促使要素市场分割问题和流动障碍得以显著化解。深入推进土地、劳动、资本等要素的市场化改革,使价格机制在加快要素流动和社会化配置中的功能进一步凸显,在要素市场化领域,中国的政府—市场关系仍应体现出放权让利、促使市场力量增强的特征。应通过户籍制度改革加快劳动力在城乡之间的再配置,通过农村土地制度改革加快农村土地在不同成员之间的再配置,通过金融制度改革实现资本在城乡和产业之间的再配置。总而言之,中国应降低甚至消除要素在城乡、产业、地区再配置的制度障碍,以此确保经济增长速度平稳"下台阶"和增长质量持续"上台阶"。

（四）充分发挥政府在增长质量提高中的驱动作用

新时代中国全要素生产率的提高不仅需要市场力量的增强,而且需要政府职能的提升。新时代共同富裕论强调,中国实现共同富裕的一个重要经验是重视"有效的市场、有为的政府"以及两者的组合关系,在推动增长质量提高中,中国政府仍应该发挥重要作用。具体地说,政府应深化经济体制改革,通过混合所有制等方式推进国有企业改革,通过加强产权保护和要素市场化改革推动民营经济发展;应进一步提高对外开放水平和层次，依靠加快自贸区建设、深化"一带一路"国际合作等方式拓展开放方式，促使中国逐步从商品和要素流动型开放向规则等制度型开放转变。此外，中国应加强针对城乡居民的人力资本投资，持续增加针对教育、培训、医疗等领域的财政投资，加大对铁路、公路、航运等传统基础设施以及互联网、人工智能、5G等新基础设施的投资力度，进一步降低商品流动和要素配置的交易成本。CEIC数据库提供的数据显示：1995—2020年中国研发投入强度从0.57％提高至2.40％，但基础研究占研发经费支出的比重基本居于4％—6％的较低水平，据此中国应通过完善体制和加强投入来提高国家创新能力，在研发投入强度提高的前提下重点加强针对基础研究的投入力度。

（五）立足于高质量发展进一步完善政府间经济制度

按照新时代共同富裕论，中国在实现共同富裕的实践中，特别强调政府内部的结构特征和制度安排，这是中国推进现代化进程相对于其他规模较小国家、或内部同质性显著国家的一个重要表现。中国是人口和地理规模绝世罕见的大国，中国的国家治理是通过中央政府和多个层级地方政府的互动来实现的。新时代背景下，服务于实现更高水平共同富裕这样的目标，中国既要坚持采用不同层级政府间的结构化安排，又要不断完善地方政府间的竞争内容和方式。中国必须进一步完善政府间的经济制度安排，在针对地方政府的绩效考核和激励机制设计中，必须引入除经济增长之外能够充分体现社会发展的诸多因素，将全要素生产率提高、城乡融合发展、社会保障资源供给、生态环境保护等放在更重要的位置，同时赋予不同层级地方政府与其财政支出相匹配的财政收入来源，将农业转移人口市民化与财政转移支付和城镇新增建设用地指标相挂钩，以此激励地方政府立足于本地实践探索高质量发展路径，激励不同层级地方政府转变经济增长方式并提高增长成果的分享程度。

（六）更好地发挥政府在发展成果分配中的调节作用

新时代共同富裕论强调，中国的共同富裕包含了丰富内涵，且具有实现方式的阶段性和目标定位的动态性。新时代中国共同富裕不仅需要更好地"做大蛋糕"，也要更好地"分配蛋糕"。政府不仅可以通过公共产品供给影响经济高质量发展,而且可以通过制度政策供给影响财富在代内和代际的分配。为此,对标 2035 年和本世纪中叶的建设目标,中国必须更好地发挥政府在发展成果分配中的调节作用,这主要体现为:在农村绝对贫困问题解决之后,中国应通过脱贫攻坚战略与乡村振兴战略的有效衔接来巩固脱贫成果,逐步明确解决相对贫困问题的时间表和路线图,将城乡融合发展的重心转向公共产品配置领域,加快推进城乡之间基本公共服务的均等化。在城乡要素双向流动加剧、且城乡内部收入差距攀升的背景下,应加快推进乡村振兴战略,依托新型城镇化和乡村振兴之间的协同实现城乡融合发展,逐步淡化从城乡两大群体差异视角去理解收入分配的思路,更多依据城乡居民家庭个体差异视角来把握收入分配状况。中国应综合运用财政、产业、货币、社会保障等经济政策,充分发挥初次分配、再分配、第三次分配之间的政策组合效应,规范在房地产、金融等领域的投资投机行为,加大城乡、地区和城乡之间的转移支付,在深化经济社会体制改革中不断壮大中等收入群体规模,巩固并增强农民收入稳定增长的长效机制,提高对低收入者的社会保护能力,进而为新时代中国实现"全体人民共同富裕取得更为明显的实质性进展"奠定更为坚实的基础。

二、 新时代共同富裕论的理论意义

从理论的角度看,社会科学理论的功能在于解释实践、指引实践,社会科学理论在本质上均导源于实践,实践的时空差异往往会催生理论创新,这种创新反过来又为推动社会实践的演变提供了依据。新时代共同富裕论是中国在推进社会主义现代化建设进程中提出的,是立足于中国的发展实践和长期经验而形成的,它具有区别于其他经济体实践和已有相关理论的差异性。这使新时代共同富裕论在实践意义之外还具有多个维度的理论价值,这些理论价值集中体现如下。

(一)新时代共同富裕论构成了习近平新时代中国特色社会主义思想的重要组成部分

如前所述,中国在推进社会主义现代化进程中逐步推进共同富裕事业,并形成了系统性、与本土化特征相契合的新时代共同富裕理论,这一体系对"什么是共同富裕""为何要推进共同富裕""怎么实现共同富裕"进行了深入系统的解答。这种回答是随着中国的现代化实践不断深入和思想认识不断深化而逐步形成的,特别是党的十八大以来,以习近平同志为主要代表的中国共产党人坚持马克思主义基本原理同中国具体实践、同中华优秀传统文化相结合,坚持毛泽东思想、邓小平理论、"三个代表"重要思想、科学发展观,深刻总结并充分运用党成立以来的历史经验,从新的实际出发,创立了习近平新时代中国特色社会主义思想,这一思想是党对中国特色社会主义建设规律认识深化和理论创新的重大成果。十九届六中全会通过的《中共中央关于党的百年奋斗重大成就和历史经验的决议》从"十个明确"来概括习近平新时代中国特色社会主义思想的核心内容,其中包括"明确新时代我国社会主要矛盾是人民日益增长的美好生活需要和不平衡不充分的发展之间的矛盾,必须坚持以人民为中心的发展思想,发展全过程人民民主,推动人的全面发展、全体人民共同富裕取得更为明显的实质性进展"。习近平新时代中国特色社会主义思想包含着对科学理解和扎实推进共同富裕的系统阐述,这一论述是与习近平总书记强调的坚持以人民为中心的发展思想、实现共同富裕要按照经济社会规律循序渐进等紧密关联。2017年12月的中央经济工作会议明确提出了习近平新时代中国特色社会主义经济思想,这一思想体系包含坚持加强党对经济工作的集中统一领导,坚持以人民为中心的发展思想,坚持适应把握引领经济新常态,坚持使市场在资源配置中起决定性作用和更好发挥政府作用,坚持将推进供给侧结构性改革作为经济工作的主线,坚持问题导向部署经济发展新战略,坚持正确工作策略和方法等重要内容。由此可见,新时代共同富裕论是习近平新时代中国特色社会主义思想,尤其是习近平新时代中国特色社会主义经济思想的重要组成部分。这一理论对加快构建中国特色社会主义政治经济学具有重要支撑作用,它意味着中国依据具有独特性的制度安排来实现具有高远性的战略目标。在实现共同富裕目标这个维度,中国加快推进马克思主义政治经济学中国化当代化、加快构建中国特色社会主义政治经济学具有坚实的理论和实践基础。

（二）新时代共同富裕论对完善和改进已有经济理论具有积极作用

新时代共同富裕论通过重新理解增长—发展、政府—市场、社会主义—公有制、公平—效率等关系而拓展了已有的经济学研究传统,对完善和创新已有的经济理论具有重要启示作用。如前所述,中国基于本土化实践所形成的新时代共同富裕论强调共同富裕内涵具有多元性,现代化的目标不单纯是经济总量或数量意义的增长,而且是全体人民能够分享发展成果并因此得到各个方面的发展。经济增长并不必然等同于经济发展,经济发展也并不等同于人的全面发展,在现代化进程中必须以人为本,从人的需要充分满足这一视角来审视发展的意义及方式,并由此促使经济增长更好地转化为经济发展,促使经济发展更好地满足人的全面发展。此外,新时代共同富裕论强调中国在推进现代化进程中,始终坚持中国共产党的领导,并形成了党—政府—市场三位一体、强调政府—市场相互促进、凸显政府内部和市场内部结构特征的新型政府—市场关系,这相对于已有理论强调政府与市场的两分框架和板块结合而言具有独特性。已有理论假定政府—市场两者已经存在,政府和市场相互替代且作用非对等,政府和市场内部具有同质性,等等;然而,中国的共同富裕实践在很大程度上体现出对这些理论假定的突破,这种突破在实践中已经取得优异成就。此外,中国的共同富裕实践与独特的经济制度安排紧密相关。已有理论通常将社会制度与所有制、分配制度、资源配置方式等简单对应,认为社会主义等于计划经济,资本主义等于市场经济,且以私有化改革方能推动经济增长等。然而,中国在现代化实践中却形成独特的基本经济制度——以公有制为主体、多种所有制经济共同发展,按劳分配为主、多种分配方式并存,以及社会主义市场经济体制。实践也表明这些基本经济制度对中国实现共同富裕具有极为重要的促进作用。中国的实践也表明效率和公平是可以兼顾的,从阶段性任务来看,追求效率和追求公平可能存在矛盾,但长期来看,只要采用特定的制度安排就可以实现效率和公平两者的并重,"做大蛋糕"和"分好蛋糕"均统一于中国社会主义现代化建设这个实践进程。

（三）新时代共同富裕论对其他国家现代化具有不可或缺的启示意义

从全球范围来看,目前大多数国家仍是发展中国家,大多数人口仍处在欠发达状态,发展中国家和人口面临着实现现代化的普遍任务。问题的关键在于,发展中国家应如何实现现代化? 是按照美国等主要发达国家的模式,即强调私有化、自由化、金融化的"华盛顿共识"来实现现代化,还是立足于自身国情和历史传统形成具有本土化特征的现代化道路? 作为对上述问题的一个回应,中国基于实践经验而形成的新时代共同富裕论意味着,特定的发展中国家完全可以依据自身国情,创新现代化的内涵和实现途径,选择适合自身条件的发展道路来实现现代化。这为其他国家深化对现代化的认识、破除"华盛顿共识"、形成多样化的现代化道路提供了宝贵案例和有力借鉴。十九届六中全会通过的《中共中央关于党的百年奋斗重大成就和历史经验的决议》在系统总结中国共产党百年奋斗历程的基础上,强调指出,"党领导人民成功走出中国式现代化道路,创造了人类文明新形态,拓展了发展中国家走向现代化的途径,给世界上那些既希望加快发展又希望保持自身独立性的国家和民族提供了全新选择"。如前所述,新中国成立70多年以来,中国在中国共产党的领导下持续推进社会主义现代化建设事业,在这一实践进程中,中国不仅对"什么是现代化"进行了新界定,而且对"怎样实现现代化"进行了新探索。中国在不同阶段提出了建设小康社会、全面建设小康社会、全面建成小康社会等理念,在现代化进程中强调共同富裕、人与自然的和谐、物质文明和精神文明相统一等,并通过新型政府市场关系——党—政府—市场三位一体、强调政府—市场相互促进、凸显政府内部和市场内部结构特征,以及社会主义初级阶段的基本经济制度——以公有制为主体、多种所有制经济共同发展,按劳分配为主、多种分配方式并存,社会主义市场经济体制来推进共同富裕事业。进入新时代之后,中国通过"五级书记抓脱贫""地区结对促脱贫"等方式来实施农村精准扶贫战略,这些显然不是对已有理论或国际经验的照搬照抄,而是立足中国发展目标和实践需要进行的本土化制度创新,实践证明这些本土化探索和创新是行之有效的。作为一个在全球范围具有广泛影响力的发展中大国,中国的共同富裕实践和理论创新对其他发展中国家无疑具有不容忽视的示范、启发和激励作用。

（四）新时代共同富裕论对中国后续的发展实践具有极为重要的指导作用

新时代共同富裕论不是凭空而来，也不是无源之水，它来自中国共产党领导全国人民进行的社会主义现代化实践，也来自马克思主义基本原理和中国具体国情、中国传统文化的有机结合。作为历史经验的总结和实践逻辑的产物，新时代共同富裕论已经卓有成效，新时代共同富裕论的形成和实践意味着中国已经开辟了中国式现代化新道路，中国特色社会主义道路中的"特色"具有明确指向和丰富内涵，中国特色社会主义道路走得通，也走得好，这对坚定中国特色社会主义的道路自信、理论自信、制度自信、文化自信具有重要作用。更为重要的是，作为对中国特色社会主义建设客观规律的认识产物，共同富裕论不仅是对历史经验的总结，也是对未来发展的昭示，新时代共同富裕论针对"什么是共同富裕""为何要推进共同富裕""怎么实现共同富裕"的回答不仅适用于过去，也适用于现在和未来。新时代共同富裕论所强调的中国共产党的全面领导、"做大蛋糕"和"分好蛋糕"之间的辩证统一、社会主义初级阶段基本经济制度等必须坚持，同时立足于新的发展实践对具体经济制度或政策举措应进行适应性调整。尤其是，2035 年中国全体人民共同富裕要取得更为明显的实质性进展，2050 年全体人民共同富裕要基本实现，在此背景下，中国必须坚持和完善新时代共同富裕理论，持续推进要素市场化改革，更好发挥政府在提高经济发展质量和分配体制改革等方面的作用，依靠"有效的市场、有为的政府"以及两者的组合关系来实现新时代中国确立的更高水平共同富裕目标。

参考文献

《马克思恩格斯选集》（第 3 卷），人民出版社 2012 年版。

安体富、任强：《税收在收入分配中的功能与机制研究》，《税务研究》2007 年第 10 期。

白重恩、钱震杰：《谁在挤占居民的收入——中国国民收入分配格局分析》，《中国社会科学》2009 年第 5 期。

蔡昉、王德文、都阳：《劳动力市场扭曲对区域差距的影响》，《中国社会科学》2001 年第 2 期。

蔡昉、杨涛：《城乡收入差距的政治经济学》，《中国社会科学》2000 年第 4 期。

蔡昉：《读懂未来中国经济："十四五"到 2035》，中信出版社 2021 年版。

常兴华、李伟：《我国国民收入分配格局的测算结果与调整对策》，《宏观经济研究》2009 年第 9 期。

陈斌开、林毅夫：《发展战略、城市化与中国城乡收入差距》，《中国社会科学》2013 年第 4 期。

陈斌开、林毅夫：《金融抑制、产业结构与收入分配》，《世界经济》2012 年第 1 期。

陈斌开、张鹏飞、杨汝岱：《政府教育投入、人力资本投资与中国城乡收入差距》，《管理世界》2010 年第 1 期。

陈丽君、郁建兴、徐铱娜：《共同富裕指数模型的构建》，《治理研究》2021 年第 4 期。

陈新：《马克思主义财富观下的共同富裕：现实图景及实践路径——兼论对福利政治的超越》，《浙江社会科学》2021 年第 8 期。

陈燕：《中国共产党的共同富裕：理论演进与实现路径》，《科学社会主义》2021 年第 3 期。

陈云松、张翼：《城镇化的不平等效应与社会融合》，《中国社会科学》2015 年第 6 期。

程永宏：《改革以来全国总体基尼系数的演变及其城乡分解》，《中国社会科学》2007 年第 4 期。

邓阳：《我国城乡收入分配差距形成的原因分析——基于马克思主义分配理论》，《改革与战略》2019 年第 2 期。

樊增增、邹薇：《从脱贫攻坚走向共同富裕：中国相对贫困的动态识别与贫困变化的量化分解》，《中国工业经济》2021 年第 10 期。

付文军、姚莉：《新时代共同富裕的学理阐释与实践路径》，《内蒙古社会科学》2021 年第 5 期。

高帆：《城乡二元结构转化视域下的中国减贫"奇迹"》，《学术月刊》2020 年第 9 期。

高帆：《从割裂到融合：中国城乡经济关系演变的政治经济学》，复旦大学出版社 2019 年版。

高帆(2021a)：《基于社会主要矛盾转化深刻认识高质量发展内涵》，《上海经济研究》2021 年第 12 期。

高帆(2021b):《探寻中国创造经济发展奇迹的密码》,《人民论坛》2021 年第 25 期。

高帆(2021c):《新型政府—市场关系与中国共同富裕目标的实现机制》,《西北大学学报(哲学社会科学版)》2021 年第 6 期。

高帆:《中国居民收入差距变动的因素分解:趋势及解释》,《经济科学》2012 年第 3 期。

管晓明、李云娥:《行业垄断的收入分配效应——对城镇垄断部门的实证分析》,《中央财经大学学报》2007 年第 3 期。

胡志军、刘宗明、龚志民:《中国总体收入基尼系数的估计:1985—2008》,《经济学(季刊)》2011 年第 4 期。

黄茂兴、张建威:《促进城乡间分配的共同富裕》,《政治经济学研究》2021 年第 3 期。

姬旭辉:《从"共同富裕"到"全面小康"——中国共产党关于收入分配的理论演进与实践历程》,《当代经济研究》2020 年第 9 期。

姜付秀、余晖:《我国行政性垄断的危害——市场势力效应和收入分配效应的实证研究》,《中国工业经济》2007 年第 10 期。

姜雪:《"十四五"期间中国国民收入分配格局研究》,《宏观经济研究》2020 年第 12 期。

蒋永穆、豆小磊:《共同富裕思想:演进历程、现实意蕴及路径选择》,《新疆师范大学学报(哲学社会科学版)》2021 年第 6 期。

金碚:《中国经济 70 年发展新观察》,《社会科学战线》2019 年第 6 期。

李军鹏:《共同富裕:概念辨析、百年探索与现代化目标》,《改革》2021 年第 10 期。

李兰冰、姚彦青、张志强:《农村劳动力跨部门流动能否缩小中国地区收入差距》,《南开经济研究》2020 年第 4 期。

李实、赵人伟、张平:《中国经济转型与收入分配变动》,《经济研究》1998 年第 4 期。

李实、赵人伟:《收入差距还会持续扩大吗》,《中国改革》2006 年第 7 期。

李实、朱梦冰:《中国经济转型 40 年中居民收入差距的变动》,《管理世界》2018 年第 12 期。

李实:《中国收入分配格局的变化与改革》,《北京工商大学学报(社会科学版)》2015 年第 1 期。

李实:《中国特色社会主义收入分配问题》,《政治经济学评论》2020 年第 1 期。

李小云、徐进、于乐荣:《中国减贫四十年:基于历史与社会学的尝试性解释》,《社会学研究》2018 年第 6 期。

李昕、关会娟、谭莹:《技能偏向型技术进步、各级教育投入与行业收入差距》,《南开经济研究》2019 年第 6 期。

林毅夫、蔡昉、李周：《中国的奇迹：发展战略与经济改革》，上海三联书店、上海人民出版社 1994 年版。

林毅夫、陈斌开：《发展战略、产业结构与收入分配》，《经济学（季刊）》2013 年第 4 期。

林毅夫、刘培林：《中国的经济发展战略与地区收入差距》，《经济研究》2003 年第 3 期。

刘杜建、徐艳：《城乡居民收入分配差距形成原因及对策研究》，《财经研究》2004 年第 5 期。

刘培林、钱滔、黄先海、董雪兵：《共同富裕的内涵、实现路径与测度方法》，《管理世界》2021 年第 8 期。

刘长明、周明珠：《共同富裕思想探源》，《当代经济研究》2020 年第 5 期。

刘志彪、凌永辉：《结构转换、全要素生产率与高质量发展》，《管理世界》2020 年第 7 期。

卢倩倩、许坤：《财政政策对地区收入分配差距影响研究》，《价格理论与实践》2018 年第 9 期。

陆铭、陈钊：《城市化、城市倾向的经济政策与城乡收入差距》，《经济研究》2004 年第 6 期。

罗楚亮、曹思未：《地区差距与中国居民收入差距（2002—2013）》，《产业经济评论》2018 年第 3 期。

罗楚亮、李实、岳希明：《中国居民收入差距变动分析（2013—2018）》，《中国社会科学》2021 年第 1 期。

罗楚亮：《城乡收入差距的变化及其对全国收入差距的影响》，《劳动经济研究》2017 年第 1 期。

逄锦聚：《中国共产党带领人民为共同富裕百年奋斗的理论与实践》，《经济学动态》2021 年第 5 期。

秦刚：《实现共同富裕：中国特色社会主义的实践探索和历史进程》，《人民论坛·学术前沿》2021 年第 7 期。

任重、周云波：《垄断对我国行业收入差距的影响到底有多大？》，《经济理论与经济管理》2009 年第 4 期。

盛来运、郑鑫、周平、李拓：《我国经济发展南北差距扩大的原因分析》，《管理世界》2018 年第 9 期。

万海远、陈基平：《共享发展的全球比较与共同富裕的中国路径》，《财政研究》2021 年第 9 期。

万海远、李实：《户籍歧视对城乡收入差距的影响》，《经济研究》2013 年第 9 期。

王弟海:《中国二元经济发展中的经济增长和收入分配》,复旦大学出版社 2019 年版。

王洪亮、徐翔:《收入不平等孰甚:地区间抑或城乡间》,《管理世界》2006 年第 11 期。

王立成:《我国城乡居民收入分配差距总体状况、成因及对策》,《人口与经济》2010 年第 2 期。

王若磊:《完整准确全面理解共同富裕内涵与要求》,《人民论坛·学术前沿》2021 年第 6 期。

王婷、苏兆霖:《中国特色社会主义共同富裕理论:演进脉络与发展创新》,《政治经济学评论》2021 年第 6 期。

王小鲁、樊纲:《中国收入差距的走势和影响因素分析》,《经济研究》2005 年第 10 期。

王一鸣:《百年大变局、高质量发展与构建新发展格局》,《管理世界》2020 年第 12 期。

武鹏:《共同富裕思想与中国地区发展差距》,《当代经济研究》2012 年第 3 期。

武鹏:《行业垄断对中国收入差距的影响》,《中国工业经济》2011 年第 10 期。

谢地、武晓岚:《以实现共同富裕为目标探索合理的收入分配制度——建党百年收入分配理论演进与实践轨迹》,《学习与探索》2021 年第 10 期。

谢华育、孙小雁:《共同富裕、相对贫困攻坚与国家治理现代化》,《上海经济研究》2021 年第 11 期。

熊广勤、张卫东:《教育与收入分配差距:中国农村的经验研究》,《统计研究》2010 年第 11 期。

杨俊、黄潇、李晓羽:《教育不平等与收入分配差距:中国的实证分析》,《管理世界》2008 年第 1 期。

杨宜勇、王明姬:《共同富裕:演进历程、阶段目标与评价体系》,《江海学刊》2021 年第 5 期。

易伍林:《共同富裕观念的历史演变及其当代内涵》,《江南论坛》2021 年第 11 期。

尹虹潘、刘姝伶:《中国总体基尼系数的变化趋势——基于 2000—2009 年数据的全国人口细分算法》,《中国人口科学》2011 年第 4 期。

于成文:《坚持"质""量"协调发展扎实推动共同富裕》,《探索》2021 年第 6 期。

于良春、菅敏杰:《行业垄断与居民收入分配差距的影响因素分析》,《产业经济研究》2013 年第 2 期。

郁建兴、任杰:《共同富裕的理论内涵与政策议程》,《政治学研究》2021 年第 3 期。

张车伟、赵文:《国民收入分配形势分析及建议》,《经济学动态》2020 年第 6 期。

张文武、梁琦:《劳动地理集中、产业空间与地区收入差距》,《经济学(季刊)》2011 年第

2 期。

张原、陈建奇:《人力资本还是行业特征:中国行业间工资回报差异的成因分析》,《世界经济》2008 年第 5 期。

张跃胜:《促进地区间分配的共同富裕》,《政治经济学研究》2021 年第 3 期。

张占斌、吴正海:《共同富裕的发展逻辑、科学内涵与实践进路》,《新疆师范大学学报(哲学社会科学版)》2022 年第 1 期。

周黎安:《转型中的地方政府:官员激励与治理》,格致出版社、上海三联书店、上海人民出版社 2017 年版。

邹薇、张芬:《农村地区收入差距与人力资本积累》,《中国社会科学》2006 年第 2 期。

Chen, J. D., M. Pu, W. Hou, 2019, "The Trend of the Gini Coefficient of China (1978—2010)", *Journal of Chinese Economic and Business Studies*, 17(3).

Ferreira, F. H. G., Galasso, E. and M. Negre, 2018, "Shared Prosperity: Concepts, Dataand Some Policy Examples", IZA Discussion Papers, No.11571,

Kanbur, Ravi, Yue Wang and Xiaobo Zhang, 2017, "The Great Chinese Inequality Turnaround", IZA Discussion Paper, No. 10635.

Piketty, T., L. Yang and Z. Gabriel, 2019, "Capital Accumulation, Private Property, and Rising Inequality in China, 1978—2015", *American Economic Review*, 109(7).

Piketty, T., L. Yang and G. Zucman, 2019, "Capital Accumulation, Private Property and Rising Inequality in China, 1978—2015", *American Economic Review*, 109(7).

Xu, Chenggang, 2011, "The Fundamental Institutions of China's Reforms and Development", *Journal of Economic Literature*, Vol, 49(4).

第九章

积极参与全球经济治理

改革开放 40 多年来，尤其是加入 WTO 以来，中国抓住了以要素分工为主要特征和内容的经济全球化深度演进为发展中国家带来的历史性机遇，实现了开放型经济的快速发展，取得了令世界瞩目的巨大发展成就。随着贸易自由化深度演进以及以全球对外直接投资为主要表现的生产要素跨国流动性日益增强，国际分工发生了本质变化，即传统以最终产品为界限和主导形态的国际分工逐步发展为以产品生产环节和阶段为界限和主导形态的国际分工。换言之，随着贸易自由化和投资自由化的基本实现所引起的国际分工的质变，必然要求各国进一步在国内规则和制度上实现兼容和一致。从这一意义上说，制度型开放已经成为经济全球化发展新形势下的当务之急，也是跨国公司进一步统筹全球价值链、整合和利用全球生产要素的根本性制度保障需求。与此同时，中国开放型经济发展也进入了新阶段，亟待推动由商品和要素流动型开放向规则等制度型开放转变，逐步从国际经贸规则的接受者和遵守者转变为规则的制定者和参与者，为不断优化全球经济治理的体制机制做出世界大国的贡献。

第一节　新时代全球经济治理理念的新发展

一、 人类命运共同体理念引领全球经济治理实践创新

人类命运共同体，顾名思义，就是每个民族、每个国家的前途命运都紧紧联系在一起，应该风雨同舟，荣辱与共，努力把我们生于斯、长于斯的这个星球建成一个和睦的大家庭，把世界各国人民对美好生活的向往变成现实。[①]

中共十八大首次将人类命运共同体理念写入报告，并指出"在追求本国利益时兼顾他国合理关切，在谋求本国发展中促进各国共同发展"。十八大以来，习近平总书记在国内外多个场合提及"人类命运共同体"，其频率之多、规格之高、立意之深为世人瞩目。2015 年 9 月，习近平总书记更是在第 70 届联合国大会一般性辩论中发表题为"携手构建合作共赢新伙伴同心打造人类命运共同体"的讲话，从政治、经济、文化、安全和生态五个方面全面阐述了构建人类命运共同体的总体框架和实践路径。2017 年 1 月，习近平总书记在联合国日内瓦总部发表题为"共同构建人类命运共同体"的主旨演讲，提出构建人类命运共同体的基本原则，即对话协商、共建共享、合作共赢、交流借鉴和绿色低碳。同时，该理念提出后被多次写入联合国文件，得到越来越多的国家和国际组织认可，成为中国参与全球经济治理的重要依据。

人类命运共同体理念蕴含着对当前全球经济治理缺陷的批判与重构。一是现有的治理体系由大国和西方理念所主导，是一种排他性治理体系。受西方二元对立思维的影响，西方的治理体系总是把事务对立起来看，认为冲突才是事务发展的本质（孙吉胜，2019）。因此，"大国争霸"与"弱肉强食"的丛林法则始终贯穿全球经济治理过程（裴长洪，2021）。这种"零和博弈"的全球非对称性发展模式根深蒂固，

---

① 《习近平谈治国理政》第三卷，外文出版社 2020 年版，第 433 页。

已成为阻碍全球经济一体化最为重要的影响因素。二是现有的治理体系没有及时反映当今世界格局的变化。美国及西方国家虽然依旧是世界权力的中心,但发展中国家,特别是以中国为首的新兴市场国家蓬勃发展,影响力与日俱增,成为促进全球经济增长的中坚力量。旧有的全球经济治理体系并不能与新兴经济体的利益相匹配,导致许多国家和人民被全球化进程边缘化。因此,迫切需要改变原有的经济治理体制,以增进全世界人民的福祉。

"人类命运共同体"理念克服了这种"零和博弈"思想,具有共生和包容性,且把新兴市场国家和发展中国家及人民考虑在内,互利共赢,确保各国在国际经贸活动中机会平等、规则平等、权利平等,各国人民一道构建人类命运共同体(裴长洪,2021)。

二、 共商共建共享是构建全球经济治理体系的基本原则

每当世界经济发展停滞不前,矛盾重重,面临艰难抉择的关键时刻,都特别需要一种凝聚国际共识的理念作为引领。这种理念能够为国际合作指明道路,能够考虑到不同国家的利益最大化,带动各个国家不断向前发展。习近平总书记提出的"共商、共建、共享"的全球治理理念,为破解当今人类社会面临的共同难题提供了新原则、新思路,为构建人类命运共同体注入了新动力新活力。[1]

习近平在中共十九大报告中指出,中国秉持共商共建共享的全球治理观,倡导国际关系民主化,坚持国家不分大小、强弱、贫富一律平等,支持联合国发挥积极作用,支持扩大发展中国家在国际事务中的代表性和发言权。[2]共商共建共享原则,体现的是中国多年来的基本理念。为建设一个更加美好的世界,中国坚持共商共建共享的全球治理观,积极倡导合作共赢理念、正确义利观,旨在推动全球治理体系朝着更加公正合理的方向发展。

"共商"即各国共同协商、深化交流,加强各国之间的互信,共同协商解决国际

---

[1] 央广网,《共商共建共享的全球治理理念具有深远意义》。
[2] 《习近平谈治国理政》第二卷,外文出版社 2020 年版,第 540 页。

政治纷争与经济矛盾。与一些西方国家推行的霸权主义和强权政治不同,"共商"理念倡导的是国际社会的政治民主和经济民主,促进各国在国际合作中的权利平等、机会平等、规则平等。"共建"即各国共同参与、合作共建,分享发展机遇,扩大共同利益,从而形成互利共赢的利益共同体。经济全球化将世界市场融为一体,形成了你中有我、我中有你,一荣俱荣、一损俱损的利益格局。"共享"即各国平等发展、共同分享,让世界上每个国家及其人民都享有平等的发展机会,共同分享世界经济发展成果。世界的命运应该由各国人民共同掌握,国际规则应该由各国人民共同书写,全球事务应该由各国人民共同治理,发展成果应该由各国人民共同分享。[1]

共商共建共享的理念在联合国大会第七十一届会议上正式被纳入联合国决议。这充分说明世界治理的中国之治日益深入人心,是中国实现与外部世界良性互动、构建公正合理国际制度环境的重要见证(郭翠翠,2020)。国际秩序和全球经济治理如何共商共建共享,习近平总书记提出了四方面主张:加强以联合国为核心的国际体系;完善经济全球化的治理架构;推动数字经济健康发展;提高应对全球性挑战的能力。这些主张是基于对历史发展趋势正确判断,维护绝大多数国家真诚愿望,结合自身实践经验,针对当前全球治理关键问题而贡献的中国智慧。[2]

三、 求同存异包容共生观开辟全球经济治理合作新途径

世界经济发展到如今,早已形成了"你中有我、我中有你"的辩证的发展态势。尤其是当今在经济全球化增速放缓以及贸易保护主义抬头的趋势下,只有通过开放的国际合作,维护参与全球经济治理中权利与义务的平衡才能够实现互利共赢。

首先,国际社会应当积极主动推动建立开放透明、兼容并蓄、公平正义和非歧视的多边贸易投资体制。当前,经济全球化的重要表现之一为制度型开放,但由于国际经贸规则和全球经济治理体系未能"与时俱进",出现了与国际经贸格局调整

---

① 央广网,《共商共建共享的全球治理理念具有深远意义》。
② 中国经济网,《全球治理应遵循共商共建共享原则》。

的短期不适应,从而导致"逆全球化"思潮兴起和经济体之间贸易摩擦加剧。事实上,全球化与"逆全球化"均是世界经济发展历程中不可避免的现象,两者总是形影相随。不可否认的是,无论是全球化抑或"逆全球化",背后推手始终是发达经济体,其实质均是为了维护本国利益,从而给发展中国家的经济利益造成一定损害。因此,亟须营造包容、和谐、公平的贸易环境,促进国际经济发展的互惠谈判,推进包容性与合作性的经济发展,使经济发展红利惠及各国,特别是使发展中国家相信国际合作能够为自身带来实际利益。

其次,应积极推进国际金融体系和金融体制改革完善,提高各国应对国际金融危机、维护金融稳定的能力。同时,要提升发展中经济体在国际金融机构的主动权和发言权,以国家之间的金融合作为契机促进国际金融机构的改革,为国际经济合作提供公平的国际金融环境,不断完善国际金融危机的救援机制和国际金融领域的地区协调与合作机制。发达国家应切实履行全球经济治理的义务和责任,对发展中国家提供更多的援助,发展中国家也应当充分利用援助资源,改善国内政治经济环境,不断提高自身实力,使得全球发展红利惠及世界各国,形成繁荣共生的发展格局。

第二节　全球经济治理基本架构及动态演变

一、　全球经济治理的定义及其构成要素

(一)全球经济治理的定义

理查德·库珀(Richard N. Cooper)可以说是全球经济治理研究的先驱人物,其在《相互依存经济学》一书中论述到,世界经济日趋全球化、一体化,特别是金融、贸易和投资流动正在形成日益一体化和高度相互依存的全球经济,但是民族国家通过产业政策、贸易保护和补贴等措施也在不断抵制这种一体化,在此过程中,整个世界的经济遭到了破坏。库珀说,世界经济的一体化发展和政治分裂之间的紧张

关系会造成经济动荡,威胁世界经济的开放和效率,而理想的解决方法是建立某种对全球经济的国际管理(Cooper,1968)。随后罗伯特·吉尔平(Robert Gilpin)进一步指出,无论是国内经济还是世界经济日益一体化,都不能单靠市场来监管自己。需要有一种国际管理机制在新的全球经济中发挥功能,特别是提供若干公共物品和解决市场失灵问题。在提供公共物品和解决市场失灵时,要有解决金融、贸易和投资等方面争端的法规,确保货币和金融稳定,为企业制定共同的标准和条例,管理全球通信和运输以及解决环境污染问题(吉尔平,2020)。可以看出,虽然库珀、吉尔平并没有对全球经济治理的定义给出明确的阐述,但传达的思想是由于世界经济运行存在诸如贸易保护、市场失灵等弊端,所以需要对国际经济活动进行管理。

以上思想是关于全球经济治理的早期理解,而真正的全球经济治理兴起于20世纪40年代,以布雷顿森林体系的建立为标志,此后全球经济治理在曲折中前进,其间经历了石油危机(1973—1975年)、拉美经济危机(20世纪80年代)、东南亚金融危机(1997—1998年)、2008年国际金融危机以及最近的新冠肺炎疫情的冲击而发生了一些调整和变革。全球经济治理就其定义而言,产生于20世纪90年代后期。目前学者们尚未对全球经济治理的定义达成共识,但对其内涵的理解都相差不大。一个普遍的观点认为,全球经济治理是国家、政府间国际组织、非政府组织、跨国公司、公民组织等,为建立稳定、公平、公正、合理及可持续发展的全球经济秩序,按照一定制度规范、凭借不同合作机制对全球经济领域内的经济问题进行的治理。根据联合国秘书长在2011年联大报告中的界定,全球经济治理是国际社会各行为体通过协商、合作、确立共识等方式,开展全球经济事务协调与管理,以解决从地区层面到全球范围的经济稳定和经济增长,并维持正常的国际政治经济秩序的互动过程。

除上述定义之外,其他学者也给出了自己对于全球经济治理的理解,主要有:Madhur(2012)、Drezner(2014)、陈伟光(2012)、裴长洪(2014)。Madhur(2012)认为全球经济治理就是在没有主权权威的情况下,治理超越国家边界的经济关系。当一个国家干涉其公民的经济活动时,其他国家及其公民必然会受到影响。因此,国家经济行动往往具有全球性影响。在没有全球政府的情况下,管理这样一个全球化进程需要正式或非正式、制度化或临时性的政府间安排。而全球经济治理是嵌入在此类安排中的制度、规范、准则、标准、实践和决策过程。Drezner(2014)则认为全球经济治理是为管理全球经济而建立的一系列正式和非正式规则,以及发布、协调、监管或执行上述规则的一系列权威关系。国内学者陈伟光(2012)认为全球经济治理是国家和非国家行为体按照一定的制度规范对全球或跨国经济问题进行的治理。裴长洪(2014)则把全球经济治理理解为全球治理在经济领域的应用和延伸,是经济活动与治理关系的反映。并指出相比全球治理而言,全球经济治理在概念上又有一些自身的特点:一是经济理论的运用,既然是经济领域的治理就必然会引入经济理论作为全球治理的理论基础之一;二是治理途径和治理范围的特定性,全球经济治理更加强调主权国家和国际组织在治理途径中的作用,且治理范围仅仅局限于全球治理的经济范畴之内。

（二）全球经济治理的构成要素

全球经济治理是治理目标驱使下的国际经济秩序的重塑过程(Madhur,2012)。在这一过程中,需要明确全球经济治理预期所要达到的目标是什么(治理目标),参与主体都有哪些(治理主体),作用于什么样的客体(治理对象),通过什么样的手段或者途径实现预期目标(治理工具),以及如何评估全球经济治理的成效等(治理成效)。这些要素共同构成了全球经济治理的主要内容和基本框架。

1. 治理目标。

全球经济治理的目标,就是全球经济治理的参与方和倡导者们所要达到的理想状态与行为目标。从全球经济治理参与方和倡导者们的眼光来看,全球经济治理的目标应当是超越国家边界、种族、宗教、意识形态、经济发展水平之上的全人类的普适价值(俞可平,2014)。从现代经济学一般意义上考察,全球经济治理就是通过提供全球公共物品,纠正全球市场失灵,提高整个世界经济的效率和有效性(裴长洪,2014),从而实现全球范围内的帕累托最优。具体来讲,全球经济治理的目标是：(1)维护国际经济稳定和经济安全；(2)实现全球范围内的经济可持续发展；(3)构建公正、有效的全球经济治理框架。当然，全球经济治理目标较为宏大，兼具复杂性和指向性特征，因此，实现这一目标的过程必然是一个长期的、渐进性的过程(隋广军，2020)。

2. 治理主体。

治理主体涉及治理参与者的问题，是全球经济治理活动的基本单元。全球经济治理的主体主要有三类：第一类是民族国家，主权国家是全球经济治理中最为重要的主体。为了实现全球经济治理，主权国家选择让渡部分主权，组建国际组织，并授权国际组织协调主权国家行动，帮助各国获取更大的发展利益(张宇燕，2017)。主权的让渡并不是对主权的"削弱"，而是对传统的国家主权本位的超越，是对国家利益本位的更高层次上的"回归"(张丽华，2009)。因此，民族国家在国际治理体系中仍然占据主体地位，是全球经济治理中最重要的治理参与主体(孙伊然，2013)。第二类是正式和非正式的政府间国际组织，其中，正式的政府间国际组织主要包括世界贸易组织(WTO)、世界银行(WB)、国际货币基金组织(IMF)、亚洲基础设施投资银行(AIIB)等；非正式的政府间国际组织较多，主要包括七国集团(G7)、八国集团(G8)、二十国集团(G20)、亚太经济合作组织(APEC)、金砖国家峰会(BRICS)、东盟(10＋3)等。第三类是全球性公民组织，包括所有由私人性质的主体成立的公益性跨国机构、组织、协会等。此外，大部分学者也认为跨国公司有助于理顺全球价值链上各个环节的关系，也是全球经济治理的重要参与主体(张宇燕，2017)。

3. 治理客体。

全球经济治理涉及的治理客体，也即治理对象问题，主要包括国际金融治理、国际贸易和投资治理、国际气候治理、全球可持续发展治理、国际能源治理、国际宏观经济政策协调治理等。每个治理方面涉及的侧重点各有不同，其中，国际金融治理侧重于实现全球金融市场和金融机构监管的全球合作和协调，防范和处置潜在的系统性金融风险，促进全球金融体系有效顺畅运转，构建公正高效的全球金融治理格局;国际贸易和投资治理侧重于调解和处理各类投资贸易纠纷,建立多边贸易和投资体系,推进贸易投资自由化和便利化,构建开放透明的全球贸易和投资治理格局;国际气候治理侧重于实现全球绿色低碳发展,构建公正、合理、有效、共赢的国际气候治理框架;全球可持续发展治理侧重于实现全球减贫,缩小发达国家与发展中国家的经济差距,走可持续发展之路;国际能源治理侧重于构建绿色低碳的全球能源治理格局;国际宏观经济政策协调治理侧重于完善全球货币体系,建立健全各国财政政策、货币政策和汇率政策的合作和协调机制,避免各种政策的负面实施效果外溢,达到维护全球经济的稳定和发展,减少全球经济的波动和危机。

4. 治理工具。

治理工具涉及依靠什么治理的问题,通常来说是指维护全球经济秩序的规则体系,如世贸组织的监督机制、贸易谈判机制、贸易争端解决机制、政策审议机制等。这种规则体系能够确保全球经济秩序的正常运行,调节国际经济关系,汇聚治理主体预期的一系列的观念、原则、规范、标准、决策程序等(白华等,2019)。裴长洪(2014)指出,大量全球问题的凸显说明在全球范围内单纯依靠市场手段存在缺陷。因此,建立一套具有约束力的全球治理规则就显得十分重要。国际治理较之国内治理更强调规则的作用,强调国家、非政府组织、私人部门等国际治理的参与者通过具有约束力的规则进行合作。张宇燕(2017)也指出在世界政府缺位的情况下,每个行为体都以自身利益最大化为目标。一旦无法调和诸多差异性利益,将会导致"合成谬误""公地悲剧""市场失灵"等问题,这就需要国际制度、规则和机制确保全球治理的顺利进行,实现预期的经济活动。

5. 治理效果。

治理效果涉及对全球经济治理绩效的评估,即治理得怎么样,是否完成既定的预期目标。俞可平(2002)、隋广军(2020)等认为全球经济治理在维护全球经济秩序和良好运转方面能够发挥出积极效应,而且这种积极效应可以通过一定的评估标准加以测定。在评定标准方面,宋国友(2015)提出了三个核心的评估标准:一是增长标准,即全球经济经过治理后是否产生继续的强劲增长;二是机制标准,即现有国际经济机制是否运行良好，是否出现新的全球经济治理以及对于全球经济机制的改革是否有突破；三是合作标准，即治理是通过集体协调的行动而非以竞争甚至对抗的方式出现。虽然各个国家都希望治理效果显著，从而受益于全球经济治理，但并不是所有的治理效果都能达到全球帕累托最优。在全球经济治理过程中往往会出现利益分歧，其中，公共物品提供中的"搭便车"现象就普遍存在。从经济学意义上来说，全球经济治理是一种跨国界的公共品。由于每个民族国家都是为了自身利益参与全球经济治理，而全球经济治理的效果具有非排他性和非竞争性，这使得每个国家都试图搭别国的"便车"，而不希望其他国家搭自己的便车，这便构成了全球经济治理中公共产品提供的不足（张宇燕，2017）。这一现象导致最初目标偏离预期设定的目标，从而使得最终的治理效果差强人意。

二、　全球经济治理的基本特征[①]

（一）治理主体具有多元性

全球经济治理的主体具有多元性，这其中既包括主权国家、政府间国际组织，又包括非政府国际组织、跨国公司以及公民组织。其中，政府和政府间国际组织一直居于主导地位，跨国公司、国际性非政府组织、全球性公民组织也发挥着不可忽视的作用。近年来，国际性非政府组织如雨后春笋般涌现出来，数量急剧增加，影响力迅速上升，成为全球经济治理中不可忽视的一个力量。

（二）治理规则涵盖广泛

治理规则在全球经济治理体系中居于核心位置。与第二次世界大战前相比，二战以后，特别是当今全球经济治理体系具有明显的规则化特征，因而这轮经济全球化也被称为基于规则的经济全球化。相应地，全球经济治理也是基于规则的全球经济治理。全球经济治理体系在演进过程中，规则覆盖面越来越广、内容越来越细致完备。经济全球化参与主体的规则意识也不断增强，对国际经贸规则的尊重

———————————

① 本部分主要参考隆国强（2017）。

程度不断提升。

（三）治理机制具有多层次性

全球经济治理体系并不是由单一的国际组织或治理机制构成的,而是由多层次治理机制构成的。全球性的、区域性的、国家性的治理组织交织在一起,共同构建全球经济秩序治理框架,如世界银行、国际货币基金组织、世界贸易组织、国际清算银行(BIS)等国际组织,既各司其职,又相互联系。2008 年国际金融危机爆发后,G20 在全球经济治理体系中的地位迅速上升,成为多方沟通协调宏观经济政策的重要平台。近年来,如"一带一路"倡议、区域全面经济伙伴关系、金砖国家合作机制等区域合作机制也快速发展,成为全球经济治理体系演进的一个重要特点。区域贸易安排也显著增多,从 20 世纪 90 年代初的 20 个左右迅速增加到 450 多个,未来数量将进一步提高。

（四）治理行为具有弱强制性

全球经济治理体系中不存在具有强制执行力的世界政府,而是以沟通、协调、磋商、谈判为主要运作方式,依靠各参与主体的合作来实现治理目标。比如,世界贸易组织由于具有争端解决机制而被称为"有牙齿的老虎",在一定程度上具有执行协定的强制性,但对违规成员最严厉的处罚也只是授权利益受损方采取贸易报复措施。大多数全球经济治理机制缺乏规则执行的强制性,一个国家违规的主要代价是国际声誉受损。因此,这种弱强制性的特点既会给治理行为带来灵活性,又会导致治理行为的有效性不足。

（五）治理目标兼具复杂性与长期性

全球经济治理所要达到的目标是人类共同的普适价值,得到一个大家都满意的结果实属不易,而参与主体又是代表各个不同利益的主权国家,利益诉求不同,会导致集体行动偏离一致行动,且在利益的驱使下它们也有动机作出这种偏离行动的选择,难以达成预期设定的目标。此外,全球经济治理目标一般都比较宏大,加上各个主权国家之间的弱强制性,实现这一目标必然是一个漫长的过程。

三、 全球经济治理模式变迁

根据对已有文献的梳理,大多数学者认为二战以后的经济治理才算得上是真正的全球经济治理,二战以前的治理不能称得上是经济治理。因为二战以前的经济治理缺乏治理的规则体系,而是基于国际社会丛林法则的内在运行机理,世界各国之间弱肉强食,单边主义政策盛行,国际经济体系剧烈动荡。归纳已有文献,我们把二战以后全球经济治理按时间顺序分为三个阶段,每个阶段对应一种治理模式,且每种模式下全球经济治理均具有鲜明的时代内涵。

(一) 美国主导的"霸权治理"

第一阶段:美国主导的"霸权治理"时期(1944—1975 年)。该阶段以布雷顿森林体系的建立为标志,形成了以美国霸权主导国际经济机构和全球经济秩序的治理格局(白华等,2019)。二战结束后,美国领导二战战胜国设计的以国际货币基金组织、世界银行、关税和贸易总协定为支柱的布雷顿森林体系等一批全球经济治理机制相继建立起来,标志着全球经济治理体系的轮廓架构基本形成(张宇燕,2017)。这一架构里面,美国居于绝对的主导地位。布雷顿森林体系的主要任务是实现战后国际经济秩序重建。布雷顿森林体系终结了国际经济的混乱局面,结束了国际货币的自由放任,弥补了国际经济治理权威性及结构性的缺陷,保持了战后十余年间国际经济秩序的稳定性(程永林等,2016)。但随着全球经济新问题的出现,特别是全球经济失衡,导致 1971 年美元与黄金脱钩,再加上 1973 年西方主要资本主义国家对美元实行浮动汇率制,美元的国际中心地位受到极大挑战。至此,以美元为中心的布雷顿森林体系宣告瓦解。

(二) 发达国家集中治理下的"俱乐部协调"

第二阶段:发达国家集中治理下的"俱乐部协调"时期(1975—2008 年)。该阶段以 G7 的成立为标志。G7 包括法国、美国、意大利、日本、英国、德国和加拿大,成立 G7 的目的主要是由以下国内外经济环境所迫:一是 20 世纪 70 年代初期的"美元危机",国际金融市场上大量抛售美元,美元国际地位削弱;二是 20 世纪 70 年代中期的"石油危机",石油输出国组织由于战争原因提高油价,油价上涨对西方主要工业化国家的经济造成了严重的冲击,经济增长明显放缓;三是1971年"布雷顿森林"体系的瓦解,由于美国对外经济实力减弱,且长期处于国际收支逆差地位,导致大量黄金储备流失,美国无力保证美元与黄金的兑换比例,宣布美元汇率与黄金脱钩;四是1973—1975年的滞胀危机,西方资本主义国家高通胀、高失业与低增长并存。上述原因使得西方国家经济形势一度恶化,迫切需要拿出解决之策,以应对共同的经济和货币危机,重振西方经济。正是在这样的背景下,G7集团成立,这就是发达国家集中治理下的"俱乐部"式集体治理模式。该治理模式在应对美元危机、石油危机、滞胀危机等世界性经济难题时发挥了不可替代的作用。但是到了20世纪90年代后期,尤其是在1997年亚洲金融危机后,发达国家"俱乐部"式的治理模式所固有的弊端逐渐显露,比如,不能解决发展中国家与发达国家宏观政策的负外部性问题及面临的经济危机。这时,为了适应新的全球环境,新兴发展中国家开始走上全球经济治理舞台,一同与发达国家参与全球经济治理。

(三)传统大国与新兴大国的"多元共治"

第三阶段:传统大国与新兴大国的"多元共治"时期(2008年至今)。该阶段以G20的发展为标志。这一阶段的全球经济治理具有典型的多元化治理特征:一是治理主体增加扩大,特别是新兴大国的加入;二是治理方式丰富多样,国家、区域、全球性组织机制竞相建立。除传统的三大支柱继续发挥作用外,为了适应后金融危机时代的全球经济治理需要,很多新型多边合作平台如G20、全球气候峰会、能源峰会等全球性峰会不断发展。与此同时,金砖国家(BRICS)、区域全面经济伙伴关系协定(RCEP)合作平台及"一带一路"倡议等不断崭露头角,区域经济合作也在不断拓展(白华等,2019)。徐秀军(2012)指出2008年国际金融危机的爆发使得西方传统势力削弱,现有国际体系和治理机制已无法适应全球化新形势,也无法破解全球化快速发展引发的新挑战和新问题。新时代全球经济治理需要探索新思路、新路径,G20峰会开启了新时代全球经济治理的先河。在这一时期,新兴大国在经济危机后发展迅速,备受瞩目,不但参与全球经济治理,且在全球经济治理中的地位大幅度提升,开始以平等身份参与到国际体系的决策机制中,步入传统大国与新兴大国"多元共治"的时代。

四、 全球经济治理的运行机制及重点领域

(一)基本的运行机制

全球经济治理机制是治理主体通过什么样的途径作用于治理客体,从而达到治理目标的一种具有约束力的制度安排。在全球经济治理运行的过程中,涉及的机制众多,特别是平台机制和峰会类机制,以各类峰会、治理平台和国际组织为载体。这其中,峰会类主要包括联合国峰会、G20 峰会、APEC 峰会、欧盟峰会、东盟峰会、世界气候大会、世界核安全峰会、全球健康峰会等;平台类中,最具有代表性的平台莫过于 G20 合作平台,还有区域性的金砖国家合作平台、RCEP 合作平台等;国际组织的数量众多,代表性的有国际货币基金组织、世界银行和世界贸易组织等。这里我们只介绍这类平台或峰会中最基本的机制,主要包括成员资格机制、决策机制、争端解决机制、监督机制等。

1. 成员资格机制。

全球经济治理组织的成员资格一般分为创始成员和加入成员两种方式,创始成员是国际组织建立之初的缔约国,也就是签署国际组织的创始文件、协定或条约,承诺履行相关协定所规定的义务的成员国。加入国则需要向国际组织提出申请,经过一系列谈判和决议,承诺履行相应义务和协定的成员国(张宇燕,2017)。举个例子,2014 年 10 月 24 日,包括中国、印度、新加坡等在内 21 个首批意向创始成员国的财长和授权代表在北京签约,共同决定成立投行。2015 年 12 月 25 日,亚洲基础设施投资银行正式成立。2019 年 7 月 13 日,亚洲基础设施投资银行(亚投行)理事会批准贝宁、吉布提、卢旺达加入。2021 年 10 月 28 日,亚投行第六届理事会年会闭幕,尼日利亚加入申请获得批准,至此,亚投行成员数量增至 104 个。这里面,首批 21 个国家即为创始成员国,而贝宁、卢旺达、尼日利亚等国家属于加入成员国。从法律上讲,创始成员国和加入成员国所承担的义务和享受的权利是等同的,

但是在加入成员国谈判的过程中,会被提出和附加一些特殊的要求和条件,因而加入成员国可能会比初始成员国承担更多的义务。大多数国际组织都采取创始会员和加入会员两种形式,如世界贸易组织、世界银行、国际货币基金组织等,都是如此。

2. 决策机制。

国际组织为了实现自身的宗旨和使命,都采纳了某种决策程序。联合国、国际货币基金组织、世界银行和世界贸易组织等一些重要的国际组织对决策机制规定了具体的程序规则。这些国际组织采取的决策机制主要有平权表决制、加权表决制或者协商一致等决策机制。

在对重要议案进行决策时,国际组织通常实行投票表决制,依据票数的多少对议案进行赞成或者反对。根据投票权的大小,可以把投票表决制分为平权表决制和加权表决制。根据对赞成票比例的不同规定,平权表决制又分为全体一致表决制和多数表决制。全体一致表决制的规则是指行政决策方案的通过需要参与行政决策的全体投票都对某项行政决策方案投赞成票。在这种决策规则之下,一项行政决策方案的通过,取决于全体投票人一致同意,只要其中任何一个投票人投了反对票,其他人的一致选择结果就无效。在现实中,我们不难见到全体一致规则的例子,如联合国安理会常任理事国形成决议时,一个基本条件就是要中、美、俄、英、法五国一致同意。多数表决制是国际经济组织的表决制度之一。以多数票表决通过决议的制度,可分为简单多数表决制和特定多数表决制:前者要求赞成票超过所投有效票的一半;后者要求赞成票达到所投有效票的特定多数,如三分之二或四分之三。

加权表决制,即指在某些有关经济、金融等领域的国际组织中,实行按照特殊比例分配给各成员国以不等量的投票权,采取所谓"加权表决制"。这一制度偏重于从成员国的利益大小与经济实力着眼,给占优势的国家以较大的决定权。在这种表决制中,分配表决权所依据的标准包括成员国的人口、对组织的出资金额、贡献、责任、利害关系等。加权表决制最典型的应用就是国际货币基金组织中特别提款权,各个国家所认缴份额不同,行使的决策权力也不尽相同。

3. 争端解决机制。

当成员国家在经贸往来中发生矛盾和冲突时,需要有一种手段来解决这些矛盾和冲突,主要存在于贸易和投资领域中。传统的国际贸易争端有两种解决途径:一是所谓的"势力导向型";另一种是所谓的"规则导向型"。前一种方式中,发生争端各方以谈判方式解决争端,谈判结果通常与各方政治和经济实力强弱有关。后一种方式,各方以事先制定的规则为依据,由独立第三方对争端进行裁决(黄东黎,2020)。这其中,最为典型的贸易争端解决机制是WTO的贸易争端解决机制,被誉为"WTO皇冠上的明珠"。WTO贸易争端解决机制的核心内容是争端解决规则与程序的谅解(简称DSU协议)。DSU协议给出了两种贸易争端的解决途径:一是外交磋商;二是走司法程序。即便是用司法手段来解决贸易争端,DSU还是鼓励各方通过外交途径的友好磋商方式解决争议。

4. 监督机制。

监督机制是为了确保相关的国际决议、协定和条约等内容的顺利实施,是全球经济治理的重要组成部分,几乎涉及全球治理的所有内容和领域。国际组织的监督机制大致可分为国别监督机制、区域监督机制和全球监督机制三种。国别监督机制又称为双边监督,是国际组织监督的主要方式,一般通过磋商的方式来实现(通常每年一次),磋商内容并不限于宏观经济政策,也涉及其他影响一个国家宏观经济的政策,包括劳动力市场、管理以及环境问题的政策。通过磋商,判定哪些政策有缺陷,指出其潜在的脆弱性,并提出相关政策建议。国别监督最典型的机制是WTO的贸易政策审议机制,贸易政策审议对象主要是WTO各成员的全部贸易政策和措施,审议范围从货物贸易到服务贸易和知识产权等领域。在实际中,贸易政策与措施完全符合多边贸易体制规则的国家或地区是没有的,即使是那些完全实行市场经济的西方发达国家,在某些领域、某些部门的贸易政策和措施都或多或少地与多边贸易体制的规则有冲突。

区域监督机制主要是针对区域性的国际组织相应的经济政策进行监督和磋商

(张宇燕,2017)。以国际货币基金组织的区域监督机制为例,作为对国别监督的补充,国际货币基金组织考察根据地区安排执行的一些政策。它定期与"欧元区""西非经济与货币联盟""中非经济与货币联盟"及"东加勒比货币联盟"等地区性组织进行磋商,对其经济和金融政策实施监督(赵国君、黄梅波,2005)。

全球监督机制就是对全球层面的经济运行状况进行监督。主要由国际货币基金组织执行董事会根据工作人员撰写的《世界经济展望》(每年两期)和《全球金融稳定报告》(每年两期)定期对全球经济发展进行评估以及定期对国际资本市场的发展、前景和政策问题进行讨论(赵国君、黄梅波,2005)。

(二)全球经济治理的重点领域

全球经济治理涉及的议题十分广泛,包括国际金融治理、国际贸易和投资治理、国际气候变化和可持续发展治理、国际能源治理、国际宏观经济政策协调治理等。习近平总书记在 2016 年 G20 工商峰会开幕式上的主旨演讲中提到,"当前形势下,全球经济治理特别要抓住以下重点:共同构建公正高效的全球金融治理格局,维护世界经济稳定大局;共同构建开放透明的全球贸易和投资治理格局,巩固多边贸易体制,释放全球经贸投资合作潜力;共同构建绿色低碳的全球能源治理格局,推动全球绿色发展合作;共同构建包容联动的全球发展治理格局,以落实联合国 2030 年可持续发展议程为目标,共同增进全人类福祉"。基于上述内容,本部分将重点阐述全球金融治理、全球贸易和投资治理、全球能源治理、全球气候治理四个经济领域具体的治理议题。

全球金融治理是指为了维护全球货币和金融秩序的稳定和公平,各个治理主体通过签署协定等方式构建规则和制度,对全球货币事务、国际货币金融体系、风险防范、全球金融安全等方面进行管理(张礼卿,2021)。习近平总书记指出,要"不断完善国际货币金融体系,优化国际金融机构治理结构","完善全球金融安全网"。尽管全球金融治理成效显著,特别是推动世界银行、国际货币基金组织等国际机构治理结构改革,提升了新兴经济体的话语权,但全球金融治理仍存在重大缺陷。一是国际金融资源的配置效率较低。由于当前全球金融治理的制度性缺陷,金融体系存在着明显的资源错配,主要表现为发达经济体采取量化宽松政策和超低利率政策,向全球注入大量流动性,造成全球流动性泛滥和无序流动。二是发达经济体货币政策的负面外溢效应较强。表现为发达经济体处于国际货币体系的内围,新兴经济体处于国际货币体系的外围,当西方发达经济体基于国内经济进行货币政策和利率政策调整时,新兴经济体总是受到资本外流、汇率贬值、偿债负担上升等不确定性冲击。三是金融风险防范机制不健全。表现为缺乏对国际资本流动的有效管理,金融风险的识别、监管和预警机制不健全,金融危机的应对和救助机制不完善等(陈四清,2018)。如何完善全球金融治理框架,维护全球金融秩序稳定,推动全球经济可持续发展成为金融治理的重点议题。

贸易和投资治理是全球经济治理的重点领域之一。反对贸易保护主义,促进经贸往来、推进贸易和投资自由化便利化,构建公平有效的多边贸易和投资体系一直是全球贸易和投资治理的主要目标。为了实现这一目标,全球贸易和投资治理集中于关注和解决以下三个方面:其一,倡导贸易自由化,坚决抵制贸易保护主义。从 2008 年国际金融危机到 2020 年新冠肺炎疫情冲击,贸易保护主义、民粹主义势力抬头,特别是以美国为首的西方国家倒行逆施,设置较高的贸易壁垒,强制性与他国脱钩,严重破坏和阻碍了贸易自由化格局。其二,推动投资便利化,为全球多边投资定方向。简化和协调与国际贸易和投资有关的一切程序和障碍,为国际贸易和投资创造良好的外部环境,从而降低交易成本,加速商品和要素的跨境流动。其三,多边贸易和投资规则的制定。制定多边贸易和投资规则就是通过多边贸易投资谈判和对话,在货物贸易、服务贸易等贸易领域和投资领域制定一套合理的规则体系框架,用于规范各国的国际贸易投资活动,以尽可能地避免各种贸易和投资争端。

全球能源治理日益成为全球经济治理领域的热点和焦点议题。现有全球能源治理机制由多个国际组织构成,主要包括石油输出国组织(OPEC)、国际能源署(IEA)以及国际能源论坛(IEF),其中,OPEC 代表石油供给国的利益;IEA 代表石油消费国的利益;IEF 是石油消费国和石油生成国共同参加的组织,但缺少强有力的法律约束。此外,WTO、G20 等国际组织也涉及能源治理问题,但作用和影响力有限。虽然现有全球能源治理机制层次多,管理范围广,但局限性也较为明显。一是治理成效总体不大。尚未形成类似联合国、世界贸易组织和国际货币基金组织的全球性治理机构,在能源治理的广度和深度上,没有完成从"局部"治理向"全球"治理的跨越。二是治理规则的约束力不强。传统治理手段有效性进一步弱化,关键是执行力明显不足,无论是 OPEC 限产保价,还是 IEA 释放产能,作用越来越小,生产国和消费国之间的合作仍有障碍。三是现有治理架构由美国和其他发达国家主导,没有包括也无法代表新兴国家和发展中国家。发达国家认为自身担负了维护全球市场安全义务中较大的部分,认为新兴国家没有负担起与快速增长的能源需求相适应的义务,尤其是在应对供应危机、气候变化和消除能源贫困领域。而新兴国家在能源开发、技术转移等方面缺乏平等的权利,相对而言,只能在政治动荡、偏远、高成本的地方进行能源开发,也在期待更大的话语权(吕淼,2020;范必,2016)。

全球气候治理与全球经济治理密不可分,尤其是与经济相关的碳排放、低碳转型发展、气候治理的经济规则等问题结合在一起,构成了全球气候治理领域的重要议题(隋广军,2020)。在人类命运共同体理念的基础上,中国在国内结合生态文明建设,设定"双碳"目标(2030 年前"碳达峰"和 2060 年前"碳中和"),在国际上努力推动全球气候治理框架的形成,展示了中国在气候治理方面的大国担当和责任担当,为有效实行全球气候治理,实现可持续发展贡献了全面的中国方案。但即便如此,全球气候治理仍面临严峻的挑战。首先,自然环境持续恶化,表现为气候变暖带来的负面影响逐步显现,极端天气频繁出现、冰川融化、海平面上升、海洋升温等迹象愈演愈烈。其次,"逆全球化"潮流使全球气候治理步履维艰。巴黎会议之后,美国在全球气候治理领域上的政策反复转变,特别是 2016 年特朗普上台之后退出《巴黎协定》,使得气候治理面临严峻的治理赤字,削弱了国际气候合作的信心。加之当下全球新冠肺炎大流行远未结束,世界发展处于百年未有之大变局,进一步加剧了"逆全球化"之风,对全球气候治理造成了阻碍。最后,对发展中国家而言,落实和实施《巴黎协定》的一系列目标与安排涉及能源利用和经济社会发展转型,这与发展中国家消除贫困、发展教育、就业和增加收入等目标存在冲突。并且,全球范围的保护主义倾向又使发展中国家在保持经济增长、实现社会进步与转变产业结构与发展方式等方面需要应对更为复杂与艰难的局面,使其完成《巴黎协定》的NDC 目标(各国自主决定贡献)更加困难(周绍雪,2019)。

五、 全球经济治理的现状与中国参与进程

随着全球化的不断发展,全球性问题日益凸显,全球治理尤其是全球经济治理理论与实践引起了学术界和政策层的广泛关注与探讨,对此,中国从被动接受直至全面主动参与经历了漫长的过程,并在新时期和新发展阶段赋予了全球经济治理更为丰富和更具深度的目标和动力。

(一)全球经济治理成为全球治理的必然

冷战结束后,随着发展中国家和新兴经济体的发展和崛起,各主权国家参与全球经济治理的意愿、能力以及相应的责任明显增加,并且在其中的作用不断得到强化,为应对 2008 年全球性金融危机,G20 峰会首次召开,标志着发达国家和发展中国家全球经济合作共治时代的到来。在此,过程中,中国也逐步开始接受和认同全球治理的合理性和必然性,从而加大了参与国际事务的力度;但对发达国家所持有的出让主权的观点并不认同,这也决定了中国关注和研究全球治理的特殊视角,即在国家层面和全球范围内推动全球治理,主要包括把全球治理内化为本土上的跨国合作,把全球治理锁定于全球问题的治理。随着加入 WTO,作为亚洲最大的发展中国家,中国在经济上逐步融入于世界市场体系,并凭借自身完整的工业体系以及经济的稳步发展,在 2010 年成为全球第二大经济体。尤其在经历 2008 年全球性金融危机的重创之后,中国已经深刻意识到进一步深化改革开放的重要性,2010 年中共十七届五中全会公报中明确提出了"积极参与全球经济治理",同年中央经济工作会议上也指出要"准确把握世界经济治理机制进入变革期的特点,努力增强我国参与能力",这充分体现了中国已经从被动接受到积极主动参与全球治理尤其是

全球经济治理的转变。

（二）全球经济治理困境下的中国选择

全球经济治理开始于全球化的起步与全球性经济问题的产生,以全球治理机制为基础,通过正式的政府权威和非政府机构等途径对全球经济事务进行管理,其基本宗旨在于通过金融、贸易、产业等领域的国际协调机制,矫正全球经济总量和结构的失衡,维持和保护世界经济持续和健康增长,以实现共同发展这一普惠的价值理想。凭借全球经济治理的平台机制、国际组织机制以及峰会机制,经济全球化浪潮不断推进,全球贸易和投资自由化便利化不断深入,全球经济体之间的依赖性不断加强,而在全球经济治理中,主权国家已经成为推动全球经济治理不断完善的核心力量,应该继续深入推动开放、普惠、包容、共享的人类命运共同体建设,成为全球经济治理体系的深度参与者、主要建设者以及共同改善者。尤其在进入 21 世纪之后,以金砖国家为代表的发展中国家和新兴市场国家硬实力快速增长,在应对金融危机中充分发挥了稳定全球金融秩序、促进双边和多边贸易投资交流、复苏和改革经济中的重要作用。

由于全球经济治理体系本身存在治理机制滞后、治理结构失衡以及全球公共产品提供不足等缺陷,加之不同国家的国情和实力不尽相同导致国家利益主导下的霸权困境、多层次治理模式下的规则困境以及多极化趋势下的公共选择困境等逐渐显现,当今随着"逆全球化"的兴起和经济体之间摩擦的加剧,该体系面临着更为严峻的挑战和考验。因此,国际社会对全球经济治理完善转型的呼声愈加高涨,增强全球经济治理的有效性、公平性、包容性和可持续性已经成为各个经济体的共识。全球经济治理所存在的现实困境表明,其中所存在的固有缺陷和矛盾难以在短期内得到有效解决,一荣俱荣,一损俱损,亟待各经济体的共同参与和不懈努力,同时兼顾全球利益和国家利益来寻求实现全球经济治理的善治。在无世界政府状态下,国家身份平等,因此参与全球经济治理的每个经济体都应该正确审视自身的经济实力来准确判断自身所发挥的权力和承担的责任。

进入 21 世纪后，中国抓住发展战略机遇期，全面深化改革，无论是经济、军事硬实力抑或是文化软实力均取得长足的发展，为参与全球经济治理提供了良好的必要条件和坚实的基础，在国际事务中具有较大的发言权。因此，中国理应在全球经济治理中准确定位，勇挑重担。落脚于现实，中国始终坚持平等、包容、开放的和平理念，以实际行动展现了负责任的大国风范。尤其 2013 年习近平总书记提出世界各国共建"一带一路"的倡议以来，"一带一路"国际合作平台已涵盖 170 多个国家和国际组织，它们的社会、文化背景和经济发展水平各不相同，但其中所蕴含的和平发展、合作共赢的理念以及"五通三同"充分体现了中国在新时期对全球经济治理理论和实践的重大创新。在解决全球经济治理困境中，中国依然需要秉承一如既往的原则，塑造大国风范，树立大国形象，协调各方利益，保障国家利益和世界利益均衡发展，平衡权力和责任，与世界其他大国共同承担全球经济治理的主要责任。

六、 全球经济治理结构变迁的动力

习近平总书记在 2016 年 G20 峰会开幕式演讲中指出，全球经济治理应该以平等为基础，更好反映世界经济格局新现实，增加新兴市场国家和发展中国家的代表性和发言权，确保各国在国际经济合作中权利平等、机会平等、规则平等。近年来，新兴经济体的崛起令人瞩目，尤其是以金砖国家为代表的新兴经济体成为全球经济增长的主要动力，以及全球金融危机后世界经济复苏的重要引擎。随着自身实力的增强，对于不合理的全球经济治理体系，新兴经济体逐渐产生了打破这种不平衡格局的强烈诉求，以增强在国际事务中的话语权。

（一）新兴经济体崛起促使全球经济格局改变

全球经济治理体系中新兴经济体话语权提升，霸权国家实力相对下降。自 20 世纪 90 年代以来，经济全球化和信息技术革命的深入发展推动了世界经济持续快速增长，但也导致了严重的经济危机，譬如亚洲金融危机、全球金融危机、欧洲主权债务危机等,对国际经济秩序造成了强烈的冲击。随着国家之间经济实力的此消彼长和国际经济格局的变化,美国、日本、西欧等发达经济体的经济规模和经济地位相对下降,新兴经济体对发达经济体的赶超效应逐步实现,经济规模差异日趋缩小。以新兴 11 国[①]和 G7 为例,2020 年新兴 11 国总体以美元现价衡量的 GDP 为 27.53 万亿美元,为 G7 总体 GDP 的 71.72%;就经济增长而言,2010—2020 年间,新兴 11 国 GDP 年均增长率为 3.27%,而 G7 年均增长率仅为 0.87%。同时,新兴经济体的对外贸易和对外投资总体上也呈现高速增长趋势,从货物进出口贸易来看,2009 年金融危机之后新兴 11 国出口总额为 3.15 万亿美元,进口贸易总额为 2.79 万亿美元,分别为 G7 货物出口和进口贸易的 72.97% 和 56.84%;2020 年新兴 11 国出口贸易额达到 5.182 万亿美元,进口贸易总额达到 4.57 万亿美元,分别为 G7 货物出口和进口的 99.07% 和 73%;从外商直接投资净流入来看,2009 年新兴 11 国 FDI 流入为 3 539.55 亿美元,至 2019 年已达到 4 548.03 亿美元,为 G7 外资流入的 77%。由此看来,新兴经济体经济长期保持快速增长,对外经济交流愈加频繁,经济交往遍布全球,经济实力不断提升,而主要发达经济体仍然未能走出经济发展困境,经济实力相对被削弱。这使新兴经济体在国际事务中的话语权不断提升,2010 年世界银行发展委员会提出从发达经济体向新兴与发展中经济体转移投票权,在国际复兴开发银行中,金砖国家的投票权上升至 13.1%,而 G7 相应减少 3.6%。因此,面临发达国家主导下的利益分配格局,新兴经济体已经具备一定的实力和动力转变全球经济治理体系以改变不公的利益分配。

新兴经济体合作意愿愈加强烈,不断形成合作机制。在经济全球化的推动下,各国开始在全球范围内寻求更优的资源配置,经济合作和依赖不断深化,并且合作意愿日趋强烈,合作机制愈加多样化。但近年来,"逆全球化"思潮涌起,各种经济保护主义政策如贸易保护、汇率干预、资本流动管制等在全球范围内广泛蔓延,尤

---

① 新兴 11 国指 20 国集团中的阿根廷、巴西、中国、印度、印度尼西亚、韩国、墨西哥、俄罗斯、沙特阿拉伯、南非和土耳其。

其 2016 年以来,"英国脱欧"公投事件以及坚持"美国优先"为核心的特朗普上台之后采取退出《跨太平洋伙伴关系协定》(TPP)等政策措施对全球经济造成了巨大冲击。在当今各国经济联系愈加紧密的全球化时期,全球经济治理体系很难为个别国家或组织的言行和政策干预所左右,但在全球分工盛行的背景下,各经济体之间形成了"你中有我,我中有你"的局面,也产生了"一荣俱荣,一损俱损"的国际治理风险和利益分享机制。因此,在经济全球化纵深发展的时代,更多国家间实现更全面深入的"互联互通"是最基本的趋势,新兴经济体越来越重视彼此之间的团结合作和协调立场以减少对发达经济体的依赖和控制,除世界贸易组织、世界银行、国际货币基金组织等主要受美国和西欧大国主导的经济合作组织外,东南亚国家联盟(ASEAN)、经济与合作发展组织(OECD)、金砖国家以及区域全面经济伙伴关系协定(RCEP)等有新兴与发展中经济体参与的合作组织如雨后春笋般建立,在全球经济治理中发挥着不可忽视的作用,合作治理模式也逐步由发达国家之间的合作转向发达国家和发展中经济体之间的合作。

虽然新兴经济体之间在发展模式、综合国力、对外战略等方面存在很大程度的差异,但近年来,在国际经贸环境动荡不安,经济政策不确定性加剧的背景下,新兴经济体内部合作机制建立速度加快,合作程度不断加深,合作范围不断扩大。比如在全球金融危机中发挥重要力量的 G20 在协调各国政策应对经济危机、促进经济复苏方面成效极为显著。金砖国家在 2008 年仅是一个外长级会议,2009 年就建立了首脑会晤机制,2010 年金砖四国扩大为金砖五国,有力推动了新兴大国集团化进程,不断推动全球经济治理体系朝着公正、平等、包容和有效管理等方向进行改革。备受关注的 RCEP 作为全球最大的自贸区,增强了货物贸易、服务贸易、投资以及人员流动方面的市场开放,同时纳入知识产权、电子商务、竞争、政府采购等现代化议题,在市场开放、知识产权等领域较 WTO 标准均有所提高。由此可见,新兴经济体之间的对话机制和合作平台不断建立并完善,在全球经济治理体系中的影响力日益深刻并加大,成为全球经济治理结构转型的主要力量重要动因。

(二)治理观念分化成为全球经济治理变迁的直接诱因

发达国家与发展中国家参与全球经济治理的理念发生分化,全球经济治理面临共识危机。随着经济全球化进程的不断深入,资本流动性加强,资本的逐利性促使各国尤其是发达国家在世界范围内寻求价格更为低廉的要素进行生产,加之科技创新的冲击,导致国内失业状况日渐严重,全球化所带来的挑战与风险促使美国等发达国家掀起了以贸易保护为主要特征的"逆全球化"思潮。受这场风波冲击严重的发展中国家认为全球化进程不可逆转,主张以人类命运共同体价值观指导全球经济治理。尤其是以中国为代表的发展中大国不断承担起处理国际事务的重任,习近平总书记发表的重要文章《共担时代责任,共促全球发展》中指出,中国人民张开双臂欢迎各国人民搭乘中国发展的"快车""便车",而"一带一路"倡议正是中国参与"再全球化"的重要抓手,其以人类命运共同体先进理念为引领,以"共商、共建、共享"为基本原则,以经济走廊和自由贸易区建设为依托,以政策沟通、设施联通、贸易畅通、资金融通、民心相通为主要内容,其建设不仅有利于中国自身的发展,促使中国朝着更高质量的制度型开放转变,也能够在很大程度上惠及参与该建设的沿线经济体,深刻体现了中国在面对"逆全球化"复杂局面中更新全球治理、构建包容性合作机制的决心和措施。

以中国为代表的发展中国家积极推行多边主义,促使各国在国际事务中的贡献与利益所得相匹配,而美国等国家则主张单边主义,频繁引发贸易摩擦。随着全球经济的一体化,中国、印度以及东南亚国家纷纷参与到全球化分工当中,发达国家便试图以贸易摩擦作为要挟对手的筹码,通过增加关税、关键技术"卡脖子"等贸易限制措施来阻碍新兴经济体的发展。新兴经济体与发展中国家本该在国际分工中获得的利益又重新流向了发达经济体,"中心—外围"世界经济体系并没有得到实质性的改变,欧美等发达国家依然处于中心位置,国际利益格局两极分化依然严重,全球经济账户赤字与盈余长期并存,全球经济失衡现象并未得到缓解。因此,对全球产业分工和贸易金融体系进行重组迫在眉睫,新兴经济体和发展中国家参与国际事务与全球经济治理更具紧迫性。

第三节　新时代全球经济治理的中国实践

一、中国主动引领全球经济治理创新

（一）"一带一路"倡议提升中国全球经济治理话语权

1."一带一路"倡议主动引领全球经济治理。

2013年9月7日,习近平总书记在纳扎尔巴耶夫大学的演讲中,首次提出共同建设"丝绸之路经济带"的新合作模式,提倡加强欧亚各国的政策沟通、道路联通、贸易畅通、货币流通和民心相通,五通发展使得各国经济联系更加紧密、相互合作更加深入、发展空间更加广阔。[①]

一个月后的2013年10月3日,习近平总书记在印度尼西亚国会的演讲中指出,东南亚地区自古以来就是"海上丝绸之路"的重要枢纽,中国愿同东盟国家加强海上合作,使用好中国政府设立的中国—东盟海上合作基金,发展好海洋合作伙伴关系,共同建设21世纪"海上丝绸之路"。[②]中国愿通过扩大同东盟国家各领域务实合作,互通有无、优势互补,同东盟国家共享机遇、共迎挑战,实现共同发展、共同繁荣。

"丝绸之路经济带"和"21世纪海上丝绸之路"倡议的提出,标志着中国已经全面参与、积极主动引领全球经济治理,意味着中国从新中国成立时的被治理者,到恢复在世界银行和国际货币基金组织合法席位后的被动参与者,发展到全球经济治理的引领者。

2014年12月29日,丝路基金正式启动运作,秉承"开放包容、互利共赢"的理念,为"一带一路"框架内的经贸合作和双边多边互联互通提供投融资支持。

2015年3月28日,国家发改委、外交部、商务部联合发布《推动共建丝绸之路

---

① 习近平:《弘扬人民友谊,共创美好未来——在纳扎尔巴耶夫大学的演讲》,《人民日报》2013年9月8日。

② 习近平:《携手建设中国—东盟命运共同体——在印度尼西亚国会的演讲》,《传承》2013年第12期。

经济带和 21 世纪海上丝绸之路的愿景与行动》,从时代背景、共建原则、框架思路、合作重点、合作机制等方面对"一带一路"倡议进行阐释,也标志着"一带一路"倡议正式进入大众视野①。

2017 年 10 月,中共十九大将推进"一带一路"建设写入党章,体现了中国共产党高度重视"一带一路"建设,坚定推进"一带一路"国际合作的决心和信心。②

2013 年至 2020 年 8 年间,"一带一路"倡议对接欧亚经济联盟、共建基础设施、举办国际合作高峰论坛、举办国际进口博览会、开通中欧班列、建设境外经贸合作区等。共建"一带一路"倡议于 2016 年得到 193 个会员国的一致赞同,写入联合国大会决议,后写入 G20、APEC 以及其他区域组织等有关文件中,得到国际社会对共建"一带一路"倡议的普遍支持。

中国自"一带一路"倡议提出以来,遵循共商共建共享原则,推动构建互联互通伙伴关系,不断与"一带一路"相关国家深入交流、加强合作,推进更高水平对外开放,提升贸易投资自由化和便利化水平。目前共建"一带一路"已经完成总体布局,正在成为中国参与全球开放合作、引领全球经济治理、推动构建人类命运共同体的"中国智慧"。③

2. 五通发展——点亮"一带一路"。

政策沟通——国际共识持续扩大。"一带一路"倡议提出以来,越来越多的国家和国际组织加入共商共建共享朋友圈。截至 2021 年 1 月底,中国已与 171 个沿线国家和国际组织签署了 205 份合作文件,共同开展了 2 000 多个项目,签署范围由亚欧地区延伸至非洲、拉美、南太、西欧等相关国家。④

共建"一带一路"倡议的广泛国际共识突出体现在"一带一路"国际高峰合作论

① 中国一带一路网,《"一带一路"七周年大事记》,https://m.thepaper.cn,2020。

② 中国新闻网,外交部:《"一带一路"建设写入党章将为共建人类命运共同体注入强劲动力》,https://www.chinanews.com.cn,2017。

③ 央广网:《共建"一带一路",改善全球经济治理的"中国方案"》。

④ 中华人民共和国商务部:《商务部召开 2020 年商务工作及运行情况新闻发布会》,https://www.cftc.org.cn,2021。

坛上。①2017年5月和2019年4月,作为"一带一路"框架下最高规格的国际合作平台,两届高峰论坛形成超560项成果,成为各参与国家和国际组织深化交往、增进互信、密切往来的重要平台。

设施联通——助力"六廊六路多国多港"互联互通。为推进"一带一路"建设,助力与沿线国家建立更紧密的联系,中国提出"六廊六路多国多港"的建设框架思路,依托国际大通道,路上以沿线中心城市为支撑,海上以重点港口为节点,共同打造国际经济合作走廊和铁路、公路、水路、空路、管路、信息高速路组成的互联互通路网,建设通畅、安全、高效的运输大通道。②

国际经济走廊建设是推进"一带一路"建设的重要内容,包括中蒙俄、新亚欧大陆桥、中国—中亚—西亚、中国—中南半岛、中巴、孟中印缅国际经济合作走廊。六大经济走廊将相关60多个发展中国家和地区列为中国对外交往的优先和重点对象,有利于打造中国与"一带一路"相关国家和地区互利共赢新格局。③

随着"一带一路"建设的不断深入,标志性项目中老铁路、中泰铁路、匈塞铁路、雅万高铁、瓜达尔港等已取得实质性进展,中欧班列呈现"井喷式"增长。

中欧班列是按照固定车次、线路、班期和全程运行时刻开行,运行于中国与欧洲以及"一带一路"沿线各国的集装箱国际铁路联运班列,分别从中国重庆、成都、郑州、武汉、苏州、义乌等地开往德国、波兰、西班牙等国家的主要城市。中欧班列的开行为打通欧亚地区贸易"壁垒"提供了新渠道,以三分之一的海运时间、五分之一的空运价格不断凸显国际物流服务比较优势,齐聚时效、成本、运量和稳定等优点,有效促进企业之间的投资合作和交流往来。④

截至2020年底,中欧班列累计开行3.3万余列,国内货源遍布境外21个国家的92个城市,比2019年底增加了37个,已经成为加强与沿线国家经贸合作、推进

---

① 中国一带一路网:《图解:"一带一路"倡议六年成绩单》。https://www.yidaiyilu.gov.cn,2019。

② 新华丝路:《什么是六廊六路?》,https://www.imsilkroad/com,2019。

③ 来自新华丝路数据库,https://www.imsilkroad/com。

④ 中国新闻网:《中欧班列见证"一带一路"8年巨变》,https://www.chinanews.com.cn,2021。

"一带一路"建设的重要力量。尤其在 2020 年，全球受到新冠肺炎疫情冲击时，中欧班列安全顺畅稳定运行，开行数量逆势增长，在国际抗疫合作、稳定全球供应链上发挥了关键作用。2020 全年开行中欧班列 1.24 万列，同比增长 50%，首次突破"万列"大关；运送 113.5 万标箱，同比增长 56%，综合重箱率达 98.4%，成为一条高效的国际运输"黄金通道"。①

贸易畅通——经贸投资合作不断扩大。"一带一路"倡议提出以来，中国与"一带一路"合作伙伴贸易额累计超过 9.2 万亿美元，中国企业在沿线国家累计直接投资 1 360 亿美元。世界银行报告认为，"一带一路"倡议全面实施将使全球贸易额和全球收入分别增长 6.2% 和 2.9%，并有力促进全球经济的增速（高乔，2021）。

根据中国海关数据统计，中国对"一带一路"沿线国家进出口总额整体呈逐年增加态势；贸易顺差整体呈下降趋势；进出口总额额占中国贸易总额比例不断上升，自 2013 年的 25% 持续上升至 2020 年的 29.14%，"一带一路"倡议重要性日益凸显。2020 年即使受到新冠肺炎疫情影响，中国对"一带一路"沿线国家贸易总额达 1.35 万亿美元，仍实现了 0.7% 的正向增长（按人民币计为基准计算为 1.0%）。

根据中国商务部数据统计，中国对"一带一路"沿线国家非金融类直接投资呈现稳中有升的态势，2020 年较 2013 年同比增长 53.49%；占国内投资总额的比重不断增加。特别是 2020 年，中国对"一带一路"沿线 58 个国家非金融类直接投资额达 177.9 亿美元，同比增长 18.3%，占中国投资总额的 16.2%，较上年同期提升 2.6 个百分点，主要投向新加坡、印度尼西亚、越南、老挝、马来西亚、柬埔寨、泰国、阿联酋、哈萨克斯坦和以色列等国家②，与上年对"一带一路"沿线投资流向基本保持一致。在新冠肺炎疫情席卷全球，2020 年全球对外直接投资同比缩水 42% 的背景下③，中国对"一带一路"沿线国家非金融类直接投资能够逆势上涨，得益于中国经

---

① 中国新闻网：《2020 年中欧班列开行逆势增长，全年开行 1.24 万列》，https://www.chinanews.com.cn，2021。

② 中华人民共和国商务部：《2020 年我对"一带一路"沿线国家投资合作情况》，http://fec.mofcom.gov.cn，2021。

③ 联合国贸易和发展会议：《全球投资趋势监测报告》，https://unctad.org，2021。

济的迅速恢复,也足见共建"一带一路"八年来打下的良好基础。[①]

此外,中国国际进口博览会(以下简称进博会)已经成功举办了四届,这是中国扩大进口、充分利用外部市场资源的重要途径和举措;是中国支持经济全球化和贸易自由化的实际行动,为全球企业拓宽了进入中国市场、开展国际合作的"航道";是世界一大交流合作平台,使世界进一步互联互通。进博会发挥的国际采购、人文交流、投资促进、开放合作等四大平台作用日益凸显。

资金融通——建设多元化投融资体系。资金融通是"一带一路"建设的重要支撑,提高债务可持续性则是实现可持续融资、高质量共建"一带一路"的前提(李彪,2019)。中国积极帮助有关国家完善金融体系、搭建融资合作平台,为资金融通提供保障。

2017年6月,中国成立"一带一路"财经发展研究中心,为加强资金融通领域能力建设搭建了重要智库平台。2018年4月,中国与国际货币基金组织建立联合能力建设中心,为共建"一带一路"国家完善宏观经济金融框架提供智力支持。

2019年4月,中国发布《"一带一路"债务可持续性分析框架》(财政部,2019),有助于提高"一带一路"参与各方投融资决策科学性,加强债务管理能力;与世界银行、亚洲基础设施投资银行、亚洲开发银行、拉美开发银行、欧洲复兴开发银行、欧洲投资银行、美洲开发银行、国际农业发展基金等共同成立多边开发融资合作中心,通过信息分享、支持项目前期准备和能力建设,推动国际金融机构及相关发展伙伴基础设施互联互通,为"一带一路"建设聚集更多资金红利。

2019年11月,中日韩—东盟成立"10＋3"银行联合体并共同签署《中日韩—东盟银行联合体合作谅解备忘录》,为区域内重大重点项目、中日韩在第三方市场合作等提供融资支持(周萃,2019)。

"一带一路"建设与人民币国际化相辅相成,"一带一路"建设中的经济规模、对

---

① 商务部国际贸易经济合作研究院:《疫情后的"一带一路"经贸合作——投资篇》,https://www.caitec.org.cn,2021。

外直接投资、贸易规模、经济自由度等因素显著推进人民币国际化水平;同时,利用"一带一路"建设扩大对外投资、活跃欧亚贸易,也将显著提高人民币国际化水平(李敦瑞,2020)。截至 2020 年底,中国人民币跨境支付系统(CIPS)业务范围已覆盖近 200 个沿线国家和地区;在 25 个国家和地区设立 27 个人民币清算行,覆盖港澳台地区、东南亚、欧洲、南北美洲、大洋洲、中东和非洲,人民币国际化基础设施进一步完善。中国先后与 40 个国家签署双边本币互换协议,总规模达到了 3.9 万亿元,人民币已经成为世界第一大互换货币,双边货币合作深入推进、人民币国际化程度稳步提升。[①]

"一带一路"建设的融资支持方面,主要聚焦于亚投行、丝路基金等金融平台。截至 2020 年底,亚投行成员总数已达 103 个,累计批准项目 108 个,项目投资额逾 220 亿美元,覆盖交通、能源、气候、电信、城市发展等多个领域,扩大"一带一路"沿线国家和地区之间的交流合作。丝路基金通过以股权投资为主的多种市场化方式,在"一带一路"沿线同 30 多个国家和地区的投资者以及多个国际和区域性组织建立了广泛的合作关系,已签约 47 个项目,承诺投资金额 178 亿美元。投资地域不仅包括低收入国家、发展中国家、新兴市场经济体,还包括发达经济体;投资行业涵盖了基础设施、资源开发、产业合作和金融合作等领域的电力、港口、交通、油气、新能源、食品等行业。[②]

新冠肺炎疫情发生后,客观上加快了全球经济数字化转型,也为"一带一路"国际合作提供新的增长点。中国和沿线国家借助网络平台、线上支付等数字经济手段,为相关国家间的经贸合作提供重要平台。"一带一路"沿线国家对数字技术、软件产品、数据服务等数字经济产品的需求增加,相关领域也获得较快发展。而中国在数字经济产品供应和数字技术基础设施建设方面具有技术优势,可以预见,中国与沿线国家在数字经济方面的合作将迎来新机遇。

---

① 中国人民银行:《人民币国际化再上新台阶》,http://www.pbc.gov.cn,2021。
② 中国新闻网:《丝路基金已签约 47 个项目、承诺投资金额 178 亿美元》,https://www.chinanews.com.cn,2020。

民心相通——人文交流合作不断深入。中国坚持"以人为本",通过实施民生援助,关注各国人民福祉,推动中国—联合国和平发展基金、南南合作援助基金等有效运行,努力帮助发展中国家特别是最不发达国家增强自身发展能力,为全球落实2030年可持续发展议程注入强大动力。

根据2021年1月国务院新闻办公室发布的《新时代的中国国际发展合作》白皮书①,截至2020年,中国设立的南南合作援助基金已累计投入30.5亿美元,与联合国开发计划署、世界粮食计划署、世界卫生组织等14个国际组织实施项目80余个,涉及农业发展与粮食安全、减贫、妇幼健康、卫生响应、教育培训、灾后重建、移民和难民保护、促贸援助等领域,支持发展中国家平等参与全球经济治理;南南合作与发展学院已招收来自59个发展中国家政府、学术机构、新闻媒体、非政府组织等200余名硕士博士研究生,为发展中国家治理能力现代化提供人才队伍支持和智力支持。

中国加强人文交流、文化合作,与"一带一路"沿线国家互办艺术节、电影节、文物展等活动,合作开展图书广播影视精品创作和互译互播②,形成相互欣赏、相互理解、相互尊重的人文格局,努力促进全球共同发展,筑牢共建"一带一路"的社会基础。

随着"一带一路"倡议的深入推进,中国始终坚定不移地奉行互利共赢开放战略,为各国提供了更为广阔的市场、更充足的资本、更丰富的产品、更多的合作契机。

(二)亚洲基础设施投资银行贡献中国全球经济治理新方案

1.亚投行破解区域经济发展难题。

亚洲拥有全球六成人口,经济占全球经济总量的三分之一,是世界最具经济活力和增长潜力的地区。但因资金需求量大、实施周期很长、收入不确定等问题,原有的世界银行和世界开发银行难以提供充足的资金,一些国家铁路、公路、桥梁、港

---

① 中华人民共和国国务院新闻办公室:《新时代的中国国际发展合作》,人民出版社2021年版。
② 新华网:《亚投行:机遇与责任的复合体》,http://www.xinhuanet.com,2015。

口、机场和通信等基础建设严重不足,这在一定程度上限制了这些区域的经济发展。

2012 年,中国已成为世界第三大对外投资国,中国对外投资同比增长 17.6%,创下了 878 亿美元的新高。而且,经过 30 多年的发展和积累,中国在基础设施装备制造方面已经形成完整的产业链,在公路、桥梁、隧道、铁路等方面的工程建造能力在世界上也已经是首屈一指。中国基础设施建设的相关产业期望更快地走向国际。但亚洲经济体之间难以利用各自所具备的高额资本存量优势,缺乏有效的多边合作机制,缺乏把资本转化为基础设施建设的投资渠道。[①]

在此基础上,为维护世界金融稳定、推动世界基础设施建设、促进世界经济发展,中国于 2013 年 10 月,主动提议筹建亚洲基础设施投资银行。2014 年 10 月 24 日,包括中国、印度、新加坡等在内的 21 个首批意向创始成员国的财长和授权代表在北京签约,共同决定成立亚投行。2016 年 1 月 16 日,亚投行正式开业。

2. 亚投行——中国完善全球经济治理改革。

亚投行是一个政府间性质的亚洲区域多边开发机构,重点支持基础设施建设,旨在促进亚洲区域的建设互联互通化和经济一体化的进程,并加强中国及其他亚洲国家和地区的合作。这是首个由中国倡议设立的多边金融机构,总部设在北京,被主要国际信用评级机构评为 AAA 级。

发起创建亚投行是中国主动支持和引领全球经济治理体系的重要举措,国家主席习近平在亚投行开业仪式致辞中指出,亚投行正式成立并开业,对全球经济治理体系改革完善具有重大意义,顺应了世界经济格局调整演变的趋势,有助于推动全球经济治理体系朝着更加公正合理有效的方向发展。[②]亚投行奉行开放的区域主义,同现有多边开发银行相互补充,既能继续推动国际货币基金组织和世界银行的进一步改革,又能补充亚洲开发银行在亚太地区的投融资与国际援助职能。亚投

[①] 新华网:《亚投行:机遇与责任的复合体》,http://www.xinhuanet.com,2015。

[②] 《亚投行:开启国际发展合作新篇章——习近平出席亚洲基础设施投资银行开业仪式并致辞》,《中国财政》2016 年第 3 期。

行以其优势和特色给现有多边体系增添新活力,促进多边机构共同发展,努力成为一个互利共赢和专业高效的基础设施投融资平台。亚投行的建立也有利于推动人民币国际化,提升中国在国际经济金融规则制定方面的影响力,并成为实施"一带一路"倡议的金融基础,带动整合各国资源,进而推动"一带一路"建设。

亚投行始终坚持共商共建共享理念,按国际原则、国际规范管理银行。中国作为亚投行的大股东,并没有一家独大,而是与其他各国商议决定,对国际经济秩序进行完善改进。亚投行成立以来,成员数量、投资项目、投资金额、不断扩大,折射出中国作为负责任大国的公信力不断得到认可。截至 2020 年底,亚投行共拥有103 个成员,约占全球人口的 79% 和全球 GDP 的 65%[①],投资 108 个项目,投资总额达 220.2 亿美元。亚投行的发展充分体现了中国的国际公信力和大国担当。

未来,亚投行将聚焦建设绿色、数字、社会基础设施等五项重点工作,并计划积极动员私营资本扩大融资额。其中,绿色基础设施将帮助相关国家和地区加速经济转型升级以及迈向碳中和。[②]

亚投行是各成员国的亚投行,是促进地区和世界共同发展的亚投行。中国期待并坚信,通过各成员国携手努力,亚投行一定能成为专业、高效、廉洁的 21 世纪新型多边开发银行,成为构建人类命运共同体的新平台,为促进亚洲和世界发展繁荣做出新贡献,为引领全球经济治理增添新力量。[③]

二、 中国主导全球经济治理变革

(一)亚太经合组织促进全球经济治理新发展

1. 推动区域贸易自由化。

亚太经济合作组织(APEC)是亚太地区内各地区之间促进经济成长、合作、贸易、投资的论坛。1989 年的亚太经济合作会议首届部长级会议召开,标志着亚太经

---

① 亚投行:《2020 年亚洲基础设施融资报告》,https://www.aiib.org,2021。
② 《亚投行:开启国际发展合作新篇章——习近平出席亚洲基础设施投资银行开业仪式并致辞》,《中国财政》2016 年第 3 期。
③ 人民网:《为国际社会应对风险挑战、实现共同发展作出更大贡献》,http://www.people.com.cn,2020。

济合作组织正式成立,各成员以 1994 年印度尼西亚茂物 APEC 峰会提出的"茂物目标"作为发展引领,即发达成员在 2010 年、发展中成员在 2020 年实现贸易和投资自由化。亚太经济合作组织的宗旨是:保持经济的增长和发展;促进成员间经济的相互依存;加强开放的多边贸易体制;减少区域贸易和投资壁垒以及维护本地区人民的共同利益。

截至 2020 年底,亚太经济合作组织共有 21 个成员[①],是亚太地区中区域组织级别最高、涵盖成员国数量最多、议题覆盖范围最广的高效合作机制。亚太经济合作组织自成立以来,特别是在领导人非正式会议成为固定机制之后,在推动区域贸易投资自由化,加强成员间经济技术合作等方面发挥了重要作用,与全球经济治理实现高效紧密的互联互通。

2. 助力建立亚太自由贸易区。

2014 年,为避免不同自贸区、自贸协定制定不同的标准、规则,同时实现更高水平一体化,各方就"APEC 推动实现亚太自贸区北京路线图"达成了共识,决定启动建设一个跨越太平洋、涵盖世界前三大经济体、占总人口 40%、占全球 GDP 近60%、占全球贸易额 46% 的亚太自由贸易区。

在已经签署的 RCEP 和 CPTPP 的基础上,中国借助 RCEP,能够更加主动地深化开放、提升自由化便利化水平,与亚太经济合作组织各方一道加快推进亚太自贸区进程,建成全面、高一体化、高水平的自贸区。

2020 年 11 月 20 日,亚太经合组织第二十七次领导人非正式会议宣布完成"茂物目标"。长期以来,中国积极落实"茂物目标",包括大幅降低关税水平、降低外资准入门槛、制定自贸协定、举办国际进口博览会等,持续推进区域经济一体化,为实现全球市场的开放互通作出重要贡献。该次会议还通过了"2040 年亚太经合组织布特拉加亚愿景"(以下简称"新愿景"),致力于打造开放、活力、强劲、和平的亚太共同体。习近平总书记指出,新愿景提出的推动数字经济发展、关注区域平衡、可

---

① 亚太经济合作组织成员包括:澳大利亚、文莱、加拿大、智利、中国、中国香港、中国台北、印度尼西亚、日本、韩国、墨西哥、马来西亚、新西兰、巴布亚新几内亚、秘鲁、菲律宾、俄罗斯、新加坡、泰国、美国和越南。

持续和包容增长等目标,与中国创新、协调、绿色、开放、共享的新发展理念高度契合。①中国将继续与亚太经合组织经济体一道,使区域经贸合作成果真正转化为人民生活水平的提升,并助力全球经济增长、促进全球经济治理新发展,为构建亚太命运共同体、人类命运共同体做出贡献。

(二)《区域全面经济伙伴关系协定》凸显中国在全球经济治理中的地位

1. 打通区域贸易壁垒。

2012 年,东盟十国发起《区域全面经济伙伴关系协定》(RCEP)谈判,旨在通过削减关税及非关税壁垒,建立统一市场的自由贸易协定。经过 8 年谈判,2020 年 11月 15 日,东盟十国和中国、日本、韩国、澳大利亚、新西兰共 15 个亚太国家正式签署了 RCEP,协议覆盖约全球三分之一人口,GDP 总和超过 25 万亿美元,约占全球贸易总量的 25％,标志着当前世界上人口最多、经贸规模最大、最具影响力、最具发展潜力的自由贸易区诞生。

RCEP 签署后,由东盟十国分别与五国签订协议的五个"10＋1"模式更换为一个"10＋5"模式,各国建立新的经济联系。RCEP 共有 20 个章节,涵盖了自贸协定基本的特征、货物贸易、服务贸易、投资等市场准入,也包括贸易便利化、知识产权、电子商务、竞争政策、政府采购等大量规则内容。在货物贸易方面,整体开放水平达到 90％以上,比世界贸易组织各国的开放水平高得多;在投资方面,用负面清单的方式进行投资准入谈判,形成了一个全面、现代、高质量、互利互惠的自贸协定。②

2. 中国积极主导全球经济治理。

在 RCEP 正式签署前,亚太地区已经形成了另一组重要的多边关系自由贸易协定——《跨太平洋伙伴关系协定》(TPP)。2015 年 10 月 5 日,经过五年的密集谈判,TPP 取得实质性进展,美国、日本、澳大利亚等 12 个国家③有意向达成贸易协

---

① 习近平:《携手构建亚太命运共同体——在亚太经合组织第二十七次领导人非正式会议上的发言》,《中华人民共和国国务院公报》2020 年第 34 期。

② 中华人民共和国商务部:《商务部国际司负责同志解读〈区域全面经济伙伴关系协定〉(RCEP)之一》,https://www.cftc.org.cn,2020。

③ TPP12 个成员国包括:美国、日本、澳大利亚、加拿大、新西兰、新加坡、马来西亚、越南、智利、墨西哥、秘鲁和文莱。

定。这意味着一个横跨太平洋,涉及美洲、大洋洲和亚洲,涵盖全球 40% 的经济产出,三分之一贸易额的巨型自由贸易圈建立的可能性,协议包含投资、服务、电子商务、政府采购、知识产权、劳工、环境等 30 个章节。时任美国总统奥巴马表示,美国希望借助 TPP 重新书写规则:"在 TPP 下,是由我们而非中国等国来书写全球经济的规则。"

TPP 达成后,成员国之间大幅削减关税,甚至达到零关税,或会对非 TPP 成员国中国的出口带来冲击。但中国自加入 WTO 以来,积极主导全球经济治理,持续加快实施自由贸易区战略。当时在建自贸区 14 个,涉及 32 个国家和地区;签署自贸协定 14 个,涉及 22 个国家和地区。其中就包括与三分之二的 TPP 成员国签署了双边的自由贸易协定,这能够在一定程度上平衡 TPP 的负面影响。同时,中国积极推动 RCEP、中国—海湾合作委员会自贸区、中国—挪威自贸区、中国—斯里兰卡自贸区、中日韩自贸区等多个自贸区的建立。[1]其中,RCEP 的成功建立,是中国入世 20 年来又一次全局性贸易开放,是中国积极主导全球经济治理迈出的重要一步。中国三分之一的对外贸易将实现自由化,涵盖贸易额将达到 1.4 万亿美元,给中国企业带来更多的机遇。在美国践行保护主义政策的同时,中国推动了 RCEP 的签署,推动了全球化与区域合作的发展,更加凸显了中国在全球经济中的地位。

在货物贸易方面,RCEP 促进了协定缔约方的出口,从而有利于 GDP 增长;并通过扩大进口,能够更好地满足消费、生产的需求;更加统一的原产地规则有利于区域内商品更自由地流动,原本不会被认定为原产的商品在协定生效后更容易被认定为原产商品,从而享受关税减让的好处。在战略影响方面,签署 RCEP 属于强有力的信号释放,能让他国看到中国开放的决心;并通过更加紧密地发展与缔约方的经贸关系,强化自身发展的稳定性(苏庆义,2020)。

RCEP 的签署,为各国提供开放、广阔的平台,带动相关产业发展,拉动区域经济增长,同时作为基础继续推进亚太自贸区进程,进一步提升亚太地区在全球经济

---

① 　央视网:《TPP:对中国是灾难吗?》,https://tv.cctv.com,2015。

贸易发展中的地位,提升中国在全球经济治理中的地位。此外,东盟十国也覆盖部分"一带一路"倡议范围,RCEP成为"一带一路"建设中最大的制度化和机制化的合作平台,使RCEP成员国更广泛、更深入地参与到"一带一路"建设中来,相互促进、共同发展。

三、 中国参与全球经济治理

(一)世界贸易组织成为中国参与全球经济治理的重要平台

世界贸易组织(WTO)是一个独立于联合国的永久性国际组织,总部位于瑞士日内瓦。1995年1月1日,WTO正式开始运作,其宗旨是实现充分就业、提高生活水平、扩大商品和服务的生产与交易、促进贸易自由化和便利化、维护发展中国家利益、破除成员国之间各种关税与非关税贸易障碍,并消除成员国之间的歧视待遇,建立一体化、更具活力、持久的多边贸易体制。截至2020年底,WTO共有164个成员,涵盖了不同经济发展程度、不同社会制度、不同宗教信仰、不同文化习俗的各类成员。WTO通过制定多边贸易运行规则、协调多边贸易谈判,构建了一个重要的全球经济治理平台,为中国参与全球经济治理提供了舞台。

WTO发布的《2021年世界贸易统计评论》显示[①],2020年,中国出口贸易占世界总出口贸易的15.2%,居世界第一;中国进口贸易占世界总进口贸易的11.8%,居世界第二,仅次于美国。相比初入世的2003年,中国出口贸易和进口贸易占世界总额的比例呈现大幅增长态势,分别增加了9.2%和6.4%。中国的巨大市场为世界经济的发展贡献了重要力量。

中国入世以来,持续积极参与WTO改革,推进贸易创新发展、维护全球自由贸易体系,促进国际经济秩序朝着平等公正、合作共赢的方向发展,积极参与改善全球经济治理体系,共同应对全球性挑战,成为世界贸易开放、平等、互惠、一体、稳定、持久的重要力量。

---

① 世界贸易组织:《2021年世界贸易统计评论》,https://www.wto.org,2021。

(二)"二十国集团"彰显中国参与全球经济治理关键角色

由于 20 世纪 90 年代末的亚洲金融危机,1999 年 9 月,七国集团(以下简称"G7")的财政部长和央行行长倡议成立二十国集团(以下简称"G20")部长级会议。G20 部长级会议是为了在布雷顿森林体系的框架内提供一个新的非正式对话机制,就国际金融货币政策、国际金融体系改革、世界经济稳定与可持续增长等问题交换看法。除了 G7 国家,G20 还包括阿根廷、澳大利亚、巴西、中国、印度、印度尼西亚、韩国、墨西哥、俄罗斯、沙特阿拉伯、南非、土耳其、欧盟。2008 年,全球金融危机爆发,隐藏在全球经济背后的问题与矛盾纷纷暴露出来。在美国的倡议下,G20 部长级会议升级为领导人层面的 G20 峰会,并迅速成为"国际经济合作的首要平台"(哈吉纳尔,2017)。G20 的成立承认了过去几十年国际经济格局发生的巨大变化,新兴经济体的重要性逐渐增加,全球经济和金融市场日趋一体化,凸显了扩大国际经济和金融合作范围的重要性。[①]G20 成员的经济总量占世界总量的 80% 以上,人口总数占世界人口的三分之二,标志着 G20 的决策具有广泛影响力,其为国际社会齐心协力应对经济危机,推动全球治理机制改革带来了新动力和新契机。

2016 年 9 月 4 日至 5 日,G20 领导人第十一次峰会(以下简称 G20 杭州峰会)在浙江杭州举行。G20 杭州峰会以"构建创新、活力、联动、包容的世界经济"为主题,G20 成员、8 个嘉宾国领导人以及 7 个国际组织负责人与会。中方主办杭州峰会的目标之一,是推动 G20 实现从短期政策向中长期政策转型,从危机应对向长效治理机制转型,巩固其作为全球经济治理重要平台的地位。

国家主席习近平在 G20 杭州峰会开幕式上强调,当前形势下,全球经济治理特别要抓住以下重点:共同构建公正高效的全球金融治理格局,维护世界经济稳定大局;共同构建开放透明的全球贸易和投资治理格局,巩固多边贸易体制,释放全球经贸投资合作潜力;共同构建绿色低碳的全球能源治理格局,共同推动绿色发展合作;共同构建包容联动的全球发展治理格局,以落实联合国 2030 年可持续发展议程

---

① G20 信息中心,http://www.g20.utoronto.ca。

为目标,共同增进全人类福祉。①

G20杭州峰会发表了《二十国集团领导人杭州峰会公报》(以下简称《公报》)和28份具体成果文件,各成员在加强政策协调、创新增长方式、建设更高效的全球经济金融治理、促进更强劲的全球贸易和投资、推动包容和联动式发展五个方面达成"杭州共识",推动世界经济强劲、可持续、平衡、包容增长,有效引领世界经济发展进入新时代。

第一,加强政策协调。《公报》重申了结构性改革对提高G20成员生产率、潜在产出以及促进创新增长的关键作用,确定了结构性改革的优先领域、指导原则和指标体系,全面提升了结构性改革在G20框架内的政策地位与引领作用,并制订一套指标体系组成的量化框架,以帮助监测和评估在结构性改革方面所作的努力、取得的进展和面临的挑战。

为明确落实增长战略措施的优先顺序,G20杭州峰会制订了《杭州行动计划》,包括新的和调整的宏观经济及结构性政策措施,发挥二者相互支持以共同促进增长的作用。这进一步凝聚结构性改革共识,制定结构性改革路线图,从根本上解决全球经济面临的中长期结构性问题。

第二,创新增长方式。G20杭州峰会核准"二十国集团创新增长蓝图",包含创新、新工业革命和数字经济等领域的政策和措施,探索世界经济增长的新方式。其中,"2016年二十国集团创新行动计划"承诺采取促进创新的战略和政策,支持科技创新投资,支持科技创新技能培训,促进科技创新人才流动,以实现创新驱动增长,营造创新生态系统,为世界经济增长带来新机会。

为释放数字经济潜力,《公报》在安塔利亚峰会工作的基础上,制定了"二十国集团数字经济发展与合作倡议",着眼于为发展数字经济和应对数字鸿沟创造更有利条件,包括更多更好和负担得起的网络准入、促进经济增长及可信任和安全的信

---

① 习近平:《构建创新、活力、联动、包容的世界经济——在二十国集团领导人杭州峰会上的开幕辞》,《中国财政》2016年第17期。

息流动,同时确保尊重隐私和个人数据保护、促进信息通信技术领域投资、支持创业和数字化转型、加强电子商务合作、提高数字包容性和支持中小微企业发展。

在认识到各国、各地区和全球不同利益相关方之间已有的数字和互联网相关战略的同时,G20数字经济工作组发挥了G20的独特优势,助力于讨论信息通信技术带来的机遇和挑战,提出数字经济发展与合作的一些共识、原则和关键领域。G20将促进成员之间以及成员之外的沟通与合作,确保强大、活跃、互联的信息通信技术,带动数字经济的繁荣和蓬勃发展,促进全球经济增长,并惠及世界人民。①

第三,建设更高效的全球经济金融治理。为建设有效的全球经济金融治理架构,G20杭州峰会核准了"二十国集团迈向更稳定、更有韧性的国际金融架构的议程",强调构建开放、抗风险的金融体系的重要性,对资本流动的分析、监测和资本流动过度波动带来风险进行改善;对国际货币基金组织相关工作进行支持并进一步加强交流合作,并对人民币于2016年10月1日被纳入特别提款权货币篮子表示了欢迎;承诺保护最贫困国家的发言权及代表性,支持世界银行按照达成一致的路线图、时间表及原则实施股份审议,以逐渐实现平等投票权;核准G20数字普惠金融高级原则等,鼓励各国在制定更广泛的普惠金融计划时考虑这些原则,致力于让金融服务惠及所有人。

第四,促进更强劲的全球贸易和投资。G20杭州峰会认识到发展中国家通过经济多样性和工业升级以从更加开放的全球市场中受益的重要性,承诺推动贸易投资自由化和便利化,加强开放型世界经济。《公报》致力于确保双边和区域贸易协定对多边贸易体制形成补充,保持开放、透明、包容并与WTO规则相一致;反对任何形式的贸易和投资保护主义;核准"二十国集团全球贸易增长战略",据此在降低贸易成本、促进贸易和投资政策协调、推动服务贸易、加强贸易融资、促进电子商务发展,以及处理贸易和发展问题方面作出表率,以缓解全球经济复苏缓慢和市场需求低迷等问题,释放全球经贸合作潜力。

---

① 中国网信网:《二十国集团数字经济发展与合作倡议》,http://www.cac.gov.cn,2016。

第五,推动包容和联动式发展。《公报》提出,为实现强劲、可持续、平衡增长,必须坚持包容性增长,加强可持续发展政策协调,消除普遍贫困,让 G20 的发展成果惠及全球,特别是发展中国家和地区,确保"不让任何国家、任何人掉队"。

在中国的倡议下,G20 杭州峰会实现了三个"第一次":第一次把发展问题置于全球宏观政策框架的突出位置;第一次为联合国"2030 可持续发展议程"制定了行动计划;第一次集体支持非洲和最不发达国家的工业化努力。G20 杭州峰会不仅首次将发展问题摆到了全球宏观政策框架的突出位置,还进一步邀请多个发展中国家参与讨论,共同为联合国"2030 可持续发展议程"制定了具体的行动计划,给未来 15 年的全球发展制定了明确的时间表和路线图,力争在实现人类社会可持续发展的前提下,保证发展中国家的发展权力。这体现了中国作为发展中大国的担当与责任,也是中国在参与全球经济治理的进程中再次迈出的关键一步。

第四节　积极参与国际金融治理

长期以来,中国一直坚持同世界各国发展友好合作关系,积极参与国际金融治理,充分展现了一个负责任大国的担当。尤其是 2013 年以来,中国通过创建亚洲基础设施投资银行、丝路基金等,助力"一带一路"建设等项目的投融资活动,大力支持多边安全与协调发展机制的构建与完善,努力构建公正、合理的国际金融治理新范式,以及普惠、公平的世界经济发展模式。

一、现行国际金融治理体系概况

在当前的国际金融治理框架中,G20 即是核心的治理平台;高峰论坛既有区域性的,也有专业性的;国际性金融组织既有诸如国际货币基金组织、世界银行等全球性的金融机构,也有亚洲基础设施投资银行、金砖国家新开发银行等区域性的金融机构。目前的国际金融治理规则既有正式的,也有非正式的,比如布雷顿森林体系即属于传统的、正式的国际金融治理安排,G20 则属于非正式的、由发达国家和新兴市场国家共同主导的国际金融治理安排。新时代国际金融治理的目标在于通过构建公平公正、安全高效的国际金融治理体系,促进世界经济的可持续增长。

（一）现行国际货币体系下的汇率制度安排

1973年布雷顿森林货币体系崩溃以后,西方发达国家率先采用了浮动汇率制度。按照IMF发布的2016年外汇报告,实行独立浮动汇率制度的国家有美国、英国、欧元区和日本等33个国家和地区;实行浮动汇率制,不明确中心汇率,当汇率出现大幅波动时,可能采取一定措施的国家有巴西、阿根廷、印度和韩国等40个国家;采用各类中间汇率制度的国家有埃及、伊朗等33个国家。IMF把钉住汇率制度细分为四大类别,合计有87个国家采用各种方式的钉住汇率制,中国、新加坡等18个国家被划入稳定化安排汇率制度。[①]总体来说,发达国家大多数采用独立浮动汇率制度,发展中国家基本上采用钉住汇率制度,或者有管理的浮动汇率制度。

采用浮动汇率制度的国家,汇率由市场决定,除非短期内汇率出现剧烈波动,一般情况下,货币当局不能随意对汇率进行干预。采用管理浮动的国家,汇率的升降不完全由市场做主,如果货币当局发现汇率水平偏离中心汇率,就有可能采用某种手段干预汇率。如果货币当局认定的中心汇率确实是反映了经济基本面的均衡汇率,当市场汇率偏离均衡汇率时,行政干预汇率较为合理,如果中心汇率并非均衡汇率,行政干预汇率则可能是错误的。对于采用钉住汇率制度的国家的货币当局来说,汇率稳定不变、升值或贬值是其经常面临的艰难选择。面临对外贸易发展不利和经济下行压力,对于是否应该调整汇率,还是要依据汇率是否处于均衡水平,如果本币被高估,就应该下调汇率,如果本币被低估,就应该上调汇率。采用独立浮动汇率制度是人民币国际化发展的内在要求。目前,中国实现人民币自由兑换和独立浮动汇率制尚有一段金融市场发展的道路要走,需要通过金融产品和金融业务的创新来发展金融市场,拓展金融市场的广度和深度,从而提高金融市场的魅力和弹性。

---

① 东方财富网:《漫谈货币主动性对外贬值行为的弊端》,https://www.eastmoney.com,2020。

（二）国际收支调节机制

国际收支调节机制包括国际收支失衡的调节方式、责任机制及其对经济发展的影响。国际收支失衡将会对世界经济运行造成较大冲击,国际收支调节机制须明确顺差国和逆差国的协调方式以及各自在国际收支调节中所需承担的责任,有关国家应该公平分担国际收支失衡调节中的成本,防止个别国家在此过程中付出过多的代价。在当前的调节机制下,国际收支失衡的调节责任主要由赤字国承担,即赤字国通过牺牲国内的经济增长寻求外部经济的平衡。

当一国出现国际收支赤字时,贬值本国货币并不能从根本上解决国际收支失衡问题。根据"J曲线效应",由于本币贬值,出口同样数量的商品和劳务,而获得的外国货币金额反而减少,进口同样数量的商品和劳务需要付出更多的本币,因此,本币贬值,至少在短期内无法改善国际收支,反而会恶化国际收支。本币贬值对国际收支的最终影响还是如马歇尔—勒纳条件所述,取决于一国进出口商品的结构和弹性。当一国出现国际收支赤字时,应通过转型升级提高出口商品的附加值和科技含量,优化贸易商品结构,从根本上解决国际收支失衡。

二、 现行国际金融治理体系的弊端

（一）国际金融治理机制与治理结构低效

国际金融治理理应以实现世界各国的"互利共赢"为基本原则,治理模式理应秉承"开放与平等""对话与合作"的理念,治理目标理应是努力构建"人类命运共同体"。[①]国际金融治理新范式应该充分反映国际经济新格局的变化,各个国家无论其大小、贫富或者强弱,都应该平等地参与国际金融治理的决策与执行,使更多的国家实现互联互通、联动增长,各国应当在深化开放中分享更多的发展机遇,并平等地享受国际金融治理的成果,创建开放包容、互利共赢、公正高效的国际金融治理新范式,构筑国际金融安全网。高效的国际金融治理机制和治理结构应促使金融

---

① 习近平:《弘扬"上海精神"构建命运共同体——在上海合作组织成员国元首理事会第十八次会议上的讲话》,《人民日报》2018年6月10日。

资源跨时期、跨地区的优化配置,但当前全球金融治理的制度性缺陷使得金融体系存在明显的资源错配。

2008 年全球金融危机以来,世界各国经济增长乏力,国际政治经济格局发生了深刻变化,现有的国际金融治理机制严重滞后于世界经济发展的需要,国际金融治理体系面临严峻挑战。各主权国家和国际组织是国际金融治理的主导力量,近年来频发的金融危机充分暴露出国际金融治理的制度性缺陷,尤其是美元在国际货币体系中的霸权地位、过度的金融创新对国际金融体系的冲击,以及国际金融监管制度的漏洞等,国际金融治理中的治理机构和协调机制亟待改进和完善。长期以来,国际金融治理体系能够提供的公共产品严重不足,治理机制和治理结构的有效性较低,积极主动推动国际金融治理的经济体相对较少,现行的国际金融治理机制难以适应国际形势的变化。国际金融治理的关键在于在确保当前国际经济秩序稳定运行的前提下,构建有利于促进全球经济可持续发展的机制和规则。不同的国际金融治理体系对世界经济运行的影响存在较大差异,各国之间相互依存,彼此利益相联。在日益复杂的全球大变局下,世界各国应群策群力,积极创建开放包容、合作共赢的国际金融治理机制。

（二）国际金融治理主体的代表性和权威性亟须提升

国际金融治理属于世界各国的共同事务,每个国家都应该承担一定的责任,如何结合自身的国情,确定本国在国际金融治理体系中的角色定位,应当是每个国家面临的重要课题。中国一贯主张应提升新兴市场国家和发展中国家在国际金融治理中的代表性和发言权,推动形成更加公平、公正、合理、共赢的国际金融新秩序。

近年来,全球经济发展极不平衡,部分国家的国际收支失衡、贫富差距加大等对国际金融治理产生巨大冲击。新时代的国际金融治理应以规则为基础,各类规则的制订应该由国际社会共同参与完成,为进一步激发经济全球化的积极作用,实现经济全球化进程的再平衡,世界各国应加强合作、主动作为,改善国际金融治理结构,使不同国家都可以享受到经济全球化带来的正效应。20 世纪 90 年代以来,中国的经济增长迅速,金融市场也取得了快速发展,并勇于承担国际责任,扩大与世界各国的交流与合作,努力打造互惠互利、发展共赢的国际秩序新格局。在全球经济治理方面,中国积极参与国际金融治理,主动寻求构建更加公平、合理的国际金融治理机构,国际金融治理的能力也大幅提升,成为塑造国际金融治理新范式的重要开拓者和引领者。

(三) 国际货币体系与危机救助机制存在内在缺陷

无论是二战后形成的布雷顿森林体系,还是现行的牙买加体系,这两种国际货币体系都无法解决"不可能三角"问题。而且,在现行的国际货币体系中,美元享有诸多的特权,且美国无需承担相应的责任。布雷顿森林体系解体后,国际货币体系依然维持事实上的美元本位,2008 年国际金融危机后国际货币体系一家独大的局面没有发生根本性变化,美元的国际地位反而有所加强。新兴经济体处于国际货币体系的外围,国际贸易、国际投融资依赖于国际货币作为媒介,即使不与有关国家发生经济联系,也无法摆脱其货币政策的负面溢出影响。因此,尽管美国货币政策的调整是基于其国内的经济状况,但每当美联储调整货币政策、美元汇率波动,新兴经济体就反复出现过度的资本流动、汇率超调和偿债负担加重等情况。

当前的国际金融治理体系缺乏对国际资本流动的有效管理。国际资本流动表现出较强的顺周期性,新兴经济体经济金融环境变化,跨境资本大进大出,往往引发信贷被动扩张收缩,资产价格暴涨暴跌,经济过度波动甚至金融危机。为防范全球跨境资本流动风险,亟须通过建立资本输出国、输入国共同参与的资本流动管理框架,约束发达经济体资本过度流出,防止新兴经济体过度借债及脆弱性不断积累。目前全球层面的危机救助机制主要依靠国际货币基金组织,在历史上,国际货币基金组织贷款的使用条件苛刻,效果并不佳。在亚洲金融危机期间,国际货币基金组织为韩国、泰国、马来西亚等国开出的救助条件十分严苛,包括大幅紧缩财政、国企私有化、汇率自由浮动、开放金融市场等,没有考虑危机国的现实情况,在某种程度上加剧了危机。再如,阿根廷爆发汇率危机后,在政府与国际货币基金组织达成救助协议后阿根廷比索汇率反而继续贬值,这反映出市场对国际货币基金组织救助效果存疑。此外,尽管亚洲、金砖国家等部分经济体也对区域危机救助作出了安排,但全球、区域、双边和各国自身外汇储备等各层次危机救助安排之间缺少协调,救助资源还有待进一步整合。

三、 全球金融治理体系的再平衡

(一) 新时代国际金融治理的基础条件

首先,新时代国际金融治理应该建立在平等的基础上,能够充分反映国际经济格局的深刻变化,增加新兴市场国家和地区以及发展中国家的发言权,提高国际金融组织的代表性,确保各经济体能够在国际经济合作中享有平等的权利。其次,新时代国际金融治理应该坚持以开放为导向,治理理念、治理目标和治理模式都应该本着"包容开放、合作共赢"的原则,新时代国际金融治理体系的构建应该广泛征求各个国家和地区的意见和诉求,鼓励更多经济体能够积极参与国际金融治理,治理制度的安排须避免排他性,防止国际金融治理机制的封闭化和规则的碎片化。再次,新时代国际金融治理应该加强世界各国的沟通与合作,重视各方的利益协调,尊重不同经济体的利益诉求,反对单边主义和霸权主义,以"共商、共建、共享"为前提构建新国际金融治理规则和机制,努力实现公平公正、合作共赢的目标。

世界各国是休戚与共的命运共同体,中国一直秉承平等、开放、包容的理念参与国际金融治理,坚持"共商、共建、共享"的治理理念,提倡多元共治与共生性博弈,主张国际金融治理新范式应以各国的共同利益为重,维护协商各国共建的多边合作机制,积极推进共担共治、合作透明、互利共赢的共同开放,深化改革国际金融治理体系,推动经济全球化朝着更加开放、包容、普惠、共赢的方向发展。中国提出的新时代国际金融治理思想即旨在构建更加行之有效的规则和机制,本着"互利共赢、多元共治"的理念,向世界各国提供更多的公共产品,以解决全球经济发展所面临的现实问题。

中国一直积极推进完善地区金融合作体系,引领搭建亚洲金融机构的交流与合作平台,推动亚洲基础设施投资银行同世界银行、亚洲开发银行等国际金融机构互补共进、协调发展,加强各国在货币稳定和国际投资等领域的务实合作,优化多边合作机制,促进形成多层次的金融合作框架,以满足各地区经济发展的资金需求,增进各经济体的深化合作,构筑地区新金融安全网。中国一直倡导应坚持底线思维,注重金融风险防范,努力排除各类风险因素,切实做好金融风险评估,积极促进各地区金融机构之间的合作与交流,共同维护区域经济金融的稳定。中国还大力提倡发展绿色金融,主动将金融政策、财政政策与环境保护相联系,倡导社会消费和投融资活动能够充分考虑对环境的影响,力促绿色低碳经济的发展,并以此推动世界经济的可持续增长。2016 年,中国承办的 G20 杭州峰会亦将绿色金融确定为重要的会议主题,推动国际上的绿色债券投资,维护国际金融市场的健康发展。

经济一体化和全球化顺应了历史潮流,中国一直是经济一体化和全球化的坚定支持者和积极参与者,在新时代背景下,我们更应该准确把握经济一体化和全球化的新趋势,继续深化对外开放,提高对外开放的水平,优化国际金融治理体系,为推进全球经济增长注入强劲动力,有效应对社会经济发展中所面临的困难和挑战。中国一向积极参与和推动国际宏观政策协调、国际金融机构改革和国际金融监管体系的完善等,为促进国际金融市场稳定和世界经济复苏贡献了中国智慧和力量。今后,各国应进一步加强宏观政策的沟通与合作,优化区域金融合作交流平台,防范国际金融市场风险,继续推进普惠金融和绿色金融的发展,构建公平公正、包容有序的国际金融体系,形成公正高效的国际金融治理机制,促使国际金融活动更好地服务于各国实体经济的发展。

(二)新时代国际金融治理的中国方案

目前,中国已是全球第二大经济体和第一大贸易国,也是全球吸引外商直接投资以及进行海外直接投资最多的经济体。长期以来,中国主动推进经济结构的改革,努力实现经济的持续性、高质量增长。中国经济的持续稳定增长又为世界经济的复苏与发展做出了巨大贡献,也为中国参与国际金融治理奠定了坚实的基础。近年来中国在国际金融治理中的话语权和影响力显著提升,中国提出的国际金融治理理念和政策方案受到世界各国的广泛重视和支持,并促使形成以中国方案和实践引领国际金融治理的新范式。

中国经济的高速增长充分体现了中国的制度优势,中国提出的"一带一路"区域合作机制、金砖国家新开发银行倡议,以及推出的人民币跨境支付系统等推动了传统国际金融治理模式的转型,大大促进了国际金融治理体系的改革。"一带一路"区域合作机制承担的国际责任包括提供国际公共产品,努力促成包容开放、平等互惠的新型经济全球化。金砖国家新开发银行的创建主要是为了维护金砖国家的货币稳定,构筑区域金融安全网。其中,中国倡导设立的应急储备基金则是为了解决金砖国家可能出现的短期金融危机,属于一种国际救助机制。人民币跨境支付系统是中国重要的金融市场基础设施,亦是对 SWIFT 系统的有效补充,能够满足不同国家和地区的人民币结算需求,既提升了跨境交易的安全性,也提高了国际清算的效率,有助于推动人民币国际化进程,促进加快构建更加公平、高效的市场环境。2014 年以后,中国陆续推出了"沪港通""深港通""债券通"等重大金融投资举措,并不断完善相关配套支持措施,对合格投资者的管理框架和政策进行优化,努力提高投资者的投资效率,这些都构成了中国逐渐开放资本市场的重要实践。

国际金融治理新范式的基本特征是治理机构的调整和治理机制的优化,中国提出的新时代国际金融治理的新思想、新机制、新体系和新机构等,都凸显了中国作为一个大国的责任担当,也提高了中国在国际金融治理中的话语权,有助于增强国际金融治理的权威性和有效性。实践证明,中国在国际金融治理体系中具有举足轻重的作用,在探索国际金融治理新范式的过程中,中国将是不可或缺的重要建设者和贡献者。中共十八大以来,中国有序推进金融市场的改革与开放,并取得了巨大成就,金融业获得快速成长,金融对经济增长的贡献度持续加大。近年来,中国金融市场的各类金融工具日益丰富,普惠性金融实现较快发展,人民币国际化和金融市场的双向开放取得新的进展,金融监管制度与金融体系不断完善,中国守住不发生系统性金融风险底线的能力明显增强。习近平总书记曾多次强调,中国将继续深化金融业的改革开放,合理安排开放顺序,有序推进资本市场的对外开放,逐步实现资本项目下的人民币可自由兑换,稳步推动人民币国际化进程,积极稳妥地深化人民币汇率形成机制改革,确保人民币汇率在合理均衡的水平上基本稳定,加快金融创新,建立并完善有利于保护金融消费者权益、增强金融机构有序竞争和防范金融市场风险的机制体系。[1]中国大幅放宽金融市场的准入限制,通过有条不紊地放宽银行、证券、保险等行业的外资股占比限制及设立外资金融机构的限制,全面深化金融市场改革,加大开放资本市场的进程和力度,逐步扩大外资金融机构在中国金融市场的业务范围,提高中国金融业的国际化水平,积极拓展国内外金融业务的合作领域,努力营造更具吸引力的金融投资环境,积极维护金融体系的稳健运行。此外,中国在有序推动人民币国际化进程、进一步开放国内资本市场的同时,继续深化人民币汇率形成机制改革,提高金融市场的透明度,并加大对知识产权的保护,鼓励市场竞争,反对市场垄断,提高金融投资的自由化水平,增强资本市场的吸引力。

在国际金融方面,中国一贯支持国际金融体系的改革,大力倡导提高国际金融组织的权威性和影响力,扩大特别提款权在国际交易中的作用,提升发展中国家在国际金融组织的代表性和发言权,增强国际金融监管协调,巩固全球金融安全网。2013年以来,中国不断加快构建支持"一带一路"建设的金融保障体系,积极引导有实力且有社会责任感的企业参与"一带一路"沿线国家的基础设施建设,并为这些企业提供充足的资金支持,打造多元化国际投融资体系。在G20汉堡峰会上,习近平总书记强调金融的创新发展应着眼于提升全球金融市场的抗风险能力,2016年中国承办的G20杭州峰会进一步强化了多边开发银行之间的合作,改善了国际融资环境,加强了全球基础设施的互联互通,大大推动了世界经济的有效治理。G20杭州峰会还首次将绿色金融纳入G20框架,在中国的大力倡导和积极推动下,2016年以后,绿色金融成为G20峰会的重要常规议题。为引导绿色金融发展,2016年即杭州峰会召开年,中国已完成制定了1项国际标准、1项国家标准、5项行业标准和4项绿色金融改革创新试验区标准,[2]这些标准也被作为规范全球绿色金融业务的重要参考。中国在促进绿色金融发展方面采取的各项举措已成为全球绿色金融发

---

① 新华网:《习近平:营造稳定公平透明的营商环境,加快建设开放型经济新体制》,http://www.xinhuanet.com,2017。

② 《二十国集团领导人杭州峰会公报》,《中国经济周刊》2016年第36期。

展的风向标,中国亦是推动全球绿色金融发展的重要引领者和贡献者。

今后,为进一步扩大开放,中国将继续减少对海外投资的限制,不断完善外商投资准入负面清单,持续提高外国投资者在不同领域的持股比例,稳步推进金融与资本市场的有序开放。与此同时,中国一直注重发挥世界各国的比较优势,重视宏观经济政策的国际协调,致力于促进各国经济发展的战略对接,努力推动包括国际金融投资在内的各领域的合作发展。此外,中国非常重视金砖国家新开发银行、亚洲基础设施投资银行等新国际金融机构在国际金融治理中的作用,积极推动亚洲基础设施投资银行同亚洲开发银行、世界银行等多边金融机构实现优势互补、协调共进,以加强各国之间的互联互通和产能合作为突破口,巩固多边合作体系,助力相关国家和地区战略性项目的建设,构建多元伙伴关系,打造全球利益共同体。

(三)人民币国际化助力国际货币体系改革

人民币国际化的发展有助于激发主要国际货币对国际本位货币的竞争,人民币成为新的国际货币将为国际货币体系的渐进式变革创造新的动力。人民币国际化是中国参与国际金融治理的重要组成部分,中国一直重视人民币国际化在全球各主要国际金融中心的发展进程,积极优化跨境人民币业务政策,扩大人民币结算业务规模,加快人民币投资便利化的进程,拓展人民币离岸业务。香港地区现已拥有全球最大的人民币离岸市场,能够提供丰富的离岸人民币产品。虽然人民币目前尚属于半自由兑换货币,即在经常项目下可以自由兑换,在金融与资本项目下仍不能自由兑换,但中国一直在积极推进金融开放和资本项目下的人民币可自由兑换,注重加强同各主权国家在国际货币基金组织、世界银行、国际清算银行、亚洲基础设施投资银行等多边金融机构中的合作,有序推进人民币的完全可自由兑换和资本市场的双向开放。

2008年,《国务院关于进一步推进长江三角洲地区改革开放和经济社会发展的指导意见》出台,提出将"选择有条件的企业开展人民币结算国际贸易的试点"[①]。

---

① 中华人民共和国国务院:《国务院关于进一步推进长江三角洲地区改革开放和经济社会发展的指导意见》,http://www.scio.gov.cn,2008。

2009 年《跨境贸易人民币结算试点管理办法》发布，开始在上海、深圳、广州、东莞和珠海五个城市正式启动跨境贸易人民币结算试点业务，人民币跨境收付信息管理系统（RCPMIS）也正式上线运行，人民币国际化迈出历史性的一步。之后，跨境贸易下的人民币结算规模迅速增长，人民币在国际货币体系中的地位也显著提升。2010 年，跨境贸易人民币结算业务在境内外的试点范围逐步扩大，并于 2011 年扩大至全国各地，业务范围也涵盖了货物贸易、服务贸易和其他经常项目的收支结算，同时允许跨境贸易人民币结算试点地区可以开展对外直接投资人民币结算业务，中国的证券市场也逐渐对海外人民币开放。2012 年，中国在深圳前海设立了跨境人民币业务创新试验区，开始试点跨境贷款和鼓励外资股权投资基金进入深圳前海等。2013 年，随着《人民币合格境外机构投资者境内证券投资试点办法》和《关于实施〈人民币合格境外机构投资者境内证券投资试点办法〉的规定》的发布，人民币合格境外机构投资者的机构类型和对资产配置的限制不断放宽，并规定这些机构可以根据市场情况自主决定投资产品的类型。2013 年 12 月，中国提出将在上海自贸试验区试点人民币跨境使用和人民币资本项目可兑换等，2014 年正式推出人民币合格境内机构投资者（RQDII）业务。2015 年中国成功上线运行人民币跨境支付系统（一期）[①]，并允许境外央行可以在中国境内银行开立人民币结算账户。2015 年以后，人民币对主要国际货币的直接交易业务日益扩大，并逐步拓展试点更高水平的贸易投资便利化业务。2015 年 11 月，国际货币基金组织决定将人民币纳入"特别提款权（SDR）"货币篮子，2016 年 10 月 1 日正式生效。这是人民币国际化进程中的重要里程碑，这一举措既表明人民币国际化步入了历史新阶段，中国在国际金融治理中的话语权和影响力明显扩大，也有利于提高"特别提款权"的代表性和影响力，对完善国际货币体系和国际金融治理机制具有积极的促进作用。

近年来，中国还积极与各国开展货币合作——中国人民银行与外国中央银行共同签订人民币清算合作备忘录、双边互换协议等——并取得了良好的效果，积累

---

① 人民币跨境支付系统（CIPS）二期于 2018 年 3 月 26 日投产试运行，并于 2018 年 5 月 2 日全面投产运行。

了丰富的经验。截至 2019 年末,中国人民银行已与 39 个国家和地区的中央银行或货币当局签署了双边货币互换协议,覆盖全球主要发达国家和新兴经济体以及主要离岸人民币市场所在地,其中涉及"一带一路"沿线国家 21 个;人民币清算安排覆盖 25 个国家和地区,其中包括 8 个"一带一路"沿线国家。[①]目前,全球已有 70 多个国家的中央银行或货币当局将人民币纳入外汇储备的范畴,有超过 32 万家企业和 270 多家银行开展了跨境人民币业务,与中国发生跨境人民币收付的国家和地区多达 242 个。[②]截至 2020 年,人民币已成为全球第五大支付货币、第三大贸易融资货币、第八大外汇交易货币和第六大储备货币。由此可见,人民币作为支付货币的功能不断增强,作为投融资和交易货币的功能持续深化,作为计价货币的功能有所突破,作为储备货币的功能逐渐显现。历经十年余,人民币国际化已经取得了长足的进步,中国未来的经济发展是决定人民币国际地位的经济基础,今后中国还将进一步推动人民币国际化,积极稳妥地持续深化人民币汇率形成机制改革,完善人民币汇率中间价报价机制,加大市场决定人民币汇率的力度,不断增强人民币汇率的弹性,促进资本市场的扩大开放,提高金融市场的国际化水平,助力国际金融治理的改革与完善。

(四)数字人民币引领央行数字货币发展

中国央行发行数字货币开创了货币史的新纪元。中国央行发行的数字货币是 Digital Currency/Electronic Payment,简称 DC/EP,即具有支付功能的数字货币。从狭义的货币定义上讲,通货具有最强的交易媒介功能,把数字货币(DC)与电子支付(EP)合称为数字货币,强调了该种数字货币的通货性质。因此,中国央行即将发行的数字货币可以定义为:数字货币是央行以加密电子符号作为主权信用货币之载体的通货。由定义可知:第一,数字货币是 M0 的替代品,是通货,与其他定义的货币没有直接关系;第二,数字货币是加密电子符号,与纸币通货等值,且具有同等的货币职能。中国人民银行从 2014 年起开始研究法定数字货币,在 2016 年搭建了

中国第一代央行数字货币原型,同时提出 M0 定位、双层运营体系、可控匿名等基本特征。2017 年起,中国人民银行与商业银行、互联网公司等合作,共同进行数字人民币研发。2019 年末,数字人民币开始试点,包括十个城市及 2022 北京冬奥会场景。部分城市还推出了数字人民币绿色出行、低碳红包等使用场景。2021 年 7 月,中国人民银行发布了数字人民币白皮书。截至 2021 年 10 月 8 日,数字人民币试点场景已超过 350 万个,累计开立个人钱包 1.23 亿个,交易金额约 560 亿元(孙榕,2021)。

央行数字货币是货币史上具有里程碑意义的事件,将会对社会经济活动产生广泛而深刻的影响,它可能将使某些行业消失、某些商业模式变形,也会催生一些新的业态。数字人民币的设计和用途主要是满足国内零售支付的需求,提升普惠金融发展水平,提高货币和支付体系运行效率。当前,电子支付工具主要由私人部门提供,可能存在市场分割、隐私泄露等风险。央行数字货币(CBDC)使得央行可以在数字经济时代继续为公众提供可信、安全的支付手段,在提升支付效率的同时维护支付体系稳定。

中国央行数字货币与去中心化的加密货币相比,无论在货币的法定地位,还是在技术上都是不同的。第一,央行的数字货币是主权信用货币。人民币作为主权信用货币的性质,不会因为央行发行数字货币有任何改变。第二,央行数字货币确保央行的中心地位。比特币之类的加密币采用挖矿方式产币,且没有唯一的发行机构,仅仅以区块链上的各节点保证系统的运行。显然,这与央行在货币体系中的中心地位是严重不相符的,主权信用货币是中央银行发行的,必须具有唯一性、主动性。货币发行权唯一性决定了央行的中心地位,央行决定货币的发行量,是根据经济运行发展的需要,不可能被动地等待软件产生货币。第三,数字货币采用的技术可以满足大规模快速结算的需求。区块链解决不了高并发的技术难题,多中心运行的结果是速度缓慢,无法满足现实经济活动大规模、快速结算的要求。央行数字货币根据中心化原则,采用央行和商业银行的双层结构模式,保证了央行与商业银行、商业银行与非金融经济主体之间传统的货币关系,央行依然处于“银行的银行"之地位。

中国人民银行愿与各国央行以及国际机构加强数字货币领域的合作。中国央行已与国际清算银行、泰国央行、阿联酋央行及香港金管局联合发起了多边央行数字货币桥(mCBDC bridge)项目,共同研究央行数字货币在跨境支付中的作用和技术可行性。与欧央行也就央行数字货币的设计开展了技术层面的交流。未来,中国央行将继续以开放包容的方式,与各国央行和国际组织探讨央行数字货币的标准和原则,在推动国际货币体系向前发展的过程中,妥善应对各类风险挑战。

第五节 推动构建国际贸易和投资治理新体系与开放新格局

国际贸易和投资治理是全球经济治理的重要组成部分,是指各主权国家或国际组织为促进国际贸易和投资的自由化、便利化,各方通过协商谈判制定具有一定约束力和非歧视性的国际规则,推动国际贸易和投资的创新健康发展。各经济体之间应加强交流与合作,努力消除各类贸易壁垒,协调处理贸易投资纠纷,改善投资环境,提高贸易投资的自由化和便利化水平,推进多边和双边自由贸易协定的签订,建设和完善多边贸易投资体系,打造更高效的国际贸易和投资治理机制,力促全球经济治理新范式的形成与完善。

一、 中国参与国际贸易和投资治理的历程

中国一向主张构建包容开放、公平透明、互利共赢的国际贸易和投资治理机制,主动推动自由贸易区的建设,促进生产要素的有序流动,增强资源配置的有效性和国内外市场的高度融合,积极推进区域经济合作发展,努力创建面向全球的国际贸易和投资市场,促使世界各国实现互联互通和经济的联动增长。

(一)加强多边长期合作友好伙伴关系

中国坚定不移地支持发展开放型世界经济,积极构建可持续发展的多双边关系,妥善处理与各国之间的关系,提倡世界各国在开放中共享利益和发展机会,在

包容合作中实现互利共赢。2015 年 12 月,国家主席习近平在"中非合作论坛"会议上提出,"将中非新型战略伙伴关系提升为全面战略合作伙伴关系"①,并大力倡导中国企业积极投资于非洲地区的建设项目。中国还力促金砖国家之间的共建与合作。2017 年 8 月在上海召开的金砖国家经贸部长会议强调,各国应努力提升国际投资的自由化、便利化程度,增加国际投资的透明度,会上还达成了《金砖国家投资便利化纲要》,以期促成区域投资治理的新框架,构建多元化的国际投资合作体系。

就中美关系而言,中美两国在国际贸易和投资治理方面有着广泛的共同利益,两国应该加强合作,发挥各自的优势,共同推动国际贸易和投资治理体系的改革与完善。2015 年 9 月,习近平总书记特别指出,中美两国应致力于构建中美新型大国关系。②中美两国的经济贸易具有很强的互补性,有着广泛的合作基础,经贸合作有利于中美两国的互利共赢,2017 年 11 月,习近平总书记指出"经贸合作是中美关系的稳定器和压舱石"③。中美两国应不断拓展经贸合作领域,扩大合作规模,提高合作水平,推动中美经贸关系朝着更加互惠互利、动态平衡的方向发展。中美两国须增强在宏观经济政策方面的沟通与协调,在基础设施建设、能源革新、"一带一路"沿线建设等领域进行深入合作,有序放宽进出口限制,逐步扩大市场准入,共同助力世界经济的增长。

就中英关系而言,中英两国都大力倡导开放市场,支持自由贸易区的建设,鼓励海外投资,两国的产业结构又具有很强的互补性,两国在"一带一路"合作框架内的合作潜力巨大。习近平总书记曾强调,中英两国的合作只有产生了实实在在的效果,才能更好地惠及两国的民众,双方应切实做好在对外贸易、高铁、核电、基础设施建设等方面的合作,建立长效合作机制;今后,中国将继续推进中英两国的中小企业合作,在鼓励中国企业进行海外投资的同时,也欢迎更多的英国企业到中国

---

① 新华网:《习近平在中非合作论坛约翰内斯堡峰会开幕式上的致辞(全文)》,http://www.xinhuanet.com,2015。

② 新华网:《习近平接受〈华尔街日报〉采访时强调,坚持构建中美新型大国关系正确方向》,http://www.xinhuanet.com,2015。

③ 新华网:《习近平同美国总统特朗普举行会谈,中美元首一致同意继续发挥元首外交对两国关系的战略引领作用,推动中美关系得到更大发展》,http://www.xinhuanet.com,2017。

进行投资合作。①

(二) 积极拓展新型多边合作框架

目前,中国已通过自由贸易协定(FTA)、双边投资协定(BIT)、APEC、WTO、G20等平台,广泛参与国际贸易和投资治理,协商和制定各类多边贸易投资规则,推动国际贸易和投资机制朝着更加公平、开放、包容和透明的方向发展,积极改善国际贸易和投资环境。与此同时,中国也在积极拓展新的运行机制与合作平台,并在新型多边合作框架中发挥着非常重要的引领作用,为中国参与国际贸易和投资治理营造更好的国际环境。

中国积极推动WTO的改革,促使WTO能够更加适应国际经济贸易格局的变化,协调不同经济体的利益诉求,为发展中国家和地区的经济增长及其社会发展提供更多的支持与帮助,寻求各经济体之间的广泛合作,推动全球经济的复苏和持续稳定发展。为进一步提高国际贸易和投资的自由化和便利化水平,中国通过WTO平台成立了"投资便利化之友",并得到了诸多WTO成员国的大力支持,截至2017年,已经有近二十个国家和地区加入了"投资便利化之友"。

为解决全球经济发展失衡和治理困境,中国还开创性地提出了"一带一路"倡议,设立"丝路基金",进一步扩大开放,加强国际贸易投资,深化各国之间的交流与合作,共同推动"一带一路"沿线国家的建设与发展。"一带一路"国际合作机制秉承包容开放的合作发展理念,以"共商、共建、共享"为原则,通过各国之间的合作互鉴、优势互补,搭建开放型的交流合作平台,推进各经济体生产要素的有序自由流动,实现各国的互利共赢、共同发展。这一国际合作思想顺应了经济全球化的时代潮流,符合现代国家的社会发展需要;旨在集聚更多资源投入相关国家和地区的经济建设,促进各国之间的市场对接,构筑国际产业链的合作体系,拓展双向贸易投资,提高资源的有效配置,进而推动全球市场的融合发展,突破各国经济发展的瓶颈,实现世界经济的高质量均衡发展。

---

① 新华网:《习近平出席中英工商峰会并致辞》,http://www.xinhuanet.com,2015。

近年来,中国不断提高贸易投资的自由化和便利化水平,拓展对外开放领域,开拓更多的贸易投资渠道,加快发展对外贸易的新业态和新发展模式,积极推动"一带一路"沿线国家的深度合作,大力倡导中国企业的对外投资,扩大中国经济发展对世界经济增长的贡献。"一带一路"国际合作机制并不排斥其他的区域合作机制,也不仅是经济层面的合作,更是完善全球经济治理体系和全球发展模式的有效手段,是推动世界经济长期健康发展的重要路径。在各国的共同努力下,现已基本形成了"六廊六路多国多港"的互联互通框架,启动并完成了多项合作项目。与此同时,"一带一路"倡议与东盟、欧盟、非盟、联合国等多个国际组织的合作规划进行对接,充分考虑"一带一路"沿线国家和地区的发展需要,有计划地进行合作安排。经过多年的共同努力,"一带一路"建设从亚欧大陆到非洲、美洲、大洋洲,不断开辟合作共建新天地,创建国际贸易投资新平台,有效带动了周边国家和地区的经济增长,并为完善国际贸易和投资治理体系做出巨大贡献。实践证明,各国共建"一带一路"不仅为相关国家提供了新的发展机遇,也极大地促进了全球经济的稳定增长。

（三）制定国际贸易和投资治理新规则

G20 峰会是发达国家和新兴市场国家共同参与全球经济治理的重要平台,在 G20 峰会框架下,中国主动创新更加高效的国际贸易和投资治理模式,推动国际贸易和投资的自由化和便利化,为国际社会积极提供更丰富的公共产品,主动践行为应对气候变化、保护环境而达成的减排等协议,全球经济治理由危机治理机制逐渐转为长效合作机制,这也标志着中国开始成为国际贸易和投资治理的重要建设者和贡献者。G20 杭州峰会通过的《二十国集团全球贸易增长战略》和《二十国集团全球投资指导原则》旨在促进 G20 成员能够就贸易投资问题进行对话与合作,这充分体现了中国努力构建和维护多边贸易体系,以及更加包容和公平的国际投资新秩序的决心与信心。

中国提出的"一带一路"倡议不仅丰富了国际贸易和投资治理的多边合作内涵,也为促进全球经济增长、实现各国共同发展拓展了新渠道。为推动"一带一路"沿线国家的基础设施建设,中国引领创建的亚洲基础设施投资银行大大改善了这些国家的贸易投资环境,也为"一带一路"沿线国家创造了更多的就业机会,有利于提升这些国家的中长期经济增长水平,促进全球的共同进步与发展。

中国拥有全球最活跃的数字支付和数字化投资市场,数字经济的发展对中国经济增长的贡献度日益扩大,G20杭州峰会通过的《二十国集团数字经济发展与合作倡议》是全球首个由多个国家领导人共同签署的与数字经济发展有关的指导性文件,在电子商务、数字包容性发展等多个领域的合作做出了规定,开启了全球数字贸易投资治理的新征程。此外,中国还通过 APEC、FTA、WTO 等国际组织和合作论坛,加大各国在数字经济发展方面的合作,积极打造自由和开放的数字贸易投资市场,进一步提升全球数字经济的治理水平。

二、 构建新时代多边贸易和投资治理体系的中国方案

(一)国际贸易和投资治理的困境与挑战

多边贸易合作机制受到挑战。国际贸易与投资治理须以不同国家的共同利益为价值导向,与多边主义所具有的理念价值高度吻合,多边贸易体制是实现世界贸易自由化、全球投资便利化的重要制度保障。近年来,受各国经济复苏以及贸易利益分配不均的影响,贸易保护主义层出不穷,世界进入贸易争端的高发期,其中以美国的保护主义倾向最为严重。美国不仅对北美自由贸易协定进行重新磋商,甚至利用"232调查""301调查"等手段进行贸易保护。在百年未有之大变局中,公共产品供给不足与多边贸易投资治理机制反应迟缓、功能失灵等问题暴露,有的国家奉行保护主义和单边主义,退出了一些全球合作机制,单边主义抬头的不良趋向冲击了多边贸易合作机制,给国际贸易与投资治理造成巨大冲击,不利于全球经济的稳定发展,国际贸易与投资治理改革完善的紧迫性和重要性凸显。

国际贸易和投资治理规则缺乏公平性和普惠性。国际贸易和投资治理体系未能充分反映全球经济格局的新变化,各经济体之间的权利和义务不对等,新兴经济体以及发展中国家和地区的发言权和代表性有待提高。当前,新兴经济体已经成为推动全球经济增长的中坚力量,在国际贸易和投资治理中发挥着极其重要的作

用;但是,在现行的国际贸易和投资治理的权力结构和机制体系中,新兴经济体在一直处于弱势地位,这很难匹配其快速增长的经济实力。进入 21 世纪以来,在国际贸易和投资治理中,美国等西方一些发达国家仍无视以中国为代表的新兴市场国家为世界经济增长所做出的贡献,过分强调发展中经济体等全球经济治理的后来者应承担的义务。发达经济体与发展中经济体之间的权利失衡、利益损益不均等问题凸显,国际贸易和投资治理规则缺乏公平性和普惠性,各国之间的宏观政策协调不足,进而导致不同经济体的经济发展愈加失衡。传统的国际贸易和投资规则的制定大多由欧美等主要发达国家主导,更有利于发达国家的经济建设和社会发展,新兴经济体以及发展中国家和地区的利益无法得到足够保障。新时期的国际贸易和投资治理规则应充分考虑不同经济体的权利和利益诉求,使各个国家都能平等地享有治理机制中的制度红利。

国际贸易和投资治理规则缺乏系统性。国际贸易和投资治理中的制度设计存在碎片化、零散化现象,缺乏统一的系统协调,不同国际组织制定的协议条款存在一定的冲突或者叠加,这不仅增加了国际贸易投资治理的难度,而且严重影响了国际组织的权威性和治理体系的有效性。而且,国际贸易和投资规则滞后于社会经济活动的发展变化,无法满足新业态、新生产模式的要求。随着经济一体化的不断深化,中间商品在跨境贸易中的占比逐渐加大,中间商品的通关时间、物流效率等可能会成为新的贸易障碍,现行的国际贸易规则对于这些问题没有做出明确规定。为适应经济一体化的新发展需要,提高全球运营效率,有必要补充、完善国际贸易和投资规则,推进跨境流通的自由化和贸易投资的便利化。随着贸易投资方式的变化与发展,不同国家的宏观经济政策和跨境监管制度需要进一步协调,为防止国际贸易和投资治理陷入更严重的困境,优化各国的营商环境和国际贸易投资规则成为必然的选择。

(二) 中国开拓对外开放和贸易投资合作新局面

近十年来,中国逐步放宽对外开放政策,持续加大对外开放力度,扩大自由贸易试验区的建设,营造更加规范透明、宽松有序的对外贸易环境,优化营商投资环境,促进市场的公平开放竞争,推动对外贸易的多元化、高质量发展,努力构建面向全球的自由贸易区网络。

中国一向坚持扩大开放、贸易强国的政策。2013 年以来,中国以建设自由贸易试验区为契机,实行更高水平的国际贸易和投资自由化、便利化政策,全面实施准入前国民待遇和负面清单管理制度,大幅放宽市场准入限制,赋予自贸试验区更大的改革自主权,积极培育贸易的新业态和新发展模式,扩大对外贸易规模。2013 年中国在上海设立了首个自由贸易试验区,2014 年又陆续在天津、福建和广东分别建立自由贸易试验区,2016 年自由贸易试验区的创建已经扩展至浙江、四川、重庆、辽宁、湖北、河南、陕西等地。与此同时,中国不断修订和完善自由贸易试验区的市场准入负面清单,逐步推行全国统一的市场准入负面清单管理制度。[①]之后,中国又持续深化自由贸易试验区的改革创新,探索不同模式的自由贸易区建设,充分发挥自由贸易区在金融开放中的作用。一方面,中国不断创新对外开放的模式,逐步推进海南自由贸易港的建设,尊重国际营商惯例,打造更加优良的营商环境,促成更高层次的改革开放新格局;另一方面,中国加快出台和完善外商投资方面的法律规定,提高涉外法律体系的公开性和透明度,坚决依法惩处任何形式的侵犯知识产权的行为,引入惩罚性赔偿机制,确保外资企业的合法权益不受侵犯。

在 2017 年 APEC 领导人与东盟领导人的对话会议上,习近平总书记指出,中国将加强发展在国际经济政策协调中的地位,积极参与制定对外贸易和投资规则、数字经济发展和知识产权保护等,为各国创造更多的共同发展机遇,为全球经济增长提供更强劲的动力。[②]在 2018 年首届中国国际进口博览会开幕式上,习近平总书记又特别指出,中国会持续放宽市场准入限制,进一步激发国内的进口潜能。[③]中国顺应国内的消费需求,通过每年一度的国际进口博览会,深化与世界各国在贸易投

---

① 国务院:《国务院关于实行市场准入负面清单制度的意见》,http://www.gov.cn,2015。

② 习近平:《同舟共济创造美好未来——在亚太经合组织工商领导人峰会上的主旨演讲》,《中华人民共和国国务院公报》2018 年第 34 期。

③ 习近平:《共建创新包容的开放型世界经济——在首届中国国际进口博览会开幕式上的主旨演讲》,《中华人民共和国国务院公报》2018 年第 33 期。

资领域的合作,释放国内市场的活力,扩大开放、增加进口。为进一步扩大进口空间,中国实行积极的刺激政策,采取切实有效的措施,切实增加国内居民收入,提升居民的消费能力,着力培育新的中高端消费增长点,努力激发国内市场的潜力,主动拓展贸易投资新领域。

（三）中国激发多边合作新动能

各国经济相互依存,全球的产业链、供应链和价值链紧密相连,世界各国都是全球经济合作链条中的重要一环,多边贸易合作机制能够为全球经济增长带来共同的发展机遇。中国一直支持多边贸易合作机制,秉承对外合作的发展理念,主动与各个国家加强合作,维护开放型世界经济的发展。中国努力搭建多层次、多领域的交流平台,创造有助于各国经济实现互利共赢的市场环境,促使各生产要素在国际上的有序流动,提高资源配置效率,促进各国市场的高度融合。中国一向积极参与国际分工,全面融入全球的产业链、供应链和价值链,坚持"共商、共建、共享"的多边合作原则,全力支持多边贸易体制,创建"丝路基金",引领"一带一路"建设,以积极的姿态参与全球经济治理改革,谋求与世界各国在政策实施、规则制定等方面的融通,强化各国在科技创新、基础设施建设、贸易投资、产业改革等领域的合作,力促构建更加公平、公正、透明、合理的国际贸易投资治理体系。

中国主张各国要加强国际协调,加快协商签订自由贸易协定和投资协定,完善国际贸易投资治理机制,积极推进区域全面经济伙伴关系的谈判,并在扩大开放中共享发展机遇,各国实现互惠互利、合作共赢。一方面,中国积极推动多双边经济的深入合作发展,坚决维护包括世界贸易组织规则在内的多边贸易规则;另一方面,中国全力支持对国际合作组织进行必要的改革,创新引领构建亚洲基础设施投资银行,促使国际合作机制发展更大的作用。各国应努力寻找更多的利益契合点,因地制宜地深化在产能方面的合作,将各国的经济互补优势转化为可见的合作成果,而且,世界各国在加强能源类资源合作的同时,还须拓展在非资源领域的合作,努力打造结构更加优化、条件更加便利的多边贸易合作新格局。中国通过"一带一路"倡议推动亚洲地区重大基础设施项目的建设,创建更多的对外贸易合作平台,吸引更多信誉好、有实力的国家和地区进行投资合作。各国应深化在生态环境、科学技术、文化教育和社会民生等方面的交流与合作,构筑更高水平、更广泛领域的合作发展平台,引导国际贸易和投资治理朝着更加公平、公正、合理的方向发展。

多边主义制度体系被视作全球经济治理的基石,通过建立有约束力的国际制度,提供国际公共产品也已成为全球经济治理因循的基本路径。倡导和践行多边主义,不仅是中国的坚定立场,也是世界绝大多数国家的共同选择,在各国利益交汇融合、命运休戚与共的当今社会,多边主义是构建人类命运共同体的大势所趋,世界绝大多数国家都支持多边主义理念和实践,反对由一国包揽国际事务、主宰他国命运。多边主义不仅是合作工具,而且是多方参与全球和地区治理的重要方式,即以协商、对话等方式处理公共问题和区域性复杂问题。

如前所述,中国积极参与制定双边、多边和区域等不同层面的贸易投资治理规则,创新引领新的国际贸易投资机制,通过"一带一路"、亚洲基础设施投资银行等提升中国对外开放和海外投资的深度和广度,并在此基础上提供了各类国际公共产品,全力促进发展中国家和发达国家的利益协调。

基于现阶段国际贸易和投资环境的变化,立足本国经济的发展现状,2020 年 4月,习近平总书记适时提出了"构建以国内大循环为主体、国内国际双循环相互促进的新发展格局"①思想,积极创建开放包容、相互促进的国际国内双循环模式。中国通过创建新发展格局,进一步释放国内市场潜力,为其他国家创造更多的市场需求,促进国际经济合作和机遇共享,进而刺激世界经济的发展。在当前的国际贸易和投资治理体系中,中国是至关重要的建设者和贡献者,今后中国还将继续积极参与制定各类国际合作规则,坚决支持自由贸易和多边合作机制,不断提高贸易投资的自由化和便利化水平。

---

① 求是网:《国家中长期经济社会发展战略若干重大问题——习近平在中央财经委员会第七次会议上的讲话》,http://www.qstheory.cn,2020。

三、 推动开放、联动发展的贸易投资新格局

（一）打造对外开放新高地，谋求全球贸易投资合作发展

由于各国所处的发展阶段不尽相同，在经济过程发展中所面临的问题也会有所差异，各国应本着相互尊重的原则，平等协商、扩大共识、求同存异，共同致力于推进"共担共治、合作共赢"的共同开放，以应对世界经济发展所面临的各类挑战，维护全球经济的长期稳定增长。中国积极倡导各国应坚持以开放包容、创新发展为导向，努力打造更多元化的对外开放新格局，拓展各国经济发展空间，探寻经济的新增长点，促进全球的交融互动和持续增长，完善全球贸易投资治理体系。

近年来，中国持续优化区域开放布局，对外开放领域逐渐由沿海沿江拓展至内陆，后又延伸至沿边地区，不断扩展开放渠道，加大中西部地区的开放力度，逐步形成了海路陆路的内外联动和东西方互鉴共济的对外开放新格局，努力打造更深层次的多元化对外开放新局面，积极构建更高水平的新型经济开放体制，进而促进经济的高质量增长。多边贸易体制和区域经济合作是推动全球经济增长的有效路径，中国一贯主张世界各国应主动创新经济合作机制，积极构筑多边交流和共治平台，巩固包容合作的多边贸易投资体系，激发各国经济的凝聚力和发展潜力，增强经济活力，为全球经济营造更加广阔的发展空间，促进世界各国的开放融合发展。

实践表明，近些年中国不断以开放促改革，推出了一系列深化改革、扩大开放的配套措施，包括持续缩减外商投资准入负面清单、全面推行外商投资法及相关实施条例、建设海南自由贸易港、扩大上海浦东和深圳的对外开放、推进服务贸易创新发展、深入推动金融市场开放等，大大提升贸易和投资的自由化和便利化水平，主动与更多国家协商签订高标准的自由贸易协定，积极参与构建和完善双边或多边区域贸易和投资合作体系，努力创建更高水平的开放型经济体制。[①]特别是 2015年以来，中国不断强化简政放权，逐步完善外商投资准入前国民待遇加负面清单的

---

① 习近平：《开放合作，命运与共——在第二届中国国际进口博览会开幕式上的主旨演讲》，《中华人民共和国国务院公报》2019 年第 32 期。

管理制度,依法确保外资企业的合法权益,有序扩大服务业的对外开放领域,稳步打造市场化、法治化和国际化的营商环境,持续提高中国的对外开放水平。2018 年以后,中国又积极探索建设海南自由贸易港,坚持以制度创新为核心,加快推进海南高新技术产业、现代服务业和旅游业的发展,采取更加灵活高效的政策措施和监管制度,改善贸易和投资环境,推动对外贸易、投融资活动以及金融市场的进一步发展,构建更加开放和国际化程度更高的市场环境。与此同时,中国注重加强海南与"一带一路"沿线国家的交流与合作,搭建多层次、多领域的沟通平台,努力促使海南成为"21 世纪海上丝绸之路"的战略要塞。在扩大开放的同时,中国还积极创新对外投资模式,深化与不同国家的产能合作,力促达成面向全球的国际贸易和投融资活动,加快培育新的国际竞争优势,重塑世界经济发展格局。

为了推动全面扩大开放,促进国际贸易和投资的创新发展,近年来中国主要采取了以下措施:第一,进一步降低关税,减少进口环节,缩减进口成本,激发国内消费潜能,充分发挥消费对经济增长的促进作用。中国通过刺激消费扩大进出口贸易规模,推动国际贸易和投资的深入发展,创建开放程度更高、更具活力的贸易和投资市场,设立"进口贸易促进创新示范区"[①],增加进口高质量的产品和服务,拓展经济发展空间,为全球经济的高质量增长提供强有力的支撑。第二,主动扩大对外开放领域,大力提升对外开放水平,积极构建多层次、全方位的新开放格局。中国在稳步推进各自由贸易试验区和海南自由贸易港建设的同时,继续推动长江经济带和长三角区域一体化的发展,加快建设粤港澳大湾区,促进京津冀地区的协同发展,增强对外开放与各地经济发展之间的联动效应。第三,深化改革对经济发展有重要影响的关键领域,着力解决制约经济增长的瓶颈问题,激发贸易和投资的市场活力,提升国家的经济治理能力。中国继续改善经济管理体制,加快发展贸易投资新业态和新模式,逐步扩大服务业的对外开放,提高社会不同领域经济活动的国际化、市场化和法治化水平,促使社会经济实现可持续发展。

---

① 习近平:《开放合作,命运与共——在第二届中国国际进口博览会开幕式上的主旨演讲》,《中华人民共和国国务院公报》2019 年第 32 期。

（二）优化多元合作机制，促进全球经济贸易联动发展

当今世界"你中有我，我中有你"，各国的经济发展密不可分，我们须顺应时代潮流，遵循经济发展规律，在经济一体化的时代背景下主动作为，重视各国经济活动的共振及其辐射效应，加强国际宏观经济政策协调，通过各国经济的深度融合互动，有效促进全球经济的持续稳定增长。各国既要关注宏观经济政策协调对经济增长的正效应，打造和优化全球价值链，促进各国的互利共赢，也要注意减少各国经济之间的不利影响，降低因经济发展阶段与政策机制不匹配而产生的负效应。此外，各个国家还需要加强长短期的宏观政策协调，着力解决世界经济发展所面临的深层次问题。

各国应紧紧抓住新科技革命和产业变革的历史发展机遇，加强在高新技术领域的开放与合作，提升各经济主体的创造力，增强全球经济发展的协同性和公平性。各国基础设施建设的互联互通是激发世界经济增长潜力的有效手段，也是促进各国经济联动发展的重要基础，世界各国应加强在基础设施建设方面的互助共进，增加对基础设施建设的资金投入，从人力、物力、财力等多方面加大对基础设施建设项目的支持力度，加快实现全球基础设施的互联互通。中国提出的"一带一路"倡议即旨在促进相关国家基础设施建设的互联互通，通过创建多边合作平台、优化多元合作机制，助力各国生产要素的自由流动，扩大区域合作的范围，增强区域合作的力度，力促各国社会经济发展的深度融合。

中国在加强多边贸易和投资合作的同时，还大力支持并推动国际组织进行必要的改革，完善多边协调机制，促使国际组织能够在世界经济发展中发挥更大的作用。近年来，中国加快推进《中日韩自由贸易协定》《中欧投资协定》和《中国—海合会自由贸易协定》等协议的谈判进程，积极参与 G20、WTO、国际货币基金组织和APEC 等不同层面的多边合作机制的改革，并引领创建亚洲基础设施投资银行和金砖国家新开发银行等，创新多边合作机制，深化各国之间的合作共建，助力全球经济的稳定均衡发展。

习近平总书记在世界经济论坛"达沃斯议程"对话会上明确提出："世界上的问

题错综复杂,解决问题的出路是维护和践行多边主义,推动构建人类命运共同体。"改革完善全球经济治理体系,解决"谁来治理""怎样治理""为什么治理"等全球治理的重大问题,必须维护和践行真正的多边主义,必须警惕以多边主义之名,行单边主义之实,或搞"有选择的多边主义"。习近平总书记指出:"要弘扬多边主义,其核心要义是,国际上的事应该由大家商量着办,不能由一国或少数几个国家说了算。"今后,中国还将不断强化区域经济合作,继续推进经济一体化和贸易全球化的发展,优化新时期自由贸易区的战略布局,积极打造有利于世界经济长期稳定发展的新开放格局,改善国际贸易和投资治理的组织结构和地域结构,努力推动全球经济治理新范式的构建与完善,构筑更加公平、开放、透明的国际贸易和投资治理体系,为促进世界经济的高质量增长贡献中国智慧。

第六节　在可持续发展治理中发挥中国作用

随着人类经济社会活动的深入开展和全球工业化活动的持续推进,人类社会在积累大量物质和精神财富的同时,也面临着愈加严峻的资源环境问题。其中气候变化与能源使用领域的相关问题因其自身对世界可持续发展所产生的安全性和稳定性的特殊影响,迅速成为世界各国所关切的核心议题,并一跃成为 21 世纪人类共同关注的问题。

一、　国际气候治理的现状与困境

基于既有的科学研究,全球气候变化特别是温室气体排放导致的全球升温,已经成为威胁人类社会可持续发展的重大挑战,国际气候治理也成为关切人类社会发展的重要议题。从联合国环境规划署(UNEP)到联合国政府间气候变化专门委员会(IPCC),从《联合国气候变化框架公约》治理机制下的《京都议定书》到《巴黎协定》,国际社会致力于全球气候协调治理的目标始终没有改变。国际社会在联合应对全球气候变化,开展国际气候治理方面也取得一定成果,但在控制全球碳排放、消减极端气候灾害和气候事件,以及构建更加有效的国际气候治理机制等方面,还面临着一定的问题和现实的困境。如何在既有的国际气候治理基本制度和机制框架下,打破国际气候治理困境,实现国际气候治理目标,在未来很长的时间内,都仍将是国际社会关注的重点。

国际气候治理就是针对人类如何更好应对全球气候变化问题,而共同采取的全球气候治理行动。具体而言就是国际社会通过多边协作与合作的模式,在基于人类发展共同利益的基础上,为应对全球气候变化,尤其是全球升温所采取的具体举措。通过国际气候治理,逐步在全球范围内构建一套高效可行的应对全球气候变化的国际机制和模式,在兼顾不同主体切身利益的同时,最大程度避免"公地悲剧"和"搭便车"等情况,进而最大限度地增加人类的共同利益和共同福祉。基于此,国际气候治理的最终目标也可以说是在推动构建可持续的全球气候治理框架机制同时,实现包括主权国家在内的国际社会气候治理不同行为主体利益与全球利益,短期发展利益与长期利益,以及气候治理不同行为主体之间利益的有效均衡。

ICPP 的报告及相关研究明确指出,全球温室气体增加所导致的全球升温对人类经济社会发展和人类生存环境产生巨大影响,如果全球碳排放不能得到有效控制,全球气温上升 2 ℃,将会导致人类生存的地球环境发生不可逆的变化,基于地球环境对全球温度上升的反馈,海平面大幅上升,进而引发无可挽回的灾难(Steffen, et al., 2018)。《巴黎协定》所构建的"自下而上"的全球气候治理框架进一步明确了国际气候治理的具体目标,除确定把温度上升控制在 2 ℃之内的基础目标外,还提出了向 1.5 ℃的目标努力,在此基础上尽快达到全球温室气体排放的峰值,并明确要在 21 世纪下半叶能够实现净零排放的国际气候治理目标。

全球贸易活动促进世界经济增长,增加贸易相关国家社会福利,推动了人类社会的经济和文化进步。贸易活动过程中所涉及不同国家、不同经济部门,尤其是所涉及工业部门的快速发展带来大量化石能源的消耗,增加了全球温室气体排放,进而对全球气候变化产生重要影响。所以,随着全球贸易的发展和全球气候的改变,人类社会越来越关注贸易发展和气候变化之间的相互作用,全球贸易发展对全面气候治理产生影响。国际贸易对全球环境变化的影响一般可分为三个方面进行分析,即"规模效应""结构效应"和"技术效应"(Copeland and Taylor,2003)。

首先,国际贸易进程中的规模效应对气候变化产生影响。在贸易结构保持不变的情况下,通过国际贸易开展,工业和能源等大量化石燃料消耗部门的产品生产、运输和消费等规模快速扩张,进而加大能源消耗,促使更多温室气体排放。

其次,通过国际贸易的结构效应影响温室气体的排放进而影响全球气候变化。国际贸易发挥国家和区域的比较优势,影响商品交易相对价格,进而影响国家或区域的产业和经济结构,不同的产业或经济结构对应不同的能源消费结构,进而影响国家或者区域温室气体的排放。贸易结构影响到国家或区域的产业经济结构,以"高密度碳"产业或部门为比较优势的国家或区域,在国际贸易中,产业和经济结构的正强化,使得温室气体排放增加;以"低密度碳"产业或部门为比较优势的国家或区域,在国际贸易中,产业和经济结构的正强化,使得温室气体排放降低。为了共同应对全球气候变化,各国应积极引导"低碳型"经济结构转型发展,但面对"资源禀赋""路径依赖""经济发展阶段""教育文化"等多重因素的影响,国际贸易背景下气候治理更加复杂。

最后,是国际贸易进程中技术进步因素即技术效益对气候变化的影响。技术的进步可以改进经济活动过程中商品生产交易的碳排放,"技术"也是多个国际应对气候变化治理协定中所关注的一项重要内容。具体来说,国际贸易使得技术领域的交流合作更加广泛,绿色技术传播推广对保护环境和应对气候变化起到积极作用。技术进步可以进一步降低生产成本,研发、生产更多"绿色产品"并增加"绿色产品"的可达性,降低温室气体排放(马建平,2009)。相关学者对全球贸易的发展对气候变化的影响开展系列研究,大多数的研究结果支持贸易的发展会增加温室气体的排放,因为全球贸易中碳排放的规模效应占据主导地位。相关学者以不同经济发展水平的国家为研究对象,得出全球贸易促进发达国家减少自身温室气体排放,对发展中国家而言增加了温室气体排放,在不同的经济发展阶段和经济发展结构背景下,全球贸易对主导全球气候变化的温室气体排放的作用不同(Managi,et al.,2008)。

另外,全球基于多边或区域性的贸易活动,进一步促进资源全球范围内的合理配置,产生更大经济效益和社会福利。但是基于贸易的市场活动,尤其是其中市场调整的被动和滞后性,以及市场机制的利益最大化追求也会造成系列的后果并引发一定的社会问题(漆多俊,2008)。多边贸易的持续发展,尤其是多边贸易体制框架的持续构建和贸易自由化的发展趋势,也势必对全球环境的可持续发展形成影响。环境成本外部化问题会影响到自由贸易市场机制的发挥和贸易活动的有序进行,贸易的自由化理念也会忽视生产活动外部性的环境成本问题,从而进一步影响或干扰气候贸易措施制定和实施(林韵嘉,2019)。

二、 国际能源治理体的现状与问题

(一) 国际能源供给和消费的调整

能源供给调整。随着全球经济的发展,作为支撑经济社会发展的能源供给和能源消费也经历持续调整。特别是近些年来,世界主要发达经济体一次化石能源的消费占比持续下降,能源的生产和消费等经历持续调整。全球经济合作与发展组织国家一次能源消费量不断下降,非 OECD 国家一次能源消费量不断增加。部分发达国家在降低能源消费的同时还通过多种方式加大能源供给,推动国际能源供给调整。以美国为例,政府通过调整监督管理、大力推进能源领域基础设施建设、推动能源开采等多重途径,提高自身能源生产能力。特别是在降低一次化石能源消费的同时,持续投入页岩油气开采,提高石油和天然气生产能力,加大能源出口,进而改变国际能源供给,提高其在国际能源治理方面影响力。2020 年 2 月 4日,时任美国总统特朗普在国情咨文中指出,美国已经成为世界上最大的石油和天然气生产国。[①]

---

① 东方财富快讯:《特朗普:美国已成为世界上最大的石油和天然气生产国》,https://baijiahao.baidu.com,2020。

能源消费调整。与发达经济体国际能源消费占比持续下降相对应,新兴经济体源于自己经济社会发展的历史阶段,能源贸易活跃,对能源的消费需求持续增加,特别是一次性化石能源的消费需求不断增加,这在改变国际能源消费格局的同时,也面临着控制碳排放、更加高效参与全球气候治理的系列压力。从 2010—2020 年的全球主要国家和地区一次性能源消费量来看,在全球一次性能源消费中占比最高为亚太地区,全球能源消费占比达 45.5%;其次为欧洲和欧亚大陆地区,全球能源消费占比为 20.7%。以国别为例,美国一次能源消费量持续下降,全球能源消费占比 15.9%;中国一次能源消费量持续增长,全球能源消费占比达26.7%。[①]中国目前已经成为世界上最大的能源消费国,一次能源消费的对外依存度持续加大。根据中国社科院发布的《中国能源前景 2018—2050》,中国能源进口结构逐步调整,将逐步由进口石油为主过渡到以进口天然气为主,在 21 世纪中叶,天然气的进口依存度将达到78.5%。[②]

（二）国际能源治理面临的挑战

国际能源治理的机制不健全。现有的国际能源治理机制较为分散,在国际能源治理领域联系较为松散,国际能源治理领域工作组织协同还需加强。在国际能源治理机制中,最为代表性的是在 OECD 工作基础上于 1974 年成立的国际能源署,以及于 1960 年成立的石油输出国组织等机构。国际能源治理机制致力推动并保障国际能源生产、储备、运输、消费、交易,以及新能源发展利用等各项工作。在国际能源署主导的国际能源治理机制下,如何更好处理并协调经合组织内成员体同新兴经济体在能源治理领域的具体议题,也成为国际能源治理机制所面临的现实问题。基于《国际能源计划协定》,国际能源署只接收 OECD 成员国,虽然通过与新兴经济体开展与国际能源治理领域的协作,但日益在能源消费领域占据重要地位的新兴经济体仍未能被纳入国际能源署,从而使得国际能源治理体系的主要参

---

① 中国石油集团经济技术研究院:《2000—2020 年全球分地区和主要国家一次能源消费量》,《能源统计》2021 年第 3 期。

② 北极星电力新闻网:《中国社科院发布〈中国能源前景 2018—2050〉:未来 30 年电力需求将呈下降趋势》,https://news.bjx.com.cn,2018。

与客体不够全面,也一定程度上影响了该工作机制作用的发挥。在基于 OPEC 的国际能源治理方面,由于非 OPEC 国家在国际能源领域的生产能力的持续提升,尤其像美国、俄罗斯等加大国际能源生产供应,也影响 OPEC 在协调国际能源治理方面发挥的作用,现行的国际能源治理机制运行有待进一步的完善。

包容联动的国际能源治理体系尚未形成。目前全球能源治理机制和治理体系建设同当今世界能源治理领域的具体情况不能完全衔接。20 世纪六七十年代构建的国际能源治理体系,总体形成了以欧美发达经济体为主导的治理机制,没有完全考虑发展中经济体在国际能源治理进程中的利益诉求。中国等新兴经济体在国际能源治理机构和体系中的作用和地位未能与其自身在能源消费流通领域所承担的作用和角色相匹配。作为国际能源治理领域的具有法律约束意义的《能源宪章条约》包容性不强。包括中国等在内的新兴经济体在能源治理领域最具法律意义的《能源宪章条约》中,只能以签约观察员国的身份参与国际能源治理。一直以来代表能源消费领域全球治理的国际能源署成员国有限,国际能源治理领域作用发挥减弱,同时 OPEC 在国际领域治理领域的协作性不强,一定程度上还存在对立和合作障碍,更加多元包容的国际能源治理体系还需进一步完善。特别是随着经济全球化大趋势的发展,国际气候治理、可持续发展等和国际能源治理相互叠加,互相影响,进一步拓展国际能源治理领域、构建全球性能源组织,强化国际能源治理协作,也对构建更加包容多元的国际能源治理体系提出现实需求。

国际能源治理同国际气候治理的协同性还需加强。目前国际能源治理机制仍主要为 20 世纪六七十年代建立的相关机构组织,《能源宪章条约》也为 20 世纪 90 年代所制定。随着全球对气候变化问题的持续关注和气候治理工作的深入推进,"碳达峰"和"碳中和"也成为应对国际气候变化的重要议题。作为与全球碳排放有着密切关系的国际能源体系建设,特别是新能源和绿色能源等的供给、消费和布局,以及与之相关的资金、技术等种种议题,一定程度上也需要在国际能源治理体系建设方面予以充分考虑,特别是应与国际气候治理工作协同推进。目前全球也在基于《巴黎协定》所提出的全球气候治理目标基础上,积极推动各项工作,作为与气候治理中碳排放密切相关的国际能源治理,也需要在既有的工作基础上,进一步改革创新,使得绿色低碳等能源治理机制和议题和更好融入现有的国际能源治理体系,实现能源治理与气候治理协同推进,为推动全球的可持续发展提供工作基础。

三、 构建全球可持续发展治理格局的中国实践

(一) 积极参与全球气候治理

随着全球经济社会的发展和科学技术的不断进步,全球气候治理成为国际上科学、政治、经济和社会发展的综合性治理议题。从 20 世纪 80 年代的《联合国气候变化框架公约》的制定生效,到该公约治理框架下的《京都议定书》的签订实施,再到后京都时期气候治理领域的系列谈判磋商,直至基于《巴黎协定》的全球气候治理新模式的有效确立和国际治理实践的深入推进,全球气候治理的多边博弈和协同推进一直持续。中国作为世界上最大的发展中经济体,在以自身实践推动全球气候治理实践过程中具有重要作用,中国也是第一个制定应对气候变化国家方案的发展中经济体。中国积极推动全球气候治理框架机制的构建,特别是在积极参与并推动气候多边框架公约机制下全球气候治理机制构建,以及签订《京都议定书》和达成《巴黎协定》等方面都发挥了应有的作用。中国根据自身经济社会发展实际积极参与全球气候治理,并根据全球气候治理不同时期的具体情况发挥自身应有的作用。特别是作为负责任大国和最大的发展中经济体,中国在积极推动后京都时代全球气候治理等方面开展大量工作,为推动构建更加包容联动的全球气候治理新格局贡献中国智慧和中国方案。

1. 签署并落实《联合国气候变化框架公约》,参与气候治理实践。

中国 1992 年签署《联合国气候变化框架公约》,坚持全球气候治理中"共同但有区别的责任"原则,参加全球范围内的气候治理和环境保护多边会议,深入贯彻落实可持续发展工作理念。中国积极参与世界气候大会,参与《京都议定书》签署生效的每次气候会议,同时积极推动后京都时代全球气候治理。在 2007 年巴厘岛气

候大会上,中国提出的"落实发达国家第二期承诺的减排目标","敦促发达国家提供资金和技术支持","发展中经济体也应通过政策措施承诺为应对气候变化做出更大贡献",成为"巴厘路线图"的重要内容,推动了国际气候治理谈判进程。中国在 2009 年联合国气候变化峰会上,提出"2020 年国家单位 GDP 碳排放要比 2005 年下降 40％到 45％",同与会各国积极磋商推动形成《哥本哈根协议》。中国通过提出上述国家减缓气候变化的行动目标,积极回应国际社会关切,同时积极联合印度、巴西、南非三国交换观点立场,始终坚持"共同但有区别责任"基本原则,维护发展中国家集体利益。①2010 年,中国超越日本成为世界第二大经济体,作为世界气候大会中积极参与全球气候治理规则的发展中经济体代表,为广大发展中国家在全球气候治理中争取发展空间和资金技术支持。2011 年,中国在班德气候大会上围绕推动全球气候治理问题开展工作,同意通过谈判等在 2020 年前形成新的气候治理法律框架,展现了负责任大国的形象和担当。

2. 推动后京都时代《巴黎协定》的达成。

中国积极参与并推动后京都时代全球气候治理,就全球气候治理和可持续发展等相关议题,进一步明确责任,同时与美国等开展积极磋商和交流,为《巴黎协定》的签署生效贡献重要力量。

第一,贯彻可持续发展理念,承担大国责任。2013 年,中国在华沙气候大会上正式发布《国家适应气候发展战略》,将气候治理上升为国家战略,在正视气候治理挑战、确立国家适应气候变化目标的同时,更加强调气候治理的国际合作。②中国积极宣传贯彻可持续发展理念,习近平总书记指出"应对气候变化是中国可持续发展的内在要求,也是负责任大国应尽的国际义务"。中国在发展中国家中最早制定实施应对气候变化国家方案,2014 年中国出台《国家应对气候变化规划》,同时发布《节能减排低碳发展行动方案》,大力推动气候变化南南合作,建立气候变化南南合

---

① 新华社:《"哥本哈根协议"是全球气候合作新起点》,http://www.gov.cn,2009。
② 新华社:《解读中国首部〈国家适应气候变化战略〉》,http://www.gov.cn,2013。

作基金,主动承担和自身国情、发展阶段以及实际能力向符的国际义务。[①]

第二,积极开展中美双边气候外交。为积极推动后京都时代《巴黎协定》的达成,2014 年中美两国发布《中美气候变化联合声明》,重申气候变化双边合作的重要性,明确各国 2020 年后应对气候变化的行动,这些行动是向低碳经济转型长期行动的组成部分。同时,考量控制 2 ℃全球温升的全球气候治理目标。两国在气候变化联合声中明确指出:"美国计划于 2025 年实现在 2005 年基础上减排 26％—28％的全经济范围减排目标并将努力减排 28％;中国计划 2030 年左右二氧化碳排放达到峰值且将努力早日达峰,并计划到 2030 年非化石能源占一次能源消费比重提高到 20％左右"[②],这也为进一步推动全球气候问题谈判和气候治理工作提供动力。2015 年,中美共同发布《中美气候领导宣言》进一步表明了应对气候变化的决心和行动。宣言强调要加强双边伙伴关系与合作,提出"定期的双边对话语合作对分享实践经验、低碳技术的创新、示范和应用至关重要"。[③]习近平在中美省州长论坛上再次强调,中国正在大力推动生态文明建设,两国地方环保领域交流合作理应成为中美合力应对气候变化、推进可持续发展的重要方面。[④]中美两国推动全球气候治理方面的外交合作,进一步增加了国际社会在全球气候治理方面的信心。

第三,积极推动达成《巴黎协定》。在巴黎世界气候大会召开前,中国以负责任大国的姿态,积极推动与美国、欧洲、法国、印度、巴西等国家的气候治理合作,发表气候变化联合声明。2015 年,国家主席习近平在出席联合国气候变化问题领导人工作午餐会和第七十届联合国大会一般性辩论上再次表示,中国一直本着负责任的态度积极应对气候变化,积极探索符合中国国情的低碳发展道路。2014 年,中国单位国内生产总值二氧化碳排放比 2005 年下降 33.8％,中国愿意继续承担同自身

---

① 新华社:《国家主席习近平特使张高丽出席联合国气候峰会并发表讲话》,https://www.xuexi.cn,2014。
② 春城晚报:《〈中美气候变化联合声明〉全球减排进入"大国治理"阶段》,https://news.bjx.com.cn,2014。
③ 国际在线:《第一届中美气候智慧型低碳城市峰会在洛杉矶开幕》,http://news.cri.cn,2015。
④ 新华网:《习近平在中美洲省长论坛上的讲话》,http://www.xinhuanet.com,2015。

国情、发展阶段和实际能力相符的国际责任。中国坚持走"绿色、低碳、循环、可持续发展"之路，督促发达国家承担历史责任，并帮助发展中国家减缓和适应气候变化。[①]《巴黎协定》规定各方以"国家自主贡献"的方式参与全球应对气候变化行动，中国在巴黎气候大会召开前向《联合国气候变化框架公约》秘书处提交了"自主贡献"文件，明确提出将于 2030 年左右使二氧化碳排放达到峰值并争取尽早实现，2030 年单位国内生产总值二氧化碳排放比 2005 年下降 60%至 65%，非化石能源占一次能源消费比重达到 20%左右，森林蓄积量比 2005 年增加 45 亿立方米左右。[②]在巴黎世界气候大会上，中国领导人同其他与会领导人务实沟通，引导各方着眼大局、坚定信心、相向而行，最大程度凝聚了共识，这也为《巴黎协定》的达成奠定了基础。中国提出认真落实气候变化领域南南合作政策承诺，设立 200 亿元人民币的中国气候变化南南合作基金，支持发展中国家，特别是最不发达国家、内陆发展中国家、小岛屿发展中国家应对气候变化挑战，支持发展中国家开展低碳示范区，以及减缓和适应气候变化项目等工作。[③]在 2016 年《巴黎协定》高级别签署仪式上中国正式签署《巴黎协定》，同时在推动协定早日生效、做好温室气体减排和加强国际合作上作出相应承诺，相关工作也为国际社会树立了榜样。

（二）构建全球能源治理格局的中国模式

面对国际既有的能源治理机制和治理体系，中国作为能源消费和进口的大国，积极参与国际能源治理的进程中的"公平、安全、绿色"等议题，努力倡导并推动构建能源治理多边合作机制，同时持续优化自身能源结构，聚焦气候变化、可持续发展等全球议题，通过自身的持续变革，引领绿色低碳能源发展，从而推动构建人类命运共同体，为全球能源治理贡献中国力量。

1. 参与构建全球能源治理新机制。

第一，积极参与并建立全球能源治理国际组织。中国除了是国际能源署联盟

[①]　人民网：《习近平在第十七届联合国大会一般性辩论时的讲话》，http://cpc.people.com.cn，2015。
[②]　新华社：《述评：中国理念为全球气候治理增添正能量》，https://www.xuexi.cn，2016。
[③]　新华网：《习近平在气候变化巴黎大会开幕式上的讲话》，http://www.xinhuanet.com，2015。

国、《国际能源宪章》签约观察员国和国际可再生能源署成员国之外,还积极参与构建全球能源治理新机制。先后与多个国家和地区建立能源合作机制,与多个能源领域国际组织建立合作关系。2015 年 9 月 26 日,国家主席习近平在联合国发展峰会上提出"探讨构建全球能源互联网,推动以清洁和绿色方式满足全球电力需求"的倡议①,得到国际社会的大力支持,这也为国际能源的互联互通和转型发展贡献中国方案。2016 年 3 月全球能源互联网发展合作组织在北京成立,成为中国在国际能源治理领域成立的重要国际非政府组织,构建了国际能源治理的多边合作平台。该组织成立以来,在全球范围内举办多场国际会议,包括联合国、经合组织等在内的国际组织,以及多国政府、企业等积极支持并推动全球能源互联网建设。全球能源互联网发展合作组织成立以来,已先后与多国政府企业等签署合作协议 40 余份,在相关领域的工作进展也纳入联合国《2030 年可持续发展议程》、全球环境治理、解决无电贫困健康问题等工作框架。②此外,G20 能源合作原则中提出要加强国际能源机构之间的协调,中国作为 G20 的创始国,长期以来积极支持该组织在全球经济和能源等领域作用的发挥。在 2019 年 G20 领导人第十四次峰会上,习近平专门提到要完善能源治理,落实应对气候变化的《巴黎协定》。

第二,着力打造包容联动的全球能源治理格局。在绿色低碳和清洁能源发展领域,积极承担大国责任,推动形成包容公平的国际能源治理格局。2015 年 12 月,国家主席习近平在中非合作论坛开幕式上提出中非金融合作计划,明确指出支持非洲增强绿色、低碳、可持续发展能力,支持非洲实施 100 个清洁能源项目。2016 年习近平在致第七届清洁能源部长级会议和"创新使命"部长级会的信中写道,中国将大力发展清洁能源,优化产业结构,构建低碳能源体系,发展绿色建筑和低碳交通,不断推进绿色低碳发展,促进人与自然相和谐。与此同时,中国积极推动国际能源领域双边和多边合作机制建设,经过 40 多年的发展,已经开创了国际能源全

---

① 新华网:《习近平在联合国发展峰会上的讲话》,http://www.xinhuanet.com,2015。
② 人民网:《全球能源互联网发展合作组织成立四周年网络研讨会举行》,http://world.people.cn,2020。

方位合作的新局面。中共十八大以来，生态文明建设和高质量发展对能源合作与发展提出更高要求，中国积极通过绿色低碳能源发展推动全球能源绿色转型，习近平总书记在不同场合也多次强调要落实 2030 可持续发展议程，加强清洁能源和可再生能源利用，推动包容性发展。[①]《中国能源革命十年展望 2021—2030》中明确指出，中国要深入参与全球能源治理，推动形成务实多元的国际能源合作局面，在国际能源领域促进建立合作共赢的新型国际关系，为共同繁荣、开放包容、清洁美丽的世界贡献中国力量。

2. 促进全球能源治理体系建设。

第一，强化自身能源治理能力建设。中共十八大以来，中国持续增强能源治理能力。2014 年 6 月，习近平总书记在中央财经领导小组第六次会议上明确提出"四个革命、一个合作"的重大能源战略思想，强调完善能源统计制度。积极推进能源体制改革。十九大报告再次强调要坚持创新、协调、绿色、开放、共享的新发展理念。中国坚持节约资源和环境保护基本国策、贯彻落实新发展理念，积极发展清洁能源、提高能源效率，推动形成绿色发展和生活方式。特别是作为全球最大的能源消费国，积极推进全球能源绿色低碳转型发展，加大可再生能源领域国际合作，推动风电、光伏发电等新能源发展，努力提高非化石能源在能源消费中比重，编制可再生能源发展规划，使清洁能源成为"十四五"期间新增能源主体。2020 年 12 月，国务院发布《新时代的中国能源发展》白皮书，系统阐释新时代能源治理情况。国家能源局印发的《2021 年能源工作指导意见》再次强调，要进一步调整国家能源结构、提升能源使用质量效率、强化能源领域科技创新。2021 年 1 月，《2020 年中国可再生能源发展报告》发布，国际能源署副署长大卫·图尔克在发布会上指出，中国在全球绿色转型发展中发挥核心作用，在实现可持续发展进程中，中国可以向全球发挥表率作用。

第二，全方位融入全球能源治理体系建设。坚持互利共赢、共商、共建、共享等

---

① 　新华网：《习近平在二十国集团领导人杭州峰会上的开幕辞》，http://www.xinhuanet.com，2016。

原则,积极推动全球能源领域合作。与多个国家和地区开展能源贸易投资、技术装备等领域合作。扩大能源领域对外交流合作,着力开展绿色清洁能源领域合作交流,推动形成普惠包容的国际能源合作格局。鼓励能源企业开展国际合作,促进能源领域技术交流和进步。推动全球能源绿色转型发展,加大清洁能源领域合作,大力推广清洁能源应用,发展清洁能源技术,开展清洁能源领域培训。进一步强化区域能源合作,多途径建设国际能源合作交流平台,推动能源治理国际合作。推动G20在国际能源领域开展更多工作,推动设立金砖国家能源研究平台、上合组织能源俱乐部、APEC能源中心等。特别是依托"一带一路"倡议,建立多个双边能源合作机制,签署能源领域多份合作协议,设立能源合作论坛,建设区域能源基础设施,推动区域能源网络互联互通。2019年,中国等30个国家共同建立了"一带一路"能源合作伙伴关系。在能源治理领域倡议促进全球能源可持续发展、建设清洁美丽世界,积极应对全球气候变化,携手国际社会深化能源领域对话合作,引领并支持国际社会应对气候变化,开展低碳示范区建设、启动减缓和适应气候变化项目,支持其他发展中国家绿色低碳转型发展。[①]

3. 推动全球能源安全治理。

第一,大力宣传并推动形成新的能源安全观。2014年,习近平总书记在中国财经领导小组第六次会议上强调,能源安全是关系国家经济社会发展的全局性、战略性问题,对国家繁荣发展、人民生活改善、社会长治久安至关重要。在中国积极倡导推动建设新型国际关系,构建人类命运共同体基础上,新的能源安全观体现在要始终坚持共商、共建、共享的国际能源治理理念,尤其是摒弃能源治理领域"零和博弈"观念,共同构建能源安全体系,维护能源领域共同安全。一方面,通过加强合作、拓展传统能源领域国际贸易和交流,构建物理能源互联互通网络等,保障能源安全。在2019年中俄能源商务论坛上,国家主席习近平指出要加强全球能源治理合作,坚定维护多边主义、开展多边合作,为全球能源发展注入更多正能量。[②]另一

① 国务院新闻办公室网站:《新时代的中国能源发展》白皮书,http://www.scio.gov.cn,2020。
② "学习强国"学习平台:《习近平和俄罗斯总统普京共同出席中俄能源商务论坛》,https://www.xuexi.cn,2019。

方面,积极将可持续发展的理念融入能源体系建设,将能源安全同生态安全、环境安全、经济发展等统筹考虑,特别是将能源治理、能源安全,同深化能源绿色低碳转型、强化全球气候治理、推动经济产业转型升级等密切联系,拓展能源治理维度,全方位升级能源供应结构,通过开发引进清洁能源技术、持续发展可再生能源等,多途径优化能源保障方案。习近平在2018年致"一带一路"能源部长会议和国际能源变革论坛贺信中指出,要加强能源领域合作,共同促进全球能源可持续发展,维护全球能源安全。①

第二,提升全球能源安全治理进程中的影响力。中国作为世界最大能源消费国和主要的能源生产国,始终坚持互利共赢的原则积极参与全球能源安全治理,广泛关注自身和合作方的能源安全和发展需求。在全球能源安全治理中,利用与能源治理和能源安全紧密联系的国际和区域间多种机制和平台,传播能源安全治理理念、观点。尤其是以新能源安全观为指导,关注并参与能源安全治理领域最新议题,特别是将"碳达峰""碳中和"国家"双碳"战略融入能源安全体系,多途径提升能源治理话语权。以"双碳"目标为牵引,倡导并深入推进能源绿色发展,引领经济社会转型发展。习近平在2020年11月二十国集团领导人利雅得峰会上强调,中国要支持后疫情时代能源低碳转型,实现人人享有可持续能源的目标,推动能源清洁低碳安全高效利用,加快新能源等产业发展,推动经济社会绿色转型。2021年3月,习近平总书记在中央财经委员会第九次会议上再次强调,把"碳达峰""碳中和"纳入生态文明建设整体布局,以经济社会绿色转型为引领、以能源绿色低碳发展为关键,坚定不移走生态优先、绿色低碳的高质量发展道路②,进一步向世界展示中国在能源发展和应对气候变化领域的决心。

四、以新发展理念引领全球可持续发展治理

中国面对全球治理的机遇和挑战,在推动全球可持续发展治理进程中,倡导共

---

① 人民网:《习近平:共同促进全球能源可持续发展》,http://world.people.com.cn,2018。
② 新华社:《习近平向"一带一路"能源部长会议和国际能源变革论坛致贺信》,http://www.gov.cn/xinwen/2018-10/18/content_5332014.htm,2018。

商、共建、共享的全球治理理念,贯彻创新、协调、绿色、开放、共享的发展理念,以"生态文明建设和可持续发展"引领可持续发展治理,致力于构建更加包容联动的可持续发展治理格局,为推动全球可持续发展治理贡献中国智慧。

（一）坚持绿色发展和可持续发展

中国坚定不移地推动绿色发展和可持续发展。习近平总书记多次强调"绿水青山就是金山银山,保护环境就是保护生产力,改善环境就是改善生产力"。中国持续实施可持续发展战略,坚持绿色低碳循环发展,促进人与自然相和谐。2016年,国家主席习近平在G20工商峰会开幕式上的主旨演讲中特别指出,推动绿色发展就是为了主动应对气候变化和产能过剩的问题,今后,中国单位GDP的用水量、能耗、二氧化碳排放量持续下降,要建设天蓝、地绿、水清的美丽中国,让老百姓在宜居的环境中享受生活,切实感受到经济发展带来的生态效益。习近平在2017年世界经济论坛年会上再次强调,要坚持公平包容,打造平衡普惠的发展模式,推动经济社会和环境协调发展,要落实联合国2030年可持续发展议程,促进全球范围内的平衡发展。[1]在绿色发展和可持续发展具体实践中,中国率先发布《中国落实2030年可持续发展议程国别方案》。同联合国环境署等一起发起建立"一带一路"绿色发展国际联盟。中国更加注重以生态文明建设引领绿色发展和可持续发展,习近平总书记多次阐述国家生态文明建设原则,推动加快形成节约资源和保护环境的空间格局、产业结构、生产方式、生活方式,以新发展理念引领绿色发展、推动可持续发展,共谋全球生态文明建设。[2]特别是通过深度参与全球环境治理,推动形成世界环境保护和可持续发展的解决方案,强化气候变化国际合作,推动"一带一路"建设,让生态文明的理念造福沿线各国人民。

（二）深入贯彻共商、共建、共享的全球可持续发展治理理念

2012年,中共十八大报告提出"要倡导人类命运共同体意识,在追求本国利益时兼顾他国合理关切",随后习近平总书记多次提到"推动建设人类命运共同体"的

---

① 新华社:《习近平主席在世界经济论坛2017年年会开幕式上的主旨演讲》,2017年1月18日。
② 新华社:《习近平总书记在全国生态环境保护大会上的讲话》,2018年5月20日。

倡议,并于 2015 年参加第七十届联合国一般性辩论时提出构建以合作共赢为核心的新型国际关系,打造人类命运共同体。这不仅仅是共商、共建、共享全球治理理念的体现,同时也进一步致力于共建、共享的气候治理,推动构建更加包容的气候治理格局。习近平总书记在 2018 年博鳌亚洲论坛年会上指出,面向未来要同舟共济、合作共赢,坚持走开放融通、互利共赢之路,要进一步树立绿色、低碳、可持续发展理念,加强气候变化、环境保护、节能减排等领域交流合作,共享经验、共迎挑战,为子孙后代留下蓝天碧海、绿水青山。2019 年,习近平总书记在北京世界园艺博览会上指出,建设美丽家园是人类的共同梦想,面对生态环境的挑战,人类是一荣俱荣、一损俱损的命运共同体,唯有携手合作,才可以应对各种各样的环境问题,实现联合国 2030 可持续发展目标。同时各国仍面临环境污染、气候变化、生物多样性减少等严峻挑战,建设全球生态文明,需要各国齐心协力,共同促进绿色、低碳、可持续发展。在第二十三届圣彼得堡国际经济论坛全会上,习近平总书记再次向世界表明,中国将秉持绿水青山就是金山银山的发展理念,鼓励发展绿色环保产业,大力发展可再生能源,促进资源节约集约和循环利用。同时在对外合作中更加注重环境保护和生态文明,同各方携手应对全球气候变化、生物多样性保护等迫切问题,落实好应对气候变化《巴黎协定》等国际社会共识。2021 年,国务院新闻办公室发表《人类减贫的中国实践》白皮书,中国提前 10 年实现《联合国 2030 年可持续发展议程》减贫目标。在新发展理念指引下,中国积极倡导各国抓住新一轮科技革命和产业变革历史性机遇,推动疫情后世界经济"绿色复苏",汇聚起可持续发展的强大合力。

（三）明确碳达峰和碳中和目标,为推动全球可持续发展治理贡献中国力量

国际气候治理作为全球治理的一项重要工作,具有自身的特殊性。气候问题的外部性和不同经济体基于自身发展现实情况,与气候治理所配备的不同适应性,也客观要求形成全球包容联动的气候治理大格局。中国在全球气候治理进程中,

始终强调"共同但有区别的责任原则""公平的原则"以及"各自具体能力原则"，持续推动全球气候治理的多边合作，主动发挥负责任大国形象，以自身的实际行动致力于构建更加多边包容全球气候治理格局。中国不仅设立合作基金，持续倡导开展"南南合作"，推动建设联合国全球地理信息知识与创新中心和可持续发展大数据国际研究中心，助力《联合国 2030 可持续发展议程》工作开展。与此同时，作为全球最大的发展中经济体和经济转型升级中的发展中经济体，积极探索推动气候治理约束下的转型发展，努力为国际气候治理提供经验示范。"创新、协调、绿色、开放、共享"的新发展理念、"人类命运共同体"、"一带一路"倡议、"低碳绿色转型发展"等都为国家加强气候治理、推动生态文明建设指明了道路和方向，也为响应国际气候治理"碳约束"下的经济发展提出工作要求。

2020 年 9 月，中国进一步宣布提高国家自主贡献度，采取更加有力的政策举措在推动高质量发展中促进经济社会发展全面绿色转型。国家主席习近平在 2020 年底召开的世界气候雄心峰会上再次强调，中国不仅为达成应对气候变化《巴黎协定》做出重要贡献，同时更是落实巴黎协定的积极践行者，到 2030 年，中国单位国内生产总值二氧化碳排放将比 2005 年下降 65％以上，非化石能源占一次能源消费比重将达到 25％左右，森林蓄积量将比 2005 年增加 60 亿立方米，风电、太阳能发电总装机容量将达到 12 亿千瓦以上，力争 2030 年前二氧化碳排放达到峰值，努力争取 2060 年前实现碳中和。[1]这也是中国秉承"人类命运共同体"发展理念，积极承担国际责任，进一步落实《巴黎协定》确定目标的重要举措。中国作为"碳约束"下最大发展中经济体，如何兑现国际承诺，为推动实现国际气候治理机制打下工作基础，也成为推动"碳达峰""碳中和"的一项重要工作。为此，中国明确提出"十四五"时期是碳达峰的关键期、窗口期，要着力构建清洁低碳安全高效的能源体系；抓紧部署低碳前沿技术研究，推动绿色低碳技术实现重大突破；加快推进碳排放权交

---

[1] 新华网：《习近平在"领导人气候峰会"上的讲话》，http://www.xinhuanet.com//mrdx/2021-04/23/c_139901365.htm，2020。

易,完善绿色低碳政策和市场体系;提升生态碳汇能力,提升生态系统碳汇增量;强化应对气候变化国际合作,积极参与国际规则制定。[①]相信相关工作的开展,将为中国进一步承担国际气候治理责任,增强国际气候治理主动性和话语权,推动建立更加包容联动的国际气候治理体系,贡献中国力量。

五、 实施国家"双碳"发展战略

进入后《巴黎协定》时期,美国政府在全球气候、能源治理领域的政策反复转变,加之不同主权国家和区域经济体基于政治制度、经济发展阶段、科学技术等方面客观因素的现实差异,进一步加剧全球可持续发展治理领域存在问题的复杂性和反复性。基于推动降低全球温室排放的"碳达峰""碳中和"的"双碳"战略,已经成为中国承担全球气候、能源治理大国责任,展示更加负责任大国形象,提升后《巴黎协定》时期全球气候、能源治理话语权的战略选择。

(一)以"双碳"战略推动全球可持续发展治理

2020年9月,中国宣布将提高国家自主贡献度,在确定"碳达峰"时限的同时,提出碳中和目标愿景,明确二氧化碳排放力争于2030年前达到峰值,努力争取2060年前实现碳中和的"双碳"战略。在2020年12月召开的世界气候雄心峰会上,国家主席习近平再次强调,要通过进一步降低单位国内生产总值碳排放、提升非化石能源的一次能源占比、增加生态碳汇、发展清洁能源等举措,推动"双碳"目标实现。2021年,"碳达峰""碳中和"首次写入中国政府工作报告,绿色低碳发展列入国家"十四五"规划纲要,展示中国政府推动"双碳"战略目标实现的强大决心。继中美战略对话后,美国总统气候特使访华,就推动中美气候变化领域合作开展讨论并发表联合声明,也显示了中美双方在包括"碳减排"等领域应对全球气候变化的合作空间。欧盟方面,在2021年4月世界领导人气候峰会召开前,达成临时协议,将欧盟碳中和目标写入《欧洲气候法》。后《巴黎协定》时代,明确"双碳"战略目

---

① 新华网:《习近平主持召开中央财经委员会第九次会议强调推动平台经济规范健康持续发展把碳达峰碳中和纳入生态文明建设整体布局》,2021年3月16日。

标愿景，最终推动碳中和如期实现，也成为中国引领全球气候治理，构建"人与自然生命共同体"，打造更加包容联动的全球气候治理新格局的一项重要举措。

（二）提升"双碳"战略效益的工作途径

中国作为世界上最大的发展中经济体和化石能源进口消费大国，进一步明确国家"双碳"战略目标，在深入推进全球气候治理，引领全球绿色发展的同时，也为进一步提升全球气候治理话语权和推动自身经济转型发展提供了重要支撑。"十四五"期间，中国将用好"双碳"战略，提升全球气候治理话语权，推动自身经济转型升级，引领全球绿色发展。

第一，将"双碳"战略融入气候外交。在深入推进气候外交过程中，通过气候治理国际平台或对话机制，多渠道宣传中国气候治理理念，在"人类命运共同体"理念下，阐释"共同构建人与自然生命共同体"倡议，多方位介绍并展现中国为实现二氧化碳在 2030 年前达到峰值、努力争取 2060 年前实现碳中和的国家举措，在气候治理领域展示大国责任、树立大国形象。以"双碳"目标牵引下的气候治理为着力点，就减排相关绿色技术、绿色金融、气候治理投融资等加强与美国、欧盟等西方国家和经济体沟通，推动资金技术等领域的减排合作。加强与"一带一路"沿线国家在气候治理领域合作，支持并引领"一带一路"沿线绿色发展。围绕 2021 年 4 月《中美应对气候危机联合声明》，推动实施"碳达峰"行动国家方案和"碳中和"国家实施战略。

第二，加强"双碳"战略的综合研究。结合中国经济社会"十四五"发展规划和中长期发展目标愿景，分行业分领域细化"碳达峰""碳中和"专项研究，形成分析"双碳"战略面临的突出问题和潜在风险系列研究成果。在此基础上，以如期实现"双碳"战略目标为牵引，提出应对举措并制定具体工作方案，同世界各国一道持续提升应对全球气候变化工作的科学性和准确性。大力开展"双碳"战略综合研究，围绕"双碳"战略目标，设置相关研究专题，充分利用"碳约束"下经济转型发展、能源生产消费转型升级等系列研究数据开展"双碳"目标的动态评估，进一步细化并巩固"双碳"战略工作指标。同时，加大对"双碳"战略相关研究成果宣传阐释，向世界动态传递中国实施"双碳"战略的科学支撑,展示"碳达峰""碳中和"中国研究方案、行动方案,向世界传达中国深入实施"双碳"战略的决心和信心。

第三,推动"双碳"战略下绿色转型。以深入实施"双碳"战略为契机,推动经济社会全面绿色转型发展。持续落实"双碳"战略纳入国家生态文明建设总体布局工作部署,加强绿色低碳技术研发应用,推动金融机构协作,系统谋划开展绿色投融资,推动国家能源结构、产业结构等深度转型。在能源结构方面,进一步加快能源绿色低碳转型,完善能源互联网络,通过能源领域新技术赋能新发展,加快绿色能源研发储存和使用,提升绿色能源消纳能力,加快降低化石能源在一次性能源消费中占比,为"双碳"目标实现奠定基础。在产业转型方面,以"绿色低碳"为方向持续加大"碳约束"条件下产业结构调整力度,依托绿色低碳技术研发应用,布局发展绿色低碳产业,加快建立绿色低碳循环发展经济体系。加强国内外各方合作,进一步完善资金、技术、市场、制度等着力要素,支持分行业、分主体压实能源消费双控责任。加大"双碳"战略宣传,加强教育引导,倡导绿色低碳生活,让绿色发展理念深入人心。

参考文献

白华、张宝英、万克峰:《中国参与全球经济治理的理念与实践》,《经济研究参考》2019年第22期。

陈四清:《完善全球金融治理》,《中国金融》2018年第15期。

陈伟光:《全球治理与全球经济治理:若干问题的思考》,《教学与研究》2014年第2期。

程永林、李青、李子文:全球经济治理:制度变迁、演进机理与战略评估》,《青海社会科学》2016年第6期。

范必:《中国应对全球能源治理变局的思考》,《开放导报》2016年第3期。

高乔:《"一带一路",风景这边独好》,《人民日报海外版》,2021年6月26日。

郭翠翠:《习近平"共商共建共享"全球治理观的背景、内涵、价值》,《襄阳职业技术学院学报》2020年第6期。

黄东黎:《国际经济贸易制度与法律:中国案例》,社会科学文献出版社2020年版。

李彪:《财政部联合亚洲开发银行等成立多边开发融资合作中心》,每日经济新闻,2019年4月26日。

李敦瑞:《"一带一路"与上海国际金融中心的协同推进》,上海人民出版社2020年版。

林韵嘉:《气候贸易措施与多边贸易原则的冲突及应对》,《合肥工业大学学报(社会科学版)》2019年第1期。

隆国强:《全球经济治理体系变革的历史逻辑与中国作用》,《中国领导科学》2017年第11期。

吕淼:《全球能源治理将向何处去》,《能源》2020年第7期。

马建平:《贸易与气候变化的关系机理分析》,《当代经济管理》2009年第12期。

裴长洪、刘斌:《中国开放型经济学:构建阐释中国开放成就的经济理论》,《中国社会科学:英文版》2021年第1期。

漆多俊:《经济法基础理论》,北京法律出版社2008年版。

宋国友:《后金融危机时代的全球经济治理:困境及超越》,《社会科学》2015年第1期。

苏庆义:《RCEP给中国带来的影响及中国的未来选择》,《新金融评论》2020年第4期。

隋广军:《全球经济治理新范式:中国的逻辑》,科学出版社2020年版。

孙吉胜:《"人类命运共同体"视阈下的全球治理:理念与实践创新》,中国社会科学评价2019年第3期。

孙榕:《人民银行发布〈中国数字人民币的研发进展〉白皮书》,《中国金融家》2021年第7期。

张宇燕:《全球经济治理结构变化与我国应对战略研究》,中国社会科学出版社2017年版。

赵国君、黄梅波:《国际货币基金组织的监督机制概述》,《国际研究参考》2005年第9期。

周萃:《中日韩—东盟银行联合体在曼谷成立》,《金融时报》2019年11月5日。

周绍雪:《全球气候治理的新形势》,《学习时报》2019年8月9日。

张礼卿:《全球金融治理面临的八个问题》,《中国外汇》2021年第7期。

Copeland, B. R., and M. S. Taylor, 2003, *Trade and the Environmenta*, Princeton University Press, Princeton and Oxford.

Cooper, R. N., 1968, *The Economics of Interdependence: Economic Policy in the Atlantic Community*, John Wiley & Sons, Ltd.

Drezner, Daniel W., 2014, "The System Worked: Global Economic Governance during the Great Recession", *World Politics*, 6(01):123—164.

Madhur, S., 2012, "Asia's Role in Twenty-first-century Global Economic-governance", *International Affairs*, 88(5):817.

Managi, S., A. Hibiki, and T. Tsurumi, 2008, "Does Trade Liberalization Reduce Pollution Emissions", Research Institute of Economy, Trade and Industry(RIETI) Discussion Paper Series, 2008E013.

Will, Steffen, Johan Rockstrom, and Katherine Richardson, 2018, "Trajectories of the Earth System in Anthropocene", Proceedings of the National Academy of Sciences of the United States of America, Vol.115, No.33(August 2018).

图书在版编目(CIP)数据

新时代:经济思想新飞跃/周振华主编.—上海：
格致出版社:上海人民出版社,2022.8
ISBN 978-7-5432-3358-4

Ⅰ.①新…　Ⅱ.①周…　Ⅲ.①中国特色社会主义-经
济思想-研究　Ⅳ.①F120.2

中国版本图书馆 CIP 数据核字(2022)第 093254 号

责任编辑　忻雁翔
装帧设计　路　静

新时代:经济思想新飞跃
周振华　主编

出　　版　格致出版社
　　　　　上海人民出版社
　　　　　(201101　上海市闵行区号景路 159 弄 C 座)
发　　行　上海人民出版社发行中心
印　　刷　上海商务联西印刷有限公司
开　　本　787×1092　1/16
印　　张　49
插　　页　8
字　　数　750,000
版　　次　2022 年 8 月第 1 版
印　　次　2022 年 8 月第 1 次印刷
ISBN 978-7-5432-3358-4/F·1445
定　　价　218.00 元(全两卷)